KB069586

수정판

SCERTS® 모델

자폐 범주성 장애 아동을 위한 종합적 교육 접근

2권 프로그램 계획 및 중재

Barry M. Prizant
Amy M. Wetherby
Emily Rubin
Amy C. Laurent
Patrick J. Rydell 공저

이소현
윤선아
이은정
이수정
서민경
박현옥
박혜성 공역

학지사

『SCERTS® 모델: 자폐 범주성 장애 아동을 위한 종합적 교육 접근(2권: 프로그램 계획 및 중재)』을 구입하는 독자는 교육 및 임상의 목적으로 2권의 부록과 98쪽 및 144~145쪽의 자료를 복사해서 사용할 수 있다. 그러나 어떤 프로그램이나 개인도 수익을 목적으로 이 자료를 사용해서는 안 된다. 모든 자료는 책의 원본으로만 복사해야 한다. 이러한 특권 이외의 승인되지 않은 사용은 법적으로 기소될 수 있다. 복사 가능한 모든 자료마다 저작권 관련 주의사항이 제시되어 있다.

THE SCERTS® MODEL: A Comprehensive Educational Approach for children with Autism Spectrum Disorders
Volume II: Program Planning & Intervention
by Barry M. Prizant, Ph.D., CCC-SLP, Amy M. Wetherby, Ph.D., CCC-SLP, Emily Rubin, CCC-SLP, Amy C. Laurent, Ed.M., OTR/L,
and Patrick J. Rydell, Ed.D.

이 책은 2013년도 이화여자대학교 Ewha Global Top 5 Project 연구비 지원에 의해 번역되었습니다.

| 역자 서문 |

세상에는 참 많은 사람이 살고 있습니다. 이렇게 많은 사람은 여러 가지 방법으로 분류됩니다. 성별, 연령, 사용하는 언어, 피부색, 살고 있는 곳 등등 정말 다양한 기준으로 분류됩니다. 어쩌면 우리가 장애라고 말하는 자폐도 사람을 분류하기 위한 하나의 기준일지도 모르겠습니다. 요즈음 자폐인을 표현할 때 'on the spectrum'이란 말을 쓰곤 합니다. 자폐라는 장애의 범주에 속한다는 뜻이지요. 자폐는 범주성 장애이기 때문입니다. 장애가 '있다' '없다'의 개념이기보다는 자폐라고 진단할 수 있는 넓은 범주 안에 들어가는지 아닌지를 가려서 장애를 진단합니다. 물론 여기서 말하는 범주란 하나의 기준을 말하는 것이 아니라 범주를 구성하는 속성 자체가 매우 다양해서 한마디로 그 개념을 정리하기가 어렵습니다. 아마도 그 개념을 가장 잘 전달하기 위해 '자폐 범주성 장애(autism spectrum disorders)'라는 용어를 사용하게 된 것이 아닌가 생각합니다. 사람을 분류한다는 관점으로 다시 돌아가 잠시 생각해 봅니다. 만일 자폐인가 아닌가에 따라 사람을 분류한다면, 자폐가 범주성 장애라는 속성으로 인해서 그 범주의 한쪽 끝은 자폐가 아닌 사람들과 만나게 됩니다. 그런데 자폐를 진단하는 핵심 기준으로 알려진 사회 의사소통이나 기타 행동적인 특성이 다양하고, 그 다양한 행동의 유형이나 강도에 따라 범주를 구성하는 연속선이 매우 복잡하게 조합을 이루기 때문에 결국 'on the spectrum'이 아닌 사람들도 많은 연속선 중 한두 가지 선상에서는 범주 내에 발을 딛고 있을 수도 있다는 것입니다. 실제로 주변에 사회 의사소통의 독특함이나 동일성에 대한 고집, 감각적인 예민함 등을 이유로 "나도 자폐적인 성향이 있어……."라고 말하는 사람들이 많은 것을 보면 이러한 관점을 좀 더 쉽게 이해할 수 있습니다. 결론적으로 자폐 범주성 장애는 세상을 살아가고 있는 우리 모두가 조금씩은 가지고 있을 수 있는 특정 행동 특성을 지원이 필요할 정도로 많이 가지고 있는 경우를 뜻한다고 할 수 있습니다.

자폐를 진단하는 행동 증후가 많은 사람이 보편적으로 조금씩은 가지고 있을 수 있는 특성일 수도 있다면, 굳이 장애라고 분류하고 표현하기에는 부적절할 수도 있을 듯합니다. 그래서 지적 기능이 높은 고기능 자폐인들은 자폐는 장애가 아니고 소수의 특정 유형의 사람들일 뿐이라고 주장하기도 합니다. 그러나 우리가 자폐 범주성 장애의 진단기준을 만들고 진단을 통해서 장애를 명명하는 이유는 단 한 가지입니다. 필요에 따른 적절한 지원을 제공하기 위해서입니다. 자폐 범주에 속하는 사람들은 사회 의사소통 및 기타 행동적 특성에서뿐만 아니라 지적 기능에서도 매우 넓은 연속선상에 위치합니다. 그래서 그 조합은 무척이나 다양하게 표현되며, 같은 자폐 범주성 장애라는 진단명을 가진 사람들이 서로 다른 모습으로 살아가고 있습니다. 이로 인해서 그들은 개인마다 자신에게 가장 적합한 지원을 받아야 할 필요를 지니게 됩니다.

자폐 범주성 장애는 생물학적 근거에 원인이 있으며 생후 1～2년 내로 진단이 가능하고 조기발견을 통한 조기개입으로 긍정적인 예후를 기대할 수 있는 가능성이 점점 커지고 있는 장애입니다. 따라서 이들을 위한 최적의 시기에 최적의 지원을 제공하는 것은 매우 시급한 과제라고 할 수 있습니다. 전 세계적으로 자폐인의 출현율 급증 현상이 주목되면서 이들을 지원하기 위한 관심이 높아지고 있습니다. 이러한 관심의 일환으로 최근에 들면서 자폐 아동 또는 자폐인을 지원하기 위한 수많은 이론과 방법론이 등장했습니다. 현재는 특수교육의 모든 영역에서 다 그렇듯이 과학적 연구로 입증된 증거 기반의 실제를 사용하도록 권장되고 있으며, 이를 위해서 자폐 범주성 장애 학생에게 적합하다고 인정되는 교수전략이 소개되고 있습니다. 더 나아가 이러한 교수전략을 실행할 수 있는 큰 틀의 종합적인 교육 접근이 강조되고 있고, 실제로 많은 프로그램이 개발되어 적용되고 그 성과를 보고하고 있습니다. 이 책 『SCERTS® 모델: 자폐 범주성 장애 아동을 위한 종합적 교육 접근』도 그러한 맥락에서 개발된 프로그램 중 하나입니다.

다양한 프로그램이 존재하지만 SCERTS 모델을 선정해서 번역하게 된 데는 몇 가지 이유가 있습니다. 가장 먼저는 탄탄한 이론적 배경을 근거로 하고 있으면서도 20여 년간의 현장 적용을 통하여 이론과 실제를 조화롭게 연계하고 있는 모델이기 때문입니다. 둘째는 교육 프로그램 내에서 SCERTS 모델만을 독단적으로 운영하도록 권하지 않기 때문입니다. 즉, 자폐 범주성 장애 아동을 위한 다양한 교육 접근 방법이 여러 가지 모습으로 서로 병합될 수 있도록 융통성을 강조하고 있다는 점이 매력적이었습니다. 셋째는 진단과 중재의 방법론을 세밀하게 제시하고 있기 때문에 현장에서 교사나 기타 전문가가 적용하기에 수월할 것이라고 생각했습니다. 특히 개별화교육계획을 작성하고 적용해야 하는 특수교사에게는 교육진단과 목표 수립에 많은 도움이 될 것이라 판단했습니다. 넷째는 자폐 범주성 장애 아동의 주요 행동 특성을 다루면서 발달주의적 관점을 잘 활용하여 행동의 발달 단계나 특성을 매우 세밀하게 제시하고 있다는 점이 현장 교사들에게 큰 도움이 되리라 생각했습니다. 마지막으로, 어쩌면 가장 큰 이유일 수도 있겠습니다만, '1권: 진단'과 '2권: 프로그램 계획 및 중재' 두 권의 책을 읽으면서 자폐 범주성 장애의 핵심 특성과 다양성에 대한 풍부한 학술적 지식과 그 실질적인 지원 방법론에 놀라움을 금할 수 없었습니다. 아동의 기능에 따라 세 단계로 나누어 범주에 속한 아동들이 가능한 한 모두 지원 받을 수 있게 하였으며, 장애를 다루기 위해 필요한 모든 영역을 프로그램 안에 자연스럽게 녹이고 있다는 사실이 놀라웠습니다. 사회 의사소통 영역에서 자폐 범주성 장애의 핵심 결함인 사회적 상호작용과 의사소통 행동에 대해 다루고 있으며, 정서 조절 영역에서 정서 표출 또는 조절의 어려움으로 인한 부적절한 행동을 개인 내적 및 외적으로 어떻게 다루어야 하는지를 보여 주고 있고, 교류 지원 영역에서는 아동을 둘러싸고 있는 가족과 교사, 또래를 포함한 지원 가능자들이 어떻게 서로 교류하고 지원을 주고받을 수 있는지를 다루고 있습니다. 이 세 가지 영역은 자폐 범주성 장애 아동을 양육하거나 교육하는 사람들이 가지고 있는 관심과 필요를 모두 포함한다고 감히 말할 수 있을 듯합니다.

번역의 과정은 매우 오랜 시간에 걸쳐 힘들게 진행되었습니다. 여러 사람이 함께 작업하는 일이 다 그렇듯, 생각과 표현 방식을 통일하고 용어를 통일하는 일이 가장 어려웠습니다. 책의 특성상 여러 장에 걸쳐 동일한 문장과 내용이 반복되는 경우가 많아 일일이 대조하면서 통일하는 작업은 굉장한 인내심과 집중력을 필요로 했습니다. 오류 없이 작업하기 위해 2박 3일의 합숙까지 강행하면서 최선을 다했지만 아마도 아직까지 어딘가에는 실수가 남아 있지 않을까 두려운 마음입니다. 그래도 한 문장 한 문장 차근차근 읽고 번역하고 수정하는 전 과정을 통해 책의 내용에 반하고 감탄하면서 기쁨을 나눌 수 있었다는 사실에 우리 모두는 감사하는 마음입니다. 다만 한 가지 해결할 수 없는 안타까움은 영어에서의 언어발달이 우리말과는 다르다는 점입니다. 번역을 할 수 없어 영어 단어 그대로 남겨 둔 부분도 있고, 번역을 하기는 했지만 우리말과는 완전히 다른 구조를 가진 언어이기에 우리나라 교육현장에서 적용하기에는 다소 어려운 부분도 있습니다. 멀지 않은 장래에 우리말 발달이정표와 함께 제시된 한국판으로 개정할 수 있기를 기대해 보면서 사용 시 불편함에 대한 양해를 구합니다.

이제 역자 서문을 마지막으로 출간 준비를 마칩니다. 벌써 여러 번 저서도 출간하고 번역도 해왔지만 떨리고 설레는 마음은 여전합니다. 오히려 이번 출간은 학문의 현장에서뿐만 아니라 실제 자폐 범주성 장애 아동을 교육하는 현장에서 쓰게 될 것이라는 부담감으로 더욱 두려운 마음입니다. 그러나 한편으로는 또한 흥분에 가까운 설렘을 감출 길이 없습니다. 아마도 우리나라 특수교육 현장에 아직까지 자폐 범주성 장애의 특성에 맞춘 적합한 교육 프로그램이 제대로 정착되지 않고 있기 때문이 아닐까 생각합니다. 물론 문화가 다른 먼 나라에서 개발된 프로그램이기에 한국의 교육현장 여건을 생각하면 부적합한 측면도 있을 것 같아 우려하는 마음도 없지 않습니다. 그래도 앞으로 보다 나은 한국형 프로그램이 많이 등장하게 되기까지의 초석으로는 역할을 할 수 있지 않을까 기대하는 마음으로 출간에 임하려고 합니다.

사랑하는 제자들과 함께 작업을 진행하고 무사히 마칠 수 있음을 감사합니다.

좀 더 나은 지원을 필요로 하는 자폐 범주성 장애 아동과 그 가족들이 주변에 있어 늘 해야 할 일들을 상기시켜 주니 또한 감사합니다. 교육현장에서의 필요를 잊지 않도록 요구하고 조언해 준 많은 현장 교사에게도 감사합니다. 두 권으로 구성된 한 세트의 책일 뿐이지만, 이 책을 통해서 한국에 소개되는 SCERTS 모델이 자폐 범주성 장애인과 그 가족의 삶의 질을 높이는 데 조금이라도 기여할 수 있기를 간절히 바랍니다. 마지막으로, 번역의 긴 과정 중에 힘들 때마다 묵상하며 새 힘을 얻는 데 도움이 되었던 말씀 한 구절을 나눕니다.

다시는 네 해가 지지 아니하며 네 달이 물러가지 아니 할 것은
여호와가 네 영원한 빛이 되고 네 슬픔의 날이 끝날 것임이라
네 백성이 다 의롭게 되어 영원히 땅을 차지하리니
그들은 내가 심은 가지요 내가 손으로 만든 것으로서 나의 영광을 나타낼 것인즉
그 작은 자가 천 명을 이루겠고 그 약한 자가 강국을 이룰 것이라
때가 되면 나 여호와가 속히 이루리라 (이사야 60:20-22)

2019년

이소현

저자 서문

『SCERTS® 모델: 자폐 범주성 장애 아동을 위한 종합적 교육 접근(The SCERTS® Model: A comprehensive Educational Approach for Children with Autism Spectrum Disorders)』은 두 권의 책으로 구성된다. 1권 진단(Assessment)은 SCERTS 모델의 세 가지 영역인 사회 의사소통, 정서 조절, 교류 지원에 대해서 그 발달 순서 및 우선순위에 대한 상세한 정보를 제공한다. SCERTS 모델은 또한 자폐 범주성 장애 아동의 교육을 위한 다양한 선택의 맥락에 대해서 설명한다. 1권에서는 SCERTS 진단(SCERTS Assessment Process: SAP)에 대해서 상세하게 설명하고 의사소통 발달의 세 단계인 사회적 파트너, 언어 파트너, 대화 파트너의 구체적인 진단 기준을 제공한다. 부록 A에서는 진단 과정 중 아동에 대한 정보를 수집하고 진보를 점검하기 위해 복사 사용이 가능한 다양한 양식을 제공한다.

2권 프로그램 계획 및 중재(Program Planning and Intervention)는 가정, 학교, 지역사회 환경에서 SCERTS 모델을 실행하는 방법에 대해서 설명한다. 교수목표의 우선순위를 정하고 교류 지원 목표와 사회 의사소통 및 정서 조절 목표를 연계하는 방법을 포함해서 교류 지원에 해당되는 실제를 실행하는 방법에 대해서 설명한다. 2권에서는 또한 이 모델의 세 가지 발달 단계에 놓여 있는 몇몇 아동과 가족에 대한 자세한 사례를 제시한다. 사례에서는 진단 과정에서 사용하는 양식 작성의 예도 제시한다. 2권의 뒷부분에 있는 부록은 프로그램 차원에서의 진단 및 교수 계획을 설명하는 데 사용될 수 있는 질적 지표 평가표를 포함한다.

1권의 부록 B는 용어 사전이다. 이 용어 사전은 1권에 포함시켰는데, 이것은 대부분의 용어가 1권에서부터 등장하고 정의되기 때문이다.

감사의 글

SCERTS 모델과 그 매뉴얼인 이 책은 수년간 다양한 지원을 통하여 완성되었다. SCERTS 모델 관련인들은 이 매뉴얼이 가능하도록 '교류 지원'을 제공한 많은 사람에게 감사의 인사를 전한다.

무엇보다 먼저 매일매일 우리에게 자신들의 용기와 인간성에 대해서 가르쳐 준 자폐 범주성 장애 아동과 그 가족들에게 감사한다. 그들의 삶과 계속 진행되는 여정에 한 부분으로 참여할 수 있었음은 우리에게 큰 특권이었다. 자신들의 영혼과 지혜를 공유함으로써 우리로 하여금 일할 수 있게 해 주고 최선을 다하도록 도와주었다.

우리의 가족과 친구들에게 감사한다. 이들의 지원과 이해는 우리의 삶 속에서 기회와 공간을 만들어 낼 수 있도록 도와주었으며, 이를 통하여 SCERTS 모델과 매뉴얼을 개발하는 동안 힘들고 끝이 없어 보이던 일을 할 수 있었다. 이러한 희생이 SCERTS 모델이 자폐 범주성 장애인과 그 가족들의 삶에 미치게 될 긍정적인 영향을 통해서 상쇄될 수 있기를 바란다.

SCERTS 모델 전반에 걸쳐 스며들어 우리 작업의 지침이 되어 온 가치와 신념을 주입시켜 준 우리의 학문과 임상과 연구 멘토들에게 감사한다. 이와 같은 가치와 신념은 (1) 개별 아동과 가족은 일을 통해서 우리와 관계를 맺게 된 독특한 상황에서 존중과 진실성으로 대우받아야 한다는 사실에 대한 이해, (2) 자신의 삶에서 가지고 있는 문제와는 상관없이 사람들은 각자 이해되고 강화되어야 하는 관심과 강점을 가지고 있다는 사실, (3) 인간 발달의 복잡성은 아동 및 가족과 함께 효과적으로 일하기 위해서 가장 중요하게 여겨져야 하는 지침이라는 사실을 기반으로 한다.

마지막으로 SCERTS 모델을 개발하고 공유하기 위한 우리의 노력을 열정적으로 지지해 준 Paul H. Brookes 출판사 직원들에게도 감사한다. 프로젝트의 모든 단계에서 보여 준 명확성 및 질에 대한 고집과 이들의 전문성은 우리가 자랑스럽게 여기는 최종 결과물이 탄생하도록 기여했다.

우리에게 주어진 모든 지원이 있었던 것처럼 이제는 이 책이 자폐 범주성 장애 및 관련 장애를 지닌 개인의 긍정적인 삶을 촉진하고자 하는 교사, 치료사, 가족, 기타 양육자의 노력을 지원해 줄 수 있기를 진심으로 바란다.

| 차례 |

제1장

SCERTS 모델 교육의 실제 I: 핵심 가치와 기본 원리, 적용 지침, 목표 설정, 교류 지원

1. SCERTS 모델이란?
2. 책 소개
3. SCERTS 모델의 핵심 가치 및 주요 원리
4. 자폐 범주성 장애 아동 교육을 위한 SCERTS 모델의 일곱 가지 적용 지침
5. 아동을 위한 교수목표 결정하기
6. 학습을 위한 교류 지원: 학습 맥락

1. SCERTS 모델이란?

두 권의 책 중 1권 1장에서 이미 밝힌 바와 같이, SCERTS 모델은 자폐 범주성 장애 및 관련 장애인의 의사소통과 사회-정서 능력을 강화하기 위한 종합적이고 다학문적인 접근이다. SCERTS는 사회 의사소통(Social Communication), 정서 조절(Emotional Regulation), 교류 지원(Transactional Support)이라는 각각의 단어에서 머리글자를 따서 만든 용어로, 이는 자폐 범주성 장애인의 발달과 그 가족을 지원하기 위하여 고안된 프로그램에서 목표로 삼아야 하는 주요 발달상의 영역이어야 하는 요소들이다. SCERTS 모델에서는 아동기 대부분의 학습이 매일의 활동과 경험의 사회적 맥락 내에서 발생한다고 간주한다. 그러므로 이 모델에서 아동 발달을 지원하기 위한 노력은 고립된 환경에서가 아니라 다양한 상황의 매일의 일과 중에 양육자나 친숙한 파트너와 함께 있을 때 이루어진다. SCERTS의 구조는 수립된 목표 영역에서의 능력을 촉진하기 위하여 아동의 일상적인 활동 전반과 모든 파트너에 걸친 교류 지원(예: 대인관계 지원, 학습 지원)을 실행함으로써 사회 의사소통 및 정서 조절에 있어서의 우선적인 목표에 초점을 맞추도록 고안되었다. 사회 의사소통 및 정서 조질이 교류 지원의 전략적 실행으로 지원된다면 교육환경 및 매일의 활동에서 아동 발달에 종합적이고도 장기적인 긍정적 영향을 미칠 가능성이 커진다.

자폐 범주성 장애 아동을 위한 효과적인 프로그램은 일련의 전문가가 팀을 이루어 부모 및 기타 가족 구성원과 함께 파트너가 되어 사려 깊게 공동으로 대응하면서 진행되어야 한다. 그러므로 SCERTS 모델은 일반교육과 특수교육, 언어병리학, 작업치료, 심리학, 소아청소년정신의학, 사회복지학을 포함한 다양한 분야가 서로 존중하고 전문성을 끌어내고 융합하는 다학문적 팀 접근으로 이루어질 때 가장 잘 실행될 수 있다.

2. 책 소개

두 권으로 이루어진 매뉴얼의 1권에서는 SCERTS 모델의 각 영역을 설명하고,

SCERTS 진단(SCERTS Assessment Process: SAP)에 대하여 자세히 설명하고, 사회 의사소통, 정서 조절, 교류 지원의 각 영역에서의 정보 수집 및 진도 점검을 위해 여러 가지 유용한 양식을 제시하였다.

2권인 이 책에서는 SCERTS 모델을 다양한 환경에서 어떻게 실행할 것인지에 대하여 설명하고자 한다. 1장과 2장에서는 목표의 우선순위를 정하는 방법과 교류 지원 영역의 첫 번째 두 가지 요소인 대인관계 지원(교수방법, 대인관계 방식, 또래와의 통합 및 또래로부터의 학습) 및 학습 지원(기능적이고 의미 있는 활동 설계, 시각적 지원의 활용, 교육과정 수정)을 실행하는 방법을 설명한다. 3장에서는 교류 지원의 마지막 두 가지 요소인 가족 지원 및 전문가 간 지원을 실행하는 구체적인 방법을 설명한다. 4장은 사회 의사소통, 정서 조절, 교류 지원 영역이 프로그램 계획과 어떻게 연계되는지를 보여 준다. 마지막으로 5장, 6장, 7장은 다양한 아동과 가족의 사례를 심도 있게 제공함으로써 모델의 실행 방법을 보여 주고 모델 내에서의 세 가지 주요 발달 단계인 사회적 파트너, 언어 파트너, 대화 파트너 단계에서 아동과 그 파트너를 위한 구체적인 교수목표를 확인하는 방법을 보여 준다. 제시된 사례 중 몇몇 사례에서는 실제로 작성된 SCERTS 진단 양식을 포함하여 이러한 양식이 진단 과정에서 어떻게 사용되는지를 직접 보여 준다.

자폐 범주성 장애 아동과 그 가족은 서로가 매우 다를 뿐만 아니라 SCERTS 모델은 아동과 가족의 개별적인 요구에 따라 적용되어야 하기 때문에 이 책에서는 자폐 범주성 장애 아동 모두는 아니지만 대부분에게 해당될 수 있는 몇 가지 일반화를 적용한다. 또한 SCERTS 모델은 '한 가지 방법을 모두에게 적용하는' 모델이 아니기 때문에(모든 아동에게 동일한 순서의 목표와 활동을 적용하는 미리 정해진 모델이 아님) 전문가와 가족이 SCERTS 진단을 통해 얻게 되는 (1) 개별 아동의 발달 프로파일, (2) 가족의 우선순위, (3) 개별 아동의 동기 및 기능적 요구에 근거하여 창의적으로 사고하고 개별적으로 적용하도록 권장한다.

3. SCERTS 모델의 핵심 가치 및 주요 원리

1권의 1장에서 이미 설명한 바와 같이, SCERTS 모델의 한 가지 독특한 특성은 명백하게 제시된 핵심 가치와 원리에 의해서 실제적인 방법론이 안내된다는 것이며, 그 내용은 다음과 같다.

1. 발달과 독립성의 모든 측면을 지원하는 자발적이고 기능적인 의사소통 및 정서 조절 능력의 발달은 교육과 치료 노력에 있어서 최우선순위를 지닌다.
2. 아동 발달에 대한 원리와 연구는 진단과 교육 및 치료 노력의 틀을 구성해 준다. 교수목표와 활동은 발달에 적합하고, 기능적이고, 아동의 적응능력 및 일상적인 경험에서의 즐거움과 성공과 독립성을 최대화하는 데 필요한 기술과 관련되어야 한다.
3. 아동 발달의 모든 영역(예: 의사소통, 사회-정서, 인지, 감각, 운동기능)은 상호관련성을 지니며 상호의존적이다. 진단과 교육의 노력은 이러한 관계를 반드시 고려해야 한다.
4. 모든 행동은 목적이 있는 것으로 인식되어야 한다. 행동의 기능은 의사소통, 정서 조절, 적응기술일 수 있다. 비관습적이거나 문제가 되는 행동을 보이는 아동을 위해서는 행동의 기능을 알아내고 정서 조절 능력을 강화하는 맥락 내에서 이러한 기능을 성취할 수 있는 좀 더 적절한 방법을 발전시키도록 지원하는 데 강조점을 두어야 한다.
5. 아동의 강약점에 대한 고유의 학습 프로파일은 사회 의사소통 및 정서 조절 영역의 능력을 촉진하기 위해 적절한 수정(교류 지원)을 결정하는 데 매우 중요한 역할을 한다.
6. 가정, 학교, 지역사회 환경에서의 자연적인 일과는 학습과 긍정적인 관계 개발을 위한 교육 및 치료 맥락을 제공해 준다. 이때 진보는 능력의 향상뿐만 아니라 매일의 경험과 일과에서의 적극적인 참여를 증진시키는지의 측면에서도 측정된다.
7. 아동 및 가족 구성원과의 긍정적인 관계를 형성하는 것은 전문가의 가장 우선적인 책임이다. 모든 아동과 가족 구성원은 예의와 존경으로 대우받아야 한다.
8. 가족 구성원은 자녀에 대한 전문가로 인정되어야 한다. 진단과 교육의 노력은 가족과의 협력 과정으로 인식되어야 하며, 가족과 합의를 이루고 협력 과정을 강화하기 위해서 가족 중심의 실제 원리가 존중되어야 한다.

4. 자폐 범주성 장애 아동 교육을 위한 SCERTS 모델의 일곱 가지 적용 지침

여기서는 SCERTS 모델의 실제적인 방법론을 정의하는 일곱 가지 적용 지침을 강조하고자 한다. 이 장의 나머지 부분과 이 책의 남은 장에서는 이상의 일곱 가지 지침에 대하여 좀 더 상세하게 설명할 것이다.

1. SCERTS 모델의 사회 의사소통 영역의 교수목표는 단순히 언어 및 구어 행동(예: 단어, 문법)을 가르치는 것이 아니라 모든 자연적 상황에서의 언어 및 의사소통의 기능성을 강조한다. 교육에 있어서의 1차적인 우선순위는 단순히 일련의 구어 행동을 가르치는 것이 아니라 자폐 범주성 장애 아동이 다양한 기능이나 목적을 위한 사회 의사소통 능력을 발달시키도록 도와주는 것이다. 의사소통의 구어 및 비구어 수단은 모두 의사소통 능력의 발달을 지원한다. 언어 및 의사소통 능력의 발달은 진행 중인 교육 및 삶의 경험 중 한 부분으로 통합되어야 하는데, 이것은 아동의 삶에 가장 크게 긍정적인 영향을 미치게 하기 위해서다.

2. 아동의 정서 조절과 그 정서 조절이 의사소통, 사회적 상호작용, 학습에 미치는 영향은 항상 고려되어야 하며, 각성 상태는 지속적으로 점검되어야 한다. 자폐 범주성 장애 아동의 정서 및 각성 조절상의 어려움은 주의집중 능력과 활동 수준에 해로운 영향을 미치게 되며, 따라서 결과적으로 사회적 상호작용과 사회-정서 발달에 있어서의 한계와 문제행동의 양상을 설명해 주기도 한다. 상호조절 및 자기조절 능력의 발달과 극심한 조절장애로부터의 회복 능력은 고도의 우선순위를 갖는 교수목표다. 즉, 아동은 독립적으로 잘 정리되고 조절된 상태를 유지하는 능력(자기조절)을 발달시켜야 하며, 정서 조절을 위해서 지원을 요청하거나 다른 사람의 노력에 반응하는 방법(상호조절)을 학습해야 하고, 극심한 조절장애 상태로부터 성공적으로 회복(극심한 조절장애로부터의 회복)할 수 있어야 한다.

3. 문제행동에 대한 접근은 사회 의사소통 프로그램과 전적으로 통합되어야 하며 아동의 정서 조절 문제의 정도를 이해함으로써 결정되어야 한다. SCERTS 모델은 문제행동을 정서 조절과 사회 의사소통의 더 큰 발달적 맥락 내에서 인식한다. 문제행동에 대한 긍정적 접근은 현재 자폐 범주성 장애 아동을 위해 권장되는 실제로 폭넓게 수용되고 있으며, SCERTS 모델은 이러한 철학과 완전히 일치한다. 정서 조절 어려움의 기저를 이루면서 문제행동을 일으키는 데 기여할 수도 있는 많은 요소가 SCERTS 진단 과정에서 체계적으로 진단된다. 그런 다음에 문제행동에 대한 의사소통적 대안이나 기능적으로 동등한 행동을 교수하는 등 문제행동을 다루는 임상적으로 타당화된 방법이 좀 더 폭넓은 정서 조절 계획의 한 부분으로 실행된다. 예를 들어, 아동은 저항하거나 거절하기 위해서, 정서 조절을 지원하기 위해서, 또는 사회적으로 바람직하지 않은 의사소통 수단을 습득하거나 사용하지 않기 위해서 사회적으로 수용 가능한 수단의 습득을 주요 교수목표로 갖게 된다. 또한 SCERTS 모델에서는 문제행동을 이해하고 설명하고자 시도할 때 파트너의 행동(교류 지원 영역의 한 부분인 대인관계 지원)과 그 행동이 정서 조절에 미치는 영향을 주의 깊게 조사한다.

4. 환경과 활동은 자폐 범주성 장애 아동을 위한 가장 우선적인 목표인 의사소통 시작하기를 격려하기 위해서 동기를 유발시키도록 구성되고 고안된다. SCERTS 모델에서는 계획된 활동 일과로부터 자연스럽게 발생하는 활동에 이르기까지 일련의 학습 맥락을 강조한다. 이러한 맥락에 따라 자폐 범주성 장애 아동이 사회적 통제감과 의사소통 자신감을 증진시킬 수 있도록 일상적인 활동 중에 의사소통과 언어 시작하기를 격려하는 교수전략을 우선시한다. 교류 지원 프로그램의 이러한 측면을 SCERTS 모델에서는 학습 지원이라고 칭한다. 따라서 환경과 활동은 의사소통과 사회적 참여 동기를 높이도록 구성된다. 예를 들어, 활동에는 선택하기 기회를 자주 포함시키고 공유된 상호적 상호작용과 활동 중에는 의사소통 시작하기를 격려하기 위해서 자연적인 일과 내 의사소통을 하게 하는 또 다른 기회와 필요를 만들어 낸다.

5. 교류 지원은 적극적이고 독립적인 활동 참여를 촉진하기 위해서 사용된다. 자폐 범주성 장애를 지닌 많은 아동은 사회적 활동에 참여하기 어려워하는데, 특히 일

관성과 예측 가능성이 낮은 덜 구조화된 학습 환경에서 더욱 그러하다. 이들에게는 생활의 일과 중에 일관성과 예측 가능성이 반드시 필요한데, 이것은 일관성과 예측 가능성이 정서 조절의 기초가 될 뿐만 아니라 그러한 일과가 아동 발달을 지원하는 주요 맥락이기 때문이다. 계획된 활동 일과와 좀 더 자연스러운 활동은 효과적인 학습 맥락으로, 그 안에서 동기와 일반화가 다루어질 수 있다. 교류적 대인관계 및 학습 지원은 아동이 활동의 목적을 이해하도록 도와주며, 이러한 지원은 필요한 경우 아동이 가능한 한 성공적이고 독립적으로 참여하도록 도와주는 안내의 역할을 해 준다. 사회 의사소통 및 정서 조절을 위한 교류 지원의 활용은 동기를 유발하고 적극적인 참여를 촉진하며 융통성을 개발하고 독립성을 증진시키는 데 효과적이다.

6. 또래와의 학습 및 놀이는 교육 및 사회적 학습의 필수적인 요소다. 또래와의 상호작용 및 긍정적인 관계 개발은 자폐 범주성 장애 아동에게 특별히 어려운 과제로 교육에서 다루어질 필요가 있다. 따라서 자폐 범주성 장애 아동은 교육 목표에서 유일한 초점이 되어서는 안 된다. 또래를 포함한 모든 파트너가 긍정적인 관계 지원하기라는 최우선적인 목표를 가지고 자폐 범주성 장애 아동과 좀 더 효과적으로 참여할 수 있도록 지원하기 위한 목표도 수립되어야 한다. 이러한 목표는 사회 의사소통뿐만 아니라 정서 조절의 구체적인 측면도 다루게 된다.

7. 전문가와 가족 간의 긍정적인 관계 개발은 성공적인 협력의 기초라 할 수 있다. 가족의 자신감과 신뢰감을 강화하기 위해서 상호 존중하는 관계를 개발하도록 우선적인 관심을 기울여야 한다. 그러면 이러한 관계가 아동의 발달을 촉진하는 데 긍정적인 영향을 미치게 된다. 대부분의 경우 가족은 아동의 발달에 가장 지속적으로 긍정적인 영향을 미치게 되며, 이러한 영향은 실제로 모든 활동과 상황에서 나타난다. 가족은 부모, 형제자매, 조부모 및 기타 친척을 모두 포함한다. 자폐 범주성 장애에게서 관찰되는 사회적 장애의 특성으로 인하여 가족은 아동을 위한 긍정적인 상호작용과 적극적인 학습 기회를 촉진하는 데 심각한 어려움을 경험하기도 한다. 따라서 가족은 아동의 발달을 지원하도록 고안된 모든 노력에서 필수적인 파트너로 간주된다. SCERTS 모델에서는 자폐 범주성 장

애 아동에게 하듯이 아동의 사회적 파트너의 행동을 긍정적으로 변화시키기 위해서 노력한다. 뿐만 아니라, 자폐 범주성 장애 아동이 지니는 사회적 어려움에도 불구하고 이들이 성인이나 또래와의 긍정적인 관계를 개발할 능력을 지녔다고 믿는다. 전문가-가족 간의 긍정적인 관계는 아동의 최적의 사회성, 의사소통, 정서 발달을 지원하고 양육자와의 생산적이고 협동적인 관계를 지원하는 결정적인 요소로 간주된다.

5. 아동을 위한 교수목표 정하기

SCERTS 모델을 실행할 때 아동과 그 파트너의 진보는 기능적이고 발달에 적합한 교수목표를 선택하고 그 변화를 측정함으로써 결정된다. 따라서 장단기 교수목표 선정은 교육 프로그램을 위한 기반과 초점을 제공해 준다.

1) 사회 의사소통, 정서 조절, 교류 지원: SCERTS 모델에서 교수목표를 정하고 우선순위화하기 위한 기초

SCERTS 모델에서는 자폐 범주성 장애 및 아동 발달과 관련된 가장 최신의 연구와 이론을 기초로 아동과 가족을 위한 프로그램 목표의 우선순위를 정하게 되는데, 이때 사회 의사소통 및 정서 조절의 발달적 측면과 다양한 교류 지원의 실행에 그 우선순위를 둔다. 그러므로 SCERTS 모델을 기반으로 종합적인 프로그램을 개발하거나 아동을 위한 기존의 프로그램을 수정할 때 다음과 같은 질문으로 시작한다.

1. 다양한 활동과 상황에 적극적으로 참여하고 적절하게 학습하기 위해서 아동이 필요로 하는 사회 의사소통 기술은 무엇인가? 그러한 참여를 지원하기 위해서 아동이 이미 가지고 있는 기술과 전략은 무엇인가? 이와 같은 질문에 답하기 위해서 구체적인 활동 및 상황에 대한, 그리고 아동의 사회 의사소통 능력(SCERTS 진단에서 알게 된)에 대한 설명이 필요하다. 그런 다음에 이들 질문에 대한 답은 SCERTS 모델 사회 의사소통 영역의 두 가지 주요 요소인 공

동관심 및 상징 사용에 있어서의 교수목표를 결정하게 해주는 기초 자료가 된다.

2. 매일의 활동이나 상황에서 아동의 정서 조절과 관련된 주요 문제를 다루고 사회적 참여 및 학습 가능성을 극대화하기 위해서 아동이 필요로 하는 정서 조절 능력은 무엇인가? 또한 아동이 특정 활동과 상황에 적극적으로 참여하고 혜택을 받을 수 있도록 조절장애를 예방하거나 최소화하기 위해서 이미 가지고 있는 정서 조절 전략(상호조절 및 자기조절)은 무엇인가? 아동이 좀 더 심한 조절장애를 경험할 때 그러한 상황으로부터 회복되기 위한 아동의 능력을 지원해 주는 가장 효과적인 전략은 무엇인가? 다시 한 번, 이 질문에 답하기 위해서는 특정 활동이나 상황에 내재된 문제와 함께 아동의 정서 조절 전략 및 능력(SCERTS 진단에서 알게 된)을 고려해야 한다. 그런 다음에 이들 질문에 대한 답은 극심한 조절장애로부터의 회복을 포함해서 SCERTS 모델 정서 조절 영역의 두 가지 주요 측면인 상호조절 및 자기조절에 있어서의 교수목표를 결정하게 해 주는 기초 자료가 된다.

3. 사회 의사소통 및 정서 조절과 학습을 강화하기 위해서 아동은 현재 어떤 교류 지원(또래 지원을 포함하는 대인관계 지원, 학습 지원)으로부터 혜택을 받고 있거나 혜택을 받을 가능성이 있는가? SCERTS 진단과 SCERTS 진단-질적 지표(SAP-Q)를 구성하는 세 가지 평가척도(이 책의 부록에 수록되어 있음)를 통해 알게 된 아동에게 이미 주어지고 있는 지원은 무엇인가? 마지막으로 가족(가족 지원)과 전문가(전문가 간 지원)에게 제공될 수 있는, 즉 이들이 아동과 함께하고 아동의 발달을 지원하는 데 가장 도움이 될 수 있는 지원은 무엇인가?

결과적으로, 팀이 특정 교수목표를 다루기 위해서 새로운 활동을 계획하고 일상적인 활동을 수정할 때 SCERTS 모델의 모든 주요 영역(사회 의사소통, 정서 조절, 교류 지원)은 상황과 파트너를 고려하여 통합적이고 종합적인 방법으로 다루어지게 된다. SCERTS 진단 요약지의 마지막 두 쪽에 해당되는 프로그램 계획 부분([그림 1-1] 참조)과 SCERTS 활동 계획서([그림 1-2] 참조)는 모델의 각 영역이 전반적인 프로그램과 아동을 위한 구체적인 활동 안에서 어떻게 다루어질 수 있는지를 보여 주기 위해서 고안되었다. (1권의 부록에 복사 사용이 가능한 양식으로 수록되어 있으며, 작성 예시는 이 책의 5~7장의 사례에서 보여 준다).

SCERTS 주간 교수목표의 우선순위

아동: 사회 의사소통 및 정서 조절 목표	파트너: 교류 지원 목표
1.	1.
2.	2.
3.	3.
4.	4.
5.	5.
6.	6.
7.	7.
8.	8.

[그림 1-1] SCERTS 진단 요약지의 프로그램 계획 부분

(각 의사소통 단계에서 사용할 수 있는 원본 크기의 양식은 1권의 부록 A에 제시되었다. 작성된 양식의 예는 2권의 5~7장에서 소개하고 있다.)

후속 진단 - 주요 결과 또는 기타 권고사항

활동 계획
SCERTS 활동 계획서를 사용할 핵심 활동
☐ 오전 일정 ☐ 오후 일정

가족 지원 계획			
교육 지원		정서 지원	
활동	얼마나 자주 (제공 빈도)	활동	얼마나 자주 (제공 빈도)

전문가와 서비스 제공자를 위한 지원 계획			
교육 지원		정서 지원	
활동	얼마나 자주 (제공 빈도)	활동	얼마나 자주 (제공 빈도)

[그림 1-1] 계속

SCERTS 활동 계획서

이름: ______________ 의사소통 단계: ______________ 날짜: ______________ 페이지: _______

팀 구성원 및 파트너						
	활동					
	시간					
	사회적 복잡성					
	집단 크기					
	팀 구성원 및 파트너					
주간 아동 목표						
주간 파트너 목표						
교류 지원 샘플						

지침: 왼쪽 상단의 팀 구성원 및 파트너 칸에 각 구성원이나 파트너의 수 또는 이름 약자를 기록한다. 그 아래 주간 아동 목표 및 주간 파트너 목표 옆의 빈 칸에 아동의 주간 사회 의사소통 및 정서 조절 목표와 파트너의 교류 지원 목표를 기록한다. 활동 계획 하단에 각 제목에 따라 칸마다 활동과 시간, 사회적 복잡성 측면에서의 비율, 집단 크기, 활동에 참여하는 팀 구성원이나 파트너의 수 또는 이름 약자를 간단히 기록한다. 다음으로, 각 활동에서 초점을 둘 목표를 모두 표시한다. 마지막으로 각 활동에서 사용할 교류 지원 샘플에 대해 간략하게 기록한다.

[그림 1-2] SCERTS 활동 계획서

(각 의사소통 단계에서 사용할 수 있는 원본 크기의 양식은 1권의 부록 A에 제시되었다. 작성된 양식의 예는 2권의 5~7장에서 소개하고 있다.)

적절한 발달목표의 결정은 가장 중요한 과정 중 하나로 아동을 위한 프로그램의 기초를 형성한다. 교수목표는 아동이 무엇을 배우고 파트너가 어떻게 아동을 지원할 것인가에 대한 일반적인 서술이며 진보를 측정하는 데 사용되는 기준이다. 또한 이것은 개별화 교육 프로그램(IEP)에서 벤치마크(benchmarks)로 불린다. 그러나 진정한 의미에서의 발달적 진보를 측정하기 위한 기준을 분명하게 하기 위해서는 학습이 무엇인지 정의해야 한다.

2) 학습이란 무엇인가?

SCERTS 모델에서는 학습을 다음과 같이 정의한다. 학습은 아동이 자신이 습득한 기술 또는 일련의 기술을 사람, 장소, 환경에 따라 적절한 방식으로 적용할 수 있을 때 발생한다. 이 정의의 핵심은 아동이 활동과 생활 중 일과 및 사건에 대한 기술의 관련성을 개념적이고 조작적으로 점점 더 많이 이해하게 된다는 것이다. 궁극적인 목표는 아동이 자신이 습득한 기술을 가능한 한 독립적으로 언제 어떻게 사용하는지를 알게 하고 이러한 기술을 활동 중에 기능적인 형태로 지속적으로 적용하게 하는 것이다.

3) 아동을 위한 교수목표는 어떻게 선택하고 결정하는가?

교수목표는 활동 선정과 구상을 도와주고 아동의 생활 중에 이미 진행되고 있는 중요한 활동의 수정을 요구하기도 한다. 교수목표는 또한 개발하고 실행해야 할 필요가 있는 교류 지원의 형태를 결정해 주기도 한다. SCERTS 모델은 교수목표를 결정하기 위해서 (1) 기능성, (2) 가족의 우선순위, (3) 발달적 적합성 등의 세 가지 주요 기준을 적용한다.

(1) 교수목표는 기능적이어야 한다

이 기준과 관련해서 가장 우선적인 질문은 '이 기술이 아동의 삶에 어떤 변화를 가져다줄 것인가?'와 '아동은 무엇을 위해서 이 기술을 학습하고 있는가?'이다. 관련 질문은 '왜 이 활동이 학습 맥락으로 사용되고 있는가?'이다. 1권에서도 설명하였듯이, SCERTS 모델은 아동이 주요 학습 맥락이 아닌 다른 상황에서 어떻게 기술을 사용해야 하는지를 알게 될 것이라는 또는 이 기술이 앞으로 언젠가는 아동에게 도움이 될 것이라는 희망을 가지고 '준비기술'을 가르치는 모델이 아니다. 예를 들어, 많은 프로그램에서 공통적으로 가르치는 준비기술인 짝짓기 기술(예: 모양이나 색깔 짝짓기)의 경우 SCERTS 모델에서는 이야기나누기 시간이나 가정에서의 의미 있는 활동에서의 짝짓기와 같이 학교나 기타 환경 내 활동 중 아동의 적극적인 참여를 지원하는 것과 직접적으로 관련될 때에만 가르친다. 이러한 능력의 좀 더 기능적인 사용의 예로 그림 상징을 기능적인 사물과 짝짓는 기술을 들 수 있는데, 이러한 기술은 사회 의사소통 교수목표를 다루기 위해서 의사소통 책에 상징을 추가하기 전에 그 상징에 익숙해지도록 도와줄 수 있다. 또한 로또(Lotto) 게임 중에 이루어지는 사진과 친구 짝짓기는 또래와 놀이하기 학습이라는 대인관계 지원 목표를 다루게 된다.

(2) 교수목표는 가족의 우선순위를 고려해야 한다

기능성 문제와 관련해서 선정된 교수목표가 부모 및 기타 가족 구성원의 우선적인 관심 및 가치관과 일치하는가를 고려해야 한다. 다시 말해서, 아동을 위한 잠재적인 교수목표가 가족의 삶에서, 또한 가족 구성원의 시각으로 볼 때 아동을 향한 목표, 희망, 꿈과 관련해서 얼마나 중요한지를 질문하는 것이다. 지금까지의 경험으로 미루어 볼 때 감정 표현하기, 잘 조절된 정서적 상태 유지하기, 부모와 학교에서의 사건이나 친구에 대한 경험 나누기, 다른 아동이나 그 가족과 의사소통하고 함께 놀이하기 등의 교수목표는 부모가 관심을 보이는 전형적인 우선순위 교수목표의 예라고 할 수 있다.

그러나 때로는 부모가 우선순위라고 생각하는 교수목표가 부모에게는 기능적으로 보일 수 있지만 좀 더 자세히 살펴보면 기능적이 아닐 수도 있다는 사실을 주목할 필요가 있다. 예를 들어, 어떤 부모는 교수목표로 단순하게 기계적인 학습(기계적인 방식으로 높은 단위의 수까지 세기, 철자 외우기, 단어카드 읽기, 질문 목록에 따라 역사 지식과 같은 기계적으로 학습한 사실 말하기)과 관련된 능력에 관심을 보이기도 한다. 그러나 이러한 교수 과정에서는 아동이 단어나 사실에 대하여 그 의미를 이해하도록 도와주는 데에는 거의 관심을 기울이지 않을 수 있다. 그러한 경우 가족 지원의 교육적 측면의 한 부분으로 부모와 이야기를 나누어 볼 필요가 있다. 어떤 부모는 그러한 기술이 피상적인 능력만을 제공한다는 사실을 이해하지 못하고 있을 수도 있는데, 특히 교수 상황과 동일하게 기계적으로 학습한 기술을 수행하는 장면에서 진보 측정이 이루어지는 경우에는 더욱 그러하다. 실제로 이러한 기술은 아동의 기능적인 학습이나 통합된 지식에는 기여하지 못하며, 따라서 아동의 삶에 긍정적인 영향을 거의 미치지 못한다. (기계적으로 학습한 기술 중에는 집 주소나 전화번호 외우기와 같이 아동에게 기능적인 기술도 있다는 사실을 인지할 필요가 있다.)

(3) 교수목표는 발달적으로 적합해야 한다

교수목표 선정의 마지막 기준은 다음과 같은 질문을 다룬다. '교수목표가 아동이 보이는 사회 의사소통(예: 언어, 놀이) 발달상의 능력, 정서 조절 능력, 사회적 및 인지적 이해력에 비추어 볼 때 적절한가?' 발달을 기초로 하지 않는 접근에서 흔하게 볼 수 있는 가장 보편적인 문제 중 하나는 목표로 하는 기술이 여기서 언급한 모든 영역에서 아동의 발달 수준에 심각하게 못 미치거나 지나칠 수도 있다는 것이다. 실제로, 자폐 범주성 장애 아동은 지나치게 도전적이거나 충분히 도전적이지 못한 활동 또는 교수목표에 대해서 금방 익숙해지곤 한다. 활동이나 교수목표가 아동의 발달상 능력에 비해 지나치게 높거나 낮은 경우 다음과 같은 문제가 발생한다.

1. 아동은 지루해하거나 반대로 너무 어렵고 스트레스를 받아 활동을 거부하거나(예견된 회피) 활동을 피하려고 시도하게 된다.
2. 동기가 부족하여 학습을 위한 적절한 수준의 각성 상태를 유지하는 데 문제가 생긴다.
3. 아동은 사회적 파트너에게 관심을 옮기거나 자신이 할 수 있는 정도로 적절하게 다른 사람들을 대하기보다는 내적으로(예: 비디오, 노래 등의 내적인 세상에) 사로잡히거나 집중할 수도 있다.
4. 아동으로 하여금 자신의 언어 이해력이나 개념 능력보다 높은 수준으로 언어나 학업 과제에 반응하도록 요구하면 제시되는 정보를 거의 이해하지 못한 채로 기계적인 암기 전략에 의지할 수도 있다. 기계적으로 암기해서 반응하는 것은 실제로 학습의 가치는 거의 없이 발달 진보에 대한 잘못된 그림을 보여 주게 된다.

5. 궁극적으로, 아동은 활동이나 사건과 관련된 부정적 정서 기억을 발달시키게 되며, 이후에 아동을 참여시키려는 노력은 활동 거부 또는 활동으로부터 떠나거나 회피하고자 하는 지속적인 시도 등의 부정적인 반응을 유도하게 될 것이다.

SCERTS 모델에서의 교수목표는 다양한 상황 및 파트너에 걸친 아동의 사회 의사소통 및 정서 조절 능력에 대한 종합적인 진단인 SCERTS 진단으로부터 도출되기 때문에 발달적인 근거를 지닌다. 교수목표를 정하기 위한 발달적 근거는 아동 발달에 대한 연구결과와 함께 자폐 범주성 장애 아동의 발달 양상에 대한 연구결과를 기반으로 한다(1권의 2장, 3장, 4장 참조). SCERTS 모델에서의 교수목표는 SCERTS 진단에서 사용되는 세 가지 발달 단계, 즉 사회적 파트너, 언어 파트너, 대화 파트너(발달단계에 대한 상세한 내용은 1권의 2장 참조)에 따라 제시된다.

SCERTS 모델은 단순히 기술의 다양한 목록을 가르치기보다는 내재된 능력상의 발달적 변화를 지지하는 데 초점을 맞춘다는 사실을 기억해야 한다. 따라서 다른 무엇보다 더 중요한 장기목표는 아동이 공동관심 및 상징 사용 능력에 있어서 사회적 파트너에서 언어 파트너를 거쳐 대화 파트너 단계로 이동할 수 있도록 지원함과 동시에 정서 조절 능력을 강화하고 확장하도록 지원하는 것이다. 1권에서 이러한 것들을 사회-정서 성장 지표(Social-Emotional Growth Indicators)로 설명하였으며 아동의 (1) 행복감, (2) 자아의식, (3) 타인의식, (4) 적극적인 학습 및 조직화, (5) 융통성 및 회복력, (6) 협력 및 행동의 적절성, (7) 독립성, (8) 사회적 소속감 및 우정을 목표로 하고 측정하는 것으로 조작적 정의를 내렸다.

4) 어떤 상황에서 교수목표를 다루어야 하는가?

'어떤 상황에서 교수목표를 다루어야 하는가?'라는 질문에 대한 이상적인 대답은 '모든 상황'이다. SCERTS 모델은 가정, 학교, 지역사회에서 목표를 세우도록 고안되었다. 실제로, 교수목표는 아동이 가장 자주 경험하고 서비스가 제공되는 상황에서 표적이 되고 그 진보가 측정된다. 어느 정도는 아동의 연령이나 아동이 프로그램에 들어오기 전에 이미 결정된 활동 스케줄(예: 보육, 유치원, 학교)에 따라 결정되기도 한다. 예를 들어, 가정이나 개인치료실(예: 언어치료실, 작업치료실)에서 서비스를 받는 아주 어린 아동의 경우 전문가와 부모는 활동과 스케줄을 선택하고 계획하는 데 통제권을 지닌다. 그러나 아동이 유치원에 입학하고 계속해서 학교에 진학하게 되는 경우에는 일반적으로 아동이 속한 집단에서 성공적으로 참여하도록 학습하기를 기대하게 되므로 활동을 개별화하기가 어려워진다. 이러한 경우 유치원이나 초등학교 교육과정의 교수목표는 아동 프로그램의 중요한 부분이 되며, 이러한 좀 더 복잡한 사회적 상황은 사회 의사소통, 정서 조절, 교류 지원의 좀 더 진보된 목표를 위한 기회를 제공해 준다. 그러나 SCERTS 모델에서는 학교 교육과정의 교수목표와 자폐 범주성 장애 학생을 위해서 그러한 목표를 다루도록 선택된 특정 활동이 세 가지 교수목표 선정기준(기능성, 가족의 우선순위, 발달적 적합성)에 부합해야 한다. SCERTS 모델 교육과정에서 선정된 교수목표는 학교 교육과정, 가족의 우선순위, 아동의 기능적 요구에 따라 개별화된 목표로 적용될 수 있도록 융통성 있게 고안된다.

5) 활동 중 복수의 교수목표를 다룰 수도 있다

교수목표를 선정함에 있어서 SCERTS 모델이 다른 교육 접근과 분명하게 대조적으로 구분되는 또 다른 점은 모든 활동이 모델의 사회 의사소통, 정서 조절, 교류 지원 영역에 따른 복수의 목표를 세우고 복수의 기술을 대상으로 한다는 것이다. 이것은 단독 기술을 분리해서 그러한 특정 분리된 기술에 초점을 맞추는 훈련 지침을 고안하는 접근과는 대조적이다. SCERTS 모델에서는 활동이 수용언어, 표현언어, 눈 맞춤, 짝짓기, 동작 모방 등과 같은 분리된 기술이나 단독 기술 영역에만 초점을 맞추도록 고안되지 않는다. 의미 있는 활동에 성공적으로 참여하기 위해서는 대부분의 이러한 기술을 필요로 하는 것이 사실이다. 그러나 아동이 매일의 활동에서 성공하기 위해서는 병합된 기술을 가장 많이 필요로 한다. 따라서 활동은 두 개에서 네 개의 주요 목표를 다루게 되며 그 각각의 목표에 대한 진보를 측정하게 된다. 예를 들어, 요리활동은 사회 의사소통(예: 요청에 따라 선택하기, 관찰한 후 설명하기), 정서 조절(예: 활동 중 주어지는 다양한 순서에 적극적으로 참여하기, 도움 청하기, 휴식을 요구하고 필요한 경우 활동으로 복귀하기), 교류 지원 활용하기(예: 활동의 논리적인 단계를 수행하기 위해서 그림카드 사용하기, 또래와 차례 주고받기)를 주요 목표로 지닌다. 각각의 기술을 별도로 적용하는 것이 아니라 이와 같은 기술들을 병합하는 것이 가장 높은 수준의 능력과 독립성을 가져다준다. SCERTS 모델에서는 활동과 생활 일과에 대한 이해와 적극적이고 성공적인 참여가 일련의 기술을 분리해서 가르친 후에 합치는 것보다 더 중요하다고 믿는다. 아동의 생활 맥락에서의 활동 및 사건의 의미와 함께 병합된 기술들이 어떻게 그러한 사건에 대한 아동의 이해와 참여를 지원하는지가 최우선순위를 지닌다.

6. 학습을 위한 교류 지원: 학습 맥락

활동 설계와 대인관계 및 학습 지원의 선정 및 효과적인 사용은 아동이 우선순위 교수목표를 성취하도록 그 진보를 지원하는 데 중요한 역할을 한다.

1) 활동 설계를 위한 일반적 지침

활동은 좀 더 다양한 자연적인 활동과 맥락에서의 학습 지원을 통하여 매일의 일과에서 성공적이고 독립적이 되도록 지원하기 위하여 설계된다. 아동이 회피하거나 집중하지 않는 등 잦은 문제행동을 보이면서 활동 중에 갈등을 겪고 있다면 그것은 아마도 부분적으로는 활동에 친숙해지고 성취에 필요한 기술을 개발하기 위해서 좀 더 많은 연습을 필요로 하기 때문일 수 있다. 또한 정서 조절과 참여를 강화하기 위한 시각적 지원과 환경 수정 등의 적절한 교류 지원을 필요로 할 수도 있다.

SCERTS 모델은 자폐 범주성 장애 아동의 발달을 지원하기 위한 주요 방법으로 활동 중심 학습을 사용한다. 활동은 아동의 교수목표와 발달 능력을 근거로 개발되며 하루 전반에 걸쳐 체계적으로 제공된다. 계획된 활동 일과와 같은 좀 더 구조화된 활동이 자연적 일과 및 활동 중의 학습 기회와 함께 병행된다. 프로그램 내용, 교수목표, 교수전략, 연습의 강도는 SCERTS 진단 결과, 기타 개별화된 발달진단, 아동의 강점과 학습 스타일, 양육자가 말하는 아동과 가족의 요구를 기반으로 결정된다. 학습을 위한 활동은 다른 아동과의 공동 활동 및 상호작용에 강조점을 두고 일대일, 소집단, 대집단 등 일련의 연속적인 상황을 포함하는 매일의 환경에서 자연적으로 발생하는 활동과의 관련성을 근거로 선정된다. 기술은 사람, 장소,

상황에 따라 교수되고 유지되는데, 이때 아동의 학습 강점 및 흥미에 초점을 두고 내적으로 동기를 유발하는 활동과 자연적인 후속결과를 제공하는 데 초점을 맞춘다.

활동은 계획된 활동 일과 및 설계되고 수정되고 자연적으로 발생하는 사건 모두를 포함하는데, 이들은 기술의 발달과 연습을 지원하고 하루 중 다른 시간에 발생하는 아동의 자연적인 일과와 직접적으로 관련되거나 또는 그 일과에 삽입된 활동을 이해시키기 위한 목적으로 하루 전반에 걸쳐 사용된다. 활동이 의미 있고 목표 지향적이기 위해서는 학습 맥락 또는 아동이 가장 잘 학습하는 형태의 상황에 대해서 주의 깊게 고려해야 한다. SCERTS 모델에서는 이러한 접근을 MA & PA 접근이라 하며, 다음 부분에서 자세히 설명하였다.

2) 학습 활동 선정 및 설계를 위한 MA & PA 접근

SCERTS 모델은 개별화된 활동을 설계하고 매일의 활동이 아동에게 동기를 부여하고 기능적이도록 수정하는 데 많은 노력을 기울인다. 여기서는 이러한 노력을 의미 있는 활동(meaningful activities)과 목표 지향적인 활동(purposeful activities)을 의미하는 MA & PA 접근으로 칭한다. MA & PA 접근을 개발하기 위해서 Diane Bricker와 동료들의 활동 중심 중재(activity-based intervention)(Bricker & Cripe, 1992; Bricker, 1998; Pretti-Frontczak & Bricker, 2004)와 Lee McLean과 동료들의 공동행동(joint action) 또는 공동활동일과(joint activity routines)(Snyder-McLean, Solomonson, McLean, & Sack, 1984)를 참조하였다. 또한 자폐 범주성 장애 아동을 위한 일관성 및 예측 가능성의 혜택(Prizant, 1982), 활동 내 구조화 및 융통성의 필요성, 자폐 범주성 장애 아동의 학습 강약점에 대한 이해의 기반이 되는 시각적 및 중다감각적 학습의 중요성 등에 대한 지식(상세한 내용은 1권의 4장 참조)을 참조하였다. 활동 및 교류 지원을 사용하기 위한 주의 깊은 계획은 MA & PA 접근의 기본적인 특성이다.

MA & PA 접근은 대부분의 '학습'이 의미 있는 활동에서 분리된 채로 기술을 반복적으로 훈련시킬 때 발생하는 기술 중심의 접근과는 분명하게 다르다. 연구결과뿐만 아니라 그동안의 경험으로 비추어 볼 때 초기부터 좀 더 자연적인 접근을 사용하지 않는 기술 중심의 접근은 자폐 범주성 장애 아동이 자신의 경험을 의미 있게 만들고 상황과 파트너에 따라 학습한 내용을 융통성 있게 적용하지 못하는 문제를 악화시킨다. 그러나 순수하게 자연적인 학습 기회를 사용하고 아동의 주도를 따르는 것 또한 거의 불가능한 것이 사실이다. 따라서 활동을 설계하고 수정함에 있어서 곧 설명하게 될 일련의 자연스러움의 정도에 대해서 생각해 보는 것이 유용할 것이다.

(1) SCERTS 모델에서는 왜 MA & PA 접근을 사용하는가?

SCERTS 모델은 다음과 같은 이유로 MA & PA 접근을 사용한다.

1. 자폐 범주성 장애 아동은 경험의 의미를 이해하고 새로운 경험을 다루고 적응하기 위해서 이전의 경험을 반영하는 데 어려움을 경험하곤 한다. 따라서 이들은 매일의 생활 중에 이미 발생하고 있거나 발생하게 만들 수 있는 의미 있는 활동에서의 지원을 필요로 한다.
2. 아동 발달 관련 연구에 의하면, 아동은 삶의 경험을 사건과 일과를 중심으로 이해하고 이러한 사건과 일과 내에서 의미 있는 기술을 가장 효율적으로 학습한다. 그러나 간식시간에 그림 체계를 사용해서 요구하기를 학습하거나 또는 체육시간에 운동기술을 연습할 기회 마련하기와 같이 반복적인 연습을 필요로 한다면, 그러한 연습은 자연적으로 발생하는 활동뿐만 아니라 계획된 활동 일과 내에서 함께 이루어지게 할 수 있다. 이러한 방법을 사용한다면, 반복과 연습의 필요성은 의미 있는 맥락 밖에서 기계적이고 비기능적인 연습 일과에 의존하지 않고도 충족될 수 있다.
3. 의미 있고 목표 지향적인 활동은 그 정의에서 알 수 있듯이 아동의 생활 일과 속으로 병합되며 따라서 다양한 상황에서 좀 더 쉽게 반복될 수 있다. 분리된 기술 훈련에 초점을 맞춘 활동은 아동의 하루 일과 중 다양한 상황에 쉽게 병합되기 어렵다.
4. 대부분의 활동은 자연스러운 논리적 순서와 함께 분명한 시작과 끝을 지니며, 반복적인 기술 훈련보다 융통성을 적용하기에 좀 더 많은 기회를 지닌다. 많은 활동은 또한 요리활동에서의 단계나 친구와의 보드게임에서와 같이 완료를 향한 진행을 알게 해 주는 자연스럽고 구체적인 단서를 제공한다.
5. 활동은 적극적인 학습과 참여를 위한 기회를 제공할 가능성이 높다. 또한 좀

더 자연적인 활동에서는 다른 아동이나 형제자매의 참여도 쉽게 이루어질 수 있다.

6. 활동은 활동에 참여하는 장애가 있거나 없는 아동 및 성인 파트너를 포함한 모두에게 동기를 유발하기 쉽다.

(2) MA & PA 접근에서의 자연스러움의 정도

MA & PA 접근에서는 최소한에서부터 최대한에 이르는 네 단계의 자연스러움의 정도가 있으며, 다음과 같다.

1. 계획된 활동 일과
2. 설계된 활동과 환경
3. 수정된 자연적 활동과 환경
4. 자연적으로 발생하는 사건과 환경

이상의 자연스러움의 정도는 프로그램에서 좀 더 자연적인 활동 구조로 이동하기 전에 계획된 활동 일과부터 시작해야 한다는 등 엄격한 위계적인 순서를 의미하지는 않는다. 많은 또는 모든 단계가 동시에 발생할 수 있는데, 이들은 아동의 프로그램 내에서 중복되지만 약간 다른 목적을 지니기도 한다. [그림 1-3]은 이러한 연속성을 보여 주고 있으며, 〈표 1-1〉은 각 단계에 대해서 좀 더 자세히 설명하고 있다.

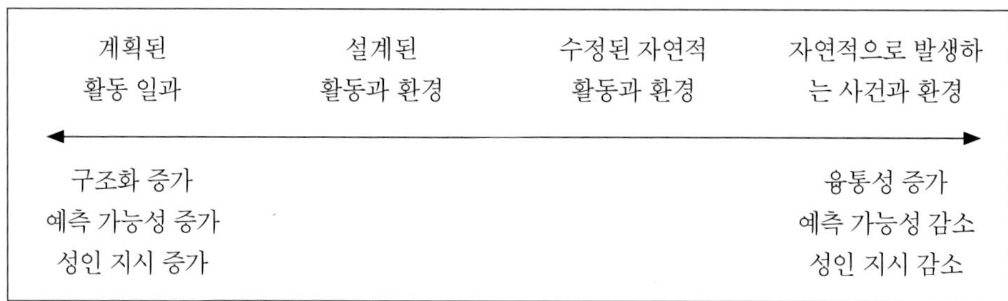

[그림 1-3] SCERTS 모델 MA & PA 접근의 활동 내 자연스러움의 연속체

〈표 1-1〉 SCERTS 모델 MA & PA 접근의 활동 내 자연스러움의 단계

단계	설명	목표
계획된 활동 일과	계획된 활동 일과는 일과와 활동을 처음으로 경험하게 하고 특정 기술 또는 일련의 기술을 학습하게 하는 복수의 학습 기회를 통하여 구체적인 기술을 가르치는 것을 목표로 한다. 기술은 하루 중 다른 시간에 자연적으로 발생하는 일과를 직접적으로 지원하는 경우에만 목표로 수립된다.	• 현재의 또는 앞으로의 자연적이거나 수정된 일과 중에 사용될 수 있도록 기술 학습 및 연습을 돕는다. • 다양한 상황에서 기능적인 기술을 학습하고 적용하도록 복수의 기회를 제공한다. • 기존의 자연적인 일과의 한 부분으로 사용되는 일련의 기술 중 비교적 약점이라고 확인된 기술의 연습을 돕는다. • 독립적으로 작업하고 일련의 관련 과제를 차례로 수행하고 최소한의 성인의 도움으로 전학문 기술이나 학업 과제를 완수하는 방법을 가르친다.
설계된 활동과 환경	설계된 활동과 환경은 아동의 삶 속에서 자연적으로 발생하지 않을 수도 있지만 일관성 있고 친숙하고 예측 가능한 형태를 제공하기 위해서 고안되는 학습 활동을 의미한다.	• 아동이 기술을 연습하고 유지할 수 있도록 일관성 있고 친숙하고 예측 가능한 일과를 제공한다. • 아동이 자연적으로 발생하는 활동과 유사한 활동에 친숙해지고 그 느낌과 의미를 알 수 있도록 돕는다. • 아동이 하루 및 한 주간에 걸쳐 반복되는 예측 가능한 활동의 복수 기회를 통해서 사건을 이해하고 그러한 사건 내에서의 기술을 습득하도록 돕는다.
수정된 자연적 활동과 환경	최적의 참여를 지원하기 위해서 사회 의사소통 및 정서 조절을 위한 지원을 추가함으로써 아동의 삶의 일과로 이미 존재하고 있는 자연적인 일과, 활동, 환경을 수정한다.	• 아동이 성취를 경험하는 데 심각한 문제를 보이는 경우 성취를 지원하기 위해서 자연적인 활동에 상당한 변화를 가한다. • 궁극적인 목표는 아동의 적극적인 참여를 지원하면서 활동 또는 상황의 원래 모습을 유지하는 것이다.
자연적으로 발생하는 사건과 환경	자연적으로 발생하는 사건과 환경은 아동과 그 가족의 삶 속에 이미 존재하는 장소와 활동 내에서 발생하는 학습 기회를 의미한다.	• 추가적인 지원 없이도 자연적인 후속결과와 동기만으로 가장 자연적인 학습 기회를 제공한다. • 다른 아동들이 대상아동에게 자연적인 지원을 제공하지만 그러한 지원이 성인에 의해서 계획되거나 촉진된 것은 아니다.

주: 이상의 자연스러움의 단계는 프로그램에서 위계적인 순서를 의미하지는 않는다. 모든 단계는 동시에 발생할 수 있지만, 아동의 전반적인 프로그램 내에서 서로 다른 목적을 지닐 수 있다.

① 계획된 활동 일과

계획된 활동 일과는 특정 기술 또는 일련의 기술을 학습하기 위한 복수의 기회를 통하여 특정 기술 교수를 목표로 한다. 기술은 하루 중 다른 시간에 자연적으로 발생하는 일과를 직접적으로 지원할 때에만 선정된다. 계획된 활동 일과는 특정 기술을 효과적으로 학습하고 적용하기 위해서 개별화 교수 및 반복을 좀 더 심도 있게 필요로 하는 아동을 위해서 하루 전반에 걸쳐 병합될 수 있다. 이러한 학습 일과는 순서가 이미 정해져 있는 고정된 교육과정의 한 부분인 분리된 기술을 가르치기 위한 것이 아니며, 의미가 전혀 없는 활동을 수행하게 하기 위한 것도 아니다. 그러나 처음에는 사건 내에서의 독립성보다는 지원된 기술을 습득하고 연습하는 데 더 초점을 맞춘다. 따라서 이 단계에서는 촉진 및 시범을 통한 안내된 참여 또는 시각적 지원의 사용 등 높은 수준의 지원이 제공된다. 계획된 활동 일과는 다음과 같은 경우에 특별히 유용하다.

1. 현재 또는 앞으로 다가올 자연적이거나 수정된 일과 내에서 사용되어야 하는 기술의 학습 및 연습　계획된 시간에 미리 동작 모방을 가르치고 연습시킨 후 이후의 이야기나누기 시간의 '머리, 어깨, 무릎, 발' 노래에서 적용하게 한다.
2. 다양한 상황에서 기능적인 기술을 학습하고 적용하도록 복수의 기회 제공　학급에서 '안녕'이라는 발성 모방과 인사하기 기술로 친구와 하이파이브 손짓을 연습하는 사회적 파트너 또는 초기 언어 파트너 단계에 있는 아동에게 복도에서 친구를 만날 때마다 배운 기술을 적용하게 한다. 대화 파트너 단계의 아동은 계획된 활동 일과의 연습에 메뉴를 보고 음식 주문하기 학습을 포함시킬 수도 있다.
3. 이미 형성된 자연적인 일과의 한 부분으로 사용되는 일련의 기술 중 비교적 약점이라고 확인된 기술 연습　약점이라고 확인된 기술의 경우 아동이 좀 더 자연적인 일과 내에서 독립적으로 수행하기 위해서는 성공적인 기술 습득을 위한 자연적인 활동 밖에서 추가적인 다수의 연습 기회를 필요로 한다. 예를 들어, 언어 파트너 단계에 있는 아동의 경우, 계획된 활동 일과 중 연습은 소집단 활동에서 "다음은 누가 해 볼까?"라는 질문에 반응하기 위한 손들기 기술을 포함할 수 있다. 대화 파트너 단계 아동의 경우, 계획된 활동 일과 중 연습은 교실에서 요리하기 집단 활동에 필요한 음식을 준비하는 2~3단계 순서 설

명하기를 포함할 수 있다. 계획된 활동 일과는 또한 아동이 독립적으로 작업하고 일련의 관련 과제를 차례로 수행하고 성인의 최소한의 도움만으로 전학문 기술이나 학업 과제를 완수하도록 가르치는 데 유용하다.

② 설계된 활동과 환경

MA & PA 접근의 다음 단계에서는 아동의 삶에서 자연스럽게 발생하지 않을 수도 있는 활동과 환경이 개발될 수도 있는데, 이것은 아동에게 일관성 있고 예측 가능하고 친숙한 일과를 제공함으로써 기술을 연습하고 유지하며 자연적으로 발생하는 사건과 유사한 사건의 느낌과 의미를 습득하게 해 준다. 친구모임(Circle of Friends)이나 우정모임(Friendship Groups) 등의 사회적 기술 집단 활동을 예로 들 수 있다. 설계된 활동과 환경에서는 발달적으로 적합한 기술이 관계 개발의 맥락에서 좀 더 일관성 있게 연습될 수 있는데, 이것은 참여에 대한 사회적 기대와 활동 목표가 상대적으로 분명하기 때문이다. 더욱이 이러한 활동은 설계되는 것이기 때문에 필요할 때 아동은 성인 파트너로부터 분명한 교수 피드백과 일관성 있고 지속적인 반응을 제공받을 수 있다. 습득한 기술을 적용함에 있어서 아동은 활동이나 사건의 목적을 이해할 때 또는 아동과 파트너가 모두 다양한 사람, 장소, 상황에 따른 성과를 예측할 수 있을 때 의사소통적 시도와 자신감을 더 쉽게 보인다. 사건에 대한 이해와 그 사건 내에서의 기술 사용은 매일 또는 주 단위로 계획되고 반복되는 예측 가능한 복수의 활동 기회를 통해서 확실해진다. 이러한 활동 중에 사용되는 교수자료는 자연적으로 발생하는 환경에서의 자료와 매우 유사하거나 동일해야 한다. 예측 가능한 환경의 설계를 통해서 아동의 인지적 능력이 기술의 학습 및 응용에 좀 더 효율적이고 효과적으로 적용될 수 있으며, 참여의 목적을 이해하게 해 준다.

활동과 환경의 설계는 처음에는 교사와 부모에게 아동의 삶에 새로운 경험과 사건을 소개하도록 요구하는데, 이러한 활동과 환경은 정기적으로 발생한다는 기대를 할 수 있을 정도로 충분한 규칙성과 일관성을 가지고 계획된다면 시간이 지남에 따라 아동의 일과의 자연스러운 한 부분이 될 수 있다. 예를 들어, 사회적 파트너 또는 언어 파트너 단계의 아동에게 있어서 친구모임 프로그램은 아동이 우정을 발전시키고 감각놀이 일과나 구성놀이(예: 블록놀이, 레고놀이)와 같은 공동의 즐거운 활동에 참여하는 기술을 학습하도록 학교나 기타 구조화된 환경에서 시작될 수 있다. 대화 파트너 단계의 경우 학령기 아동은 과학(예: 기후, 우주)과 같은 주제를 근거로 특별한 관심 영역에 초점을 맞춘 친구모임 활동을 할 수도 있다. 궁극적인 목표는 이러한 활동을 교외로 확장시켜서 형제자매나 놀이친구들과 함께 하게 하는 것이다.

③ 수정된 자연적 활동과 환경

MA & PA 접근의 이 단계에서는 아동의 삶에 이미 한 부분이 되어 있는 자연적인 일과, 활동, 장소를 수정하게 되는데, 이것은 사회 의사소통 및 정서 조절을 위한 지원을 추가함으로써 최적의 참여를 지원하기 위해서다. 아동이 성취를 경험하는 데 상당한 어려움을 겪고 있다면 성취를 지원하기 위해서 활동에 상당히 큰 변화를 줄 수도 있다. 예를 들어, 사회적 파트너 또는 언어 파트너 단계의 아동에게는 좀 더 많은 선택하기 기회를 제공할 수 있으며, 또한 주의집중과 정서 조절을 지원하기 위해서 활동 중에 시각적 지원과 율동 등을 추가할 수 있다. 대화 파트너 단계의 아동은 함께 작업하거나 놀 친구를 선택할 수 있는 능력이 있으므로 참여하기를 원하는 활동에 대하여 친구와 협상하게 할 수도 있다.

④ 자연적으로 발생하는 사건과 환경

SCERTS 모델의 MA & PA 접근에서의 가장 자연스러운 단계에서는 이미 아동과 그 가족의 삶의 한 부분으로 자연스럽게 발생하는 활동과 환경 내에서 학습 기회가 판별된다. 아동은 자연적인 단서와 지원만으로도 참여할 수 있기 때문에 아주 특별한 지원을 제공하거나 활동을 수정하지 않는다. 일반적으로 이 단계는 일련의 자연적으로 발생하는 일대일, 소집단, 대집단 상황을 포함하는데, 이때 다른 아동과의 상호작용을 강조한다. 물론 이 단계에서는 아동의 연령이 중요한 요소다. 왜냐하면 아주 어린 아동은 대집단 활동에 참여할 자연적인 기회가 적기 때문이다. 자연적으로 발생하는 사건의 예로는 보조교사의 도움이 전혀 없거나 최소한인 경우에도 일반학급에서 학습할 수 있는 아동을 위한 완전통합 또는 정기적인 가족모임에서 사촌과 놀이하기 등이 포함된다. 이러한 상황에서 다른 아동은 대상아동을 자연스럽게 지원해 줄 수 있는데, 그러나 이러한 지원은 미리 계획되지도 않고 촉진되지도 않는다. 사회적 파트너의 조율과 지원은 아동이 좀 더 자연스러운 맥락에서 성취하도록 도와주는 결정적인 요소기 때문에 이와 같은 좀 더 자연스러운 상황에서의 대인관계 지원은 자폐 범주성 장애 아동을 위해 더 큰 역할을 하게 된다.

앞에서도 언급하였듯이, 계획된 활동 일과와 설계 또는 수정된 활동은 아동의 자연적인 일과와 직접적으로 관련되고 포함된 기술의 발달을 지원하기 위해서 하루 전반에 걸쳐 삽입된다. 더욱이 계획된 활동 일과와 설계 또는 수정된 활동에서 다루어지는 지원의 성격과 특정 교수목표는 사회적 파트너, 언어 파트너, 대화 파트너 단계와 관련된 아동의 발달 능력에 따라 매우 다양할 수 있다.

(3) MA & PA 접근에서의 활동 특성

활동의 특성은 아동의 성취에 중요한 영향을 미치기 때문에 활동 또는 사건의 구조화는 자폐 범주성 장애 아동을 위해 중요한 역할을 한다. 앞에서도 설명하였듯이, MA & PA 접근에서는 활동을 계획할 때 공동활동일과와 활동 중심 중재의 특성을 병합한다. 예를 들어, SCERTS 모델에서 강조하는 사회 의사소통 및 정서 조절 특성과 일치하는 공동활동일과(Snyder-McLean et al., 1984)는 다음과 같은 구체적인 특성을 포함한다.

1. 공동의 관심을 지원하기 위한 분명하게 통일된 주제 또는 목적
2. 상호성을 지원하기 위한 공동 초점과 상호작용에 대한 요구
3. 한정된 수의 분명하게 묘사된 역할
4. 교환하거나 되돌릴 수 있는 역할
5. 논리적이면서 임의적이지 않은 순서
6. 예측 가능한 순서로 차례를 주고받을 수 있는 구조
7. 계획된 반복
8. 융통성을 강화하기 위한 통제된 다양성 계획

(4) 활동 형태

MA & PA 접근에서는 다양한 활동이 서로 다른 목적으로 진행될 수 있으며 이러한 활동은 다양한 형태의 구조화를 통해서 각 아동에게 서로 다른 난이도를 제공할 수 있다는 사실을 인식할 필요가 있다(〈표 1-2〉 참조).

〈표 1-2〉 다양한 구조를 지닌 활동 유형

- 구체적인 최종 결과물의 준비나 제작과 같은 목표 지향적 활동(예: 음식물 준비하기, 구성놀이)
- 즐거움이나 상호성을 공유하기 위한 목적으로 진행되는 협동적인 차례 주고받기 게임이나 일과(예: 가사 채우기 노래, 활동적인 일과, 스포츠)
- 사회-인지적 요구가 크면서도 복수의 삽입된 요소를 지니고 있는 특정 사건이나 주제를 중심으로 구성된 주제 중심 활동(예: 매일의 생활 일과, 취침 준비하기, 외식하기)

① 목표 지향적 활동

목표 지향적 활동은 분명하고 쉽게 인지되는 마지막 목표와 함께 일련의 단계를 지닌다. 예를 들어, 샌드위치 만들기와 같은 음식 준비하기나 탑 쌓기나 퍼즐 맞추기와 같은 구성놀이는 일반적으로 결말을 향해서 논리적인 순서를 따라야만 한다. 활동이 종료될 때에는 샌드위치 먹기, 방금 완성한 탑을 무너뜨리기, 마지막 조각을 맞춘 후 퍼즐 치우기 등과 같은 분명하고도 자연적인 맥락적 단서가 존재한다. 이러한 활동은 목표 지향적인 활동으로 이러한 활동에 참여하는 주요 기능은 마지막 목표에 다다르는 것이다. 그러나 이러한 목표는 또한 사회 의사소통, 일련의 순서를 독립적으로 따르기, 문제해결 등의 중복된 목표를 지니기도 하며, 이러한 목표들은 미리 정해진 목표를 향해서 활동을 완수하는 동안 함께 성취된다.

② 협동적인 차례 주고받기 게임

반대로, 협동적인 차례 주고받기 게임은 앞의 맥락에서와 같은 분명한 최종 목표를 지닐 필요가 없다. 주요 목표는 그러한 공유 활동으로부터 얻을 수 있는 사회적 상호성, 차례 지키기, 상호적인 즐거움의 성취에 있다. 예를 들어, 공을 주고받으며 굴리기, 번갈아 가며 악기를 연주하거나 노래 부르기 등의 차례 주고받는 게임 또는 일과, 차례로 그네나 시소 타기, 간지럼 태우기나 쫓아가기 게임 등의 감각운동 게임은 공유된 즐거움에 주요 목표를 둔다. 이와 같은 관점에서 이러한 활동의 목표는 어떤 하나의 마지막 결과가 아니라 '과정'이라고 할 수 있다. 활동의 성취는 공유된 정서 경험, 사회적 상호성, 협동과 같은 질적인 요소에 의해서 측정된다. 어떤 활동은 보드게임(예: 캔디랜드, 사다리 타기)과 같은 목표 지향적 활동처럼 상호적이고 협동적인 게임의 요소를 지니기도 한다.

③ 주제 중심 활동

주제 중심 활동은 매일의 일과 또는 심지어는 상상의 사건에서의 기능적인 기술과 관련된 요소를 중심으로 구성되며, 복수의 삽입된 요소를 지니기도 한다. 예를 들어, 취침 준비하기, 외식하기, 동물원 가기와 같은 일상적인 일과는 논리적인 형태로 구성된 일련의 작은 사건들을 포함한다. 취침 준비하기의 경우 전체를 구성하는 부분으로서의 작은 사건은 양치하기, 샤워하기, 잠옷 입기, 엄마나 아빠와 책 읽기, 서로 취침인사하고 안아 주기 등을 포함한다. 상상의 사건은 놀잇감이나 캐릭터 인형과의 상상놀이를 포함하거나 그림책이나 동화책을 근거로 한 역할놀이를 포함하기도 한다. 일반적으로 더 포괄적인 개념의 주제를 중심으로 구성된 활동을 이해하고 참여하기 위해서는 좀 더 높은 인지적 및 사회적 능력이 요구되며, 따라서 이러한 활동은 상위 언어 파트너 또는 대화 파트너 단계의 아동에게 가장 적절하다. 아동이 주제 중심 활동을 이해하고 최대한의 독립성을 지니고 성공적으로 참여하기 위해서는 교류 지원을 사용할 필요가 있다.

3) 활동 실행을 위한 지침

활동 실행을 위한 다음의 지침은 요리책과 같은 접근을 제공해서 모든 자폐 범주성 장애 아동에게 융통성 없이 적용하게 만들려고 고안된 것이 아니다. 오히려 발달적 및 기능적 관점으로부터 의미 있는 방법을 개발할 수 있도록 접근의 틀을 제공하기 위한 것이다. 여기서는 세 가지 지침을 제공하였는데, (1) MA & PA 접근에 따라 자연적인 장소와 일과 내에서 활동 실행하기, (2) 개별 자폐 범주성 장애 아동의 고유한 요구를 충족시키기 위하여 교육 프로그램 개별화하기, (3) 프로그램을 실행하는 중에 자폐 범주성 장애 아동을 가장 잘 지원하기 위하여 필요한 교류 지원 제공하기 등이 그것이다. 활동 실행에 있어서 초기 단계는 다음과 같다.

1. 발달에 적합한 교수목표 및 성과를 판별한다. 장단기 교수목표는 (1) 사회 의사소통, 정서 조절, 교류 지원 영역에서의 강약점, (2) 부모/가족의 우선순위, (3) 아동의 기능적 요구를 확인해 주는 SCERTS 진단으로부터 결정된다. 사회 의사소통, 정서 조절, 교류 지원 영역의 교수목표는 영역마다 2~3개 이상을 넘어서지 않는 것이 좋다.

2. 의미 있고, 목표 지향적이고, 동기유발적인 활동을 최소한 세 개 이상 판별한다. 각 활동에 대한 아동의 참여 목표는 주의 깊게 고려되어야 한다. 목표 기술이 가장 잘 삽입되고 교수될 수 있기 위해서는 선정된 활동이 기능적이고 목표 지향적이어야 하며 동기를 유발할 수 있어야 한다.

3. 장소가 다른 최소한 세 가지 활동에 교수목표를 삽입한다. 이렇게 함으로써 아동은 기술을 다양한 사람, 장소, 활동에 따라 적용하도록 학습하게 된다.

4. 아동의 학습 요구 및 강점을 근거로 활동의 사회적 복잡성 수준을 판별/선정한다. 예를 들어, 교수목표를 다루기에 가장 좋은 비율로 대집단, 소집단, 일대일 활동을 적절하게 계획한다.

5. 2~4단계의 각 활동에 삽입될 연속적인 기술을 판별한다. 이러한 기술은 아동을 위한 프로그램의 일부로 또는 아동에게 필요하다고 판단되는 활동의 고유한 부분으로 삽입되며, 성인의 고도의 교수 지원을 필요로 한다.

6. 사회 의사소통 및 정서 조절을 위한 적절한 교수 지원을 판별한다. 지원은 반응적 전략이나 사용하는 언어의 복잡성 정도와 같은 대인관계 지원과 활동을 구성하는 방법의 변화, 계획된 운동 기회, 시각적 지원의 사용과 같은 학습 지원을 포함한다.

7. 좀 더 많은 교수 기회를 필요로 하는 기술의 연습과 시연을 늘리기 위해서 일대일 또는 소집단의 계획된 활동 일과를 제공한다. 앞에서도 언급하였듯이, 계획된 활동 일과는 사건을 이해하도록 교수하고 그러한 사건에 적극적으로 참여하기 위해서 필요한 기술을 가르치는 데 초점을 맞추는데, 궁극적으로는 기술을 가장 독립적으로 사용하게 될 동일한 학습 환경(수정된 자연적 일과 및 자연적 일과)으로 병합시킨다. 앞에서 설명하였듯이, 계획된 활동 일과를 사용함에 있어서 자연적인 학습 환경에서와 같거나 유사한 자료를 사용하는 것이 중요하다. 아동이 기술을 연습할 때 궁극적으로 사용하게 될 맥락에서 연습하는 것이 중요한데, 이것은 가르쳐야 할 기술을 언제 어떻게 사용해야 하는지를 알

려 주는 자연적 단서를 이해하도록 지원해 줄 수 있게 하기 위해서다.

(1) 활동 실행을 위한 구체적인 지침

다음의 구체적인 지침은 활동을 소개하고 궁극적으로는 융통성과 학습을 지원하기 위한 변형과 정교화를 소개하도록 도와주는 지침이다.

1. 활동의 개념을 점차적으로 소개한다. 이때 단순한 활동 일과부터 시작하는데, (1) 아동의 동기와 흥미, (2) 아동의 삶에서의 기능성, (3) 가족의 관심 정도, (4) 활동 일과가 다른 장소에서도 정기적으로 발생하는지 또는 발생하도록 계획할 수 있는지를 근거로 한다.
2. 활동의 목표에 대하여 이야기하고 시범을 보이고 설명하고 또는 교수목표를 이해시키기 위해서 그림 순서나 완성된 결과물의 샘플을 사용한다. 처음에는 일과를 형성해 나가기 위해서 시범과 촉진을 많이 사용할 필요가 있다. 그러나 점차 일과에 친숙해지면 촉진과 지원은 소거되어야 하며, 언어 이해를 돕기 위해서나 조절장애 상태인 경우에 시각적 및 기타 교류 지원이 가능하도록 준비해야 한다.
3. 아동이 활동 중에 연속적인 성취를 보이면서 적극적으로 참여할 수 있을 때까지 일관성, 예측 가능성, 반복을 제공한다. 필요한 경우 변형을 허용하되(5번 참조) 그 의미나 목표는 동일하게 유지한다.
4. 활동의 시작과 종료를 알리는 분명한 신호를 마련한다. 노래, 율동 또는 인사하기 등의 의례적인 일과를 포함할 수도 있다. 행위 개념과 같은 활동의 역동적인 측면을 알리기 위해서 일관성 있는 간단한 언어를 사용한다.
5. 활동에 융통성과 변형을 가한다. 마찬가지로 다음과 같은 방법을 통해서 의사소통의 필요와 기회를 마련한다.
   a. 활동이 수립되고 아동이 활동에 익숙해졌다고 생각되기 시작하면 일과를 중단하거나 위반하는 등 활동을 방해한다.
   b. 필요한 자료를 누락시킨다.
   c. 새로운 자료를 제시하거나 새로운 상황에서 익숙한 활동을 시작하거나 익숙한 상황에서 새로운 활동을 시작하는 등 새로움을 추가한다.
   d. 활동을 시작하고 '모르는 척' 하면서 아동으로 하여금 활동이 어떻게 진행

되어야 하는지 지적하게 한다. 이러한 전략은 고도로 동기유발적이면서 자주 발생하는 활동에 특히 효과적이다.

(2) 활동 개발 및 실행을 위한 기타 고려사항

그 외에도 적극적인 참여와 학습을 격려하고 지원하기 위해서 또한 자폐 범주성 장애 아동이 직면하는 가장 보편적인 문제를 다루기 위해서 고려해야 할 요소가 많이 있다.

① 의사소통 기회를 조성한다

자폐 범주성 장애 아동은 (1) 단어 회상, (2) 언어 및 비구어 단서 처리, (3) 정서 조절, (4) 사회 의사소통 관습의 이해, (5) 운동기능 계획의 어려움 등 여러 가지 문제로 인하여 의사소통을 시작하기 어려울 수 있다. 이러한 어려움을 더 심각하게 만드는 것은 고도의 성인 주도의 언어 상호작용, 즉 빈번한 질문 및 지시와 지나치게 일찍 주어지는 구어 또는 신체적 촉진 등이며, 이로 인해서 아동에게는 의사소통을 시작할 기회가 잘 주어지지 않는다는 것이다. 매일의 활동에서 고도의 지시적인 상호작용 스타일과 같은 성인 주도의 제한적인 방식은 의사소통 기회를 증가시키기 위해서 수정될 수 있고 수정되어야 하는데, 이렇게 함으로써 아동은 자연적으로 발생하는 상황에서 언제 어떻게 의사소통을 해야 하는지 학습할 수 있게 된다. 이러한 것들은 SCERTS 모델 교류 지원 중 대인관계 지원과 학습 지원의 목표로 다루어진다.

② 내적 동기를 유발하고 재미있는 활동을 고안하여 긍정적인 정서 경험을 하게 한다

자연적인 보상은 SCERTS 모델에서 학습과 관련된 주요 요소 중 하나다. 자폐 범주성 장애 아동을 위한 의미 있고 목적 있고 내적인 동기가 부여되는 일과와 활동의 사용은 활동 중 파트너와의 확장된 상호작용을 유지하기 위해서 계획된다. 이때 목표는 아동으로 하여금 활동 중에 자신감과 효능감과 즐거움을 얻게 하고 이를 통해서 긍정적인 정서 경험과 기억을 이끄는 것이다. 시간이 지남에 따라 이와 같은 누적된 긍정적인 정서 경험이 사람, 활동, 장소와 연결되면서 활동의 맥락 내에서 아동은 점점 더 다른 사람을 찾고 협력하고자 하는 내적인 동기를 갖게 된다. 반대로 혼란스러울 정도의 자극, 부적절한 수준의 과제난이도, 지나치게 지시적이고 통제적인 파트너 스타일 등에 의해서 발생하는 부정적인 정서 기억은 아동으로 하여금 나중에 활동이 다시 소개될 때 사람이나 활동에 대하여 거부하거나 회피하게 만든다.

③ 학습을 위해서는 자연적인 상호작용과 장소가 가장 바람직하다

앞에서도 언급하였듯이, 아동을 위한 궁극적인 목표는 다양한 사람, 장소, 상황에 따른 자연스러운 상호작용 중에 사회 의사소통, 정서 조절 및 기타 기능적인 기술을 적용할 수 있게 하는 것이다. 이를 위한 학습은 아동이 자연적인 단서, 관습, 다양한 맥락에서의 성인 및 또래와의 상호작용 규칙을 이해하고 따르게 하는 것을 포함한다. 자연스러운 상호작용과 장소는 다양한 활동과 장소에 따른 아동과 파트너 간의 좀 더 성공적이고 정서적으로 만족스러운 상호작용을 촉진하는 역할을 한다.

④ 활동 일과 중에 상호 연관되고 상호 의존적인 기술을 목표로 한다

목표 기술은 활동 내에 삽입된 상호 연관되고 의존적인 기술의 자연적으로 발생하는 순서와 조합의 한 부분으로 교수되어야 한다. 기술의 자연적으로 발생하는 순서란 일련의 분리된 기술을 뜻하는 것이 아니라 상호 연관된 기술의 매끄러운 흐름을 말하는데, 연속적이고 잘 정리된 형태로 적용되었을 때 활동 중 적극적인 참여, 효율적인 학습, 목표 지향적 활동, 궁극적으로는 다양한 장소에서의 독립성을 가져다준다. 아동은 일과에 내재된 자연적인 단서를 기반으로 이러한 기술을 언제 어떻게 적용할 것인지 학습하게 된다. 그러므로 아동은 결국 환경을 조사하고 활동에 대한 이해를 증진시킴으로써 행동하는 문제해결자가 되는 학습을 하게 된다.

⑤ 학교 상황에서 활동 중심 원칙을 적용한다

교실 중심 일과와 활동 중심 학습은 동시에 가능하다. 예를 들어, 초등학교 고학년 아동은 유아기나 초등학교 저학년 아동에게 주로 적용되는 발달적 또는 영역 중심의 활동을 하기보다는 교실에서 수학, 읽기, 국어 등의 수업을 하게 된다. 전형적인 학급에서의 수학시간은 학년이나 교사의 스타일에 따라 달라지기는 하지만 상당히 긴 시간의 강의, 설명, 교수 활동을 포함한다. 일반학급 수학시간에 통합된 자폐 범주성 장애 학생은 수업의 모든 활동에 참여할 수도 하지 못할 수도 있으며 또는 수업의 특정 부분만 이 아동과 관련될 수도 있다. 이 상황에서는 '부분 참여'(Brown et al., 1979)의 개념이 적용될 수 있다. 즉, 아동은 자신의 IEP와 관련해서 의미 있고 목표 지향적이고 동기유발적인 수업시간에만 참여하는 것이다. 활동 전체에 참여하는 대신 기능적인 일과 내에서 학습하고 있는 수학기술을 강조하고 적용하는 계획된 활동 일과 중에만 참여한다. 이것은 교실 내에서 또는 특수학급과 같은 분리된 학습 영역에서 이루어질 수 있다.

일과는 또한 앞에서 설명하였듯이, 상호 연관되고 상호 의존적인 기술을 병합한다. 예를 들어, 아동의 수학 교수목표가 일대일 짝짓기 활동 중 1부터 10을 아는 것이라고 가정해 보자. 아동이 일반학급 수학시간 전반 30분 동안 1부터 10까지를 연습할 수 있도록 활동 중심 일과를 개발할 수 있다. 그런 다음에 아동은 도서실에 반납될 책을 모으는 활동에 참여해서 책이 몇 권인지 세어 보고, 종이에 숫자를 적고, 도서실에 가서 반납함에 책을 넣고, 사서에게 몇 권을 반납했는지 말하게 된다. 이 사례에서 계획된 활동 일과는 자연적으로 발생하는 학습 기회를 인지, 학업, 의사소통, 적응행동, 운동기능 기술을 포괄하는 체계적인 교수와 연결시킴으로써 궁극적으로는 독립적인 생활기술을 증진시킨다. 앞에서 설명한 계획된 활동 일과의 모든 원칙이 이러한 활동에도 적용된다.

⑥ 하루 전반에 걸쳐 활동의 균형을 고려한다

아동의 하루 일과를 계획할 때 활동의 다양한 측면이 균형을 이루기 위해서는 다음과 같은 사항을 고려한다.

1. 자연적 활동 대비 수정된 자연적 활동, 설계된 활동, 계획된 활동 일과
2. 낯선 일과 대비 익숙한 일과
3. 성인 주도 일과 대비 아동 주도 일과
4. 어려운 일과 대비 쉬운 또는 습득한 일과
5. 일대일 대비 소집단 및 대집단 일과
6. 선호하는 활동 대비 선호하지 않는(그러나 '반드시 해야만 하는') 활동
7. 실내 일과 대비 실외 일과
8. 차분한 환경 대비 붐비는 환경

9. 동적인 활동 대비 정적인 활동

하루 중 활동의 균형을 조성하고자 하는 이와 같은 접근은 개별 아동의 사회 의사소통 및 정서 조절에 있어서의 발달 능력과 아동의 학습 스타일을 반드시 고려해야 한다. 이러한 요소가 고려될 때 학교나 다른 장소에서의 각 활동에 대한 아동의 참여 수준과 관련된 결정이 더 잘 이루어질 수 있다. 예를 들어, '이 활동은 아동에게 의미 있고 목표 지향적이고 동기유발적인가?' 또는 '활동과 장소의 특성이 아동의 정서 조절 능력(지원이 있거나 없을 때)에 적절한가?' 등의 질문을 고려하지 않고 '다른 아이들이 하고 있으니까'라는 이유만으로 학급 활동이나 일과 학습에 참여하도록 요구해서는 안 된다. 만일에 그렇다면, 아동은 팀이 목표로 하는 수준에서 참여하도록 지원을 받아야 한다. 아동의 학습 스타일, 학습 능력, 정서 조절로 인하여 최소한으로 참여하거나 활동 일과의 적은 부분에만 참여할 수 있다면 프로그램 계획은 그 활동의 남은 시간에 아동의 강약점을 더 잘 다룰 수 있는 다른 형태의 활동으로 이동하기 위해서 취소될 수도 있다. 활동의 균형을 잡아 주는 교수목표는 하루 전반에 걸쳐 적극적인 참여를 증진시키고 프로그램 계획에서의 비융통성으로 인한 조절장애의 가능성을 감소시킴으로써 아동으로 하여금 의미 있고 목표 지향적인 활동에 지속적으로 참여하도록 도와준다.

(3) 학습 맥락과 관련된 기타 쟁점

① 교실 구조화

SCERTS 모델에서 사용하는 학령기 아동을 위한 활동 중심 접근은 교실 구조화의 중요성을 매우 강조한다. 자폐 범주성 장애 아동은 교실의 학습 환경이 고도의 예측 가능성과 일관성을 지니고 불확실성으로 인한 조절장애 가능성이 최소화될 때 좀 더 긍정적으로 반응한다. 조절장애로부터 초래되는 문제행동은 불확실성의 정도가 커짐에 따라 증가하는 경향이 있다(Rydell & Prizant, 1995). 학급의 예측 가능성은 분명한 표시와 경계로 물리적인 공간을 구성하고 아동이 학급 일정을 잘 따르도록 시각적으로 환경 단서 및 지원을 제공할 때 향상된다. 교수전략 및 교류지원의 일관성 있고 체계적인 사용은 혼동과 과도한 성인의 보조 또는 촉진 가능성을 감소시키고 독립적인 성취의 가능성을 강화한다.

② 풀 아웃 치료의 역할

활동 중심 접근은 기술을 가르칠 때 대부분의 경우 가능하다면 개별적이거나 또는 기술이 전형적으로 필요하거나 적용되어야 하는 장소로부터 분리된 장소에서 가르치지 않도록 권한다. 자연적으로 발생하는 맥락 밖에서 개별적인 기술을 가르치는 것은 융통성 없는 학습 패턴과 일반화 문제를 일으킬 수 있다. 의사소통, 운동기능, 감각상의 어려움을 다루기 위한 풀 아웃 치료나 일대일 치료시간은 결코 SCERTS 모델의 MA & PA 접근에서 단독으로 제공되는 서비스가 될 수 없으며, 그 필요한 정도는 아동의 정서 조절 능력과 좀 더 자연적이고 복잡한 활동 중에 얼마나 잘 학습할 수 있는지에 따라서 결정된다. 이상적으로는, 분야(예: 작업치료, 언어치료, 인지/발달)에 따른 특정 치료 지원은 대체로 자연적인 학습 환경 내에서 기술 습득을 직접적으로 지원하기 위하여 고안된 계획된 활동 일과와 설계된 및 수정된 활동 중에 실행되어야 한다. 다시 말해서, 이러한 접근은 좀 더 복잡한 상황에서 나타나는 학습 문제를 고려할 때 그 상황에서 아동이 적절하게 지원받을 수 있을 정도로 기술이 적용되고 유지되고 자연적으로 강화되는 환경 내에서 기술을 가르치도록 강조한다.

4) MA & PA 접근을 정의하는 기준

결론적으로, SCERTS 모델의 MA & PA 접근은 다음과 같은 기준에 의해서 정의된다.

1. 활동은 아동의 일상적인 활동 및 일과와 관련해서 합리적(의미 있고 목표 지향적)이어야 한다. 즉, 기능적 기술의 학습을 지원하기 위해서 다양한 장소에서 발생하는 활동 또는 학교나 교수 상황 밖에서 발생하도록 쉽게 조정될 수 있는 활동이 고안되거나 수정되어야 한다.
2. 가능하다면 활동은 아동의 동기와 강점을 기반으로 선정되어야 한다. 활동이 그 자체적으로 동기유발적이지 않다면 활동에 아동의 학습 및 정서 조절을 촉진하는 지원, 주제, 정보, 또는 질적인 면을 추가하도록 노력해야 한다. 예를 들어, 이야기나누기 시간에 집중하기 어려워하는 아동이 곰돌이 푸 캐릭터를 좋아한다면 이야기나누기 활동에 그러한 캐릭터를 활용할 수 있다.

3. 아동이 활동의 목표가 무엇인지, 활동의 논리적인 순서, 활동 내 단계, 활동 종료에 대한 확실한 신호를 분명히 알도록 활동을 고안하고 교류 지원을 제공해야 한다. 가능하다면, 아동이 활동의 순서를 이해하도록 지원하기 위해서 복잡한 단계로 구성된 과학 프로젝트에 활동 내 과제스케줄 사용하기와 같은 시각적 지원이 사용되어야 한다.
4. 활동은 아동으로 하여금 의사소통 시작하기, 선택하기, 의사소통 실패 복구하기, 의사소통 파트너에게 반응하기 등을 위한 복수의 기회를 빈번하게 제공해야 한다.
5. 활동은 사회적 참여와 차례 주고받기를 위해 이해할 수 있는 구조를 지녀야 한다. 가능하다면, 아동이 사회적 파트너로서 자신의 역할을 이해할 수 있도록 시각적 지원이 사용되어야 한다.
6. 가능하다면, 활동은 긍정적인 관계 개발을 지원하기 위해서 언어와 사회성의 좋은 모델이 될 수 있는 아동을 참여시켜야 한다.

제 2 장

SCERTS 모델 교육의 실제 II. 교류 지원: 대인관계 지원, 학습 지원, 또래와의 학습과 놀이

1. 교수전략
2. 성인 파트너의 역할
3. 교류 지원: 대인관계 지원
4. 교류 지원: 학습 지원
5. 성공적인 통합 및 또래와의 학습과 놀이
6. 요약

1. 교수전략

교수전략은 SCERTS 모델 중 교류 지원의 핵심 요소다. 이 책에서는 아동의 발달을 지원하기 위한 모든 노력을 교수전략으로 폭넓게 인식하며, 전문가, 부모, 기타 양육자, 다른 아동 등 일상적인 상황에서 아동과 상호작용하는 모든 파트너를 포함한다. 교수전략은 교류 지원의 두 가지 요소인 대인관계 지원과 학습 지원으로 다루어진다. 대인관계 지원은 사회 의사소통, 정서 조절, 학습을 지원하는 성인 및 아동 파트너의 행동이 지닌 필수적인 요소를 상세히 기술한다. 학습 지원은 학습 도구가 어떻게 사용되고 교수전략이 어떻게 아동의 참여와 학습을 가장 잘 지원하는지를 명시한다.

2. 성인 파트너의 역할

교류 지원에서 '교류(transactional)'라는 용어의 핵심은 사회적 교환에서 두 명 이상의 파트너 사이에 지속적인 상호 영향이 있다는 것이며, 모든 파트너가 그 교환이 성공적일 수 있도록 어느 정도의 책임을 진다는 것이다. 아동을 가장 잘 지원하기 위해서 성인 파트너는 지속적으로 자기성찰을 해야 하며, 필요하다면 아동의 참여와 학습을 가장 잘 지원하기 위해서 행동까지도 변화시켜야 한다. 이러한 과정은 대인관계 스타일 및 학습 지원의 사용 측면에서 파트너의 인식, 변화를 위한 투자, 목표한 변화를 증진시킨다는 특성을 지닌다.

1. 인식은 아동의 학습을 가장 잘 지원해 주는 가장 효과적인 대인관계 전략 및 스타일에 관한 파트너의 일반적인 지식을 포함한다. 이것은 또한 자기 자신의 스타일에 대한 이해와 특정 아동을 참여시키려고 시도할 때의 아동 반응에 대한 민감성을 포함한다. 파트너가 자신의 의사소통과 상호작용 스타일에 대하여 스스로 인식하지 않는다면 아동의 참여, 학습, 효능감을 지원하기 위해서 자신의 행동을 조절할 가능성은 거의 없다고 할 수 있다.

2. 변화를 위한 투자가 이루어지기 위해서는 파트너가 먼저 자신의 행동이 아동과의 긍정적인 관계를 발달시키고 아동의 동기, 참여, 학습을 지원하는 데 있어서 중요한 역할을 하게 된다는 사실을 수용해야 한다. 투자하는 파트너는 특히 문제가 명백해질 때 자신의 행동이 아동의 학습에 미치는 영향에 대하여 의식적으로 평가하고 상호작용에서 나타나는 어려움에 대한 책임을 공유하려는 의지를 보인다. 자기인식을 거의 하지 않고 변화에 투자하지 않는 파트너는 상호작용과 관계의 어려움을 아동의 탓으로 돌림으로써 아동이 사회적 참여와 학습에서 경험할 수 있는 어려움에 대한 책임으로부터 벗어나려고 한다. 자폐 범주성 장애 아동은 너무나 자주 상호작용의 어려움에 대한 비난을 받곤 하는데, 심지어 교육자나 임상가가 자폐 범주성 장애 아동이 경험하는 이러한 어려움이 다양한 수준의 사회적 복잡성과 환경 내에서의 보다 일반적인 자극에 대한 극도의 민감성에서 비롯될 뿐만 아니라 바로 이러한 환경이 그와 같은 어려움에 기여한다는 것을 알고 있을 때조차도 그런 비난을 받곤 한다.

3. 목표한 변화는 파트너가 상호작용 스타일이나 사용하는 교수전략 등 자신의 행동에 특정 변화를 주기 위해서 기울이는 혼신의 노력을 포함하는데, 이때 자신의 행동 변화 결과가 아동에게 미치는 긍정적이거나 부정적인 영향을 지속적이고도 체계적으로 진단하는 과정도 포함한다. 이러한 과정은 참여와 학습에 있어서의 아동의 성공과 관련된 요소뿐만 아니라 대인관계에서의 상호작용 및 관계에 어려움을 일으키는 요소에 대한 지속적인 가설 검증의 한 과정이다.

파트너의 또 다른 중요한 역할은 아동이 활동에 대해서 이해하고 다양한 활동 및 상황에 따른 참여와 기술 사용에 대한 기대치를 이해하도록 지원하는 것이다. 파트너는 새로운 기술을 처음으로 교수하는 초기에 중요한 역할 모델로 기여할 수 있으며, 익숙함과 예측 가능성을 강조하는 일과를 사용함으로써 새로움과 불명확성을 조절하는 등의 학습 환경을 설계할 수도 있다. 성인 파트너의 지원 역할은 시간이 지남에 따라 아동이 덜 직접적인 지원으로 학습하거나 참여하고 또한 익숙한 일과 내에서 다양한 사람, 장소, 상황에 대해 습득한 기술을 사용하게 되면서 점차 감소되는 것이 가장 바람직하다. 그러나 성인 파트너의 지원 역할과 아동의 학습 및 참여는 아동의 발달 가능성 및 진보에 따라 매우 다양하다. 결과적으로, 여기에서 강조하고 싶은 것은 단순하게 아동을 '검사'하거나 융통성 없는 일과 중에 '정답'을 이끌어 내려는 주된 목표를 가지고 수행하도록 강요하기보다는 아동이 적극적으로 참여하고 포함되도록 지원해야 한다는 것이다.

3. 교류 지원: 대인관계 지원

1권 8장의 SCERTS 진단-관찰 양식과 준거에서 언급하였듯이, 교류 지원의 대인관계 지원(Interpersonal Support: IS) 구성 요소는 파트너 행동의 바람직한 특성에 초점을 맞추고 있으며, 다음과 같은 목표로 나누어진다.

IS 1 파트너는 아동에게 반응적이다.
IS 2 파트너는 시작행동을 촉진한다.
IS 3 파트너는 아동의 독립성을 존중한다.
IS 4 파트너는 참여를 위한 장을 마련한다.
IS 5 파트너는 발달을 지원한다.
IS 6 파트너는 언어 사용을 조절한다.
IS 7 파트너는 적절한 행동을 시범 보인다.

파트너의 상호작용 및 교수 스타일에 있어서의 이러한 요소는 모든 아동을 위한 최적의 참여와 학습을 지원하는 효과적인 실제와 관련이 있는 것으로 연구 보고되고 있다. 이 책에서는 SCERTS 진단의 결과와 각 아동의 발달 프로파일을 기초로 특정 아동을 위한 교수적 실제는 개별화되어야 한다는 이해와 함께, 대인관계 지원의 포괄적인 측면이 어떻게 장단기목표에 적용되는지의 예를 제시하고자 한다.

1) 파트너는 아동에게 반응적이다

대인관계 지원에서 아동의 관심 초점, 의사소통 시도, 정서 표현, 조절장애 신호에 대한 파트너의 책임은 커진다. 파트너 책임의 특성은 아동의 발달 단계에 따라 다양하다. 그럼에도 불구하고 파트너의 행동은 다음 특성에 따라 폭넓게 정의될 수 있다.

a. 파트너는 아동이 주의집중하는 대상을 쳐다보고 그것에 대해 이야기함으로써 아동의 관심 초점을 따른다. 만일 파트너가 아동이 관심을 보이는 것에 대하여 언급하기 위하여 언어를 사용한다면 이때 사용하는 언어는 대화 파트너 단계보다 사회적 파트너와 언어 파트너 단계에서 더 단순할 것이다.

b. 파트너는 아동 행동의 정서적 분위기를 반영하면서 아동의 정서 및 속도에 맞춘다. 예를 들어, 파트너는 아동의 긍정적인 정서에 반응하며 미소를 짓거나 웃는다.

c. 파트너는 효능감을 증진시키기 위해 아동이 의도한 목표에 적절하게 반응함으로써 아동의 신호에 반응한다. 예를 들어, 만일 아동이 어떤 사물을 요구하면 파트너는 아동에게 그 사물을 건네준다. 그리고 아동이 사물을 거절하면 그 사물을 치운다.

d. 파트너는 아동의 조절 시도에 적절하게 반응함으로써 각성 수준을 조절하기 위한 아동의 행동 및 언어 전략을 인식하고 지원한다. 만일 사회적 파트너 단계에 있는 아동이 정신을 차리고 힘을 내려는 목적으로 점프를 하거나 움직이려고 할 때 파트너는 이러한 전략을 지지하고 병합하기 위해서 상호작용을 수정한다. 만일 대화 파트너 단계에 있는 아동이 불안할 때 "걱정 마, 괜찮아."라고 말하면서 조절을 위해 언어를 사용하면 파트너는 "그래, 다 괜찮을 거야."라고 말해줌으로써 조절을 지원하기 위한 언어 사용을 확장시킬 수 있다.

e. 파트너는 조절장애 신호를 인식하고 지원을 제공한다. 예를 들어, 괴로움이나 극도의 흥분으로 인하여 각성 상태가 너무 높아 학습이나 참여가 용이해 보이지

않을 때 아동의 각성 상태에 따라 적절한 지원이 제공된다. 사회적 파트너 단계에 있는 아동을 위해 파트너는 조직화된 적절한 감각 자극을 제공하는 반면에, 언어 파트너 또는 대화 파트너 단계에 있는 아동에게는 그 활동이 끝날 때를 알려 주는 등 언어를 통해 추가적인 정보를 제공할 수 있다.

f. 파트너는 아동의 구어 또는 비구어 행동을 모방하고 맥락에 적합한 경우에는 아동에게 다시 대화의 차례를 넘긴다(사회적 파트너 단계와 언어 파트너 단계). 예를 들어, 사회적 파트너 단계에 있는 아동이 사물을 가지고 행동하거나 발성할 때 파트너는 이러한 행동을 모방하거나 비슷하게 흉내 내고 잠시 멈춘 후 아동의 후속반응을 기다린다. 이때 언어 파트너 단계에 있는 아동에게는 아동의 언어 산출 모방하기와 확장하기가 포함될 수 있다.

g. 파트너는 상태를 조절할 수 있도록 정보나 도움을 제공한다(대화 파트너 단계만 해당). 만일 아동이 좌절하거나 조절장애를 보이기 시작하는 것으로 관찰되면 파트너는 아동에게 수학 문제를 두 개 더 푼 후 쉴 수 있다고 말해 준다. 파트너는 아동에게 도움이 필요한지 묻는다.

h. 아동의 행동이 휴식을 필요로 하는 것 같아 보이거나 한 가지 활동에 오랫동안 참여했을 경우 상호작용 또는 활동으로부터 벗어나 휴식을 할 수 있게 제안한다. 휴식은 아동의 발달 수준에 맞게 제공되어야 하며, 사회적 파트너 단계나 언어 파트너 단계에 있는 아동에게는 휴식을 위해 신호, 사진, 또는 간단한 구어를 사용하도록 격려하고 대화 파트너 단계의 아동의 경우에는 더 복잡한 언어를 사용하도록 격려한다.

i. 파트너는 아동이 진행 중인 활동에 온전히 참여할 수 있는 적절한 각성 수준과 정서 상태를 보이면 휴식시간 후에 이어지는 상호작용과 활동에 다시 참여하도록 촉진한다. 예를 들어, 활동에 대한 관심을 잃고 참여하지 못하게 만드는 조절장애의 사건이 발생한 후에 아동은 그 활동에 다시 참여하도록 도움을 받는다. 아동이 시각적 관심과 보다 편안한 신체 자세로 다시 참여할 준비가 되었다는 것을 나타낼 때 파트너는 아동에게 그 활동에서 다시 차례를 맡도록 요구한다.

2) 파트너는 시작행동을 촉진한다

시작행동은 수많은 방법으로 촉진될 수 있으며, 특히 파트너의 행동에서 보이는 다음과 같은 특성에 의해서 가능하다.

a. 파트너는 비구어 또는 구어로 선택의 기회를 제공한다. 예를 들어, 무엇을 먹을지, 무엇을 입을지, 어떤 활동에 참여할지 등을 선택하게 한다. 선택은 아동의 발달 단계에 따라 적절한 수준에서 제공된다.

b. 비구어 또는 음성 신호를 사용해서 시작행동을 하도록 기다리고 격려한다. 예를 들어, 선택해야 하거나 의사소통할 필요가 있을 때 아동이 발달 능력에 따라 비구어 또는 구어로 의사소통 신호를 보낼 수 있도록 충분한 시간을 제공한다.

c. 시작행동과 반응행동의 균형을 유지하여 공동의 통제와 상호성을 만들어 낸다. 공동 통제에 대한 지각은 아동이 상호작용에서 수동적인 반응자 역할로 격하되지 않고 대신 적극적으로 참여하게 노력하도록 지원받을 때 촉진된다.

d. 적절한 때 활동을 시작하고 마치도록 허용한다. 예를 들어, 활동이 끝나면 가 버리는 등의 비구어 표현이나 구어 또는 수어로 '다 했다.'라고 표현함으로써 활동이 끝났음을 알릴 수 있다. 의무적으로 해야 하는 활동(예: 옷 입기, 씻기)을 하고 있거나 활동이 거의 성공적으로 마치는 단계에 있는 경우에는 지금 당장 그 활동을 끝마치기 어려운 상황이더라도 활동을 마치기 위한 아동의 의사소통 시도를 인정하는 말을 해 준다.

3) 파트너는 아동의 독립성을 존중한다

독립성은 수많은 방식으로 존중될 수 있으며, 특히 파트너의 행동에서 보이는 다음과 같은 특성에 의해서 가능하다.

a. 상황에 적절하다면 필요할 때 돌아다닐 수 있는 휴식을 허용한다. 예를 들어, 아동이

일정 시간 동안 참여한 후에, 특히 착석, 주의집중, 언어 처리 등이 필요한 활동에 참여한 후에는 휴식을 허용할 수 있다.

b. 아동이 자신의 속도로 문제를 해결하고 활동을 완수할 수 있도록 시간을 허용한다. 예를 들어, 아동이 활동 중에 진보를 보이고 부가적인 도움을 필요로 하지 않는다면 아동을 재촉하거나 성급한 촉진을 제공해서는 안 된다.

c. 문제행동을 의사소통으로 해석하고 의사소통 또는 조절의 기능으로 문제행동에 반응한다. 예를 들어, 만일 아동이 저항하기 위해서 밀거나 때린다면 아동의 의도를 이해하고 아동의 발달 능력과 일치하는 수준에서 좀 더 사회적으로 수용 가능한 저항 방법을 보여 준다(적절한 경우에). 마찬가지로, 아동이 무질서한 환경음을 차단하기 위해서 큰 소리를 낼 때 파트너는 이러한 전략을 인정해 주고 아동의 발달 능력에 적합한 다른 조절 전략을 사용하도록 격려한다.

d. 적절한 경우 저항, 거부, 거절을 존중한다. 예를 들어, 주어진 물건을 받고 싶어 하지 않거나 활동에 참여하지 않으려고 할 때 적절한 상황이라면, 즉 필수적인 활동이 아니거나 음식 또는 놀잇감 등 다른 선택이 가능한 경우라면 아동에게 그렇게 하라고 계속 요구하지 않는다.

4) 파트너는 참여를 위한 장을 마련한다

참여를 위한 장을 마련하는 것은 아동의 발달 단계에 따라 파트너가 사용하는 전략을 달리해야 하는 또 다른 영역이다. 파트너는 다음과 같은 방법으로 참여를 위한 장을 마련한다.

a. 의사소통할 때 아동의 눈높이에 맞춘다(사회적 파트너 단계와 언어 파트너 단계). 아동과 의사소통할 때 면대면 상호작용을 하거나 물리적으로 거리를 좁히기 위해서 아동에게 맞춰 자세를 낮춘다. 하지만 대화 파트너 단계에 있는 아동, 특히 학령기 아동의 경우에는 이렇게 해서는 안 되며, 아동의 관심을 확보하고 상호작용을 격려하는 적절한 근접성과 비구어 행동을 사용하는 것으로 대체한다.

b. 의사소통하기 전에 비구어 또는 구어로 아동의 주의를 확보한다. 예를 들어, 사회적 파트너 단계에 있는 아동의 경우 아동의 관심을 확보하기 위해 아동을 만지거나 의사소통 신호를 보내기 전에 이름을 부른다. 언어 파트너 단계나 대화 파트너 단계에 있는 아동의 경우에는 아동의 이름을 부른다.

c. 상호작용을 촉진하기 위해 적절한 근접성과 비구어 행동을 사용한다. 예를 들어, 사회적 파트너 단계에 있는 아동의 경우 교실 반대쪽에서 이름을 부르는 등 멀리 떨어져서 상호작용에 참여하도록 시도하는 것보다 가까이 다가가서 몸짓, 사물, 생생한 얼굴 표정을 사용한다. 언어 파트너 또는 대화 파트너 단계에 있는 아동은 비구어 행동뿐만 아니라 구어 신호에도 더 잘 반응할 가능성이 높다.

d. 최적의 각성 상태와 참여를 지원하기 위해 적절한 단어와 억양을 사용한다. 예를 들어, 파트너는 아동을 각성시키기 위한 노력으로 과장되고 강렬한 발성이나 발화를 사용하거나 진정시키기 위해서 좀 더 조용하고 덜 강렬한 발성이나 발화를 사용한다.

e. 정서, 내적 상태, 정신적 계획을 아동과 공유한다(대화 파트너 단계만 해당). 파트너는 "네가 그렇게 빨리 치워서 기쁘구나. 이제 집에 가기 전에 놀이할 게임을 하나 더 선택할 수 있겠다."라고 말하는 등 어떤 감정을 느끼는지와 무엇을 하려고 하는지를 아동에게 알려 준다.

5) 파트너는 발달을 지원한다

발달 지원은 아동의 발달 단계에 적합해야 하며, 다음과 같은 것들을 통해서 제공된다.

a. 아동의 발달 능력에 적절하도록 아동의 관심 초점을 따르거나 기다리거나 차례를 교대하거나 아동이 모방할 비구어 또는 구어 행동을 시범 보이면서 모방을 격려한다(사회적 파트너 단계와 언어 파트너 단계). 사회적 파트너 단계의 아동에게는 노래하는 동안

박수치는 것을 시범 보일 수 있으며, 언어 파트너 단계에 있는 아동의 경우 집단 활동에서 자신의 차례를 기다린 후에 간단한 노래 가사 채우기를 시범 보인다.

b. 또래와의 상호작용을 격려한다. 또래를 데려오거나, 또래의 시도에 반응하도록 도와주거나, 또래에게 상호작용을 시작하도록 도와주거나, 또래와의 성공적인 상호작용을 중재하는 등 또래와 상호작용을 하도록 격려한다. 상호작용을 격려하기 위해서는 비구어 또는 구어 수단을 사용할 수 있다.

c. 구어 또는 비구어로 신호의 의미를 명확히 함으로써 의사소통 실패를 복구하려고 시도한다. 예를 들어, 파트너는 구어 또는 비구어 신호를 반복하거나 아동의 대화 능력에 따라 단어나 몸짓을 추가함으로써 신호를 수정할 수 있다.

d. 활동 중 필요할 때 안내 및 피드백을 제공함으로써 아동이 최적의 각성 상태를 유지하고 성공을 경험하게 해 준다. 예를 들어, 과도하게 촉진하거나 지시하지 않는 선에서 사회적 칭찬을 제공하거나 부가적인 단서나 촉진과 같은 적절한 참여 유도 전략을 사용한다.

e. 아동의 행동에 추가하고 아동의 관심 초점과 의사소통 및 놀이 주제를 따르면서 아동의 놀이와 비구어 또는 구어 의사소통을 확장한다(사회적 파트너 단계). 예를 들어, 아동이 파트너에게 자동차를 굴리면 파트너는 자동차 안에 가상물을 넣고 아동에게 다시 굴린다. 또는 아동이 열어 달라는 의미로 시리얼이나 과자 통을 가져오면 파트너는 통을 열고 "시리얼 더." 또는 "열어 주세요."라고 말한다.

f. 정서를 표현하고 정서의 원인을 이해하도록 안내한다(언어 파트너 단계와 대화 파트너 단계). 예를 들어, 아동이 퍼즐 조각을 맞추지 못해서 화가 난 것처럼 보일 때 파트너는 "나는 화가 났어. 이 조각은 맞지 않아."라고 말하는 것을 보여 준다.

g. 다른 사람의 감정과 생각을 해석할 수 있도록 안내를 제공한다(대화 파트너 단계만 해당). 예를 들어, 운동장에서 넘어져서 울고 있는 다른 아동에게 호기심을 가지고

쳐다보고 있다면 파트너는 "애리가 다리를 다쳤네. 화났나 봐. 가서 괜찮은지 물어보자."라고 말한다.

6) 파트너는 언어 사용을 조절한다

조절은 아동의 발달 능력에 적합해야 하고 파트너의 행동에서 다음과 같은 변화를 가져올 수 있다.

a. 이해를 돕기 위해 비구어 단서를 사용한다. 아동에게 말할 때에는 메시지를 이해할 수 있도록 몸짓, 얼굴 표정, 억양과 같은 확실하고 적절한 비구어 단서를 사용한다. 단어는 사회적 파트너 단계에서 의사소통을 위한 유일한 수단으로 단독으로 사용되어서는 안 된다. 반면에 이후 언어 파트너 단계와 대화 파트너 단계에서는 언어를 비구어 단서 없이 사용할 수도 있다.

b. 아동의 발달 수준에 맞춰 언어의 복잡성을 조절한다. 예를 들어, 아동이 아직 단어를 이해하지 못한다면 파트너는 아동과 이야기할 때 주로 단일단어나 단순한 구를 사용한다. 하지만 아동이 좀 더 복잡한 언어를 이해한다면 아동의 이해 수준에 적합한 언어를 사용한다.

c. 아동의 각성 수준에 맞춰서 언어의 질을 조절한다. 이때 언어의 질은 내용, 복잡성, 준언어적인 특성(예: 강세, 억양)을 포함한다. 예를 들어, 각성 상태가 높은 경우에는 부드러운 음성이나 덜 강조된 억양, 단순화된 언어를 사용하고, 각성 상태가 낮은 경우에는 다소 과장된 음성과 성량을 사용한다.

7) 파트너는 적절한 행동을 시범 보인다

적절한 행동을 시범 보인다는 것은 파트너가 사회 의사소통, 정서 조절, 학습을 위한 행동을 보여 주는 것을 말한다.

a. 적절한 비구어 의사소통(예: 몸짓)과 정서 표현(예: 기쁨을 표현하기 위해 미소를 짓거나 웃

기)을 시범 보인다. 아동이 음식을 맛 본 다음 불쾌감을 보이면 밀어내는 몸짓을 보여 주고, 아동이 활동에서 흥분하면 "행복해."라고 말하거나 '행복'을 나타내는 그림을 가리킨다.

b. 행동 조절, 사회적 상호작용, 공동관심을 포함하는 다양한 의사소통 기능을 구어 또는 비구어로 시범 보인다. 파트너는 아동의 발달 능력에 적합한 수준에서 요구하거나 거절하기, 인사하기나 관심 끌기, 언급하기와 같은 다양한 기능을 시범 보인다.

c. 아동의 발달 수준에 맞는 적절한 놀이를 시범 보이고, 감각운동 놀이, 상징놀이, 구성놀이 등의 다양한 경험을 제공한다. 감각 테이블에서 쌀이나 물을 붓고 따르기, 부엌이나 식당 영역에서 인형에게 밥 먹이기, 블록놀이 영역에서 탑 쌓기, 여가 활동에 참여하기 등 다양한 활동을 하는 동안 아동에게 발달적으로 적합한 수준에서 놀이를 시범 보인다.

d. 아동이 부적절한 행동을 보이지만 시범을 통해서 충분히 조절될 수 있을 때 파트너는 적절한 행동을 시범 보인다. 예를 들어, 아동이 소리를 지르면서 제공된 음식을 거부할 때 파트너는 밀쳐 내는 동작을 보이면서 "싫어요."라고 말하는 시범을 보인다. 또는 아동이 활동을 피하기 위해 단호하게 시도한다면 '끝'을 나타내는 그림 상징, 단어, 수어를 사용하는 시범을 보인다. 마찬가지로, 각성 상태를 조절하기 위해서 옷을 씹는 아동에게는 음식이나 씹을 수 있는 물건(씹을 수 있는 물건이란 조절의 목적으로 구강 감각 자극을 증가시키기 위해 안전하게 입에 넣거나 씹을 수 있도록 특별히 고안된 것으로 튜브나 플라스틱 놀잇감이 있다. 이러한 물건의 사용은 아동이 구강 감각 자극을 얻기 위해 보이는 덜 바람직한 활동, 예를 들어 손목을 물거나 안전하지도 위생적이지도 않은 옷이나 물건을 씹는 것과 같은 활동을 대체해 주는 역할을 한다)을 제공하는 등 적절한 입에 넣기와 물기 활동을 시범 보인다.

또한 부적절한 행동 중에는 아동과 다른 사람들에게 위험하거나 파괴적이거나 사회적으로 낙인되게 하는 문제행동의 범주에 속하는 것들도 있다. SCERTS 모델에서는 사회적 조절을 위해 사회적으로 수용가능한 방법을 발달시키도록 지원하고, 상호조절과 자기조절 전략의 발달을 지원함으로써 그리고 도전이 되는 활동과 환경에서 정서 조절을 촉진하기 위한 교류 지원을 사용함으로써 문제행동을 예방하고자 한다.

e. '아동 입장'에서 언어를 시범 보이고 아동의 의도와 발달 수준을 고려한다. 예를 들어, 만일 사회적 파트너 단계에 있는 아동이 제공되는 간식을 거부하기 위해서 소리를 지르면 파트너는 "싫어요." "간식 싫어요."라고 말하면서 간식을 밀어 냄으로써 아동을 물리적으로 지원할 수 있다. 언어 파트너 단계에 있는 아동이 친구와 함께 놀기 위해 다른 아동 가까이 다가가면(즉, 근접성의 사용) 파트너는 그 아동이 필요할 때 그림 카드를 사용해서 "같이 놀래?"라고 물어보도록 촉진한다. 대화 파트너 단계에 있는 아동이 자신이 그리고 있는 만화 캐릭터에 대해 언급하기 위해 디즈니 비디오에서 나온 구절을 말할 때(지연반향어), 파트너는 "나는 후크 선장과 피터팬을 그리고 있는 중이야."라고 말하는 시범을 보인다.

8) 〈요약〉 교류 지원: 대인관계 지원

지금까지의 내용을 요약하면, 파트너의 대인관계 지원은 아동의 발달을 촉진하는 데 있어서 다차원적인 역할을 한다. 파트너가 사용하는 적절하고 지원적인 스타일과 상호작용적인 조절은 더 성공적인 활동을 촉진할 뿐만 아니라 성공적인 대인관계 경험을 쌓게 하여 사회에 참여하는 것에 대한 긍정적인 정서 기억을 확립하게 한다. 이러한 기억은 장기적인 관계와 신뢰에 대한 기초로, 때때로 너무나도 불가항력적이고 혼동되게 느껴지는 세상에서 아동이 적절하게 학습하고 위험을 감수하게 하는 데 필수적이다. 〈표 2-1〉은 SCERTS 모델에서 대인관계 지원을 제공할 때 해야 할 것과 하지 말아야 할 것을 보여 준다.

〈표 2-1〉 SCERTS 모델에서 대인관계 지원을 제공할 때 해야 할 것과 하지 말아야 할 것

하지 말아야 할 것	해야 할 것
• 복종하기, 반응적인 훈련, 수동적인 학습에 초점 맞추기	• 시작하기, 자발성, 적극적인 학습 격려하기
• 성인-아동 간 일대일 교수로 의사소통 기술을 과도하게 가르치기	• 다양한 사회적 상황에서 다양한 파트너와의 의사소통 능력의 발달 지원하기
• 너무 많은 질문을 하거나 너무 많이 지시하기	• 아동이 시작하는 의사소통과 관심 초점에 대해서 언급하고 확장하기
• 문장으로 말하도록 계속 지시하거나 정확한 문법에 초점 맞추기	• 의사소통자로서 아동의 자신감을 지원하기 위해서 기능적인 의사소통에 반응하고 확장하기
• 말하기 시작하거나 일과에 익숙해졌을 때 시각적 지원 제거하기	• 아동의 의사소통 시도를 강화하고, 언어를 형성시키고, 주의집중을 지원하며, 조절장애의 시간 동안 안전망의 역할을 하도록 시각적 지원을 계속해서 사용하기
• 그림의 기계적인 반복이나 플래시 카드 읽기 등 발달적으로 부적절한 의사소통 기술이나 명확하게 기능적이지 않은 기술 가르치기	• 발달에 적합하고 매일의 활동에서 아동의 삶에 즉각적으로 영향을 주는 의사소통 기술의 발달 지원하기
• 명명하기와 요구하기에 주로 초점 맞추기	• 폭넓은 범위의 목적을 위해 의사소통하는 능력 지원하기
• 의미 있고 논리적인 활동의 맥락에서 벗어나 반복적이고 훈련 같은 형식으로 분절된 기술 가르치기	• 아동에게 이해될 수 있는 의미 있고 목표 지향적인 활동에서 아동의 의사소통 성장을 지원하기
• 사회 의사소통 활동이 아동에게 스트레스가 되게 만들기(예: 아동이 말할 때까지 음식이나 좋아하는 활동 보류하기)	• 의사소통의 필요와 기회를 많이 제공하는 활동을 고안하고, 필요할 경우 시범과 지원 제공하기
• 반향어나 기타 비관습적인 의사소통 행동을 무시하거나, 벌 주거나, 못하게 하기	• 아동에게 특정 기능의 역할을 하는 반향어나 비관습적인 의사소통에 반응하고 좀 더 관습적인 방법을 시범 보이거나 가르치기
• 아동의 정서 조절과 정서 상태를 무시하거나 조절장애를 보일 때 아동의 행동에 불응하는 방법으로 무시하기	• 아동의 정서 조절을 항상 모니터하고 정서 조절, 주의집중, 학습을 지원하기 위해서 필요한 적합화 및 수정 제공하기

4. 교류 지원: 학습 지원

학습 지원은 기대를 명확하게 하고, 활동의 이해를 돕고(예: 단계의 위계와 활동의 최종 목표), 정서 조절을 지원하고, 참여와 의사소통에 대한 자연스러운 동기 부여 기회를 만들기 위해 사용된다. 학습 지원은 파트너가 실행하는 이러한 지원을 위한 전략뿐만 아니라 시각적 지원, 보완적인 의사소통 지원과 같은 보조적 지원을 포함한다.

1권의 4장에서 논의된 것처럼 자폐 범주성 장애 아동은 일반적으로 시각적 정보를 처리하는 데 상대적으로 강점을 보이고 순간적으로 사라지는 정보보다는 그렇지 않은 정보에 더 잘 반응한다. 시각적 지원은 아동의 활발한 참여와 이해를 높이기 위해서 각각의 또는 일련의 사물, 사진, 로고, 그림 상징과 같은 시각적 보조를 사용하여 정보를 제시하는 방법이다. 조직화 지원은 아동의 조직화를 강화하기 위해서 교재, 물리적 공간, 시간 표시 등을 구성하는 방법이다.

시각적 지원은 시각적 자극이 사라지지 않고 일관성과 예측 가능성을 유지할 수 있기 때문에 중요한 교수 도구라고 할 수 있다. 시각적 지원은 활동을 이해하는 주요 수단으로 말을 처리해야 하는 필요를 감소시키기 때문에 활동에 대한 기대를 더 잘 이해하도록 도와준다. 시각적으로 지원되는 교수방법의 가장 큰 혜택은 구조화와 이해도를 높임으로써 아동이 (1) 아동과 파트너 모두에게 제공되는 로드맵으로 인하여 모든 활동에 더욱 활발하게 참여하게 되고, (2) 성인의 촉진과 지시에 의존하는 경향이 줄어들고, (3) 정서적으로 더 잘 조절되며(즉, 고도의 낯설음과 불확실성으로 인해 발생하는 혼란과 두려움에 의한 조절장애를 예방함), (4) 활동 간 전이를 좀 더 효과적으로 하게 되고, (5) 기대를 이해하고, 성과를 예측하며, 일관성으로부터 이익을 얻을 수 있게 된다.

그러므로 그림 상징, 사진, 전이카드(예: 지금-다음 그림 순서) 등의 시각적 스케줄의 사용은 전이, 매일의 활동, 학교에서의 일상을 돕는 데에 매우 효과적인 것으로 보고된다. 시각적 전략은 일반적으로 (1) 다른 사람의 의사소통 시도를 처리하고 이해하며, (2) 교육적 · 교수적 지원을 제공하고, (3) 정보와 지시사항을 제공하며, (4) 규칙과 행동적 기대를 설정하고, (5) 정서 조절 지원을 제공하도록 지원하는 데 유용하며, 이러한 모든 것들을 통해서 독립성과 문제해결력을 증진시키고 성인의 지원 또는 촉진의 필요성을 감소시킨다(Hodgdon, 1995, 1999). 일련의 과제 바구니 또는 폴더를 사용하는 작업 체계(work systems)는 독립적인 작업 기술과 과제 완수를 교수하는 시각적으로 조직화된 방법을 구조화하는 유용한 지원 방법이다(Schopler, Mesibov, & Hearsey, 1995).

가리키기나 교환을 위해 사용되는 그림 상징이나 사진은(Frost & Bondy, 1994) 말을 하지 않는 아동을 위한, 심지어는 말을 하는 아동에게까지도 의사소통을 촉진하는 교류 지원이 될 수 있다. SCERTS 모델에서 그림 체계는 의사소통의 우선적인 표현 수단으로 소개되며, 말을 하지 않거나 최소한의 발화만 하는 사회적 파트너 단계에 있는 아동에게는 처음으로 사용되는 방법이다. 이러한 체계는 의사소통의 시작(구어와 비구어 모두)이나 선택하기를 고무시키는 데 특히 유용하다. 언어 파트너 단계와 대화 파트너 단계에 있는 말을 하거나 하지 않는 아동에게 있어서 그림 지원은 단어를 생각해 내고, 좀 더 진보된 언어 구조를 이해하며, 더 복잡한 발화나 심지어 대화까지도 산출하는 데 도움이 된다.

1권의 8장에서 제시한 SCERTS 진단-관찰 기록지의 양식과 준거에서 볼 수 있듯이 교류 지원의 학습 지원 구성 요소는 교수전략의 바람직한 특성에 초점을 맞추며, 다음과 같은 목표로 나누어진다.

LS 1. 파트너는 적극적인 참여를 위해 활동을 구조화한다.
LS 2. 파트너는 발달을 촉진하기 위해 보완의사소통 지원을 사용한다.
LS 3. 파트너는 시각적 지원 및 조직화 지원을 사용한다.
LS 4. 파트너는 목표, 활동, 학습 환경을 수정한다.

SCERTS 진단에서 평가되는 그리고 이상의 학습 지원 목표 각각에 대한 교류 지원 목표로 선정될 수 있는 구체적이고 바람직한 교수전략은 다음과 같다. 다시 한번 강조하는데, 선정된 학습 지원은 반드시 학생의 발달 능력에 적합해야 한다.

1) 파트너는 적극적인 참여를 위해 활동을 구조화한다

파트너는 적극적인 참여를 위해 다음과 같은 방법으로 활동을 구조화한다.

a. 활동의 시작과 종료를 분명하게 정한다. 예를 들어, 사회적 파트너 단계와 초기 언어 파트너 단계에서 파트너는 자연스러운 또는 계획적인 형식을 사용해서 "준비, 시작."이라고 말하면서 그네 타기 활동을 시작하고 "그만."이라고 말하거나 신호를 보내면서 멈추고, 또는 "다 했다."와 같은 단어나 수어로 활동으로부터의 전이를 표현할 수 있다. 대화 파트너 단계에서는 활동하기 전에 활동의 진행 단계에 대해 미리 말하는 것과 함께 활동하는 동안 내내 "거의 끝났어. 그다음에 점심을 먹을 거야."라고 말하는 등의 구어 지원을 제공할 수 있다.

b. 차례 주고받기 기회를 만들고 아동이 참여할 수 있도록 여지를 남긴다. 사회적 파트너 단계 또는 초기 언어 파트너 단계에서 아동의 차례는 구어일 수도 있고 비구어일 수도 있으며, 또는 아주 간단한 언어를 포함할 수도 있다. 예를 들어, 활동을 시작할 때 파트너는 "준비……"라고 말하고 아동이 "시작!"이라고 말할 수 있게 여지를 둔다. 아동과 음악에 맞춰 움직이다가 멈추고 아동이 구어나 비구어로 다시 시작하게 한다. 책을 읽어 줄 때에는 자주 반복되는 구절을 아동이 말하도록 여지를 둔다(예: 『브라운 베어 브라운 베어』라는 그림책에서처럼). 대화 파트너 단계의 아동은 자신의 차례에 좀 더 정교한 구어 반응을 할 가능성이 높다.

c. 반복을 통해서 순서를 익숙하게 만들거나 활동을 예측할 수 있도록 기타 지원을 사용함으로써 활동 자체의 특성으로 활동이 예측 가능한 순서를 지니게 만든다. 예를 들어, 컵 쌓기나 결과물을 만들기 위한 재료 섞기와 같이 완성하기 위해 고정된 순서의 단계가 요구되는 구성놀이 활동을 연습한다. 사회적 파트너 단계와 언어 파트너 단계에 있는 아동에게는 활동 진행과 완성 단계를 보여 주는 그림 순서를 사용할 수 있지만 상위 수준의 언어 파트너 단계나 대화 파트너 단계 아동의 경우에는 문장에 좀 더 의존할 수 있다.

d. 하루 일과 전반에 걸쳐 다양한 상황에서 활동의 요소를 지속적이고 예측 가능하게 반복함으로써 학습 기회를 반복적으로 제공한다. 예를 들어, 간식, 이야기나누기, 점심시간에 선택하기 기회를 제공하거나, 예측 가능한 학습 기회를 제공하기

위해서 하루는 먹이기, 하루는 옷 갈아입히기 가상놀이와 같은 비슷한 활동을 반복한다.

e. 반복적이고 예상되는 상황에서 활동의 요소를 다양하게 바꿈으로써 학습할 수 있는 새로운 기회를 제공한다. 예를 들어, 아동이 어떤 활동에 일단 익숙해지면(예: 비눗방울 불기), 계속해 달라고 요구할 수 있는 기회를 제공하기 위해서 불기 전에 잠깐 멈추는 등 일과를 다양하게 만들 수 있다. 이와 유사하게, 아동이 간식을 먹는 일정에 익숙하다면 컵을 주고 주스나 우유는 따르지 않고 기다리는 등 아동이 요구하는 기회를 갖도록 활동을 다양하게 만들 수 있다. 예상되는 반응의 특성은 아동의 발달 능력에 따라 달라진다.

2) 파트너는 발달을 촉진하기 위해 보완의사소통 지원을 사용한다

파트너는 사회화, 의사소통, 정서 조절을 강화하기 위해서 시각적 지원이나 조직화 지원과 같은 보완적인 의사소통 지원을 사용한다.

a. 아동의 의사소통과 표현언어를 향상시키기 위해 보완의사소통 지원을 사용한다(즉, 비구어 의사소통 체계, 예를 들어 몸짓, 수어, 사물, 그림, 사진, 그림 상징). 예를 들어, 아동의 단일단어 사용을 창의적인 복합단어 발화로 확장시키기 위해서 활동판에 간식시간과 관련된 일련의 그림 상징(예: "승태는 주스를 마신다.")을 사용한다.

b. 언어 및 행동 이해를 강화하기 위해 보완의사소통 지원을 사용한다. 예를 들어, 인사하기라는 사회적 사건을 좀 더 잘 이해하도록 도와주기 위해서 친숙한 가족(예: 엄마, 아빠, 형제자매)이 집에 도착하기 직전에 그 사람의 사진을 보여준다.

c. 정서 표현 및 이해 능력을 강화하기 위해 보완의사소통 지원을 사용한다. 정서를 표현하고 다른 사람의 정서를 이해하는 능력을 향상시키기 위해서 보완의사소통 지원을 마련하고 사용하도록 격려한다.

d. 비구어 수단으로 활동의 조직화, 활동 중 휴식, 활동 중 도움 요청하기 등 상호 조절을 위한 수단을 제공하여 각성 수준 조절 능력을 강화함으로써 아동의 정서 조절을 강화하기 위한 보완의사소통 지원을 사용한다.

3) 파트너는 시각적 지원 및 조직화 지원을 사용한다

a. 과제 수행 단계를 명확히 하기 위해 지원을 사용한다. 예를 들어, 아동의 발달 능력에 따라 단계를 명확히 하기 위한 '활동 내' 그림 또는 문자로 된 순서를 제공한다.

b. 활동 완수에 필요한 시간과 단계를 명확히 하기 위해 지원을 사용한다. 예를 들어, 활동을 마치기까지 남은 시간을 알 수 있도록 타이머를 사용할 수도 있고 벨크로 숫자를 사용해서 남은 순서를 표시할 수도 있다.

c. 최적의 각성 수준을 지원하기 위해서 활동 간 원활한 전이가 이루어지도록 시각적 지원을 사용한다. 예를 들어, 다음 활동을 알려 주기 위해 '지금-다음'의 시각적 순서표나 그림 스케줄을 사용한다. 마찬가지로, 타이머를 사용해서 곧 시작될 전이를 강조할 수도 있다.

d. 하루 전반에 걸쳐 시간 분할을 조직화하기 위해 지원을 사용한다. 예를 들어, 일회성 전이가 아닌 오랜 시간에 걸쳐 완성되는 활동뿐만 아니라 다가올 활동을 검토하기 위해 그림이나 사물 스케줄을 사용할 수 있다.

e. 집단 활동에서의 주의집중을 높이기 위해 시각적 지원을 사용한다. 집단 활동에서의 활동과 또래에 대한 관심을 높이기 위해 시각적 지원을 사용한다. 예를 들어, 이야기나누기 시간에 활동 리더가 사용하는 시각자료 복사본을 사용하거나 활동의 한 부분으로 또래와 그림을 교환하는 등 아동이 활동에 관심을 기울이도록 사진이나 그림 상징을 단서로 사용한다.

f. 집단 활동에서의 적극적인 참여를 촉진하기 위해 시각적 지원을 사용한다. 집단 활동에서의 시작행동과 적극적인 참여를 촉진하기 위하여 시각적 지원을 사용한다. 예를 들어, 활동 중에 노래, 교재, 놀이 짝 등을 선택할 수 있도록 시각적 지원을 사용한다.

4) 파트너는 목표, 활동, 학습 환경을 수정한다

a. 조직화와 상호작용을 지원하기 위해 사회적 복잡성을 조절한다. 예를 들어, 파트너는 필요할 때 소집단 환경이나 일대일 지원을 제공한다. 파트너는 사회적 복잡성의 수준을 높이거나 낮추어야 할 때를 적절하게 판단한다.

b. 아동의 성공을 촉진하고 최적의 각성 상태를 유지하도록 돕기 위하여 필요할 때 과제의 난이도를 조절한다. 예를 들어, 활동의 단계 수를 줄이거나 단계를 단순화한다.

c. 아동이 최적의 각성 상태를 유지하도록 돕기 위하여 필요할 때 학습 환경의 감각적 속성을 수정한다. 예를 들어, 조명을 조절하고 소음 수준이나 시각적 방해 자극을 통제한다.

d. 주의집중과 동기를 높일 수 있도록 학습 환경을 구성한다. 예를 들어, 의자를 반원 대형으로 배치하거나 소집단 활동에서 작은 방석으로 아동의 앉을 자리를 표시한다.

e. 시작행동을 촉진하는 학습 환경을 구성한다. 상호작용을 시작하도록 돕기 위하여 필요한 경우 학습 환경의 구성을 수정한다. 예를 들어, 하루 일과 내내 요구하기 시작행동이 나타나도록 정해진 활동 중에 필요한 모든 자료를 제공하기보다는 아동의 시선이나 손이 닿지 않는 곳에 자료를 정리해 둔다.

f. 활동이 발달적으로 적절하도록 고안하고 수정한다. 예를 들어, 활동은 아동의 발달 능력을 고려해서 의사소통, 관심, 적극적인 참여에 대한 적절한 기대 수준으

로 고안되어야 한다.

g. 활동 내에 동기유발이 가능한 교재와 주제를 포함시킨다. 예를 들어, 교재와 주제는 아동의 선호도와 학습 강점을 근거로 선정되어야 한다(예: 감각운동 놀잇감, 대근육운동 놀이). 파트너는 아동에게 단순하게 주어지는 활동이 아닌 이와 같은 맥락에서 의사소통을 하고자 하는 아동의 내적 동기가 조성된다는 사실을 인식해야 한다.

h. 시작행동과 확장된 상호작용을 촉진하는 활동을 제공한다. 음악시간에 노래를 청하기 위해 시작행동을 하고, 악기를 선택하고, 활동 중 여러 차례에 걸친 순서 중 자신의 차례를 지키도록 격려하고 고무하는 활동을 고안한다.

i. 필요에 따라 동적인 활동과 정적인 활동을 교대한다. 움직임 활동을 구성할 수 있는 기회가 있는 활동과 앉아서 또는 차분하게 하는 활동을 교차시킨다. 움직임 활동의 빈도와 유형은 아동의 각성 편향성에 따라 선택한다.

j. 아동이 성공적인 상태이고 최적의 각성 수준에 있을 때 적극적인 참여, 의사소통, 문제해결을 지원하기 위해서 아동의 발달 능력을 근거로 '요구의 정도를 높이거나' 기대감을 증가시킨다. 이것은 보다 정교한 의사소통이나 문제해결을 위해 '고의적인 방해' 또는 잠시 기다리기를 통해서 가능한데, 필요하면 시범을 보이거나 촉진을 사용한다.

5) 〈요약〉 교류 지원: 학습 지원

지금까지의 내용을 요약하면, 파트너가 제공하는 학습 지원은 활동에 대한 이해와 활동 중의 독립성을 증가시키는 데 중요한 역할을 한다. 자폐 범주성 장애 아동은 다양한 양식, 특히 시각적 양식으로 제공되는 정보를 통해서 갖게 되는 강화된 예측 가능성과 일관성으로부터 혜택을 얻는다. 학습 지원의 사용은 활동이 성공적으로 이루어지도록 보장한다. 대인관계 지원의 경우와 마찬가지로, 학습 지원 역시 일상생활에서의 성공적인 활동을 경험하도록 도와줌으로써 긍정적인 정서 기억을 갖게 해 준다. 이와 같은 기억은 시간이 지나도 그러한 활동을 찾고 참여하고자 하는 동기를 형성시키는 기초가 되며, 결과적으로 기능적 기술을 학습하고 '삶의 흐름(flow of life)'에 참여하도록 지원하는 맥락이 된다.

5. 성공적인 통합 및 또래와의 학습과 놀이

앞에서 설명한 학습 지원의 장기목표와 단기목표에서 언급된 바와 같이, SCERTS 모델은 또래와의 학습과 놀이(LAPP)가 자폐 범주성 장애 아동을 위한 프로그램의 필수불가결한 요소라고 인식하고 가능하면 시작 단계부터 프로그램의 일부분이 되어야 한다고 강조한다. 이러한 목표에 도달하기 위해서 대인관계 지원 및 학습 지원의 많은 목표는 또래 상호작용과 직접적으로 관련되거나 또래와의 학습과 놀이 활동 내에서의 목표가 될 수 있다. 또래와의 상호작용 촉진하기, 활동에서의 성공을 위해 필요할 때 지침과 피드백 제공하기, 다른 사람의 감정과 의견을 해석하기 위한 지침 제공하기, 집단 활동에서 적극적인 참여를 증진시키기 위해 시각적 지원 활용하기, 상호작용을 시작하고 확장된 상호작용을 촉진하기 위한 활동 제공하기 등과 같은 예가 여기에 포함된다.

유치원이나 학교 교육을 받는 아동에게 또래와의 학습과 놀이는 일반적으로 통합교육 프로그램이라는 더 큰 맥락에서 발생한다. 또래와의 학습과 놀이가 많은 자폐 범주성 장애 학생에게 있어서 매우 중요하고 우선적인 목표라는 점을 고려하여 SCERTS 모델에서는 또래와의 성공적인 프로그램과 관련된 문제에 특별한 관심을 기울인다. 따라서 아동이 또래와의 학습과 놀이 활동에서 성공하도록 촉진하는 구체적인 전략을 논의하기 전에 자폐 범주성 장애 아동을 위한 성공적인 통합 방법론에 대한 이슈를 먼저 다루어야 한다.

1) 성공적인 통합을 위한 프로그램의 필수적인 구성 요소

자폐 범주성 장애 학생의 성공적인 통합은 복잡하고 지속적인 과정이다. 자폐 범주성 장애 아동과 그 가족 및 관련된 모든 사람을 지원하기 위해서는 다음의 요소들이 갖추어져야 할 것이다.

1. 팀워크: 앞에서 언급하였듯이, SCERTS 모델은 팀 모델일 때 가장 잘 실행된다. 열린 의사소통과 모든 팀 구성원(부모, 전문가, 준전문가) 간의 신뢰가 프로그램의 모든 측면에 걸친 협력을 보장하는 데 필수적이다. 주기적으로 계획된 모임과 서면을 통해 정기적이고 체계적인 의사소통 통로가 실행되어야 하는데, 특히 가정과 학교 간에 그리고 교사, 치료사, 행정가 간에 반드시 실행되어야 한다. SCERTS 진단의 한 부분으로 또는 추가적으로 실행될 수 있다.

2. 계획: 부모를 포함한 팀 구성원 모두는 프로그램의 통합 관련 요소를 계획하고, 발생할 수 있는 모든 어려움을 예측하고, 이러한 어려움을 다루기 위한 잠정적인 전략(예: 시각적 지원과 같은 학습을 위한 교류 지원, 교육과정 수정)을 마련하기 위해서 학교 프로그램이 시작되기 전에 정기적으로 만나기 시작해야 한다. 새로운 통합 환경에 적응하도록 도와주기 위한 전이 계획은 아동이 학교생활을 하게 될 때 종종 도움이 된다(예: 새로운 선생님과 만나기, 학교가 시작되기 전에 학교 방문하기). 예상하지 못한 어려움에 대한 후속 계획도 반드시 세워져야 한다(예: 완전통합보다 특별한 교수 환경이나 자료실에서 더 많은 시간을 보내는 부분통합으로 한 단계 조정해야 하는 조절장애 위험이 큰 아동의 경우 또는 교류 지원이 있었음에도 불구하고 복잡한 학급 환경에서 잘 수행하지 못할 경우). 한 번 더 강조하자면, 이것은 SCERTS 진단의 한 부분으로 또는 추가적으로 실행될 수 있다.

3. 태도: 팀은 통합이 단순히 최종 목적이 아닌 역동적인 과정이라는 태도를 취해야 한다. 학년 중에 이루어지는 정기적인 회의는 진행 중인 SCERTS 진단에서 또는 수집된 기타 정보에서 나타난 진보에 기초하여 필요하다면 수정을 하면서 프로그램을 모니터하도록 강조한다. 뿐만 아니라 통합은 학업 및 전학문적 이슈(예: 협동 학습)와 사회적 및 사회-정서적 요소(예: 놀이 기술의 발달, 우정)를 모두 포함한다. 이러한 요소들은 상호 배타적인 것이 아니며, 모두 팀에 의해 다루어져야 한다.

4. 기대: 전문가, 준전문가, 부모는 통합 프로그램에서의 아동의 성공 수준을 판단하기 위해서 적절한 장기목표와 기대를 가질 필요가 있다. 아동이 지닌 장

애의 특성으로 인하여 기대했던 것보다 진보가 지체되거나 불균형적일 수 있는데, 그 이유는 통합 환경이 많은 자폐 범주성 장애 아동의 발달적 약점에 어려움으로 작용하기 때문이다(예: 더 소란스럽고 번잡한 환경의 가능성, 불확실성과 예측 불가능성의 증가, 사회적 요구 및 의사소통 요구의 증가). 높은 기대를 가지는 것은 중요하지만 그렇다고 너무 높은 기대를 하게 되면 모두에게 좌절을 가져올 수 있다. 사회적 진보(우정의 발달을 포함하여)나 적절한 학급 행동의 관습을 배우는 것에 대한 기대는 아주 작은 발전도 알아볼 수 있을 정도로 작은 단위로 측정되어야 한다.

5. 융통성: 통합은 융통성이 없는 체계에서는 원활하게 이루어지지 않는다. 자폐 범주성 장애 아동이 경험하는 어려움 때문에, 그리고 이들의 변화하는 요구로 인해, 아동을 위해 세워진 규칙과 일정, 교사가 서비스를 제공하는 방법, 교류 지원이 실행되는 방법에서 융통성이 필요하다. 아동이 성공하도록 도와줄 수 있는 융통성 있고 지원적인 프로그램의 예로는 정서 조절을 지원하기 위한 휴식, 일찍 도착해서 숨을 고르는 시간 갖기, 팀티칭, 놀이 친구나 공부 파트너를 선택하는 기회 등이 있다.

6. 교류 지원은 반드시 다차원적인 수준에서 계획되고 제공되어야 한다.

- 일반교사는 자폐 범주성 장애에 대한 전문 지식을 가진 팀(부모를 포함한)에 의해서 지원받기 때문에 학급의 모든 아동을 교육하는 것 이상으로 추가적인 부담이 아니라는 느낌을 가질 수 있어야 한다.
- 자폐 범주성 장애가 없는 또래는 자폐 범주성 장애 아동의 행동에 의해 혼란스러울 때 지원받고 있다는 느낌을 가질 수 있어야 한다. 이러한 혼란은 거절당하는 느낌('나랑 놀고 싶어 하지 않네.') 또는 비관습적인 행동(예: 상동적인 움직임, 비관습적이거나 해석하기 어려운 구어/비구어 의사소통)으로부터 발생할 수 있다.
- 보조교사, 보조원, 준전문가는 매우 중요하며, 이들이 일과 전반에 걸쳐 치료 전략을 실행하기 위해서는 팀 내 전문가(예: 작업치료사, 언어치료사)로부터, 학업적인 도움을 주기 위해서는 일반교사로부터, 그리고 일상적인 의사소통을 위해서는 때때로 보조원에게 의존하기도 하는 부모로부터 지원을 받고 있다는 느낌을 가질 수 있어야 한다.

- 부모는 자녀의 좀 더 전형화된 교육 경험에 대한 희망과 꿈을 실현하고, 또래와의 긍정적인 관계 발달을 촉진시키며, 교외활동(예: 친구모임 프로그램)을 수행함에 있어서 모든 교직원과 관리자의 지원을 받고 있다는 느낌을 가질 수 있어야 한다.
- 자폐 범주성 장애 아동은 유용하다고 입증된 전략(예: 대인관계 지원, 학습 지원)을 사용하고 아동의 관점에서 도전과 어려움(예: 감각 환경, 추상적인 사회 규칙, 복잡한 언어)을 이해해 주는 지원을 받고 있다는 느낌을 가질 수 있어야 한다.

이상의 요소들이 갖추어진다면 통합 프로그램이 성공할 가능성은 더욱 커진다. 그러나 개별 아동의 특정 능력을 개발하기 위해서는 체계적인 계획도 잘 세워져 있어야 한다.

2) 또래와의 학습과 놀이를 포함하는 활동 실행하기

또래와의 학습과 놀이(LAPP) 활동은 다양한 파트너, 환경, 활동에 걸쳐 성공적인 사회 의사소통적 상호작용을 시작하고 유지하는 능력을 포함하며, 궁극적으로는 긍정적인 관계와 우정 발달에 기여하여 또래 관련 역량을 발달시키는 역할을 한다. 다음과 같은 사실을 이해한다면 자폐 범주성 장애 아동에게 또래와의 학습과 놀이 활동에 대한 체계적인 접근이 중요하다는 것을 알게 된다: (1) 또래와의 학습과 놀이가 제공하는 풍부한 학습 기회, (2) 아동과 그 가족이 시간이 지남에 따라 연속성과 소속감을 느끼게 해주는 사회적 공동체 내에서의 장기적인 관계와 우정 발달 가능성. 그러나 부모, 교육자, 전문가는 (1) 자폐 범주성 장애 아동은 장애가 없는 동일 연령의 또래와는 다른 학습 스타일을 보인다는 점과(1권의 4장에서 논의함), (2) 또래와의 더 복잡한 사회적 상호작용에서 나타나는 사회 의사소통 및 정서 조절의 어려움이 존재한다는 사실도 인식해야 한다. 더욱이 자폐 범주성 장애 아동은 또래와의 사회 의사소통이나 놀이를 자연스럽게 또는 우발적인 방식으로 학습하기 어려운 것으로 알려져 있다. 그러나 적절한 교류 지원이 주어진다면 자폐 범주성 장애 아동과 또래 간에 성공적인 상호작용과 관계 발달의 기회가 분명히 증가할 것이다.

또래와의 학습과 놀이 활동을 위한 SCERTS 모델 접근은 자폐 범주성 장애 아동에게 자연스러운 활동 내에서뿐만 아니라 예측 가능하고 지원적인 활동에서 사회 의사소통 및 놀이 기술을 학습하고 적용하는 체계적이고 반구조화된 수단을 제공한다. 적극적인 참여를 증진시키기 위해서 가장 중요한 것은 아동이 사회적 사건의 의미와 그러한 사건에 포함된 사회 의사소통 기술을 언제 어떻게 사용할 것인지를 학습하도록 돕는 것이다. 이것은 또래와의 활동을 안내해 주는 사회적, 의사소통, 놀이 활동의 규칙뿐만 아니라 사회적 단서와 관습에 대한 이해 수준 향상을 필요로 한다. 또래와의 학습과 놀이 활동은 사회 의사소통 사건에 대한 아동의 익숙함과 기대를 증가시킴으로써 아동이 참여를 위해 잘 조절되고 동기화될 가능성을 높이는 방식으로 고안되어야 한다. 익숙함과 예측 가능성은 정서 조절을 지원하며, 따라서 활발한 참여의 가능성과 자원이 더 커진다. 반대로 만일 활동이나 상황이 익숙하지 않고 고도의 새로움이 정서 조절장애를 일으킨다면 사회 의사소통이 단절될 가능성이 커지며 아동이 상호작용을 시작하고 유지하는 데 있어서 성공을 경험할 가능성은 감소한다.

또래와의 학습과 놀이 활동에 대한 SCERTS 접근은 또래와 관련된 능력과 관계를 증진시키는 다양한 원칙을 근거로 한다. 이러한 원칙은 학교, 가정, 보육시설, 치료실, 기타 지역사회 환경과 같은 다양한 자연스러운 환경에서 또래와의 학습과 놀이 활동에 접근하게 하는 특별한 고려사항을 위한 실제적인 근거를 제공한다. 또한 계획된 활동 일과부터 자연스러운 활동에 이르는 폭넓은 일련의 활동을 개발하기 위해서 이 책의 1장에서 논의된 많은 원칙은 또래와의 학습 및 놀이와 관련이 있다는 사실을 알게 될 것이다.

1. 계획된 활동 일과: 사회적 교환에 참여하게 하는 사회 의사소통의 시작과 동기는 모든 아동이 그 활동 내에 포함된 단계와 참여 역할에 익숙해질 때 일어날 가능성이 커진다. 사회 의사소통 능력은 예측 가능한 일과 전반에 걸쳐 제공되는 의사소통의 다양한 기회를 통해 향상된다. 특히 또래와의 학습과 놀이 활동과 관련해서 살펴보면, 아동은 처음에는 성인과 아동에게 소개되고 그런 다음에 다른 아동을 포함시키는 것으로 확장되는 계획된 활동 일과와 같이 덜 복잡한 사회적 상황에서 그러한 활동을 위해 준비되어야 한다. 예를 들어, 아동은 특정 활동이나 게임의 규칙을 미리 학습함으로써 통합된 놀이를 위한 연습을 할 수 있다(예: 사회적 파트너 단계의 아동을 위한 '둥글게둥글게', 언

어 파트너 단계의 아동을 위한 '반야드 빙고', 대화 파트너 단계의 아동을 위한 '얼음 땡'). 이것은 아동이 활동 및 또래와의 상호작용에서 오는 어려움을 경험할 가능성을 감소시킨다. 계획된 활동 일과를 통해서 아동은 사회-인지 및 정서 조절 자원을 도전적인 상황에서 잘 조절된 상태를 유지하기 위해서 사용하기보다는 또래와의 학습과 의사소통에 보다 효율적이고 효과적으로 적용하게 될 것이다. 또래는 또한 적절한 반응과 함께 상호조절 지원을 제공함으로써 정서 조절까지도 지원하게 된다.

2. 자연적인 상호작용과 환경: 활동 구조화 연속체의 또 다른 한쪽 끝의 경우, 또래와의 학습과 놀이에 대한 궁극적인 목표는 아동이 다양한 또래 파트너와 환경에 걸쳐 여러 활동에서 사회 의사소통적인 상호작용에 참여하도록 동기화됨으로써 긍정적인 관계 발달을 이끌어 내는 것이다. 자연스럽게 발생하는 상호작용과 상황은 아동과 성인 간이 아닌 아동과 또래 간의 우발적인 상호작용, 상호 교환, 공동의 긍정적인 정서 경험을 가능하게 하는 또래와의 학습과 놀이 활동의 수많은 기회를 제공한다.

3. 새로움에 대한 조절: 또래와의 활동은 그 자체만으로도 자극, 새로움, 예측 불가능성을 증가시키기 때문에 아동-성인 또는 고립된 놀이와 비교할 때 조절장애의 가능성을 증가시킨다. 심지어 잘 고안된 활동이라 해도 정서 조절장애는 또래와의 학습과 놀이 활동이 '너무 많이, 너무 빨리' 방식으로 제공될 때, 예를 들어 너무 많은 아동과 함께하거나 너무 복잡하고 과도하게 자극적인 활동일 때 일어날 수 있다. 만일 아동이 덜 구조화된 상황에서 익숙하지 않은 사회적 또는 의사소통적 구조나 놀이 도식에 노출된다면 또래와의 학습과 놀이가 새로움을 증가시키고 나아가 스트레스와 정서 조절장애 가능성을 증가시킬 수 있다. 새로움을 제시하기 위한 체계적인 조절은 또래와의 학습과 놀이를 위해서 중요하게 고려해야 할 사항으로, 특히 프로그램 개발의 초기 단계에서 중요하다.

4. 공동의 통제와 상호성: 이상적으로, 모든 활동에서와 마찬가지로 또래와의 학습과 놀이 활동은 한 사람이 다른 사람을 통제하기보다는 오히려 서로서로

사회적 시작행동에 반응함과 동시에 사회 의사소통 교환을 시작하고 유지하는 과정에 함께 참여하는 등 어느 정도의 균형과 공동의 통제를 갖추어야 한다. 공동의 통제를 지원하기 위해서 자폐 범주성 장애 아동은 또래 아동과 함께 사용하게 될 사회적, 의사소통, 놀이 도식에 익숙해지도록 지원받아야 한다. 그러한 사전 활동은 또래와의 활동에 계속해서 참여하고자 하는 동기를 증가시킬 목적을 가지고 활동의 구조와 언제 어떻게 시작해야 하는지에 대한 이해를 증진시킬 것이다.

더욱이 공동의 통제가 지니는 속성은 아동의 발달 능력에 따라 다양하다. 예를 들어, 사회적 파트너 단계의 경우 각 아동이 차례가 돌아간다는 것을 인식하도록 지원하기 위해서 활동은 수정될 수 있다. 일례로 퍼즐 활동을 하는 동안 퍼즐 조각이 용기에 놓여 있고 아동과 한 명 이상의 또래에게 차례로 조각을 건네준다. 마찬가지로, 언어 파트너 단계의 경우 아동에게 누구 차례인지 알려 주기 위해서 시각적 지원을 실행할 수 있다(예: 화살표가 각 아동의 사진을 가리키도록 돌아가는 판). 마지막으로, 대화 파트너 단계의 경우 시각적 지원은 대화에서의 차례 지키기를 알려 주기 위해 사용될 수 있다(예: 현재 이야기할 사람을 알리기 위해 '말하기 공' 전달하기).

5. 비관습적인 행동과 사회적 놀이 행동: 비관습적인 의사소통 형태(예: 반향어, 끊임없이 질문하기) 또는 비관습적인 놀이 형태(예: 놀잇감을 반복적으로 조작하기)가 아동의 또래와의 학습과 놀이 활동 참여를 방해하거나 불가능하게 만들어서는 안 된다. 오히려 성인 파트너는 또래가 이러한 비관습적인 행동의 목적과 의도를 인식하고 이해하도록 돕고 좀 더 관습적인 상호작용 수단으로 덜 관습적인 수단을 대체하면서 동시에 사회 의사소통적인 상호작용 수단(구어 및 비구어)을 체계적으로 증진시킬 수 있는 전략을 고안해야 한다.

6. 내적 동기: 앞에서도 언급하였듯이, 자연스러운 보상은 SCERTS 모델의 주요 요소로, 특히 더욱 도전이 되는 또래와의 학습과 놀이 활동을 위해 중요하다. 의미 있고 목표 지향적이면서 내적으로 동기화된 활동 일과는 또래 간 자연적인 상호작용을 촉진하는 가장 파급력 있고 선호하는 활동으로서 목표가 된다. 활동은 또한 정서 조절을 지원함으로써 동기를 일으키는 특성을 가

지고 있어야 한다. 왜냐하면 아동은 자신을 잘 조절된 상태로 유지시켜 주는 활동을 찾으려 하는 경향이 있기 때문이다. 예를 들어, 아동은 활동의 연장이 가능하고 분명한 종료 시점을 알기 어려운 레고나 블록놀이보다는 분명한 시작과 끝이 있는 퍼즐과 같이 과제 완수와 동기를 확인하게 해 주는 명백한 개시와 종료가 가능한 활동을 통해서 유익을 얻는다. 이와 같은 구조화는 특히 또래와 함께하는 활동에서 활동을 끝까지 완수할 수 있게 해 준다. 기타 동기적인 또는 조직화 특성의 예로는 움직임이 조직화 요소인 아동에게 장애물 넘기나 기타 감각운동 활동과 같은 움직임 기회를 정기적으로 제공하거나, 대화 파트너 단계의 나이가 많은 아동에게 과학과 같은 고도의 관심 영역을 사용하는 것 등을 들 수 있다. 시간이 지나면서 아동은 이러한 활동이 동기와 정서 조절을 지원한다는 사실을 인식하게 됨으로써 또래와의 학습과 활동에 대한 긍정적인 정서 기억을 갖게 된다.

7. 다양한 사회 의사소통 의도와 기능 표현하기: 또래와의 학습과 놀이 활동은 (1) 행동 조절(예: 사물 요구하기, 도움 청하기, 선택하기), (2) 사회적 상호작용(예: 사회적 게임이나 일과 요청하기, 전화하기, 인사하기, 자랑하기), (3) 공동관심(예: 언급하기, 정보 공유하고 요청하기)을 포함하는 여러 가지 기능의 다양한 사회 의사소통 행위를 이해하고 사용하는 자연적 기회가 발생하도록 고안되어야 한다. 학습 지원은 더욱 다양한 기능의 의사소통을 지원하기 위해서 사용될 수 있다. 예를 들어, 시각적 지원은 아동이 적절한 설명이나 요구를 할 수 있도록 단어 회상 단서로 제공될 수 있다(예: "퍼즐 다 했어." "진희야, 나랑 색칠하자."). 이와 같은 시각적 지원의 사용은 또래와의 상호작용에서 아동의 독립성을 높이고 성인의 구어 단서에 대한 의존성을 감소시킨다. 또한 또래와의 학습과 놀이 활동에서는 아동이 일과를 지속하도록, 또는 필요한 경우 적절한 지원을 받아 관습적인 의사소통 수단을 사용해서 또래와의 의사소통 실패를 복구하도록 인내심을 증진시킬 수 있는 다양한 기회가 제시된다.

8. 또래 파트너의 기술 향상시키기: 앞에서도 언급하였듯이, SCERTS 모델에서는 자폐 범주성 장애 아동에게만 주목하지는 않는다. 자폐 범주성 장애 아동과 성공적인 경험을 할 수 있도록 또래를 포함한 모든 파트너의 능력을 향상시키

는 데에도 특별한 관심을 기울인다. 또래를 위한 목표는 사회적 상호작용을 위한 기회 제공하기, 의사소통 시작을 기다려 주기, 자폐 범주성 장애 아동의 의사소통 시도와 구체적 의도를 읽어 내기, 상호작용이 지속되도록 고무하는 방식으로 반응하기, 정서 조절 지원하기를 포함하여 모든 파트너에게 해당되는 성공적인 전략을 학습하고 대인관계 지원을 사용하게 하는 것이다.

9. 성인 파트너의 역할: 또래와의 학습과 놀이 활동에서 성인 파트너의 역할은 (1) 자연스러우면서 동기를 부여하는 사회 의사소통 기회 만들기, (2) 아동의 발달 수준과 중재 목표에 기반을 둔 사회 의사소통의 적합한 수단 시범 보이기, (3) 또래와의 사회 의사소통이 성공적으로 성취되도록(필요한 경우) 촉진하기, (4) 필요할 때 실패 복구하기, (5) 사회 의사소통의 좀 더 관습적인 수단을 학습할 때 예측 가능한 상호작용을 위하여 반복적으로 기회 제공하기, (6) 아동의 정서 조절을 모니터하기, (7) 필요할 때 교류 지원 제공하기 등이다. 성인은 계획된 활동 일과에서 설계된 활동, 수정된 자연적 활동, 그리고 결국 자연적으로 발생하는 활동에 이르는 일련의 활동을 사용함으로써 학습 환경을 고안하고 새로움을 통제한다. 성인은 아동이 처음으로 필수적인 사회 의사소통 기술을 학습하고 일과에 대한 감각을 익히기 시작할 때 주요 파트너 또는 주요 파트너 중 한 사람으로서 역할을 하게 된다. 주요 파트너로서의 성인의 역할은 또래가 이와 같은 동일하고 유사한 일과에서 성인의 역할을 대체하도록 체계적으로 학습하면서 점차 줄어든다.

6. 요약

SCERTS 모델은 자연스러운 활동과 일과에서 다양한 파트너와 상황에 걸쳐 능력을 강화하는 것에 초점을 두고 있기 때문에 융통성 있고 기능적인 모델이라고 할 수 있다. 그러나 SCERTS 모델의 우선적인 목표인 사회 의사소통에서의 성공을 강화하고 정서 조절을 지원하기 위해서 제공되는 교류 지원, 즉 대인관계 지원과 학습 지원에 특별히 주의를 기울일 필요가 있다. 이러한 목표를 달성하기 위해서는 대인관계 및 학습 지원의 전략적 실행이 아동을 위해 중요한 역할을 하게 된다.

제 3 장

교류 지원: 가족 지원과 전문가 간 지원

1. 가족 지원
2. SCERTS 모델의 가족 지원 실행 원리
3. 전문가 지원
4. 요약

1. 가족 지원

SCERTS 모델에서는 진단과 프로그램 개발 및 실행에 있어서 가족과의 협력을 위한 노력을 요구하며, 이러한 노력은 SCERTS 진단의 일부로 그리고 SCERTS 모델의 교류 지원 영역의 일부로 포함된다. 가족-전문가 파트너십은 많은 장점을 지니며, 성공적인 협력은 궁극적으로 자폐 범주성 장애 아동을 위한 가장 긍정적인 성과를 나타낼 가능성을 최대화한다. 예를 들어, 협력적인 접근을 통해서 자폐 범주성 장애 아동과 가족 간의 관계가 향상될 수 있는데, 이는 가족이 자신의 행동(즉, 대인관계 지원)이 어떻게 아동의 사회 의사소통과 정서 조절을 촉진시키는지에 대해서 민감해지기 때문이다. 부모와 형제자매의 적극적인 개입은 아동의 진보에 대한 주인의식을 갖게 해 준다. 즉, 가족 구성원은 자신의 기여에 대해 자부심을 느끼게 되는데, 단순히 아동의 문제를 고치기 위해 전문가에게 보내는 것이 아니라는 것이다. 이는 가족 구성원 스스로 역량이 강화된 느낌을 갖게 해주며 적극적으로 문제를 해결할 수 있도록 도와준다.

연구결과에 따르면 가족 참여는 아동에게 보다 긍정적인 성과를 지원할 수 있는 주요 요인이라고 할 수 있는데(National Research Council, 2001), 이는 이와 같은 협력이 아동의 활동과 일과 중에 다양한 상황과 파트너에 걸쳐 상당한 일관성을 유지할 수 있게 해 주기 때문일 것이다. 이러한 일관성은 새로운 기술을 일반화시키도록 도와줌으로써 아동의 삶에서 의미 있는 변화를 만들어 내고 혼란을 겪을 가능성을 감소시키며, 결과적으로 아동의 정서 조절을 지원하게 된다. 궁극적으로 전문가와 준전문가, 그리고 가족 간의 생산적인 관계는 서로에 대한 신뢰감을 형성시키며 우선순위와 목표에 대해 공감하게 해 준다. 아동의 삶의 질을 향상시키기 위해 '우리 모두 한 배를 탔다.'는 의식이 있을 때 상호 지원적인 관계가 생겨날 수 있으며, 이러한 경우 대개 가족의 삶의 질 또한 향상된다.

가족 참여는 성공적인 교육 계획과 관련된 주요 요인이므로, SCERTS 모델에서의 가족 지원과 직접적인 가족 참여는 선택사항으로 고려되는 요소가 아니라 종합적인 서비스 전달 계획을 위한 명백한 핵심 요소다. SCERTS 모델의 이러한 요소가 교류 지원 영역의 가족 지원으로 분류되는 것은 사실이지만, 다시 한 번 SCERTS 모델의 세 영역인 사회 의사소통, 정서 조절, 교류 지원 영역이 다방면으로 서로 연계되어 있다는 점을 염두에 두어야 한다. 사회 의사소통, 정서 조절, 학습 간의 상호 영향은 다양한 맥락에서 발생하는데, 이 중에서도 가장 중요한 맥락은 가정이다. 왜냐하면 가정에서의 경험이 아동의 발달에 전반적이고 지속적인 영향을 미치기 때문이다. 예를 들어, 정서 조절의 발달은 가족과의 관계를 향상시키고, 이로 인하여 사회 의사소통 능력의 발달을 가속화하며, 결과적으로 가족의 효능감을 강화함으로써 아동과의 관계를 더욱 깊어지게 만든다. 이와 같은 방식으로, 아동이 발달해 감에 따라 아동에 대한 가족의 인식과 상호작용은 상당히 중요한 교류적 영향력하에 놓이게 될 것이다. 이렇게 변화하는 인식은 이미 형성되어 있는 가족의 일과와 학습 기회에 중요한 영향을 미칠 수도 있다. 이러한 영향의 특성은 다음과 같은 몇 가지 요소에 의해 좌우되는데, (1) 변화에 대한 가족의 기대와 관련된 아동의 진보 속도와 정도, (2) 관찰된 변화에 대한 부모와 전문가의 해석, (3) 변화 과정에서의 자신의 역할에 대한 가족의 인식, (4) 가족에게 영향을 미치는 기타 지원 또는 스트레스 요인(예: 확대가족 지원, 재정적 안정, 부부관계의 질, 형제자매 관계) 등이 있다. 이러한 복잡성에 더해서 아동과 가족 간의 교류적 영향은 가족과 아동이 변하고 성장함에 따라 역동적이고 끊임없이 변화한다.

1권과 2권의 1장에서 설명하였듯이, SCERTS 모델의 핵심 가치 및 주요 원리는 가족 지원을 직접적으로 언급하고 있으며 가족 지원을 위한 모든 노력의 기반을 제공한다.

> 아동 및 가족 구성원과의 긍정적인 관계를 형성하는 것은 전문가의 가장 우선적인 책임이다. 모든 아동과 가족 구성원은 예의와 존경으로 대우받아야 한다.

> 가족 구성원은 자녀에 대한 전문가로 인정되어야 한다. 진단과 교육 노력은 가족과의 협력 과정으로 인식되어야 하며, 가족과 합의를 이루고 협력 과정을 강화하기 위해서 가족 중심의 실제 원리가 존중되어야 한다.

SCERTS 모델에서 가족 지원은 가족이 가장 많이 경험하게 되는 어려움을 직접적으로 다루도록 고안되었다. 이러한 가족의 어려움은 아동의 사회 의사소통과 정서 조절을 직접 다루어야 하는 어려움과 관련되며, 독립성과 적응 생활 기술을 포함하는 아동 발달의 기타 측면을 지원하는 어려움과도 관련된다. 가족이 직면하는 기타 어려움은 아동의 장애로 인한 일상적인 문제의 즉각적인 영향에 비하면 부차적일 수 있다. 이러한 부차적인 어려움에는 교육 지원 체계를 상대해야 하는 것과 전문가와 협력적이고 생산적인 관계를 형성하는 것 등이 포함된다. 가족을 지원하기 위한 계획을 세울 때 전문가는 가족이 다루기 원하는 모든 유형의 이슈에 대해 잘 알고 있어야 한다.

1) SCERTS 가족 지원 계획의 특성

SCERTS 모델에서는 가족 지원 계획이 다음과 같은 특징을 갖추도록 강조한다.

1. 가족 지원 계획은 가족이 우선적으로 생각하는 문제를 다루어야 하고, 이 계획은 가족의 우선순위가 달라질 경우 함께 변해야 한다. 가족 지원은 역동적인 과정이라고 할 수 있는데, 이는 가족의 어려움과 우선순위가 시간에 따라 변하기 때문이다. 가족의 우선순위는 다음과 같은 이유로 변할 수 있다: (1) 아동의 자연적인 성장과 발달, (2) 학교나 기타 서비스로의 전이, (3) 기대하지 않았던 진보나 예상치 못한 어려움의 증가, (4) 가족이 새롭게 알게 된 교육 또는 의학 정보, (5) 가족이나 친척의 질병, 직장 관련 변화, 자녀 출산 등과 같은 자폐 범주성 장애 아동과 직접적으로 관련되지 않은 요인.

2. 가족 지원 계획의 궁극적인 목적은 가족이 직면하는 문제를 적극적이고 독립적으로 해결하고 대처하며 극복할 수 있는 능력을 갖게 하는 것이다. 대부분의 전문가는 유치원이나 초등학교 정도의 비교적 짧은 시간 동안 가족을 지원한다. 가족은 독립적인 문제해결력, 판단력, 대처기술을 갖게 되는 것이 가장 바람직하다. 주요 결정을 내릴 때 전문가의 의견에 지나치게 의존하는 것은 바람직하지 않다. 전문가의 지원은 그러한 지원이 가족에게 도움이 될 것이라고 생각되는 필요한 때에만 주어져야 한다. 전문가는 비판하지 않는 태도로 가족과 협력해야 하는데, 서로 간의 견해 차이가 있을 때조차도 그렇게 해야 한다. 전문가는 자신이 자폐 범주성 장애 아동의 부모가 되는 경험을 직접 해 보지 않고 가족의 심정을 완전히 이해하는 것은 불가능하다는 사실을 항상 인지하고 있어야 한다. 그러므로 전문가는 가족의 독립적인 문제해결과 의사결정

을 격려하고, 비판하지 않는 태도를 유지하며, 견해 차이를 줄이기 위해 노력하고, 이들과의 협력 관계 내에서 계획을 세워야 한다.

3. 가족 지원 계획은 가족에 따른 다양성과 서로 다른 가치를 고려하여 개별화되어야 한다. 가족 간 다양성은 다음과 같은 요인에 의해 나타난다: (1) 문화, 민족, 종교, 전통에서의 차이, (2) 가족 구조상의 차이(예: 자녀의 수, 한부모 가족, 맞벌이 부모), (3) 사회경제적 요인, (4) 직계 또는 확대 가족의 지원 여부(예: 근처에 사는 친척), (5) 아동과 아동의 장애에 대한 가족의 인식. 이와 같이 역동적이고 지속적으로 변화하는 가족 구조상의 특성 때문에 민감성, 융통성, 창의성은 가족 중심 지원 서비스의 필수 요소다.

4. 가족에게 좀 더 자연적인 비공식적 지원이 존재하거나 가족에 의해 마련될 수 있다면, 이러한 지원은 직접적인 전문가 지원이 포함되지 않는 경우에도 지원 계획의 중요한 일부로 인식되어야 한다. 비공식적 지원이란 전문가의 개입 없이 부모들이 조직한 지원 모임, 자녀들이 함께 놀 수 있도록 부모끼리 정한 약속, 친척이나 친구 또는 이웃의 지원 등을 말한다. 가족이 비공식적 지원을 포함해서 다양한 유형의 지원을 받는 것은 바람직하다. 비공식적 지원은 대부분의 경우 가족의 일상적인 사회생활과 일과 속에서 이루어지고 가족의 사회적 지원망을 확장하고 보다 강하게 결속시킬 수 있기 때문에 가족의 사회적 지원망 밖에서 이루어지거나 전문가에 의존하는 지원보다 더 높은 가치를 지닌다. 더 나아가서, 전문가 지원은 추가 비용이 발생하고 서비스 제공이 가족의 편리함보다는 전문가의 일정에 맞춰 이루어질 수 있기 때문에 가족에게 부가적인 스트레스가 될 수 있다.

5. 가족 지원 계획은 교육 지원과 정서 지원 활동을 구분해서 이러한 지원 활동에 대한 기대와 목표가 서로 혼동되지 않도록 해야 한다. 교육 지원 활동은 정서 지원에 긍정적인 영향을 미칠 수 있으며 그 반대의 상황도 가능하기 때문에 교육 지원과 정서 지원은 완전히 분리될 수 없다. 그러나 이 두 가지 지원이 혼동되는 경우 혼란과 분노가 초래될 수 있다. 예를 들어, 어떤 전문가는 의사소통 능력 향상 기술과 문제행동 관리 등과 같은 교육 지원에 대한 교육과 경험이 있을

수 있지만, 결혼생활로 인한 스트레스에 대처하기 위한 가족 상담이나 우울증을 위한 개인 상담과 같은 정서 지원에는 전문적이지 않을 수 있다. 전문가는 상황에 따라서 가족이 겪는 어려움이 자신의 전문성이나 능력 밖에 있을 수 있다는 것을 이해하고, 이러한 상황에서는 가족 지원 기관이나 다른 전문가에게, 또는 다른 유형의 지원에 가족을 의뢰하는 것이 바람직하다. 전문가나 기타 서비스 제공자는 자신의 전문 영역에 대한 지식에 근거해야 하며, 자신이 도움이 될 수 있는지와 가족의 어려움이 자신의 능력 밖에 있는지를 판단할 수 있어야 한다. 지원을 제공할 때 의도가 좋다 하더라도 잘 알지 못한다면 실제로 해가 될 수 있다.

2) 가족 지원이 요구되는 핵심적인 어려움

다시 한 번 강조하자면, 전문가 지원은 가족이 직면하는 문제를 직접적으로 다루어 줄 때 가장 큰 도움이 된다. 〈표 3-1〉은 1권의 4장에서 설명한 가족이 직면하는 주요 어려움을 보여 주고 있다. 여기서는 SCERTS 모델이 이러한 어려움을 어떻게 다루는지 간략하게 설명하고자 한다.

〈표 3-1〉 교류 지원이 필요한 가족이 겪는 어려움

가족 내에서의 어려움
가족생활에서 균형 찾기
가족의 의사결정에서의 어려움
자폐 범주성 장애에 대한 가족 구성원의 반응의 차이
가족 구조의 변화에서 오는 어려움: 역할, 생활방식, 일과
형제자매의 어려움
미래의 불확실성과 관련된 어려움
직계 가족 이외의 요인과 관련된 어려움
고립감
사회적 공동체와의 연계
자폐 범주성 장애를 이해하고 다른 사람에게 설명하기
서비스 제공 및 부모-전문가 상호작용의 어려움
서비스 전달 체계 다루기
전문가 및 기타 서비스 제공자 대하기
활용 가능한 중재 및 모델에 대한 혼란

(1) 가족 내에서의 어려움 다루기

SCERTS 모델에서 자연적인 활동과 일과에 초점을 맞추는 것은 가족생활에서 균형을 찾도록 도와주기 위해서인데, 이는 부모가 이러한 균형 찾기를 부모와 가족이 경험하는 주요 스트레스라고 인지하기 때문이다. 이 책의 1장에서 설명한 바와 같이, 사회 의사소통과 정서 조절을 지원하는 활동 중심 접근은 대부분의 경우 전문가나 준전문가가 가정을 방문해서 진행하는 일과 활동이 아닌 상황에서 분리된 기술 중심의 교육을 주로 하는 접근보다 모든 가족 구성원을 참여시키는 데에 더 큰 도움이 된다. 분리된 기술 중심의 교육과 여러 전문가의 가정방문은 가족생활 속으로 잘 통합되거나 가족 구성원을 적극적으로 참여시키지 않는 한, 보다 심각한 불균형을 초래할 수 있다. 더욱이 가족생활 중에 이미 발생하고 있거나 계획될 수 있는 재미있으면서도 기능적인 활동은 여러 파트너와 함께 새로운 기술을 습득하고 연습할 수 있는 수많은 기회를 제공하기 때문에 분리된 교수회기에 과도하게 의존하는 것보다 훨씬 더 바람직하다.

SCERTS 모델의 가족 중심 철학은 가족이 아동과 가족에게 영향을 미치는 중요한 결정을 하도록 가족을 지원하기 위해서 고안되었다. SCERTS 모델은 전문가의 견해에 의존하기보다 가족이 적극적으로 의사결정을 할 수 있도록 지원하는 것이므로, 융통성 없이 외부적으로 선택된 중재 관련 의견을 주입하는 전문가 때문에 부모나 가족 구성원 사이에 견해 차이가 생길 가능성은 매우 낮다. 또한 SCERTS 모델에서는 전문가가 능력을 발휘하려면 가족이 자폐 범주성 장애를 이해하고 적응하고 대처하는 방법을 잘 알고 있어야 한다. 그러기 위해서 전문가는 가족이 아동의 장애에 대한 인식과 시간의 흐름에 따른 생각의 변화를 공유하도록 노력해야 한다. SCERTS 진단에서는 양육자에게 다음과 같은 사항을 요구한다.

- 자녀의 강점과 어려움에 대한 생각 나누기
- 주요 관심사 말하기
- 자녀의 발달과 관련된 바람과 기대 말하기

양육자는 다음과 같은 사항에 대해 이야기할 기회도 갖게 된다.

- 자녀의 장애에 대한 이해

- 장애가 자녀와의 관계와 상호작용에 미치는 영향
- 자녀의 장애가 가족의 삶에 미치는 영향

전문가는 양육자에게 자신에게 가장 크게 도움이 될 것이라고 생각하는 정보와 지원의 유형을 알려 달라고 요청할 수 있다. 또한 가족의 규칙과 일과가 어떻게 변했는지에 대하여, 가족 구성원 간의 사회적 및 의사소통적 상호작용을 촉진하기 위해 사용했던 성공적이거나 성공적이지 않았던 전략에 대하여, 또는 자녀의 정서 조절에 대해서도 질문할 수 있다. 적절한 경우라면 아동의 의사소통, 사회성, 정서 발달과 독립성을 촉진하는 데 있어서의 효능감과 한계에 대해 공유해 달라고 요청할 수도 있다. 자폐 범주성 장애 자녀가 있다는 사실이 가족과 가족의 삶에 미치는 긍정적인 영향력에 대해서 논의해 보는 것도 중요하다. 가족 지원의 또 하나의 중요한 측면은 형제자매가 자폐 범주성 장애 형제로 인하여 어떤 영향을 받는지 살펴보는 것이다. 이 주제 또한 많이 연구되어 왔다(이 장의 뒷부분에서 논의할 예정임). 마지막으로, 양육자가 자녀의 교육 서비스에 기대하는 바와 가족에게 도움이 될 것이라고 생각하는 지원이 무엇인지 말하게 하는 것도 중요하다. 자녀의 미래에 대한 걱정과 가족의 미래에 대한 불확실성은 결과적으로 가족 구성원에게 불가피한 영향을 미치게 되는데, 따라서 가족은 이러한 이슈에 대해서도 자신의 생각과 느낌을 전문가와 나눌 수 있어야 한다. 다음에 제시된 서비스와 지원에 대한 가족의 기대(Family Expectations for Services and Helpful Supports) 질문지를 활용하여 부모와 기타 가족 구성원으로부터 이러한 정보를 수집할 수 있다.

부모는 자녀의 능력과 진보에 대한 자신의 생각과 부모로서 또는 상호작용 파트너로서 자신의 능력을 확인하기 위해 전문가를 찾기도 한다. 긍정적이고 바람직한 관계 형성 과정의 일부로, 전문가는 부모가 직접적으로 또는 간접적으로 요청할 때 이들이 유능한 양육자로 느낄 수 있도록 피드백을 제공할 책임이 있다. 분명한 것은 부모의 자기평가는 대체로 자녀와 적절히 의사소통하고 정서 조절을 도와주는 능력에 의해 영향을 받는다는 것이다. 따라서 부모의 대인관계 지원 능력과 스타일, 그리고 아동의 요구를 알아차리고 적절히 반응하는지에 대한 전문가의 피드백은 부모가 그러한 피드백을 요청했는지 여부와는 상관없이 자녀와의 보다 긍정적인 관계를 촉진하기 위한 긍정적인 변화를 만들어 내는 능력과 자기효능감을 갖도록 기여한다. 한편, 부모는 제공 받은 서비스나 전문가가 자녀와의 관

서비스와 지원에 대한 가족의 기대

이름: ________________ 작성자: ________________ 작성일: ________________

이 질문지는 귀하의 자녀 발달에 대한 관심과 가족이 경험하고 있는 어려움을 이해하고 적절한 지원을 제공하기 위한 것입니다. 모든 질문을 먼저 읽고 난 후에 답하기 바랍니다.

1. 자녀의 발달에서 가장 중요하게 생각하는 점은 무엇입니까?

2. 자녀에게 직접적으로 제공되는 서비스에 대한 기대와 주요 목적은 무엇입니까?

3. 자녀의 장애와 관련해서 가족이 겪는 가장 큰 어려움과 스트레스는 무엇입니까? 형제자매를 포함하여 가족이 겪고 있는 어려움을 자유롭게 작성해 주십시오.

4. 자녀에게 가장 잘 또는 성공적으로 해 줄 수 있는 일은 무엇입니까?

5. 가족이 겪는 어려움과 스트레스를 위해 서비스에 기대하는 바와 주요 목적은 무엇입니까?

6. 자녀의 발달과 관련해서 가족이 겪는 어려움을 다루는 데 가장 크게 도움이 되는 지원의 유형은 무엇입니까?

7. 기타 이슈와 관련해서 가족이 겪는 어려움을 다루는 데 가장 크게 도움이 되는 지원의 유형은 무엇입니까?

The SCERTS® Model: A Comprehensive Educational Approach for Children with Autism Spectrum Disorders by Barry M. Prizant, Amy M. Wetherby, Emily Rubin, Amy C. Laurent, & Patrick J. Rydell

계를 형성해 가는 것에 대해 느낀 점을 전문가에게 피드백으로 제공해야 한다. 만일 피드백이 긍정적인 수준에 미치지 못한다면, 전문가는 그러한 정보를 성장과 반성의 기회로 활용하고 부모의 조언이 존중되고 있다는 점을 알려 줄 수 있다.

(2) 직계 가족 이외의 요인과 관련된 어려움 다루기

앞에서 살펴본 바와 같이, 고립감은 가족에게 매우 큰 스트레스가 될 수 있다. SCERTS 모델에서는 가족이 자폐 범주성 장애 아동을 가족으로 둔 다른 부모나 형제자매, 기타 가족 구성원과 느낌이나 경험을 나눌 수 있는 다양한 기회를 많이 제공함으로써 고립감을 완화시킬 수 있도록 가족 지원 활동과 지원 계획을 고안한다. 더 나아가서, 활동 중심 학습에 중점을 둠으로써 가족이 아동을 성인-아동 치료에만 제한적으로 참여시키기보다는 사회 공동체 내에서 나이에 적절한 활동에 참여하도록 만든다. 사회 의사소통과 정서 조절에 초점을 맞추기 때문에 다른 사람과 상호작용하고 문제 상황에 대처하는 데 필요한 기술을 최우선적인 과제로 삼게 되는데, 이렇게 함으로써 보다 큰 사회 공동체에서 성공적으로 적응할 가능성이 높아진다. 또한 아동의 문제행동으로 인해 가족이 공공장소에서 당혹감을 경험할 수 있는데, SCERTS 모델에서 중점을 두는 정서 조절은 이러한 어려움을 직접적으로 다룬다. 상호조절과 자기조절 전략 및 교류 지원을 통해 아동의 정서 조절 유지 능력이 향상된다면 가족은 좀 더 어려운 상황에서도 아동을 더 잘 지원할 수 있는 능력을 갖게 된다.

마지막으로, SCERTS 모델의 교육 지원 및 정서 지원은 가족이 자폐 범주성 장애를 더욱 잘 이해할 수 있는 지식과 기술을 개발하도록 수많은 기회를 제공한다. 이러한 지식과 기술은 자폐 범주성 장애에 대한 스스로의 이해를 강화하고, 친척과 지인에게 장애에 대해 설명하고, 자녀가 경험하는 어려움과 그러한 어려움이 가족에게 어떤 영향을 미치는지에 대해서 다른 사람을 교육하고 준비시키는 데 도움이 된다. 가족이 이러한 능력을 개발하는 데 도움이 되는 구체적인 활동과 토론은 이 장의 뒷부분에서 다룰 것이다.

(3) 서비스 제공 및 부모-전문가 상호작용의 어려움 다루기

앞에서 살펴본 바와 같이, SCERTS 모델은 팀 내에서 가족을 결정적이고 중요한 구성원으로 여기는 협력 과정을 통해서 가장 잘 실행될 수 있다. 이러한 역동적인

과정 속에서 학교와 같은 서비스 제공 체계를 다루는 문제, 전문가나 다른 서비스 제공자를 대하는 문제, 그리고 활용 가능한 중재와 교육 모델에 대한 혼란 등과 같은 문제들이 직접적이고 지속적으로 다루어져야 한다. 교육적 접근과 아동의 권리에 관해 잘 알고 있는 부모는 이 부분에 관해 지식이 부족한 부모보다 합리적인 판단을 내릴 가능성이 높다.

3) 가족 지원의 유형

SCERTS 모델에서의 지원은 크게 두 가지 유형으로 개념화된다. 첫째는 교육 지원으로 가족에게 아동의 발달을 지원하기 위한 정보, 지식, 기술을 알려 준다. 둘째는 가족이 자폐 범주성 장애 아동을 양육하면서 불가피하게 받게 되는 스트레스와 어려움을 극복하기 위한 능력을 발달시킬 수 있도록 도와주는 정서 지원이다.

(1) 교육 지원

가족을 위한 교육 지원의 일반적인 목표와 가족에게서 기대되는 성과는 다음과 같다.

목표 1 가족이 자녀의 장애 특성을 이해하고 그러한 특성이 자녀의 발달에 구체적으로 어떤 영향을 미치는지에 대해 이해할 수 있도록 정보와 자원 제공하기

기대되는 성과: 가족은 자폐 범주성 장애에 대해 알고 그러한 장애가 일생 동안 자녀의 기능적인 능력에 구체적으로 어떤 영향을 미치는지에 대해 좀 더 잘 알게 될 것이다. 이들은 정보를 찾기 위해 자원을 활용할 줄 알고 자녀가 성장해 감에 따라 계속해서 적극적으로 학습하게 될 것이다.

목표 2 가족이 일상적인 활동에서 자녀의 발달을 지원할 수 있도록, 또한 스트레스가 많거나 어렵다고 느끼는 구체적인 이슈를 다룰 수 있도록 지식과 기술 제공하기

기대되는 성과: 가족은 다양한 상황과 일상적인 활동에서 자녀의 발달을 촉진하

기 위해 필요한 지원을 제공하는 데 있어서, 또한 특정 시점에 직면하게 되는 가장 심각한 어려움이 무엇인지 알고 대처하는 데 있어서 자신감을 갖게 될 것이다.

목표 3 부모와 기타 가족 구성원이 전문가에 대해서 치료 및 교육과 관련된 질문을 다룰 수 있도록 도와주고, 문헌과 대중매체에서 제공되는 자폐 범주성 장애에 대한 혼란스럽고 심지어 상반되는 설명에 대해 의논할 수 있고, 다른 여러 문제에 대해 가족을 안내하고 혼란을 감소시켜 주는 지속적이고도 적절한 자원으로 여기도록 돕기

기대되는 성과: 부모와 기타 가족 구성원은 자폐 범주성 장애나 가족에게 영향을 미치는 자녀에 대해서뿐만 아니라 자녀의 프로그램에 대한 가족의 의문과 염려를 다루기 위해서 전문가를 자원으로 활용할 수 있게 될 것이다.

목표 4 부모가 형제자매에게 자폐 범주성 장애에 대해서, 특히 이들이 직면하고 있는 어려움(예: 왜 놀이와 상호작용이 어려운지)과 관련해서 정확하고 연령에 적합한 정보를 제공할 수 있도록 돕기

기대되는 성과: 형제자매는 자폐 범주성 장애에 대해서, 특히 함께 상호작용할 때 부딪히게 되는 일상적인 어려움과 관련해서 장애에 대한 지식을 갖고 이해하게 될 것이다.

목표 5 부모가 자녀들 간의 보다 성공적인 놀이와 사회적 상호작용 경험을 촉진함으로써 긍정적인 형제자매 관계를 지원할 수 있도록 돕기

기대되는 성과: 형제자매는 자신의 형제나 자매와 함께 긍정적이고 정서적으로 만족스러운 경험을 하게 될 것이고, 장기적인 관점에서 긍정적인 관계의 기초를 형성하게 될 것이다.

목표 6 부모가 서비스와 서비스 제공의 책임이 있는 지원 체계에 대한 자녀와 가족의 법적 권리를 이해하도록 돕기

기대되는 성과: 부모는 자신과 자녀의 법적 권리에 대한 지식을 갖게 될 것이며, 이러한 권리를 기반으로 자녀에게 서비스를 제공할 책임이 있는 지원 체계를 효과적으로 다루고 협력하게 되고, 이러한 지식에 기초하여 정보에 근거한 판단을 하게 될 것이다.

(2) 정서 지원

가족을 위한 정서 지원 목표와 가족에게서 기대되는 성과는 다음과 같다.

목표 1 가족이 자폐 범주성 장애 아동을 양육하는 데에서 오는 스트레스와 어려움을 다룰 수 있도록 능력 강화하기

기대되는 성과: 가족은 자폐 범주성 장애를 지닌 자녀로 인해 직접적으로 또는 간접적으로 경험하게 되는 피할 수 없는 스트레스를 다루기 위한 구체적인 대처 능력을 개발할 것이다.

목표 2 가족이 다양한 종류의 활용 가능한 공식적 또는 비공식적 정서 지원을 알고 접근할 수 있도록 돕기

기대되는 성과: 가족은 특정 시점에 갖게 되는 정서적 요구에 가장 적합한 공식적 또는 비공식적 지원에 접근할 수 있게 될 것이다.

목표 3 부모가 교육 및 보건관리 체계를 잘 다룰 뿐만 아니라 전문가와 잘 지내기 위해 노력하도록 지원하기

기대되는 성과: 부모는 긍정적인 부모-전문가 관계를 발전시키기 위한 구체적인 방법을 개발하게 될 것이며, 전문가와의 상호작용이나 관계에서 오는 어려움 또는 교육 및 보건관리 체계를 다루는 데서 오는 어려움으로 인한 정서적인 문제를 잘 다룰 수 있게 될 것이다.

목표 4 가족이 자녀의 발달과 가족의 삶을 위해 그들 자신의 우선순위를 파악하고, 적절한 기대치를 설정하고, 현실적이고 성취 가능한 목표를 세울 수 있도록 돕기

기대되는 성과: 가족은 자녀와 가족을 위해 다루어야 할 가장 중요한 이슈가 무엇인지 알게 될 것이며, 자녀를 위한 현실적인 목표와 기대를 수립하고, 가족의 생활 방식과 가치관에 맞도록 가족생활의 균형을 찾게 될 것이다.

목표 5 형제자매가 장애에 대한 의문을 갖거나 장애가 있는 형제자매로 인한 어려움을 경험할 때 부모가 이들에게 자폐 범주성 장애에 관한 정보를 제공하고 장애 가족이 있는 것에 대한 자신의 감정을 이야기하도록 도울 수 있게 지원하기

기대되는 성과: 형제자매는 자폐 범주성 장애 형제자매를 둠으로써 겪게 되는 일들을 좀 더 잘 이해하기 위해서 필요한 정보를 갖게 될 것이며, 자신의 감정에 대해 이야기를 나눔으로써 스스로 경험하고 있는 어려움에 대처할 수 있게 될 것이다.

목표 6 형제자매가 스트레스가 될 수 있는 상황에 대처하는 전략을 개발하도록 돕기

기대되는 성과: 형제자매는 자폐 범주성 장애 형제자매가 있는 것과 관련된 다양한 대처 전략을 개발하고 활용할 수 있게 될 것이다.

4) 가족의 생애주기에 적절한 교육 및 정서 지원

가족은 자폐 범주성 장애 아동을 양육하는 삶의 긴 여정의 각기 다른 시점에서 각각 다른 어려움에 직면한다. 여기서는 연령에 따른 어려움과 전이에 대한 좀 더 구체적인 이슈를 다루고자 한다. 가족이 처해 있는 시점에 따라 가장 적절한 지원이 무엇인지를 설명하기 위해 네 가지 상황에서의 가족의 예를 제시하였다. (여기서 다루는 어려움 중 몇몇은 이 책의 5~7장에서 여섯 명의 아동과 그 가족이 겪는 어려움 및 그러한 어려움이 아동의 강점과 요구에 대한 종합적인 진단을 근거로 종합적인 SCERTS 모델 계획을 통해서 어떻게 다루어지고 있는지에 대한 훨씬 더 상세한 내용과 함

께 다시 설명될 것이다.) 그 후에 여기서 제시하는 교육 및 정서 지원을 위해 권장되는 접근법에 대해 구체적으로 설명할 것이다.

A. 조기 판별

사례 A

이 부모는 장애진단이 내려지거나 어떤 공식적인 검사를 받기 전인데도 자녀의 발달에 대해 염려하고 있으며, 이렇게 자녀에 대해서 염려하는 것이 맞는지 또는 만일 그렇다면 무엇을 해야 하는지 등에 대한 정보를 원한다.

A-1. 교육 및 정서 지원과 관련된 주요 이슈

자폐 범주성 장애 자녀를 둔 대부분의 부모는 제일 먼저 이들의 제한된 사회적 참여와 정서 반응으로 혼란을 겪게 된다. 부모는 아동의 각성 수준에 따라서(예: 과다 각성 대 과소 각성) 높은 각성 편향성을 지닌 아동에게서 가장 흔하게 나타나는 아동의 과잉행동, 산만한 움직임과 감각 탐구, 수면장애를 염려할 수 있다. 또는 낮은 각성 편향성을 보이는 아동의 경우에는 무기력, 수동성, 동기 부족, 전반적으로 제한된 주의집중과 정서반응 등을 염려하게 된다. 부모는 발달상 적절하고 기대할 수 있는 행동과 발달이정표가 무엇인지 또는 생후 1~2년에 위험신호가 되는 행동은 무엇인지에 대해 혼란스러울 것이며, 이러한 걱정을 해야 하는지 그 자체에 대해서도 혼란을 겪을 수 있다. 이러한 상황은 자녀가 첫째인 경우 더욱 부각되는데, 왜냐하면 참고할 만한 비교 대상이 거의 또는 전혀 없기 때문이다. 장애진단 전에 부모는 자녀의 혼란스러운 행동이 자신의 양육 기술, 특정 이유(예: 새로운 자녀의 출생, 가족 구성원의 질병)로 인한 자녀를 향한 관심 부족, 기타 다른 요인과 관련이 있는지에 대해 의문을 갖게 된다. 다시 말해서, 이러한 점은 자녀 양육 경험이 부족한 첫째 아이인 경우 더욱 두드러지게 나타난다.

A-2. 이 시기에 가장 일반적으로 나타나는 어려움

〈표 3-1〉에 제시한 목록 중 이와 같이 어린 시기에 대부분의 가족이 직면하는 주요 어려움은 다음과 같다.

- 가족의 의사결정에서의 어려움
- 자폐 범주성 장애에 대한 가족 구성원의 반응의 차이
- 미래의 불확실성과 관련된 어려움
- 자폐 범주성 장애를 이해하고 다른 사람에게 설명하기
- 전문가 및 기타 서비스 제공자 대하기

A-3. 이 시기에 도움이 되는 지원

다음과 같은 방법은 가족에게 가장 직접적인 도움을 제공해 주는 것으로 밝혀졌으며, 따라서 이러한 방법은 SCERTS 모델의 경험에 근거한 원칙으로 포함된다.

1. 수집된 증거를 기반으로 문제가 존재하는지, 문제의 성격은 무엇인지, 잠정적이거나 확정된 장애진단은 무엇인지에 대한 명확하고 정직한 정보를 제공한다. '기다려 보자'는 태도는 적절하지도 않고 도움이 되지도 않는다. 왜냐하면 그러한 태도는 가족에게 방향을 제시해 주지도 않고 가족이 겪고 있을 과도한 혼란을 해소하는 데에 도움이 되지도 않기 때문이다.
2. 자녀의 발달상의 강점과 요구에 대해 명확하고 이해하기 쉬운 정보를 제공한다.
3. 부모와 전문가가 아동의 발달적 필요에 부응하고 협력적으로 계획을 세울 수 있는 파트너 관계를 발전시켜야 할 필요성을 강조한다.
4. 자폐 범주성 장애에 대해 이해하기 쉬운 최신의 정보를 제공한다.
5. 다양한 교육 및 치료 접근에 대해서 논의를 시작한다. 전문가의 편향적 관점에 따라서 부모에게 한 가지 방법만을 제시하는 것은 도움이 되지 않는다. 부모는 정보를 제공받은 경우에만 정보에 기초한 선택을 할 수 있다.
6. 아동의 성장과 긍정적인 변화 가능성을 강조한다.
7. 부모에게 어린 자폐 범주성 장애 아동을 자녀로 둔 다른 부모나 부모 단체, 또는 지원 모임과 연결되기를 원하는지 질문한다.
8. 가장 중요한 것은 이러한 과정 전반에 걸쳐 가족의 요구를 다루는 데 있어서 올바른 목표를 향할 수 있도록 부모의 질문과 염려를 듣고, 듣고, 또 듣기를 계속한다.

B. 종합적인 지원 계획

사례 B

이 부모는 최근에 장애진단을 받은 자녀를 두었으며, 이 엄청난 사실에 대해서 정서적으로 극복하기 위해 노력하고 있다. 이들은 자녀의 어려움을 좀 더 잘 이해하기 원하며, 자폐 범주성 장애가 의미하는 바에 대해 끊임없이 고민하고 있고, 자녀의 발달을 지원하는 방법에 대한 제언을 필요로 한다.

B-1. 교육 및 정서 지원과 관련된 주요 이슈

장애진단이 이루어진 후 얼마 동안 부모는 자폐 범주성 장애 진단이 지금 현재 또는 먼 미래에 이르기까지 무엇을 의미하는지를 이해하기 위해 필사적으로 노력한다. 자녀의 발달을 지원하려는 노력에서 오는 일상의 스트레스와 함께 미래에 대한 불확실성이 더해지면서 정서적으로 감당하기 힘든 상황을 초래할 수도 있다. 더욱이 다양한 접근법 간의 상반된 정보와 자폐 범주성 장애가 치료 가능한 것인지 아니면 평생 지속되는 것인지에 대한 상반된 견해로 인해 더 큰 혼란과 스트레스를 받을 수 있다. 그러나 자폐 범주성 장애 진단을 받은 후에도 많은 가족은 중재를 위해 전문가와 협력하기 시작하는 데 열중하며, 이는 긍정적인 성장과 변화를 가져올 것이라는 희망을 갖게 해 준다.

B-2. 이 시기에 가장 일반적으로 나타나는 어려움

서비스 지원 계획을 세우는 초기에 대부분의 가족이 직면하는 주요 어려움은 다음과 같다.

- 가족의 의사결정에서의 어려움
- 자폐 범주성 장애에 대한 가족 구성원의 반응의 차이
- 가족 구조의 변화에서 오는 어려움: 역할, 생활방식, 일과
- 미래의 불확실성과 관련된 어려움
- 고립감
- 자폐 범주성 장애를 이해하고 다른 사람에게 설명하기
- 서비스 전달 체계 다루기
- 전문가 및 기타 서비스 제공자 대하기

• 활용 가능한 중재 및 모델에 대한 혼란

B-3. 이 시기에 도움이 되는 지원

다음과 같은 방법은 장애진단 시 또는 진단 직후에 가족과 함께 일할 때 도움이 된다.

1. 지역 서비스를 계획하거나 확보하는 데 초점을 맞춘다.
2. 가족에게 가정에서 자녀의 발달을 지원할 수 있는 정보를 제공한다.
3. 『자폐 아동 교육』(NRC, 2001)과 같이 서비스나 권장사항에 대한 좀 더 전문적인 정보와 부모를 위해서 집필된 실제적이면서 너무 전문적이지 않은 정보를 제공한다.
4. 아동의 성장과 긍정적인 변화 가능성을 강조한다.
5. 조기개입 시기(0~2세)에 있는 아동에 대해서는 유치원 전이에 대한 정보를 제공한다.
6. 가족의 요구를 다루는 데 있어서 올바른 목표를 향할 수 있도록 부모의 질문과 염려를 듣고, 듣고, 또 듣기를 계속한다.

C. 초등학교 진학

사례 C

이 가족은 2세 6개월에 장애진단을 받고 조기개입과 유치원 교육을 거쳐 현재 5세반에 다니고 있는 자녀를 둔 경험과 지식이 풍부한 가족이다. 이 가족은 자녀의 발달을 지원하기 위해서 일반 초등학교 진학과 같은 추가적인 선택에 대해서 알기를 원한다.

C-1. 교육 및 정서 지원과 관련된 주요 이슈

유치원에서 초등학교로의 전이는 가족에게 매우 큰 스트레스가 될 수 있다. 초등학교에 진학하는 아동의 학교 경험에서 강조되는 것은 더 이상 유치원에서처럼 사회적 경험이나 놀이 경험이 아니며 모든 아동에게 기대하는 것과 같은 학업적인 관심으로 좀 더 이동하기 시작한다.

부모 중에는 아동의 발달에 있어서 가능성이 가장 큰 시기가 생후 5세까지며

('기회의 창'이라고 불림) 이 시기에 특정 발달이정표를 성취하지 못한다면(예: 기능적인 말의 습득, 또래에 대한 사회적 관심) 그 이상의 성장 가능성이 거의 없다고 들어 알고 있는 경우가 종종 있다. 이러한 사실은 부모에게 막대한 불안감을 안겨다 줄 수 있다. (이 책에서는 이러한 흔히 일컬어지는 주장에 대해서 동의하지 않는데, 왜냐하면 이러한 주장을 뒷받침할 만한 연구 결과가 없고, 많은 아동이 계속해서 상당한 발달을 보일 뿐만 아니라 심지어 유치원 시기를 지나고 학령기 전반에 걸쳐서까지도 급성장을 하는 사례들을 보아 왔기 때문이다.) 정서 조절에 큰 어려움을 지닌 아동의 경우 행동문제로 인해 공공장소에서 겪게 되는 당혹감은 가족에게 점점 더 분명한 이슈가 될 수 있다. 왜냐하면 자녀의 나이가 많아 보이기 때문에 사람들은 아동이 보다 잘 행동해야 한다고 생각하며 공공장소에서 문제가 발생할 때 부모가 더 잘 '통제'할 수 있어야 한다고 기대하기 때문이다. 더욱이 많은 학교 중심 서비스는 유치원이나 조기개입 서비스보다 덜 가족 친화적인 경향이 있는데, 이는 대부분의 교육 장면에서 교육 목표가 기본적으로 아동에게로 옮겨 가면서 가족을 지원하는 데에는 주의를 덜 기울이거나 아예 기울이지 않을 수도 있기 때문이다.

C-2. 이 시기에 가장 일반적으로 나타나는 어려움

초등학교로 전이하는 동안 가족이 경험하는 일반적인 어려움은 다음과 같다.

- 가족생활에서 균형 찾기
- 가족의 의사결정에서의 어려움
- 자폐 범주성 장애에 대한 가족 구성원의 반응의 차이
- 가족 구조의 변화에서 오는 어려움: 역할, 생활방식, 일과
- 형제자매의 어려움
- 미래의 불확실성과 관련된 어려움
- 고립감
- 공공장소에서의 당혹감에 대한 걱정 등 사회적 공동체와의 연계
- 자폐 범주성 장애를 이해하고 다른 사람에게 설명하기
- 서비스 전달 체계 다루기
- 전문가 및 기타 서비스 제공자 대하기

C-3. 이 시기에 도움이 되는 지원

다음과 같은 방법은 초등학교 저학년 시기의 서비스를 계획하는 가족과 함께 일할 때 도움이 된다.

1. 유치원에서 초등학교로의 선택 가능한 전이와 전이 계획에 초점을 맞춘다.
2. 아동 목표와 부모 우선순위를 다룰 수 있는 기존의 또는 새롭게 구성할 수 있는 선택의 범위에 대해 논의한다.
3. 가정 중심 서비스에서 학교 중심 서비스로 이동하기 위한 계획을 세운다(지금까지의 지원이 주로 가정 중심 요소로 구성되었었다면).
4. 만일 아동이 학교 중심 서비스와 학교 외 서비스(예: 치료실, 가정 중심 서비스)를 동시에 받을 계획이라면, 학교 중심 교육 프로그램을 보완할 수 있도록 학교와 학교 외 전문가 간에 노력을 분담하고 아동과 가족의 요구를 충족시키기 위한 협력적 접근을 계획한다.
5. 다른 전문가나 서비스 제공자와 이미 형성된 관계를 유지하고 싶어 하는 가족의 바람을 존중해 주는 한편, 새로운 관계를 발전시키고 학교 체계와 새로운 교직원에게로 가족의 신뢰를 이동시켜야 하는 어려운 문제에 대해서 논의한다.
6. 대부분의 경우 자폐 범주성 장애는 평생 지속되는 장애기 때문에 미래 지향적인 계획을 세우기 위해서는 최소한 수년간에 걸친 집중적인 서비스가 필요할 수 있다는 점에 대해서 논의한다.
7. 가족의 요구를 다루는 데 있어서 올바른 목표를 향할 수 있도록 부모의 질문과 염려를 듣고, 듣고, 또 듣기를 계속한다.

D. 초등학교 고학년으로의 전이

사례 D

이 가족은 3학년까지 일반학급에서 완전통합 지원을 받았던 10세 아동의 가족이다. 학업 수준이 높아지고 사회적 기대가 점점 더 복잡해지면서 불안감이 상당히 높아졌으며, 이로 인하여 행동 문제도 증가하고 교육 서비스 제공 방안에 대한 재고의 필요성도 제기되었다.

D-1. 교육 및 정서 지원과 관련된 주요 이슈

초등학교 고학년 아동에게는 또래와의 우정, 좀 더 독립적인 일상생활 기술, 학업 성취 등의 연령에 따른 이슈가 더욱 중요해진다. 형제자매는 자신의 형제나 자매의 장애가 지니는 한계를 점점 더 의식하게 되는데, 특히 특정 영역에서 장애 아동의 능력을 능가하는 동생의 경우는 더욱 그러하다. 장애 아동과 그의 형제자매가 같은 학교에 다니는 경우에 다른 아동들이 자폐 범주성 장애를 가진 형제자매가 있다는 사실을 알게 되면서 그 형제자매는 더 큰 부담을 갖게 된다. 부모는 아동의 학교 프로그램이 아동과 가족의 매일의 기능적인 요구와 관련해서 적절한지 끊임없이 중요한 결정을 내려야 하는데, 특히 학교 프로그램이 학업에 초점을 맞춘 경우에는 더욱 그러하다. 이전에 주로 또래와 같은 환경에서 교육을 받았던 아동의 경우 학습도움실과 같은 분리된 교실에서 보다 많은 지원을 받아야 할 필요가 있다는 사실이 부모에게는 퇴보로 생각될 수도 있다. 더 나아가서, 부모는 자녀가 필요로 하는 지원의 종류와 강도에 대해 전문가와 다른 견해를 가질 수도 있다.

D-2. 이 시기에 가장 일반적으로 나타나는 어려움

이 시기에 나타나는 일반적인 어려움은 다음과 같다.

- 가족생활에서 균형 찾기
- 가족의 의사결정에서의 어려움
- 형제자매의 어려움
- 미래의 불확실성과 관련된 어려움
- 고립감
- 공공장소에서의 당혹감에 대한 걱정 등 사회적 공동체와의 연계
- 서비스 전달 체계 다루기
- 전문가 및 기타 서비스 제공자 대하기

D-3. 이 시기에 도움이 되는 지원

다음과 같은 방법은 초등학교 고학년 자녀를 둔 가족과 함께 일할 때 도움이 된다.

1. 학교에서의 성취에 대한 사회적 기대와 필요한 학업 및 정서 지원의 유형에

대해 중점적으로 논의한다.

2. 학교 프로그램에서 취해야 할 방향을 논의한다. 예를 들어, 학업 교육과정에 중점을 둘 것인지, 기능적인 교육과정에 초점을 맞출 것인지, 아니면 그 둘을 적절히 혼합할 것인지에 대해서 결정한다.
3. 완전통합이나 부분통합 등 또래와 함께 교육을 받을 수 있는 다양한 유형에 대해 논의하고 고려한다.
4. 학교에서 새로운 어려움이 나타나고 사회 및 학습의 기대 수준이 높아지는 것을 고려하여 정서 조절을 위한 지속적인 지원 계획을 세운다.
5. 교우관계의 향상과 지역사회 활동에 지속적으로 관심을 기울인다.
6. 가족의 요구를 다루는 데 있어서 올바른 목표를 향할 수 있도록 부모의 질문과 염려를 듣고, 듣고, 또 듣기를 계속한다.

2. SCERTS 모델의 가족 지원 실행 원리

1) SCERTS 모델에서 사용되는 가족 지원을 위한 진단의 실제

이 부분에서는 가족을 지원하기 위해서 반드시 필요한 SCERTS 진단에 내재된 진단의 원리와 실제에 대해서 살펴보고자 한다.

1. 진단은 가족이 제시한 요구에 적합하고 일관성이 있으면서도 교육 프로그램과 직접적으로 관련되는 유용한 정보를 제공할 수 있어야 한다. 부모가 진단 과정에서 적극적인 역할을 수행하고 진단 결과로 알게 된 정보에 만족해 할 때 긍정적이고 신뢰하는 부모-전문가 관계가 형성될 수 있다. 하지만 가족이 거의 도움이 되지 않거나 관련성이 매우 적다고 느끼는 정보를 받게 된다면 가족과 전문가 간에 불신과 긴장감이 야기될 수 있다. 특히 질문에 대한 답을 듣기 위한 진단에서 상당한 정서적인 에너지를 소모하거나, 심지어 재정적인 자원을 사용하게 되는 경우는 더욱 그러하다. 많은 경우에 있어서, 부모는 진단을 받기 원하는 주요 목적이 명확한 경우조차도 자신들의 질문에 대해서 솔직하고 정직한 대답을 얻지 못한다고 느낀다. SCERTS 진단에서는 부모가 진단을 의

미 있고 긍정적인 경험으로 느낄 수 있도록 지원하기 위하여 모든 노력을 기울인다.

2. 진단은 항상 자연스러운 활동과 상황에서 아동에 대한 직접 관찰을 포함해야 한다. SCERTS 모델에서 다양한 활동과 상황에 따른 직접 관찰은 SCERTS 진단-관찰의 일부로 포함된다. 다양한 상황에서 아동과 친숙한 사람에 의해서 작성된 체크리스트와 질문지(SCERTS 진단-질문지) 또한 SCERTS 진단의 한 부분으로 활용된다. 부모가 제공한 비디오테이프 역시 자연스러운 활동이나 다양한 상황에서의 아동의 행동을 관찰할 수 있는 기회가 될 수 있다. 다양한 근거의 정보를 활용한 결과는 아동을 보다 정확히 파악할 수 있게 해 주며 진단이 아동의 강점과 약점을 포괄적으로 이해하는 데 도움이 되었다는 분명한 사실을 부모에게 전달해 준다.

3. 부모와 기타 가족 구성원은 스스로가 아동에 대한 전문가임을 이해할 수 있도록 인정받고 지원받아야 한다. SCERTS 진단은 가족의 전문성을 인정하기 때문에 SCERTS 진단-질문지를 통해 부모의 주된 관심사와 더불어 아동의 강점과 재능에 대한 부모의 관찰 내용을 공유하도록 요청한다. 또한 진단 과정에서 아동을 정확하게 파악했는지에 대해서도 부모에게 확인하도록 요청한다. 부모는 진단을 통해 얻기 원하는 정보와 가족의 주된 관심사를 구체적으로 명시할 수 있다. 부모가 진단 과정에 적극적으로 참여한다면 부모는 과정 그 자체에 대해서 배울 뿐만 아니라, 관찰 정보를 공유함으로써 자녀의 발달상의 강점과 요구에 대한 합의를 이끌어 낼 수 있는 기회가 더욱 커진다.

4. 진단 과정에 이어 즉각적인 피드백을 제공하고 아동의 강점과 약점을 직접적으로 말해 주어야 한다. SCERTS 진단에서는 가족이 제시한 주된 관심사를 직접 다루고, 질문과 토의를 위해 충분한 시간을 할애한다. 전문가가 진단 피드백을 제시하는 방식은 아동에 대한, 부모로서 자기 자신에 대한, 그리고 진단에 개입된 전문가에 대한 부모의 인식에 상당한 영향을 미친다. 쉽게 말해서, 전문가의 행동은 부모로 하여금 전문가가 도움이 되는 존재인지 아니면 추가적인 스트레스 원인인지를 판단하는 데에 직접적인 영향을 미치기 때문에 SCERTS

진단은 시작부터 긍정적인 관계를 지원하기 위해 노력한다.

5. 진단 과정 전반에 걸쳐서 또는 진단 후에 제공되는 정보는 가능한 한 전문용어를 피해야 하며 부모에게 충분히 설명되어야 한다. 자폐 범주성 장애는 전문가와 가족 모두에게 매우 어려운 유형의 장애다. 이러한 어려움은 구두로 또는 서면으로 제시된 정보를 가족이 해석하거나 활용하기 어려울 때 더욱 심각해진다. 전문가는 가능한 한 가족이 이해할 수 있는 적절한 수준으로 피드백을 제공하고 질문에 답해야 한다. 전문가는 전문용어를 완전히 피해갈 수는 없기 때문에 부모에게 상세하게 설명해야 하며 질문을 할 수 있도록 충분한 시간을 제공해야 한다. SCERTS 진단은 전문용어의 사용을 최소화하고 가족이 이해하고 합의한 아동 프로파일을 작성하는 데에 주력한다.

(1) 진단에서의 형제자매 역할

SCERTS 진단에서 형제자매는 특별한 정보원이자 중요한 파트너로 여겨진다. 그러므로 가능하다면, 형제자매는 진단 과정에 적극적으로 포함되어야 한다. 물론 참여의 구체적인 형태는 형제자매의 나이와 발달 수준, 진단 활동의 성격(예: 질문지 또는 직접적인 진단), 진단 활동의 장소(예: 집 또는 센터)에 따라 달라진다.

이러한 요인에 따라서, 형제자매는 양육자와 비슷하게 다양한 방법으로 진단에 참여하고 여러 가지 역할을 할 수 있다. 첫째, 부모는 아동의 의사소통과 놀이 능력을 조사하는 SCERTS 진단-질문지를 작성할 때 형제자매에게 정보를 제공하도록 요청할 수 있다. 형제자매는 부모가 갖지 못하는 독특한 기회와 경험을 소지하거나 관찰의 기회를 갖기도 한다. 이러한 전략은 자폐 범주성 장애 아동과 함께 일할 때 중요한 원칙으로 여겨지는 SCERTS 모델의 진단 전략인 다각적인 정보 활용에 부합한다.

둘째, 형제자매는 기관 또는 가정 중심 진단이나 자연스러운 일과 관찰에서 놀이 상호작용에 참여함으로써 진단에 직접 참여할 수 있다. 이러한 상황에서는 간식이나 식사 시간과 같은 일과 활동에서 관찰하거나 가능한 한 자연스러운 상호작용을 할 수 있도록 놀이 활동을 선택하게 하는 것이 도움이 된다. 기관 또는 가정 중심의 진단에 형제자매를 포함시킬 경우, 부모에게 자녀들이 좋아하는 놀잇감이나 집에서 놀이할 때 사용하는 놀잇감을 가져오게 하여 익숙한 일상을 관찰하는 데 도움이 되도록 한다. 또 다른 방법으로는 새로운 놀잇감이나 놀이 활동을 소개하여 상호작용 패턴을 분석하고 형제자매가 장애 아동을 가르치거나 지원적인 역할을 하는지에 대해서 관찰의 기회로 삼을 수도 있다. 형제자매가 성공적인 의사소통을 위해 사용하는 의사소통적 조정이나 성공적인 전략은 교육 계획에 중요한 정보가 될 수 있다. 그러나 상호작용에 심각한 어려움이 있다면 이 또한 형제자매 및 양육자를 대상으로 할 때 관찰되고 직접적으로 다루어져야 하는데, 특히 부모가 이러한 점을 교육에서의 우선순위로 고려할 때 더욱 그러하다.

셋째, 형제자매는 장애 아동의 미세하고 비관습적인 또는 이해할 수 없는 언어 및 의사소통 행동이나 조절장애 신호를 해석하는 역할을 할 수 있다. 이러한 역할은 의사소통을 위한 관습적인 수단을 가지고 있지 못한 자폐 범주성 장애 아동, 특히 사회적 파트너 단계 또는 초기 언어 파트너 단계에 있는 아동에게 가장 필요하다. 부모는 형제자매가 자폐 범주성 장애 아동의 의사소통을 성인보다 얼마나 더 잘 해석하는지에 대해 말하곤 하는데, 이 점은 주목할 만하다. 그러므로 형제자매는 자폐 범주성 장애 아동의 의사소통 시도를 설명하거나 조절장애 신호를 파악하는 데 잠재적으로 중요한 자원으로 고려되어야 한다. 교사는 놀이 상호작용 중에 자폐 범주성 장애 아동이 무엇을 의미하는지, 무엇을 말하려고 시도하는지, 화를 내기 시작하는 것을 어떻게 알아차리는지 등을 형제자매에게 질문함으로써 장애 아동의 의사소통 신호나 조절 문제의 징후를 해석하도록 장려할 수 있다.

넷째, 형제자매는 관찰 결과를 확인하는 역할을 할 수 있다. 즉, 이들은 관찰된 행동이 아동이 평소에 보이는 전형적인 행동인지에 대해서 정보를 제공할 수 있다. 마지막으로, 아동의 장애에 대해서 좀 더 분명하게 인식하고 이해하는 손위 형제자매에게는 장애 동생이 의사소통을 하고 잘 조절된 정서 상태를 유지하고 사회적 상호작용에 잘 참여하도록 도와줄 때 가장 큰 어려움은 무엇이며 가장 성공적이었던 전략은 무엇이었는지에 대해 질문할 수 있다.

형제자매를 진단 과정에 참여시킬 때 몇 가지 주의할 점이 있다. 첫째, 왜 진단을 하는지에 대해 이들에게 설명해야 한다. 어린 아동의 경우 대체로 다음과 같은 간단한 설명이 가능하다. "우리는 네가 정수와 블록놀이 하는 걸 보고 싶어. 그러면 정수가 어떻게 놀이하는지, 어떻게 의사소통하는지 알 수 있을 것 같은데. 괜찮겠니?" 둘째, 형제자매는 언제나 진단 활동에 자발적으로 참여해야 하며, 거절할 수 있는 선택권이 주어져야 한다. 참여하는 경우에는 칭찬을 해 주어야 한다. 그러나 아동이 불편해하거나 거절할 때도 어떤 부정적인 결과 없이 수용하고 존중해 주어야 한다. 또한 형제자매는 장애 아동의 사회적 의사소통과 정서 조절을 지원하는 대인관계 행동의 구체적인 부분에 대해서도 칭찬을 받아야 한다. 예를 들어, 형제자매는 쉬운 말을 사용하고 시범을 보이고 장애 아동의 흥미에 따라 의사소통 시작과 놀이를 촉진하는 등 구체적인 조정 전략을 사용하곤 하는데, 이에 대해 칭찬해야 한다.

2) 발달을 지원하기 위해 가족과 함께 일하기

앞에서도 설명하였듯이, 가정에서 가족 구성원 개개인과 갖게 되는 아동의 경험은 발달에 가장 지속적인 영향을 미친다. 가족 활동과 일과는 사회 의사소통 및 정서 조절의 어려움이 가장 잘 다루어지고 또한 그 진보가 가장 잘 지원될 수 있는 상황이다.

(1) 가족을 위한 교육 지원의 장단기목표 달성하기

SCERTS 모델에서도 그러하듯이 양육자 중심의 접근은 가족이 그들 자녀의 어려움을 이해하도록 도와주고 사회 의사소통, 정서 조절, 그 외 가족이 중요하다고 밝힌 능력의 발달을 지원하는 데에 우선적인 관심을 둔다. 교육 지원은 반드시 가족의 우선순위에 근거해야 한다. 교육 활동이 가족 또는 여러 가족들에게 의미 있기 위해서 가족에게 비공식적 토론, 면담, 설문 작성 등을 통하여 자신의 요구를 밝힐 수 있게 한다. 앞에서도 언급하였듯이, 이러한 목적을 위해 질문지를 개발하였다.

여기서는 이 장의 앞부분에서 제시한 교육 지원의 목표를 좀 더 심도 있게 살펴보고자 한다. (장단기목표와 기대되는 성과의 요약 정보는 〈표 3-2〉 참조).

목표 1 가족이 자녀의 장애 특성을 이해하고 그러한 특성이 자녀의 발달에 구체적으로 어떤 영향을 미치는지에 대해 이해할 수 있도록 정보와 자원 제공하기

기대되는 성과: 가족은 자폐 범주성 장애에 대해 알고 그러한 장애가 일생 동안 자녀의 기능적인 능력에 구체적으로 어떤 영향을 미치는지에 대해 좀 더 잘 알게

〈표 3-2〉 SCERTS 모델에서 가족을 위한 교육 지원의 장단기목표와 기대되는 성과

목표 1	가족이 자녀의 장애 특성을 이해하고 그러한 특성이 자녀의 발달에 구체적으로 어떤 영향을 미치는지에 대해 이해할 수 있도록 정보와 자원 제공하기
기대되는 성과	**단기목표**
가족은 자폐 범주성 장애에 대해 알고 그러한 장애가 일생 동안 자녀의 기능적인 능력에 구체적으로 어떤 영향을 미치는지에 대해 좀 더 잘 알게 될 것이다. 이들은 정보를 찾기 위해 자원을 활용할 줄 알고 자녀가 성장해 감에 따라 계속해서 적극적으로 학습하게 될 것이다.	a. 전문가는 가족에게 자녀의 사회 의사소통 수준, 의사소통을 위한 특별한 전략, 정서 조절 및 관련 영역에서 아동이 겪는 특별한 어려움 등에 대해 교육한다. b. 전문가는 부모가 자녀의 발달에 대해 적절한 기대를 할 수 있도록 자녀와 관련된 언어, 의사소통 발달, 사회-정서 발달의 위계와 과정에 대해 교육한다. c. 전문가는 가족이 자녀에게 적절하고 반응적이면서 성공적인 의사소통적 상호작용을 지원하는 상호작용 방식을 개발할 수 있도록 돕는다.
목표 2	가족이 일상적인 활동에서 자녀의 발달을 지원할 수 있도록, 또한 스트레스가 많거나 어렵다고 느끼는 구체적인 이슈를 다룰 수 있도록 지식과 기술 제공하기
기대되는 성과	**단기목표**
가족은 다양한 상황과 일상적인 활동에서 자녀의 발달을 촉진하기 위해 필요한 지원을 제공하는 데 있어서, 또한 특정 시점에 직면하게 되는 가장 심각한 어려움이 무엇인지 알고 대처하는 데 있어서 자신감을 갖게 될 것이다.	a. 전문가는 가족이 매일의 활동과 일과를 파악하고 조정할 수 있도록(학습 지원) 돕는다. b. 전문가는 가족이 사회 의사소통 발달을 지원하고 가족과 아동 간의 관계를 향상시킬 수 있는 새로운 활동을 개발하도록 돕는다.
목표 3	부모와 기타 가족 구성원이 전문가에 대해서 치료 및 교육과 관련된 질문을 다룰 수 있도록 도와주고, 문헌과 대중매체에서 제공되는 자폐 범주성 장애에 대한 혼란스럽고 심지어 상반되는 설명에 대해 의논할 수 있고, 다른 여러 문제에 대해 가족을 안내하고 혼란을 감소시켜 주는 지속적이고도 적절한 자원으로 여기도록 돕기
기대되는 성과	**단기목표**
부모와 기타 가족 구성원은 자폐 범주성 장애 및 가족에게 영향을 미치는 자녀에 대해서뿐만 아니라 자녀의 프로그램에 대한 가족의 의문과 염려를 다루기 위해서 전문가를 자원으로 활용할 수 있게 될 것이다.	a. 전문가는 교육 접근에 대한 편견 없는 정보를 제공하고 필요한 경우 교육적 이슈에 대한 자신의 편견을 솔직히 이야기 한다. b. 전문가는 가족이 자폐 범주성 장애에 대해 주요한, 때로는 상반된 정보를 잘 이해하고 다룰 수 있도록 돕는다.

목표 4	부모가 형제자매에게 자폐 범주성 장애에 대해서, 특히 이들이 직면하고 있는 어려움(예: 왜 놀이와 상호작용이 어려운지)과 관련해서 정확하고 연령에 적합한 정보를 제공할 수 있도록 돕기
기대되는 성과	**단기목표**
형제자매는 자폐 범주성 장애에 대해서, 특히 함께 상호작용할 때 부딪히게 되는 일상적인 어려움과 관련해서 장애에 대한 지식을 갖고 이해하게 될 것이다.	a. 부모와 전문가는 형제자매가 제기하는 문제를 인지하고 다룬다. b. 부모와 전문가는 자폐 범주성 장애와 관련된 문제가 가족과의 상호작용과 관계에 어떤 영향을 미치는지 직접적으로 설명한다.

목표 5	부모가 자녀들 간의 보다 성공적인 놀이와 사회적 상호작용 경험을 촉진함으로써 긍정적인 형제자매 관계를 지원할 수 있도록 돕기
기대되는 성과	**단기목표**
형제자매는 자신의 형제나 자매와 함께 긍정적이고 정서적으로 만족스러운 경험을 하게 될 것이고, 장기적인 관점에서 긍정적인 관계의 기초를 형성하게 될 것이다.	a. 전문가는 가족이 형제자매들 간의 놀이와 사회적 상호작용을 향상시키고 촉진하도록 돕는다. b. 전문가는 형제자매가 장애 형제자매의 의사소통과 조절장애 신호를 파악할 수 있게 되어 미세하고 비전형적인 행동에 지원적인 방법으로 반응할 수 있게 되도록 돕는다. c. 전문가는 형제자매가 자폐 범주성 장애 형제자매와 성공적으로 상호작용하고 놀이할 수 있도록 사회 의사소통 기술과 전략을 개발하도록 돕는다. d. 전문가는 형제자매가 그들 형제자매의 정서 및 행동상의 어려움이 의사소통 능력의 부족과 기타 조절장애 때문일 수도 있다는 것을 이해하도록 돕는다. e. 전문가는 형제자매가 매일의 사회 의사소통과 놀이 상호작용에서 장애 형제자매와 참여하고 반응하기 위한 성공적인 전략을 개발하도록 돕는다.

목표 6	부모가 서비스와 서비스 제공의 책임이 있는 지원 체계에 대한 자녀와 가족의 법적 권리를 이해하도록 돕기
기대되는 성과	**단기목표**
부모는 자신과 자녀의 법적 권리에 대한 지식을 갖게 될 것이며, 이러한 권리를 기반으로 자녀에게 서비스를 제공할 책임이 있는 지원 체계를 효과적으로 다루고 협력하게 될 것이며, 이러한 지식에 기초하여 정보에 근거한 판단을 하게 될 것이다.	a. 전문가는 부모에게 부모와 자녀의 법적 권리에 대한 정보와 부가적인 자원을 제공한다. b. 전문가는 부모에게 서비스 제공의 책임이 있는 사람들과 협력 관계를 개발할 수 있는 기술과 전략을 제공한다.

될 것이다. 이들은 정보를 찾기 위해 자원을 활용할 줄 알고 자녀가 성장해 감에 따라 계속해서 적극적으로 학습하게 될 것이다.

이 목표를 성취하기 위해 전문가는 부모와 협력해야 하며, 그렇게 함으로써 부모는 자폐 범주성 장애의 일반적인 특성과 관련된 아동의 행동 패턴을 이해하고, 사회 의사소통에서의 강점과 요구, 의사소통을 위한 특별한 전략, 정서 조절 및 관련 영역에서 아동이 겪는 어려움 등을 이해할 수 있다. 이러한 과정의 일부로, 부모는 자녀와 관련된 의사소통 및 언어 발달이나 관련 사회 의사소통 능력의 위계와 과정에 대해 교육 받아야 하며 이러한 교육을 통해 자녀의 발달에 대해 적절한 기대를 할 수 있게 된다. 그런 다음에 부모는 자녀에게 적절하고 반응적이면서 성공적인 의사소통적 상호작용을 지원하는 상호작용 방식을 개발하도록 지원받을 수 있다.

앞에서 살펴본 바와 같이, SCERTS 모델은 자폐 범주성 장애 관련 연구는 물론 부모-자녀 상호작용, 사회 의사소통 발달, 정서 조절 등의 발달 관련 연구 문헌을 통해 도출되었다. 이러한 연구 기반의 이론적 배경에 근거하여, 양육자가 적절한 사회 의사소통 발달과 높은 상관관계가 있는 것으로 밝혀진 방식과 전략을 사용할 수 있도록 지원을 제공한다. SCERTS 모델에서는 교류 지원 영역에서 진단하고 목표로 삼는 대인관계 지원과 학습 지원으로 설명된다. 이렇게 교류 지원에 초점을 맞추는 이유는 사회 의사소통에 어려움이 있는 아동의 양육자는 자녀의 반응이 지체되기 때문에 과도하게 직접적인 상호작용 방식을 사용할 가능성이 높으며 실제로, 이러한 방법이 의사소통 발달을 지원하는 데 거의 도움이 되지 않는다는 연구 결과 때문이다. 이러한 경우 양육자가 보다 지원적이고 촉진적인 상호작용 방식을 개발할 수 있도록 지원해야 한다. 지지적이고 적절한 상호작용을 하는 부모는 자녀를 대하는 방법에 대한 구체적이고 긍정적인 피드백과 함께 자신의 능력에 대해 인정해 주는 외부적인 검증을 필요로 한다. 전문가가 청자가 되어 들어주고 유용한 피드백을 제공할 때 부모는 자신의 문제를 더 잘 해결할 수 있게 되고 직면하는 어려움에 대처하는 방법을 더 잘 이해할 수 있게 된다.

목표 2 가족이 일상적인 활동에서 자녀의 발달을 지원할 수 있도록, 또한 스트레스가 많거나 어렵다고 느끼는 구체적인 이슈를 다룰 수 있도록 지식과 기술 제공하기

기대되는 성과: 가족은 다양한 상황과 일상적인 활동에서 자녀의 발달을 촉진하기 위해 필요한 지원을 제공하는 데 있어서, 또한 특정 시점에 직면하게 되는 가장 심각한 어려움이 무엇인지 알고 대처하는 데 있어서 자신감을 갖게 될 것이다.

이미 언급한 바와 같이, 가족이라는 맥락은 사회 의사소통과 정서 조절을 지원하는 데 필수적이다. 가족 활동과 일과의 특성은 아동이 학습 경험의 효과를 최대화할 수 있도록 사회적 활동에 적극적이고 자신감 있게 참여하고 정서적으로 잘 조절된 상태를 유지하는 데에 큰 영향을 미친다. 대부분의 양육자는 전문가 지원을 통해 활동과 일과를 파악하고 수정하는 데 있어서, 또한 사회 의사소통 발달을 촉진하고 자녀와의 관계를 향상시키는 데 있어서 많은 도움을 받을 수 있다.

목표 3 부모와 기타 가족 구성원이 전문가에 대해서 치료 및 교육과 관련된 질문을 다룰 수 있도록 도와주고, 문헌과 대중매체에서 제공되는 자폐 범주성 장애에 대한 혼란스럽고 심지어 상반되는 설명에 대해 의논할 수 있고, 다른 여러 문제에 대해 가족을 안내하고 혼란을 감소시켜 주는 지속적이고도 적절한 자원으로 여기도록 돕기

기대되는 성과: 부모와 기타 가족 구성원은 자폐 범주성 장애 및 가족에게 영향을 미치는 자녀에 대해서뿐만 아니라 자녀의 프로그램에 대한 가족의 의문과 염려를 다루기 위해서 전문가를 자원으로 활용할 수 있게 될 것이다.

이 목표를 성취하기 위해 전문가는 교육 접근에 대한 편견 없는 정보를 제공해서 부모가 자신감을 가지고 정보에 근거한 결정을 내릴 수 있게 해 주어야 한다. 전문가의 편견은 존재할 수도 있으며, 이러한 경우 교육 이슈에 대한 자신의 편견을 부모에게 명확히 알려 주어 부모가 적절한 때에 논의할 수 있게 해 주어야 한다. 부모가 자폐 범주성 장애와 관련된 주요한, 때로는 상반된 정보를 보다 잘 이해하고 다룰 수 있도록 돕는 데에도 이러한 동일한 원칙이 적용된다. 여기서 말하는 정보란 자폐 범주성 장애의 잠재적인 원인에서부터 영양과 생의학적 처치에 이르기까지, 또한 아동의 행동 패턴을 어떻게 이해해야 하는지에 이르기까지 매우 다양하다. 전문가는 자신의 신념을 무조건 선택하거나 따르도록 부모를 설득해서

는 안 된다. 왜냐하면 이러한 방식은 부모의 자율성과 주요 의사결정을 지원하는 데 역효과를 가져올 수도 있기 때문이다.

목표 4 부모가 형제자매에게 자폐 범주성 장애에 대해서, 특히 이들이 직면하고 있는 어려움(예: 왜 놀이와 상호작용이 어려운지)과 관련해서 정확하고 연령에 적합한 정보를 제공할 수 있도록 돕기

기대되는 성과: 형제자매는 자폐 범주성 장애에 대해서, 특히 함께 상호작용할 때 부딪히게 되는 일상적인 어려움과 관련해서 장애에 대한 지식을 갖고 이해하게 될 것이다.

이 목표를 달성하기 위해 부모와 전문가는 자녀가 자신의 형제자매에 대해 혼란스러워하며 제기하는 문제를 인지하고 다룬다. 이러한 것들에는 자폐 범주성 장애 형제자매가 '정상'이 될 수 있는지 또는 말하게 될 수 있는지부터 행동에 대한 좀 더 구체적인 질문까지 다양할 수 있다. 이러한 경우 부모와 전문가는 자폐 범주성 장애와 관련된 문제가 왜 단기간에 사라지지 않는지, 이러한 문제가 가족과의 상호작용이나 관계 형성에 어떤 영향을 미치는지 등에 대해 직접 설명해야 한다. 이와 같은 설명은 자녀가 이해할 수 있도록 연령에 적합한 수준으로 제공되어야 한다. 적절한 정보가 제공된다면, '오빠는 나를 좋아하지 않아. 그래서 나랑 놀기 싫어하는 거야.' 등의 오해나 적절하지 않은 생각 또는 의심의 느낌이 생기는 것을 막을 수 있다. 정확한 정보가 없다면 형제자매는 자폐 범주성 장애 형제자매와 함께하면서 생기는 어려움에 대해 자연스럽게 부적절한 이유를 생각해 낼 수도 있다.

목표 5 부모가 자녀들 간의 보다 성공적인 놀이와 사회적 상호작용 경험을 촉진함으로써 긍정적인 형제자매 관계를 지원할 수 있도록 돕기

기대되는 성과: 형제자매는 자신의 형제나 자매와 함께 긍정적이고 정서적으로 만족스러운 경험을 하게 될 것이고, 장기적인 관점에서 긍정적인 관계의 기초를 형성하게 될 것이다.

이 목표를 성취하기 위해 부모와 전문가는 형제자매가 그들 형제자매의 의사소통 및 정서 조절의 신호를 읽을 수 있는 능력을 갖추고 이들의 미세하고 비관습적인 행동에 지지적인 방식으로 반응할 수 있는 능력을 갖추도록 지원해야 한다. 또한 정서 및 행동상의 어려움이 나타난다면, 그것은 의사소통 능력이 부족하거나 기타 조절장애 때문일 수도 있다는 것을 이해하도록 도와주어야 한다. 이러한 이해에 근거하여 형제자매는 자신의 형제자매와 함께 매일의 사회 의사소통 및 놀이 상호작용에 참여하고 반응하는 성공적인 전략을 개발할 수 있도록 지원받게 된다. 이와 관련된 구체적인 전략은 뒷부분에서 설명하였다.

목표 6 부모가 서비스와 서비스 제공의 책임이 있는 지원 체계에 대한 자녀와 가족의 법적 권리를 이해하도록 돕기

기대되는 성과: 부모는 자신과 자녀의 법적 권리에 대한 지식을 갖게 될 것이며, 이러한 권리를 기반으로 자녀에게 서비스를 제공할 책임이 있는 지원 체계를 효과적으로 다루고 협력하게 될 것이며, 이러한 지식에 기초하여 정보에 근거한 판단을 하게 될 것이다.

이 목표를 달성하기 위해 전문가는 부모에게 그들의 권리에 대하여 알려 주는 것 외에도 부모와 자녀의 권리와 관련된 부가적인 자원에 대한 정보도 제공해야 한다. 예를 들어, 옹호단체, 가족 지원 기관, 부모 자조 네트워크, 법적 지원을 제공하는 단체 등은 매우 도움이 되는 자원이다.

부모는 또한 서비스 제공 책임이 있는 사람들과 협력 관계를 형성하게 해 주는 구체적인 기술과 전략을 갖게 됨으로써 도움을 받을 수 있다. 아동에게 제공되는 서비스와 관련해서 부모와 전문가 간에 약간의 견해 차이를 피할 수 없는 경우가 종종 있기 때문에 상호 존중과 협력을 유지하고 서로 대립 관계가 되지 않도록 모든 노력을 기울여야 한다. 견해 차이가 생길 때 부모는 자신과 자녀의 권리를 이해하고 이러한 상황을 잘 다룰 수 있는 기술과 전문성을 갖추는 등의 직접적인 지원을 통해서 도움을 받을 수 있다.

(2) 가족을 위한 교육 지원 제공하기

앞에서 이미 언급하였듯이, 가족과 함께 일할 때 교육 지원과 정서 지원은 서로 얽힐 수 있기 때문에 이 두 가지를 명확히 구분하기는 어렵다. 그러나 교수방법을 시범 보이거나 가르치기 또는 교류 지원을 이용하기 등은 교육 지원으로, 부모 간 의견 차이 조절하기나 공공장소에서 자녀의 문제로 인하여 당황하는 등의 정서적으로 어려운 상황에 대처하기 위한 전략 논의하기는 특성상 정서 지원으로 구분하는 것이 도움이 될 수 있다.

다음의 원칙은 가족이 사회적 활동에 참여하고 배울 기회를 만들 수 있도록 돕기 위해서 고려되어야 한다.

1. 사회 의사소통과 정서 조절을 강화하기 위한 활동은 가능한 한 분리된 교수 상황이 아닌 가족의 일상 중 자연스럽게 발생하는 활동 내에서 이루어질 수 있도록 계획하고 실행한다. 사회적 파트너 단계에서 기본적인 의사소통 기술을 학습할 때나 언어 또는 대화 파트너 단계에서 의사소통 기술이 확장될 때 모두 아동의 가장 중요한 사회 의사소통 경험은 매일의 활동 중 가족과의 상호작용에서 발생한다. 매일의 일과와 가족 행사는 의사소통 능력을 학습하고 연습할 수 있는, 그리고 정서 조절에서의 어려움에 직면할 때 정서적으로 잘 조절하는 것을 배울 수 있는 경험적 기회를 제공한다. 아동의 초기 가족 관계와 가족 활동의 중요성을 고려할 때 전문가는 사회 의사소통 능력과 정서 조절을 촉진하고 긍정적인 사회적 관계를 형성시키기 위해 이러한 활동과 일과를 이용하여 가족과 긴밀하게 협력해야 한다. 이러한 노력으로 가족을 지원할 때 가족의 신념체계 및 사회 문화적 선호도에 적합한 조언을 하는 것은 매우 중요한 일이다. 만일 그렇지 않으면, 가족은 이러한 조언이 자신들의 생활과 무관하고 가족이 소중하게 생각하는 가치를 존중하지 않는다고 생각할 수 있다.

2. 전문가는 개별 아동의 필요를 고려하면서 상호작용 방식의 수정과 같이 효과적인 양육자 대인관계 지원을 인식하고 지지할 수 있어야 한다. 1권의 4장에서는 모든 파트너로부터의 대인관계 지원을 필요로 하는 자폐 범주성 장애 아동이 가족에게 보이는 어려움에 대해서 논의하였다. 불분명한 기대와 아동의 장애에 대한 이해 부족으로 양육자는 상호작용 중에 적절하거나(예: 의사소통을 잘하기

위해 언어 수정하기, 느린 속도로 상호작용하기) 부적절한(예: 고도의 지시적인 상호작용 방식 사용하기) 전략을 다양하게 사용하게 된다. SCERTS 진단은 다양한 파트너가 사용하는 대인관계 지원의 긍정적이거나 문제가 되는 측면을 직접 진단하여 SCERTS 모델의 교류 지원 영역 중 대인관계 지원 요소의 목표와 성과 파악에 적용하게 되는데, 이는 가족에게 교육 지원을 제공할 수 있게 해 준다. 그러나 상호작용 방식의 적절성을 결정할 때에는 양육자의 상호작용 방식의 특성(예: 엄마가 언어를 시범 보이는 방법)만을 고려해서는 안 된다. 적절성은 부모의 방식이 아동의 성공적인 사회 의사소통 교환과 정서 조절을 지원하는지, 그리고 어떻게 지원하는지를 참고로 해서 결정되어야 한다. 예를 들어, 어려운 활동에서 명령과 신체 촉진을 자주 사용하는 등의 좀 더 지시적인 방식은 궁극적인 참여를 증진시키기 위해 추가적인 구조화와 지원을 필요로 하는 아동에게는 부적절하지 않을 수도 있다. 그러나 필요하지 않은 경우에도 지시적인 방식을 자주 사용한다면 아동의 발달을 저해할 수 있다. 전문가는 사회 의사소통과 정서 조절을 위한 적절한 대인관계 지원을 인식할 수 있도록 부모와 밀접하게 협력해야 한다.

3. 활동은 안전하고 예측 가능하고 재미있어야 하며, 따라서 아동으로 하여금 보다 많은 에너지를 사회 의사소통, 사회적 참여, 탐구, 문제해결을 위해 사용할 수 있게 해야 한다. SCERTS 모델에서는 의미 있고 목표 지향적인 활동에서의 예측 가능성과 공유된 긍정적인 정서 경험의 중요성을 강조한다. 익숙한 일과와 고도의 구조화에 의해 제공된 인지적 · 정서적 편안함은 정서 조절을 지원하고 안정감을 촉진하며 결과적으로 사회 의사소통 능력과 사회-정서적 안녕에 기여한다. 예측 가능성과 고도의 구조화는 잘 조절된 상태를 지원하기 위해 필요할 때 물리적 환경, 활동 시간표, 상호작용적이고 의사소통적인 일과 등에 적용될 수 있다(상세한 내용은 이 책의 2장 참조). 그러나 상황 의존성과 기계적인 학습을 피하고 변화를 잘 견디고 적응력을 높이기 위해서는 구조화와 융통성 간의 균형을 맞추는 것이 매우 중요하다. 양육자의 적극적인 참여나 선호하는 익숙한 게임, 놀잇감, 안정시키는 물건 등도 안정감을 느끼게 하는 데 도움이 된다. 즐거움과 재미 요소를 더한다면 아동이 보다 자주 일관성 있게 참여하고 의사소통을 하게 될 것이다.

4. 가족 활동은 아동의 습득 동기, 자기결정, 자아의식의 발달을 지원한다. 습득 동기 개념은 아동 발달 문헌에서 도출된 것으로, 일상적인 활동 중에서 지속적으로 과제를 습득하고 도전하려고 하는 아동의 발달 능력을 의미한다. 습득 동기는 아동의 발달 범위나 '근접발달영역(zone of proximal development: ZPD)' 내에 있는 약간 어려운 활동을 제공할 때 촉진될 수 있다(Vygotsky, 1986). 선택과 결정의 기회는 자기결정과 자아의식의 발달을 촉진하는데, 왜냐하면 아동이 자신의 선호도가 전달되고 존중될 수 있다는 사실을 학습하게 되기 때문이다. 따라서 아동이 선택할 수 있도록 자주 기회를 제공해야 하며, 활동은 아동의 동기와 발달상의 강점을 반영해야 한다.

5. 활동 계획 시 또래, 형제자매, 성인과의 선호하는 관계가 고려되어야 한다. 새로운 활동에 참여하거나 탐구할 때 안정감을 느끼기 위해서는 안정된 애착과 관계를 필요로 하며, 특히 정서 조절의 어려움을 경험할 가능성이 있는 낯선 상황에서는 더욱 그러하다. 가족 관계와 특별한 친구 관계는 활동 중에 반응적인 파트너와 새로운 의사소통 기술을 배우고 연습할 수 있게 해 준다. 이렇게 중요한 사람과 다양한 긍정적인 경험을 하게 되면 긍정적인 정서 기억이 누적되면서 아동으로 하여금 그러한 활동에 다시 참여할 기회를 찾게 만든다.

6. 활동은 양육자와 아동의 선호도를 반영해야 한다. 아동과 가족의 요구를 다루고 가족 관계를 증진시키기 위해서는 가족 맥락 내에서 목표로 삼는 활동과 일과가 양육자에게 의미 있고 관련성이 있어야 하며 아동과 가족의 삶의 일부여야 한다. 관계가 발전하거나 관계 문제가 일어나고, 협상되고, 해결되는 것은 일상적인 가족 생활 내에서 이루어진다. 마찬가지로, 보육기관이나 유치원, 학교 환경에 있는 아동에게 있어서 바람직한 사회적 모델이 되어 주는 아동과의 경험은 친구 관계 발달의 맥락에서 의사소통과 사회-정서적 발달을 촉진하는 데 중요하다.

지금부터는 아동의 의사소통 능력 및 정서 조절 강화와 양육자-아동 상호작용 및 관계에 특별히 초점을 맞춘, 양육자와 함께 일할 때 필요한 두 가지 일반적인 교육 접근인 직접적인 개별 양육자-아동 지도와 양육자 교육 프로그램에 대해서 살펴보고자 한다. 지원은 가정(가족이 이러한 서비스가 방해되지 않는다고 하는 경우)이나 아동의 학교 프로그램 내에서 제공될 수 있는데, 주로 아동의 연령을 고려하거나 가족의 생활방식이나 일과에 따라 가족과 전문가가 그러한 지원을 주선할 수 있는지를 고려해서 결정하게 된다.

① 개별 양육자-아동을 위한 직접적인 지도 또는 안내

이 방법은 전문가가 아동과 직접적으로 상호작용을 하거나 양육자에게 교사나 치료사가 시범 보이는 것을 관찰하고 참여하고 궁극적으로는 모방하도록 요청하는 등 아동 및 양육자를 대상으로 직접 일하는 방법이다. 이러한 접근은 양쪽 파트너가 모두 효율성과 유능감과 자신감을 가질 수 있도록 양육자 반응성, 균형 있는 차례 주고받기, 공동 통제를 촉진하고 양육자와 아동 모두의 긍정적인 경험과 관계를 촉진한다. 교사나 치료사는 다음과 같은 것들을 파악하고 다루기 위해서 놀이 상호작용 중에 양육자 및 그 자녀를 대상으로 직접 일할 수 있다: (1) 아동에게 필요한 사회 의사소통 기술, (2) 성공적인 상호작용과 학습을 방해하는 정서 조절의 문제, (3) 자녀의 발달과 상호작용 문제해결 지원을 위해 양육자가 배울 수 있는 전략. 양육자는 자녀에게 참여 동기를 부여하고, 자녀의 관심 초점을 따르고, 새로운 기술 학습을 지원하기 위해 적절한 수준에서 아동의 의도에 반응하고, 상호적 상호작용을 지원하기 위해 차례를 주고받는 활동을 개발하도록 지원받을 수 있다.

예를 들어, 사회적 파트너 단계에서는 미세한 비구어 의사소통 신호에 반응하거나 아동의 상호작용에 반응하거나 보다 진보된 모델을 제공하는 것이 포함될 수 있다. 언어 파트너 단계에 있는 아동에게는 한두 단어 발화 확장과 공동관심을 위한 언급하기와 같이 보다 사회적 기능을 갖춘 의사소통 시범 보이기 등이 포함된다. 대화 파트너 단계에 있는 아동에게는 사진이 포함된 일기와 같이 적절한 지원을 참조해서 과거 사건에 대해 이야기하기가 포함될 수 있다. 다양한 상호작용 전략은 사회적 파트너, 언어 파트너, 대화 파트너 단계 각각에 해당되는 언어 전 의사소통, 구어 의사소통, 궁극적으로는 대화를 촉진하는 역할을 한다.

직접적인 개별 양육자-아동 지도에서 교사나 치료사는 아동의 발달 수준에 적합한 상호작용에 아동을 참여시키기 위하여 안내를 제공하거나 말 그대로 부모와 아동에게 합류하기도 한다. SCERTS 진단 결과와 아동의 사회 의사소통 및 정서 조절 능력에 기반을 둔 SCERTS 교육과정에서 선정된 목표를 근거로 고도로 개별화된 목표와 전략이 개발된다.

상호작용 안내(interactive guidance)(McDonough, 1998)는 양육자 지도의 변형으로, SCERTS 모델에서 양육자와 더불어 이러한 같은 목적을 성취하도록 돕기 위해 사용될 수 있는 또 다른 전략이다. 일반적으로 이 방법은 양육자에게 구체적인 전략을 가르칠 때 덜 직접적이며, 전문가와 아동 간의 직접적인 상호작용을 필요로 하지 않을 수도 있다. 상호작용 안내는 전문가가 아동과 일차적으로 함께하고 양육자는 관찰만 하게 되는 경우 전문가만이 아동의 학습을 도와줄 수 있다고 느끼게 되기 때문에 전문가의 의도와는 달리 양육자의 능력을 약화시킬 수도 있다는 생각으로 개발되었다. 상호작용 안내에서 전문가는 정규 일과와 놀이 활동 중에 양육자-아동의 상호작용을 관찰하고 양육자가 즉각적으로 적용할 수 있도록 의사소통 및 양육 상호작용을 향상시킬 수 있는 제안을 한다. 따라서 목표는 양육자가 전문적 '중재자'를 관찰하기보다는 실제로 보다 성공적이고 반응적인 상호작용을 직접 경험할 수 있게 하는 것이다.

마지막으로, 아동과 양육자에게 제공하는 또 다른 모델은 양육자-아동 모임인데, 이 모델은 이 장에서 논의했던 많은 교육 지원의 목표를 다루기 위해 고안될 수 있는, 그러나 집단 상황에서 실행되고 양육자와 아동을 대상으로 직접 일하는 방법이다. 소집단(3~5쌍 정도의 양육자-아동)으로 일주일에 1~3회 정도 모일 수 있다. 아동의 능력에 적합한 예측 가능한 일과 활동(예: 음악, 이야기나누기, 간식시간, 대근육 활동) 중에 교사나 치료사는 각 아동의 사회 의사소통과 정서 조절 능력을 촉진하기 위하여 시각적 지원과 같은 교류 지원을 사용함과 동시에 촉진적 의사소통 상호작용과 전략을 시범 보인다. 각 아동과 양육자가 직면한 어려움을 보다 구체적으로 다루기 위해 집단 모임과 병행하여 개별 치료와 양육자 지원 모임을 제공할 수도 있다. 집단 모델의 장점은 양육자에게 다른 자폐 범주성 장애 아동 또는 관련 발달장애 아동을 관찰하고 그들 자녀에게 도움이 될 수 있는 전략을 배울 기회를 갖게 한다는 것이다. 또한 부모는 다른 양육자들과 지원망을 형성하고 발달상의 어려움이 있는 어린 아동을 양육하는 가족이 자주 경험하는 고립감을 방지할 기회를 갖게 된다.

② 양육자 교육 프로그램

교육 접근은 양육자에게 정보와 지원을 제공할 수 있는데, 때로는 집단 형태로 아동과 전문가 간의 직접적인 상호작용 없이도 가능하다. 교육 프로그램은 양육자가 사회 의사소통 및 정서 조절 발달의 원리와 아동의 의사소통 능력 발달을 촉진하는 스스로의 잠재적인 역할을 이해하도록 돕는 데 초점을 맞춘다.

예를 들어, 토론토에 있는 하넨센터는 자폐 범주성 장애 아동과 그 가족을 위한 양육자 프로그램『More than Words』(Sussman, 1999)를 개발하였다. 이 프로그램은 부모가 자녀의 학습 양식과 요구를 이해하고, 사회 의사소통을 강화하는 활동을 개발하며, 자녀의 발달을 촉진하기 위해 자신들의 대인관계 지원 방식을 수정할 수 있도록 돕기 위해 집단 형태로 성인 학습 원리(예: 적극적인 참가와 참여, 협상안 등)를 사용한다. 5~8가족이 3개월 동안 저녁 모임에 참여하고 가정방문을 받게 된다. 양육자는 가정일지를 작성해야 하며 집단 모임에서 솔직하게 토의한다. 양육자가 다른 사람들과 자신의 성공 경험 및 어려움을 공유하기 위해서는 상호적인 지원 분위기가 필수적이다. 이러한 분위기를 만들기 위해 추천할 만한 한 가지 전략은 프로그램을 공동 촉진하기 위해서 이전에 이 프로그램을 졸업한 부모를 활용하는 것이다.

(3) 사회 의사소통 및 정서 조절 능력을 강화하기 위해 형제자매 참여시키기

나는 내 동생의 의사소통 책을 어떻게 사용해야 하는지 배웠고,
동생이랑 몇 가지 수어로 대화할 수 있게 되었어요.
게다가 그것들을 어떻게 사용해야 하는지 부모님께 알려드렸어요!
- 자폐 범주성 장애가 있는 3세 여동생을 둔 7세 남아 -

앞에서 언급하였듯이, SCERTS 모델에서 교육 지원의 한 요소로 긍정적인 형제자매 관계를 증진시키고자 하는 데에는 몇 가지 목표가 있다. 그 목표는 다음과 같다.

1. 형제자매 간의 긍정적인 놀이와 사회적 상호작용 촉진하기
2. 형제자매가 성공적으로 상호작용하고 놀이하기 위한 사회 의사소통 기술과 전략을 개발하도록 돕기
3. 형제자매가 교사의 역할을 할 수 있도록 돕기

자폐 범주성 장애 아동을 가족으로 둔 형제자매의 경험은 개인별로 매우 다르다. 하지만 상황과 나이에 따라서 변화하는 형제자매의 요구사항과 관심에는 공통점이 있다. 그러한 공통점에는 다음과 같은 것들이 포함된다: (1) 자폐 범주성 장애에 대해 이해할 수 있는 정보, (2) 아동의 어려움에 대한 가족들과의 솔직한 대화, (3) 일반 자녀의 강점과 성취에 대한 부모의 인정, (4) 모든 자녀를 위한 부모와의 개별적인 '즐거운 시간', (5) 다른 형제자매나 가족과의 접촉 및 지원 기회, (6) 또래나 일반인의 반응, 가족 계획의 예상하지 못한 변화, 부가적인 집안일과 같은 스트레스를 받을 수 있는 상황에 대처하는 방법 개발.

발달 수준이 낮은 아동의 경우 그 형제자매도 역시 구체적으로 다음과 같은 것을 필요로 한다: (1) 형제자매의 요구를 읽을 수 있는 능력과, 그래서 그들의 미세하고 비관습적인 의사소통 행동에 반응할 수 있는 능력, (2) 정서적 또는 행동적 어려움이 존재하는 경우 그러한 어려움은 제한된 의사소통과 정서 조절장애의 기타 원인 때문일 수 있다는 이해, (3) 사회 의사소통 및 놀이 상호작용에 참여하고 형제자매에게 반응해 줄 수 있는 성공적인 전략.

가정에서의 지원 활동을 계획할 때, 양육자와 놀이친구뿐만 아니라 형제자매도 직접적으로 참여시키려는 노력이 이루어져야 한다. 진단에서와 마찬가지로, 형제자매 참여의 특성은 활동 맥락, 아동의 발달 능력, 아이들 사이의 관계에 따라서 달라질 수 있다. 형제자매의 참여에 대한 흥미와 의지 또한 참여의 형태에 영향을 미칠 수 있다. 형제자매의 역할은 아동의 나이와 능력에 따라서 다르고 시간이 지남에 따라 변할 수 있다는 것을 알아야 한다. 예를 들어, 비슷한 능력을 가지고 있는 경우 놀이친구로 상호작용을 할 수 있는 반면에, 발달이 훨씬 앞서는 경우에는 교사나 조력자와 같은 역할을 하게 된다. 뿐만 아니라, 경우에 따라서는 놀이친구로서의 역할이 시간이 지남에 따라 결과적으로 보조자나 양육자의 역할로 발전하기도 한다.

① 형제자매 간의 놀이와 사회적 상호작용 촉진하기

놀이와 가족 일과는 형제자매 간 사회 의사소통과 정서 조절을 지원하기 위한 주요 맥락으로 자리 잡아야 한다. 왜냐하면 사회적 파트너와 놀이 파트너의 역할은 대부분의 아동에게 공통적이기 때문이다. 놀이는 형제자매 상호작용의 자연스러운 부분이며, 의사소통이나 사회성 및 인지 발달을 위한 결정적인 맥락을 제공해 준다. 놀이 및 사회적 상호작용을 증진시키는 데에 초점을 둔 촉진적 활동을 계획할 때, 사회 의사소통적 상호작용에서의 상호 효능감이라는 교류 개념은 중요한 전제가 된다. 즉, 양쪽 파트너 모두가 사회적 통제감, 흥미, 성취감(즉, 상호 효능감)을 느껴서 긍정적인 상호작용과 긍정적인 정서 기억이 만들어지고, 그에 따라 관계를 강화시키는 긍정적인 경험을 제공해 줄 뿐만 아니라 상호작용과 의사소통에 대한 동기를 높이게 된다. 형제자매 간의 놀이에 문제가 없다면 직접적인 중재는 필요하지 않으며, 대신에 이들의 긍정적인 행동에 대해서 칭찬과 격려를 제공해 주는 것이 좋다. 하지만 이전에 논의된 자폐 범주성 장애와 관련된 발달상의 차이와 어려움으로 인해서 전문가와 부모는 형제자매가 보다 성공적인 상호작용을 촉진할 수 있는 구체적인 전략을 개발할 수 있도록 지원해 주어야 한다. (이 책의 2장에서도 양육자가 자폐 범주성 장애 아동이 또래와 학습하고 놀이할 때 성공할 수 있도록 촉진하는 방법을 다루었다.)

② 형제자매가 성공적으로 상호작용하고 놀이하기 위한 사회 의사소통 기술과 전략을 개발하도록 돕기

형제자매가 자신의 형제자매와 성공적인 상호작용을 할 수 있도록 돕기 위해서 부모와 양육자를 지원할 때 사용하는 동일한 방법을 적용할 수 있다. 즉, 형제자매는 (1) 관찰을 통해 아동의 의사소통 수준을 이해하고, (2) 자신의 언어와 의사소통 행동을 적절한 수준으로 수정하며, (3) 아동의 관심 초점과 주도를 따르면서 아동의 반응성, 차례 주고받기, 상호성을 증진시키는 기술을 개발하고, (4) 아동의 의사소통과 놀이 행동을 확장하고 정교화하며, (5) 적절한 때에 시각적 지원과 같은 적절한 지원을 사용하고, (6) 정서 조절을 증진시키는 적절한 전략을 개발하도록 관심을 기울여야 한다. 다시 한 번 강조하자면, 발달을 촉진하기 위해서는 인위적인 교수 회기보다 매일의 가족 일과와 행사를 사용하는 것이 중요하다. SCERTS 진단 결과를 근거로 그러한 일과와 행사 내에서 구체적인 사회 의사소통 기술을 목표로 삼을 수 있다.

자폐 범주성 장애 아동 및 그 형제자매와 실제로 함께 일할 때, 또는 중개자로 참여하는 양육자와 함께 일할 때 전문가는 다음의 사항을 유념해야 한다.

1. 많은 형제자매는 이미 자신의 형제자매와 의사소통을 하거나 놀이하기 위한, 그리고

정서 조절을 지원하기 위한 긍정적이고 성공적인 전략을 가지고 있다. 목표로 삼아야 할 문제가 존재한다고 미리 가정하는 것은 바람직하지 않다. 문제가 있다면, 부모의 자녀에 대한 우선순위를 먼저 인지하고 다루어야 한다.

2. 부모는 형제자매를 지도하고 지원해 줄 가장 적합한 사람이다. 부모는 매일의 상호작용에서 자녀를 관찰하고 다양한 상황에서 형제자매가 경험하는 성공과 어려움을 대체로 인지한다.

3. 형제자매의 발달 단계와 초의사소통 능력(즉, 의사소통 기술에 대해 반성하고 이야기할 수 있는 능력)은 상호작용과 의사소통을 안내할 때 가장 중요하게 고려되어야 한다. 이러한 안내는 부모나 전문가 중 누가 제공해도 상관없다. 예를 들어, 어린 아동은 다른 사람을 관찰하고 모방하는 모델링을 통해 가장 잘 배우는 반면, 그보다 더 나이가 많고 더 능력이 있는 아동에게는 직접적인 전략 외에도 의사소통과 놀이를 지원하기 위한 성공적인 방법에 대해 토의해 보는 것이 적절할 수 있다.

4. 형제자매는 과도하게 교정되어서는 안 된다. 왜냐하면 잦은 교정 피드백은 자신이 적절하지 않다는 느낌을 갖게 만들고 따라서 참여 동기를 감소시킬 수 있기 때문이다. 평가적인 피드백은 필요할 때에만 칭찬과 격려를 가득 담아 지원적인 형태로 제공되어야 한다. 성공적이지 못한 의사소통이나 놀이 시작행동을 대체할 수 있는 대안적 전략을 시범 보이는 방법이 직접적으로 제공되는 부정적이거나 교정적인 피드백보다 바람직하다. 자폐 범주성 장애 아동의 행동이 특별히 문제가 되는 경우, 다른 사람들이 그 아동과 의사소통하고 놀이하는 데에 느꼈던 어려움을 공유해 줌으로써 형제자매가 자신의 형제자매와의 경험을 장기적인 안목으로 볼 수 있게 해 주는 것은 매우 중요하다.

③ 형제자매가 교사의 역할을 할 수 있도록 돕기

교류적 관점에 의하면 교사의 역할은 자폐 범주성 장애 아동이 긍정적인 방식으로 교수적 상호작용에 반응할 때에 가장 효과적이다. 그러므로 형제자매가 교사 역할을 하도록 지원하기 위해 고안된 방법을 활용할 경우, 이들의 교수적 상호작용이 성공할 수 있도록 돕기 위해서는 정보를 제공하고, 시범을 보이고, 안내(필요하다면)를 제공하는 데 확실하게 초점을 두어야 한다. 이를 위한 몇몇 전략은 다음과 같다.

1. 형제자매의 기대 수준이 너무 높아 좌절감을 느끼지 않도록 자폐 범주성 장애 아동의 의사소통 행동과 반응성에 대하여 토론하고 적절한 기대 수준을 시범 보인다. 예를 들어, 형제자매에게 그들의 형제자매가 아직은 말로 놀잇감을 달라고 할 수는 없지만 발성이나 몸짓이나 그림을 사용하는 것이 그들의 의사소통 방식일 수 있다는 사실(최소한 일정 기간 동안)을 말해 줄 수 있다. 상호작용을 할 때 차례를 주고받으면서 지속적으로 유지하지 못하는 아동의 경우, 형제자매는 놀이 중에 간단한 상호작용 장면을 기대하도록 준비되어야 하며 앞으로는 더 향상될 것이라고 말해 줄 수 있다. 의사소통을 할 때 비관습적인 수단을 사용하는 아동, 또는 AAC 도구를 배우거나 사용하는 아동의 경우에는 그러한 정보가 형제자매나 다른 가족과 공유되어야 하며, 이를 통해서 모든 가족 구성원이 아동을 더 잘 이해하고 의사소통 능력을 강화하게 될 것이다.

2. 성공적인 상호작용과 의사소통적 교환을 가져올 수 있을 만한 활동과 게임을 제안한다. 예를 들어, 적절한 활동이란 (1) 자폐 범주성 장애 아동이 좋아하고 익숙하며, (2) 명확하고 예측 가능한 구조화를 지니고, (3) 신체적 시범과 모델링을 통해 학습할 수 있고 두 아동 모두의 신체적 능력 범위 내에 있으며, (4) 긍정적인 정서 경험을 할 수 있고, (5) 가족의 생활 속에서 자주 또는 쉽게 경험할 수 있는 활동을 말한다. 아주 어린 자폐 범주성 장애 아동을 위한 활동에서 매우 중요한 특성인 반복과 일과의 필요성 역시 자폐 범주성 장애 아동과 그 형제자매의 이해와 습득을 지원할 때 고려되어야 한다. 모든 교수적 상호작용이 융통성 없는 프로그램을 강조하는 것은 아니다. 형제자매의 자발성과 창의력이 교수적 상호작용에서 관찰된다면 이 또한 격려하고 칭찬해 주어야 한다. 마지막으로, 만일 그러한 도움이 필요하다면 형제자매가 긍정적인 성과를 가져올 수 있는 가족의 일과, 동기유발적인 활동, 촉진적인 맥락을 판별할 수 있도록 도와주는 데 많은 노력을 기울여야 할 것이다.

3. 아동과의 보다 성공적인 상호작용을 지원하는 것으로 알려진 대인관계 방식의 변화를 제안하고 시범 보인다. 자폐 범주성 장애 아동의 프로파일과 요구에 따라 형제자매에게 행동의 속도를 늦추거나, 긍정적인 정서 반응을 과장해서 표현하거나, 구어 또는 비구어로 선택하도록 제안하거나, 놀이 중에 말하는 속도나 양을 줄이거나 하는 등의 행동을 요청할 수 있다.

(4) 발달 촉진에 있어서 가족 중심적이기 위한 일곱 가지 방법

이 장에서 지금까지 설명한 가족 지원의 원칙 외에 아동의 사회 의사소통과 정서 조절 발달을 촉진하는 가족의 노력을 지원하기 위한 일곱 가지 구체적인 방법을 제시하고자 한다.

1. 부모는 자녀에게 제공될 서비스에 대한 자신의 우선순위를 말할 수 있어야 하며, 그러한 우선순위는 아동의 목표를 수립할 때 반드시 고려되어야 한다. 이것은 SCERTS 진단의 한 부분으로 체계적으로 수행된다.
2. 가정 중심 서비스의 경우 부모와 형제자매 또는 다른 사람(예: 친척, 양육 도우미)에게 활동에 직접적으로 참여할 수 있는 기회를 제공해야 하며, 참여하지는 않더라도 최소한 목표와 전략에 대한 이해를 최대화하고 실행을 지원할 수 있도록 관찰을 하게 해야 한다.
3. 부모는 팀이 수립한 목표를 다루기 위한 활동 개발과 가족 활동 수정에 어느 정도로 관여할 수 있는지 스스로 정할 수 있어야 한다. 전문가는 모든 부모가 일반적인 양육 활동 이상의 역할을 수행할 수 있다고 기대해서는 안 된다. 전문가는 부모가 일상적인 가족의 일과 외에 현실적으로 할애할 수 있는 시간의 양에 대해서뿐만 아니라 부모가 참여하는 데 편하게 느낄 수 있는 정도의 역할에 대해서도 존중해야 한다.
4. 가족의 일상에서 이미 정기적으로 일어나고 있거나 일어나도록 계획을 세울 수 있는 활동과 관련될 가능성을 근거로 학교 중심 또는 센터 중심의 활동을 고안하고 그 활동 안에서 다룰 수 있는 목표를 수립해야 한다.
5. 학교 활동을 위해서 교육적인 교류 지원(예: 시각적 일과표, 선택판, 조직화 지원)을 계획할 때, 동일한 교재를 만들어 가족에게 제공하고 어떻게 사용해야 하는지에 대해서 지속적으로 지원해야 한다.

6. 부모가 질문이나 염려나 진보 관찰에 대한 피드백을 계속해서 제공할 수 있도록 부모와 전문가 간에 효율적이고 효과적인 의사소통 체계를 마련해야 한다.
7. 아동에게 제공되는 서비스의 주요 변화(예: 전학, 교사 교체)가 예정되어 있는 경우 전문가는 변화에 앞서 전이 계획을 잘 의논해서 수립할 수 있도록 부모와 협력해야 한다.

(5) 가족을 위한 정서 지원 목표 달성하기

정서 지원의 도움을 필요로 하는 부모와 기타 가족 구성원은 좌절과 피로, 형제 관계와 관련된 복잡한 문제나 가족생활의 균형 유지와 같은 여타의 가족 문제를 포함하여 자폐 범주성 장애 아동의 양육과 직접적으로 관련된 어려움으로 인해 과도한 정서적인 경험을 할 수도 있다. 이미 언급하였듯이, 이러한 어려움은 아동의 사회 의사소통, 정서 조절, 긍정적 관계 발달에서의 어려움과 직접적으로 관련될 수 있다. 스트레스의 원인 역시 앞에서 설명한 대로 공공장소에서 직면하는 문제나 전문가를 상대하고 서비스 제공 체계를 다루는 것과 같은 가족 밖에서의 이차적인 어려움과 관련될 수 있다. 정서적 고통의 원인과는 상관없이, 양육자는 자신의 정서적 안녕과 가족 기능이 일상의 스트레스로 인해 침해당할 때 지원을 제공받아야 하거나 제공을 모색하도록 격려되어야 하고, 자녀의 발달을 지원하기 위해 항상 준비되어 있도록 고무되어야 한다. 전문가는 정서 지원을 위한 다음의 목표를 직접적으로 다룸으로써 아동과 가족 모두를 만족시킬 수 있는 장기적인 관계를 강화하는 방향으로 가족과 협력할 수 있다(장단기목표와 기대되는 성과의 요약 정보는 〈표 3-3〉 참조).

목표 1 가족이 자폐 범주성 장애 아동을 양육하는 데에서 오는 스트레스와 어려움을 다룰 수 있도록 능력 강화하기

기대되는 성과: 가족은 자폐 범주성 장애를 지닌 자녀로 인해 직접적으로 또는 간접적으로 경험하게 되는 피할 수 없는 스트레스를 다루기 위한 구체적인 대처 능력을 개발할 것이다.

〈표 3-3〉 SCERTS 모델에서 가족을 위한 정서 지원의 장단기목표와 기대되는 성과

목표 1	가족이 자폐 범주성 장애 아동을 양육하는 데에서 오는 스트레스와 어려움을 다룰 수 있도록 능력 강화하기
기대되는 성과	**단기목표**
가족은 자폐 범주성 장애를 지닌 자녀로 인해 직접적으로 또는 간접적으로 경험하게 되는 피할 수 없는 스트레스를 다루기 위한 구체적인 대처 능력을 개발할 것이다.	a. 전문가는 가족이 자폐 범주성 장애 자녀를 양육하는 것과 관련된 주요 스트레스를 파악하고 조절할 수 있도록 도울 것이다. b. 전문가는 파악된 스트레스의 주요 원인에 적합한 대처 전략을 개발할 수 있도록 가족을 지원할 것이다.
목표 2	가족이 다양한 종류의 활용 가능한 공식적 또는 비공식적 정서 지원을 알고 접근할 수 있도록 돕기
기대되는 성과	**단기목표**
가족은 특정 시점에 갖게 되는 정서적 요구에 가장 적합한 공식적 또는 비공식적 지원에 접근할 수 있게 될 것이다.	a. 전문가는 가족의 정서적 요구를 다루는 데 도움이 될 수 있는 지원을 판별하거나 개발하도록 도울 것이다. b. 전문가는 가족이 그러한 지원을 가족의 우선순위를 가장 잘 다루는 방식으로 활용할 수 있도록 도울 것이다.
목표 3	부모가 교육 및 보건관리 체계를 잘 다룰 뿐만 아니라 전문가와 잘 지내기 위해 노력하도록 지원하기
기대되는 성과	**단기목표**
부모는 긍정적인 부모-전문가 관계를 발전시키기 위한 구체적인 방법을 개발하게 될 것이며, 전문가와의 상호작용이나 관계에서 오는 어려움 또는 교육 및 보건관리 체계를 다루는 데서 오는 어려움으로 인한 정서적인 문제를 잘 다룰 수 있게 될 것이다.	a. 전문가는 부모-전문가 관계의 바람직한 특성과 협력, 그리고 그러한 관계를 개발하고 유지하는 방법을 확인하게 될 것이다. b. 전문가는 부모가 어려운 관계를 다룰 수 있도록 지원할 것이다. c. 전문가는 부모가 교육 및 보건관리 체계를 다루는 데서 오는 스트레스에 대처할 수 있도록 지원할 것이다.
목표 4	가족이 자녀의 발달과 가족의 삶을 위해 그들 자신의 우선순위를 파악하고, 적절한 기대치를 설정하고, 현실적이고 성취 가능한 목표를 세울 수 있도록 돕기
기대되는 성과	**단기목표**
가족은 자녀와 가족을 위해 다루어야 할 가장 중요한 이슈가 무엇인지 알게 될 것이며, 자녀를 위한 현실적인 목표와 기대를 수립하고, 가족의 생활방식과 가치관에 맞도록 가족생활의 균형을 찾게 될 것이다.	a. 전문가는 아동과 가족에게 가장 중요한 문제가 무엇인지 알기 위해 부모와 대화할 것이다. b. 전문가는 아동에 대한 현실적인 단기목표와 기대를 개발할 수 있도록 부모와 협력할 것이다. c. 전문가는 부부관계를 지원하고 형제자매와 기타 가족 구성원(조부모, 친척)을 지원하는 방법을 파악하여 가족 생활의 균형을 찾는 것과 관련된 어려움을 논의하고 해결할 수 있는 기회를 제공할 것이다.

목표 5	형제자매가 장애에 대한 의문을 갖거나 장애가 있는 형제자매로 인한 어려움을 경험할 때 부모가 이들에게 자폐 범주성 장애에 관한 정보를 제공하고 장애 가족이 있는 것에 대한 자신의 감정을 이야기하도록 도울 수 있게 지원하기
기대되는 성과	단기목표
형제자매는 자폐 범주성 장애 형제자매를 둠으로써 겪게 되는 일들을 더 잘 이해하기 위해서 필요한 정보를 갖게 될 것이며, 자신의 감정에 대해 이야기를 나눔으로써 스스로 경험하고 있는 어려움에 대처할 수 있게 될 것이다.	a. 부모는 자녀가 자신의 자폐 범주성 장애 형제자매와 관련해서 편안하게 질문할 수 있도록 개방적인 의사소통 분위기를 만들 것이다. b. 부모는 자녀의 이해 수준에 적절하게 자폐 범주성 장애에 대한 질문에 답해 줄 수 있게 될 것이다. c. 부모와 전문가는 형제자매가 자신의 감정을 솔직히 이야기할 수 있는 기회를 제공할 것이다.
목표 6	형제자매가 스트레스가 될 수 있는 상황에 대처하는 전략을 개발하도록 돕기
기대되는 성과	**단기목표**
형제자매는 자폐 범주성 장애 형제자매가 있는 것과 관련된 다양한 대처 전략을 개발하고 활용할 수 있게 될 것이다.	a. 부모와 전문가는 형제자매가 다른 사람에게 자신의 형제자매의 장애에 대하여 설명하는 연습을 할 수 있도록 기회를 제공할 것이다. b. 부모와 전문가는 형제자매가 부딪히게 되는 상황에서의 구체적인 스트레스에 대처하는 기타 방법들을 논의할 기회를 제공할 것이다.

목표 2 가족이 다양한 종류의 활용 가능한 공식적 또는 비공식적 정서 지원을 알고 접근할 수 있도록 돕기

기대되는 성과: 가족은 특정 시점에 갖게 되는 정서적 요구에 가장 적합한 공식적 또는 비공식적 지원에 접근할 수 있게 될 것이다.

이 목표를 달성하기 위해서, 전문가 또는 가족 지원망에 포함된 사람들은 가족이 자폐 범주성 장애 아동을 가족으로 두는 데에서 오는 스트레스의 주된 원인을 파악하고 표현할 수 있게 해 주어야 한다. 이러한 과정이 시작되면 가족은 파악된 스트레스의 주요 원인에 대한 구체적인 대처 전략을 개발하도록 지원받게 된다. 전문가는 가족의 정서적 요구를 다루는 데 도움이 될 수 있는 지원을 판별하거나 개발하도록 도울 수 있으며, 또한 가족이 그러한 지원을 가족의 우선순위를 가장 잘 다루는 방식으로 활용할 수 있도록 도울 것이다.

지원은 전문가에 의해서 공식적으로 계획되기도 하고 가족의 사회적 지원망을 통해 비공식적으로 제공되기도 한다. 공식적으로 계획되는 경우에 정서 지원은 다양한 방법으로 제공될 수 있다. 지원 모임의 장점은 여러 명의 다른 부모로부터 다양한 관점을 얻을 수 있으며 집단 구성원의 공통적인 삶의 경험으로 인해 새로운 관계가 수립될 가능성이 크다는 것이다. 전문가는 이러한 지원 모임을 촉진할 수 있으며, 또는 대안적으로 가족 스스로가 모임을 구성하고 이끌어 갈 수 있도록 자원(예: 학교 교실, 가족에게 공문 보내기)을 제공할 수 있다. 가족이 집단 상황에서 나누고 싶어 하지 않는 사적인 문제나 부부관계에 대한 추가적인 스트레스와 같이 자폐 범주성 장애 아동을 양육하는 것과 직접적인 관련은 없지만 연관성이 있는 문제에 대해서는 개인적인 지원이 더욱 적합할 수 있다.

정기적으로 아동을 만나서 일하는 전문가는 계획된 지원 활동 외에도 매일의 만남이나 상호작용 중에 다양한 방법으로 가족을 지원할 수 있다.

- 경청한다. 자폐 범주성 장애 아동의 부모는 자녀를 잘 아는 사람과 말을 나눌 기회가 제한되어 있다. 개인적 경험을 공유하는 것은 부모가 자폐 범주성 장애 아동을 양육하는 데에서 오는 어려움을 감정적으로 극복하게 해주는 긍정적인 전략 중 하나다. 부모가 부적절한 시기(예: 아동이 스쿨버스에서 내릴 때)에 정서 지원을 요구하기 시작한다면, 가까운 다른 시간에 이야기하도록 제안하거나 전화통화를 약속할 수 있다. 전문가는 자폐 범주성 장애 아동의 부모가 보이는 극단적인 반응이 때로는 만성적인 스트레스의 경험에서 오는 것일 수 있다는 것을 인지하고, 가장 최선의 반응은 경청하고, 이해하고, 부모의 관점을 존중해 주는 것이라는 것을 알아야 한다.

- 문제를 항상 해결해 주어야 한다고 생각하지 않는다. 접근 가능한 정보와 자신이 옳다고 느끼는 직관을 근거로 부모 스스로가 문제를 해결하고 결정을 내릴 수 있도록 돕는 자원이 되어 주어야 한다. 부모는 자신의 선택에 따라 살아가야 하므로 궁극적으로 부모에게 필요한 것은 그들 자신의 결정에 대한 자신감이다. 더 나아가서, 부모의 근심에 대한 표현은 처음에는 조언을 구하는 것처럼 보일 수 있지만 실제로는 얼마나 힘든지에 대한 공감을 원하는 것일 수도 있다. 다시 말해서, 교육적 조언이 아닌 정서 지원을 요청하는 것일 수 있

다는 것이다.

- 판단하지 않고 부모의 관점을 존중한다. 부모의 감정 특성이나 강도가 어떠하든지 간에 스스로의 현실에서 느끼는 것을 무시하거나 축소하는 것은 도움이 되지 않는다. 만일 부모의 특정 감정의 방향이 잘못되었거나 잘못된 이해에서 온다고 판단된다면 부모가 느끼는 감정을 여전히 존중하면서 다른 관점이 존재한다는 것을 알려 줄 수 있다.

- 솔직하게 직언한다. 부모는 전문가가 정보를 주지 않는다고 여겨지는 상황에 대해서 매우 민감하다. 그것이 좋은 의도(예: 부모의 감정을 고려해서 아동의 문제행동의 어려움을 축소함)인 경우라도 마찬가지다. 관심을 필요로 하는 주요 사항을 확인하는 것은 궁극적으로 모두에게 도움이 된다. 반대로, 아동의 진보에 대해 공개적으로 축하해 주고 아동의 독특한 개인적 자질이나 '한 사람'으로서의 존재에 대해서 가족에게 감사를 표현하는 것 역시 연대감과 상호 존중감을 증진시킨다.

- 부모와 가족 구성원을 학교나 기관 밖에서 만나려고 노력한다. 가정방문, 가족소풍이나 기타 활동을 계획하는 것은 전문가가 부모와 다른 가족 구성원을 또 다른 방식으로 알게 되는 기회를 제공한다. 자폐 범주성 장애와 관련된 기타 활동(예: 모금활동, 자폐 범주성 장애를 위한 걷기 대회와 같은 인식 개선 캠페인)에 참여하는 가족을 위해서 전문가는 그러한 활동에 함께 참여함으로써 지원을 표현할 수 있다.

- 자원이 되어 준다. 많은 전문가는 연구와 문헌, 수년간의 아동과 가족과의 경험으로부터 상당한 지식을 갖게 된다. 전문가는 수많은 이야기와 성공 사례, 다른 가족이 자녀를 지원하기 위해 사용한 창의적인 전략 등을 공유할 수 있다.

목표 3 부모가 교육 및 보건관리 체계를 잘 다룰 뿐만 아니라 전문가와 잘 지내기 위해 노력하도록 지원하기

기대되는 성과: 부모는 긍정적인 부모-전문가 관계를 발전시키기 위한 구체적인 방법을 개발하게 될 것이며, 전문가와의 상호작용이나 관계에서 오는 어려움 또는 교육 및 보건관리 체계를 다루는 데서 오는 어려움으로 인한 정서적인 문제를 잘 다룰 수 있게 될 것이다.

이 목표를 달성하기 위해서 전문가는 부모와 함께 일해야 하며, 긍정적이고 협력적인 부모-전문가 관계의 바람직한 특성을 확인하고 그러한 관계를 개발하고 유지하는 방법을 찾아야 한다. 필요하다면 전문가는 또한 부모가 다른 전문가와의 관계에서 겪을 수 있는 어려움을 다룰 수 있도록 지원하고 교육 및 보건관리 체계에서 야기되는 스트레스에 대처하도록 도움을 줄 수 있다.

목표 4 가족이 자녀의 발달과 가족의 삶을 위해 그들 자신의 우선순위를 파악하고, 적절한 기대치를 설정하고, 현실적이고 성취 가능한 목표를 세울 수 있도록 돕기

기대되는 성과: 가족은 자녀와 가족을 위해 다루고 싶은 가장 중요한 이슈가 무엇인지 알게 될 것이며, 자녀를 위한 현실적인 목표와 기대를 수립하고, 가족의 생활 방식과 가치관에 맞도록 가족생활의 균형을 찾게 될 것이다.

이 목표를 다루기 위해서 전문가는 아동과 가족에게 가장 중요한 문제를 파악하고 부모가 아동을 위해 현실적인 단기목표와 기대를 수립할 수 있도록 부모와 대화를 나누어야 한다. 이것은 SCERTS 진단을 통해서 이루어진다. 그러나 가족생활의 균형을 찾아야 하는 어려움에 직면한다거나 부부관계를 지원하고 형제자매나 기타 가족 구성원을 지원하는 것과 같은 다른 문제에 관해서는 부모가 그러한 문제를 다루기 원할 때에만 다루는 것이 좋다.

목표 5 형제자매가 장애에 대한 의문을 갖거나 장애가 있는 형제자매로 인한 어려움을 경험할 때 부모가 이들에게 자폐 범주성 장애에 관한 정보를 제공하고 장애 가족이 있는 것에 대한 자신의 감정을 이야기하도록 도울 수 있게 지원하기

기대되는 성과: 형제자매는 자폐 범주성 장애 형제자매를 둠으로써 겪게 되는 일

들을 좀 더 잘 이해하기 위해서 필요한 정보를 갖게 될 것이며, 자신의 감정에 대해 이야기를 나눔으로써 스스로 경험하고 있는 어려움에 대처할 수 있게 될 것이다.

다음에 제시된 7세 아동과 치료사 간의 간단한 대화에서 알 수 있듯이, 형제자매 역시 정서적인 요구를 지닌다.

> 치료사: 너의 (세 살짜리) 남동생에 대해서 질문이 있거나 그냥 자폐에 대해서 누군가에게 물어보고 싶을 때 누구에게 물어볼래?
> 아 동: 아무한테도 물어보지 않을 거예요.
> 치료사: 왜?
> 아 동: 창피해서요.

형제자매가 자폐 범주성 장애 또는 장애를 가진 자신의 형제자매와 관련해서 편안하게 질문할 수 있기 위해서는 부모가 개방적인 의사소통 분위기를 만드는 것이 중요하다. 어느 정도의 신뢰와 이해가 쌓이면 부모는 자녀의 이해 수준에 적절하게 자폐 범주성 장애에 대한 질문에 답해 줄 수 있어야 한다. 형제자매와 상호작용하는 부모와 전문가 모두는 형제자매가 자신의 감정을 솔직히 이야기할 수 있는 기회를 제공해야 하는데, 왜냐하면 그렇지 않은 경우 오해와 적대심이 생길 가능성이 매우 크기 때문이다.

목표 6 형제자매가 스트레스가 될 수 있는 상황에 대처하는 전략을 개발하도록 돕기

기대되는 성과: 형제자매는 자폐 범주성 장애 형제자매가 있는 것과 관련된 다양한 대처 전략을 개발하고 활용할 수 있게 될 것이다.

앞에서 설명하였듯이, 형제자매는 불가피한 스트레스 상황에 처하게 되는데, 가장 흔한 상황 중 하나는 자신의 형제자매에게서 나타나는 다름에 대한 질문에 설명하거나 답해야 하는 것이다(Prizant, Meyer, & Lobato, 1997). 부모나 전문가는 아동이 다른 사람에게 자신의 형제자매의 장애에 대해서 설명할 때 편안해 할 수 있

도록 연습할 기회를 제공해야 한다. 부모와 전문가는 또한 형제자매가 겪는 스트레스 상황에 대처할 수 있는 다양한 방법에 대해 이야기할 수 있는 기회를 제공해야 한다.

예를 들어, 형제자매는 자신의 자폐 범주성 장애 형제나 자매와 다른 아동 또는 성인 사이에서 중간 역할을 해야 하는 상황에 놓이곤 한다. 이들은 "너의 형은 왜 저런 식으로 말을 하니?"라거나 "네 여동생한테 무슨 문제 있어?"라는 말을 들을 때 쉽게 사용할 수 있는 간단한 설명문이나 대본의 도움을 받을 수 있다. 부모의 경우와 마찬가지로, 형제자매의 경우에도 긴 설명이 필요한 사람 또는 상황인지 간단한 대답만으로도 충분한지를 구분하는 능력을 갖추는 것은 도움이 된다. 형제자매는 또한 이러한 질문이나 판단을 부모나 다른 책임 있는 성인에게로 미룰 수 있다는 것을 알아야 하고, 성인의 도움을 필요로 하는 것이 부정적으로 비춰지지 않는다는 것을 알아야 한다.

형제자매는 형제자매를 교육하고 지원하기 위해 특별히 제작된 프로그램과 워크숍, 지원 모임의 도움을 받을 수도 있다. 형제자매의 요구사항을 만족시키는 서비스는 SCERTS 모델의 기초가 되는 가족 중심의 철학과 부합한다. 조기개입 프로그램이나 학교에서는 '가족의 날'이나 '형제자매의 날'과 같은 기회를 마련해서 형제자매가 교직원을 만나고, 활동에 참가하고, 제공되는 서비스에 대해서 배울 수 있게 해 주기도 한다. 이러한 프로그램은 형제자매를 환영하고 이들의 특별한 상황을 인정하며, 다양한 장애에 대해서 가르치고, 특수교육 환경에 대해서 이해시키며, 자폐 범주성 장애 형제로 인해 발생할 수밖에 없는 어려움에 대처하도록 돕는다. 형제자매는 질문을 하고, 자신의 경험과 관심사를 공유하고, 구조화된 활동에 참여하고, 자폐 범주성 장애 아동을 형제자매로 둔 다른 아동을 만나고, 비슷한 경험을 가지고 있는 아동으로부터 배울 기회를 갖는다.

그러나 형제자매에 따라서는 놀이 기반 프로그램과 지원 모임만으로는 적절히 해결될 수 없는 적응 문제를 가지고 있을 수도 있고, 이러한 경우 개인 또는 가족 치료가 요구되기도 한다. 만일 형제자매가 과도한 스트레스, 걱정, 분노를 느끼거나 아동과의 관계가 명백하게 나빠진다면 가족 전문가에게 의뢰해야 할 수도 있다. 때때로 부모는 자신의 걱정으로 인해서 자녀의 치료를 시작하기도 한다. 교육 전문가는 언제 의뢰가 필요한지를 결정하도록 돕고, 심리 지원 서비스에 대한 결정을 지지하고, 그러한 전문 서비스 의뢰를 실행하는 데 있어서 역할할 수 있다.

(6) 형제자매 문제와 관련하여 양육자 지원하기

전문가는 부모가 자녀를 도울 수 있도록 의사소통에 문제가 있는 형제자매를 둔 데에서 오는 문제에 대응하고 대처하는 방법에 대한 정보를 제공함으로써 지원할 수 있다. 양육자는 자녀의 의사소통 문제에 대해 형제자매에게 설명하고 자녀들 간의 상호작용을 촉진하는 데 있어서 도움을 필요로 한다. 양육자는 형제자매가 자신의 역할을 수행함에 있어서 선택과 융통성과 지원을 제공받아야 한다는 사실을 이해해야 한다. 형제자매의 스트레스와 역할 갈등을 최소화하기 위해서는 형제자매의 조력과 돌봄에 대한 부모의 기대가 합리적이고 현실적이고 발달적으로 적절해야 한다(Prizant, Meyer et al., 1997). 부모는 장애가 없는 자녀 역시 성장하고 있는 한 명의 자녀로 인정하고 긍정적인 관심을 기울일 수 있도록 격려되어야 한다. 형제자매는 자폐 범주성 장애를 지닌 형제자매를 돌봐야 할 책임이 있는 대리 부모로 인식되어서는 안 되는데, 왜냐하면 원망을 가져올 수 있기 때문이다. 부모가 자폐 범주성 장애 자녀와는 별도로 장애가 없는 자녀와 특별한 시간을 갖는 것은 매우 중요하다.

형제자매가 자폐 범주성 장애에 대해서 그리고 장애가 가족 모두에게 미치는 영향에 대해서 이야기할 수 있도록 허용하는 것을 포함해서 가족 구성원 간의 분명하고 직접적인 의사소통은 필수적이고 고무되어야 한다. 앞에서 언급하였듯이, 부모는 자녀와 관련된 자신의 경험과 느낌을 솔직하게 말할 수 있어야 하는데, 왜냐하면 아동은 부모를 관찰하면서 자신의 느낌을 표현하고 생각을 공유하는 법을 배우기 때문이다. 가족 구성원의 능력이 반영되어 잘 묘사된 그러나 융통성 있는 가족 역할과 형제자매의 발달상의 능력은 가족 적응에 도움이 된다. 가족이 아동 양육에 적극적으로 기여할 수 있는 기회는 효능감을 가져다주고 전문가에게 지나치게 의존하지 않도록 막아 준다. 공식적이거나 비공식적인 적절한 사회적 지원과 필요할 때 도움을 청할 수 있는 능력은 가족의 전반적인 적응과 대처에 매우 중요하다. 전문가는 형제자매의 존재와 직접적인 참여가 가족 환경을 정상화시킬 수 있고 부모에게는 전형적인 발달을 보이는 자녀를 양육하는 경험과 기쁨을 누릴 수 있는 기회를 제공한다는 점을 인식해야 한다.

〈표 3-4〉는 가족을 위한 교육 및 정서 지원 목표를 달성하기 위해 계획된 지원 활동 목록이다. 그리고 이어서 SCERTS의 가족 지원 계획서가 제시되었다.

〈표 3-4〉 SCERTS 가족 지원 계획의 교육 및 정서 지원 활동 예시

교육 지원 활동
자원 제공: 전문가는 자폐 범주성 장애의 특성에 대한 이해를 증진시키는 자료의 목록이나 자료를 구할 수 있는 도서실 목록, 활용 가능한 다양한 대인관계 및 학습 지원 목록, 형제자매나 손자를 지원하기 위한 자료를 제공한다. (권장 빈도: 지속적으로)
상황(학교 및 가정) 간 의사소통 체계: 의사소통 체계는 부모와 팀이 자신들의 질문과 염려와 관찰한 내용에 대한 지속적인 피드백을 제공할 수 있게 해 준다. 시각적 지원이 일지 속에 삽입될 수 있는 것처럼 이러한 체계는 다양한 상황에 걸쳐 아동의 의사소통 능력을 강화하는 데에 필수적일 수 있다. (권장 빈도: 매일)
빈번하고 지속적인 팀 회의: 다양한 상황 및 대상자에 따른 교류 지원의 적극적이고 지속적인 실행을 위해서 아동과 상호작용하는 사람(예: 교육 팀 구성원과 가족 구성원)과 정기적으로 구체적인 대인관계 및 학습 지원에 대해 논의해야 한다. (권장 빈도: 아동과 가족의 요구에 따라 격주 또는 월 1회)
직접적인 개별 양육자-아동 지도 또는 안내: 전문가는 아동의 연령에 따라 또는 가족의 생활방식이나 일과와 관련해서 가족과 전문가가 어떤 지원을 계획하는지에 따라 가정에서(가족이 이러한 서비스가 방해되지 않는다고 하는 경우에) 또는 학교에서 양육자와 아동을 대상으로 직접적으로 일한다. (권장 빈도: 가족과 팀의 결정에 따라)
상호작용 안내: 전문가는 정규 일과나 놀이 활동에서 양육자-아동 상호작용을 관찰하여(녹화된 영상을 검토할 수도 있음) 양육자에게 의사소통과 양육 상호작용을 수정하고 향상시킬 수 있도록 조언을 제공한다. (권장 빈도: 가족과 팀의 결정에 따라)
양육자-아동 소집단 모임: 소집단(3~5팀 정도의 양육자-아동 팀)에서 전문가가 아동과 양육자를 직접 지도한다. 개별 아동 및 양육자가 느끼는 어려움을 좀 더 구체적으로 다루기 위해서 소집단 모임과 함께 개별적인 교육 서비스와 양육자 지원 모임을 병행할 수 있다. (권장 빈도: 가족과 팀의 결정에 따라)
양육자 교육 프로그램: 양육자는 외부 강사나 학교 교직원의 강의와 질의 및 토론으로 구성된 교육 프로그램에 참여한다. 부모는 관심 있는 주제나 강사를 추천할 수 있다. (권장 빈도: 연 4회 늦은 오후나 저녁 시간)
양육자 개발의 날: 날을 정하여 하루 종일 부모와 가족 구성원에게 도움이 될 수 있는 정보를 제공하고 활용 가능한 자원에 대해 알려 준다. (권장 빈도: 연 1회)
수업 참관: 부모와 형제자매 또는 조부모가 교실에 방문하여 학급 프로그램을 관찰하도록 초청한다. (권장 빈도: 가족과 팀의 결정에 따라)

시각적 지원 '만들어서 가져가기': 학년 내내 활용할 수 있는 자원으로, 학년 초에 부모와 손위 형제자매가 이러한 자원에 대한 소개시간에 참여할 수 있도록 초청한다. (권장 빈도: 첫 번째 소개시간과 그 이후 약속에 의해서)

독서 모임: 비전문적인 간행물이나 책을 부모에게 나누어 주거나(간행물) 구입하거나 빌릴 수 있게(책) 한다. 이때 부모가 논의하기를 원하는 주요 이슈에 초점을 맞추거나 자폐 범주성 장애와 관련된 대중적인 책으로 선정한다. 부모와 교사는 함께 모여서 선정된 각 자료에 대해서 토의하고 자녀와 어떻게 관련되는지에 대해서도 이야기한다. (권장 빈도: 3년마다)

정서 지원 활동

지원 모임: 양육자는 학교에 와서 다른 아동의 부모와 비공식적으로 만난다. 토의 주제는 참여자가 선정하며, 경험과 생각과 아이디어를 나눌 수도 있고 그저 앉아서 듣기만 할 수도 있다. (권장 빈도: 부모와 팀의 결정에 따라)

일대일 지원 모임: 구체적인 이슈나 이미 발생한 어려움에 대해서 아동과 가족을 잘 아는 교직원과 의논할 수 있도록 만남의 기회를 제공한다. 이러한 모임은 교육기관 밖에서 제공되는 지속적인 전문가 지원이나 상담을 위한 것은 아니다(필요하다면 적절하게 의뢰해야 한다). (권장 빈도: 가족과 팀의 결정에 따라)

가족 행사: 주말에 학교나 지역사회에서 아동과 형제자매 및 다른 가족 구성원과 교직원이 재미있는 활동을 즐길 수 있도록 사회적 이벤트를 마련한다(예: 소풍, 영화 관람, 볼링, 공예, 드럼, 음악). (권장 빈도: 연 2회)

부모들만의 밤: 밤 시간에 부모들만 함께 모여 정보를 나누고 친교하고 네트워킹을 할 수 있게 한다. (권장 빈도: 연 1회)

야간 돌봄 프로그램: 부모가 걱정을 떨쳐 버리고 밤 외출을 할 수 있도록 자폐 범주성 장애 아동과 그 형제자매를 함께 돌보아 준다. 학교나 기관 내에서 실행하기 어렵다면 단기보호 프로그램 예산을 확보하여 지역사회 기관에 의뢰할 수도 있다. (권장 빈도: 연 1회)

형제자매 여름 캠프: 자폐 범주성 장애 아동의 형제자매를 위해 일주일 정도 소집단으로 캠프를 개최한다. 이들은 활동 중심 프로그램에서 재미있게 놀고 장애 형제자매가 있는 다른 아이들과 자신의 생각이나 아이디어를 나눌 수 있다. (권장 빈도: 연 1회)

출처: Peck, C. (2003-2004). *Parent and family events*. Trumbull, CT: Cooperative Educational Services.

참고: 교육 및 정서 지원은 가족의 문화적 특성이나 기대 등에 적합해야 하고 가족의 우선순위에 근거해야 하므로 가족과 교육 팀은 이러한 활동이 가족의 관심과 요구를 적절한 방법으로 다룰 수 있도록 실행하고 수정하고 보완할 수 있어야 한다. 또한 정서 및 교육 지원은 서로 분리된 것이 아니다. 그러나 활동의 목표에는 이 활동이 우선적으로 정서 지원인지 교육 지원인지가 계획되어 있어야 한다.

(1)

가족 지원 계획서

이름: ______________________ 날짜: ______________________

가족을 위한 교육 지원 목표

1. 가족이 자녀의 장애 특성을 이해하고 그러한 특성이 자녀의 발달에 구체적으로 어떤 영향을 미치는지에 대해 이해할 수 있도록 정보와 자원 제공하기
2. 가족이 일상적인 활동에서 자녀의 발달을 지원할 수 있도록, 또한 스트레스가 많거나 어렵다고 느끼는 구체적인 이슈를 다룰 수 있도록 지식과 기술 제공하기
3. 부모와 기타 가족 구성원이 전문가에 대해서 치료 및 교육과 관련된 질문을 다룰 수 있도록 도와주고, 문헌과 대중매체에서 제공되는 자폐 범주성 장애에 대한 혼란스럽고 심지어 상반되는 설명에 대해 의논할 수 있고, 다른 여러 문제에 대해 가족을 안내하고 혼란을 감소시켜 주는 지속적이고도 적절한 자원으로 여기도록 돕기
4. 부모가 형제자매에게 자폐 범주성 장애에 대해서, 특히 이들이 직면하고 있는 어려움(예: 왜 놀이와 상호작용이 어려운지)과 관련해서 정확하고 연령에 적합한 정보를 제공할 수 있도록 돕기
5. 부모가 자녀들 간의 보다 성공적인 놀이와 사회적 상호작용 경험을 촉진함으로써 긍정적인 형제자매 관계를 지원할 수 있도록 돕기
6. 부모가 서비스와 서비스 제공의 책임이 있는 지원 체계(예: 조기개입, 학교 프로그램)에 대한 자녀와 가족의 법적 권리를 이해하도록 돕기

가족이 요청한 교육 지원	교육 지원 제공 방법

(2)

가족 지원 계획서

가족을 위한 정서 지원 목표

1. 가족이 자폐 범주성 장애 아동을 양육하는 데에서 오는 스트레스와 어려움을 다룰 수 있도록 능력 강화하기
2. 가족이 다양한 종류의 활용 가능한 공식적 또는 비공식적 정서 지원을 알고 접근할 수 있도록 돕기
3. 부모가 교육 및 보건관리 체계를 잘 다룰 뿐만 아니라 전문가와 잘 지내기 위해 노력하도록 지원하기
4. 가족이 자녀의 발달과 가족의 삶을 위해 그들 자신의 우선순위를 파악하고, 적절한 기대치를 설정하고, 현실적이고 성취 가능한 목표를 세울 수 있도록 돕기
5. 형제자매가 장애에 대한 의문을 갖거나 장애가 있는 형제자매로 인한 어려움을 경험할 때 부모가 이들에게 자폐 범주성 장애에 관한 정보를 제공하고 장애 가족이 있는 것에 대한 자신의 감정을 이야기하도록 도울 수 있게 지원하기
6. 형제자매가 스트레스가 될 수 있는 상황에 대처하는 전략을 개발하도록 돕기

가족이 요청한 정서 지원	정서 지원 제공 방법

The SCERTS® Model: A Comprehensive Educational Approach for Children with Autism Spectrum Disorders by Barry M. Prizant, Amy M. Wetherby, Emily Rubin, Amy C. Laurent, & Patrick J. Rydell

이상의 활동 중 대다수는 프로그램으로 제공될 수 있으며, 가족은 자신들의 생활방식에 가장 적합하고 관심과 요구를 충족시켜 주는 활동에 참여하기 위하여 이용 가능한 활동을 선택할 수 있다.

3. 전문가 지원

지금까지 자폐 범주성 장애 아동이 직면하는 어려움과 함께 부모와 기타 가족 구성원이 경험하는 어려움에 대해서 주로 살펴보았다. 전문가와 기타 서비스 제공자 또한 상당한 어려움에 직면하지만, 이 부분은 교육이나 연구 관련 문헌에서 거의 다루어지지 않았다. SCERTS 모델에서는 이러한 어려움을 구체적이고 명확하게 인식해야 하며 전문가와 기타 서비스 제공자가 가능한 한 효과적으로 아동과 가족을 지원할 수 있도록 이와 같은 어려움을 완화시키는 계획을 세워야 한다고 강조한다. 이 부분에서는 주요 어려움에 대해 간단히 짚어 보고, 전문가 간 지원이 종합적인 SCERTS 모델 계획의 일부로 다루어지는 방법에 대해 설명하고자 한다.

1) 전문가 및 기타 서비스 제공자가 직면하는 어려움

다시 강조하자면, SCERTS 모델은 팀 접근일 때 가장 효과적이다. SCERTS 모델에서 말하는 팀 접근의 개념은 가족 구성원, 모든 전문가와 서비스 제공자, 적절한 경우라면 자폐 범주성 장애 아동까지 포함해서 모두가 아동의 발달과 삶의 질을 지원하기 위한 종합적인 계획을 수립하기 위해 함께 계획하고 함께 일하는 것이다. 팀 접근은 단순히 결정을 내리는 여러 명의 사람이 포함된 과정을 의미하는 것은 아니다. 팀의 각 구성원이 스스로를 고립된 객체가 아닌 종합적인 지원망 또는 공동체의 일부로 생각하는 태도와 마음가짐을 갖는 것이 중요하다. 전문가와 양육자가 스스로를 지원망의 일부로 여긴다면 전체는 부분의 합보다 커질 것이다.

팀 접근은 다음과 같은 장점을 지닌다: (1) 가족 구성원뿐만 아니라 다양한 분야의 서비스 제공자로부터 제공되는 다양한 전문성, (2) 아동이나 가족의 발달에 긍정적이거나 부정적인 변화가 나타날 때 다른 사람과 함께 적극적으로 문제를 해결해 나갈 수 있는 기회, (3) 팀 구성원 간에 기법과 접근에서의 새로운 정보와 혁신이 공유될 때 나타나는 지속적인 교육 지원의 기회. 마지막으로 그러나 중요하지 않은 것은 절대로 아닌 장점은 팀 접근이 상호 존중과 공동의 목표하에 정서 지원을 위한 체계와 안전한 연결망을 개발할 수 있는 기회를 제공한다는 것이다.

아쉽게도 팀 접근을 효과적으로 실행하는 데에는 다음과 같은 많은 어려움이 뒤따를 수 있다: (1) 관리자의 지원 부족 및 팀의 활동을 지원하는 전반적인 계획의 부족, (2) 회의와 계획을 위한 시간 부족, (3) 대규모 학급과 학생 수에 따른 부담, (4) 협력을 증진시키기보다는 자신의 분야를 지키는 데에만 힘을 쏟는 서비스 제공자, (5) 서비스 제공자 또는 가족 간의 교육 철학 및 실제에 대한 견해 차이, (6) 인력 부족과 잦은 교체. 이와 같은 문제의 기본적인 원인은 다양하며 상황에 따라 매우 다르다. 하지만 팀 접근 없이는 장소에 따른 프로그램의 연속성을 확보하는 문제나 서비스 제공자와 부모 간의 상호 존중과 긍정적인 관계 및 지원을 개발함에 있어서 나타나는 어려움 등의 이차적인 문제가 보편화되고 방해 요소가 될 수 있다. 관리자와 모든 잠재적인 팀 구성원은 진정한 팀 접근에 대한 투자가 모두에게서 스트레스를 감소시키고 일관성 있고 종합적인 방식으로 계획을 실행하는 데에 있어서의 어려움을 줄여 준다는 것을 인지해야 한다. 팀 접근이 이루어진다면 서비스 제공자가 아동과 가족을 지원하는 데에 가장 효과적이고 가장 열정적일 수 있게 해 주는 지원 활동 체계가 개발될 가능성이 높아진다.

가족 지원과 마찬가지로 전문가 간에 지원을 제공하는 것도 다음과 같이 두 가지 주요 항목으로 개념화될 수 있다: (1) 교육 및 치료 기술을 강화하기 위한 비공식적이고 계획된 기회 제공하기, (2) 정서 지원을 위한 비공식적이고 계획된 기회 제공하기. 〈표 3-5〉는 전문가와 기타 서비스 제공자들 간의 지원 요구를 다룰 수 있는 활동 목록을 보여 주고 있다.

〈표 3-5〉 전문가 및 서비스 제공자를 위한 SCERTS 지원 계획에 포함되는 교육 및 정서 지원 활동 예시

교육 지원 활동
멘토링: 관찰과 정기 모임을 통해 경험이 적은 교사에게 반성적 피드백과 조언을 제공함으로써 발전하도록 지원한다. 멘토링은 정서 지원을 위한 기회로 활용될 수도 있다. (권장 빈도: 지속적으로)
수퍼비전 회의: 직무 수행과 관련된 지속적인 피드백을 제공하기 위해서 지정된 수퍼바이저와 계획된 회의를 진행한다. 이러한 회의는 향상이나 발전을 필요로 하는 영역을 파악하는 데 매우 중요하다. (권장 빈도: 전문가의 경험과 수행 정도에 따라 수퍼바이저가 결정함)
팀 회의: 아동의 진보를 검토하고 프로그램을 수정해야 하는지를 살펴보기 위해서 회의를 개최한다. (권장 빈도: 아동의 연령과 진보에 따라 매월 또는 격월)
전문가 간에 아이디어 교환을 위한 자문 시간: 자문 시간은 전문가 간에 아동을 위한 또는 프로그램 차원의 서비스를 강화하기 위한 새로운 정보를 나눌 수 있게 해 준다. (권장 빈도: 매주 또는 격주)
정기적으로 계획된 교직원 현장연수 또는 전문가 개발의 날: 기관 내에서 전문가 개발 기회를 제공하기 위하여 전문가 개발의 날을 마련한다. (권장 빈도: 연 2~3회)
자폐 범주성 장애 전문가의 방문 자문: 전문가의 지속적인 방문으로 교사의 노력을 지원한다. (권장 빈도: 월 1회)
학교 밖에서 진행되는 지역 또는 전국 규모의 콘퍼런스, 워크숍, 기타 평생교육 참가: 이러한 행사에 참가한 교직원은 팀과 학교 동료를 위해 새로운 정보를 가져와서 발표할 수 있다. (권장 빈도: 연 2~3회)
대학 중심의 또는 대학 소속 연구자와 협력해서 연구 프로젝트에 참여: (프로젝트 참여가 가능할 때)
정서 지원 활동
정해진 휴식시간(점심시간, 쉬는 시간) 중의 비공식적인 나눔: (권장 빈도: 지속적으로)
하루 일과의 마지막 시간에 계획된 나눔의 기회: 하루 일과가 끝나기 전에 시간을 정해서 특정 아동에 대한 어려움이나 기타 정서 문제를 나누거나 또는 단순히 하루를 돌아보기 위한 계획된 시간을 갖는다. (권장 빈도: 가능할 때마다)
도시락 모임: 점심시간에 전문가는 아동에 대한 어려움이나 기타 정서적인 어려움을 공유할 수 있다. (권장 빈도: 주 1회)
긴급회의: 긴급회의에서는 즉각적인 관심을 필요로 하는 긴급하고 중요한 문제를 다룬다. (권장 빈도: 필요할 때)
학교 밖에서 진행되는 정기 교직원 수련회: 학교 외 장소에서 하루 종일 또는 반나절 동안 정서 지원 이슈 및 교육 프로그램에 대한 논의에 집중한다. (권장 빈도: 연 2회)

2) 교육 지원

자폐 범주성 장애 아동을 위한 새로운 접근과 교육 전략이 임상 연구, 새로운 기술, 재능 있고 창의력 있는 교사나 치료사나 부모의 노력을 기반으로 끊임없이 개발되고 검증되고 있다. 전문가와 서비스 제공자에게 배우고 성장하고 최첨단에서 일할 기회가 주어진다면 이러한 학습의 자유는 자부심과 성취감을 줄 수 있으며, 특히 이들이 팀으로 결속되어 일할 때는 더욱 그러하다. 교육 지원은 공식적 또는 비공식적으로 다양한 형태로 제공될 수 있다.

학교 상황에서의 멘토링은 선임교사(예: 경험이 풍부한 교사, 작업치료사, 언어치료사, 보조교사)와 경험이 적은 교사를 한 팀으로 구성할 수 있다. 선임교사의 관찰과 정규 회의를 통해서 경험이 적은 교사는 발전을 위한 반성적 피드백과 조언을 제공받을 수 있다. 멘토링은 정서 지원 기회도 제공한다.

자폐 범주성 장애 전문가에 의한 정기적인 장학협의회, 계획된 현장 실무 연수, 방문 자문 역시 교사의 전문성을 지원할 수 있다. 교사는 자기 발전을 위해서 특정 주제를 우선적인 지원 영역으로 선정할 수 있다. 주제와 훈련 회기의 시간에 따라서 부모나 기타 양육자도 참여하도록 초대할 수 있다. 모임의 주요 초점은 특정 아동일 수도 있으며, 이러한 경우 정규 시간 내에 모든 아동의 진보에 대해서 논의할 수 있도록 일정을 계획한다.

서비스 제공자는 학교 밖에서 진행되는 지역 또는 전국 규모의 학회, 워크숍, 기타 평생교육 활동에 참여함으로써 도움을 받을 수 있다. 이들은 새로운 정보를 가져와서 팀과 학교 구성원에게 발표할 수도 있다. 가능하다면 대학 중심의 또는 대학 소속의 연구진과 함께 수행하는 연구 프로젝트에 참여해서 전문성 향상의 기회로 삼을 수도 있다.

3) 정서 지원

가장 효과적인 전문가 또는 서비스 제공자가 되기 위해서는 자폐 범주성 장애 아동과 함께 일하면서 느끼는 정서적인 어려움과 보람을 인정해 주고 마음껏 토의할 수 있게 해주는 작업 환경이 구성되어야 한다. 열린 토의는 정해진 휴식 시간(예: 점심시간, 쉬는 시간)에 비공식적으로 이루어질 수 있다. 또한 학기의 마지막

날이나 주 1회 도시락 함께 먹는 날 등 계획된 시간에 이루어질 수도 있다. 교사는 또한 아동의 행동에 갑작스러운 변화가 생길 때나 서비스 제공자로 인해 개인적인 어려움을 느껴서 특정 문제를 다루어야 할 때에 긴급회의를 소집할 수 있어야 한다. 학교를 벗어난 정기적인 교사 수련회 또한 정서 지원에 도움을 줄 수 있다. 현존하는 지원 활동의 수와 종류에 상관없이, 궁극적인 목표는 서비스 제공자를 위해서 스트레스 요인을 감소시키고 자신의 에너지를 아동과 가족을 지원하는 데로 돌릴 수 있는 관련자 네트워크의 한 구성원으로서 개인적인 성장과 효능감을 느낄 수 있게 하는 것이다.

4. 요약

가족 지원이나 서비스 제공자 간 지원의 분위기를 만드는 것은 자폐 범주성 장애 아동에게 교육과 치료를 제공하는 데 너무 많은 에너지가 쏠리고 있을 때에는 보류할 수도 있는 지극히 복잡한 과제라고 할 수 있다. 하지만 SCERTS 모델에서는 아동과 그 가족뿐만 아니라 아동의 발달을 지원하는 전문가와 기타 서비스 제공자 간의 복잡한 교류 관계로 인해 지원 활동에 투자되는 시간과 노력은 아동의 발달에 중대한 영향을 끼친다는 것을 인식한다. 따라서 지원 활동은 종합적인 SCERTS 계획에서는 필수 요소다. 가족과 전문가를 지원하는 데에 얼마나 효과적인지를 평가하기 위해 두 가지 SCERTS 질적 지표 척도가 개발되었다: (1) SCERTS 프로그램 질적 지표 평가 척도: 가족 지원, (2) SCERTS 프로그램 질적 지표 평가 척도: 전문가 간 지원. 이 두 가지 SCERTS 질적 지표 척도는 세 번째 SCERTS 모델 프로그램의 주요 질적 지표와 함께 이 책의 부록에 제시되었다.

제 4 장
목표 간 연계:
교류 지원 목표와 사회 의사소통 및 정서 조절 목표의 연계

1. 아동 및 파트너 목표 다루기의 중요성
2. 교류 지원 목표의 확인과 사회 의사소통 및 정서 조절 목표로의 연계
3. 발달 단계별 교류 지원 목표의 결정

이 장에서는 교류 지원 목표가 사회 의사소통 및 정서 조절 목표와 어떻게 연계되어야 하는지를 구체적으로 관련지어 SCERTS 모델의 통합적 특성을 다루고자 한다. 여기서 다시 한 번 강조해야 할 중요한 점은 SCERTS 모델의 주요 영역을 사회 의사소통, 정서 조절, 교류 지원으로 구체화하였으나 이 영역들이 각기 따로 떨어진 별개의 것을 의미하지는 않는다는 것이다. 오히려 아동의 발달과 SCERTS 모델에서의 진단 및 교육 프로그램 계획 접근에 있어서 이 영역들은 서로 밀접하게 연관되고 뒤섞여 있다. 따라서 실제적으로 아동의 사회 의사소통 및 정서 조절 능력과 잠재력은 아동의 행동에 영향을 미치는 교류 지원 및 아동의 행동이 파트너 행동에 미치는 영향과 따로 떼어서 생각할 수 없다. 이 장에서는 SCERTS 모델 적용 시 대인관계 지원과 학습 지원을 보다 구체적으로 진단하고 목표로 삼는 과정을 다루고자 한다.

1. 아동 및 파트너 목표 다루기의 중요성

1) 발달적 어려움의 교류적 특성

발달적 어려움은 그 특성상 교류적이라고 할 수 있다. 즉, 이와 같은 어려움은 역동적이며, 아동 고유의 요인, 아동 외적 요인, 이러한 요인들 간의 상호작용에 의해 결정된다. 만일 그렇지 않다면 아동의 어려움과 진보는 아동이 지니고 있는 발달적 문제의 유형과 정도만으로도 결정될 수 있는 것으로 가정할 수 있다. 예를 들어, 아동의 감각, 운동, 인지, 사회적 장애 등은 이미 고착되었으며, 이러한 문제에 영향을 미치는 잠재적 요소는 없는 것으로 가정할 수 있다는 것이다. 전문가는 양육자와 함께 아동의 발달과 학습에 긍정적인 영향을 미치게 될 프로그램을 개발할 때 앞에서 언급한 어려움은 고착되지 않았으며 엄청난 성장 및 변화 잠재력이 있다는 가정하에 일을 하게 될 것이다.

SCERTS 모델에서 발달의 교류적 특성은 두 가지 주된 방식으로 다루어진다. 첫째, 사회 의사소통, 정서 조절, 학습과 같은 발달의 서로 다른 특성들은 유동적이며 분리될 수 없는 관계에 있다는 점이다. 따라서 정서 조절과 같은 한 영역에서의 향상은 사회 의사소통과 학습에 긍정적인 영향을 미치는 것으로 기대된다. 둘째, 가족 구성원, 또래, 기타 양육자를 포함한 파트너의 역할은 아동 발달에 중대하고 장기적인 영향을 미친다는 점이다. 이러한 영향은 적극적인 참여와 학습을 지원하기 위해 주변 환경과 일상 활동을 조정하는 것 외에도 파트너가 대인관계 및 학습 지원을 제공할 때 발생한다. 여기서는 사회 의사소통 및 정서 조절 측면에서의 발달 성취에 영향을 미치는 아동 발달, 파트너 유형, 환경의 요소를 설명하고자 한다.

1. 아동의 사회 의사소통 성취와 정서 조절 성취는 서로 밀접하게 관련된다. 다시 한 번 반복해서 강조하자면, 사회 의사소통, 정서 조절, 학습과 같은 서로 다른 발달 특성 간의 관계는 유동적이며 서로 분리될 수 없는 것으로 간주된다. 따라서 정서 조절과 같은 한 영역에서의 발달은 사회 의사소통과 학습에 긍정적인 영향을 미치는 것으로 기대된다. 예를 들어, 아동이 사회적 활동 중에 각성을 더 잘 조절할 수 있게 된다면 성인 및 또래와의 상호적 상호작용에 참여하는 능력이 신장될 가능성이 높아진다.

2. 파트너의 대인관계 지원 실행과 아동의 사회 의사소통 및 정서 조절 성취는 서로 밀접하게 관련된다. 앞에서 언급하였듯이, 파트너의 역할은 아동 발달에 중대하고 장기적인 영향을 미친다. 아동에 대한 반응성, 아동의 시작행동 촉진, 아동의 독립성에 대한 존중, 적절한 행동 모델링과 같은 대인관계 지원은 아동의 사회 의사소통 및 정서 조절 능력 발달을 직접적으로 지원한다. 추가적인 대인관계 지원에는 적극적으로 참여할 수 있는 환경을 마련하고, 발달적 지원을 제공하며, 아동의 고유한 학습 유형과 요구를 기반으로 언어 입력을 조정하는 등의 파트너 능력이 포함된다.

3. 파트너의 학습 지원 실행과 아동의 사회 의사소통 및 정서 조절 성취는 서로 밀접하게 관련된다. 적극적인 참여와 학습을 지원하기 위해 환경과 매일의 활동을 어떻게 구성해야 하는지(예: 환경 구성, 시각적 지원, 활동 수정) 등 민감한 파트너가 제공하는 학습 지원은 아동의 발달에 중대한 영향을 미친다.

2) 아동의 진보 또는 진보 결여를 결정하는 요인

아동의 진보나 진보 결여에 영향을 미치는 요인은 세 가지 주요 유형으로 개념화 되는데, 아동 내적 요인, 파트너 요인, 환경 요인이다. 이러한 위험 및 보호 요인에 대해서는 1권의 3장에서 이미 설명하였다. 여기서는 이러한 요인이 고정되지 않았으며 다른 유형의 요인에 의해 영향 받을 수 있음을 염두에 두고 각각에 대하여 간략하게 설명하고자 한다.

(1) 아동 내적 요인

아동 발달 및 신경심리학적 프로파일과 관련된 요인이 아동의 사회 의사소통 및 정서 조절 능력과 발달에 중대한 영향을 미칠 수 있음은 현재 기정사실로 받아들여지고 있다. 예를 들어, 감각적 정보처리 과정, 운동, 인지 및 사회적 발달과 같은 광범위한 발달 영역에서의 손상은 아동이 사회 의사소통 및 정서 조절 측면에서의 어려움을 경험할 위험을 높인다. 일반적인 건강, 알레르기, 수면, 기타 조절 문제와 같은 기타 요인도 아동에게 영향을 미칠 수 있다. 이러한 요인은 일반적으로 생물학적 또는 체질적 위험 요인으로 불린다. 이러한 아동 내적 요인의 다수(그러나 전부는 아닌)는 양육자나 전문가의 직접적인 통제하에 있지 않다.

만일 이러한 위험 요인이 아동 발달 성과의 유일한 또는 주된 결정인자라면 유사한 신경학적 결함이나 유전적 증후군 또는 감각 프로파일 등 발달과 연관된 매우 유사한 요인을 지닌 아동들은 서로 같을 것이며, 발달 양상 또한 동일할 것으로 예상할 수 있다. 그러나 연구에 따르면 그렇지 않다는 것이 밝혀졌다. 예를 들어, 조기개입 성과에 관한 주요 연구(Shonkoff, Hauser-Cram, Krauss, & Upshur, 1992)에서는 가족 요인과 같은 아동 외적 요인이 아동 내적 요인보다 신경학적 또는 발달적 장애를 지닌 아동의 발달 성과에 대한 더 나은 예측 변인인 것으로 입증되었다. 더욱이 현재는 신경학적 발달 역시 교류적 특성을 지닌 것으로 인식되고 있다. 즉, 아동의 기능적 잠재력이라 할 수 있는 신경학적 발달은 양육자와 환경이 제공하는 자극과 학습 경험 유형에 의해 상당한 영향을 받는다. 그러므로 양육자와 전문가가 아동의 발달 지원에 어떠한 긍정적인 영향을 미칠 수 있는지를 이해하기 위해서는 기타 요인을 고려할 필요가 있다.

(2) 파트너 요인

SCERTS 모델은 파트너가 아동 발달을 지원하는 데 있어서 가장 중요한 역할을 담당한다는 점을 기본 전제로 삼는다. 더욱이 이 역할은 아동이 구조화된 또는 반구조화된 수업 장면에서 새로운 기술을 학습하도록 교수전략을 실행하는 것 이상을 의미한다. 여기에는 사회 의사소통과 정서 조절 기술을 가르치고 매일의 일상 활동 속에서 자연스럽게 발생하는 상호작용을 통해 기술을 사용하도록 지원하는 방법이 포함된다. 1권의 3장에서 설명한 것처럼 시간이 지나면서 아동이 성공적이고 정서적으로 만족스러운 활동과 상호작용을 경험한 결과, 이러한 활동과 경험은 물론 이 활동에 참여했던 사람들에게 긍정적인 정서 기억이 연계되면서 아동은 파트너와 함께 있고 싶어 하고 그 상태를 유지하고 싶어 하며 동일한 경험을 찾으려 할 가능성이 높아지게 된다. 반대로 만일 아동이 혼란스럽고 정리되지 않았으며 동기부여가 되지 않고 스트레스를 받는 활동과 상호작용을 경험한다면, 아동은 이 부정적인 감정과 연계된 사람과 활동을 회피하는 데에 상당한 에너지를 쏟음으로써 학습보다는 상황에 맞서는 시도를 할 가능성이 높아진다. SCERTS 모델에서는 일상 활동 속에서 사회 의사소통과 정서 조절을 지원할 수 있는 파트너와의 긍정적인 상호작용 경험을 긍정적이고 서로 신뢰하는 관계 발달의 근간으로 여긴다.

35세의 자폐 여성인 Ross Blackburn(2005)은 대인관계 지원의 중요성에 대하여 생생하게 묘사하였다. 극심한 조절장애 상태 동안 무엇이 도움이 되었는지를 말하면서, Ross는 자신이 신뢰하고 함께 긍정적인 경험을 나눈 사람들의 존재 그 자체가 가장 중요한 조절 요인이었다고 언급하였다. 실제로 그녀는 보다 극심한 조절장애 상황에서는 신체적으로나 언어적으로 조절을 도우려고 시도하기보다는 '침묵 속에서 함께 있어 줌으로써' 가장 잘 지원해 줄 수 있다고 하였다.

SCERTS 모델에서는 SCERTS 진단의 일부분으로 파트너의 행동을 통해서 30년 이상의 발달 관련 연구와 임상 경험에서 도출된 구체적인 대인관계 지원을 진단하며, 사회 의사소통 및 정서 조절 목표를 파트너의 대인관계 지원 목표에 연계하여 교육 프로그램 계획 속에서 다루게 된다. 그러므로 학습은 상호 간에 영향을 미치는 파트너십으로 인식되어야 하며, 이 파트너십 속에서 아동과 파트너는 학습과 서로의 즐거움을 위해 긍정적이고 정서적으로 만족을 주는 활동을 만들고자 협력해야 한다. 필요하다면 파트너는 강압적으로 아동이 기술을 배우게 하거나 특정 방식으로 행동하도록 자신의 의지를 반영하기보다는 언제나 아동이 성공적으로 참여할 수 있도록 세심하게 안내하고 지원해야 한다. 따라서 파트너는 교수와 학습 중에 아동을 수동적이게 하고 거부와 반발을 야기할 가능성이 높은 지시와 통제를 사용하기보다는 동기 유발과 자기결정력을 극대화하도록 안내하고 촉진해야 한다.

이와 같은 파트너십을 위한 중요한 요소 중 하나는 아동의 발달 능력에 대한 지식을 갖춤으로써 학습 목표가 근접발달영역(ZPD) 내에서 구성될 수 있게 하는 것이다. 다시 말해서, 파트너가 발달을 지원하기 위해서는 파트너의 행동뿐만 아니라 다루고자 하는 아동의 목표와 관련해서 발달적 적합성을 확보하는 데 고도로 민감해야 할 필요가 있다.

(3) 환경 요인

세 번째 요인은 아동의 사회 의사소통과 정서 조절을 지원하기 위해 교육 프로그램 계획과 일상 활동 속에서 어떻게 환경을 구성하고 학습 지원을 사용하는지에 관한 것이다. 연구와 임상 경험, 자폐 범주성 장애인의 직접적인 이야기에서 분명하게 언급되고 있는 바에 따르면, 감각적으로 과도하게 자극적이고 시각적으로 비구조화된 또는 예상할 수 없는 환경과 활동은 아동에게 혼란과 스트레스를 주기 쉬우므로, 그 결과 조절장애 문제가 증가하고 사회 의사소통 및 학습 능력은 감소하게 된다. 이와는 대조적으로, 구조적인 자극 수준에서 개인의 정보처리 능력 내에 있는, 예상할 수 있는 특성을 지닌 환경은 정서 조절을 지원하는 경향이 있다. 민감한 파트너는 필요할 때마다 또는 가능하다면 정서 조절을 지원할 수 있게 소음을 낮추고 시각적 방해물을 감소시키는 등 환경 요인에 대한 통제나 수정을 시도한다. 더 나아가서, 동기, 기회, 의사소통의 필요성을 만들어 내는 활동을 고안할 수도 있다.

많은 경우에 있어서 사회 의사소통과 정서 조절을 지원하기 위한 구체적인 환경 지원을 고안하고 하루 일과 전반에 걸친 활동 중에 적용할 수 있다. 시간표, 활동 수행 단계, 활동 완료까지 남은 시간 등과 같이 일과의 많은 측면을 분명하게 기술하는 시각적 지원의 사용이 자폐 범주성 장애 아동에게 매우 효과적임은 이미 널리 알려진 사실이다. 학업 교육과정 수정과 활동 조정(예: 활동의 사회적 난이도 조정하기, 활동 속에 동기를 부여하는 자료와 주제 삽입하기, 활동의 감각적 특성 수정하기) 또한 자폐 범주성 장애 아동을 지원하는 중요 요소다. SCERTS 모델에서 분명하게 설명하고 있는 환경 요인과 파트너가 확실하게 통제하고 있는 교육 및 학습 지원은 아동으로 하여금 단순하게 대처하기보다는 적극적인 학습에 더 많은 시간을 할애하게 한다는 점에서 아동의 성공에 매우 긍정적인 영향을 미치는 것으로 알려져 왔다.

2. 교류 지원 목표의 확인과 사회 의사소통 및 정서 조절 목표로의 연계

이 부분에서는 아동의 구체적인 교육 계획을 위한 활동을 고안할 때 SCERTS 모델의 사회 의사소통, 정서 조절, 교류 지원 영역과 세 영역상의 특정 목표들을 상호 연계시키는 방안과 관련해서 고려해야 할 기본적인 사항을 논의하고자 한다. 다음에 제시되는 고려사항은 일반적인 지침이며, 뒤이어서 다양한 발달 수준별로 적절한 교류 지원의 예와 함께 사회 의사소통 및 정서 조절 목표를 제시하여 더 자세하게 검토할 수 있게 하였다.

1. 다양한 교류 지원 요소가 사회 의사소통 및 정서 조절 진보에 영향을 미칠 수 있으므로 사회 의사소통 또는 정서 조절 목표와 교류 지원 목표 간의 일대일 대응은 없다. 특정 아동을 위한 각각의 사회 의사소통 또는 정서 조절 목표에 가장 적절한 하나의 교류 지원 목표를 찾으려는 것은 지나치게 단순화된 일인지도 모른다. 이러한 시도는 다양한 아동과 그 파트너 사이에서 발견되는 매우 큰 개인차를 외면하는 것이다. 예를 들어, 대화 파트너 단계 상징 사용의 목표인 '모방, 관찰, 교수 및 협력을 통해 배우기'의 경우, 다수의 교류 지원 목표가 적절하고 효과적일 수 있음은 상상할 수 있다. 또 다른 예로 교류 지원 영역의 학습 지원 목표에는 '파트너는 적극적인 참여를 위해 활동을 구조화한다.' 또는 '파트너는 시각적 지원 및 조직화 지원을 사용한다.'를 목표로 삼는 것이 필수적일 수 있다. 앞에서 설명한 상징 사용 목표에 대한 적절한 학습 지원 목표를 결정하기 위해서는 SCERTS 진단-관찰 기록지를 참조하여 어떤 지원을 이미 사용하고 있으며 이 지원에 대한 아동의 반응이 어떠한지를 살피는 것이 필수적일 수 있다. 뒷부분에서 보다 상세히 설명하겠지만 사회 의사소통 및 정서 조절 목표와 교류 지원 목표의 연계는 팀 회의에서 해결해야 하는 역동적인 절차다.

2. 아동에게 적절한 교류 지원 요소는 해당 아동 고유의 요인(예: 학습 유형, 각성 편향성)과

사회 의사소통 및 정서 조절에서의 아동 고유의 어려움에 따라 다양할 수 있다. 또 다른 중요한 사항은 교류 지원을 사회 의사소통 및 정서 조절에 연계시키는 방안을 결정하는 데 있어 가장 관련 있는 아동 고유의 요인이 무엇인지를 고려하는 것이다. 예를 들어, 강한 시각적 학습자인 아동을 대상으로 공동관심 목표인 '정서 공유하기'를 다룬다면, 청각적 양식으로 언어를 학습하고 언어 개념을 이해하는 데 더 능숙한 아동의 경우보다는 '파트너는 발달을 촉진하기 위해 보완의사소통 지원을 사용한다.'라는 교류 지원 목표를 더 크게 강조할 수 있다.

따라서 교류 지원 목표는 SCERTS 진단-관찰에서의 교류 지원 진단을 토대로 사회 의사소통 및 정서 조절 목표와 가장 잘 연계될 수 있는 목표가 무엇인지, SCERTS 진단을 통해 결정된 아동의 현행 강점과 약점은 무엇인지, 팀 논의를 통해 아동의 발달에 가장 큰 어려움으로 가정되는 것이 무엇인지를 다룸으로써 비로소 확인된다.

3. 어떤 교류 지원 요소도 그 한 가지만으로는 각각의 사회 의사소통 및 정서 조절 목표의 진보를 결정하지 못하기 때문에 팀은 목표를 결정하는 데 있어 가장 가능성이 높은 교류 지원 요소를 판별하고, 이러한 요소를 변화시키고자 노력하며, 그 결과로 아동의 발달에 미치는 영향을 진단해야 한다. 대인관계 및 학습 지원의 구체적인 목표를 설정함으로써 아동의 교육 프로그램 계획에서 가장 가능성이 있는 교류 지원 요소를 다루게 되었다면, 설정된 사회 의사소통 및 정서 조절 목표를 성취하는 데 있어서 아동이 어떠한 진보를 보이고 있는지를 면밀하게 점검해야 한다. 이러한 진도점검은 그 영향이 긍정적이건 부정적이건 간에 특정 지원이 아동의 발달에 어떠한 영향을 미치는지를 파악하기 위해 실시되어야 한다. 만일 목표에 대한 진보가 기대했던 것보다 느리게 나타나는 것으로 판단된다면, 아동의 발달을 계속 지원하기 위해 교류 지원 목표에 적절한 변화를 주어야 할 수도 있다.

3. 발달 단계별 교류 지원 목표의 결정

이 장의 나머지 부분은 개별 아동을 위한 적절한 대인관계 지원 및 학습 지원 개발과 관련하여 팀의 논의 사항을 지원하기 위한 자료로 사용되기를 바란다. 아동의 프로그램 개발 시, 특히 사회 의사소통 및 정서 조절 목표를 교류 지원 목표에 연계할 때 필요한 부분을 참조할 수 있다.

지금부터는 사회적 파트너, 언어 파트너, 대화 파트너 단계에 있는 아동의 사회 의사소통 및 정서 조절 목표를 검토하고 파트너가 아동의 목표 달성을 도울 수 있게 하는 교류 지원 목표의 역할을 고려함으로써 적절한 교류 지원 목표를 결정하는 절차를 더욱 구체적으로 다루고자 한다. 가정, 학교, 지역사회 환경에서의 자연스러운 일과가 학습과 긍정적인 상호작용 발달을 지원하는 교육 및 치료 맥락을 제공하기 때문에 SCERTS 모델은 이 책의 1장에서 논의된 것처럼 계획된 활동 일과에서부터 자연스럽게 발생하는 활동에 이르기까지 이러한 환경 내 학습 맥락의 연속체를 사용한다. 이와 같은 연속체에 따라 대인관계 지원 및 학습 지원을 위한 교류 지원 목표는 파트너로 하여금 아동이 사회 의사소통 및 정서 조절의 구체적인 목표에서 진보를 보이도록 격려하게 한다.

1장에서 설명하였듯이, SCERTS 모델은 자폐 범주성 장애 아동의 발달을 지원하기 위한 주된 방법으로 활동 중심의 학습을 활용한다. 아동의 목표와 발달 능력을 바탕으로 의미 있고 목표 지향적인 활동을 개발하며, 개발된 활동을 아동의 일과 전반에 걸쳐 체계적으로 제공하기 위해 MA & PA 접근을 사용한다. 아동에게 적절한 활동을 선정하고 자연스러움의 연속체를 토대로 활동 구조를 결정하는 데 사용할 지침은 이 책의 1장에 제시하였다. 앞에서 언급한 바와 같이, 주어진 활동 중심의 학습 맥락 속에 2~5개의 목표를 삽입할 수 있다. 따라서 이러한 활동 중에 교류 지원을 주의 깊게 실행한다면 사회 의사소통 및 정서 조절 목표와 관련된 아동의 발달 성취를 지원할 수 있을 것이다. 1권의 부록 A에 실린 SCERTS 진단 양식은 아동의 일상 활동, 다루어야 할 사회 의사소통 및 정서 조절의 교수목표, 고려할 필요가 있는 중요한 교류 지원 목표를 계획하는 데 필수적인 도구다.

대인관계 지원과 학습 지원이 다양한 자연적인 활동 중에 삽입될 때 삽입되는 활동의 맥락에 대한 적절성과 자연스러움이 무엇인지에 따라 지원은 달라질 것이다. 예를 들어, 언어 파트너 단계에 있는 학습 지원 목표인 '파트너는 시각적 지원 및 조직화 지원을 사용한다.'를 적용할 때, 정사각형 카펫이나 이야기와 노래의 순서를 알려 주는 그림 스케줄과 같이 교실에서의 이야기나누기 시간에 사용할 수 있는 지원은 운동장에서 사용할 수 있는 지원과는 매우 다를 것이다. 운동장에서 사용할 수 있는 지원에는 아동에게 협동 게임 시작을 알려 주는 선택판과 쉬는 시간이 끝났을 때 줄 서는 곳을 알려 주는 발자국 표시 등이 있다. 구체적인 교류 지원 목표 실행의 다양한 지원 방법은 이 장의 뒷부분에 소개하였다.

교류 지원 및 파트너 목표의 효과에 대한 지속적인 진단은 아동이 활동에 어려움을 보이는 경우 특히 더 필수적이다. 아동이 활동에 더 익숙해지도록 더 많은 리허설과 연습이 필요할 수도 있다. 예를 들어, 계획된 활동 일과는 수정된 자연적 활동과는 달리 필요한 연습을 위해서 가장 적절할 수 있으며, 비교적 익숙하지 않은 활동 중에 아동의 정서 조절을 지원하기 위한 시각적 지원 및 환경 수정과 같은 높은 강도의 교류 지원을 삽입하기에도 적절할 수 있다. 이러한 결정은 첫 번째 팀 회의에서 고정된 '단 한 번의' 절차를 거쳐 이루어지는 것이 아니다. 오히려 파트너는 해당 활동 중에 자신의 대인관계 유형 및 학습 지원의 제공 또는 결여가 아동의 성공에 미치는 영향을 일별, 주별, 분기별로 계속해서 평가해야 한다.

여기서는 사회적 파트너, 언어 파트너, 대화 파트너별로 교류 지원 목표와 사회 의사소통 및 정서 조절 목표를 연계시킬 때의 특별한 주의사항을 다루고자 한다. 다음의 각 표에는 아동의 사회 의사소통 및 정서 조절 목표와 그와 관련된 대인관계 지원 및 학습 지원 목표 목록을 제시하였다. 또한 각 표의 아동 목표 목록은 SCERTS 모델의 다른 영역 교수목표와 동일하거나 거의 동일한 '연계 교수목표'(SCERTS 진단-관찰 기록지에 =와 ≈로 표시)와 SCERTS 모델의 다른 영역 교수목표와 관련 있고 중재 중에 함께 다루어야 하는 '관련 장단기목표'(SCERTS 진단-관찰 기록지에 ↔로 표시)의 두 가지로 제시되었다.

1) 사회적 파트너 단계

사회적 파트너 단계에서 아동의 파트너는 아동이 더 적극적으로 사회성을 나타내며 의사소통을 잘하는 파트너가 되고, 다양한 의사소통 기능을 이루려는 목적이나 의도를 갖고 의사소통하며, 관습적인 몸짓과 소리를 습득하여 이를 사회 의사소통적 교환 속에서 사용하도록 그 능력을 지원하는 데 중대한 영향을 미친다. 마찬가지로, 아동의 파트너는 아동이 학습 가능한 상태가 되고, 자기조절을 위해 효과적인 행동 전략을 사용하며, 잘 조절된 상태에 도달하고 유지하도록 파트너의 도움을 요청하는 능력에도 큰 영향을 미친다. 앞에서 설명하였듯이, 아동의 파트너를 위해 특정 교류 지원 목표의 우선순위를 정할 때에는 몇 가지 중요한 사항을 고려해야 한다. 다음의 표들은 교육 팀이 사회적 파트너 단계의 아동을 위한 구체적인 사회 의사소통 및 정서 조절 목표를 다루면서 어떤 교류 지원 목표를 고려해야 할지 결정할 때 참고자료로 사용될 수 있다. 각 표에 제시된 각각의 영역에 대한 교수목표는 1권의 8장에 정의되어 있다. 이어지는 〈사례〉에서는 구체적인 활동 및 아동의 개별적인 특성(예: 높은 각성 편향성 대 낮은 각성 편향성, 시각적 학습자 대 청각적 학습자)을 토대로 각각의 교류 지원 목표가 어떻게 수정될 수 있는지 보여 준다.

(1) 사회 의사소통: 공동관심

① 공동관심 1: 상호적 상호작용에 참여하기

아동 목표	관련된 파트너 목표	
공동관심	대인관계 지원	학습 지원
JA1 상호적 상호작용에 참여하기	IS1 파트너는 아동에게 반응적이다 IS2 파트너는 시작행동을 촉진한다 IS4 파트너는 참여를 위한 장을 마련한다	LS1 파트너는 적극적인 참여를 위해 활동을 구조화한다 LS4 파트너는 목표, 활동, 학습 환경을 수정한다
JA1은 SR1에 연계됨 연계 교수목표 JA1.1 상호작용 시도에 반응하기(=MR2.3) JA1.2 상호작용 시도 시작하기(=SR1.4) JA1.3 간단한 상호적 상호작용에 참여하기(=SR1.5) JA1.4 확장된 상호적 상호작용에 참여하기(=SR1.6)	상호작용 시도에 반응하기(JA1.1) 및 상호작용 시도 시작하기(JA1.2) 능력은 아동의 관심 초점 따르기(IS1.1), 의사소통 효능감을 증진시키기 위해 아동의 신호에 적절하게 반응하기(IS1.3), 비구어 또는 구어로 선택의 기회 제공하기(IS2.1), 아동의 시작행동 기다리고 격려하기(IS2.2)와 같은 파트너의 능력에 의존함	아동의 간단한 또는 확장된 상호적 상호작용에 참여하기(JA1.3, JA1.4) 능력은 차례 주고받기 기회를 만들고 아동이 참여할 수 있도록 여지 남겨 두기(LS1.2), 활동에 예측 가능한 순서 마련하기(LS1.3), 아동의 시작행동을 촉진하는 학습 환경 구성하기(LS4.5)와 같은 파트너의 능력에 의존함

경서 사례

경서는 사회적 파트너 단계의 2세 남아로 상호작용 시도 시작하기(JA1.2)를 배우고 있다. 경서는 자신의 요구를 스스로 충족시키는 것으로 보이는, 혼자 있으려고 하는 자기 주도적인 아동이다. 경서는 원하는 물건을 향해 손을 뻗기는 하지만 아직까지 이러한 행동을 시선과 함께 사용해서 파트너의 공유된 관심을 얻으려고 하지는 않는다. 경서의 팀은 의사소통 효능감을 증진시키기 위해 경서의 신호에 반응하기(IS1.3), 다른 사람을 향한 시작행동 기다리고 격려하기(IS2.2), 더 많은 시작행동을 촉진하기 위해 학습 환경 구성하기(LS4.5)를 좀 더 일관성 있게 성취할 필요성에 대해 논의하였다.

| 가정에서의 놀이 시간 | 경서의 팀은 경서가 집에서 놀이를 할 때 좋아하는 놀잇감(예: 뮤직 박스, 원인-결과 팝업 놀잇감)을 가지고 혼자놀이를 하는 경우가 많다는 점에 대해 논의하였으며 이러한 맥락에서는 경서의 의사소통을 격려하기 어렵다는 것을 알게 되었다. 현재 경서의 목표에 상호작용 시작하기가 포함되므로 이들은 경서가 더 자주 시작행동을 하도록 촉진하기 위해 성인의 도움이 필요한 놀잇감으로 경서의 관심을 끄는 방법(즉, 의사소통 유혹 사용하기)을 사용하여 놀이 시간을 수정할 필요가 있다고 보았다. 태엽이 달렸거나 뚜껑이 꽉 잠긴 비눗방울 통과 같은 놀잇감을 준다면 경서가 성인 양육자와 의사소통을 연습할 기회가 더 많아질 것이다. 초기에는 경서의 의사소통 효능감을 증진시키기 위해서 경서의 의사소통이 지니는 미세한 특성과는 상관없이 의사소통 시도 모두에 반응할 필요가 있다. 경서가 상호작용에 익숙해지면, 다음 단계에서는 몸짓이나 음성을 사용하여 요청하도록 도움을 주기 전에 잠깐 멈추거나 지연시키기 방법을 적용하기로 논의하였다.

| 취침 시간 | 경서는 취침 일과의 일부로 좋아하는 비디오에 나오는 놀잇감(예: 텔레토비 모형)을 모아서 침대 머리맡에 일렬로 세워 놓기를 즐긴다. 팀은 경서의 시작행동 빈도를 높이기 위해서 원하는 사물을 손에 닿지 않는 곳에 놓거나 꽉 잠겨 있어서 열기 위해서는 파트너의 도움이 필요한 용기에 넣는 방법으로 환경을 조정할 수 있음을 지적하였다. 경서가 모든 놀잇감을 손에 넣을 수 있게 하기보다는 의사소통을 하도록 기회를 만들어 줄 수 있다는 것이다. 뿐만 아니라 파트너가 가까이에서서 놀잇감을 쳐다보며 경서가 도움 청하기를 시작하도록 기대를 갖고 기다릴 필요가 있음을 논의하였다.

② 공동관심 2: 관심 공유하기

아동 목표	관련된 파트너 목표	
공동관심	대인관계 지원	학습 지원
JA2 관심 공유하기	IS1 파트너는 아동에게 반응적이다 IS2 파트너는 시작행동을 촉진한다 IS4 파트너는 참여를 위한 장을 마련한다	LS1 파트너는 적극적인 참여를 위해 활동을 구조화한다 LS4 파트너는 목표, 활동, 학습 환경을 수정한다
JA2는 SU2에 연계됨 연계 교수목표 JA2.3 짚어서 가리키는 것을 쳐다보기(=SU2.4) JA2.4 멀리 있는 것을 가리킬 때 쳐다보기(=SU2.5)	사람 쳐다보기(JA2.1) 및 사람과 사물 간에 시선 옮기기(JA2.2) 능력은 아동의 관심 초점 따르기(IS1.1), 시작행동 기다리고 격려하기(IS2.2), 상호작용을 촉진하기 위해 적절한 근접성과 비구어 행동 사용하기(IS4.3)와 같은 파트너의 능력에 의존함	아동의 사람과 사물 간에 시선 옮기기(JA2.2) 및 짚어서 가리키는 것 또는 멀리 있는 것을 가리킬 때 쳐다보기(JA2.3, JA2.4) 능력은 다양한 학습 기회 제공하기(LS1.5), 시작행동을 촉진하는 학습 환경 구성하기(LS4.5)와 같은 파트너의 능력에 의존함

동호 사례

동호는 사회적 파트너 단계의 3세 남아로 사람과 사물 간에 시선 옮기기(JA2.2)를 배우고 있다. 동호는 토마스 기차와 알파벳에 큰 흥미를 나타내는 호기심 많은 아동이기는 하나, 아직까지 이러한 관심을 파트너와 공유하지는 않는다. 동호의 팀은 동호의 관심 초점을 따르고(IS1.1), 상호작용을 촉진하기 위해 적절한 근접성과 비구어 행동을 사용하고(IS4.3), 동호의 주의집중과 동기 유발을 위해 학습 환경을 구성할(LS4.5) 필요가 있음을 논의하였다.

| 가정에서의 독서 시간 | 동호의 팀은 동호가 가정에서 동화책을 읽을 때 종종 부모의 무릎에 앉는다는 점에 주목하였다. 특히 알파벳 책이나 토마스 기차 책에 나오는 그림에 관심을 보이기는 하나, 아직까지 이러한 관심을 공유하기 위해 양육자와 그림 간에 시선을 옮기지는 않는다. 팀은 동호의 관심 공유 능력을 증진시키기 위해 부모가 그림책을 바라볼 때 얼굴을 마주보는 자세를 유지하는 등 지속적으로 학습 환경을 수정할 필요가 있음을 논의하였다. 마찬가지로, 동호가 좋아하는

그림을 파트너가 가리키면서 손을 내민 채 기대에 차서 기다린다면, 이 그림을 공유하기 위한 3단계 시선 옮기기를 이끌어 낼 수도 있을 것이다.

| 유치원에서의 조형 영역 | 유치원에서 동호가 가장 좋아하는 활동 중 하나는 조형 활동이다. 교사가 이미 활동 속에 동기를 부여하는 재료를 포함시켜 학습 환경을 구성하였으며, 때로는 바구니 속에 토마스 기차를 오린 그림을 넣어 두고 알파벳 도장 세트도 함께 제공한다. 팀은 동호의 관심 공유를 이끌어 내기 위해 반원 탁자를 사용하여 공간을 재설계함으로써 동호가 교재를 자세히 살펴볼 때 교사가 바로 앞에 있을 수 있게 하였다. 그리고 교실 내 모든 교사는 동호가 집는 사물에 대해 언급하고 동호의 관심을 끌기 위해 생생한 얼굴 표정을 사용함으로써 동호의 주된 관심에 반응할 수 있다.

③ 공동관심 3: 정서 공유하기

아동 목표	관련된 파트너 목표	
공동관심	대인관계 지원	학습 지원
JA3 정서 공유하기	IS1 파트너는 아동에게 반응적이다 IS2 파트너는 시작행동을 촉진한다 IS6 파트너는 언어 사용을 조정한다 IS7 파트너는 적절한 행동을 시범 보인다	LS2 파트너는 발달을 촉진하기 위해 보완의사소통 지원을 사용한다 LS4 파트너는 목표, 활동, 학습 환경을 수정한다
JA3은MR2에 연계됨 연계 교수목표 JA3.1 얼굴 표정이나 발성을 이용하여 부정적인 정서 공유하기(≈MR3.1) JA3.2 얼굴 표정이나 발성을 이용하여 긍정적인 정서 공유하기(≈MR3.2) JA3.3 파트너의 정서 표현 변화에 반응하기(=MR2.4, SU2.7) JA3.4 파트너의 정서 표현 변화에 동조하기(=MR2.5)	얼굴 표정이나 발성을 이용하여 긍정적인/부정적인 정서 공유하기(JA3.1, JA3.2), 파트너의 정서 표현 변화에 동조하기(JA3.4)는 아동의 정서 및 속도에 맞추기(IS1.2), 아동의 시작행동 기다리고 격려하기(IS2.2), 이해를 돕기 위해 비구어 단서 사용하기(IS6.1), 적절한 비구어 의사소통과 정서 표현 시범 보이기(IS7.1)와 같은 파트너 능력에 의존함	얼굴 표정이나 발성을 이용하여 긍정적인/부정적인 정서 공유하기(JA3.1, JA3.2), 파트너의 정서 표현 변화에 반응하기(JA3.3) 능력은 아동의 정서 표현 및 이해 능력을 강화하기 위해 보완의사소통 지원 사용하기(LS2.3), 활동이 발달적으로 적절하도록 고안하고 수정하기(LS4.6)와 같은 파트너 능력에 의존함

보희 사례

보희는 사회적 파트너 단계의 5세 여아로 분명한 얼굴 표정이나 발성을 이용하여 긍정적인 정서 공유하기 능력(JA3.2)을 발달시키고 있다. 보희가 행복한 아이로 묘사되기는 하지만, 아직까지 확실한 관심 공유를 위해 시선과 분명한 얼굴 표정을 사용해서 자신의 정서 상태를 파트너와 공유하지는 못한다. 보희의 팀은 더 지속적으로 보희의 정서 및 속도에 맞추고(IS1.2), 적절한 비구어 의사소통과 정서 표현을 시범 보이며(IS7.1), 정서 표현과 이해 능력을 강화하기 위해 보완의사소통 지원을 사용할(LS2.3) 필요가 있음을 논의하였다.

| 음악 시간 | 보희는 유치원에서의 음악 활동 중에 긍정적인 정서를 가장 분명하게 나타낸다. 좋아하는 노래를 부르는 동안 손뼉을 치고 발끝으로 팔짝팔짝 뛰기도 한다. 보희의 팀은 보희가 더욱 관습적인 방식의 정서 표현 능력을 증진시키도록 긍정적인 정서를 나타내는 위와 같은 상황에서 보완의사소통 지원(즉, 행복을 나타내는 신호)을 사용하면서 동시에 파트너가 비구어 정서 표현에 대한 아주 분명한 모델(예: 즐거움을 나타내는 미소와 웃음)을 제공하도록 제안하였다.

| 작업치료 | 보희는 그네 타기나 '몸을 이리저리 움직이는' 활동과 같은 동작을 즐기는 것이 분명하므로, 팀은 보희가 긍정적인 정서 공유 연습을 할 수 있는 활동 일과를 계획하는 데 일대일 작업치료 회기가 적절한 상황이라고 보았다. 이 상황에서 보희의 파트너인 작업치료사는 보희가 그네를 타거나 볼풀 속에서 활발히 몸을 움직일 때 좀 더 지속적이고 고정적인 정서 표현 모델(예: 행복한 얼굴, 손뼉 치기)을 제공하면서 보희의 능력 향상을 도모하고자 계획하였다. 덧붙여서 작업치료사는 보희가 자신의 정서 상태를 더 잘 이해할 수 있도록 교실 상황에서 논의된 보완의사소통 지원(즉, 행복을 나타내는 신호)을 실시할 수 있다.

④ 공동관심 4: 다른 사람의 행동을 조절하기 위해 의도 공유하기

아동 목표	관련된 파트너 목표	
공동관심	대인관계 지원	학습 지원
JA4 다른 사람의 행동을 조절하기 위해 의도 공유하기	IS1 파트너는 아동에게 반응적이다 IS2 파트너는 시작행동을 촉진한다 IS3 파트너는 아동의 독립성을 존중한다 IS7 파트너는 적절한 행동을 시범 보인다	LS2 파트너는 발달을 촉진하기 위해 보완의사소통 지원을 사용한다 LS4 파트너는 목표, 활동, 학습 환경을 수정한다
JA4는 MR2와 MR3에 연계됨 연계 교수목표 JA4.1 원하는 음식이나 사물 요구하기(≈MR2.6) JA4.2 원하지 않는 음식이나 사물 거부/거절하기(≈MR 3.4) JA4.3 도움 또는 기타 행동 요구하기(≈MR3.3) JA4.4 원하지 않는 행동이나 활동 거부하기(≈MR3.4) 관련 장단기 교수목표 JA4의 성취는 JA7.2, JA7.3, SU4-SU5의 성취와 관련 있음	원하는 음식이나 사물을 요구하거나 거부하기(JA4.1, JA4.2), 도움 또는 기타 행동 요구하기(JA4.3), 원하지 않는 행동이나 활동 거부하기(JA4.4) 능력은 의사소통 효능감을 증진시키기 위해 아동의 신호에 적절하게 반응하기(IS1.3), 비구어 또는 구어로 선택의 기회 제공하기(IS2.1), 적절한 경우 저항, 거부, 거절 존중하기(IS3.4), 다양한 의사소통 기능 시범 보이기(IS7.2)와 같은 파트너 능력에 의존함	원하는 음식이나 사물을 요구하거나 거부하기(JA4.1, JA4.2), 도움 또는 기타 행동 요구하기(JA4.3), 원하지 않는 행동이나 활동 거부하기(JA4.4) 능력은 아동의 의사소통과 표현언어를 강화하기 위해 보완의사소통 지원 사용하기(LS2.1), 아동의 시작행동을 촉진하는 학습 환경 구성하기(LS4.5)와 같은 파트너 능력에 의존함

승호 사례

승호는 사회적 파트너 단계의 6세 남아로 다른 사람의 행동을 조절하기 위해 의도를 공유하는 능력을 발달시키고 있다. 구체적으로, 음식이나 사물을 요구하거나 거부하는 능력(JA4.1, JA4.2)을 발달시키고 있다. 승호는 강한 선호도를 가지고 있지만 이러한 선호도를 다른 사람에게 전달하는 데에는 지속적인 어려움을 보인다. 예를 들어, 간식이 들어 있는 용기를 가리키면서 양육자를 바라보는 대신 자신이 용기 뚜껑을 열려고 하거나 용기를 탁자 위에 던질 가능성이 더 높다. 마찬가지로, 어떤 사물에 관심이 없다면 이 사물을 바닥에 떨어뜨리거나 사물을 지나쳐 가버림으로써 흥미 없다는 자신의 의사를 분명하게 나타낸다. 승호의 부모는 비구어 또는 구어로 선택의 기회 제공하기(IS2.1), 다양한 의사소통 기능 시범 보이기(IS7.2), 아동의 시작행동을 촉진하는 학습 환경 구성하기(LS4.5) 등의 지원을 더 지속적으로 실시할 필요성에 대해 논의하였다.

| 간식시간 | 승호의 교사는 교실 상황 중 승호가 원하는 간식을 요구하고 저항하는 능력을 촉진하는 데 간식시간이 적절한 상황이 될 것이라고 생각하였다. 일반적으로 승호에게는 원하는 몇 가지 간식거리만 주어지므로, 팀은 승호가 요구하고 저항할 수 있는 기회를 더 높이기 위해 선호하는 간식거리와 선호하지 않는 것 모두에 대한 선택권을 제공할 필요가 있음을 인식하였다. 선호/비선호 간식거리 모두를 제공한다면 승호가 선호하지 않는 간식을 거부하려고 지나쳐 버릴 가능성은 더 낮아질 것이다. 마찬가지로, 보다 관습적인 요구하기를 촉진하기 위해 학습 환경을 수정하는 것 또한 중요하게 고려되었다. 원하는 간식거리를 뚜껑이 닫혀 있는 투명한 용기에 넣음으로써 여는 데 도움을 요청하게 할 수 있는데, 이는 요구하기 위한 주세요 몸짓을 촉진하는 수정 전략이라 할 수 있다. 또한 물건을 바닥에 던지는 대신 빨간 바구니를 제공하여 원하지 않을 때 바구니에 넣게 할 수 있다. 또한 팀은 밀어내기 몸짓을 사용하도록 시범을 보일 수 있다.

| 가정에서 비디오 보기 | 방과 후에 승호가 좋아하는 활동 중 하나는 저녁 식사 전에 집에서 비디오를 보는 것이다. 승호가 자신의 선호도를 나타내는 전형적인 방법은 자신보다 나이가 많은 형이나 누나 또는 부모가 바닥에 놓여 있는 비디오테이프를 집어 VCR에 넣어 줄 때까지 비디오테이프를 두드리는 것이다. 팀은 이러한 비디오 보기 활동이 승호가 요구하거나 저항하는 의도를 공유하는 능력을 지원하기 위한 기회가 될 수 있다고 인식하였다. 팀은 부모와의 논의 후, 학습 환경 수정의 한 방안으로 승호의 손이 닿지 않는 잠긴 캐비닛 속에 비디오테이프를 전부 넣기로 하였다. 선호/비선호 품목 모두가 포함된 비디오테이프 목록을 비디오테이프 커버의 코팅된 부분을 사용하여 캐비닛 바깥쪽에 비치하였다(선택하기 바인더 또는 폴더). 그런 후에 승호가 비디오 캐비닛 옆에 서 있을 때 원하는 비디오 사진을 파트너에게 줌으로써 원하는 비디오를 요구하는 시범을 보일 수 있다.

⑤ 공동관심 5: 사회적 상호작용을 위해 의도 공유하기

아동 목표	관련된 파트너 목표	
공동관심	대인관계 지원	학습 지원
JA5 사회적 상호작용을 위해 의도 공유하기	IS1 파트너는 아동에게 반응적이다 IS2 파트너는 시작행동을 촉진한다 IS7 파트너는 적절한 행동을 시범 보인다	LS1 파트너는 적극적인 참여를 위해 활동을 구조화한다 LS2 파트너는 발달을 촉진하기 위해 보완의사소통 지원을 사용한다 LS4 파트너는 목표, 활동, 학습 환경을 수정한다
JA5는 MR3에 연계됨 연계 교수목표 JA5.1 위로 구하기(≈MR3.1) 관련 장단기 교수목표 JA4의 성취는 JA7.2, JA7.3, SU4-SU5의 성취와 관련 있음	사회적 게임 요구하기(JA5.2), 차례 주고받기(JA5.3), 자랑하기(JA5.6) 능력은 아동을 모방하기(IS1.6), 시작행동과 반응행동의 균형 유지하기(IS2.3), 다양한 의사소통 기능 시범 보이기(IS7.2)와 같은 파트너 능력에 의존함	사회적 게임 요구하기(JA5.2), 인사하기(JA5.4) 능력은 차례 주고받기 기회를 만들고 아동이 참여할 수 있도록 여지 남겨 두기(LS1.2), 아동의 의사소통과 표현언어를 강화하기 위해 보완의사소통 지원 사용하기(LS2.1), 아동의 시작행동을 촉진하는 학습 환경 구성하기(LS4.5)와 같은 파트너 능력에 의존함

다애 사례

다애는 사회적 파트너 단계의 3세 여아로 사회적 상호작용을 위해 의도를 공유하는 능력을 발달시키고 있다. 구체적으로, 사회적 게임 요구하기(JA5.2) 능력을 발달시키고 있다. 다애는 음악(예: '우리 모두 다 같이 손뼉을')과 사회적 게임(예: 있다 없다)을 즐기는 것이 분명하지만 스스로 이 게임을 요청하기보다는 성인이 시작하기를 기다리는 것으로 보인다. 다애의 팀은 다애가 사회적 게임을 요구하고 일단 게임이 시작되면 계속 지속하기를 요구할 수 있도록 시작행동과 반응행동의 균형을 유지하고(IS2.3), 이러한 사회적 기능을 위한 다애의 의사소통을 강화하기 위해 보완의사소통 지원을 사용할(LS2.1) 필요가 있다고 논의하였다.

| 가정에서의 음악 | 다애에게 '다섯 작은 원숭이'는 상당히 동기 부여적인 노래로, 특히 이 노래의 예측할 수 있는 구절과 감각-운동 자극을 주는 동작을 매우 좋

아한다. 그러나 다른 사람이 이 노래를 시작하면 분명히 홍미를 나타내지만 아직까지 노래를 시작하도록 요구하지는 않는다. 팀은 다애가 이 사회적 게임을 요청하도록 환기시키는 데 보완의사소통 지원이 유용한 시각적 단서가 될 수 있다고 보았다. 다애가 요구할 수 있도록 '다섯 작은 원숭이' 판을 만들어 놀이방에 놓아 둘 수 있다. 다애가 활발히 참여하도록 벨크로를 부착한 원숭이 그림 5개를 노래판에 붙여서 각 노래 구절마다 하나씩 뗄 수 있게 하는데, 이로써 노래가 진행되는 동안 양육자가 요구하는 것과 다애가 요구하는 것 간의 균형을 맞추게 된다.

| 유치원에서의 이야기나누기 활동 | 다애의 유치원 교사는 아동의 관심과 사회적 참여를 촉진하기 위해 익숙한 노래를 자주 부른다. 교사는 종종 이야기나누기의 첫 번째 활동으로 여러 가지 노래(예: '올드 맥도널드' '거미가 줄을 타고 올라갑니다' '호키포키')를 순서대로 부르기 시작한다. 다애의 팀은 다애가 더 활발히 사회적 게임을 요구할 수 있도록 교사의 요구하기와 다애의 요구하기 간의 균형을 맞출 필요가 있음을 논의하였다. 따라서 처음 두 노래가 끝난 후에 다애가 좋아하는 노래를 요청할 기회를 제공할 수 있다. 또한 이젤을 사용하여 선택할 수 있는 노래 목록을 알려 줄 수도 있는데, 이젤에 해당 노래를 나타내는 3~4개의 그림 상징을 게시할 수 있다.

⑥ 공동관심 6: 공동관심을 위해 의도 공유하기

아동 목표	관련된 파트너 목표	
공동관심	대인관계 지원	학습 지원
JA6 공동관심을 위해 의도 공유하기	IS1 파트너는 아동에게 반응적이다 IS2 파트너는 시작행동을 촉진한다 IS4 파트너는 참여를 위한 장을 마련한다 IS7 파트너는 적절한 행동을 시범 보인다	LS1 파트너는 적극적인 참여를 위해 활동을 구조화한다 LS4 파트너는 목표, 활동, 학습 환경을 수정한다
JA6은 SU, MR이나 SR에 직접적으로 연계되지 않음 관련 장단기 교수목표 JA6의 성취는 JA7.2, JA7.3, SU4-SU5의 성취와 관련 있음	사물에 대해 언급하기(JA6.1), 행동이나 사건에 대해 언급하기(JA6.2) 능력은 아동의 관심 초점 따르기(IS1.1), 시작행동 기다리고 격려하기(IS2.2), 상호작용을 촉진하기 위해 적절한 근접성과 비구어 행동 사용하기(IS4.3), 다양한 의사소통 기능 시범 보이기(IS7.2)와 같은 파트너 능력에 의존함	사물에 대해 언급하기(JA6.1), 행동이나 사건에 대해 언급하기(JA6.2) 능력은 또한 다양한 학습 기회 제공하기(LS1.5), 시작행동을 촉진하는 학습 환경 구성하기(LS4.5), 활동 내에 동기유발이 가능한 교재 및 주제 포함시키기(LS4.7)와 같은 파트너 능력에 의존함

병호 사례

병호는 사회적 파트너 단계의 2세 남아로 공동관심의 의도 공유하기 능력을 발달시키고 있다. 병호가 다양한 놀잇감(예: 동물 인형, 만화 캐릭터 모형)에 관심을 보이고, 사진첩 속의 사진 보기를 즐겨 하며, 종종 목격한 사건(예: 태엽 놀잇감이 탁자 주변을 콩콩 뛰어다니는 것)에 관심을 보이기는 하나, 아직까지 다른 사람에게 자신의 주된 관심을 나타내고 공유하기 위한 목적으로 몸짓과 시선을 함께 사용하지는 않고 있다. 따라서 병호의 현행 목표에는 몸짓과 같은 상징 전 의사소통 수단을 사용하여 사물에 대해 언급하고(JA6.1), 행동이나 사건에 대해 언급하는(JA6.2) 능력을 촉진하는 것이 포함되었다. 병호의 팀은 병호가 자신의 주된 관심을 공유하도록 유도하기 위해 좀 더 사회적인 기능을 위한 다양한 의사소통 기능을 시범 보이고(IS7.2), 상호작용을 촉진하기 위해 적절한 근접성과 비구어 행동을 사용하며(IS4.3), 다양한 학습 기회를 제공할(LS1.5) 필요가 있다고 논의하였다.

| 점심시간 | 병호의 팀은 새로운 놀잇감이나 사물을 자주 도입하는 활동(예: 가방에서 물건 꺼내기, 흥미로운 물건을 천장에 매달기)이 공동관심을 위한 의사소통 행동을 촉진하는 데 유용하다고 논의하였다. 병호가 자신의 유아용 키높이 의자에 앉아 좋아하는 캐릭터 모형과 동물 인형을 손에 들고 이리저리 살펴보는 것에 흥미를 나타내므로, 팀은 병호의 호기심과 공유에 대한 관심을 유발하기 위해 이 활동에 새로운 것을 추가하는 수정을 하기로 결정하였다. 점심시간이 끝날 무렵에 '깜짝 상자'를 제시하는 익숙한 일과를 도입할 수 있다. 이 일과는 새롭고 흥미로운 놀잇감으로 가득 찬 익숙한 철제 상자를 열어서 한 번에 하나씩 꺼내는 것이다. 이때 파트너는 병호가 보여 주기 몸짓과 같은 비구어 몸짓을 사용하여 사물에 대해 언급하도록 촉진하기 위해 적절한 근접성(즉, 병호의 위치에서 서로 마주보는 방향)과 비구어 행동(즉, 놀잇감에 대한 상호 간의 관심을 나타내기 위해 손 내밀기)을 사용할 수 있다. 더 나아가, 팀은 병호가 보여 주기 몸짓과 시선을 함께 짝지어서 스스로 사용하도록 촉진하기 위해 이 활동에서 "이게 뭐지?"와 같은 구어 촉진을 사용하지 않기로 하였는데, 이로써 병호는 자신이 관심을 기울이고 있는 것에 파트너의 관심을 이끌어 오는 것을 적극적으로 배울 수 있다.

| 옷 입기 | 병호가 잠옷으로 갈아입기 위해 침실로 이동할 때가 공동관심을 유

도하는 또 다른 유용한 활동 맥락이 될 수 있다고 보았다. 방으로 들어가면서 부모가 옷을 갈아입으라고 할 때 병호는 언제나 손에 쥘 만한 좋아하는 무엇인가를 찾는 것으로 보인다. 따라서 이 예견할 수 있는 맥락에서, 파트너는 활동의 한 특성을 변화시켜 새롭게 만듦으로써 병호의 언급하기 기회를 유발할 수 있다. 이와 관련하여 팀은 침실 천장에 모빌을 매다는 것에 대해 논의하였다. 부모는 병호의 관심을 끌기 위해 병호가 좋아하는 동물과 만화 캐릭터 그림을 매일 밤 달리해서 모빌에 매달 수 있다(예: 곰돌이 푸 캐릭터, 동물 농장의 동물들). 그리고 방에 들어올 때 부모는 모빌 옆에서 그림을 가리키고 기대에 찬 미소를 지음으로써 공동관심을 위한 언급하기라는 의사소통 기능을 시범 보일 수 있다. 매일 새로운 무엇인가가 추가되는 것을 보면서 병호는 더 큰 관심과 흥분을 나타내며 이 일을 기대하기 시작할 것이다.

⑦ 공동관심 7: 의사소통 실패를 복구하고 지속하기

아동 목표	관련된 파트너 목표	
공동관심	대인관계 지원	학습 지원
JA7 의사소통 실패를 복구하고 지속하기	IS1 파트너는 아동에게 반응적이다 IS3 파트너는 아동의 독립성을 존중한다 IS5 파트너는 발달을 지원한다	LS2 파트너는 발달을 촉진하기 위해 보완의사소통 지원을 사용한다 LS4 파트너는 목표, 활동, 학습 환경을 수정한다
JA7은 SU, MR이나 SR에 직접적으로 연계되지 않음 관련 장단기 교수목표 JA7의 성취는 JA4-JA6의 성취와 관련 있음	맥락에 적절한 비율로 의사소통하기(JA7.1), 의사소통 실패를 복구하기 위해 반복하거나 수정하기(JA7.2, JA7.3) 능력은 의사소통 효능감을 증진시키기 위해 아동의 신호에 적절하게 반응하기(IS1.3), 아동이 자신의 속도로 문제를 해결하고 활동을 완수할 수 있도록 시간 허용하기(IS3.2), 구어 또는 비구어로 의사소통 실패를 복구하려고 시도하기(IS5.3), 활동 성공을 위해 필요할 때 안내 및 피드백 제공하기(IS5.4)와 같은 파트너 능력에 의존함	맥락에 적절한 비율로 의사소통하기(JA7.1), 의사소통 실패를 복구하기 위해 반복하거나 수정하기(JA7.2, JA7.3) 능력은 또한 아동의 의사소통과 표현언어를 강화하기 위해 보완의사소통 지원 사용하기(LS2.1), 아동의 성공을 위해 과제 난이도 조절하기(LS4.2), 시작행동과 확장된 상호작용을 촉진하는 활동 제공하기(LS4.8), '요구의 정도를 높이거나' 기대감을 적절하게 높이기(LS4.10)와 같은 파트너 능력에 의존함

인우 사례

인우는 사회적 파트너 단계의 3세 남아로 자신의 의도를 주변 사람과 공유하는 능력에 큰 진보를 나타내고 있다. 그러나 아직까지 다양한 맥락에 걸쳐서 의사소통을 시작하는 데에는 계속적인 성인의 구어적 단서와 지원에 의존하고 있다. 실제로 인우는 흥미를 잃을 때까지 한두 번의 의사소통만을 시작하거나 자신의 처음 의사소통 시도가 성공적이지 못할 경우 점차 조절장애의 문제를 보이는 등 종종 수동적인 의사소통 양상을 나타낸다. 인우의 팀은 인우가 자신의 목표를 다른 사람과 더 자주 공유하도록 촉진하고 의사소통 실패를 복구하는 데 필수적인 수단을 얻어 더 많은 성공을 경험할 수 있도록 지원함으로써 인우가 적극적으로 학습하고 자신감을 높일 수 있기를 희망하였다. 따라서 인우의 현재 목표에는 의사소통 실패를 복구하기 위해 반복하기(JA7.2)에 대한 촉진이 포함된다. 인우의 팀은 구어 또는 비구어로 의사소통 실패를 복구하려고 시도하고(IS5.3), 인우가 자신의 속도로 문제를 해결하고 활동을 완수할 수 있도록 시간을 허용하며(IS3.2), 인우의 의사소통과 표현언어를 강화하기 위해 보완의사소통 지원을 사용하고(LS2.1), '요구의 정도를 높이거나' 기대감을 적절하게 높일(LS4.10) 필요성에 대해 논의하였다.

| 가정에서의 놀이 시간 | 인우의 팀은 가정에서의 모든 놀이 시간에 종료 시점이 분명하고 예측할 수 있는 다양한 활동과 인우가 명료하게 이해하도록 지원하는 시각적 지원을 포함하도록 환경을 조정할 수 있음을 알게 되었다. 예를 들어, 인우는 어떤 것을 찾아야 하는지 알려 주는 시각적 지도를 가지고 좋아하는 놀잇감(예: 자석 글자, 작은 사람 모형)을 찾는 사물 찾기 게임을 즐겨한다. 팀은 인우가 자신이 즐겨 하는 게임을 할 때 최적의 각성 수준을 보이기 때문에 이와 같은 유형의 활동을 할 때 더 성공적인 문제해결 기술을 나타낼 것이라고 생각하였다. 이러한 맥락에서 인우의 팀은 필요한 시범을 보이거나 촉진을 제공하면서(예: 원하는 사물 가리키기) 더 정교한 의사소통을 제시함으로써 더 쉽게 '요구의 정도를 높일' 수 있다. 마찬가지로, 팀은 사물 찾기 게임 지도에서 사용하는 신호의 의미를 명확히 알려 주어 구어 또는 비구어로 의사소통 실패를 복구하려고 시도할 수 있다. 마지막으로, 팀은 인우가 자신감과 효능감을 얻을 수 있도록 스스로 활발히 문제를 해결할 수 있는 충분한 시간을 제공할 필요성에 대해 논의하였다.

| 유치원에서의 놀이 공간 | 인우의 팀은 인우가 유치원에서 구성놀이를 할 때(예: 퍼즐 맞추기, 블록 탑 쌓기) 가장 편안해하고 지속적으로 활동하는 특성이 있음을 주목하였다. 그러나 인우의 의사소통 비율은 낮은 편이며, 없어진 퍼즐 조각에 대한 의사소통 시도가 성공적이지 않을 때 놀이에 대한 흥미를 잃어버리는 경향을 보인다. 인우의 팀은 인우가 스스로 문제를 해결하기에 충분한 시간을 주기 위해서는 활동 내내 성인 양육자가 지속적으로 곁에 있으면서 인우의 의사소통 시도에 반응해 주거나 성공하지 않은 의사소통 시도를 수정해 줄 필요가 있다고 느꼈다. 예를 들어, 보조교사가 옆에 있으면서 기본적인 신호(예: 다 했어요, 도와주세요, 열어 주세요)를 시범 보이고, 보다 정교한 의사소통을 위해 '요구의 정도를 높일' 수 있다.

(2) 사회 의사소통: 상징 사용

① 상징 사용 1: 익숙한 행동과 소리 모방을 통해 학습하기

아동 목표	관련된 파트너 목표	
상징 사용	대인관계 지원	학습 지원
SU1 익숙한 행동과 소리 모방을 통해 학습하기	IS1 파트너는 아동에게 반응적이다 IS2 파트너는 시작행동을 촉진한다 IS5 파트너는 발달을 지원한다	LS1 파트너는 적극적인 참여를 위해 활동을 구조화한다 LS4 파트너는 목표, 활동, 학습 환경을 수정한다
SU1은 JA, MR이나 SR에 직접적으로 연계되지 않음	자신의 행동이나 소리를 반복하면서 차례 주고받기(SU1.1), 시범 후 즉시 유도하면 익숙한 행동이나 소리 모방하기(SU1.2) 능력은 아동을 모방하기(IS1.6), 시작행동과 반응행동의 균형 유지하기(IS2.3), 모방 격려하기(IS5.1)와 같은 파트너 능력에 의존함	시범 후 즉시(SU1.2) 또는 시간이 경과된 후(SU1.4) 익숙한 행동이나 소리를 자발적으로 모방하는 능력은 차례 주고받기 기회를 만들고 아동이 참여할 수 있도록 여지 남겨 두기(LS1.2), 반복되는 학습 기회 제공하기(LS1.4), 활동이 발달적으로 적절하도록 고안하고 수정하기(LS4.6)와 같은 파트너 능력에 의존함

정모 사례

정모는 사회적 파트너 단계의 2세 남아로 아직까지 자신의 행동이나 소리를 반복하면서 차례 주고받기를 통해 익숙한 행동을 모방하지(SU1.1) 못한다. 정모의 부모에 따르면, 정모는 스스로 무엇이든지 알아내려고 하는 독립적이고 호기심 많은 아동이다. 정모는 아버지가 자신이 좋아하는 놀잇감인 '나선형 자동차 길'을 가지고 노는 방법을 바라보는 대신 주로 스스로 가지고 놀면서 자신의 행동이 원인이 되어 재미있는 일을 성공적으로 일어나게 하거나 일어나지 않게 하는 결과를 관찰하면서 학습한다. 현재 정모는 자동차를 제 위치에 놓고 나선형 트랙을 따라 아래까지 내려 보내는 방법을 배우기보다 주로 자동차 바퀴를 돌리거나 자동차 길의 레버를 두드려 소리를 내는 등 감각-운동 탐구의 방식으로 놀잇감을 가지고 논다. 정모의 팀은 정모가 발달적으로 적절하게 자동차 길을 사용하고 다른 활동에 참여하기 위한 모방 학습을 촉진하고자 정모의 행동을 모방하고(IS1.6), 차례 주고받기 기회를 만들고 아동이 참여할 수 있도록 여지를 남겨 두며(LS1.2), 활동이 발달적으로 적절하도록 고안하고 수정할(LS4.6) 필요가 있음을 인식하였다.

| **목욕 시간** | 발달적으로 적절하게 활동을 고안하고 수정하는 것은 모방을 유도하는 중요한 첫 단계다. 예를 들어, 정모가 나선형 자동차 길 놀이를 즐겨 하기는 하나, **초기 모방**에는 두 단계 행동(예: 자동차를 나선형 길 꼭대기 위에 놓은 후 레버를 미는 것)보다는 단순한 한 단계 행동(예: 미소 짓기, 옹알이하기, 사물을 서로 부딪치기, 발 구르기)이 포함될 가능성이 더 높다. 따라서 팀은 이 교수목표를 위해 정모가 이미 성공적으로 할 수 있는 단순한 운동 행동을 강조해야 하며, 목욕 시간에 더 일관되게 정모의 행동을 모방해야 함을 인식하였다. 동일한 놀잇감 두 세트를 마련해서 정모가 트럭으로 물을 튀기면 양육자도 동일한 행동을 하는 것이다. 만일 정모가 이 상황에서 어떤 소리를 내거나 발성하면 양육자도 똑같이 행동한다. 양육자는 모방을 한 후에 정모가 자신의 차례에 같은 행동을 반복하도록 기대에 찬 몸짓을 하며 기다린다.

| **모래상자** | 뒷마당에 있는 모래상자 놀이는 정모가 좋아하는 활동 중 하나다. 정모는 모래가 손가락 사이로 빠져나가는 것을 바라보고 모래 속에 놀이용 삽

을 끌고 다니면서 모양 만들기와 같은 감각-운동 놀이를 즐겨 한다. 정모의 양육자는 이 상황에 적절한 놀잇감 두 세트를 마련해서 정모의 이러한 단순한 행동을 모방할 수 있다. 정모의 팀은 정모가 흥미 있어 하는 행동을 모방함으로써 정모의 관심을 끌고 더 지속적인 참여를 유도할 수 있을 것으로 보았다. 그리고 정모의 행동을 두 번째로 모방하기에 앞서 잠시 멈춤으로써 차례를 주고받을 수 있도록 학습 환경을 수정할 필요가 있음을 논의하였다.

② 상징 사용 2: 익숙한 활동에서 비구어 단서 이해하기

아동 목표	관련된 파트너 목표	
상징 사용	대인관계 지원	학습 지원
SU2 익숙한 활동에서 비구어 단서 이해하기	IS4 파트너는 참여를 위한 장을 마련한다 IS6 파트너는 언어 사용을 조절한다	LS1 파트너는 적극적인 참여를 위해 활동을 구조화한다 LS2 파트너는 발달을 촉진하기 위해 보완의사소통 지원을 사용한다
SU2는 JA2, JA3, SR3에 연계됨 관련 장단기 교수목표 SU2.1 익숙한 일과에서 다른 사람의 행동 예상하기(=SR3.1) SU2.4 짚어서 가리키는 것을 쳐다보기(=JA2.3) SU2.5 멀리 있는 것을 가리킬 때 쳐다보기(=JA2.4) SU2.7 얼굴 표정과 억양 단서에 반응하기(≈JA3.3)	익숙한 일과에서 다른 사람의 행동 예상하기(SU2.1), 익숙한 일과에서 상황 단서 따르기(SU2.2), 짚어서 가리키는 것과 멀리 있는 것을 가리킬 때 쳐다보기(SU2.4, SU2.5) 능력은 상호작용을 촉진하기 위해 적절한 근접성과 비구어 행동 사용하기(IS4.3), 이해를 돕기 위해 비구어 단서 사용하기(IS6.1)와 같은 파트너 능력에 의존함	익숙한 일과에서 다른 사람의 행동 예상하기(SU2.1), 가리키기 이외의 몸짓 단서 따르기(SU2.3), 시각적 단서(사진이나 그림)에 반응하기(SU2.6) 능력은 활동에 예측 가능한 순서 마련하기(LS1.3), 언어 및 행동 이해를 강화하기 위해 보완의사소통 지원 사용하기(LS2.2)와 같은 파트너 능력에 의존함

영희 사례

영희는 사회적 파트너 단계의 8세 여아로 익숙한 일과 속에서 다른 사람의 행동을 예상하고 상황 단서에 따르는 것을 배웠다. 그러나 아직까지 영희는 익숙한 일과에 대한 이해를 도와주는 시각적 단서(사진이나 그림)에 반응하는(SU2.6) 능력을 계속 발달시키고 있는 중이다. 팀은 영희의 이해를 돕기 위해 비구어 단서를 사용하고(IS6.1), 활동에 예측 가능한 순서를 마련하며(LS1.3), 언어 및 행동 이해를 강화하기 위해 보완의사소통 지원을 사용할(LS2.2) 필요가 있음을 인식하였다.

| 가정에서 인사하기 | 영희는 부모와 오빠로 이루어진 가족 구성원 모두에게 강한 애착을 보인다. 그러나 영희는 아직까지 가족들이 직장, 학교, 심부름을 마치고 집 현관문으로 들어설 때 이를 알아차리고 인사하지 못한다. 영희의 팀은 가족이 집에 도착하기 직전에 이들의 사진을 보여 줌으로써 영희가 인사라는 사회적 의식을 더 잘 이해할 수 있을 것이라고 보았다. 이와 마찬가지로, 팀은 가정에서 창문 밖에 보이는 가족의 자동차 가리키기, 열쇠 소리를 듣기 위해 귀에 손을 갖다 대면서 "자, 들어 보자."라고 말하기, 문에 노크를 하면서 문이 열렸을 때 손을 흔드는 시범 보이기와 같이 인사하기 속에서 예측할 수 있는 단계를 강조하기로 논의하였다.

| 학교 화장실 사용하기 | 지난 몇 년간 영희는 학교에서의 익숙한 일과에 대해 많이 알게 되었고, 친구 따라 화장실 가기, 개수대 앞에 줄 서기, 수도꼭지 아래에 손 갖다 대기와 같은 상황 단서를 따르고 있다. 그러나 아직까지 화장실 사용하기 활동의 많은 단계를 독립적으로 수행하지는 못하며, 계속해서 자주 구어 단서를 반복해 주어야 하는 상황이다. 따라서 영희의 팀은 중요한 세 가지 단계(즉, 손 씻기, 종이수건으로 손의 물기 제거하기, 종이수건 버리기)를 강조하여 활동의 예측 가능성을 높이고, 몸짓을 사용하여 각 단계를 지속적으로 시범 보이며, 구어 지시에 대한 이해를 지원하기 위해 차례대로 각 단계를 보여 주는 사진을 사용할 필요가 있다고 보았다.

③ 상징 사용 3: 놀이 중에 익숙한 사물을 관습적인 방식으로 사용하기

아동 목표	관련된 파트너 목표	
상징 사용	대인관계 지원	학습 지원
SU3 놀이 중에 익숙한 사물을 관습적인 방식으로 사용하기	IS5 파트너는 발달을 지원한다 IS7 파트너는 적절한 행동을 시범 보인다	LS1 파트너는 적극적인 참여를 위해 활동을 구조화한다 LS4 파트너는 목표, 활동, 학습 환경을 수정한다

SU3은 JA, MR, SR에 직접적으로 연계되지 않음 **관련 장단기 교수목표** SU3의 초기 성취는 SR2.1의 성취와 관련됨	구성놀이에서 익숙한 사물 사용하기(SU3.2), 익숙한 사물을 관습적인 방식으로 자신이나 다른 사람에게 사용하기(SU3.3, SU3.4) 능력은 모방 격려하기(IS5.1), 아동의 놀이와 비구어 의사소통 확장하기(IS5.5), 적절한 놀이 시범 보이기(IS7.3)와 같은 파트너 능력에 의존함	구성놀이에서 익숙한 사물 사용하기(SU3.2), 익숙한 사물을 관습적인 방식으로 자신이나 다른 사람에게 사용하기(SU3.3, SU3.4) 능력은 또한 활동에 예측 가능한 순서 마련하기(LS1.3), 반복되는 학습 기회 제공하기(LS1.4), 활동이 발달적으로 적절하도록 고안하고 수정하기(LS4.6)와 같은 파트너 능력에 의존함

상지 사례

상지는 사회적 파트너 단계의 6세 남아로 구성놀이 중에 익숙한 사물을 사용하는 능력을 지녔다. 피곤하거나 각성 수준이 낮을 때면 가끔씩 사물을 입에 갖다 대거나 탁자 위에 두드리는 것은 여전하지만, 상지는 블록으로 높게 탑 쌓는 것을 배웠고 간단한 끼우기 퍼즐을 완성하는 데 흥미를 보인다. 현재 상지는 익숙한 사물을 관습적인 방식으로 자신에게 사용하기(SU3.3)를 배우고 있다. 상지의 팀은 이러한 초기 상상놀이가 아동에게 가장 익숙한 행동과 함께 시작되며, 이는 아동이 매일의 일과 속에서 이러한 익숙한 행동을 자주 경험하기 때문임을 인식하였다(예: 병이나 컵으로 음료 마시기, 모자 쓰기, 머리 빗기, 귀에 전화기 갖다 대기). 그 외에도 팀은 모방을 격려하고(IS5.1), 적절한 놀이를 시범 보이며(IS7.3), 반복되는 학습 기회를 제공할(LS1.4) 필요가 있음을 인식하였다.

| **유치원의 특정 공간** | 최근에 상지는 유치원 교실에 있는 옷 입기 공간에 관심을 보이기 시작하였다. 거울 속에 자신을 비춰 보기를 좋아하며, 머리에 우비 모자를 써 보기도 한다. 상지의 교사들은 이와 같이 이제 막 나타나기 시작한 관심사항을 격려할 필요가 있다고 보았다. 예측 가능성을 높이기 위해 간단한 놀이 방식을 격려하는 익숙한 노래를 도입하였다(예: 옷을 갖춰 입고 빗속에 나가서 놀자는 노래). 그다음에는 두 개의 동일한 놀잇감 세트를 사용하여 이 기본적인 놀이 방식을 모방하도록 격려할 수 있다. 또한 이러한 모델을 추가로 제공하고 예측 가능한 활동의 구조를 제공하기 위해서 상지의 반 친구들로 하여금 해당 노래를 부르게 할 수도

있다.

| 아침 활동 | 상지의 유치원 교사는 아침 활동 일과로 여러 곡의 노래 부르기, 하루 일정과 날씨에 대해 이야기나누기, 보여 주고 말하기 활동을 계획하였다. 이처럼 자주 반복되는 일과 속에서 상지의 또래들이 기본적인 놀이 방식을 분명하게 반복하여 시범 보일 수 있으므로, 이 일과는 상지가 익숙한 사물을 관습적으로 자신에게 사용하는 것을 다루는 데 유용한 맥락이 될 수 있다. 예를 들어, 오늘이 무슨 요일인지 확인한 후에 요일마다 정해진 익숙한 사물을 한 아동이 옆의 아동에게로 전달해 가며 기본적인 한 단계 놀이 도식 활동을 시범 보이는 활동을 진행할 수 있다(예: 모형 칫솔을 전달해 가며 이 닦는 시늉하기, 모형 숟가락을 전달해 가며 아침밥 먹는 시늉하기, 모형 가방을 전달해 가며 유치원 갈 준비를 하는 시늉하기).

④ 상징 사용 4: 의도 공유를 위해 몸짓이나 비구어 수단 사용하기

아동 목표	관련된 파트너 목표	
상징 사용	대인관계 지원	학습 지원
SU4 의도 공유를 위해 몸짓이나 비구어 수단 사용하기	IS5 파트너는 발달을 지원한다 IS7 파트너는 적절한 행동을 시범 보인다	LS2 파트너는 발달을 촉진하기 위해 보완의사소통 지원을 사용한다 LS4 파트너는 목표, 활동, 학습 환경을 수정한다
SU4는 JA, MR, SR에 직접적으로 연계되지 않음 관련 장단기 교수목표 SU4의 초기 성취는 JA4-JA6, MR1, MR3.3, MR3.4의 성취와 관련됨	의도 공유를 위해 간단한 동작 사용하기(SU4.3), 관습적인 접촉 몸짓이나 먼 곳을 향한 관습적인 몸짓 사용하기(SU4.4, SU4.5) 능력은 아동의 놀이와 비구어 의사소통 확장하기(IS5.5), 적절한 비구어 의사소통과 정서 표현 시범 보이기(IS7.1), 아동이 부적절한 행동을 할 때 적절한 행동 시범 보이기(IS7.4)와 같은 파트너 능력에 의존함	의도 공유를 위해 관습적인 접촉 몸짓이나 먼 곳을 향한 관습적인 몸짓 사용하기(SU4.4, SU4.5), 일련의 몸짓이나 비구어 수단 사용하기(SU4.7), 몸짓과 시선 일치시키기(SU4.8) 능력은 아동의 의사소통과 표현언어를 강화하기 위해 보완의사소통 지원 사용하기(LS2.1), 시작행동을 촉진하는 학습 환경 구성하기(LS4.5), '요구의 정도를 높이거나' 기대감을 적절하게 높이기(LS4.10)와 같은 파트너 능력에 의존함

연호 사례

연호는 사회적 파트너 단계의 2세 남아로 초기에 발달하는 다양한 몸짓을 사용하여 의사소통한다. 연호는 근접성(예: 원하는 간식을 얻기 위해 양육자를 잠깐 바라보면서 냉장고 옆에 서 있기), 신체적 조작 몸짓(예: 밖으로 나가자고 양육자의 손을 문 쪽으로 잡아당기기), 재연 몸짓(예: '둥글게 둥글게' 노래를 요청하기 위해 양육자 옆에서 빙그르르 돌기)을 사용할 수 있다. 현재 연호는 주기, 밀어내기, 가리키기와 같은 관습적인 접촉 몸짓을 사용하고(SU4.4) 이러한 몸짓을 공유된 관심에 일치시키는(SU4.8) 노력을 하고 있다. 연호의 팀은 적절한 비구어 의사소통과 정서적 표현을 시범 보이고(IS7.1), 아동의 시작행동을 촉진하는 학습 환경을 구성하며(LS4.5), '요구의 정도를 높이거나' 기대감을 적절하게 높일(LS4.10) 필요가 있음을 인식하였다.

| 비눗방울 불기 | 연호가 가장 좋아하는 활동 중 하나는 엄마와 함께 비눗방울을 부는 것이다. 연호는 비눗방울을 터뜨리는 것과 자신의 유아용 키높이 의자 선반에서 비눗물을 가지고 노는 것 모두를 즐겨 한다. 연호는 이 활동을 요구하기 위해 비눗물 용기의 뚜껑 쪽으로 엄마 손을 잡아당기거나 뚜껑을 입에 넣어 씹곤 한다. 이 활동에는 성인의 도움을 요청하는 자연스러운 기회가 있으므로(예: 꽉 잠긴 용기 뚜껑 열기), 이런 유형의 활동에서 주세요 몸짓을 시범 보이고, 일단 연호가 이 활동을 계속하려는 동기 부여가 되었다면 더 정교한 몸짓을 유도하기 위해 '정도를 높이는' 것이 적절할 것으로 보인다. 더 높은 수준의 몸짓을 보이는 것이 목표지만, 연호의 팀은 과장된 감정 표현과 사회적 칭찬을 사용하고, 높은 수준의 요구를 자제하며, 연호가 초기 및 이후에 나타나는 몸짓 형태의 의사소통에 반응할 필요가 있음을 논의하였는데, 특히 이러한 전략은 연호의 자존감을 증진시키고 의사소통하려는 노력을 격려하는 데 있어서 매우 중요할 것으로 보인다.

| 바깥놀이 | 연호는 아버지, 형과 함께 바깥놀이를 즐겨 한다. 큰 비치볼을 튀기고 굴리는 것을 좋아하며 모래상자를 가지고 논다. 가족에 따르면, 연호는 비가 올 때 '물웅덩이 속에서 첨벙거리는 것을 좋아한다'. 주기, 밀어내기, 가리키기와 같은 비구어 관습적인 몸짓을 시범 보일 기회를 더 자주 갖기 위해서 연호의 팀은 상호작용을 확장할 새로운 단계를 넣기 위해 활동을 수정할 필요가 있다고 보았

다. 팀은 연호의 손이 닿지 않지만 가리키면서 양육자에게 도와 달라고 쳐다볼 수 있는 키높이 정도에 비치볼을 올려놓기로 하였다. 덧붙여서 맑은 날에는 연호가 테라스에서 가지고 놀 수 있는 물통을 제공하는 것도 고려하였다. 물은 꽉 닫힌 투명한 통에 담겨 있기 때문에 연호가 이 활동에 높은 수준의 동기와 관심을 보인다는 사실을 고려한다면 양육자가 주세요 몸짓을 시범 보이면서 더 정교한 주세요 몸짓으로 '요구의 정도를 높일' 기회를 만들 수 있을 것이다.

⑤ 상징 사용 5: 의도 공유를 위해 발성 사용하기

아동 목표	관련된 파트너 목표	
상징 사용	대인관계 지원	학습 지원
SU5 의도 공유를 위해 발성 사용하기	IS1 파트너는 아동에게 반응적이다 IS5 파트너는 발달을 지원한다	LS1 파트너는 적극적인 참여를 위해 활동을 구조화한다
SU5는 JA, MR, SR에 직접적으로 연계되지 않음 관련 장단기 교수목표 SU5의 초기 성취는 JA4-JA6, MR1, MR3.3, MR3.4의 성취와 관련됨	차별화된 발성 사용하기(SU5.1), 일과와 밀접하게 관련된 단어 사용하기(SU5.3), 발성을 시선과 몸짓에 일치시키기(SU5.4) 능력은 부분적으로 의사소통 효능감을 증진시키기 위해 아동의 신호에 적절하게 반응하기(IS1.3), 아동을 모방하기(IS1.6), 모방 격려하기(IS5.1)와 같은 파트너 능력에 의존함	다양한 자음+모음 조합 사용하기(SU5.2), 일과와 밀접하게 관련된 단어 사용하기(SU5.3), 발성을 시선과 몸짓에 일치시키기(SU5.4) 능력은 또한 차례 주고받기 기회를 만들고 아동이 참여할 수 있도록 여지 남겨 두기(LS1.2), 반복되는 학습 기회 제공하기(LS1.4)와 같은 파트너 능력에 의존함

진하 사례

진하는 사회적 파트너 단계의 3세 남아로 불편함이나 불만뿐만 아니라 활동 중의 즐거움을 전달하기 위해 분명하게 소리를 사용한다. 따라서 진하는 의사소통 의도를 나타내기 위한 수단으로서 발성을 점차 인식하고 있는 상태다. 진하가 몸짓 형태의 의사소통을 발성으로 수정하는 능력은 아직까지 일관적이지 않다. 진하는 제한된 범위의 차별화된 발성을 사용한다. 예를 들어, '올드 맥도널드' 노래에 나오는 동물 소리인 "히히힝"을 나타내기 위해 열린 모음인 '이'를 사용할 수 있으며, 엄마가 안아 주길 요구하면서 '안아'라고 말하기 위해 열린 모음인 '아'를 사용할 수 있다. 현재 진하는 발성을 시선과 몸짓에 일치시키기(SU5.4) 능력을 발달시키고 있는 중이다. 그 결과, 구어-운동 계획 및 단어 산출을 신장시키기 위한 연습이 필수적이므로, 교육 팀은 진하의 의사소통 효능감을 증진시키기 위해 계속해서 진하의 신호에 적절하게 반응하고(IS1.3), 진하가 참여할 여지를 남겨 두는 차례 주고받기 기회를 증가시키며(LS1.2), 더 지속적으로 반복된 학습 기회를 제공해야(LS1.4) 한다는 필요성에 대해 논의하였다.

| 언어치료 | 진하는 유치원 종일반 프로그램 중 일주일에 3~4회가량의 일대일 언어치료 회기에 참여하는데, 이는 구어-운동 발달 및 단어 산출 모두의 어려움으로 인해 의사소통 효능감 증진을 위한 노력과 함께 다감각 의사소통(예: 몸짓, 신호, 시각적 지원)을 사용하는 빈번한 운동 연습이 필수적이기 때문이다. 진하의 치료사는 교실에서의 집단 활동을 똑같이 해 보는 일대일 회기를 고안해서 진하가 앞으로 하게 될 노래와 동화책을 추가로 연습할 수 있게 하였다. 미리 계획된 노래 부르기 활동 일과에서는 종종 똑같은 노래를 연속적으로 여러 번 부를 수도 있다. 마찬가지로, 진하의 치료사는 키워드 앞에서 잠시 멈춤으로써 진하가 자신의 차례를 목소리로 채우고(예: '우리 모두 다같이……') 발성과 몸짓을 짝 지워 산출할 수 있도록(예: '만세' 중 '세' 부분과 팔 움직임을 짝 지우기) 적절한 여지를 둘 수 있다.

| 간식시간 | 진하는 바삭한 간식을 좋아하며 간식시간에 종종 프레첼을 즐겨 먹는다. 진하의 팀은 만일 프레첼을 꽉 잠긴 투명한 용기에 담아 진하와 교사 사이에서 계속 옮긴다면 진하가 참여할 여지를 남겨 두는 차례 주고받기 기회를 증가시킬(LS1.2) 수 있다고 생각하였다. 이러한 조정은 진하가 몸짓(즉, 주세요 몸짓)과 발성(즉, '열어'를 의미하는 '여')을 짝 짓는 연습을 할 수 있는 더 지속적이고 반복된 학습 기회를 제공할 것이다. 그러나 팀은 진하가 구어로 의사소통 의도를 표현하는 데 어려움이 있으므로 효과적인 의사소통 참여자로서의 자신감을 유지시키기 위해 계속해서 진하의 비구어 시도에 신속하게 반응해 주는 것이 중요하다고 논의하였다.

⑥ 상징 사용 6: 두세 개의 익숙한 단어 이해하기

아동 목표	관련된 파트너 목표	
상징 사용	대인관계 지원	학습 지원
SU6 2~3개의 익숙한 단어 이해하기	IS4 파트너는 참여를 위한 장을 마련한다 IS6 파트너는 언어 사용을 조절한다	LS2 파트너는 발달을 촉진하기 위해 보완의사소통 지원을 사용한다 LS3 파트너는 시각적 지원 및 조직화 지원을 사용한다
SU6은 JA, MR, SR에 직접적으로 연계되지 않음	자신의 이름에 반응하기(SU6.1), 익숙한 사회적 게임에서 2~3개의 단어에 반응하기(SU6.2), 익숙한 일과에서 자주 사용되는 2~3개의 구절에 반응하기(SU6.4) 능력은 의사소통하기 전에 아동의 주의 확보하기(IS4.2), 이해를 돕기 위해 비구어 단서 사용하기(IS6.1), 아동의 발달 수준에 따라 언어의 복잡성 조절하기(IS6.2)와 같은 파트너 능력에 의존함	익숙한 사회적 게임에서 2~3개의 단어에 반응하기(SU6.2), 2~3개의 친숙한 사람, 신체 부위, 사물 이름에 반응하기(SU6.3), 익숙한 일과에서 자주 사용되는 2~3개의 구절에 반응하기(SU6.4) 능력은 언어 및 행동 이해를 강화하기 위해 보완의사소통 지원 사용하기(LS2.2), 집단 활동에서의 적극적인 참여를 촉진하기 위해 시각적 지원 사용하기(LS3.6)와 같은 파트너 능력에 의존함

요원 사례

요원은 사회적 파트너 단계의 6세 남아로 통합 유치원에 다니면서 현재 익숙한 일과에서 자주 사용되는 2~3개의 구절에 반응하기(SU6.4)를 배우고 있다. 지난 6개월간 요원은 자신의 이름에 반응하기(SU6.1)가 향상되었고, 익숙한 사회적 게임(예: "준비, …… 시작")에서 사용되는 몇몇 단어를 배웠다. 요원은 익숙한 일과 속에서 사용되는 구절(예: "차 타러 가자. …… 가서 외투 입어라." "코 잘 시간이네. …… 이 닦자.")에 반응하는 데 더 큰 어려움이 있는데, 이는 청각적인 정보와 앞으로 일어날 일에 대해 미리 흥분하는 특성이 합쳐지면서 종종 조절장애와 함께 구어 처리 능력을 감소시킬 수 있는 높은 수준의 각성을 유발하기 때문이다. 따라서 요원의 팀은 요원의 발달 수준에 맞춰 언어의 복잡성을 조절하고(IS6.2), 요원의 언어 및 행동 이해를 강화하기 위해 보완의사소통 지원을 사용할(LS2.2) 필요가 있음을 인식하였다.

| 유치원에서의 쉬는 시간 | 요원은 또래와의 휴식시간을 즐기기는 하나 운동장으로 이동하고 또래와 함께할 수 있는 활동(예: 그네 타기, 미끄럼틀 올라가기)에 참여하는 데에는 교사의 도움이 필요한 것으로 보인다. 교사가 익숙한 구절을 사용하는데도(예: "쉬는 시간이다. …… 코트 가져와라." "그네 타고 싶니?" "미끄럼 재미있겠다."), 요원이 실제로 참여하는 데에는 종종 신체적 안내가 필요하다. 요원의 팀은 사용하는 언어의 난이도를 조정하여 간단한 한두 단어 구절을 사용하고(예: "쉬는 시간 …… 외투 입자" "요원아, 그네?" "미끄럼?"), 요원의 이해를 돕기 위해 구어와 보완의사소통 지원을 함께 제공하기로 논의하였다. 이 활동을 위한 보완의사소통 도구로 요원의 외투, 그네, 미끄럼틀 사진과 '끝'을 나타내는 상징이 달린 열쇠고리형 도구를 개발하였다.

| 점심시간 | 요원은 점심식사가 끝난 후 식탁에서 일어남으로써 식사를 다 마쳤음을 나타낼 수도 있으나 이 활동을 완수하기 위해 익숙한 구절(예: "식판 치우자.")과 신체적인 안내를 반복적으로 필요로 한다. 팀은 언어 투입을 조절하고(예: "요원이 다 먹었네. …… 치우자."), 요원의 이름이 적혀 있고 뒤편에는 쓰레기통 사진이 붙여진 좌석표를 마련하여 요원이 '치우다'라는 구절을 잘 이해하도록 지원하는 보완의사소통 도구로 사용하기로 하였다.

(3) 정서 조절: 상호조절

① 상호조절 1: 다양한 정서 표현하기

아동 목표	관련된 파트너 목표	
상호조절	대인관계 지원	학습 지원
MR1 다양한 정서 표현하기	IS4 파트너는 참여를 위한 장을 마련한다 IS5 파트너는 발달을 지원한다 IS7 파트너는 적절한 행동을 시범 보인다	LS1 파트너는 적극적인 참여를 위해 활동을 구조화한다 LS2 파트너는 발달을 촉진하기 위해 보완의사소통 지원을 사용한다 LS4 파트너는 목표, 활동, 학습 환경을 수정한다

MR1은 JA, SU, SR에 직접적으로 연계되지 않음 관련 장단기 교수목표 MR1의 성취는 SU4-SU5의 성취와 관련됨	기쁨(MR1.1), 슬픔(MR1.2), 분노(MR1.3), 두려움(MR1.4), 표현하기 능력은 상호작용을 촉진하기 위해 적절한 근접성과 비구어 행동 사용하기(IS4.3), 아동의 놀이와 비구어 의사소통 확장하기(IS5.5), 적절한 비구어 의사소통과 정서 표현 시범 보이기(IS7.1)와 같은 파트너 능력에 의존함	기쁨(MR1.1), 슬픔(MR1.2), 분노(MR1.3), 두려움(MR1.4), 표현하기 능력은 또한 다양한 학습 기회 제공하기(LS1.5), 정서 표현 및 이해 능력을 강화하기 위해 보완의사소통 지원 사용하기(LS2.3), 주의집중을 높일 수 있도록 학습 환경 구성하기(LS4.4)와 같은 파트너 능력에 의존함

민기 사례

민기는 유치원에 다니는 사회적 파트너 단계의 4세 남아로 변동적인 각성 수준을 보이고 자신의 정서 상태를 관습적인 방식으로 전달하는 데 어려움을 보인다. 강도 높은 정서적 극단의 상태일 때는 옆쪽을 바라보면서(주변시야) 펄쩍펄쩍 뛰는 모습을 보인다. 민기의 목적에는 기쁨 표현하기(MR1.1)와 분노 표현하기(MR1.3)가 포함된다. 민기의 팀은 적절한 비구어 의사소통과 정서 표현을 시범 보이고(IS7.1), 민기의 정서 이해를 강화하는 보완의사소통 지원을 사용하기(LS2.3) 위해 노력하고 있다.

| 유치원에서의 자유선택 활동 | 자유선택 활동 중 민기는 일반적으로 자동차가 비치된 영역에 관심을 보인다. 민기는 자동차놀이를 매우 즐기지만 펄쩍 뛰면서 흥분을 나타내거나 옆을 바라보는 주변시야를 사용하는 모습이 자주 관찰되는 등 아직까지 기쁨을 표현하는 데 관습적인 방법을 사용하지 못한다. 민기의 팀은, 민기가 놀이를 할 때 파트너가 과장된 몸짓과 얼굴 표정을 사용하여 자신들의 흥분을 나타냄으로써 더 지속적으로 적절한 비구어 의사소통과 정서 표현을 시범 보일 필요가 있다고 보았다. 마찬가지로, 민기가 덜 관습적인 전략을 사용하여 기쁨을 표현할 때 민기에게 '기쁨'을 나타내는 그림 상징을 제공할 필요가 있으므로 보완의사소통 지원도 사용하기로 하였다.

| 가정에서의 저녁식사 | 민기의 팀은 민기가 매일 저녁 일어나는 일상적인 전이 상황인 좋아하는 비디오 보기를 멈추고 저녁식사를 해야 할 때 펄쩍 뛰면서 옆쪽을 바라보는 주변시야를 사용하는 것이 완전히 다른 의미를 지니고 있다는 점

에 대해 논의하였다. 팀은 이 활동에서 민기의 행동이 상당히 비관습적이기는 하나, 극심한 분노를 나타내는 것임을 알게 되었다. 그 결과, 팀은 발 구르기와 고개를 젓는 행동과 같은 '화난 상태'에 대한 관습적인 표현을 더 많이 시범 보일 필요가 있다고 보았다. 덧붙여서 민기의 정서 이해를 지원하고자 '화난' 모습을 나타내는 그림 상징을 보여 줌으로써 민기의 정서 상태를 명명하는 데 도움이 되는 보완의사소통 지원을 사용하였다. 또한 팀은 전체 활동을 안내하는 그림 일과표와 같은 사전 지원이 전이 중 민기의 불안을 감소시키는 데 도움이 될 것으로 생각하였다.

② 상호조절 2: 파트너가 제공하는 지원에 반응하기

아동 목표	관련된 파트너 목표	
상호조절	대인관계 지원	학습 지원
MR2 파트너가 제공하는 지원에 반응하기	IS1 파트너는 아동에게 반응적이다 IS2 파트너는 시작행동을 촉진한다 IS4 파트너는 참여를 위한 장을 마련한다	LS2 파트너는 발달을 촉진하기 위해 보완의사소통 지원을 사용한다 LS4 파트너는 목표, 활동, 학습 환경을 수정한다
MR2는 JA1, JA3, JA4에 연계됨 연계 교수목표 MR2.3 상호작용 시도에 반응하기(=JA1.1) MR2.4 파트너의 정서 표현 변화에 반응하기(=JA3.3) MR2.5 파트너의 정서 표현 변화에 동조하기(=JA3.4) MR2.6 파트너의 제안에 따라 선택하기(≈JA4.1)	파트너의 위로에 진정하기(MR2.1), 파트너가 주의를 환기시킬 때 참여하기(MR2.2), 상호작용 시도에 반응하기(MR2.3), 파트너의 정서 표현 변화에 동조하기(MR2.5) 능력은 아동의 정서 및 속도에 맞추기(IS1.2), 비구어 또는 구어로 선택의 기회 제공하기(IS2.1), 의사소통할 때 아동의 눈높이에 맞추기(IS4.1), 최적의 각성 상태와 참여를 지원하기 위해 적절한 단어와 억양 사용하기(IS4.4)와 같은 파트너 능력에 의존함	파트너의 정서 표현 변화에 반응하기(MR2.4), 파트너의 제안에 따라 선택하기(MR2.6) 능력은 언어 및 행동 이해를 강화하기 위해 보완의사소통 지원 사용하기(LS2.2), 활동이 발달적으로 적절하도록 고안하고 수정하기(LS4.6)와 같은 파트너 능력에 의존함

성주 사례

성주는 최근에 진단을 받은 사회적 파트너 단계의 3세 여아로 창밖에서 바람에 흔들리는 나뭇잎을 장시간 동안 바라보는 움츠러든 모습을 보인다. 성주의 각성 수준은 하루 종일 등락을 거듭하며, 파트너가 제공하는 조절 관련 지원을 인식하지 못하는 것으로 보인다. 성주의 교수목표는 파트너가 주의를 환기시킬 때 참여하기(MR2.2)와 파트너의 제안에 따라 선택하기(MR2.6)이다. 성주의 팀은 다양한 대인관계 지원 및 학습 지원을 검토한 후에 의사소통할 때 성주의 눈높이에 맞추기(IS4.1), 성주의 관심을 끌기 위해 비구어 또는 구어로 선택의 기회 제공하기(IS2.1), 활동이 발달적으로 적절하도록 고안하고 수정하기(LS4.6)를 지속적으로 실시할 필요가 있다고 보았다.

| 이야기나누기 활동 | 성주의 팀은 유치원 프로그램 내에서 성주에게 적절하게 의사소통 수준을 낮추는 방안을 논의하였다. 예를 들어, 교사는 특히 성주의 관심을 집중시키는 것과 관련해서 친구들과 마주보고 바닥에 앉기를 제안하였다. 그다음에 팀은 지원 제공의 지속성을 강화하는 전략으로 노래 부르기 활동 중에 노래 두 곡과 관련된 소도구를 성주의 시야에 두고(즉, 버스 바퀴 노래에는 버스를, 북치기 노래에는 북채를 제공) 성주가 선택할 수 있게 하기로 하였다. 또한 이야기 시간을 성주의 발달에 더 적합하게 수정하는 전략도 논의하였다. 성주가 좋아하는 몇 권의 책(예: 자장자장, 갈색 곰아 갈색 곰아 무엇을 보고 있니?)을 교사의 이야기 바구니에 넣어 두고 반복되는 구절과 단순한 언어가 포함된 이야기를 성주에게 제공하였다.

| 돌봄교실 간식시간 | 성주의 팀은 돌봄교실에서의 간식시간에 성주의 수준에 맞게 조정하는 전략에 대해 논의하였다. 조정 전략에는 간식시간 중에 성인 양육자가 얼굴을 마주보고 성주의 맞은편에 앉아 선택할 수 있는 간식거리를 제공함으로써 성주가 간식 활동에 참여하도록 촉진하는 것이 포함되었다. 그다음에 팀은 파트너가 제공하는 도움에 반응하는 능력을 지원하고자 활동의 발달 수준을 수정할 필요가 있다고 보았다. 구체적으로, 익숙하고 예측 가능한 노래를 삽입하여 간식시간의 각 부분을 구분함으로써(예: 손 씻기, 주스 따르기, 먹기, 치우기) 성주가 활동의 각 부분 간 전이를 적극적으로 할 수 있게 하였다.

③ 상호조절 3: 상태를 조절하기 위해 파트너에게 도움 청하기

아동 목표	관련된 파트너 목표	
상호조절	대인관계 지원	학습 지원
MR3 상태를 조절하기 위해 파트너에게 도움 청하기	IS1 파트너는 아동에게 반응적이다 IS2 파트너는 시작행동을 촉진한다 IS5 파트너는 발달을 지원한다 IS7 파트너는 적절한 행동을 시범 보인다	LS1 파트너는 적극적인 참여를 위해 활동을 구조화한다 LS2 파트너는 발달을 촉진하기 위해 보완의사소통 지원을 사용한다 LS4 파트너는 목표, 활동, 학습 환경을 수정한다
MR3은 JA3, JA4, JA5에 연계됨 연계 교수목표 MR3.1 위로를 구하기 위해 부정적인 정서 공유하기(≈JA3.1) MR3.2 상호작용을 하기 위해 긍정적인 정서 공유하기(≈JA3.2) MR3.3 좌절했을 때 도움 청하기(≈JA4.3) MR3.4 괴로울 때 거부하기(≈JA4.2, JA4.4) 관련 장단기 교수목표 MR3의 성취는 JA5.1, SU4-SU5의 성취와 관련됨	위로를 구하기 위해 부정적인 정서 공유하기(MR3.1), 상호작용을 위해 긍정적인 정서 공유하기(MR3.2), 좌절했을 때 도움 청하기(MR3.3), 괴로울 때 거부하기(MR3.4) 능력은 의사소통 효능감을 증진시키기 위해 아동의 신호에 적절하게 반응하기(IS1.3), 시작행동 기다리고 격려하기(IS2.2), 아동의 놀이와 비구어 의사소통 확장하기(IS5.5), 적절한 비구어 의사소통과 정서 표현 시범 보이기(IS7.1)와 같은 파트너 능력에 의존함	위로를 구하기 위해 부정적인 정서 공유하기(MR3.1), 상호작용을 하기 위해 긍정적인 정서 공유하기(MR3.2), 좌절했을 때 도움 청하기(MR3.3), 괴로울 때 거부하기(MR3.4) 능력은 반복되는 학습 기회 제공하기(LS1.4), 의사소통과 표현언어를 강화하기 위해 보완의사소통 지원 사용하기(LS2.1), 정서 표현 및 이해 능력을 강화하기 위해 보완의사소통 지원 제공하기(LS2.3), '요구의 정도를 높이거나' 기대감을 적절하게 높이기(LS4.10)와 같은 파트너 능력에 의존함

기호 사례

기호는 유치원에 다니는 사회적 파트너 단계의 4세 남아로 정서를 구분해서 표현하기는 하지만 양육자의 주의를 끌기 위해 얼굴 표정, 시선, 음성을 사용하는 데에 어려움이 있다. 기호의 교수목표에는 상호작용을 하기 위해 긍정적인 정서 공유하기(MR3.2)와 좌절했을 때 도움 청하기(MR3.3)가 포함된다. 기호의 팀은 시작행동을 기다리고 격려하기(IS2.2)와 반복적으로 학습 기회 제공하기(LS1.4)를 더 지속적으로 실시하는 데 노력을 기울이고 있다.

| 미용실 | 기호의 팀은 기호의 조절을 돕기 위한 행동 지원(즉, 기호가 자신의 담요를 가질 수 있게 하는 것) 외에도 기호 옆에 더 가까이 있으면서 파트너를 흘낏 쳐다보거나 파트너 쪽으로 다가오는 것과 같이 파트너의 주의를 끌기 위해 사용하는 모든 미세한 시도에 반응할 필요가 있다고 보았다. 목표는 기호가 활동을 하면서 좌절을 느낄 때 직접 도움을 청하도록 격려하는 것이다. 팀은 이러한 상황에서 기호에게 조절과 관련된 지원을 제공하면서 추가의 반복된 보조 요청을 할 수 있는, 사탕을 먹거나 껌을 씹게 하는 등의 더 관습적이고 효과적인 행동 전략을 제공하는 것에 대해 논의하였다.

| 수영장 | 기호는 수영장에서 다른 사람이 가까이 올 때까지 혼자 놀곤 한다. 이러한 상황에서 기호는 또래가 하는 간단한 사회적 게임에 쉽게 참여한다. 팀은 기호가 수영장에서 좋아하는 비치볼을 가지고 놀 때 또래가 기호의 근처에 가 있도록 하는 것이 중요하다고 보았다. 또한 팀은 기호가 비치볼이나 또래의 상호작용 시도에 대한 반응으로 긍정적인 정서 표현을 시작할 충분한 시간을 가질 수 있도록 기호에게 놀고 싶은지 묻기 전에 충분한 시간 동안 기다리도록 또래를 격려하는 것이 중요하다고 논의하였다.

④ 상호조절 4: 파트너의 지원을 받아 극심한 조절장애로부터 회복하기

아동 목표	관련된 파트너 목표	
상호조절	대인관계 지원	학습 지원
MR4 파트너의 지원을 받아 극심한 조절장애로부터 회복하기	IS1 파트너는 아동에게 반응적이다 IS3 파트너는 아동의 독립성을 존중한다 IS7 파트너는 적절한 행동을 시범 보인다	LS1 파트너는 적극적인 참여를 위해 활동을 구조화한다 LS2 파트너는 발달을 촉진하기 위해 보완의사소통 지원을 사용한다 LS3 파트너는 시각적 지원 및 조직화 지원을 사용한다

MR4는 JA, SU, SR에 직접적으로 연계되지 않음	활동으로부터 떨어져 있게 하는 방법으로 회복을 지원하는 파트너의 노력에 반응하기(MR4.1), 파트너의 행동 전략 사용에 반응하기(MR4.2), 파트너의 지원을 받아 극심한 조절장애 상태의 강도 줄이기(MR4.5) 능력은 조절장애 신호 인식하고 지원하기(IS1.5), 적절한 경우 저항, 거부, 거절 존중하기(IS3.4), 적절한 비구어 의사소통과 정서 표현 시범 보이기(IS7.1)와 같은 파트너 능력에 의존함	상호작용이나 활동에 다시 참여하게 하기 위한 파트너의 시도에 반응하기(MR4.3), 파트너의 지원을 받아 극심한 조절장애로부터 회복되는 시간 단축하기(MR4.4) 능력은 아동의 정서 표현 및 이해 능력을 강화하기 위해 보완의사소통 지원 사용하기(LS2.3), 집단 활동에서의 적극적 참여를 촉진하기 위해 시각적 지원 사용하기(LS3.6), 학습 환경의 감각적 속성 수정하기(LS4.3)와 같은 파트너 능력에 의존함

태호 사례

태호는 사회적 파트너 단계의 2세 남아로 쉽게 괴로움을 느낀다. 태호의 조절장애는 자주 긴 시간 동안 울고 소리 지르는 것으로 악화된다. 팀에 의하면, 이들이 태호를 달래려고 할수록 조절장애는 더욱 악화되는 것으로 보인다. 태호의 교수 목표에는 활동으로부터 떨어져 있게 하는 방법으로 회복을 지원하는 파트너의 노력에 반응하기(MR4.1)와 파트너의 지원을 받아 극심한 조절장애로부터 회복되는 시간 단축하기(MR4.4)가 포함된다. 태호의 팀은 태호의 조절장애 신호를 인식하고 지원을 제공하며(IS1.5), 학습 환경의 감각적 속성을 수정하기(LS4.3) 위해 노력을 기울이고 있다.

| 옷 입기 | 팀은 태호에게 옷 입기는 종종 극심한 조절장애를 일으키는 활동이라는 점에 대해 논의하였다. 팀은 활동 중에 활동 단계를 알려 주는 시각적 일과표를 일관되게 제공함으로써 옷 입기 일과 자체에 대한 변화가 필요하며, 옷 입기를 힘들어 하는 상황에 사용할 전략 역시 필요하다는 데 동의하였다. 또한 팀은 태호가 조절장애 상태임을 알려 주는 신뢰할 만한 신호 중 하나인, 자신이 좋아하는 비디오의 한 부분을 계속해서 따라 말하는 것이 관찰되면 태호를 잠깐 쉬게 한 후 그 다음에 입을 옷을 보여 주는 것이 좋겠다고 의견을 모았다. 또한 팀은 태호가 극심한 조절장애 상태일 때 도움이 되는 것으로 이미 관찰된 방법인, 태호 옆에 가까이 가서

아무런 요구도 하지 않은 채 조용히 앉아 있기가 태호가 마음을 진정시키는 데 도움이 될 것이라는 데 동의하였다.

| 형과의 바깥놀이 | 태호의 팀은 형의 예측할 수 없는 행동 특성이 종종 태호를 괴롭게 만드는 계기가 된다는 점을 논의하였다. 따라서 팀은 환경의 감각적 속성을 수정하여 태호와 형을 위한 구조화된 짧은 놀이 기회(예: 차례대로 미끄럼 타기)를 만들었다. 그다음에 팀은 태호가 비디오 따라 말하기와 같이 조절장애의 신호를 나타내는지 자세히 관찰하여 태호에게 그네 타기를 제안하는 식으로 반응할 필요가 있다고 보았다. 덧붙여서 팀은 뒷마당에 작은 텐트를 설치하여 태호가 조절장애 상태가 될 때 지원을 받을 수 있는 쉼터로 사용할 수 있게 하였다.

(4) 정서 조절: 자기조절

① 자기조절 1: 학습 또는 상호작용의 가능성 보이기

아동 목표	관련된 파트너 목표	
자기조절	대인관계 지원	학습 지원
SR1 학습 또는 상호작용의 가능성 보이기	IS1 파트너는 아동에게 반응적이다 IS2 파트너는 시작행동을 촉진한다 IS4 파트너는 참여를 위한 장을 마련한다	LS1 파트너는 적극적인 참여를 위해 활동을 구조화한다 LS3 파트너는 시각적 지원 및 조직화 지원을 사용한다 LS4 파트너는 목표, 활동, 학습 환경을 수정한다
SR1은 JA1에 연계됨 연계 교수목표 SR1.4 상호작용 시도 시작하기(=JA1.2) SR1.5 간단한 상호적 상호작용에 참여하기(=JA1.3) SR1.6 확장된 상호적 상호작용에 참여하기(=JA1.4)	환경 내 사람과 사물 인식하기(SR1.1), 다양한 감각 및 사회적 경험에 흥미 보이기(SR1.2), 상호작용 시도를 시작하기(SR1.4) 능력은 의사소통 효능감을 증진시키기 위해 아동의 신호에 적절하게 반응하기(IS1.3), 조절장애 신호를 인식하고 지원하기(IS1.5), 의사소통하기 전에 아동의 주의 확보하기(IS4.2)와 같은 파트너 능력에 의존함	다양한 감각 체험을 추구하고 참아내기(SR1.3), 간단한 또는 확장된 상호적 상호작용에 참여하기(SR1.5, SR1.6) 능력은 활동의 시작과 종료를 분명하게 정하기(LS1.1), 반복되는 학습 기회 제공하기(LS1.4), 활동 간 원활한 전이를 위해 시각적 지원 사용하기(LS3.3)와 같은 파트너 능력에 의존함

명호 사례

명호는 현재 종일반 유치원에 재학 중인 사회적 파트너 단계의 3세 남아로 낮은 각성 편향성 및 수동적인 상호작용 유형을 보인다. 명호의 교수목표에는 환경 내 사람과 사물 인식하기(SR1.1)와 다양한 감각 체험을 추구하고 참아내기(SR1.3)가 포함된다. 명호의 팀은 의사소통을 하기 전에 명호의 주의를 확보하고(IS4.2) 활동 간 원활한 전이를 위해 시각적 지원을 사용하는(LS3.3) 데에 우선순위를 두고 있다.

| 목욕 시간 | 팀은 명호의 각성 편향성을 고려해 볼 때 명호의 관심을 집중시키기 위해서는 과장된 정서를 사용하고 목욕 일과의 일부분으로 익숙한 노래를 삽입할 필요가 있을 것으로 논의하였다. 또한 목욕 일과의 일부분으로 익숙한 고무 오리인형을 제시하는 것이 목욕 시간으로 전이됨을 알리는 시각적 단서 역할을 하게 될 것이다.

| 유치원에서의 이야기나누기 활동 | 명호의 팀은 집단 활동 중에 명호의 관심을 더 확실하게 집중시키기 위해 계속해서 이름을 불러 명호의 주의를 확보하기로 결정하였다. 그 외에도 활동 단계를 보여 주는 사물 스케줄과 활동을 마쳤을 때 해당 사물을 가져다 놓을 수 있는 '활동 종료' 바구니를 사용하여 활동 간 전이가 원활해질 수 있도록 촉진하기로 하였다.

② 자기조절 2: 익숙한 활동 중에 각성 수준을 조절하기 위해 행동 전략 사용하기

아동 목표	관련된 파트너 목표	
자기조절	대인관계 지원	학습 지원
SR2 익숙한 활동 중에 각성 수준을 조절하기 위해 행동 전략 사용하기	IS1 파트너는 아동에게 반응적이다 IS3 파트너는 아동의 독립성을 존중한다 IS7 파트너는 적절한 행동을 시범 보인다	LS1 파트너는 적극적인 참여를 위해 활동을 구조화한다 LS3 파트너는 시각적 지원 및 조직화 지원을 사용한다 LS4 파트너는 목표, 활동, 학습 환경을 수정한다

SR2는 JA, SU, MR에 직접적으로 연계되지 않음 관련 장단기 교수목표 SR2의 성취는 SU3.1의 성취와 관련됨	사회적 상호작용 중에 각성 수준을 조절하기 위해 행동 전략 사용하기(SR2.2), 각성 수준을 조절하기 위해 파트너가 시범 보인 행동 전략 사용하기(SR2.3) 능력은 각성 수준을 조절하기 위한 아동의 행동 전략 인식하고 지원하기(IS1.4), 문제행동을 의사소통 또는 조절의 기능으로 이해하기(IS3.3), 아동이 부적절한 행동을 할 때 적절한 행동 시범 보이기(IS7.4)와 같은 파트너 능력에 의존함	혼자 하는 활동 중에 각성 수준을 조절하기 위해 행동 전략 사용하기(SR2.1), 장시간의 활동에 생산적으로 참여하기 위해 행동 전략 사용하기(SR2.4) 능력은 반복되는 학습 기회 제공하기(LS1.4), 학습 환경의 감각적 속성 수정하기(LS4.3), 활동 내에 동기유발이 가능한 교재 및 주제 포함시키기(LS4.7)와 같은 파트너 능력에 의존함

재희 사례

재희는 유치원 5세반 진급을 앞둔 사회적 파트너 단계의 5세 여아로 부분적으로는 촉각 방어로 인해 높은 수준의 각성 편향성을 보인다. 재희는 다른 사람과의 상호작용을 피하려고 하는 경우가 많다. 재희의 목표에는 혼자 하는 활동 중에 각성 수준을 조절하기 위해 행동 전략 사용하기(SR2.1)와 사회적 상호작용 중에 각성 수준을 조절하기 위해 행동 전략 사용하기(SR2.2)가 포함된다. 재희의 팀은 각성 수준을 조절하기 위해 재희가 사용한 행동 전략을 인식하고 지원하기(IS1.4)와 재희의 자기조절 능력을 지원하기 위해 학습 환경의 감각적 속성 수정하기(LS4.3)를 우선순위 목표로 정하였다.

| 학교 운동장 | 재희의 팀은 운동장에서 재희가 보이는 행동에 대해 논의하였다. 팀은 재희의 행동 전략을 더 잘 인식할 수 있도록 재희의 조절장애 상태와 자기조절의 초기 시도를 알려 주는 다양한 행동의 목록을 만들었으며, 이러한 상황에서 재희의 조절을 지원하기 위해 사용할 수 있는 조직화 활동의 목록을 만들었다. 이 외에도 자전거 타기 활동의 감각 자극이 재희의 자기조절에 일관성 있게 도움이 되므로 운동장에서 세발자전거를 탈 수 있게 함으로써 환경의 감각적 속성을 수정하기로 하였다.

| 조형 활동 | 팀은 재희가 조형 활동 중에 극심한 조절장애와 탠트럼으로 악화

되기 쉬운 이유 중 하나는 과다 각성과 촉각 방어 또는 지나치게 미세한 조절장애 신호로 인하여 필요한 조절 관련 지원을 받지 못하기 때문이라고 보았다. 따라서 재희의 각성 수준이 올라가고 있음을 나타내는 행동 신호 목록과 함께 이에 대응하여 재희에게 시범 보일 수 있는 감각운동 지원 전략의 목록을 만들었다. 또한 각성 수준이 올라가는 위험을 최소화하기 위해 촉각적인 탐구가 덜 요구되는 대안적 자료를 제공하기로 하였다.

③ 자기조절 3: 새롭고 변화하는 상황에서 정서 조절하기

아동 목표	관련된 파트너 목표	
자기조절	대인관계 지원	학습 지원
SR3 새롭고 변화하는 상황에서 정서 조절하기	IS1 파트너는 아동에게 반응적이다 IS2 파트너는 시작행동을 촉진한다 IS4 파트너는 참여를 위한 장을 마련한다	LS1 파트너는 적극적인 참여를 위해 활동을 구조화한다 LS2 파트너는 발달을 촉진하기 위해 보완의사소통 지원을 사용한다 LS3 파트너는 시각적 지원 및 조직화 지원을 사용한다
SR3은 SU2에 연계됨 연계 교수목표 SR3.1 익숙한 일과에서 다른 사람의 행동 예상하기(=SU2.1)	새롭고 변화하는 상황에 참여하기(SR3.2) 능력은 필요할 때 상호작용이나 활동으로부터 휴식 제공하기(IS1.7), 아동이 활동을 시작하고 마치도록 해 주기(IS2.4), 최적의 각성 상태와 참여를 지원하기 위해 적절한 단어와 억양 사용하기(IS4.4)와 같은 파트너 능력에 의존함	새롭고 변화하는 상황에서 각성 수준을 조절하기 위해 행동 전략 사용하기(SR3.3), 전이 중 각성 수준을 조절하기 위해 행동 전략 사용하기(SR3.4) 능력은 다양한 학습 기회 제공하기(LS1.5), 정서 조절을 강화하기 위해 보완의사소통 지원 사용하기(LS2.4), 하루 전반에 걸쳐 시간 분할을 조직화하기 위해 지원 사용하기(LS3.4)와 같은 파트너 능력에 의존함

태규 사례

태규는 가정 중심 서비스를 받고 있는 사회적 파트너 단계의 2세 6개월 남아로 변동적인 각성 수준을 보이며 일과가 방해될 때 쉽게 화를 낸다. 태규의 교수목표에는 새롭고 변화하는 상황에 참여하기(SR3.2)와 전이 중 각성 수준을 조절하기 위해 행동 전략 사용하기(SR3.4)가 포함된다. 태규의 팀은 필요할 때 상호작용이나 활동으로부터 휴식 제공하기(IS1.7)와 하루 전반에 걸쳐 시간 분할을 조직화하기 위한 지원 사용하기(LS3.4)에 노력을 기울이고 있다.

| 취침 시간 | 태규의 팀은 태규가 일관된 취침 일과에서조차 취침 준비하기를 포함한 다양하고 갑작스러운 전이 상황에서 혼란스러워한다는 것을 인식하였다. 따라서 팀은 이러한 어려움을 겪는 태규를 돕기 위해 시간 구획 및 앞으로 발생할 전이를 조직화하고 보여 주는 시각적 지원을 고안하기로 하였다. 그 결과, 취침 일과의 활동 단계를 알려 주고 태규가 전이를 준비할 수 있게 해 주는 사진 스케줄을 적용하였다. 덧붙여서 이 활동에 포함된 각 파트너는 태규가 더 극심한 조절장애로 악화될 것임을 나타내는 가장 신뢰할 만한 신호 중 하나인 계속 손을 물어뜯으려는 행동을 보이면 태규에게 휴식시간을 제공해야 함을 논의하였다. 그리고 태규가 취침 일과에 다시 참여할 수 있을 때 사진 스케줄을 사용하여 다음 단계가 무엇이며 활동이 끝날 때까지 몇 단계가 남았는지에 대해 인식하게끔 촉진할 수 있다.

| 쇼핑과 가족 용무 | 다시 한 번 태규의 팀은 시각적 지원을 사용하여 시간 구획을 조직화함으로써 태규가 전이를 미리 준비할 수 있게 할 필요가 있다고 보았다. 쇼핑과 가족 용무 중에 태규가 분명하고 명확하게 인식할 수 있게끔 활동 단계에 대한 정보를 제공해야 한다. 이를 위해 사진을 바꿔 끼울 수 있는 사진첩에 대해 논의하여 적절한 형태를 고안하였다. 이 사진첩에는 쇼핑 중 방문하게 될 여러 상점 사진을 끼울 수 있다. 또한 태규의 각성 수준을 조절해 주는 감각 자극을 제공하는 것으로 알려진 진동 봉제인형을 준비하여 휴식시간에 제공할 수 있다. 팀은 이 봉제인형이 태규가 좋아하는 놀잇감 중 하나이므로 지역사회 외출 중 태규의 관심을 사로잡고 유지하는 데 유용할 것으로 보았다.

④ 자기조절 4: 극심한 조절장애로부터 스스로 회복하기

아동 목표	관련된 파트너 목표	
자기조절	대인관계 지원	학습 지원
SR4 극심한 조절장애로부터 스스로 회복하기	IS1 파트너는 아동에게 반응적이다	LS2 파트너는 발달을 촉진하기 위해 보완의사소통 지원을 사용한다

	IS3 파트너는 아동의 독립성을 존중한다 IS7 파트너는 적절한 행동을 시범 보인다	LS3 파트너는 시각적 지원 및 조직화 지원을 사용한다 LS4 파트너는 목표, 활동, 학습 환경을 수정한다
SR4는 JA, SU, MR에 직접적으로 연계되지 않음	지나치게 자극적이거나 원하지 않는 활동으로부터 스스로 떠나기(SR4.1), 극심한 조절장애로부터 회복하기 위해 행동 전략 사용하기(SR4.2), 조절장애 상태의 강도 줄이기(SR4.5) 능력은 각성 수준을 조절하기 위한 아동의 행동 전략 인식하고 지원하기(IS1.4), 적절한 경우 저항, 거부, 거절 존중하기(IS3.4), 적절한 비구어 의사소통과 정서 표현 시범 보이기(IS7.1)와 같은 파트너 능력에 의존함	극심한 조절장애로부터 회복된 후 상호작용이나 활동에 다시 참여하기(SR4.3), 극심한 조절장애로부터 회복되는 시간 단축하기(SR4.4) 능력은 아동의 정서 표현 및 이해 능력을 강화하기 위해 보완의사소통 지원 사용하기(LS2.3), 집단 활동에서의 적극적인 참여를 촉진하기 위해 시각적 지원 사용하기(LS3.6), 학습 환경의 감각적 속성 수정하기(LS4.3)와 같은 파트너 능력에 의존함

규희 사례

규희는 사회적 파트너 단계의 8세 여아로 시간제 통합교육을 받고 있는 2학년 학생이며, 전이와 분주한 환경 속에서 잦은 탠트럼을 보인다. 규희의 교수목표에는 지나치게 자극적이거나 원하지 않는 활동으로부터 스스로 떠나기(SR4.1)와 극심한 조절장애로부터 회복된 후 상호작용이나 활동에 다시 참여하기(SR4.3)가 포함된다. 규희의 팀은 적절한 경우 저항, 거부, 거절을 존중하고(IS3.4) 발달적으로 적절한 활동에 규희가 다시 참여할 수 있도록 학습 환경의 감각적 속성을 수정할(LS4.3) 필요가 있음을 인식하였다.

| **특수체육** | 규희의 팀은 수정된 체육 수업이 소규모 집단 환경이기는 하나, 수업이 실시되는 넓은 체육관의 소음 수준과 강한 형광등 불빛의 시각적 강도로 인하여 수업 환경이 규희에게 문제가 되고 있음을 인식하였다. 팀이 몇 주간 관찰한 결과, 규희가 체육관이나 활동에 들어가지 않으려는(즉, 저항하는) 시도로 계속해서 탠트럼을 보이고 있음을 알게 되었다. 규희의 팀은 활동을 거부하기 위해 사용

하는 규희의 이러한 저항 행동을 존중하여 체육관 한쪽 끝 커튼 뒤에 있는 무대에서 잠시 쉴 수 있게 할 필요가 있음을 논의하였다. 또한 팀은 적절한 환경 수정을 통해 규희가 집단 활동에 재참여하는 능력이 향상될 수 있기 때문에, 체육관의 형광등을 소등하고 참석한 모든 사람들이 목소리를 줄이도록 하여(즉, '실내 목소리' 사용하기) 체육관 내 감각 자극을 감소시킬 필요가 있다고 보았다.

| 국어 | 팀은 규희의 저항 행동을 존중하는 입장에서 착석이 필요한 국어 수업 중에 소리를 지르는 것은 자신의 지각 능력을 넘어서는 수업에 저항하는 시도라고 인식하였다. 따라서 팀은 이러한 상황에서 규희를 '아늑한 구석자리'로 이동시키는 것이 중요하다고 보았다. 그다음에 팀은 감각 정보의 조직화(예: 규희가 조작할 수 있는 질감이 있는 자료) 전략을 사용해서 국어 수업을 보완함으로써 규희가 활동에 다시 참여할 가능성을 높일 수 있을 것이다.

2) 언어 파트너 단계

언어 파트너 단계에서 아동의 파트너는 아동이 도움 청하기, 인사하기, 자랑하기, 차례 주고받기, 행동이나 사건에 대해 언급하기와 같은 다양한 의도를 갖고 보다 일관성 있게 의사소통할 수 있도록 지원하는 데 지대한 영향을 미친다. 또한 파트너는 아동이 의사소통에 상징적 수단을 사용하고, 사물과 사건을 가리키기 위해 단어와 단어 조합을 이해하고 사용하며, 새로운 행동을 모방하고, 사물을 가지고 가상놀이를 하는 데에도 큰 영향력을 미친다. 마찬가지로, 언어 파트너 단계에서 아동의 파트너는 다음과 같은 아동의 능력에 영향을 미친다: (1) 자기조절을 위한 행동 전략 및 언어 전략 사용하기, (2) 새롭고 변화되는 상황에서 각성 수준 조절하기, (3) 감정 표현을 다듬고, 조절을 위한 더 관습적인 전략을 개발하며, 더 어려운 활동에 재참여하기 위한 수단으로 파트너의 피드백 사용하기.

이 장의 앞부분에서 간략하게 다루었던 것처럼, 아동의 파트너에게 적합한 구체적인 교류 지원 목표의 우선순위를 정할 때에는 몇 가지 중요한 사항을 고려해야 한다. 다음의 표들은 교육 팀이 언어 파트너 단계의 아동을 위한 구체적인 사회 의사소통 및 정서 조절 목표를 다루면서 어떤 교류 지원 목표를 고려해야 할지를 결정할 때 참고자료로 사용될 수 있다. 각 표에 제시된 각각의 영역에 대한 관련 교수목표의 정의는 1권의 8장에 제시되었다. 이어지는 〈사례〉에서는 구체적인 활동 및 아동의 개별적인 특성(예: 높은 각성 편향성 대 낮은 각성 편향성, 시각적 학습자 대 청각적 학습자)을 토대로 각각의 교류 지원 목표를 어떻게 수정할 수 있는지 보여 준다.

(1) 사회 의사소통: 공동관심

① 공동관심 1: 상호적 상호작용에 참여하기

아동 목표	관련된 파트너 목표	
공동관심	대인관계 지원	학습 지원
JA1 상호적 상호작용에 참여하기	IS1 파트너는 아동에게 반응적이다 IS2 파트너는 시작행동을 촉진한다 IS4 파트너는 참여를 위한 장을 마련한다	LS1 파트너는 적극적인 참여를 위해 활동을 구조화한다 LS4 파트너는 목표, 활동, 학습 환경을 수정한다
JA1은 SR1에 연계됨 연계 교수목표 JA1.1 상호작용 시도 시작하기(=SR1.1) JA1.2 간단한 상호적 상호작용에 참여하기(=SR1.2) JA1.3 확장된 상호적 상호작용에 참여하기(=SR1.3)	상호작용 시도 시작하기(JA1.1), 간단한 또는 확장된 상호적 상호작용에 참여하기(JA1.2, JA1.3) 능력은 의사소통 효능감을 증진시키기 위해 아동의 신호에 적절하게 반응하기(IS1.3), 시작행동 기다리고 격려하기(IS2.2), 시작행동과 반응행동의 균형 유지하기(IS2.3)와 같은 파트너 능력에 의존함	간단한 또는 확장된 상호적 상호작용에 참여하기(JA1.2, JA1.3) 능력은 또한 차례 주고받기 기회를 만들고 아동이 참여할 수 있도록 여지 남겨 두기(LS1.2), 시작행동을 촉진하는 학습 환경 구성하기(LS4.5), 시작행동과 확장된 상호작용을 촉진하는 활동 제공하기(LS4.8)와 같은 파트너 능력에 의존함

민호 사례

민호는 언어 파트너 단계의 4세 남아로 통합 유치원 프로그램에 2년째 다니고 있다. 민호는 호기심이 많은 어린 소년으로, 특히 좋아하는 놀잇감과 관련하여 도움을 요청하거나 좋아하는 간식을 원할 때 더 자주 사회적 파트너를 찾기 시작한다. 실제로, 민호의 부모는 단어나 마치 대본을 읽는 듯 부자연스러운 문구에 대한 민호의 뛰어난 기억이 이러한 놀잇감과 간식에 연관된다고 자주 언급한다. 예를 들어, 민호는 자신이 좋아하는 놀잇감인 유아용 노트북 컴퓨터 도구를 요구하기 위해 "단어에 손을 대고 들어 보세요."라는 게슈탈트식 문구를 사용한다. 민호는 익숙한 파트너와 짧은 교환이 있는 상호작용을 시작하고 반응할 수 있으며, 현재는 보다 확장된 상호적 상호작용에 참여하기(JA1.3) 능력을 발달시키고 있다. 민호의 성인 파트너가 종종 질문을 통해 상호작용을 유도하고 있으므로 민호의 팀은 더 지속적으로 시작행동과 반응행동의 균형을 유지하고(IS2.3), 시작행동과 확장된 상호작용을 촉진하는 활동을 제공(LS4.8)할 필요가 있음을 논의하였다.

| 가정에서의 놀이 | 민호의 팀은 민호가 가정에서의 놀이 중 차고나 자동차 퍼즐과 같이 좋아하는 놀잇감을 요구하지만 그 후에는 이 놀잇감을 가지고 혼자 논다는 점을 주목하였다. 즉, 상호적 교환의 기회가 제한적이라는 것이다. 현재 민호의 부모는 민호에게 많은 질문을 하고 있다(예: "뭐가 보이니?" "이게 뭐지?"). 민호는 이 질문에 응대하기는 하지만 질문에 대답을 하기보다는 대체로 질문을 반복하는 즉각반향어로 반응하는 모습을 보인다. 더욱 확장된 상호작용을 촉진하기 위해 민호의 부모와 나머지 교육 팀은 민호가 말할 수 있는 발달적으로 적절한 한두 단어 말(예: "차고 열어" "자동차 운전해" "소방차")을 시범 보이고 민호의 시작행동을 기다림으로써 시작하는 차례와 반응하는 차례의 균형을 더욱 일관되게 유지할 필요가 있음을 논의하였다. 또한 민호가 더 자주 요구할 수 있도록 놀잇감 세트(예: 자동차, 주유 펌프, 사람들)의 일부분을 뚜껑이 잠긴 투명 용기 속에 넣어 두는 환경 수정으로 요구하기의 기회를 확장시킬 수도 있다.

| 유치원에서의 자유선택 활동 | 유치원에 처음 도착하자마자 민호는 주로 놀잇감 차고와 자동차가 놓여 있는 교실 공간에 관심을 쏟는다. 반 친구들이 민호의 놀이에 동참하면서 친구들에게 관심을 보이기 시작하였으나 민호의 상호작용은 친구들이 자동차를 가지고 노는 모습을 단순히 바라보거나 이따금씩 자신의 놀이에 친구들이 끼어드는 것을 막는 것에 국한된다. 민호의 팀은 시작하는 차례와 반응하는 차례 간에 더 많은 균형을 제시하고자 보조교사가 놀이 장면에서 민호의 놀이와 또래들의 행동에 대해 간단한 언급하기를 시범 보일 필요(예: "형국이가 운전해." "경재가 밀어.")가 있음을 논의하였다. 그다음에 팀은 더욱 확장된 상호작용 및 차례 주고받기를 위한 명확한 체계를 촉진하기 위해 몇 가지 환경 수정을 하기로 하였다. 환경 수정으로 자동차 탁자 위에 명확한 출발지점(예: 경사로의 꼭대기)과 도착지점(예: 자동차가 벨을 두드리는 것)을 제시하였고, 아이들이 따라갈 수 있는 예측 가능한 경

주로를 고안하였다. 경주로의 도착지점이 동기를 유발하므로 차례를 번갈아 가며 한두 번 이상으로 상호작용이 확장될 가능성이 높을 것으로 보인다.

② 공동관심 2: 관심 공유하기

아동 목표	관련된 파트너 목표	
공동관심	대인관계 지원	학습 지원
JA2 관심 공유하기	IS2 파트너는 시작행동을 촉진한다 IS4 파트너는 참여를 위한 장을 마련한다	LS1 파트너는 적극적인 참여를 위해 활동을 구조화한다 LS2 파트너는 발달을 촉진하기 위해 보완의사소통 지원을 사용한다 LS4 파트너는 목표, 활동, 학습 환경을 수정한다
JA2는 JA5와 SU2에 연계됨 연계 교수목표 JA2.2 짚어서 가리키거나 멀리 있는 것을 가리킬 때 쳐다보기(=SU2.2) JA2.4 의도를 나타내기 전에 자신에게로 주의 끌기(≈JA5.5)	사람과 사물 간에 시선 옮기기(JA2.1), 사회적 파트너의 관심 초점 따르기(JA2.3), 의도를 나타내기 전에 자신에게로 주의 끌기(JA2.4) 능력은 시작행동 기다리고 격려하기(IS2.2), 상호작용을 촉진하기 위해 적절한 근접성과 비구어 행동 사용하기(IS4.3)와 같은 파트너 능력에 의존함	사회적 파트너의 관심 초점 따르기(JA2.3), 의도를 나타내기 전에 자신에게로 주의 끌기(JA2.4) 능력은 또한 다양한 학습 기회 제공하기(LS1.5), 의사소통과 표현언어를 강화하기 위해 보완의사소통 지원 사용하기(LS2.1), 시작행동을 촉진하는 학습 환경 구성하기(LS4.5)와 같은 파트너 능력에 의존함

민주 사례

민주는 언어 파트너 단계의 6세 여아로 4명의 또래와 함께 1학년 특수학급에 재학 중이다. 민주의 교육 팀과 부모에 따르면, 단어를 사용하여 더 쉽게 자신의 의도를 공유하게 되면서 민주는 지난 몇 달간 의사소통과 언어에 많은 향상이 있었다. 민주는 좋아하는 간식(예: 과자, 우유, 나나-바나나를 가리킴)과 놀잇감(예: 비디오, 책, 마커)을 나타내는 다양한 단일단어를 알게 되었고, 익숙한 사물이나 사람을 나타내는 사진 표상과 단일단어를 짝지어서 사용한다. 점점 더 일관성 있게 시도하고 있기는 하지만 아직까지 부모나 교사 또는 또래의 이름을 부르거나 어깨를 두드리면서 구어로 요구할 때 이들의 주의를 완전하게 끌지는 못한다. 따라서 민주는 의도를 나타내기 전에 자신에게로 주의 끌기(JA2.4)를 배우고 있다. 민주의 팀은 상호작용을 촉진하기 위해 적절한 근접성과 비구어 행동을 사용하고(IS4.3), 아동의 의사소통과 표현언어를 강화하기 위해 보완의사소통 지원을 사용할(LS2.1) 필요가 있음을 논의하였다.

| 미술 영역 | 학교에서 민주가 좋아하는 활동 중 하나는 미술 시간으로, 선택 활동 시간이나 실내에서의 쉬는 시간이면 스스로 이 활동을 찾는다. 미술 영역은 이미 모든 붓, 물감, 크레용, 도장이 각각의 잠긴 용기에 담겨 있어 도움이나 구체적인 사물에 대한 요구를 유발하도록 고안되었다. 민주는 일반적으로 원하는 사물을 요구할 때 사물을 바라보면서 단어나 짧은 구절(예: "물감 주세요.")을 사용한다. 민주는 때때로 교사가 바로 옆에 있지 않을 때조차 이러한 행동을 보인다. 민주의 교수목표를 위해 팀은 미술 영역에 있는 탁자를 교실의 중앙을 바라보도록 놓음으로써 아동 주변에 성인이 있게 될 확률을 높이고 더 자주 서로 얼굴을 마주 볼 수 있게 할 필요가 있음을 논의하였다. 그다음에는 민주가 교사의 이름을 불러 자신에게로 관심을 모을 수 있도록 보완의사소통 지원을 제공할 필요가 있다고 보았다. 이를 위해 미술 영역 탁자에 교사의 사진을 담은 판을 놓아둠으로써 민주가 어떤 이름을 말할지를 시각적으로 상기시킬 수 있고, 요구할 때 교사의 이름을 더 잘 부를 수 있게 될 것이다.

| 특수체육 시간의 협동게임 | 민주의 팀은 민주가 체육 시간에 학급 또래들과 수정된 게임을 하면서 또래에게 요구를 하기는 하나, 주의를 끌기 위한 목적으로 이들의 이름을 부르는 경우가 거의 없으며 자신의 요구를 듣고 있는지 확인하기 위해 또래를 응시하지도 않는다는 점에 대해 논의하였다. 예를 들어, 민주가 좋아하는 활동 중 하나는 낙하산 밑에서 친구들과 차례를 번갈아 가며 달리는 것이다. 민주는 또래들이 차례대로 달릴 수 있게 "준비 …… 출발"이라고 말할 수 있지만, 구체적인 한 친구를 지칭하면서 이러한 요구를 하지는 않는다. 따라서 팀은 또래들이 낙하산 밑에서 원대형으로 마주 보고 설 수 있게 함으로써 또래와의 더 적절한 근접성이 확보되도록 학습 환경을 지속적으로 수정할 필요가 있다고 보았다. 그다음에는 수정된 레드로버 게임(역주: 두 줄로 마주 보고 서서 지명된 사람이 상대편 줄을 뚫고 나가는 게임)에서 또래들이 서로의 이름을 부를 수 있도록 보완의사소통 지

원이 필요함을 논의하였다. 팀은 회전게임판을 사용하는 순서 바꾸기 사진 눈금판을 고안하여 회전판 각 구역에 각 아동의 사진과 이름을 부착하였다. 즉, 각 아동에게 특정 아동의 사진과 이름이 나오는 회전판을 돌리게 함으로써 게임을 지속하기 위해서는 다른 아동의 이름을 계속 부르게 하는 것이다.

③ 공동관심 3: 정서 공유하기

아동 목표	관련된 파트너 목표	
공동관심	대인관계 지원	학습 지원
JA3 정서 공유하기	IS1 파트너는 아동에게 반응적이다 IS2 파트너는 시작행동을 촉진한다 IS6 파트너는 언어 사용을 조절한다 IS7 파트너는 적절한 행동을 시범 보인다	LS2 파트너는 발달을 촉진하기 위해 보완의사소통 지원을 사용한다 LS4 파트너는 목표, 활동, 학습 환경을 수정한다
JA3은 MR1, MR2, SU2, SR3에 연계됨 연계 교수목표 JA3.1 부정적인 정서와 긍정적인 정서 공유하기 (=MR1.1; ≈MR3.1, MR3.2) JA3.2 다양한 정서를 표현하기 위해 상징 이해하고 사용하기(≈MR1.2, SR3.5) JA3.3 파트너의 정서 표현 변화에 동조하기(≈SU 2.4; =MR2.5) 관련 장단기 교수목표 JA3의 성취는 SU5.6의 성취와 관련됨	부정적인 정서와 긍정적인 정서 공유하기(JA3.1), 파트너의 정서 표현 변화에 동조하기(JA3.3) 능력은 아동의 정서 및 속도에 맞추기(IS1.2), 시작행동 기다리고 격려하기(IS2.2), 이해를 돕기 위해 비구어 단서 사용하기(IS6.1), 적절한 비구어 의사소통과 정서 표현 시범 보이기(IS7.1)와 같은 파트너 능력에 의존함	다양한 정서를 표현하기 위해 상징 이해하고 사용하기(JA3.2), 다른 사람의 정서 상태 설명하기(JA3.4) 능력은 아동의 정서 표현 및 이해 능력을 강화하기 위해 보완의사소통 지원 사용하기(LS2.3), 조직화와 상호작용을 지원하기 위해 사회적 복잡성 조절하기(LS4.1)와 같은 파트너 능력에 의존함

재기 사례

재기는 통합 유치원에 재학 중인 언어 파트너 단계의 4세 남아로 다양한 정서를 표현하기 위해 상징 이해하고 사용하기(JA3.2)를 배우고 있다. 재기는 순한 성격을 지니고 있으며, 최근 들어 분명한 얼굴 표정과 몸짓을 사용하여 파트너와 정서를 공유하기 시작하였다. 재기는 좋아하는 간식을 주면 미소를 지으며, 좋아하는 놀잇감을 가져가면 얼굴을 찡그리고 상체를 긴장시키면서 손을 구부려 주먹을 쥔다. 재기는 이러한 놀잇감과 활동을 요구하기 위해 몇몇 수어와 그림 상징을 사용하기는 하나, 아직도 자신의 정서를 공유하기 위해 얼굴 표정과 몸짓에 의존한다. 재기의 팀은 더 지속적으로 적절한 비구어 의사소통과 정서 표현을 시범 보이고(IS7.1), 정서 표현 및 이해 능력을 강화하기 위해 보완의사소통 지원을 사용할(LS2.3) 필요가 있음을 논의하였다.

| 이야기나누기 활동 | 재기는 좋아하는 노래가 시작될 때 펄쩍펄쩍 뛰고 미소 짓는 것과 같은 두드러진 정서 반응을 나타내곤 한다. 때때로 춤을 추거나 손가락 동작을 하게끔 교사가 신체적으로 촉진하면 손을 구부려 주먹을 쥐고 긴장하며 오히려 더 부정적인 정서를 보인다. 교육 팀은 이러한 상황이 재기에게 정서 표현을 위한 상징 사용을 가르칠 수 있는 적절한 맥락이 될 수 있다고 보았다. 팀은 재기의 정서 반응을 알아차리고 인식하기 위해 이러한 상황에서 간단한 정서 관련 단어를 더 지속적으로 시범 보일(예: "재기는 기뻐." "재기는 화나.") 필요가 있음을 논의하였다. 이 외에도 이야기나누기 활동 진행자는 정서 차트와 각 또래들의 사진을 사용할 수 있게 하였다. 아동이 행복할 때는 차트의 '행복' 칸(커다란 행복 그림 상징이 부착됨)에 그 아동의 사진을 붙이고, 화가 날 때는 '분노' 칸(커다란 분노 그림 상징이 부착됨)에 사진을 붙인다.

| 운동장 | 재기는 일반적으로 운동장에서 매우 만족해하는데, 대근육 운동(예: 그네 타기, 흔들말타기)을 할 때면 얼굴 표정과 웃음으로 얼마나 즐거워하는지를 분명하게 보여 준다. 그러나 때로는 남아 있는 그네가 없어 슬퍼하기도 한다. 재기가 즐겁게 놀 때는 '더'라는 수어를, 친구들이 계속해서 기구를 사용할 때는 '끝'이라는 수어를 사용하기는 하지만, 아직까지 '기쁨'과 '슬픔'에 대한 상징을 사용하지는 않는다. 재기의 교육 팀은 재기의 정서 반응이 나타나는 맥락에서 이러한 반응을 명확하게 알아봐 주고 확인시키고자 간단한 정서 관련 단어를 더 지속적으로 시범 보일

(예: "재기는 기뻐." "재기는 슬퍼.") 필요가 있음을 논의하였다. 이 외에도 재기가 이러한 맥락에서 자신의 정서 상태를 의사소통할 수 있도록 보완의사소통 지원을 제공하기로 논의하였다. 운동장에 함께 있는 보조교사가 '기쁨' '슬픔' '분노'를 나타내는 그림 상징이 달린 열쇠고리형 의사소통 도구를 지니고 있다면, 재기가 이러한 상징을 사용하여 자신의 정서 상태를 명확히 표현할 기회를 제공할 수 있을 뿐만 아니라 이러한 감정이 나타날 때 해당 단어를 시범 보이는 데 사용할 수 있을 것이다.

④ 공동관심 4: 다른 사람의 행동을 조절하기 위해 의도 공유하기

아동 목표	관련된 파트너 목표	
공동관심	대인관계 지원	학습 지원
JA4 다른 사람의 행동을 조절하기 위해 의도 공유하기	IS1 파트너는 아동에게 반응적이다 IS2 파트너는 시작행동을 촉진한다 IS3 파트너는 아동의 독립성을 존중한다 IS7 파트너는 적절한 행동을 시범 보인다	LS2 파트너는 발달을 촉진하기 위해 보완의사소통 지원을 사용한다 LS4 파트너는 목표, 활동, 학습 환경을 수정한다
JA4는 MR2와 MR3에 연계됨 연계 교수목표 JA4.1 원하는 음식이나 사물 요구하기(≈MR2.6) JA4.2 원하지 않는 음식이나 사물 거부/거절하기(≈MR3.4) JA4.3 도움 또는 기타 행동 요구하기(≈MR3.3) JA4.4 원하지 않는 행동이나 활동 거부하기(≈MR3.4) 관련 장단기 교수목표 JA4의 성취는 JA7.2, JA8.2, SU4-SU5, MR3.7의 성취와 관련됨	원하는 음식이나 사물 요구하기나 거부/거절하기(JA4.1, JA4.2), 도움 또는 기타 행동 요구하기(JA4.3), 원하지 않는 행동이나 활동 거부하기(JA4.4) 능력은 의사소통 효능감을 증진시키기 위해 아동의 신호에 적절하게 반응하기(IS1.3), 비구어 또는 구어로 선택의 기회 제공하기(IS2.1), 아동이 활동을 시작하고 마치도록 해 주기(IS2.4), 적절한 경우 저항, 거부, 거절 존중하기(IS3.4), 다양한 의사소통 기능 시범 보이기(IS7.2)와 같은 파트너 능력에 의존함	원하는 음식이나 사물 요구하기나 거부/거절하기(JA4.1, JA4.2), 도움 또는 기타 행동 요구하기(JA4.3), 원하지 않는 행동이나 활동 거부하기(JA4.4) 능력은 또한 아동의 의사소통과 표현언어를 강화하기 위해 보완의사소통 지원 사용하기(LS2.1), 시작행동을 촉진하는 학습 환경 구성하기(LS4.5)와 같은 파트너 능력에 의존함

영우 사례

영우는 언어 파트너 단계의 8세 남아로 시간제 특수학급 3학년에 재학 중이다. 영우는 다양한 몸짓과 단일단어를 사용하여 의사소통을 하며, 영우의 새로운 교육팀은 영우가 활기차고 에너지가 넘치는 아이라고 설명하였다. 영우는 강한 선호도를 갖고 있기는 하지만, 현재는 단일단어와 초기 단어 조합을 사용하여 원하지 않는 행동이나 활동 거부하기(JA4.4)를 배우고 있다. 영우는 원하지 않는 행동을 거부하기 위해 '끝'이라고 말하거나 밀어내는 동작과 함께 '그만'이라고 말하는 대신, 뒤돌아서 가 버리거나 귀를 막아 버린다. 이러한 비구어 행동은 시선이나 구어와 함께 사용되지 않기 때문에 현재의 활동을 거부하거나 거절하려는 영우의 의도는 그 효과를 보지 못하는 경우가 많다. 영우의 팀은 더 지속적으로 비구어 또는 구어로 선택의 기회를 제공하고(IS2.1), 영우의 의사소통과 표현언어를 강화하기 위해 보완의사소통 지원을 사용할(LS2.1) 필요가 있음을 논의하였다.

| 점심시간 | 보조교사는 학교 식당에서 영우가 줄 서 있을 때 일과를 성공적으로 수행할 수 있도록 영우가 좋아하는 점심 메뉴를 손으로 가리키곤 한다. 영우는 대개 원하지 않는 식당 메뉴에는 고개를 돌려 버리면서 원하는 메뉴를 요구한다. 줄을 서야 하는 식당은 분주한 환경이기 때문에 이 맥락을 수정하기란 상당히 어려운 일이다. 따라서 팀은 학생들이 점심식사 줄로 이동하기 전에 선호하는 음식 메뉴와 선호하지 않는 음식 메뉴 모두에 대한 더 분명한 선택안을 제공할 필요가 있다고 보았다. 교실에서 그림으로 만든 점심식사 목록을 사용하여 영우가 식당 메뉴 중 선호하는 것과 선호하지 않는 것 중에서 선택하도록 돕기로 하였다. 거부하는 메뉴는 "____ 싫어요."라고 적힌 빈 칸 채우기 카드에 붙일 수 있게 하였다. 보조교사는 선호하는 메뉴와 선호하지 않는 메뉴 모두에 대한 그림 상징을 제시함으로써 영우가 원하지 않는 음식을 거부할 때 그냥 지나쳐 버리는 대신 간단한 단어 조합을 사용할 수 있도록 하였다. 그리고 영우는 이 활동에 대한 과제 스케줄로 자신의 점심 목록을 식당에 가지고 올 수 있다.

| 도서실 | 사서에 따르면, 도서실에서의 자율 독서 시간에 학생들은 자주 독서책상에 소집단으로 모여서 함께 책을 읽는다. 때때로 영우는 이러한 상황을 힘들어 하는데, 특히 반 친구들이 영우에게 기대어 소리 내어 책을 읽거나 영우의 옷

을 가지고 장난을 칠 때면 자신의 귀를 가리거나 또래로부터 등을 돌리기도 한다. 영우의 팀은 이 도서실 활동이 영우가 거부 의사를 공유하도록 지원할 수 있는 기회라고 생각하였다. 영우가 사용할 수 있도록 '끝'을 의미하는 그림 상징과 '집단'에 대한 상징을 짝지어 탁자에 마련해 둘 수 있다. 영우가 괴로워하는 신호를 보일 때는 영우에게 이 구절을 시범 보일 수 있다. 그리고 의도를 명확히 하기 위해서 '집단 속에서 읽기'와 '조용히 읽기' 중에서 선택하는 기회를 제공할 수 있다. 만일 영우가 '조용히 읽기'를 선택한다면 혼자서 읽을 수 있는 탁자를 제공한다.

⑤ 공동관심 5: 사회적 상호작용을 위해 의도 공유하기

아동 목표	관련된 파트너 목표	
공동관심	대인관계 지원	학습 지원
JA5 사회적 상호작용을 위해 의도 공유하기	IS1 파트너는 아동에게 반응적이다 IS2 파트너는 시작행동을 촉진한다 IS7 파트너는 적절한 행동을 시범 보인다	LS1 파트너는 적극적인 참여를 위해 활동을 구조화한다 LS3 파트너는 시각적 지원 및 조직화 지원을 사용한다 LS4 파트너는 목표, 활동, 학습 환경을 수정한다
JA5는 JA2와 MR3에 연계됨 연계 교수목표 JA5.1 위로 구하기(≈MR3.1) JA5.5 부르기(≈JA2.4) 관련 장단기 교수목표 JA5의 성취는 JA7.2, JA8.2, SU4-SU5의 성취와 관련됨	사회적 게임 요구하기(JA5.2), 자랑하기(JA5.6), 허락 구하기(JA5.7) 능력은 의사소통 효능감을 증진시키기 위해 아동의 신호에 적절하게 반응하기(IS1.3), 시작행동과 반응행동의 균형 유지하기(IS2.3), 다양한 의사소통 기능 시범 보이기(IS7.2)와 같은 파트너 능력에 의존함	차례 주고받기(JA5.3), 사회적 게임 요구하기(JA5.2), 인사하기(JA5.4), 부르기(JA5.5) 능력은 차례 주고받기 기회를 만들고 아동이 참여할 수 있도록 여지 남겨 두기(LS1.2), 집단 활동에서의 적극적인 참여를 촉진하기 위해 시각적 지원 사용하기(LS3.6), 시작행동을 촉진하는 학습 환경 구성하기(LS4.5)와 같은 파트너 능력에 의존함

영아 사례

영아는 언어 파트너 단계의 5세 여아로 수업 시간의 절반을 통합 유치원에서 보내고 있다. 영아는 수다스러우며, 하루 종일 좋아하는 영화 장면과 동화책의 일부분을 소리 내어 말한다(즉, 지연반향어). 영아는 사회적 일과(예: '우리 모두 다 같이 손뼉을……')와 아주 분명하고 예측 가능한 차례 주고받기 구조로 이루어진 활동(예: 헛간 빙고 게임-역주: 헛간의 각 출입문에서 나온 동물 모양으로 각자의 빙고판을 완성하는 게임)에 즐겨 참여한다. 그러나 이때 영아는 다른 친구가 영아의 차례라고 알려 줄 때까지 기다리거나 혹은 자신이 참여하고 싶은 차례에 그냥 해 버리는 경우가 많다. 따라서 영아는 차례 주고받기(JA5.3) 기능의 자신의 의도 공유하기를 배우고 있다. 영아의 팀은 차례 주고받기를 포함한 다양한 의사소통 기능을 시범 보이고(IS7.2), 집단 활동에서의 적극적인 참여를 촉진하기 위해 시각적 지원을 사용할(LS3.6) 필요가 있음을 논의하였다.

| 유치원에서의 이야기나누기 활동 | 영아가 가장 잘하는 게임은 종료 시점이 분명하고 예측 가능하며, 확실하게 차례를 주고받는 구조를 가진 게임이다. 예를 들어, 영아가 즐겨 하는 헛간 빙고 게임에서는 한 아동 또는 아동 전원이 자신의 게임판을 완성할 때까지 게임판에 있는 세 가지 그림과 똑같은 그림 토큰을 찾아야 한다. 이 활동과 또래에 대해 분명히 관심이 있음에도 불구하고, 영아는 아직까지 차례 주고받기를 요구하지는 않는다. 영아의 팀은 영아가 자신의 순서를 요구하거나 다른 아동의 순서라고 말하도록 환기시키는 데 도움을 주는 시각적 단서로 보완의사소통 지원을 활용할 필요가 있다고 보았다. 교사나 보조교사가 영아와 한두 명의 또래와 함께 게임을 하면서 게임판 사용법을 시범 보일 수 있으며, 각 아동의 사진을 차례 주고받기 회전판에 붙여 놓을 수 있다. 한 아동의 순서가 끝난 후, 교사는 회전판을 돌리고 간단한 단어 조합을 사용하여 다음 차례의 아동이 활동하도록 요구하는 시범을 보여 줄 수 있다(예: "세희 차례" "영아 차례" "재호 차례").

| 오전 계획하기 활동 | 영아의 특수교사는 특수학급 교실에서 날짜, 요일, 날씨와 그날의 시간표를 살펴보며 각 활동을 도와줄 학생을 지정한다. 영아는 집단의 관심을 끌기 위해 노래(예: '요일' 노래, '날씨' 노래)가 함께 사용되는 이 활동의 리더가 되는 것을 좋아한다. 교사는 매일 다양한 활동을 이끌 리더를 여러 명 선정

한다. 영아의 팀은 이 활동 중 차례 주고받기를 위한 단어 조합을 시범 보여서(예: "영아 차례" "남호 차례") 아동들이 이 말을 사용할 수 있게 할 필요가 있음을 논의하였다. 이 외에도 계획하기 활동에 필요한 보완의사소통 지원을 살펴볼 수 있다. 이 시각적 지원에는 활동 순서에 맞게 단계적으로 제시된 역할 목록(예: 날짜 도우미, 요일 도우미, 날씨 도우미)이 포함될 수 있다. 각 역할이 지정된 구체적인 아동의 사진을 시각적 지원 목록에 부착하면서, 영아를 포함한 각 아동이 이 사진을 옆의 아동에게 전달하며 "종호 차례" 같은 차례 주고받기 표현을 사용할 수 있다.

⑥ 공동관심 6: 공동관심을 위해 의도 공유하기

아동 목표	관련된 파트너 목표	
공동관심	**대인관계 지원**	**학습 지원**
JA6 공동관심을 위해 의도 공유하기	IS1 파트너는 아동에게 반응적이다 IS2 파트너는 시작행동을 촉진한다 IS4 파트너는 참여를 위한 장을 마련한다 IS7 파트너는 적절한 행동을 시범 보인다	LS1 파트너는 적극적인 참여를 위해 활동을 구조화한다 LS2 파트너는 발달을 촉진하기 위해 보완의사소통 지원을 사용한다 LS4 파트너는 목표, 활동, 학습 환경을 수정한다
JA6은 SU, MR이나 SR에 직접적으로 연계되지 않음 **관련 장단기 교수목표** JA6의 성취는 JA7.2, JA8.2, SU4-SU5의 성취와 관련됨	사물에 대해 언급하기(JA6.1), 행동이나 사건에 대해 언급하기(JA6.2), 관심 있는 것에 대해 정보 요구하기(JA6.3) 능력은 아동의 관심 초점 따르기(IS1.1), 시작행동 기다리고 격려하기(IS2.2), 상호작용을 촉진하기 위해 적절한 근접성과 비구어 행동 사용하기(IS4.3), 다양한 의사소통 기능 시범 보이기(IS7.2)와 같은 파트너 능력에 의존함	사물에 대해 언급하기(JA6.1), 행동이나 사건에 대해 언급하기(JA6.2), 관심 있는 것에 대해 정보 요구하기(JA6.3) 능력은 또한 다양한 학습 기회 제공하기(LS1.5), 의사소통과 표현언어를 강화하기 위해 보완의사소통 지원 사용하기(LS2.1), 활동 내에 동기유발이 가능한 교재 및 주제 포함시키기(LS4.7)와 같은 파트너 능력에 의존함

원우 사례

원우는 언어 파트너 단계에 있는 9세 남아로 공동관심의 의도 공유하기를 배우고 있다. 그림 의사소통 지원의 도움을 받아 다양한 단어 조합을 사용하여 요구하고 저항하는 능력을 증진시키고는 있으나(예: "물 주세요" "화장실 가요" "음악 끝"), 아직까지 자신이 속한 환경에서 일어난 사건이나 책 속의 그림에 대해 말로 언급하지 못한다. 그러나 원우의 팀은 대부분의 학습 지원이 요구하기를 격려하는 데 치중되어 있으며, 아직까지 이러한 의사소통 기능을 강조하지 않고 있음을 알게 되었다. 따라서 원우의 현행 교수목표에는 행동이나 사건에 대해 언급하기(JA6.2) 능력 촉진하기를 포함시켰다. 팀은 행동이나 사건에 대해 언급하기와 같은 다양한 의사소통 기능을 시범 보이고(IS7.2), 활동 내에 동기유발이 가능한 교재와 주제를 포함시키며(LS4.7), 원우의 의사소통과 표현언어를 강화하기 위해 보완의사소통 지원을 사용할(LS2.1) 필요성에 대해 논의하였다.

| 혼자 책 읽기 | 원우의 초등학교에서는 매일 아침 모든 학생이 책을 읽는다. 원우의 경우, 언어 처리의 문제로 인해 읽기 기술에 어려움이 있는 상황이므로 아침 책 읽기 시간을 힘들어 한다. 그럼에도 불구하고 원우는 자신이나 가족이 포함된 책에 가장 큰 관심을 나타낸다. 따라서 원우의 교육 팀은 이 동기부여적인 요소를 책 읽기 활동에 삽입하여 학생의 참여와 관심 공유의 동기 모두를 촉진할 수 있을 것으로 보았다. 이에 원우의 부모와 함께 최근의 가족 휴가와 가정에서의 일상적인 가족 활동을 담은 사진을 모아 사진집을 만들었다. 각 사진은 발달적으로 적절한 단일 단어 및 단어 조합을 강조하는 그림 상징을 짝지을 수 있게 하였다(예: "잠옷" "원우 옷" "아빠 안아." "엄마 읽어." "원우 자.").

| 집단 게임 | 특수학급에서의 소집단 활동이 원우의 발달 수준과 관심 영역에 적절한 것으로 선정되었음에도 불구하고(예: 로또 게임-역주: 빙고와 비슷한 숫자 맞추기 게임), 원우는 게임 참여에 어려움을 보였다. 원우의 의사소통 시도는 주로 요구하기와 저항하기에 한정되며, 자신의 차례에 대해 언급하는 것은 관찰되지 않았다. 원우의 교육 팀은 익숙한 활동에 참여하는 원우와 반 친구들 사진이 포함된 숫자 맞추기 게임을 만듦으로써 활동에 동기부여적인 자료를 포함시킬 필요가 있다고 보았다. 그리고 색인 카드의 그림 상징을 사용하여 간단한 단어 조합을 알려 줌으로써 그림에서 적

절한 말하기를 찾을 수 있게 하였다(예: "원우 읽어." "민수 먹어." "진아 마셔.").

⑦ 공동관심 7: 의사소통 실패를 복구하고 지속하기

아동 목표	관련된 파트너 목표	
공동관심	대인관계 지원	학습 지원
JA7 의사소통 실패를 복구하고 지속하기	IS1 파트너는 아동에게 반응적이다 IS3 파트너는 아동의 독립성을 존중한다 IS5 파트너는 발달을 지원한다	LS2 파트너는 발달을 촉진하기 위해 보완의사소통 지원을 사용한다 LS4 파트너는 목표, 활동, 학습 환경을 수정한다
JA7은 SU, MR이나 SR에 직접적으로 연계되지 않음 관련 장단기 교수목표 JA7의 성취는 JA4-JA6의 성취와 관련됨	맥락에 적절한 비율로 의사소통하기(JA7.1), 의사소통 실패 인식하기(JA7.3) 능력은 의사소통 효능감을 증진시키기 위해 아동의 신호에 적절하게 반응하기(IS1.3), 아동이 자신의 속도로 문제를 해결하고 활동을 완수할 수 있도록 시간 허용하기(IS3.2), 구어 또는 비구어로 의사소통 실패를 복구하려고 시도하기(IS5.3), 활동 성공을 위해 필요할 때 안내 및 피드백 제공하기(IS5.4)와 같은 파트너 능력에 의존함	의사소통 실패를 복구하기 위해 반복하거나 수정하기(JA7.2) 능력은 아동의 의사소통과 표현언어를 강화하기 위해 보완의사소통 지원 사용하기(LS2.1), 아동의 성공을 위해 과제 난이도 조절하기(LS4.2), 시작행동과 확장된 상호작용을 촉진하는 활동 제공하기(LS4.8), '요구의 정도를 높이거나' 기대감을 적절하게 높이기(LS4.10)와 같은 파트너 능력에 의존함

정아 사례

정아는 통합 유치원 5세반에 재학 중인 언어 파트너 단계의 6세 여아로 단어 및 초기 단어 조합을 사용하여 주변 사람과 자신의 의도를 공유하는 능력에 많은 진전을 보이고 있다. 그러나 아직까지 정아는 더 큰 집단 활동에서 의사소통을 시작하기 위해서 성인의 구어 단서와 지원에 의존한다. 예를 들어, 정아는 집단 활동 중에 심지어 '무엇을 할지 모른 채' 교사 뒤편의 벽에 걸린 달력을 읽으며 많은 시간을 보낸다. 이러한 현상은 교사가 구체적으로 정아가 이해하고 대답할 수 있는 질문이나 언급을 할 때조차 발생한다. 반에 있는 적극적인 또래들은 종종 이러한 상황에 끼어들어 정아의 차례를 대신해 버리기까지 한다. 이처럼 정아의 수동적인 모습이 상당히 두드러지며, 유치원 교사는 정아가 집단 활동에 좀 더 독립적이고 맥락에 일관적인 비율로(예: 5~10분에 한 번씩) 참여하도록 지원하는 데 어려움을 겪고 있다. 따라서 정아의 현재 교수목표에는 맥락에 적절한 비율로 의사소통하기(JA7.1)가 포함된다. 정아의 팀은 정아가 자신의 속도로 문제를 해결하고 활동을 완수할 수 있도록 시간을 허용하고(IS3.2), 의사소통과 표현언어를 강화하기 위해 보완의사소통 지원을 사용할(LS2.1) 필요가 있음을 논의하였다.

| 이야기나누기 활동 | 정아의 상대적 강점 중 하나는 사물이나 활동에 대한 단순한 시각적 묘사와 짝지어진 간단한 문자 언어를 처리하는 능력이다. 따라서 정아는 상대적으로 어려워하는 집단 활동 중에 벽에 붙여진 문자 정보에 빠져들게 되며, 학급에서 방금 읽은 책에 대해 이야기를 나눌 때 달력이나 요일을 읽으면서 딴 생각을 하게 된다. 반 친구들의 더 적극적인 학습 스타일과 맞물려서 빠르게 진행되는 학습 상황을 고려할 때, 정아의 이러한 행동 경향은 교사의 질문에 대한 정아의 반응에 영향을 미친다고 볼 수 있다. 이 맥락에서 정아가 자발적으로 의사소통을 시작하도록 지원하기 위해, 정아의 팀은 현재 누가 교사의 도우미인지를 알려 주는 문자 단서 카드를 사용하기로 하였다. 이 카드가 교사의 질문이나 언급에 대답해야 하는 학생에게 전해지고 반 친구들이 누가 답변하는지를 더 잘 알게 되면서, 정아는 책에 대한 이야기나누기 활동에 더 많이 참여할 수 있게 될 것이다. 그다음에는 보조교사가 정아에게 '말할 거리'에 대한 아이디어 목록과 함께 이야기나누기 활동 진행표를 제공하여 이야기나누기 활동 참여에 대한 자신감을 키울 수 있게 할 것이다.

| 영역 활동 | 유치원에서 소집단 학습이 진행될 때, 정아는 또래보다 활동에 더 집중하는 경향이 있다. 이 맥락에서의 적절한 의사소통 비율은 일반적으로 약 3분에 한 번씩 의사소통 시도가 일어나는 것이다. 그러나 팀이 관찰한 바에 의하면 활동 자체의 어려움으로 인해 정아가 또래와 함께 참여할 가능성이 적었으며, 그 결과 또래의 언어를 처리하여 의사소통 시도를 만들어 낼 시간이 줄어들게 되었다. 따라서 팀은 계획된 활동 일과 속에서 일대일로 미리 활동을 가르침으로써 정아가 활동 및 상호작용에 어려움이 없도록 보완할 필요가 있다고 보았다. 이 외에도 각 영역 활동에서 보완의사소통 지원을 사용할 필요가 있음을 인식하였다. 정아의 초기 읽기 능력을 고려하여 또래를 대상으로 요구하기 및 언급하기를 촉진

하기 위한 간단한 단어 조합을 적어 두었다(예: "____ 줘." "내가 ____를 만들었어." "좀 봐."). 보조교사는 정아 옆에서 단어 조합이 담긴 카드를 가리키며 시범을 보일 수 있다.

⑧ 공동관심 8: 상호적 상호작용에서 경험 공유하기

아동 목표	관련된 파트너 목표	
공동관심	대인관계 지원	학습 지원
JA8 상호적 상호작용에서 경험 공유하기	IS1 파트너는 아동에게 반응적이다 IS2 파트너는 시작행동을 촉진한다 IS4 파트너는 참여를 위한 장을 마련한다	LS1 파트너는 적극적인 참여를 위한 활동을 구조화한다 LS2 파트너는 발달을 촉진하기 위해 보완의사소통 지원을 사용한다 LS3 파트너는 시각적 지원 및 조직화 지원을 사용한다 LS4 파트너는 목표, 활동, 학습 환경을 수정한다
JA8은 SU, MR이나 SR에 직접적으로 연계되지 않음 관련 장단기 교수목표 JA8의 성취는 JA4-JA6의 성취와 관련됨	경험을 공유하기 위해 관심, 정서, 의도 조절하기(JA8.1), 경험을 공유하기 위해 청자 및 화자의 역할을 바꾸어 가며 상호작용하기(JA8.2) 능력은 의사소통 효능감을 증진시키기 위해 아동의 신호에 적절하게 반응하기(IS1.3), 시작행동 기다리고 격려하기(IS2.2), 시작행동과 반응행동의 균형 유지하기(IS2.3)와 같은 파트너 능력에 의존함	친구와 상호작용 시작하고 경험 공유하기(JA8.3) 능력은 차례 주고받기 기회를 만들고 아동이 참여할 수 있도록 여지 남겨 두기(LS1.2), 의사소통과 표현언어를 강화하기 위해 보완의사소통 지원 사용하기(LS2.1), 집단 활동에서의 적극적인 참여를 촉진하기 위해 시각적 지원 사용하기(LS3.6), 시작행동과 확장된 상호작용을 촉진하는 활동 제공하기(LS4.8)와 같은 파트너 능력에 의존함

현수 사례

현수는 특수학급을 벗어나 하루에 몇 시간씩 2학년 일반학급에 참여하고 있는 언어 파트너 단계의 7세 남아로 최근 학급에서 많은 발전을 보이고 있다. 현수는 다양한 초기 단어 조합을 사용하며, 요구하기와 저항하기뿐만 아니라 현재 환경에서 일어난 사건에 대해 언급하기로 의사소통 기능을 확장시키고 있다. 그러나 현수의 교사에 따르면, 현수는 여러 맥락에 걸쳐서 경험을 공유하는 데에 계속해서 어려움을 보이고 있다. 교사가 주말이나 최근의 가족 휴가에 대해 질문하면, 현수는 종종 미소를 지으면서 때마침 시각적으로 환기시켜 주는 사물이 있는 경우(예: 미키마우스가 그려진 티셔츠)에만 한두 단어로 일어난 일에 대해 언급한다. 즉, 다양한 맥락에 걸쳐서 경험을 공유하는 능력은 아직 지속적으로 나타나지 않고 있다. 따라서 현수의 현재 교수목표에는 경험을 공유하기 위해 관심, 정서, 의도 조절하기(JA8.1)가 포함된다. 현수의 팀은 의사소통 효능감을 증진시키기 위해 현수의 신호에 반응하고(IS1.3), 집단 활동에서의 적극적인 참여를 촉진하기 위해 시각적 지원을 사용하고자(LS3.6) 노력하고 있다.

| 점심식사 | 현수는 2학년 반 친구들과 함께 점심 먹는 것을 즐겨 한다. 그러나 현수가 상호적 상호작용에 참여하는 것은 직면한 환경에 대해 언급하는 것으로 한정된다(예: "나 치즈샌드위치 먹어." "이거 좋아!"). 현수의 친구들은 지원적이며 이처럼 보다 구체적인 주제에 반응을 하도록 안내를 받았으나, 현수가 현 맥락 밖의 사건에 대해 언급할 때에는 현수의 주도를 잘 따라가지 못하는 것으로 보인다. 예를 들어, 현수가 더 이상의 설명 없이 어떤 단어(예: "바이올린")를 사용하는 경우 또래들은 현수의 이러한 언급을 격려하지 못한 채 등한시할 수 있다. 현수의 팀은 또래 훈련을 추가로 제공하여 현수가 여러 맥락에서 의사소통 시도를 할 때 더 반응적일 수 있게 만들 필요가 있음을 인식하였다. 이 외에도 현수가 말할 것을 환기시켜 주는 시각적 지원이 도움이 될 수 있다. 맥락을 고려하여 어떤 시각적 지원이 가장 효과적일지 또래에게 질문한 결과, 식당 장면에 걸맞고 부모나 교사가 제공하는 특별한 사건(예: 바이올린 연주회)에 대한 사진과 구체적인 설명(예: "나는 바이올린을 연주했어… 나는 연주회를 했어.")이 붙여진 도시락 메모를 제안하였다.

| 저녁식사 | 가정에서 현수는 부모와 두 명의 형들과 저녁식사를 한다. 학교에서의 대화 방식과 마찬가지로 현수가 상호적 상호작용에 참여하는 능력은 당면한 환경에 대한 언급하기에 한정된다(예: "나 닭고기 좋아." "이거 끈적끈적해."). 교육 팀과 부모는 현수의 형들을 지도하여 현수가 여러 맥락에 걸쳐 의사소통을 시도하는 데 반응적이게 할 필요가 있다고 보았다. 이 외에도 현수가 할 말을 알려 주는 시

언어 파트너 단계

각적 지원도 필요할 것이다. 현수의 교사는 당일 학교에서 일어난 특별한 사건에 대해 간단히 기록한 일지를 제공하기로 하였다.

(2) 사회 의사소통: 상징 사용

① 상징 사용 1: 익숙하거나 익숙하지 않은 행동이나 단어를 관찰하고 모방하여 학습하기

아동 목표	관련된 파트너 목표	
상징 사용	대인관계 지원	학습 지원
SU1 익숙하거나 익숙하지 않은 행동이나 단어를 관찰하고 모방하여 학습하기	IS1 파트너는 아동에게 반응적이다 IS2 파트너는 시작행동을 촉진한다 IS4 파트너는 참여를 위한 장을 마련한다 IS5 파트너는 발달을 지원한다	LS1 파트너는 적극적인 참여를 위해 활동을 구조화한다 LS3 파트너는 시각적 지원 및 조직화 지원을 사용한다 LS4 파트너는 목표, 활동, 학습 환경을 수정한다
SU1은 JA, MR이나 SR에 직접적으로 연계되지 않음	시범 후 즉시 자발적으로 익숙한/익숙하지 않은 행동이나 단어 모방하기(SU1.1, SU1.2) 능력은 아동을 모방하기(IS1.6), 시작행동과 반응행동의 균형 유지하기(IS2.3), 상호작용을 촉진하기 위해 적절한 근접성과 비구어 행동 사용하기(IS4.3), 모방 격려하기(IS5.1)와 같은 파트너 능력에 의존함	동작이나 단어를 자발적으로 모방하고 다른 행동을 더하기(SU1.3), 시간이 경과된 후 다른 맥락에서 다양한 행동을 자발적으로 모방하기(SU1.4) 능력은 반복되는 학습 기회 제공하기(LS1.4), 과제 수행 단계를 명확히 하기 위해 지원 사용하기(LS3.1), 활동이 발달적으로 적절하도록 고안하고 수정하기(LS4.6)와 같은 파트너 능력에 의존함

노마 사례

노마는 언어 파트너 단계의 7세 남아로 소규모의 특수학급에 재학 중이다. 노마는 자기주도적인 아동으로, 다른 사람의 행동을 점검하는 것과 모방 및 직접적인 시범을 통해 학습하는 데 어려움이 있다. 노마는 레모네이드 만들기와 같은 일상 활동을 배우는 데 어려움이 있을 수 있는데, 이는 음료 만드는 것과 관련된 다른 사람의 행동(예: 젓는 방법, 따르는 방법)을 기억하는 대신 과제 단계에 대한 자신의 시각적 기억에 의존하기 때문이다. 따라서 현재 노마는 파트너가 익숙하지 않은 행동을 시범 보인 후 즉시 자발적으로(즉, 하라는 지시 없이) 그 익숙하지 않은 행동이나 단어를 최대한 비슷하게 모방하기(SU1.2)를 배우고 있다. 노마의 팀은 더 지속적으로 모방을 격려하고(IS5.1), 반복된 학습 기회를 제공하며(LS1.4), 과제 수행 단계를 명확히 하기 위해 지원을 사용할(LS3.1) 필요가 있음을 인식하였다.

| 요리하기 | 노마의 특수학급 교사는 매일 아동들이 좋아하는 식사와 간식을 요리하는 특별활동을 마련하였다. 노마는 요리 활동 중 교사를 모니터하는 데 어려움이 있기 때문에 익숙하지 않은 활동을 모방하는 데 아직 미숙하며, 신체 또는 구어 단서(예: "레몬 짜요." "물 넣어요." "설탕 넣어요." "레모네이드 저어요.")에 자주 의존하곤 한다. 따라서 노마의 팀은 노마가 모방할 수 있도록 특정 행동을 시범 보이기 전에 간단하고 리듬이 있는 노래 가사를 사용하여 노마의 주의를 끌 필요가 있음을 인식하였다(예: "이것은 우리가 레몬을 짜는 방법, 레몬을 짜는 방법…"). 그다음에는 같은 행동을 자주 반복할 필요가 있음을 논의하였다(예: 교사의 시범에 따라서 반 친구들이 각각 행동을 시범 보이기). 또한, 과제 내 그림 스케줄을 사용하여 행동 관련 단어(예: 짜기, 따르기, 젓기)를 차례차례로 강조할 수 있다.

| 음악 시간 | 노마는 2학년 통합학급 학생들과 함께 일주일에 2시간 동안 음악 시간에 참여한다. 이 시간에 노마는 25명의 학생 각각을 관찰하다가 관심을 돌려 교실 앞에 놓인 악기를 바라보는 등 쉽게 산만해진다. 노마의 교육 팀은 모방을 잘할 수 있도록 노마를 교사 바로 앞에 앉게 할 필요가 있다고 보았다. 그다음에는 수업 전에 손가락 연주 또는 악기를 가지고 하는 간단한 행동을 미리 가르침으로써 목표로 삼은 행동을 반복적으로 다룰 필요가 있음을 논의하였다. 또한 각각의 익숙하지 않은 행동(예: 발 구르기, 콧노래 부르기, 발로 박자 두드리기)이 등장할 때 이를 강조하는 그림 행동판을 사용할 수 있다.

② 상징 사용 2: 익숙하거나 익숙하지 않은 활동에서 비구어 단서 이해하기

아동 목표	관련된 파트너 목표	
상징 사용	대인관계 지원	학습 지원
SU2 익숙하거나 익숙하지 않은 활동에서 비구어 단서 이해하기	IS4 파트너는 참여를 위한 장을 마련한다 IS6 파트너는 언어 사용을 조절한다 IS7 파트너는 적절한 행동을 시범 보인다	LS1 파트너는 적극적인 참여를 위해 활동을 구조화한다 LS2 파트너는 발달을 촉진하기 위해 보완의사소통 지원을 사용한다
SU2는 JA2, JA3, SR4에 연계됨 연계 교수목표 SU2.1 익숙하거나 익숙하지 않은 활동에서 상황 및 몸짓 단서 따르기(=SR4.2) SU2.2 짚어서 가리키거나 멀리 있는 것을 가리킬 때 쳐다보기(=JA2.2) SU2.4 얼굴 표정과 억양 단서에 반응하기(≈JA3.3)	익숙하거나 익숙하지 않은 활동에서 상황 및 몸짓 단서 따르기(SU2.1), 짚어서 가리키거나 멀리 있는 것을 가리킬 때 쳐다보기(SU2.2), 얼굴 표정 및 억양 단서에 반응하기(SU2.4) 능력은 상호작용을 촉진하기 위해 적절한 근접성과 비구어 행동 사용하기(IS4.3), 최적의 각성 상태와 참여를 지원하기 위해 적절한 단어와 억양 사용하기(IS4.4), 이해를 돕기 위해 비구어 단서 사용하기(IS6.1), 적절한 비구어 의사소통과 정서 표현 시범 보이기(IS7.1)와 같은 파트너 능력에 의존함	익숙하거나 익숙하지 않은 활동에서 상황 및 몸짓 단서 따르기(SU2.1), 시각적 단서(사진이나 그림)를 동반한 지시 따르기(SU2.3) 능력은 활동에 예측 가능한 순서 마련하기(LS1.3), 언어 및 행동 이해를 강화하기 위해 보완의사소통 지원 사용하기(LS2.2)와 같은 파트너 능력에 의존함

유이 사례

유이는 언어 파트너 단계의 3세 여아로 최근 통합 유치원에 다니기 시작하였다. 유이는 교실에서 진행되는 익숙한 일과에서 다른 사람의 행동을 예상하고 상황 단서에 따르는 것을 배웠다. 유이는 교실 일과(예: 화장실 사용 시간, 간식시간)에 포함되는 간단한 언어(예: "손 씻어." "쓰레기통에 버려.")에 반응한다. 유이는 유치원 도서실에 가거나 동물원으로 현장학습 가기와 같은 덜 익숙한 활동에서 상황 및 몸짓 단서를 따르는 데 더 많은 어려움을 보인다. 따라서 현재 유이는 익숙하거나 익숙하지 않은 활동 내에서의 상황 및 몸짓 단서 따르기(SU2.1)를 배우고 있다. 유이의 팀은 상호작용을 촉진하기 위해 적절한 근접성과 비구어 행동을 사용하고(IS4.3), 언어 및 행동 이해를 강화하기 위해 보완의사소통 지원을 사용할(LS2.2) 필요가 있음을 인식하였다.

| 도서실 | 새로운 활동으로 전이할 때 유이는 자주 높은 각성 수준을 나타내며, 활용 가능한 몸짓이나 상황 단서에 더 적게 반응하는 것으로 보인다. 그 결과, 아직까지 신체적 안내와 지원 없이 "모두 줄 서자."와 "모두 앉아라."와 같은 지시에 반응하지 못한다. 유이의 팀은 보완의사소통 지원을 사용하여 유이를 전이 상황에 준비시킬 필요가 있음을 논의하였다. 예를 들어, 간단한 수어를 사용하여 익숙하지 않은 활동에서의 구어를 강조할 수 있다(예: '앉다'에 대한 수어를 사용하여 "모두 앉아라."에 해당하는 활동을 강화함, '책'에 대한 수어를 사용하여 '선생님이 책 읽어 주는 시간'을 나타냄). 또한 유이가 이러한 새로운 활동에서 다소 산만해질 가능성이 높기 때문에 팀은 아주 가까이에서 유이의 얼굴을 마주 보고 몸짓 단서를 제공할 필요가 있다고 보았다.

| 가족 나들이 | 유이에게는 두 명의 언니가 있으며, 유이의 가족은 자주 동물원, 수족관, 어린이 박물관 등에 가곤 한다. 유이는 음식을 먹거나 이를 닦을 때에는 언니가 하는 것을 따라 하기도 하지만 특별한 나들이 때에는 이들의 단서에 덜 반응적이다. 유이의 부모와 교육 팀은 보완의사소통 지원을 사용하여 이와 같이 익숙하지 않은 활동에 유이를 준비시킬 필요가 있음을 인식하였다. 예를 들어, 장소에 대한 사진을 사용하여 상황 단서를 강조할 수 있다. 동물원에 가는 경우, 부모는 유이에게 동물원 입구, 동물원에서 볼 수 있는 몇몇 동물, 팝콘 가판대 등의 사진을 보여 줄 수 있다. 또한 유이의 팀은 새로운 활동 시 유이가 높은 각성 수준을 나타낼 수 있으므로 혼잡한 전시실에 들어가기 전에 유이 가까이에서 얼굴을 마주 보고 몸짓 단서를 제공함으로써 이러한 비구어 신호를 처리할 수 있게 할 필요가 있음을 인식하였다.

③ 상징 사용 3: 놀이 중에 익숙한 사물을 관습적인 방식으로 사용하기

아동 목표	관련된 파트너 목표	
상징 사용	대인관계 지원	학습 지원
SU3 놀이 중에 익숙한 사물을 관습적인 방식으로 사용하기	IS5 파트너는 발달을 지원한다 IS7 파트너는 적절한 행동을 시범 보인다	LS1 파트너는 적극적인 참여를 위해 활동을 구조화한다 LS2 파트너는 발달을 촉진하기 위해 보완의사소통 지원을 사용한다 LS4 파트너는 목표, 활동, 학습 환경을 수정한다
SU3은 JA, MR, SR에 직접적으로 연계되지 않음	구성놀이에서 다양한 사물 사용하기(SU3.1), 여러 가지 익숙한 사물을 관습적인 방식으로 자신에게 또는 다른 사람에게 사용하기(SU3.2, SU3.3), 놀이 중 사물을 사용하여 다양한 행동 조합하기(SU3.4) 능력은 모방 격려하기(IS5.1), 적절한 구성놀이 및 상징놀이 시범 보이기(IS7.3)와 같은 파트너 능력에 의존함	구성놀이에서 다양한 사물 사용하기(SU3.1), 여러 가지 익숙한 사물을 관습적인 방식으로 자신에게 또는 다른 사람에게 사용하기(SU3.2, SU3.3), 놀이 중 사물을 사용하여 다양한 행동 조합하기(SU3.4) 능력은 또한 활동에 예측 가능한 순서 마련하기(LS1.3), 언어 및 행동 이해를 강화하기 위해 보완의사소통 지원 사용하기(LS2.2), 활동이 발달적으로 적절하도록 고안하고 수정하기(LS4.6)와 같은 파트너 능력에 의존함

윤호 사례

윤호는 언어 파트너 단계의 2세 6개월 남아로 가정 중심 조기개입 프로그램에 참여하고 있다. 최근 윤호는 텔레토비라는 비디오 캐릭터를 많이 좋아하게 되면서 이 캐릭터 인형을 가지고 다닌다. 때때로 인형을 껴안고 함께 춤추는 시늉을 하기는 하나 아직까지 이러한 놀이 구조를 상세하게 설명하지는 못한다. 사실상 윤호는 감각-운동적 탐구에 인형을 사용하기도 한다(예: 인형에 붙은 태그 빨기, 주변 시야를 사용해서 인형을 좌우로 재빨리 훑어보기). 윤호의 부모에게는 더 적절하고 상징적인 놀이를 격려하는 것이 우선순위이므로, 윤호의 현재 교수목표에는 놀이 중 사물을 사용하여 다양한 행동 조합하기(SU3.4)가 포함되었다. 윤호의 교육 팀과 부모는 적절한 구성놀이와 상징놀이를 시범 보이고(IS7.3), 언어 및 행동 이해를 강화하기 위해 보완의사소통 지원을 사용할(LS2.2) 필요가 있음을 인식하였다.

| 부모와의 놀이 | 윤호의 부모는 윤호가 텔레토비 인형을 가지고 감각-운동 놀이를 많이 하는 것을 우려하여 최근 윤호의 놀이방에서 이 인형들의 대부분을 치워 버렸다. 그러나 윤호의 팀은 윤호가 다양한 행동을 조합할 수 있도록 동기를 유발하고 익숙한 자료를 사용할 필요가 있다고 보았다. 또한 팀은 윤호의 발달 수준에 적절한 더 높은 수준의 상징놀이 구조를 더 지속적으로 시범 보일 필요가 있음을 논의하였다. 따라서 각각의 텔레토비 캐릭터를 사용하여 윤호에게 익숙한 일상생활 일과 관련 행동의 논리적 단계를 시범 보이기로 하였다(예: 옷 입기, 목욕하기, 식사하기). 그다음에는 윤호가 이 행동들을 순서대로 회상할 수 있게 도와주는 보완의사소통 지원을 제공하기로 하였다. 팀은 각 캐릭터 사진(즉, 보라돌이, 뚜비, 나나, 뽀)과 행동을 나타내는 간단한 그림 상징을 짝지어서(예: 뽀가 욕조 물을 튼다, 뽀가 옷을 벗는다, 뽀가 목욕한다) 일련의 간단한 행동을 보여 주는 텔레토비 놀이 책을 고안하였다.

| 책 읽기 | 텔레토비에 대한 윤호의 관심은 캐릭터 인형이나 비디오에 국한되지 않는다. 사실상 윤호가 캐릭터에 더 익숙해지면서 최근 부모와 함께 텔레토비 책을 읽는 데 흥미를 보이고 있다. 윤호의 교육 팀은 '놀이 중 다양한 행동을 조합하기'라는 윤호의 현재 목표를 다루는 데 이러한 읽기 활동이 추가적인 연습 기회를 제공할 수 있을 것으로 보았다. 따라서 텔레토비 캐릭터가 등장하는 간단한 그림책을 읽을 때 부모는 캐릭터 인형을 사용하여 이야기의 각 장면에 나타나는 상징놀이 구조를 시범 보이기로 하였다. 그다음에는 보완의사소통 지원을 더 지속적으로 사용할 필요가 있음을 논의하였다. 따라서 행동을 나타내는 간단한 그림 상징과 캐릭터 사진이 결합된 간단한 상징을 책 속에 덧붙여서(예: 나나가 춤춘다, 나나가 안아준다, 나나가 잘 가라고 손을 흔든다) 다루고 있는 일련의 행동을 강조할 수 있다.

④ 상징 사용 4: 의도 공유를 위해 몸짓이나 비구어 수단 사용하기

아동 목표	관련된 파트너 목표	
상징 사용	대인관계 지원	학습 지원
SU4 의도 공유를 위해 몸짓이나 비구어 수단 사용하기	IS5 파트너는 발달을 지원한다 IS7 파트너는 적절한 행동을 시범 보인다	LS2 파트너는 발달을 촉진하기 위해 보완의사소통 지원을 사용한다 LS4 파트너는 목표, 활동, 학습 환경을 수정한다
SU4는 JA, MR, SR에 직접적으로 연계되지 않음 관련 장단기 교수목표 SU4의 성취는 JA4-JA6, MR3.3, MR3.4의 성취와 관련됨	다양한 관습적 또는 상징적 몸짓 사용하기(SU4.1), 일련의 몸짓이나 비구어 수단을 시선과 함께 사용하기(SU4.2) 능력은 활동 성공을 위해 필요할 때 안내 및 피드백 제공하기(IS5.4), 적절한 비구어 의사소통과 정서 표현 시범 보이기(IS7.1), 아동이 부적절한 행동을 할 때 적절한 행동 시범 보이기(IS7.4)와 같은 파트너 능력에 의존함	다양한 관습적 또는 상징적 몸짓 사용하기(SU4.1), 일련의 몸짓이나 비구어 수단을 시선과 함께 사용하기(SU4.2) 능력은 또한 아동의 의사소통과 표현언어를 강화하기 위해 보완의사소통 지원 사용하기(LS2.1), 시작행동을 촉진하는 학습 환경 구성하기(LS4.5), '요구의 정도를 높이거나' 기대감을 적절하게 높이기(LS4.10)와 같은 파트너 능력에 의존함

경수 사례

경수는 유아특수교육 기관에 재학 중인 언어 파트너 단계의 3세 남아로 현재 간단한 반향어 구절을 사용하여 의사소통을 한다(예: "타러 가자." "그래…… 가자." "마실래?" "어, 이런."). 또한 경수는 신체적 조작 몸짓(예: 높은 선반에 놓인 원하는 놀잇감 쪽으로 양육자를 끌고 가기)이나 재연 몸짓(예: 밖으로 나가자고 자신의 신발 신기)과 같은 다양한 초기 발달 몸짓을 사용한다. 최근에 경수는 주기, 밀어내기, 책 속의 그림 가리키기와 같은 관습적인 접촉 몸짓도 사용하기 시작하였다. 사물이 너무 멀리 있거나 간단한 질문(예: "_____ 줄까?")을 받은 상황에서 경수가 보여 주는 몸짓 목록은 여전히 제한적이다. 예를 들어, 경수는 아직까지 멀리 가리키기, 고개를 끄덕이거나 가로젓기를 사용하지 못한다. 따라서 경수의 현재 교수목표에는 다양한 관습적 또는 상징적 몸짓 사용하기(SU4.1)가 포함된다. 경수의 팀은 적절한 비구어 의사소통과 정서 표현을 시범 보이고(IS7.1), 아동의 시작행동을 촉진하는 학습 환경을 구성하며(LS4.5), '요구의 정도를 높이거나' 기대감을 적절하게 높일(LS4.10) 필요가 있음을 인식하였다.

| 뒷마당 놀이 | 경수가 가장 좋아하는 활동 중 하나는 형과 뒷마당에서 노는 것이다. 경수는 그네 타기, 구조물 올라가기, 모래상자 놀이를 즐겨 한다. 단순히 형을 따라다니는 경우가 많지만, 때때로 놀고 싶은 장소로 형의 손을 끌어당겨 새로운 활동이나 도움을 청하기도 한다. 경수의 형은 가끔씩 경수가 그네를 타는 대신 모래상자에 앉아 버리는 행동의 의도를 오해한다. 교육 팀은 더 효과적인 의사소통 신호를 촉진하기 위해 학습 환경을 구성할 필요가 있음을 인식하였다. 팀은 간단하게 모래상자를 마당의 분리된 한 장소로 옮김으로써 경수가 멀리서 이 활동을 요구할 때 더 분명하게 인지할 수 있게 하였다. 그다음에는 경수의 형이 비구어 의사소통 수단(예: 멀리 가리키기)을 더 지속적으로 시범 보이도록 격려하며, '요구의 정도를 높여서' 경수가 형을 잡아당길 때 적절한 행동을 시범 보이고 몸짓을 할 때까지 기다릴 필요가 있음을 인식하였다.

| 유치원 간식시간 | 유아특수교육 기관에서 바깥놀이가 끝나고 운동장에서 들어오면 종종 좋아하는 간식이 제공된다. 경수가 음식에 대한 강한 선호도를 지니고 있으므로 교육 팀은 간식시간을 고개 가로젓기와 끄덕이기와 같은 관습적인 비구어 몸짓을 더 자주 시범 보일 기회로 삼았다. 선호하는 음식과 선호하지 않는 음식 모두를 포함하도록 학습 환경을 구성함으로써 경수가 원하는 것에는 고개를 끄덕이고 원하지 않는 것에는 고개를 가로젓는 법을 배울 수 있게 하였다. 또한 팀은 경수가 이제 막 이러한 정교한 몸짓을 배우기 시작하였으므로 '요구의 정도 높이기'를 세심하게 점검할 필요가 있다고 논의하였는데, 이는 궁극적인 목표가 경수의 자신감을 향상시키는 것이지 몸짓 사용이 어렵다는 좌절감을 갖게 하는 것이 아니기 때문이다.

⑤ 상징 사용 5: 의미를 표현하기 위해 단어와 단어 조합 사용하기

아동 목표	관련된 파트너 목표	
상징 사용	대인관계 지원	학습 지원
SU5 의미를 표현하기 위해 단어와 단어 조합 사용하기	IS1 파트너는 아동에게 반응적이다 IS6 파트너는 언어 사용을 조절한다 IS7 파트너는 적절한 행동을 시범 보인다	LS2 파트너는 발달을 촉진하기 위해 보완의사소통 지원을 사용한다 LS4 파트너는 목표, 활동, 학습 환경을 수정한다
SU5는 JA, MR, SR에 직접적으로 연계되지 않음 관련 장단기 교수목표 SU5의 성취는 JA3.4, JA4-JA6, MR3.3, MR3.4의 성취와 관련됨	상징으로 적어도 5~10개의 단어나 반향어 구 사용하기(SU5.2), 초기 관계어 사용하기(SU5.3), 상위 수준의 관계어를 다양하게 사용하기(SU5.5) 능력은 의사소통 효능감을 증진시키기 위해 아동의 신호에 적절하게 반응하기(IS1.3), 아동의 발달 수준에 맞춰 언어의 복잡성 조절하기(IS6.2), '아동 입장'에서 언어 시범 보이기(IS7.5)와 같은 파트너 능력에 의존함	사물, 신체부위, 행위자에 대해 다양한 이름 사용하기(SU5.4),단어 조합에 있어서 다양한 관계 의미 사용하기(SU5.6) 능력은 또한 아동의 의사소통과 표현언어를 강화하기 위해 보완의사소통 지원 사용하기(LS2.1), 시작행동을 촉진하는 학습 환경 구성하기(LS4.5), '요구의 정도를 높이거나' 기대감을 적절하게 높이기(LS4.10)와 같은 파트너 능력에 의존함

민서 사례

민서는 언어 파트너 단계의 12세 소년으로 최근 청소년 대상 특별 주간 프로그램에 참여하고 있다. 민서의 가족과 교육 팀은 최근 민서가 보이고 있는 구어 발달에 흥분해 있다. 민서는 항상 다양한 몸짓, 수어, 그림을 사용하여 의사소통을 하긴 하였으나, 현재는 구체적인 맥락과 관련된 간단한 단어와 짧은 반향어 구절을 사용한다(예: "쉬어." "쫓아가." "수영장 가."). 민서의 이전 교육 프로그램은 민서가 그림 상징을 사용하여 구체적으로 요청하기를 할 수 있다는 점(즉, 행동 조절)과 상징을 사용하여 다양한 명사를 나타낼 수 있다는 점(예: 우유, 과자, 수영장)을 강조해 왔다. 민서가 한정된 행위 단어(예: 열다, 돕다, 가다)와 친숙한 사람들의 호칭(예: 아빠, 엄마)을 사용하기는 하나, 아직까지 이 단어들을 조합하여 자신의 발달 수준에 적절한 관계 의미를 형성하지는 못한다(예: "엄마 열어." "아빠 도와줘."). 사실상 민서의 단어 사용은 연습을 많이 한 질문과 같이 단어와 특정 맥락 또는 구어 단서를 조합하는 기계적인 암기식 연상에 의존한다. 따라서 민서의 현재 교수목표에는 언어 유연성 및 정교함을 기르고, 단어 조합에 있어서 다양한 관계 의미 사용하기(SU5.6)가 포함된다. 그 결과, 민서의 팀은 민서의 발달 수준에 따라 언어의 복잡성을 조절하고(IS6.2), 민서의 의사소통과 표현언어를 강화하기 위해 보완의사소통 지원을 사용하도록(LS2.1) 촉진하는 데 노력을 기울이고 있다.

| **점심시간** | 민서는 학교에서 네 명의 다른 학생과 함께 점심식사를 한다. 각 학생은 식탁에 앉기 전에 그림 스케줄에 따라 샌드위치를 만들고 음료수를 컵에 따르며 자신의 식사를 준비해야 한다. 민서는 치즈 샌드위치를 좋아하기 때문에 이 활동을 즐긴다. 그러나 아직까지 민서는 치즈 포장을 뜯고 샌드위치를 반으로 자르는 단계에서 어찌할 줄을 몰라 도움을 필요로 하곤 한다. 현재 민서가 단어 조합 속에 관계 의미 사용하기를 배우고 있으므로, 팀은 자신들의 언어 시범 보이기를 조정하여 행위자＋행위 구절을 포함할 필요가 있다고 보았다(예: "선생님이 도와줘요." "선생님이 열어요." "선생님이 잘라요."). 팀은 민서가 발달에 적절한 단어 조합을 독립적으로 산출하도록 촉진하기 위해 색깔로 분류된 그림 상징을 사용하기로 하였다. 형형색색의 명료한 클립아트 이미지와 상징 칸이 들어 있는 보드메이커 소프트웨어 프로그램을 사용하여 행위자(예: 선생님)에 대한 사진 묘사를 상징 칸에 붙여 넣고 진한 빨간색 테두리로 강조한 후 행위를 나타내는 클립아트 상징(예: 열다, 돕다, 자르다, 먹다)을 진한 초록색 테두리로 강조하였다. 그리고 행위자＋행위 단어 조합을 산출하기 위해 빨간색 테두리 빈 칸과 초록색 테두리 빈 칸으로 이루어진 문장 칸을 고안하였다. 이후 민서는 도움을 요청하기 위해 보드의 적절한 위치에 적절한 상징을 연결시킬 수 있게 되었다(예: 선생님＋열다).

| **일기 쓰기** | 민서의 교육 프로그램에서는 민서와 학생들이 일지에 그날의 특별활동을 반영해서 일기를 쓰게 한다. 민서는 여러 맥락에 걸쳐서 공동관심에 대한 의도를 공유하는 언어를 생성하는 데 어려움이 있으므로 언제나 이 활동을 힘들어 한다. 현재 민서가 단어 조합 속에 관계 의미 사용하기를 배우고 있으므로 팀은 이 활동이야말로 자신들의 언어를 조정하여 행위자＋행위 구절(예: "민서 수영해." "민서 점프해." "민서 먹어.")과 같은 발달상 적절한 관계 의미를 시범 보일 수 있는 적절한 맥락으로 인식하였다. 일기 쓰기 활동 중 민서가 발달상 적절한 단어 조합을 독립적으

로 산출하도록 촉진하기 위해, 팀은 일어난 사건에 대한 디지털 사진이 담긴 사진 일기 속에 색깔별로 분류된 상징을 사용하기로 하였다. 보드메이커 소프트웨어 프로그램을 사용하여 행위자(예: 민서, 교사, 반 친구들)에 대한 사진 묘사를 상징 칸에 붙여 넣고 진한 빨간색 테두리로 강조하였으며, 행위를 나타내는 클립아트 상징(예: 수영하다, 점프하다, 먹다)은 진한 초록색 테두리로 강조하였다. 그리고 일기에 적을 행위자 + 행위 단어 조합을 산출하기 위해 빨간색 테두리 빈 칸과 초록색 테두리 빈 칸으로 이루어진 문장 칸을 고안하였다. 이후 민서는 사진에 대해 설명하기 위해 보드의 적절한 위치에 적절한 상징을 짝지을 수 있게 되었다.

⑥ 상징 사용 6: 맥락적 단서 없이 다양한 단어와 단어 조합 이해하기

아동 목표	관련된 파트너 목표	
상징 사용	대인관계 지원	학습 지원
SU6 맥락적 단서 없이 다양한 단어와 단어 조합 이해하기	IS4 파트너는 참여를 위한 장을 마련한다 IS6 파트너는 언어 사용을 조절한다	LS1 파트너는 적극적인 참여를 위해 활동을 구조화한다 LS2 파트너는 발달을 촉진하기 위해 보완의사소통 지원을 사용한다 LS4 파트너는 목표, 활동, 학습 환경을 수정한다
SU6은 SR1에 연계됨 관련 장단기 교수목표 SU6.2 여러 가지 익숙한 단어 및 구절에 반응하기 (=SR1.6)	자신의 이름에 반응하기(SU6.1), 여러 가지 익숙한 단어 및 구절에 반응하기(SU6.2) 능력은 의사소통하기 전에 아동의 주의 확보하기(IS4.2), 이해를 돕기 위해 비구어 단서 사용하기(IS6.1), 아동의 발달 수준에 따라 언어의 복잡성 조절하기(IS6.2)와 같은 파트너 능력에 의존함	맥락적 단서 없이 다양한 이름, 관계어, 단어 조합에서의 관계 의미 이해하기(SU6.3-SU6.5) 능력은 반복되는 학습 기회 제공하기(LS1.4), 언어 및 행동 이해를 강화하기 위해 보완의사소통 지원 사용하기(LS2.2), 활동이 발달적으로 적절하도록 고안하고 수정하기(LS4.6)와 같은 파트너 능력에 의존함

인규 사례

인규는 언어 파트너 단계의 4세 6개월 남아로 통합 유치원에 재학 중이다. 인규는 익숙한 일과 중에 다른 사람의 행동을 예상하고, 상황 단서를 따르며, 심지어 기본적 행위(예: 점프하기, 손뼉 치기, 서기, 앉기) 및 수식어(예: 색깔, 크기 차이)를 포함하는 초기 관계 단어에도 반응한다. 인규는 어디로 가고 무엇을 할지를 파악하는 데 시각적 기억에 의존하는 경향이 있으므로 청각적 정보보다 시각적 정보를 선호하는 게 분명하다. 따라서 인규는 다수의 정보를 담고 있는 구두 지시(예: 행위와 목적어, 수식어와 목적어)에 덜 반응할 수 있으며, 현재 맥락적 단서 없이 단어 조합에서 다양한 관계 의미 이해하기(SU6.5)를 배우고 있다. 인규의 팀은 인규의 발달 수준에 따라 언어의 복잡성을 조절하고(IS6.2), 언어 및 행동 이해를 강화하기 위해 보완의사소통 지원을 사용할(LS2.2) 필요성을 인식하였다.

| **조형 활동** | 인규는 해당 단어에 대한 개념 지식이 있음에도 불구하고, 일반적으로 '자르기' '풀로 붙이기' '색칠하기'와 같은 기본 행위 단어와 '하트' '별' '동그라미'와 같은 명사가 사용되는 간단한 미술 작업을 완성하는 데 신체적 안내와 반복된 구두 지시를 필요로 한다. 그 결과, 팀은 미술 활동 중에 사용하는 언어의 복잡성을 인규의 현재 교수목표에 맞도록 조정할 필요가 있다고 보았다. 따라서 복잡한 지시(예: "인규야, 이제 가위로 동그라미를 오릴 시간이야." "이제 이 동그라미를 종이에 붙여." "노란색 마커로 동그라미를 색칠해라.")보다는 목적어 + 행위어의 두 단어 조합(예: "동그라미 오려." "동그라미 붙여.")을 시범 보이기로 하였다. 그다음에 팀은 인규의 학습 유형과 청각적 정보보다 시각적 정보를 선호한다는 것에 대해 논의하였고, 이에 따라 활동 중에 보완의사소통 지원을 제공할 필요성을 인식하였다. 팀은 각 지시 속의 목적어 + 행위어를 나타내기 위해 색깔로 분류된 그림 상징이 담긴 색인카드를 제공하였다. 보드메이커 소프트웨어 프로그램을 사용하여 행위를 나타내는 클립아트 상징(예: 자르기, 풀로 붙이기, 색칠하기)은 진한 초록색 테두리로 강조하였고, 목적을 나타내는 상징(예: 동그라미, 별, 종이)은 진한 노란색 테두리로 강조하였다.

| **알파벳 연습지** | 인규는 현재 자신의 이름 쓰기와 알파벳 철자 따라 쓰기를 연습하고 있다. 해당 활동을 완성하기 위해 보조교사가 신체적 안내와 구어 지시를 반복하고 있으며, 인규는 구두 언어를 이해하는 측면에서 진보를 보이지 않고

있다. 따라서 인규의 팀은 교사가 인규의 현재 교수목표에 적절하게 언어의 복잡성을 조절할 필요가 있다고 보았다. 복잡한 지시(예: "인규야, 학습지 맨 위에 이름을 적어라." "크레용으로 B를 따라 써. 크레용은 책상 안에 있어.")보다는 목적어 + 행위어의 두 단어 조합(예: "이름 써." "글자 따라 써.")을 시범 보이기로 하였다. 그다음에 팀은 인규의 학습 유형과 청각적 정보보다 시각적 정보를 선호한다는 것을 고려하여 활동 중에 보완의사소통 지원을 제공할 필요성을 인식하였다. 팀은 각 지시 속에 포함된 목적어 + 행위어를 나타내기 위해 색깔로 분류한 그림 상징을 이용해서 세 단계로 구성된 과제구성도를 제공하였다(예: "이름 써." "글자 따라 써." "연습지 내.").

(3) 정서 조절: 상호조절

① 상호조절 1: 다양한 정서 표현하기

아동 목표	관련된 파트너 목표	
상호조절	대인관계 지원	학습 지원
MR1 다양한 정서 표현하기	IS1 파트너는 아동에게 반응적이다 IS2 파트너는 시작행동을 촉진한다 IS5 파트너는 발달을 지원한다 IS7 파트너는 적절한 행동을 시범 보인다	LS1 파트너는 적극적인 참여를 위해 활동을 구조화한다 LS2 파트너는 발달을 촉진하기 위해 보완의사소통 지원을 사용한다 LS4 파트너는 목표, 활동, 학습 환경을 수정한다
MR1은 JA3, SR3과 연계됨 연계 교수목표 MR1.1 부정적인 정서와 긍정적인 정서 공유하기(=JA3.1) MR1.2 다양한 정서를 표현하기 위해 상징 이해하고 사용하기(≈JA3.2; =SR3.5) 관련 장단기 교수목표 MR1의 성취는 SU4-SU5의 성취와 관련됨	부정적인 정서와 긍정적인 정서 공유하기(MR1.1), 다양한 정서를 표현하기 위해 상징 이해하고 사용하기(MR1.2), 익숙한 활동에서 파트너의 피드백에 따라 정서 표현 바꾸기(MR1.3) 능력은 아동의 정서 및 속도에 맞추기(IS1.2), 시작행동 기다리고 격려하기(IS2.2), 정서를 표현하고 정서의 원인을 이해하도록 안내하기(IS5.5), 적절한 비구어 의사소통과 정서 표현 시범 보이기(IS7.1)와 같은 파트너 능력에 의존함	부정적인 정서와 긍정적인 정서 공유하기(MR1.1), 다양한 정서를 표현하기 위해 상징 이해하고 사용하기(MR1.2) 능력은 또한 다양한 학습 기회 제공하기(LS1.5), 정서 표현 및 이해 능력을 강화하기 위해 보완의사소통 지원 사용하기(LS2.3), 주의집중을 높일 수 있도록 학습 환경 구성하기(LS4.4)와 같은 파트너 능력에 의존함

요셉 사례

요셉은 언어 파트너 단계의 3세 남아로 변동적인 각성 상태를 보이며 관습적이지 않은 방법을 사용하여 정서를 표현하는 경우가 많다. 요셉은 정서적 극단의 상태일 때 머리 한쪽 옆으로 손을 올려 빠른 속도로 손뼉을 치면서 긴장된 몸을 앞뒤로 정신없이 움직인다. 요셉의 교수목표에는 부정적인 정서와 긍정적인 정서 공유하기(MR1.1)와 다양한 정서를 표현하기 위해 상징 이해하고 사용하기(MR1.2)가 포함된다. 요셉의 팀은 정서를 표현하고 정서의 원인을 이해하도록 안내하며(IS5.5), 다양한 학습 기회 제공하기(LS1.5)를 시도하기로 하였다.

| 간식시간 | 요셉의 팀은 요셉이 몸짓, 얼굴 표정, 시선을 사용하여 일반적인 방법으로 자신의 정서를 표현하는 데 어려움이 있음을 인식하였다. 이들은 요셉이 매우 두드러진 편식을 보이므로 간식시간에 선택할 수 있는 다양한 음식을 제공함으로써 요셉으로부터 여러 가지 강한 감정을 유발할 필요가 있음을 논의하였다. 따라서 선호하는 음식과 선호하지 않는 음식을 모두 제공함으로써 팀은 구어 또는 비구어로 긍정적인 정서와 부정적인 정서 반응을 시범 보일 기회를 갖게 되며, 요셉에게는 더 관습적인 수단을 사용하여 이러한 정서를 자발적으로 표현하게 하는 것을 궁극적인 목표로 삼아 파트너가 제시하는 정서 반응을 모방하도록 촉진할 것이다.

| 운동장 | 운동장에서 요셉을 면밀히 관찰한 후, 팀은 요셉의 몸 흔들기와 손뼉 치기가 극심한 즐거움 및 흥분과 관련된다는 것을 알게 되었다. 요셉이 더 관습적인 방식으로 정서를 표현하도록 돕는 적절한 방법으로 다음과 같은 지원 방안이 논의되었다. 첫째, 운동장에서 친구가 요셉의 정서에 대해 언급함으로써(예: "요셉이 흥분한 것 같네." "요셉은 행복해.") 정서 표현과 관련된 안내를 제공하게 한다. 그다음에, 그 친구는 요셉이 일반적으로 즐겨 하는 '쫓기' 게임을 함께하자고 제안할 수 있다. 또한 교사는 놀이 중 자연스러운 휴식시간 동안 긍정적인 정서를 나타내는 그림 상징의 사용 가능성을 높일 필요가 있음을 논의하였다.

② 상호조절 2: 파트너가 제공하는 지원에 반응하기

아동 목표	관련된 파트너 목표	
상호조절	대인관계 지원	학습 지원
MR2 파트너가 제공하는 지원에 반응하기	IS1 파트너는 아동에 반응적이다 IS2 파트너는 시작행동을 촉진한다 IS4 파트너는 참여를 위한 장을 마련한다	LS2 파트너는 발달을 촉진하기 위해 보완의사소통 지원을 사용한다 LS4 파트너는 목표, 활동, 학습 환경을 수정한다
MR2는 JA3에 연계됨 연계 교수목표 MR2.5 파트너의 정서 표현 변화에 동조하기(=JA3.3) MR2.6 파트너의 제안에 따라 선택하기(≈JA4.1)	파트너의 위로에 진정하기(MR 2.1), 파트너가 주의를 환기시킬 때 참여하기(MR2.2), 상호작용 시도에 반응하기(MR2.3), 파트너의 정서 표현 변화에 동조하기(MR2.5) 능력은 아동의 정서 및 속도에 맞추기(IS1.2), 비구어 또는 구어로 선택의 기회 제공하기(IS2.1), 의사소통할 때 아동의 눈높이에 맞추기(IS4.1), 최적의 각성 상태와 참여를 지원하기 위해 적절한 단어와 억양 사용하기(IS4.4)와 같은 파트너 능력에 의존함	파트너의 정서 표현 변화에 반응하기(MR2.4), 파트너의 제안에 따라 선택하기(MR2.6), 익숙한 활동에서 파트너의 피드백에 따라 조절 전략 바꾸기(MR2. 7) 능력은 언어 및 행동 이해를 강화하기 위해 보완의사소통 지원 사용하기(LS2.2), 조직화와 상호작용을 지원하기 위해 사회적 복잡성 조절하기(LS4.1), 활동이 발달적으로 적절하도록 고안하고 수정하기(LS4.6)와 같은 파트너 능력에 의존함

은호 사례

은호는 언어 파트너 단계의 7세 남아로 대집단 활동에 참여하는 데 자주 어려움을 겪는다. 은호의 파트너는 은호가 활동에 참여하도록 계속 구어 단서를 주는 것이 소용없다는 것을 종종 깨닫곤 한다. 은호의 교수목표에는 상호작용 시도에 반응하기(MR2.3), 익숙한 활동에서 파트너의 피드백에 따라 조절 전략 바꾸기(MR2.7)가 포함되었다. 팀은 최적의 각성 상태와 참여를 지원하기 위해 적절한 단어와 억양을 사용하고(IS4.4), 조직화와 상호작용을 위해 사회적 복잡성을 조절하고(LS4.1) 있다.

| **수영교실** | 은호의 팀은 은호가 수영교실에 성공적으로 참여하게 할 몇 가지

지원 방안에 대해 논의하였다. 첫째, 팀은 대집단 활동 시 은호와 또 다른 또래를 대상으로 보조교사를 배치하기로 하였다. 보조교사는 개별화된 관심을 제공하고, 은호가 지시에 반응하도록 자신의 근접성, 보살핌, 언어를 조정하며, 계속해서 은호의 각성 수준을 점검할 수 있다. 팀은 이러한 지원이 집단 활동의 복잡성을 감소시킬 것으로 보았다. 그다음에 팀은 은호가 시각적 지원에 접근할 필요성이 있음을 논의하였다. 팀은 보조교사에게 몇 가지 중요한 상징(예: 그만, 다 했음, 더, 수영하기)이 달린 고무줄 팔찌를 차게 하여 은호가 일관되게 반응하지 못할 때에 사용할 수 있게 하였다.

| 점심시간 | 은호의 팀은 파트너가 제공하는 도움에 은호가 일관성 없이 반응하는 것은 분주한 환경에서 사회적으로 유리되는(즉, 차단되는) 은호의 성향 때문인 것으로 보았다. 그 결과, 팀은 식당의 한 구석에 '조용한 공간'을 만들어서 은호가 몇몇 또래와 함께 작은 원형 식탁에 앉아 점심을 먹을 수 있게 할 필요가 있다고 보았다. 그다음에 팀은 은호가 산만해지기 시작하면 또래가 조절 전략을 사용할 수 있도록 또래를 지원하기로 하였다. 구체적으로, 은호가 차단하기 시작하면 또래는 은호가 주의력을 회복하여 계속 참여할 수 있도록 점심식사와 관련된 익숙한 차례 주고받기 기억 게임(예: "소풍 갈 때 엄마가 _____도시락을 싸 주셨어.")을 시작할 수 있다.

③ 상호조절 3: 상태를 조절하기 위해 파트너에게 도움 청하기

아동 목표	관련된 파트너 목표	
상호조절	대인관계 지원	학습 지원
MR3 상태를 조절하기 위해 파트너에게 도움 청하기	IS2 파트너는 시작행동을 촉진한다 IS4 파트너는 참여를 위한 장을 마련한다 IS7 파트너는 적절한 행동을 시범 보인다	LS1 파트너는 적극적인 참여를 위해 활동을 구조화한다 LS2 파트너는 발달을 촉진하기 위해 보완의사소통 지원을 사용한다 LS4 파트너는 목표, 활동, 학습 환경을 수정한다
MR3은 JA3-JA4에 연계됨 연계 교수목표 MR3.1 위로를 구하기 위해 부정적인 정서 공유하기(≈JA3.1)	위로를 구하기 위해 부정적인 정서 공유하기(MR3.1), 상호작용을 하기 위해 긍정적인 정서 공유하기(MR3.2), 좌절했을 때 도움 청하기(MR3.3), 괴로울 때 거부하기(MR3.4), 휴식을 요구	휴식을 요구하기 위해 언어 전략 사용하기(MR3.5), 활동이나 자극 조절을 요구하기 위해 언어 전략 사용하기(MR3.6), 사회적 조절 수행을 위해 언어 전략 사용하기(MR3.7) 능력은 반복

MR3.2 상호작용을 하기 위해 긍정적인 정서 공유하기(≈JA3.1) MR3.3 좌절했을 때 도움 청하기(≈JA4.3) MR3.4 괴로울 때 거부하기(≈JA4.2, JA4.4) 관련 장단기 교수목표 MR3의 성취는 JA4, JA5.1, SU4-SU5의 성취와 관련됨	하기 위해 언어 전략 사용하기(MR3.5) 능력은 시작행동 기다리고 격려하기(IS2.2), 상호작용을 촉진하기 위해 적절한 근접성과 비구어 행동 사용하기(IS4.3), 적절한 비구어 의사소통과 정서 표현 시범 보이기(IS7.1), '아동 입장'에서 언어 시범 보이기(IS7.5)와 같은 파트너 능력에 의존함	되는 학습 기회 제공하기(LS1.4), 아동의 정서 표현 및 이해 능력을 강화하기 위해 보완의사소통 지원 사용하기(LS2.3), 아동의 정서 조절을 강화하기 위해 보완의사소통 지원 사용하기(LS2.4), 시작행동을 촉진하는 학습 환경 구성하기(LS4.5)와 같은 파트너 능력에 의존함

대호 사례

대호는 언어 파트너 단계의 4세 남아로 차별화된 정서 표현을 사용하여 긍정적 또는 부정적 경험에 일관되게 반응한다. 그러나 대호의 팀은 대호가 조절을 위한 도움을 청할 때 이를 다른 사람에게 표현하는 데 어려움이 있음을 관찰하였다. 팀은 대호가 좌절 상태를 잘 다스리지 못한다는 점을 가장 염려하고 있다. 따라서 대호의 교수목표로 좌절했을 때 도움 청하기(MR3.3), 휴식을 요구하기 위해 언어 전략 사용하기(MR3.5)가 포함되었다. 대호의 팀은 상호작용을 촉진하기 위해 적절한 근접성 및 비구어 행동을 사용하고(IS4.3), 아동의 시작행동을 촉진하기 위해 학습 환경을 구성할(LS4.5) 필요성을 인식하였다.

| 퍼즐 영역 | 대호의 팀은 대호가 유치원의 영역 활동 시간 중 적절하게 도움을 청하게 하기 위해 다음과 같은 수정이 필수적이라는 데 동의하였다. 첫째, 팀은 담임교사가 퍼즐 영역을 감독하게 하였다. 이 영역을 감독하면서 교사는 대호 옆에 앉아 마주 보고 그 시야 내에 있기로 하였다. 그다음에 팀은 대호가 흥미를 보이고 도움을 청하게끔 대호의 기술보다 수준이 살짝 더 높은 퍼즐 몇 가지를 구비해 놓기로 하였다. 마지막으로, 팀은 대호가 과제에 압도된 것으로 보이면 아동의 주의를 끈 후 손을 올려서 "뭐?" 또는 "어디?"를 나타내는 몸짓을 할 필요가 있음을 논의하였다. 팀은 이러한 몸짓이 대호의 언어 전략을 유발하는 데 종종 유용하다는 것을 관찰하였다.

| 그림 그리기 | 대호는 그림 그리기를 좋아함에도 불구하고 '완벽한' 작품을 그릴 수 없게 되면 자주 괴로워한다. 그러나 대호는 그림을 완성할 수 있도록 도와주는 파트너의 도움을 아주 흔쾌히 받아들인다. 팀은 학교와 집 모두에서 다양한 교

류 지원이 필요함을 인식하였다. 첫째, 대호의 종이 위쪽에 각각 '도움'과 '휴식'을 나타내는 두 개의 아이콘을 붙일 수 있다. 그다음에 팀은 대호가 아이콘 교환이나 구어 산출을 통해 아이콘을 독립적으로 사용할 수 있도록 대호에게 신속하게 반응하여 아동의 노력을 격려할 필요가 있음을 논의하였다. 그러나 대호가 좌절하여 아이콘에 접근하지 않는다면 아이콘에 관심을 기울이도록 유도할 필요가 있음을 논의하였다. 마지막으로, 도움과 휴식을 요청하는 전략을 구어로 시범 보일 수 있다.

④ 상호조절 4: 파트너의 지원을 받아 극심한 조절장애로부터 회복하기

아동 목표	관련된 파트너 목표	
상호조절	대인관계 지원	학습 지원
MR4 파트너의 지원을 받아 극심한 조절장애로부터 회복하기	IS1 파트너는 아동에게 반응적이다 IS3 파트너는 아동의 독립성을 존중한다 IS6 파트너는 언어 사용을 조절한다 IS7 파트너는 적절한 행동을 시범 보인다	LS2 파트너는 발달을 촉진하기 위해 보완의사소통 지원을 사용한다 LS3 파트너는 시각적 지원 및 조직화 지원을 사용한다 LS4 파트너는 목표, 활동, 학습 환경을 수정한다
MR4는 JA, SU, SR에 직접적으로 연계되지 않음	활동으로부터 떨어져 있게 하는 방법으로 회복을 지원하는 파트너의 노력에 반응하기(MR4.1), 파트너의 행동 전략 사용에 반응하기(MR4.2), 파트너의 언어 전략 사용에 반응하기(MR4.3), 파트너의 지원을 받아 극심한 조절장애 상태의 강도 줄이기(MR4.6) 능력은 조절장애 신호를 인식하고 지원하기(IS1.5), 적절한 경우 저항, 거부, 거절 존중하기(IS3.4), 아동의 각성 수준에 따라 언어의 질 조절하기(IS6.3), 적절한 비구어 의사소통과 정서 표현 시범 보이기(IS7.1)와 같은 파트너 능력에 의존함	파트너의 언어 전략 사용에 반응하기(MR4.3), 상호작용이나 활동에 다시 참여하게 하기 위한 파트너의 시도에 반응하기(MR4.4), 파트너의 지원을 받아 극심한 조절장애로부터 회복되는 시간 단축하기(MR4.5) 능력은 아동의 언어 및 행동 이해를 강화하기 위해 보완의사소통 지원 사용하기(LS2.2), 정서 표현 및 이해 능력을 강화하기 위해 보완의사소통 지원 사용하기(LS2.3), 학습 환경의 감각적 속성 수정하기(LS4.3)와 같은 파트너 능력에 의존함

강희 사례

강희는 언어 파트너 단계의 2세 여아로 종종 극심한 분노뿐만 아니라 극심한 기쁨과 연관된 높은 각성 수준을 경험한다. 이러한 상태에서 강희는 매우 산만해지며 활동 수준은 정신없이 부산해진다. 강희의 교수목표에는 파트너의 행동 전략 사용에 반응하기(MR4.2)와 파트너의 지원을 받아 극심한 조절장애로부터 회복되는 시간 단축하기(MR4.5)가 포함된다. 강희의 팀은 강희의 각성 수준에 따라 언어의 질을 조절하고(IS6.3), 학습 환경의 감각적 속성을 수정하는(LS4.3) 데에 노력을 기울이고 있다.

| **운동장 놀이** | 운동장 환경은 종종 강희에게 너무나 위압적이다. 강희의 팀은 극심한 조절장애를 예방하기 위해 운동장이 덜 붐비는 이른 시간에 강희를 운동장에 데려가는 것에 대해 논의하였다. 그러나 조절장애가 계속해서 일어났다. 팀은 강희가 운동장에서 일어나는 연속적인 사건을 예측하는 데 도움이 되도록 단순화된 언어(예: 초기 단어 조합을 사용하여 말하기)를 사용할 필요가 있다고 보았다. 또한 그네 타기와 미끄럼 타기를 하는 사이사이에 일관되게 구조적인 활동인 올라가기와 점프하기 활동을 할 수 있는 기회를 자주 제공하기로 하였다.

| **기저귀 갈기** | 강희의 부모는 기저귀를 갈 때면 늘 강희의 각성 수준을 다루기가 어려우므로 이때 필요한 상호조절적인 교류 지원 방안을 확인하고 개발해 줄 것을 요청하였다. 이에 다음과 같은 사항이 제안되었다. 부모는 강희에게 깨끗한 기저귀를 보여 주면서 "기저귀 갈 시간이네."와 같은 간단한 언어를 짝짓는다. 그다음에는 활동 전에 강희에게 조직화 운동 및 자기수용성 자극을 제공하기 위한 일환으로 기저귀를 가는 장소까지 토끼 점프로 뛰어가도록 도와줄 수 있다. 기저귀를 가는 동안에는 강희에게 안정을 주는 행동 조절 전략인 고무젖꼭지를 제공하고, 강희가 노래에 맞춰 손뼉을 칠 수 있는 리드미컬한 유아동요를 불러 줄 필요가 있음을 논의하였다. 팀은 기저귀를 바꾼 후에 사회적 일과 중에 더 많은 점프하기 기회를 제공할 필요가 있다고 보았다(예: '침대에서 점프하는 원숭이' 동요 부르기).

(4) 정서 조절: 자기조절

① 자기조절 1: 학습 및 상호작용의 가능성 보이기

아동 목표	관련된 파트너 목표	
자기조절	대인관계 지원	학습 지원
SR1 학습 또는 상호작용의 가능성 보이기	IS1 파트너는 아동에 반응적이다 IS4 파트너는 참여를 위한 장을 마련한다 IS5 파트너는 발달을 지원한다	LS1 파트너는 적극적인 참여를 위해 활동을 구조화한다 LS2 파트너는 발달을 촉진하기 위해 보완의사소통 지원을 사용한다 LS4 파트너는 목표, 활동, 학습 환경을 수정한다
SR1은 JA1, SU6에 연계됨 연계 교수목표 SR1.1 상호작용 시도 시작하기(=JA1.1) SR1.2 간단한 상호적 상호작용에 참여하기(=JA1.2) SR1.3 확장된 상호적 상호작용에 참여하기(=JA1.3) SR1.6 여러 가지 익숙한 단어 및 구절에 반응하기(=SU6.2)	상호작용 시도 시작하기(SR1.1), 간단한 또는 확장된 상호적 상호작용에 참여하기(SR1.2, SR1.3), 행위 및 행동 억제 능력 보이기(SR1.5), 맥락에 적절하게 정서 표현하기(SR1.8) 능력은 아동의 정서 및 속도에 맞추기(IS1.2), 최적의 각성 상태와 참여를 지원하기 위해 적절한 단어와 억양 사용하기(IS4.4), 정서를 표현하고 정서의 원인을 이해하도록 안내하기(IS5.5)와 같은 파트너 능력에 의존함	차별화된 정서로 감각 및 사회적 경험에 반응하기(SR1.4), 여러 가지 익숙한 단어 및 구절에 반응하기(SR1.6), 합리적인 요구를 지닌 과제 지속하기(SR1.7) 능력은 활동에 예측 가능한 순서 마련하기(LS1.3), 반복되는 학습 기회 제공하기(LS1.4), 언어 및 행동 이해를 강화하기 위해 보완의사소통 지원 사용하기(LS2.2), 활동이 발달적으로 적절하도록 고안하고 수정하기(LS4.6)와 같은 파트너 능력에 의존함

규미 사례

통합 유치원에 다니는 규미는 언어 파트너 단계의 4세 여아로 높은 각성 편향성을 보인다. 규미의 팀에 의하면, 긍정적인 정서에 관련되었건 부정적인 정서에 관련되었건 간에 각성 수준이 정점에 달했을 때 규미는 무언가 손으로 돌릴 만한 물건을 찾는다. 또한 이들은 규미가 긍정적인 정서를 경험할 때 거의 웃지 않는다고 하였다. 규미의 교수목표에는 차별화된 정서로 감각 및 사회적 경험에 반응하기(SR1.4)와 여러 가지 익숙한 단어 및 구절에 반응하기(SR1.6)가 포함된다. 규미의 팀은 정서를 표현하고 정서의 원인을 이해하도록 안내하기(IS5.5)와 아동의 언어 및 행동 이해를 강화하기 위해 보완의사소통 지원 사용하기(LS2.2)를 우선적으로 실시하기로 하였다.

| 기상하기 | 규미의 부모는 규미가 아침에 일어날 때 생기 있고 기민한 모습을 보이곤 한다고 전하였다. 또한 상호작용을 잘하며 사회적 상호작용에 덜 압도되는 경향을 보인다고 하였다. 이러한 점에 근거하여 규미의 팀은 규미가 아직 침대에 있는 동안 '있다 없다'와 '간지럼 태우기'와 같은 사회적 게임을 사용함으로써 정서 표현을 차별화하는 데 도움을 주는 면대면 활동 중심의 맥락을 제공할 수 있다는 점에 동의하였다. 규미의 부모는 게임을 하는 동안 규미의 정서 상태에 적당한 간단한 언어를 시범 보여야 할 뿐만 아니라(예: "규미는 행복해.") 비구어 정서 표현을 더 지속적으로 시범 보일 필요가 있음을 논의하였다.

| 유치원에서의 자유놀이 | 규미의 팀은 규미가 집단 활동 말미에 자유놀이 활동을 선택하라는 교사의 지시에 반응하는 데 지속적인 어려움을 보인다고 하였다. 규미에게 이 활동이 익숙해졌음에도 불구하고, 규미는 종종 교실의 다른 영역으로 이동하게 하는 신체적 촉진을 기다렸다. 팀은 규미가 교사의 말에 더 잘 반응할 수 있도록 교사의 구두 지시와 함께 시각적 선택판을 제시하기로 하였다. 또한 팀은 규미가 강렬한 정서와 연관되어 각성 수준이 높아지고 사물을 돌리기 시작할 때, '기쁨' '슬픔' '화'를 나타내는 그림 상징을 사용하여 시각적 단서를 제공할 필요가 있음을 논의하였다.

② 자기조절 2: 익숙한 활동 중에 각성 수준을 조절하기 위해 행동 전략 사용하기

아동 목표	관련된 파트너 목표	
자기조절	대인관계 지원	학습 지원
SR2 익숙한 활동 중에 각성 수준을 조절하기 위해 행동 전략 사용하기	IS1 파트너는 아동에게 반응적이다 IS3 파트너는 아동의 독립성을 존중한다 IS7 파트너는 적절한 행동을 시범 보인다	LS1 파트너는 적극적인 참여를 위해 활동을 구조화한다 LS2 파트너는 발달을 촉진하기 위해 보완의사소통 지원을 사용한다 LS4 파트너는 목표, 활동, 학습 환경을 수정한다

SR2는 JA, SU, MR에 직접적으로 연계되지 않음	혼자 하는 활동과 사회적 활동 중에 각성 수준을 조절하기 위해 행동 전략 사용하기(SR2.1), 각성 수준을 조절하기 위해 파트너가 시범 보인 행동 전략 사용하기(SR2.2), 장시간의 활동에 생산적으로 참여하기 위해 행동 전략 사용하기(SR2.3) 능력은 각성 수준을 조절하기 위한 아동의 행동 및 언어 전략 인식하고 지원하기(IS1.4), 적절한 경우 저항, 거부, 거절 존중하기(IS3.4), 아동이 부적절한 행동을 할 때 적절한 행동 시범 보이기(IS7.4)와 같은 파트너 능력에 의존함	혼자 하는 활동과 사회적 활동 중에 각성 수준을 조절하기 위해 행동 전략 사용하기(SR2.1), 각성 수준을 조절하기 위해 파트너가 시범 보인 행동 전략 사용하기(SR2.2), 장시간의 활동에 생산적으로 참여하기 위해 행동 전략 사용하기(SR2.3) 능력은 또한 반복되는 학습 기회 제공하기(LS1.4), 정서 조절을 강화하기 위해 보완의사소통 지원 사용하기(LS2.4), 조직화와 상호작용을 지원하기 위해 사회적 복잡성 조절하기(LS4.1)와 같은 파트너 능력에 의존함

준호 사례

준호는 언어 파트너 단계의 5세 남아로 특히 밖에 있을 때 쉽게 어찌할 줄 몰라 하곤 한다. 준호는 한정된 수의 자기조절 행동 전략을 보이며, 종종 진행 중인 행동에 계속 참여하기 위해 성인에게 도움을 청한다. 준호의 교수목표에는 혼자 하는 활동과 사회적 활동 중에 각성 수준을 조절하기 위해 행동 전략 사용하기(SR2.1)와 각성 수준을 조절하기 위해 파트너가 시범 보인 행동 전략 사용하기(SR2.2)가 포함된다. 준호의 팀은 준호가 적절하지 않은 행동을 할 때 적절한 비구어 의사소통과 정서 표현을 시범 보이고(IS7.1), 준호가 이러한 전략을 연습할 수 있도록 반복되는 학습 기회를 제공하는(LS1.4) 데에 노력을 기울이고 있다.

| 학교 운동장 | 준호의 팀은 준호가 운동장에서 특히 어려움을 경험하고 있다는 점을 인식하고 있다. 준호는 운동장에서 불안감을 느끼는 것이 확실해 보이며 종종 계속해서 성인 곁에 가까이 있으려고 한다. 다른 아동이 다가오면 준호는 가장 가까이에 있는 성인에게로 쏜살같이 달려간다. 팀은 준호가 성공할 수 있는 환경을 마련하기 위해 운동장 환경 또는 활동을 수정할 필요가 있음을 논의하였다. 구체적으로 교사가 촉진하는 소집단의 조용한 놀이(예: 보도용 분필로 활동 라인 그리

기, 물로 그리기)를 할 수 있는 운동장 영역을 만들기로 하였다. 그다음에 팀은 준호가 불안해하고 차단하기 시작할 때, "안아 주세요."라고 말하며 미리 준호를 안아 주는 것이 도움이 될 것으로 보았다. 또한 팀은 운동장에 대형 양말을 마련하여, 준호가 강한 감각적 지원이 필요할 때 독립적으로 이를 이용하도록 촉진하기로 하였다. 대형 양말은 아동이 기어 들어갈 수 있는 라이크라 소재의 튜브 형태로 압력과 누에고치 같은 사적인 공간을 제공해 준다.

| 버스 기다리기 | 준호의 파트너와 가족이 이 활동을 높은 우선순위로 선택한 이유는, 준호가 버스 기다리기에 크게 어려움을 겪고 있는데다 복잡한 길거리에서 효과적인 교류 지원을 제공하는 것이 쉽지 않기 때문이다. 준호가 효과적인 자기조절 행동 전략을 개발하도록 지원하기 위해 다수의 대인관계 지원 또는 학습 지원 방안이 고려되었다. 첫째, 팀은 사전에 미리 준호에게 버스 정류장으로 이동하기 위한 전이 사물을 제공하기로 하였다. 그다음에 기다리는 동안 헤드폰을 끼고 좋아하는 음악을 들을 수 있게 하였다. 마지막으로, 팀이 다양한 행동 전략(예: 점프하기, 포옹하기, 손 꽉 쥐기, 오래 씹을 수 있는 간식 먹기)을 나타내는 그림 상징을 열쇠고리에 부착하여 가지고 다니기로 결정하였다. 이러한 지원 방안은 자기조절을 강조하므로 준호는 궁극적으로 성인 파트너의 최소한의 격려만으로 지원 방안을 사용할 수 있게 될 것이며, 학교로 이동할 때 보다 독립적으로 수행하게 될 것이다.

③ 자기조절 3: 익숙한 활동 중에 각성 수준을 조절하기 위해 언어 전략 사용하기

아동 목표	관련된 파트너 목표	
자기조절	대인관계 지원	학습 지원
SR3 익숙한 활동 중에 각성 수준을 조절하기 위해 언어 전략 사용하기	IS3 파트너는 아동의 독립성을 존중한다 IS6 파트너는 언어 사용을 조절한다 IS7 파트너는 적절한 행동을 시범 보인다	LS1 파트너는 적극적인 참여를 위해 활동을 구조화한다 LS2 파트너는 발달을 촉진하기 위해 보완의사소통 지원을 사용한다 LS4 파트너는 목표, 활동, 학습 환경을 수정한다

SR3은 JA3과 MR1에 연계됨 연계 교수목표 SR3.5 다양한 정서를 표현하는 상징 사용하기(≈JA3.2; =MR1.2)	혼자 하는 활동 중에 각성 수준을 조절하기 위해 언어 전략 사용하기(SR3.1), 각성 수준을 조절하기 위해 파트너가 시범 보인 언어 전략 사용하기(SR3.3), 다양한 정서를 표현하는 상징 사용하기(SR3.5) 능력은 문제행동을 의사소통 또는 조절의 기능으로 이해하기(IS3.3), 아동의 각성 수준에 따라 언어의 질 조절하기(IS6.3), 적절한 비구어 의사소통과 정서 표현 시범 보이기(IS7.1)와 같은 파트너 능력에 의존함	사회적 상호작용 중에 각성 수준을 조절하기 위해 언어 전략 사용하기(SR3.2), 장시간의 활동에 생산적으로 참여하기 위해 언어 전략 사용하기(SR3.4), 다양한 정서를 표현하는 상징 사용하기(SR3.5) 능력은 반복되는 학습 기회 제공하기(LS1.4), 정서 표현 및 이해 능력을 강화하기 위해 보완의사소통 지원 사용하기(LS2.3), 조직화와 상호작용을 지원하기 위해 사회적 복잡성 조절하기(LS4.1)와 같은 파트너 능력에 의존함

신우 사례

신우는 언어 파트너 단계의 2세 6개월 남아로 다양한 행동 조절 전략(예: 좋아하는 사물 잡고 있기, 고무젖꼭지 사용하기, 제자리에서 점프하기)을 사용한다. 그러나 아직까지 정서 조절을 돕는 데 자신의 확장 중인 어휘를 사용하지는 못한다. 신우의 교수목표에는 사회적 상호작용 중에 각성 수준을 조절하기 위해 언어 전략 사용하기(SR3.2), 다양한 정서를 표현하는 상징 사용하기(SR3.5)가 포함된다. 신우의 팀은 신우의 각성 수준에 따라 언어의 질을 조절하고(IS6.3), 신우의 정서 표현 및 이해 능력을 강화하기 위해 보완의사소통 지원을 사용하려고(LS2.3) 시도 중이다.

| **부모와 함께하는 음악교실** | 신우는 음악교실에 즐겨 참여하는데, 큰 낙하산을 가지고 하는 북이나 음악이 나오는 게임을 특히 좋아한다. 그러나 이 시간에 좋아하는 활동을 오가는 전이가 많으며, 이때 신우는 비교적 강렬한 정서 상태를 경험하게 된다. 전이 중에 신우는 즉각 자신의 고무젖꼭지를 찾는다. 팀은 이 행동 전략의 가치를 인정하였으나 이 시점에서는 현재 습득 중인 언어를 사용할 수 있도록 조절 전략의 목록을 확장할 필요가 있다고 판단하였다. 신우가 이와 같은 목표를 달성할 수 있도록 팀은 신우의 정서 상태 변화를 알려 주는 청각적이고 시각적인(즉, 그림 상징) 간단한 명명하기를 제공할 필요가 있음을 논의하였다. 예를 들

어, 낙하산이 등장할 때는 "신우는 행복해.", 북을 가져갈 때는 "신우는 화났어."와 같이 아동의 정서 상태에 대한 적절한 언급을 시범 보이기로 하였다.

| 형과의 놀이 | 신우는 형을 좋아하며, 둘은 자주 함께 논다. 따라서 팀은 형이 신우에게 적절한 언어 전략을 사용하도록 촉진하는 것이야말로 신우가 자기조절 목표를 달성하도록 돕는 데 중대한 우선순위가 될 것으로 보았다. 신우의 형은 몇 번의 놀이 안내를 통해 신우가 화날 때 자신을 달랠 수 있도록 신우의 관점에서 단순화된 언어를 사용하게 될 것이다(예: "난 괜찮아."). 이 외에도 형은 신우가 자신의 정서 상태를 표현하기 위한 언어 전략 및 명명하기(예: 행복한, 화난)를 떠올릴 수 있도록 신우에게 그림 상징을 보여 줄 것이다.

④ 자기조절 4: 새롭고 변화하는 상황에서 정서 조절하기

아동 목표	관련된 파트너 목표	
자기조절	대인관계 지원	학습 지원
SR4 새롭고 변화하는 상황에서 정서 조절하기	IS4 파트너는 참여를 위한 장을 마련한다 IS5 파트너는 발달을 지원한다 IS7 파트너는 적절한 행동을 시범 보인다	LS3 파트너는 시각적 지원 및 조직화 지원을 사용한다 LS4 파트너는 목표, 활동, 학습 환경을 수정한다
SR4는 SU2에 연계됨 연계 교수목표 SR4.2 익숙하지 않은 활동에서 상황 및 몸짓 단서 따르기(=SU2.1)	새롭고 변화하는 상황에 참여하기(SR4.1), 새롭고 변화하는 상황에서 각성 수준을 조절하기 위해 언어 전략 사용하기(SR4.4), 전이 중 각성 수준을 조절하기 위해 행동 전략 사용하기(SR4. 5), 전이 중 각성 수준을 조절하기 위해 언어 전략 사용하기(SR4.6) 능력은 상호작용을 촉진하기 위해 적절한 근접성과 비구어 행동 사용하기(IS4.3), 활동 성공을 위해 필요할 때 안내 및 피드백 제공하기(IS5.4), '아동 입장'에서 언어 시범 보이기(IS7.5)와 같은 파트너 능력에 의존함	익숙하지 않은 활동에서 상황 및 몸짓 단서 따르기(SR4.2), 새롭고 변화하는 상황에서 각성 수준을 조절하기 위해 행동 전략 사용하기(SR4.3) 능력은 활동 간 원활한 전이를 위해 시각적 지원 사용하기(LS3.3), 주의집중을 높일 수 있도록 학습 환경 구성하기(LS4.4), 필요에 따라 동적인 활동과 정적인 활동 교대하기(LS4.9)와 같은 파트너 능력에 의존함

경아 사례

유치원에 다니는 경아는 언어 파트너 단계의 6세 여아로 전이와 새로운 환경에서 계속 어려움을 겪고 있다. 팀의 관찰에 의하면, 경아는 이러한 상황에서 효과적인 조절 전략을 사용하는 데 어려움이 있으며, 좋아하는 만화 대사를 암송하거나 옷에 매달린 끈을 가지고 노는 데 의지하곤 한다. 팀은 일단 경아가 자기조절을 위해 이러한 행동을 시작하게 되면 경아를 다시 주목시키기가 매우 어렵다는 것을 알게 되었다. 경아의 교수목표에는 새롭고 변화하는 상황에 참여하기(SR4.1), 전이 중 각성 수준을 조절하기 위해 언어 전략 사용하기(SR4.6)가 포함된다. 경아의 팀은 '아동 입장'에서 언어 시범을 보이고(IS7.5), 필요에 따라 동적인 활동과 정적인 활동을 교대하는(LS4.9) 노력을 기울이고 있다.

| 음악 시간 | 팀은 경아가 대부분의 음악 시간 동안 줄을 찾아 이를 가지고 놀며 보낸다는 것을 관찰하였다. 면밀히 관찰한 끝에 몇 가지 요인이 경아의 음악 시간 참여를 어렵게 만드는 것으로 보인다는 데 의견을 모았다. 첫 번째 요인은 활동에 예측 가능한 패턴이 없다는 점이다. 두 번째는 단일 활동 속에 많은 전이 상황이 있다는 점이며, 세 번째는 일정이 여유롭지 못한 탓에 음악 수업이 또 다른 착석 활동인 모둠 읽기 활동에 뒤이어서 실시된다는 점이다. 팀은 경아의 참여를 향상시키기 위해 다음과 같은 교류 지원이 필요하다고 보았다. 활동마다 더 많이 움직일 수 있는 기회를 삽입하여 경아가 수업 전에 교사를 도와 교실 정리하기(예: 의자 제자리에 밀어넣기), 노래하며 행진하기, 또래에게 악기 전달하기와 같은 활동을 할 수 있게 하였다. 또한 조절 언어를 시범 보이고 이를 경아 자신이 사용하도록 촉진함으로써 경아의 강점인 청각적 기계식 암기를 강화할 필요가 있음을 논의하였다. 구체적으로, 경아가 전이를 예측하고 대처할 수 있도록 "먼저 ……하고, 그다음에 ……하고"의 구절을 시범 보이기로 하였다.

| 출석 점검 | 경아의 유치원에서는 등원 후 첫 활동으로 출석을 알리는 서명을 한다(즉, 출석부에 쓰인 이름 위에 따라 쓰기). 이러한 전이 상황에서의 교실은 상당히 분주하며 경아를 압도하기 때문에 경아는 이 활동에 큰 어려움을 겪고 있다. 팀은 경아의 언어 학습 방식을 고려하여 철자 쓰기 과정을 수행하면서 스스로에게 반복해서 불러 줄 일과 노래를 만듦으로써 이 활동의 예측 가능성을 높일 필요

가 있다고 보았다. 또한 교실 한가운데에 놓여 있던 서명하기 이젤을 덜 붐비는 공간인 입구 쪽으로 옮기기로 하였다. 마지막으로, 바닥에 화려한 발자국을 붙여서 경아가 따라가야 할 선명한 시각적 이동로를 나타내기로 하였다(즉, 이젤 영역에서 사물함 영역으로, 사물함 영역에서 도서 영역으로 가는 방향을 표시).

⑤ 자기조절 5: 극심한 조절장애로부터 스스로 회복하기

아동 목표	관련된 파트너 목표	
자기조절	대인관계 지원	학습 지원
SR5 극심한 조절장애로부터 스스로 회복하기	IS1 파트너는 아동에게 반응적이다 IS3 파트너는 아동의 독립성을 존중한다 IS7 파트너는 적절한 행동을 시범 보인다	LS2 파트너는 발달을 촉진하기 위해 보완의사소통 지원을 사용한다 LS3 파트너는 시각적 지원 및 조직화 지원을 사용한다 LS4 파트너는 목표, 활동, 학습 환경을 수정한다
SR5는 JA, SU, MR에 직접적으로 연계되지 않음	지나치게 자극적이거나 원하지 않는 활동으로부터 스스로 떠나기(SR5.1), 극심한 조절장애로부터 회복하기 위해 행동 전략 사용하기(SR5.2), 극심한 조절장애로부터 회복하기 위해 언어 전략 사용하기(SR5.3) 능력은 조절장애의 신호를 인식하고 지원하기(IS1.5), 필요할 때 상호작용이나 활동으로부터 휴식 제공하기(IS1.7), 필요한 경우 활동 중간에 돌아다닐 수 있도록 휴식 허락하기(IS3.1), '아동 입장'에서 언어 시범 보이기(IS7.5)와 같은 파트너 능력에 의존함	극심한 조절장애로부터 회복된 후 상호작용이나 활동에 다시 참여하기(SR5.4), 극심한 조절장애로부터 회복되는 시간 단축하기(SR5.5), 조절장애 상태의 강도 줄이기(SR5.6) 능력은 아동의 정서 조절을 강화하기 위해 보완의사소통 지원 사용하기(LS2.4), 집단 활동에서의 적극적인 참여를 촉진하기 위해 시각적 지원 사용하기(LS3.6), 학습 환경의 감각적 속성 수정하기(LS4.3)와 같은 파트너 능력에 의존함

미주 사례

미주는 언어 파트너 단계의 9세 여아로 파트너가 복잡한 언어를 사용하거나 자신이 좋아하는 사물을 공유해야 할 때 조절장애를 경험할 위험이 있다. 이런 상황에서 미주는 종종 가까이에 있는 아동과 성인을 공격하려고 하며, 이 때문에 많은 또래가 미주를 경계한다. 미주의 교수목표에는 지나치게 자극적이거나 원하지 않은 활동으로부터 스스로 떠나기(SR5.1)와 조절장애 상태의 강도 줄이기(SR5.6)가 포함된다. 팀은 조절장애의 신호를 인식하여 지원을 제공하고(IS1.5), 학습 환경의 감각적 속성을 수정하는 데(LS4.3) 노력을 기울이고 있다.

| 수학 수업 | 현재 미주의 수학 수업 시간에서는 단위정육면체를 사용하고 있다. 미주는 이 서로 맞물리게 생긴 밝은 색의 블록을 매우 좋아하며 모둠의 다른 아동이 블록을 사용하려고 하면 크게 화를 낸다. 팀은 수학 시간 중 미주 혼자서만 사용할 수 있는 교재가 필요하다고 보았다. 또한 팀은 미주가 일반적으로 다른 사람을 공격하기에 앞서 취하는 행동 목록을 만들어서 이 행동 단계가 시작되는 것으로 관찰되면 미주가 분수대로 갈 수 있게 휴식시간을 제공하기로 하였다. 마지막으로 미주는 복잡한 언어를 따르는 데 어려움이 있으므로 학급 내 인력 모두가 과제에 대한 지시의 난이도를 낮추기 위해 일치된 노력을 기울이기로 하였다.

| 요리 활동 | 미주는 요리 시간에 자주 다른 사람을 공격한다. 미주가 지닌 조절장애의 부분적인 원인은 다른 아동과 믹서를 번갈아 사용해야 한다는 데 있다. 팀은 이 문제에 대해 논의하였고, 다른 아동도 믹서 사용법을 배워야 하므로 미주가 자신이 좋아하는 이 활동을 다른 아동과 공유하는 것에 잘 대처할 수 있도록 더 많은 지원이 필요하다고 보았다. 팀은 미주가 맡은 역할을 이해하는 데 도움을 주는 시각적 지원을 사용하기로 하였다. 지원으로는 다양한 주방도구 사진을 세로로 제시하고 옆에는 상응하는 빈 칸을 마련하여 벨크로로 아동의 사진을 덧붙일 수 있게 하였다. 그다음에 팀은 요리 수업 시간에 특히 미주가 나타내는 조절장애 신호에 대해 논의하였고, 미주가 특정 도구를 쥐고 자신의 귀를 막기 시작하면 분수대로 가서 휴식을 취하게 하기로 결정하였다. 이 외에도 팀은 앞서 논의한 조절장애가 악화되고 있음을 보여 주는 미주의 기타 신호를 점검하여 신호가 감지될 때 지원을 제공하기로 하였다.

3) 대화 파트너 단계

대화 파트너 단계에서 아동의 파트너는 아동이 더 진보된 언어 능력 및 다른 사람에 대한 사회적 인식을 발달시키는 데 중대한 영향을 미치며, 이 능력은 의사소통 교환의 단계를 확장시키고 다른 사람의 관점과 정서 상태를 더 민감하게 파악하게 한다. 파트너는 교류 지원을 통해 문장 문법으로의 전이 및 대화적 담화로의 전이를 촉진하는 결정적 역할을 담당한다. 예를 들어, 파트너는 다른 사회적 상황에서의 요구 및 사회적 관습뿐만 아니라 더 정교한 언어 형태에 대한 촉진을 돕는다. 마찬가지로, 파트너는 아동이 정서 조절을 돕기 위해 정서적 기억을 사용하고, 경험 및 상호작용을 계획하고 준비하며, 성인 및 또래 모두와 절충하는 능력을 촉진하는 데 결정적인 역할을 담당한다.

궁극적으로 이 단계의 아동은 성공적인 사회적 교환이 한 명 또는 여러 파트너와의 협력적 노력을 통해서만 성취되며 사회적 적합성의 법칙은 맥락에 따라 다양하다는 점을 더 잘 인식하기 시작한다. 아동 및 파트너 모두의 성취는 자연스럽게 여러 성인 및 또래 파트너와 성공적이고 상호적이며 만족스러운 교환을 더 자주 할 수 있게 한다. 이러한 성장은 양방향의 교류적 영향력을 갖고 있는데, 특정 파트너에 적합하게 대화적 담화에 참여하는 능력은 파트너에게 더 큰 즐거움을 가져다주고, 결과적으로 파트너가 이후 아동의 참여를 보다 잘 유지시키고 찾게 만드는 동기를 부여한다. 파트너가 아동과의 사회적 상호작용에서 점점 더 많은 즐거움을 경험함에 따라 아동의 사회적 지원망은 관계 및 우정의 발달을 통해 확장된다.

앞에서 언급하였듯이, 아동의 파트너를 위한 구체적인 교류 지원 목표의 우선순위를 정할 때에는 몇 가지 중요한 사항을 고려해야 한다. 다음의 표들은 교육 팀이 대화 파트너 단계의 아동을 위한 구체적인 사회 의사소통 및 정서 조절 목표를 다루면서 어떤 교류 지원 목표를 고려해야 할지를 결정할 때 참고자료로 사용될 수 있다. 각 표에 제시된 각각의 영역에 대한 교수목표는 1권의 8장에 정의되어 있다. 이어지는 〈사례〉에서는 구체적인 활동 및 개별 아동의 개별적인 특성(예: 높은 각성 편향성 대 낮은 각성 편향성, 시각적 학습자 대 청각적 학습자)을 토대로 각각의 교류 지원 목표가 어떻게 수정될 수 있는지 보여 준다.

(1) 사회 의사소통: 공동관심

① 공동관심 1: 관심 공유하기

아동 목표	관련된 파트너 목표	
공동관심	대인관계 지원	학습 지원
JA1 관심 공유하기	IS4 파트너는 참여를 위한 장을 마련한다	LS2 파트너는 발달을 촉진하기 위해 보완의사소통 지원을 사용한다 LS4 파트너는 목표, 활동, 학습 환경을 수정한다
JA1은 SR1에 연계됨 연계 교수목표 JA1.1 사회적 파트너의 관심 초점 따르기(=SR1.2)	사회적 파트너의 관심 초점 따르기(JA1.1), 의도를 나타내기 전에 자신에게로 주의 끌기(JA1.2), 관심의 초점 변화에 대한 비구어 단서 이해하기(JA1.3), 파트너가 보거나 들은 것을 기초로 언어 수정하기(JA1.4) 능력은 상호작용을 촉진하기 위해 적절한 근접성과 비구어 행동 사용하기(IS4.2), 정서, 내적 상태, 정신적 계획 공유하기(IS4.4)와 같은 파트너 능력에 의존함	파트너가 보거나 들은 것을 기초로 언어 수정하기(JA1.4), 파트너와 내적 사고나 정신적 계획 공유하기(JA1.5) 능력은 아동의 언어 및 행동 이해를 강화하기 위해 보완의사소통 지원 사용하기(LS2.2), 주의집중을 높일 수 있도록 학습 환경 구성하기(LS4.4)와 같은 파트너 능력에 의존함

현도 사례

현도는 대화 파트너 단계의 8세 남아로 성공을 촉진하기 위한 종합적인 지원을 받으며 초등학교 2학년에 재학 중이다. 현도의 표현언어는 작년에 급속하게 발달하여 현재 서술문(예: "남자 아이가 자전거를 타고 있어.")과 초기 접속사(예: "소가 있고 풀을 먹고 있어.")를 포함한 다양한 문장 구성을 사용하고 있다. 현도는 청자가 사건을 보지 못하였을 때는 더 많은 정보가 필요하다는 것을 아직 인식하지 못하기 때문에 하교 후 자신이 운동장에서 넘어지는 것을 보지 못한 부모에게 사건을 상세하게 설명하기 위해 "나 운동장에서 넘어졌어."와 같은 말을 하지 않은 채 "이 상처 좀 봐."라고 말하곤 한다. 따라서 현도는 현재 파트너가 보거나 들은 것을 기초로 언어 수정하기(JA1.4)를 배우고 있다. 이 교수목표를 다루기 위해 현도의 팀은 현도와 정서, 내적 상태, 정신적 계획을 분명하게 공유하고(IS4.4), 주의집중을 높일 수 있도록 학습 환경을 구성하며(LS4.4), 현도의 언어 및 행동 이해를 강화하기 위해 보완의사소통 지원을 사용할(LS2.2) 필요가 있다.

| **선택 활동** | 점심시간 끝 무렵에 현도와 또래는 교실에서 상호작용 게임이나 독립적인 여가 활동에 참여할 기회를 갖게 된다. 일반적으로 현도는 이 시간에 책을 읽거나 또래와 함께 간단한 일과와 같은 상호작용 게임에 참여하곤 한다. 팀은 두 명의 아동이 참여하면서 한 명은 볼 수 있는 사물을 다른 한 사람은 볼 수 없는 장애물 게임을 소개하여 현도의 관심과 동기를 증진시킬 수 있도록 학습 환경을 수정하기로 하였다. 각 아동은 장애물 뒤편에서 자신이 볼 수 있는 그림이나 사물을 말로 분명하게 설명하여 자신이 인식하고 있는 바를 공유한다. 게임은 다수의 해석과 타당한 추론을 이끌어 내는 상황을 강조하는 것으로 선정되며, 교사는 현장에 함께 있으면서 어떻게 한 사람이 보는 것이 학생들이 아는 것에 영향을 미칠 수 있는지를 시범 보인다. 예를 들어, '윌리를 찾아라'와 같이 아주 상세한 장면을 큰 삽화로 그린 책의 경우 손으로 가리키지 않고서도 친구들이 등장인물을 찾게 하려면 상당히 구체적인 문장 구성을 필요로 한다(예: "이 남자는 아이스크림 가판대 옆에 서 있어." "파란색 셔츠를 입고 있는 소녀가 호수에서 수영하고 있어."). 이를 성공적으로 일치시키기 위해서는 설명과 해석 모두가 정확해야 한다. 마찬가지로, 잘못 해석한 것에 대해 이야기를 나누는 것도 다양한 시각적 관점을 묘사하는 데 유용할 수 있다.

| **국어 시간** | 국어 교육과정의 일부로 현재 현도는 간단한 구두 서술 및 작문을 배우고 있다. 현도는 이 활동에서 많은 진보를 보였으며, 등장인물의 행동을 묘사하는 데 간단한 문장을 사용하기 시작하였다(예: "소년이 개구리를 잡고 있다." "개구리가 물 밖으로 뛰어나왔다." "소년이 개구리를 놓쳤다."). 그럼에도 불구하고 현도는 아직까지 등장인물이 알고 있는 바에 대한 인식 또는 인식의 부족이 미치는 영향을 이해하지 못하며, 등장인물의 의도는 고려하지 못한 채 구체적인 행위의 순서에 집중하는 경향이 있다. 현도의 팀은 토막만화 중재(Gray, 1994a)를 사용하여 이야기를 보완함으로써 정서, 내적 상태, 정신적 계획을 더 일관되게 공유할 필요가 있음을 인식하였다. 보완의사소통 지원은 등장인물이 무엇을 보고 생각할 수 있는지를 시각적으로 묘사함으로써 주어진 사회적 상황에서 무엇을 말할 수 있는지를

보여 주도록 고안될 것이다.

② 공동관심 2: 정서 공유하기

아동 목표	관련된 파트너 목표	
공동관심	대인관계 지원	학습 지원
JA2 정서 공유하기	IS4 파트너는 참여를 위한 장을 마련한다 IS5 파트너는 발달을 지원한다 IS7 파트너는 적절한 행동을 시범 보인다	LS2 파트너는 발달을 촉진하기 위해 보완의사소통 지원을 사용한다 LS4 파트너는 목표, 활동, 학습 환경을 수정한다
JA2는 SR2, MR1, SR3에 연계됨 연계 교수목표 JA2.1 초기 정서 단어 이해하고 사용하기(=MR1.1, SR3.1) JA2.3 상위 수준 정서 단어 이해하고 사용하기(=MR 1.2, SR3.2) JA2.5 단계적인 정서 이해하고 사용하기(=MR1.3, SR3.3) JA2.6 정서를 표현하는 비구어 단서 이해하기(=SU 2.2)	초기/상위 수준 정서 단어 이해하고 사용하기(JA2.1, JA2.3), 단계적인 정서 이해하고 사용하기(JA2.5), 정서를 표현하는 비구어 단서 이해하기(JA2.6), 자신 및 다른 사람의 정서에 대한 타당한 원인 요소 설명하기(JA2.7) 능력은 정서, 내적 상태, 정신적 계획 공유하기(IS4.4), 정서를 표현하고 정서의 원인을 이해하도록 안내하기(IS5.4), 다른 사람의 감정과 생각을 해석할 수 있도록 안내 제공하기(IS5.5), 적절한 비구어 의사소통과 정서 표현 시범 보이기(IS7.1)와 같은 파트너 능력에 의존함	초기/상위 수준 정서 단어 이해하고 사용하기(JA2.1, JA2.3), 다른 사람의 정서 상태를 초기/상위 수준 정서 단어로 묘사하기(JA2.2, JA2.4), 단계적인 정서 이해하고 사용하기(JA2.5), 자신 및 다른 사람의 정서에 대한 타당한 원인 요소 설명하기(JA2.7) 능력은 아동의 정서 표현 및 이해를 강화하기 위해 보완의사소통 지원 사용하기(LS2.3), 조직화와 상호작용을 지원하기 위해 사회적 복잡성 조절하기(LS4.1)와 같은 파트너 능력에 의존함

주희 사례

주희는 대화 파트너 단계에 있는 5세 여아로 바로 얼마 전에 2년차 통합 어린이집 프로그램을 마쳤다. 주희는 말하기를 좋아하며 놀라운 어휘력과 광범위한 문장 구성 능력을 지니고 있다. 그러나 주희 부모는 주희가 종종 극단적인 양자택일식 정서 표현만을 한다는 점에 주목한다. 주희가 다양한 초기 정서 관련 단어(예:

'기쁜' '화난' '슬픈')뿐만 아니라 더 진보된 정서 관련 단어(예: '어리석은' '무서운' '지루한')를 알고 있기는 하나, 아직까지 여러 가지 정서의 상대적인 강도를 이해하고 표현하지 못한다. 예를 들어, 화가 날 때는 매우 화가 난 극심한 정서 상태를 보인다. 따라서 주희의 현재 교수목표에는 단계적인 정서를 이해하고 사용하기(JA2.5)가 포함된다. 주희의 팀은 정서를 표현하고 정서 원인을 이해하도록 안내하고(IS5.4), 주희의 정서 표현 및 이해를 강화하기 위해 보완의사소통 지원을 사용하는 데(LS2.3) 노력을 기울이고 있다.

| 여름 캠프 게임 |　유치원 5세반 진급을 준비 중이기 때문에 주희의 여름방학 교육 프로그램에는 소집단에서 또래와 상호적 상호작용을 발달시키는 기회가 포함된다. 일반적으로 캠프의 첫 번째 활동에는 '리더를 따르라'라는 장애물 코스와 같은 협동게임과 집단이 함께 커다란 바닥 퍼즐을 맞추는 게임이 포함된다. 주희는 이러한 활동을 즐겨 하고 성공적으로 할 수 있음에도 불구하고 자신이 기대한 것과 어긋날 때는(예: 친구가 더 오래 하는 경우, 퍼즐 조각이 없어진 경우 등) 극도로 높은 각성 상태로 전환된다. 주희는 언어 전략을 사용하여 자신이 '화가 났음'을 표현할 수는 있으나, 이러한 정서 표현이 주희로 하여금 상대적으로 약한 강도의 유발 요인에 적합한 대처행동을 하도록 안내하지는 못하는 것으로 보인다. 따라서 주희는 슬픔을 주체하지 못하고, 극도로 큰 목소리를 사용하며, 또래들을 맹렬히 비난한다. 주희의 팀은 주희가 알맞은 강도의 정서를 표현하도록 더 일관되게 지원할 필요가 있음을 인식하였다. 팀은 정서의 강도가 약한 상황에서 기대되는 목소리 크기와 비구어 행동을 사용함으로써 정서의 강도를 나타내는 언어를 시범 보이기로 하였다(예: "주희야, 나도 그게 조금 거슬려……."). 그다음에 팀은 주희가 감정 상태의 강도를 측정하는 데 도움이 되는 보완의사소통 지원을 필요로 하므로 여러 가지 다른 감정의 정도를 숫자나 색깔로 등급화한 시각적 자료를 제공하기로 하였다. 이 지원 자료를 사용하여 팀은 "나는 지금 2번만큼 기뻐." "지금 나는 4번만큼 기뻐." "나는 빨간색만큼 화가 났어."와 같이 시범을 보일 수 있다.

| 잠자리 이야기 시간 |　주희는 엄마나 아빠와 이야기 읽기를 즐겨하며, 자주 부모에게 새로운 이야기를 읽어 달라고 말하곤 한다. 일반적으로 이때는 하루 중 주희와 부모가 정서적으로 가장 잘 연결될 수 있는 긍정적인 시간이다. 그럼에도 불구하고 이야기에 격한 반응을 일으킬 만한 사건이 없는데도 다소 무서운 요소가 담겨 있으면 주희는 순식간에 만족스러운 상태에서 공포 상태로 돌변하며 조절장

애를 일으킨다. 주희는 무서움이라는 개념과 극적인 정서 표현 간에 강한 기계적인 정서 기억 연상을 지닌 것으로 보인다. 따라서 팀은 주희의 부모가 '무서움' 측정 책갈피라는 보완의사소통 지원을 만들어 주희로 하여금 자신의 각기 다른 정서 강도(예: 1~5점 척도)를 측정하는 시각적 수단으로 사용할 수 있게 하였다. 이 외에도 주희가 책갈피의 측정치 각각이 의미하는 바를 잘 이해할 수 있도록 이야기를 읽기에 앞서 숫자로 표시된 각각의 정서 강도와 연관된 각기 다른 사건에 대해 이야기를 나눌 수 있다.

③ 공동관심 3: 다양한 목적을 위해 의도 공유하기

아동 목표	관련된 파트너 목표	
공동관심	대인관계 지원	학습 지원
JA3 다양한 목적을 위해 의도 공유하기	IS1 파트너는 아동에게 반응적이다 IS2 파트너는 시작행동을 촉진한다 IS3 파트너는 아동의 독립성을 존중한다 IS7 파트너는 적절한 행동을 시범 보인다	LS2 파트너는 발달을 촉진하기 위해 보완의사소통 지원을 사용한다 LS4 파트너는 목표, 활동, 학습 환경을 수정한다
JA3은 MR4에 연계됨 연계 교수목표 JA3.1 다른 사람의 행동을 조절하기 위해 의도 공유하기(=MR4.3) JA3.2 사회적 상호작용을 위해 의도 공유하기(=MR4.4) JA3.3 공동관심을 위해 의도 공유하기(=MR4.5) 관련 장단기 교수목표 JA3의 성취는 JA5.2, SU4-SU5의 성취와 관련됨	다른 사람의 행동을 조절하기 위해 의도 공유하기(JA3.1), 사회적 상호작용을 위해 의도 공유하기(JA3.2), 공동관심을 위해 의도 공유하기(JA3.3) 능력은 의사소통 효능감을 증진시키기 위해 아동의 신호에 적절하게 반응하기(IS1.3), 시작행동과 반응행동의 균형 유지하기(IS2.3), 다양한 의사소통 기능 시범 보이기(IS7.2)와 같은 파트너 능력에 의존함	다른 사람의 행동을 조절하기 위해 의도 공유하기(JA3.1), 사회적 상호작용을 위해 의도 공유하기(JA3.2), 공동관심을 위해 의도 공유하기(JA3.3) 능력은 또한 의사소통과 표현언어를 강화하기 위해 보완의사소통 지원 사용하기(LS2.1), 시작행동과 확장된 상호작용을 촉진하는 활동 제공하기(LS4.8)와 같은 파트너 능력에 의존함

장호 사례

장호는 대화 파트너 단계에 있는 9세 남아로 3학년 통합학급에 부분적으로 참여하고 있다. 장호는 외향적이고 호기심이 많은 소년으로, 반 친구와 또래에게 "친구를 사귀고 싶어."라고 말해 왔다. 작년 한 해 동안 자발적으로 의사소통을 시도하는 빈도가 크게 증가하였으며, 현재 사회적 상호작용을 위한 의도를 더 잘 공유할 수 있게 되었다. 예를 들어, 장호는 학교에 도착하여 또래에게 말로 인사를 할 수 있고(예: "얘들아, 안녕!"), 이름을 불러 다른 사람의 주의를 끌 수 있으며(예: "진수야, 같이 놀아도 돼?"), 차례를 번갈아 하기 위해 상호작용을 조절할 수 있다(예: "야, 주희야, 네 차례야."). 장호는 아직까지 게임이나 활동에서 성공한 파트너를 칭찬하지 못하며, 파트너의 긍정적이거나 부정적인 경험에 대해 공감을 나타내지 못한다. 따라서 장호의 현재 교수목표에는 사회적 상호작용을 위해 의도 공유하기(JA3.2)가 포함된다. 장호의 팀은 성인과 또래를 포함한 모든 파트너가 더 일관되게 다양한 의사소통 기능을 시범 보이고(IS7.2), 장호의 의사소통과 표현언어를 강화하기 위해 보완의사소통 지원을 사용할(LS2.1) 필요가 있음을 인식하였다.

| 체육 시간 | 장호는 체육관에서 3학년 반 친구들과 협동놀이 하는 것을 재미있어 하며, 또래에게 인사를 하고 게임(예: 농구, 릴레이) 시 차례 주고받기를 요청할 수 있다. 장호는 아직까지 친구가 성공했을 때 칭찬하거나 친구가 실망했을 때 이에 대해 언급하지 못한다(즉, 공감 표현하기). 교육 팀은 또래 훈련이 결정적인 지원이 될 수 있다고 보았다. 만일 체육 교사가 학생들이 활동 중 차례 주고받기를 한 후 서로 칭찬하도록 분명하게 환기시킨다면, 장호를 위한 시범 보이기의 빈도가 증가할 것이다. 그다음에 장호의 특수학급 교사는 이 활동에서의 의사소통 기능을 촉진시킬 보완의사소통 지원을 제안하였다. 이를 위해 팀메이트 현수막을 만들어서 체육관 벽 잘 보이는 곳에 게시하기로 하였다. 현수막에는 시범 내용(예: 동료가 경기를 잘했을 때 서로 칭찬한다)과 금색별을 붙이는 공간(즉, 칭찬표)을 마련하여 학생이 다른 학생을 칭찬할 때마다 별을 붙일 수 있게 하였다.

| 사회성 훈련 그룹 | 장호는 같은 연령의 또래 세 명과 함께 언어치료사와 작업치료사가 이끄는 소규모 사회적 기술 훈련 그룹에 참여한다. 이들은 각 회기에서 가지고 놀 게임을 결정하고, 대화를 연습하며, 다음 주에 계획된 사회적 행사를 준

비한다. 회기를 비디오로 녹화하여 목표 행동을 성공적으로 수행하는 모습을 촬영하고(예: 또래와 차례 주고받기, 또래가 제안한 게임을 하며 놀기) 이를 여러 번 상영하면서 특정 목적을 지닌 시범 보이기로 활용할 수 있다. 장호의 팀은 이 맥락에서 서로를 칭찬하고 공감을 표현하는 분명한 시범을 보일 필요가 있다고 보았다. 그다음에는 보완의사소통 지원으로 도우미 카드를 사용하여 서로를 칭찬하도록 각 학생을 환기시킬 수 있다(예: "친구가 잘할 때 나는 '멋지다'라고 말할 수 있어요.").

④ 공동관심 4: 상호적 상호작용에서 경험 공유하기

아동 목표	관련된 파트너 목표	
공동관심	대인관계 지원	학습 지원
JA4 상호적 상호작용에서 경험 공유하기	IS1 파트너는 아동에게 반응적이다 IS2 파트너는 시작행동을 촉진한다 IS5 파트너는 발달을 지원한다 IS7 파트너는 적절한 행동을 시범 보인다	LS1 파트너는 적극적인 참여를 위해 활동을 구조화한다 LS2 파트너는 발달을 촉진하기 위해 보완의사소통 지원을 사용한다 LS3 파트너는 시각적 지원 및 조직화 지원을 사용한다 LS4 파트너는 목표, 활동, 학습 환경을 수정한다
JA4는 SR1에 연계됨 연계 교수목표 JA4.1 경험을 공유하기 위해 청자 및 화자의 역할을 바꾸어 가며 상호작용하기(=SR1.3)	다양한 대화 주제 시작하기(JA4.2), 파트너에 따라 대화 차례의 길이 및 내용 판단하기(JA4.6), 관심을 공유하는 파트너와 우정 맺기(JA4.8) 능력은 의사소통 효능감을 증진시키기 위해 아동의 신호에 적절하게 반응하기(IS1.3), 시작행동과 반응행동의 균형 유지하기(IS2.3), 또래와의 상호작용을 위해 안내 제공하기(IS5.1), 다양한 의사소통 기능 시범 보이기(IS7.2)와 같은 파트너 능력에 의존함	친구와 상호작용 시작하고 경험 공유하기(JA8.3) 능력은 차례 주고받기 기회를 만들고 아동이 참여할 수 있도록 여지 남겨 두기(LS1.2), 의사소통과 표현언어를 강화하기 위해 보완의사소통 지원 사용하기(L S2.1), 집단 활동에서의 적극적인 참여를 촉진하기 위해 시각적 지원 사용하기(LS3.6), 조직화와 상호작용을 지원하기 위해 사회적 복잡성 조절하기(LS4.1)와 같은 파트너 능력에 의존함

태주 사례

태주는 대화 파트너 단계에 있는 9세 남아로 자신의 3학년 학급에서 교사의 귀염둥이로 알려져 있다. 이러한 평판은 태주가 성인의 마음에 들려고 하는 강한 욕구를 지녔고 다양한 학업 교과에 흥미를 보이기 때문에 얻게 된 것이다. 작년 한 해 동안 태주의 대화 주제는 교과 관련 주제(예: 자연재해, 태양계)뿐만 아니라 학교 관련 주제(예: 꽃은 어떻게 자라는가)와 가족 관련 주제(예: 자신의 애완 햄스터)로 확장되었다. 태주는 아직까지 또래와의 우정을 형성하는 데 어려움이 있고, 특히 또래가 관심을 보이는 대화 주제에 대한 감각이 부족하다. 이로 인해 태주가 좋아하는 주제를 이미 수없이 들어 흥미를 잃어버리고 있는 반 친구들과 태주 간의 분열이 심화되고 있다. 따라서 태주의 현행 교수목표에는 파트너의 관심에 맞게 대화를 시작하고 유지하기(JA4.3)가 포함된다. 교육 팀은 더 지속적으로 또래와의 상호작용 성공을 위해 안내를 제공하고(IS5.1), 집단 활동에서의 적극적인 참여를 촉진하기 위해 시각적 지원을 사용할(LS3.6) 필요가 있음을 인식하였다.

| 간식시간 | 태주의 반 학생들에게 아침 간식시간은 전날 있었던 일에 대해 친구들과 이야기 나눌 수 있는 첫 번째 기회기 때문에 모두 이 시간을 고대한다. 태주는 이 시간이 친구들과 친해질 수 있는 기회라는 점을 분명히 인식하고 있지만, 특이하고 한정된 주제 선정 탓에 지난 몇 달간 태주의 대화 내용에 대한 친구들의 흥미가 서서히 사라지고 있다. 일반적으로 이 시간에는 성인의 지원이 주어지지 않으므로 교육 팀은 태주가 성공적으로 또래들과 상호작용할 수 있도록 더 명시적인 안내가 필요하다고 보았다. 따라서 활동이 진행되는 동안 보조교사가 현장에서 모니터하면서 필요한 경우 더 성공적이고 긍정적인 상호작용을 촉진하기 위한 전략적 지원을 제공하기로 하였다. 그다음에 특수학급 교사는 또래와의 대화에 태주를 적극적으로 참여시키기 위해 시각적이고 조직적인 지원을 제공하도록 제안하였다. 이를 위해 미술 과제나 언어 활동의 일환으로 대화 지도를 고안할 수 있다. 대화 지도 속에 각 학생들은 자신의 모습을 그린 후 가족과 관련된 좋아하는 주제(예: 최근 있었던 휴가), 학교와 관련된 좋아하는 주제(예: 좋아하는 쉬는 시간 게임, 좋아하는 간식, 다가오는 휴일), 좋아하는 대상(예: 해리 포터 책, 빰빠라밤 빤스맨 책)의 목록을 만들게 된다. 지도를 교실 벽의 잘 보이는 장소에 걸어서 간식시간에 태주가 이 지도를

참조하여 또래가 흥미 있어 하는 주제로 확장하며 말할 수 있게 한다.

| 쉬는 시간 | 쉬는 시간에는 태주가 대화 지도를 사용할 수 없기 때문에 교육팀은 태주가 또래에게 맞춰 대화 주제를 선정할 수 있도록 분명하게 활동 수정을 할 필요가 있음을 논의하였다. 팀은 태주가 쉬는 시간을 대비할 수 있도록 쉬는 시간이 되기 전에 특수교사와 대화 주제를 검토하도록 결정하였다. 쉬는 시간 동안 태주가 또래와의 대화에 적극적으로 참여할 수 있도록 촉진하는 시각적 지원 방안으로는 주머니 친구를 고안하였다. 주머니 친구는 주머니 크기의 작은 공책으로, 반 친구들의 이름과 함께 태주가 좋아하는 몇 가지 쉬는 시간 활동과 대화 주제 목록을 적을 수 있다. 태주는 쉬는 시간에 이 주머니 친구를 살짝 엿볼 수 있다.

⑤ 공동관심 5: 의사소통 실패를 복구하고 지속하기

아동 목표	관련된 파트너 목표	
공동관심	대인관계 지원	학습 지원
JA5 의사소통 실패를 복구하고 지속하기	IS4 파트너는 참여를 위한 장을 마련한다 IS5 파트너는 발달을 지원한다	LS2 파트너는 발달을 촉진하기 위해 보완의사소통 지원을 사용한다 LS4 파트너는 목표, 활동, 학습 환경을 수정한다
JA5는 SU, MR, SR에 직접적으로 연계되지 않음 연계 교수목표 JA5의 성취는 JA4.3의 성취와 관련됨	의사소통 실패를 인식하고 명료화 요구하기(JA5.3), 파트너의 의견 변화나 정서 반응에 따라 언어 및 행동 수정하기(JA5.4, JA5.5) 능력은 정서, 내적 상태, 정신적 계획 공유하기(IS4.4), 구어 또는 비구어로 의사소통 실패를 복구하려고 시도하기(IS5.2), 다른 사람의 감정과 생각을 해석할 수 있도록 안내 제공하기(IS5.5)와 같은 파트너 능력에 의존함	의사소통 실패를 인식하고 명료화 요구하기(JA5.3), 상호작용 중에 성취감 및 자신감 표현하기(JA5.6) 능력은 집단 활동에서의 적극적 참여를 촉진하기 위해 시각적 지원 사용하기(LS3.6), 조직화와 상호작용을 지원하기 위해 사회적 복잡성 조절하기(LS4.1)와 같은 파트너 능력에 의존함

상미 사례

상미는 대화 파트너 단계에 있는 8세 여아로 자신의 2학년 프로그램에서 말하기를 좋아하며 활달한 학생으로 알려져 있다. 상미는 끈질긴 의사전달자로 다양한 문장 구성을 사용하여 이야기를 하고 친구와의 대화에 참여한다. 그러나 대화 주제가 다소 제한적이며, 종종 같은 주제를 계속 반복적으로 시작하곤 한다(예: 닥터 수스 영화의 좋아하는 장면). 또래들은 때때로 이러한 주제에 흥미를 잃고 얼굴 표정(예: 눈동자 굴리기)이나 몸짓(예: 손으로 턱을 괴기)으로 괴로움이나 지루함을 표현한다. 상미는 이러한 비구어 단서를 인식하지 못한 채 청자가 흥미 없어 함에도 불구하고 한 주제를 끊임없이 웅얼거리며 말하는 경향이 있다. 상미의 현재 교수목표에는 다른 사람의 정서 반응에 따라 언어 및 행동 수정하기(JA5.5)가 포함된다. 상미의 팀은 성인과 또래를 포함한 모든 파트너가 더 지속적으로 분명하게 비구어 수단에 대비되는 구어 수단을 사용하여 상미와 정서, 내적 상태, 정신적 계획을 공유하고(IS4.4), 집단 활동에서의 적극적인 참여를 촉진하기 위해 시각적 지원을 사용할(LS3.6) 필요가 있음을 인식하였다.

| 언어치료 | 상미는 더 복잡한 사회적 맥락에서 어려움이 있을 수 있는 활동을 연습하기 위해 소집단 언어치료를 받고 있다. 일반적으로 치료 회기는 쉬는 시간 게임, 대화, 협동과제와 같이 상미의 교육 프로그램 속에서 조만간 실시할 것으로 계획된 더 큰 집단 활동을 연습하기 위한 계획된 활동 일과라 할 수 있다. 상미는 이 환경에서 활달한 모습을 보이며, 성공적인 사회적 대화를 위해 고안된 활동인 '간식 먹으며 말하기' 활동을 즐겨 한다. 상미의 언어치료사는 파트너의 정서 반응에 따라 상미가 언어 및 행동을 수정하도록 지원하기 위해 또래 훈련이 필요함을 지적하였다. 각 아동으로 하여금 주제와 관련된 자신의 정서 상태를 구두로 공유하게 함으로써 말하는 아동은 해당 주제에 대한 명확한 성취감을 얻게 될 것이다. 그다음에 언어치료사는 이 집단 활동을 위한 시각적 지원의 개발에 대해 논의하였다. 이를 위해 대화 도우미 자료를 개발하여 아동들 사이의 잘 보이는 바닥 공간에 부착하였다. 이 시각적 지원 자료에는 문장으로 된 시범(예: "나는 이 주제에 대해 내가 느끼는 것을 친구에게 알려 줄 수 있어요.")이 포함될 수 있다.

| 협동과제 | 2학년 교실에서 상미는 일주일에 최소 한 번 협동과제 활동에 참

여한다. 일반적으로 활동의 주제가 미리 결정되어 있지만(예: 차례를 번갈아 가며 꽃 부분을 풀로 붙이기), 상미는 때때로 주제에서 벗어나 닥터 수스 영화의 등장인물과 그들의 다양한 우스꽝스러운 행동에 대해 이야기하곤 한다. 상미의 반 친구들이 얼굴 표정(예: 상미로부터 고개 돌리기)이나 몸짓(예: 그만하라는 동작하기)으로 짜증을 전달할 때에도 상미는 대체로 이러한 단서를 놓치고 계속해서 현재 자신의 머릿속에 있는 생각을 연이어서 늘어놓는다. 상미의 특수학급 교사는 상미가 파트너의 정서 반응을 토대로 언어 및 행동을 수정할 수 있도록 지원하기 위해 또래 훈련이 필요하다고 보았다. 각 아동으로 하여금 주제와 관련된 자신의 정서 상태를 구두로 공유하게 함으로써 상미가 학생들의 비구어 사회적 단서에 대해 자신의 해석에만 의존하지 않게 될 것이다. 그다음에 이러한 집단 활동에 대한 시각적 지원 방안이 개발될 수 있는데, 협동 활동 대화 시작하기 보드를 개발하여 학생들 사이에 놓인 책상 잘 보이는 곳에 놓는다. 대화 보드에는 적절한 주제 및 친구 칭찬하기(예: "네가 한 것 좋아."), 허락 요구하기(예: "네가 쓴 다음에 풀 써도 되니?"), 방금 일어난 일에 대해 언급하기(예: "이 프로젝트 정말 멋져!")와 같은 여러 가지 언급하기 목록이 포함될 수 있다.

(2) 사회 의사소통: 상징 사용

① 상징 사용 1: 모방, 관찰, 교수 및 협력을 통해 학습하기

아동 목표	관련된 파트너 목표	
상징 사용	대인관계 지원	학습 지원
SU1 모방, 관찰, 교수 및 협력을 통해 학습하기	IS5 파트너는 발달을 지원한다 IS7 파트너는 적절한 행동을 시범 보인다	LS1 파트너는 적극적인 참여를 위해 활동을 구조화한다 LS2 파트너는 발달을 촉진하기 위해 보완의사소통 지원을 사용한다 LS3 파트너는 시각적 지원 및 조직화 지원을 사용한다 LS4 파트너는 목표, 활동, 학습 환경을 수정한다

SU1은 MR3, SR4에 연계됨 연계 교수목표 SU1.2 사회적 행동을 안내하기 위해 파트너가 시범 보인 행동 사용하기(=MR3.3) SU1.3 행동을 안내하기 위해 성인이 시범 보인 내재화된 규칙 사용하기(=SR4.1) SU1.4 행동을 안내하기 위해 자기점검이나 혼잣말 사용하기(=SR4.3) SU1.5 문제를 해결할 때 또래와 협력하고 타협하기(=MR3.4)	사회적 행동을 안내하기 위해 파트너가 시범 보인 행동 사용하기(SU1.2), 행동을 안내하기 위해 성인이 시범 보인 내재화된 규칙 사용하기(SU1.3), 행동을 안내하기 위해 자기점검이나 혼잣말 사용하기(SU1.4) 능력은 활동 성공을 위해 필요할 때 안내 및 피드백 제공하기(IS5.3), 아동이 부적절한 행동을 할 때 적절한 행동 시범 보이기(IS7.4), '아동 입장'에서 언어 및 혼잣말 사용 시범 보이기(IS7.5)와 같은 파트너 능력에 의존함	행동을 안내하기 위해 성인이 시범 보인 내재화된 규칙 사용하기(SU1.3), 행동을 안내하기 위해 자기점검이나 혼잣말 사용하기(SU1.4), 문제를 해결할 때 또래와 협력하고 타협하기(SU1.5) 능력은 활동에 예측 가능한 순서 마련하기(LS1.3), 아동의 언어 및 행동 이해를 강화하기 위해 보완의사소통 지원 사용하기(LS2.2), 집단 활동에서의 적극적인 참여를 촉진하기 위해 시각적 지원 사용하기(LS3.6), 조직화와 상호작용을 지원하기 위해 사회적 복잡성 조절하기(LS4.1)와 같은 파트너 능력에 의존함

강수 사례

강수는 대화 파트너 단계에 있는 5세 남아로 몇 달 전에 유치원 5세반으로 진급하였다. 강수는 다양한 초기 문장 구성을 통해 의사소통을 하며 초기 읽기 능력을 보인다. 5세반에서의 첫 두 달 동안 강수는 교사와의 강한 유대관계를 형성하여 구체적인 교실 규칙에 대한 직접교수에 반응하기 시작하였는데, 특히 규칙을 적용해야 하는 교실 공간 근처에 각 규칙을 적어 놓았기 때문에 강수가 반응하기에 용이했을 수 있다. 예를 들어, 간식 탁자 옆에는 "음식을 먹기 전에 손을 씻는다.", 집단 활동 영역에는 "말하기 전에 손을 든다."라고 표시되어 있다. 그러나 강수는 이러한 익숙한 교실 일과 및 기본 규칙을 제외하면, 아직까지 화재 대피 훈련과 같이 더 많은 스트레스를 동반하는 활동 중에 내적 언어나 혼잣말을 사용하여 자신의 행동을 안내하지 못한다. 예를 들어, 처음 화재 대피 훈련이 실시되었을 때 강수는 비명을 지르고 손으로 귀를 막으며 자신을 안정시키려는 교사를 밀쳐 냈다. 두 번째 훈련 때에도 개선되지 않아 강수는 다른 학생들에 앞서서 갑자기 교실을 뛰쳐나가 아무런 통제 없이 바깥에서 뛰어다녔다. 강수의 행동은 안내되지 않은 사려 깊지 못한 것으로 보였으며, 자신의 행동을 안내하기 위해 자기점검이나 혼잣말을 사용하도록(SU1.4) 지원을 받을 필요가 있었다. 강수의 팀은 '아동 입장'에서 언어 및 혼잣말 사용을 시범 보이고(IS7.5), 강수의 언어 및 행동 이해를 강화하기 위해 보완의사소통 지원을 사용할(LS2.2) 필요가 있음을 논의하였다.

| **화재 대피 훈련** | 강수는 화재 대피 훈련에 적절하게 반응하는 데 어려움이 있으며, 경보음이 울릴 때 관습적인 자기조절 행동 전략(예: 귀 막기)뿐만 아니라 비관습적인 방식의 자기조절 행동 전략(예: 뛰쳐나가기, 비명 지르기)을 사용하여 반응하는 것으로 보인다. 간단한 문장 구성을 사용하기 시작하였지만 아직까지 이처럼 스트레스를 동반하는 상황에서 어떻게 언어를 사용해야 자신에게 도움이 되는지를 인식하지 못하고 있다. 강수의 일반교사는 다음 화재 대피 훈련 이전에 모든 아동을 대상으로 혼잣말하는 법을 시범 보일 필요가 있음을 논의하였다. 긍정적인 혼잣말을 강조하기 위해 화재 중 안전을 확보하는 방법에 대한 상황이야기(Gray, 1994a, 1994b)와 같은 보완의사소통 지원 방안을 개발할 수 있다(예: "가끔씩 화재 경보가 울리는데 엄청 큰소리가 나. 나는 겁이 나기도 하지만 이 경보는 우리가 안전하게 바깥으로 나가야 한다는 것을 알게 해 줘. 나는 귀를 막고 반 친구들과 함께 줄을 설 수 있어. 우리가 밖으로 나가면 경보 소리가 그렇게 크지는 않을 거야.").

| **이야기나누기 활동** | 이야기나누기 활동 시간에는 수많은 사회적 장면이 발생한다. 교사가 말하고 있는 동안 강수는 관심을 끌기 위해 또래의 귀에 바람을 불어넣기도 한다. 강수는 친구가 불편하다고 표현한 후에도 계속 친구 몸에 기대기도 하고 이야기를 들으면서 자신의 옷을 질겅질겅 씹기도 한다. 교사는 강수가 다른 사람과 의사소통하고 자신의 각성 수준을 조절하는 데 더 관습적인 전략을 사용할 수 있도록 이러한 상황 중에 강수의 관점에서 혼잣말하는 법을 더 지속적으로 시범 보일 필요가 있음을 논의하였다(예: "나는 이 시간이 끝난 다음에 친구에게 말할 수 있어." "나는 피곤하면 의자에 앉게 해 달라고 말할 수 있어." "이야기 들을 때 쫀득쫀득한 씹기 고무를 달라고 할 수 있어."). 강수에게 이러한 시범 언어를 환기시키기 위해 교사와 보조교사는 열쇠고리형 도우미 카드를 만들어서 필요할 때마다 시범 문구를 강수에게 보여 줄 수 있다.

② 상징 사용 2: 상호적 상호작용에서 비구어 단서와 비문자적 의미 이해하기

아동 목표	관련된 파트너 목표	
상징 사용	대인관계 지원	학습 지원
SU2 상호적 상호작용에서 비구어 단서와 비문자적 의미 이해하기	IS4 파트너는 참여를 위한 장을 마련한다 IS7 파트너는 적절한 행동을 시범 보인다	LS1 파트너는 적극적인 참여를 위해 활동을 구조화한다 LS2 파트너는 발달을 촉진하기 위해 보완의사소통 지원을 사용한다 LS4 파트너는 목표, 활동, 학습 환경을 수정한다
SU2는 JA2에 연계됨 연계 교수목표 SU2.2 정서를 표현하는 비구어 단서 이해하기(=JA2.6)	차례 주고받기 및 주제 변화에 대한 비구어 단서 이해하기(SU2.1), 정서를 표현하는 비구어 단서 이해하기(SU2.2) 능력은 최적의 각성 상태와 참여를 지원하기 위해 적절한 단어와 억양 사용하기(IS4.3), 정서, 내적 상태, 정신적 계획 공유하기(IS4.4), 적절한 비구어 의사소통과 정서 표현 시범 보이기(IS7.1)와 같은 파트너 능력에 의존함	유머와 비유적 표현, 놀림, 비꼬는 말, 속임수의 비구어 단서 및 비문자적 의미 이해하기(SU2.3, SU2.4) 능력은 다양한 학습 기회 제공하기(LS1.5), 언어 및 행동 이해를 강화하기 위해 보완의사소통 지원 사용하기(LS2.2), 활동이 발달적으로 적절하도록 고안하고 수정하기(LS4.6)와 같은 파트너 능력에 의존함

채희 사례

채희는 2학년에 재학 중인 8세 여아로 흉내 내기 전문가로 알려져 있다. 채희가 좋아하는 활동 중 하나는 거울로 자신의 신체 움직임, 얼굴 표정, 몸짓을 바라보면서 좋아하는 영화나 동화책에 나오는 대사를 낭송하는 것이다. 자신의 정서 상태를 나타낼 때 채희는 동반되는 비구어 단서 전체를 기계적으로 연상하는 경향이 있다. 예를 들어, 화가 날 때 채희는 과장된 몸짓(즉, 엉덩이 뒤쪽에 손을 대고 발로 바닥을 구르기), 목소리(즉, 크고 날카로운 목소리), 얼굴 표정(즉, 과장된 화난 표정) 모두를 포함하여 극적인 정서 표현을 한다. 이와 유사하게, 또래나 성인이 정서 상태를 나타낼 때 채희는 이들의 상태를 해석하기 위해 몸짓, 얼굴 표정, 억양의 모든 것에 의존한다. 따라서 팀은 최우선적으로 채희가 정서를 표현하는 비구어 단서를 이해할 수 있도록(SU2.2) 채희와 정서, 내적 상태, 정신적 계획을 공유하고(IS4.4), 채희의 언어 및 행동 이해를 강화하기 위해 보완의사소통 지원을 사용할(LS2.2) 필요가 있음을 인식하였다.

| **읽기 활동** | 채희는 일반적으로 책 읽기 활동을 즐기며, 특히 흉내 낼 수 있는 간단한 대화와 세밀한 삽화가 함께 짝지어진 동화책을 좋아한다. 그러나 채희의 2학년 읽기 활동에서 사용하는 이야기에는 내용과 관련된 그림의 수가 현저하게 적으며, 이에 따라 채희가 이야기 속 등장인물의 행동, 의도 및 정서 상태를 흉내 내거나 역할놀이를 하는 것 역시 제한적이다. 활동 중에 서로 동화책 속 대화를 읽어주게 되므로, 채희의 팀은 이 활동이야말로 채희가 몸짓 및 억양과 같은 비구어 단서를 이해하도록 지원할 수 있는 기회라고 인식하였다. 아동에게 오직 한 가지 유형의 비구어 단서(즉, 몸짓, 얼굴 표정, 목소리)만을 사용하여 이야기 속 특정 등장인물에 대한 역할놀이를 하게 함으로써 다른 학생들이 등장인물의 정서 상태를 추측할 수 있게 할 수 있다. 또한 보완의사소통 지원 방안을 개발함으로써 특정 몸짓이나 목소리는 등장인물의 정서에 대한 단서를 제공한다는 것을 채희가 이해하도록 촉진할 수 있다. 팀은 다음과 같은 해답 항목을 포함한 읽기 활동을 위한 단서 차트를 만들기로 하였다: 몸짓(손과 몸을 이용하여 만드는 움직임), 얼굴 표정(눈, 코, 입으로 만드는 움직임), 목소리(말할 때 만드는 소리). 아동은 각 항목에 지금까지 배운 새로운 개념을 추가할 수 있다(예: 엉덩이 뒤에 손을 갖다 대는 것은 화가 났을 때의 몸짓임, 눈썹을 올리는 것은 흥분했을 때의 얼굴 표정임, 슬픈 목소리에는 떨림이 있음).

| **쉬는 시간** | 채희의 팀은 채희가 또래에게 함께 놀자고 한 후에 이들의 단서를 잘못 이해할 때 의사소통 실패가 발생하기 쉬우므로 채희가 몸짓, 얼굴 표정, 목소리와 같은 비구어 단서를 이해하도록 지원하기 위하여 쉬는 시간을 주요 기회로 삼기로 하였다. 첫째, 또래 훈련을 실시하여 몸짓 또는 얼굴과 정서 상태에 대한 구두 설명을 연결시키도록 격려할 수 있다. 예를 들어, 한 아동이 기분이 좋은 상태에서 채희와 함께 놀고 싶어 하면 크게 미소 지으면서 "나 너랑 놀면 좋을 것 같아."라고 말할 수 있다. 이와는 반대로, 한 집단의 아동들이 이미 게임을 만들어서 한창 놀고 있는 중이며 함께 노는 데 관심이 없다면 손바닥을 쭉 내밀면서 "우리 지금 바빠."라고 말할 수 있다. 각 학생들에게 정서 관련 단어(예: '기쁜' '화난' '슬픈' '지루한')와 시각적 단서를 짝지어 사용하도록 간단한 신호를 가르칠 수 있으므로, 이러

한 보완의사소통 지원 방안을 사용함으로써 특정 몸짓이나 목소리는 또래의 정서에 대한 단서를 제공한다는 것을 채희가 이해하도록 촉진할 수 있다.

③ 상징 사용 3: 극놀이와 여가활동에 관습적인 방식으로 참여하기

아동 목표	관련된 파트너 목표	
상징 사용	대인관계 지원	학습 지원
SU3 극놀이와 여가활동에 관습적인 방식으로 참여하기	IS5 파트너는 발달을 지원한다 IS7 파트너는 적절한 행동을 시범 보인다	LS1 파트너는 적극적인 참여를 위해 활동을 구조화한다 LS3 파트너는 시각적 지원 및 조직화 지원을 사용한다 LS4 파트너는 목표, 활동, 학습 환경을 수정한다
SU3은 JA, MR, SR에 직접적으로 연계되지 않음	극놀이에서 역할을 맡아 참여하기(SU3.4), 다른 아동과 공동의 놀이 활동에 참여하기(SU3.5), 극놀이에서 역할을 맡아 또래와 협력하기(SU3.6) 능력은 또래와의 상호작용 성공을 위해 안내 제공하기(IS5.1), 다른 사람의 감정과 생각을 해석할 수 있도록 안내 제공하기(IS5.5), 적절한 극놀이 및 여가활동 시범 보이기(IS7.3)와 같은 파트너 능력에 의존함	덜 익숙한 사건에 관한 놀이에서 행동의 논리적 순서 사용하기(SU3.3), 극놀이에서 역할을 맡아 또래와 협력하기(SU3.6), 규칙이 있는 집단 놀이 활동에 참여하기(SU3.7) 능력은 활동에 예측 가능한 순서 마련하기(LS1.3), 집단 활동에서의 적극적인 참여를 촉진하기 위해 시각적 지원 사용하기(LS3.6), 조직화와 상호작용을 지원하기 위해 사회적 복잡성 조절하기(LS4.1), 활동이 발달적으로 적절하도록 고안하고 수정하기(LS4.6)와 같은 파트너 능력에 의존함

요한 사례

요한은 대화 파트너 단계에 있는 10세 남아로 최근에 4학년 통합교육 프로그램을 시작하였다. 요한은 새 친구들에 대한 관심이 매우 높아서 축구와 어린이 야구단 같은 방과 후 활동에 참여하고 싶어 한다. 그러나 요한은 학교에서의 운동장 게임 및 체육 수업에서 또래를 따라가는 데 어려움을 겪고 있다. 요한은 규칙을 배우는 데 어려움을 보이며, 규칙을 모두 배우고 난 뒤에는 규칙이 엄격하게 지켜지지 않는 경우 그 즉시 괴로워한다. 요한은 규칙이 지켜지지 않았다고 느끼거나 본인이 생각하기에 다른 학생이 적절한 행동에 위배되는 무엇인가를 했다고 느낄 때 아주 쉽고 빠르게 분노한다. 요한이 간절히 적응하고 싶어 함에도 불구하고 복잡한 규칙과 경쟁으로 인해 쉽게 낙담하고 어찌할 줄 몰라 하는 모습은 요한을 두드러져보이게 한다. 이러한 취약성으로 인해 특히 무엇이 요한의 행동을 촉발시키는지를 아는 한 학생에 의해 놀림과 집단따돌림의 대상이 되기 시작하였다. 요한의 부모와 교육 팀은 요한이 또래와 여가활동에 참여하는 것을 원하므로 우선적으로 이 활동에 성공적으로 참여하도록 지원할 필요가 있다고 보았으나, 현재 겪는 어려움으로 인해 요한의 자존감이 상당히 낮은 상태다. 결과적으로, 요한의 현재 교수목표에는 규칙이 있는 집단 놀이 활동에 참여하기(SU3.7)가 포함되었다. 따라서 요한의 팀은 적절한 극놀이 및 여가활동을 시범 보이고(IS7.3), 활동이 발달적으로 적절하도록 고안하고 수정하는(LS4.6) 데에 노력을 기울이고 있다.

| 특수체육 | 요한의 팀은 요한이 4학년이 된 후 체육 수업에서 제한적인 수행능력을 보이는 것에 대해 염려하고 있다. 팀은 체육 수업의 집단 크기를 줄이고 발달상 더 적절한 게임과 활동에 노출시키는 방법으로 수업 환경의 사회적 난이도를 수정할 필요가 있음을 논의하였다. 따라서 팀은 일반체육 수업에 더하여 특수체육에 참여시킴으로써 특정 게임을 미리 가르치고 많은 지원이 제공되는 소규모의 환경 속에서 자신감을 북돋울 필요가 있다고 보았다. 게임을 하는 경우에는 경쟁 요소가 별로 없는 협동놀이에 초점을 맞추어서 성공을 보장할 수 있는 것으로 선정할 수 있다. 이 외에도 특수체육과 일반체육 수업 모두에서 또래 집단을 대상으로 하는 또래 훈련을 실시하여 적절한 놀이 및 스포츠맨 정신에 입각한 행동을 시범 보이고 집단따돌림 행동은 용인될 수 없음을 교육할 필요가 있다.

| 방과 후 여가활동 | 요한은 방과 후 여가 프로그램에 참여하고 싶어 하는 바람이 아주 강하므로, 요한의 부모와 교육 팀은 이러한 바람을 우선적으로 지원하는 것이 요한의 자신감을 북돋는 데 도움이 될 것으로 생각하였다. 팀은 요한이 롤러블레이드, 스키, 스노보드와 같이 경쟁이 없는 방과 후 여가활동에 더 자주 참여할 기회를 제공할 필요가 있다고 보았다. 팀은 활동 강사에게 유인물을 제공하여 요한의 또래들이 적절한 시범을 보이고 요한이 노력하는 바를 격려하도록 지도하게 할 수 있다.

④ 상징 사용 4: 맥락에 적절한 몸짓이나 비구어 행동 사용하기

아동 목표	관련된 파트너 목표	
상징 사용	대인관계 지원	학습 지원
SU4 맥락에 적절한 몸짓이나 비구어 행동 사용하기	IS4 파트너는 참여를 위한 장을 마련한다 IS5 파트너는 발달을 지원한다 IS7 파트너는 적절한 행동을 시범 보인다	LS1 파트너는 적극적인 참여를 위해 활동을 구조화한다 LS2 파트너는 발달을 촉진하기 위해 보완의사소통 지원을 사용한다
SU4는 JA, MR이나 SR에 직접적으로 연계되지 않음 관련 장단기 교수목표 SU4의 성취는 JA3, MR1의 성취와 관련됨	맥락과 파트너에 맞게 적절한 얼굴 표정, 몸짓, 자세 및 근접성, 목소리 크기와 억양 사용하기(SU4.1~SU4.4) 능력은 상호작용을 촉진하기 위해 적절한 근접성과 비구어 행동 사용하기(IS4.2), 정서를 표현하고 정서의 원인을 이해하도록 안내하기(IS5.4), 적절한 비구어 의사소통과 정서 표현 시범 보이기(IS7.1)와 같은 파트너 능력에 의존함	맥락과 파트너에 맞게 적절한 얼굴 표정, 몸짓, 자세 및 근접성, 목소리 크기와 억양 사용하기(SU4.1~SU4.4) 능력은 또한 다양한 학습 기회 제공하기(LS1.5), 정서 표현 및 이해를 강화하기 위해 보완의사소통 지원 사용하기(LS2.3)와 같은 파트너 능력에 의존함

혜지 사례

혜지는 대화 파트너 단계에 있는 7세 여아로 1학년 통합학급에 재학 중이다. 지금까지 혜지는 또래와의 상호작용을 거의 시작하지 않는 수동적인 학습자였지만 최근 언어 능력이 향상되면서 자신감이 커지고 있으며, 집단 활동과 운동장에서 좋아하는 한두 명의 또래와 함께하는 활동 모두에서 순조롭게 상호작용을 시작하고 있다. 혜지의 얼굴 표정은 대체적으로 맥락에 적절하기는 하나 몸짓 사용은 관습적이지 않으며, 또래들은 이를 이상하게 여긴다. 예를 들어, 아침 모임 시간에 말하기 전에 손 들기를 배운 혜지는 운동장에서도 또래의 주의를 끌기 위해 맥락에 적절하지 않은 똑같은 몸짓을 사용한다. 혜지의 팀은 견고한 사회적 지원망 유지의 중요성을 인식하고 있으므로 혜지의 현재 교수목표에 주어진 맥락과 파트너에 맞게 적절한 몸짓 사용하기(SU4.2)를 포함시켰다. 혜지를 지원하기 위해 팀은 적절한 비구어 의사소통과 정서 표현을 시범 보이고(IS7.1) 혜지의 정서 표현 및 이해를 강화하기 위해 보완의사소통 지원을 사용하려고(LS2.3) 노력을 기울이고 있다.

| 국어 연습지 | 국어 연습지를 완성하면서 혜지는 종종 도움이나 자료를 요청하기 위해 또래의 관심을 끌려고 한다. 그러나 혜지는 원하는 물건(예: 색연필이나 가위)을 가리키려고 또래의 종이나 과제에 손을 대면서 친구들의 개인 공간을 침범하고 이들의 자료를 어지럽힌다. 각성 수준이 높은 상태일 때 혜지는 짝의 주의를 끌기 위해 심지어 짝의 팔을 반복적으로 문지르는, 프라이버시를 침범하며 성가신 것으로 인식되는 몸짓을 하기도 한다. 교육 팀은 혜지가 이러한 맥락 속에서 사회적으로 더 적절한 몸짓을 할 수 있도록 주의를 끌기 위한 몸짓(예: 또래의 어깨를 살짝 두드리기)을 더 분명하게 시범 보일 필요가 있다고 보았다. 보조교사와 담임교사는 수업 안내 사항을 제시하면서 적절한 몸짓을 시범 보이고 이에 대해 이야기를 나눌 수 있다. 그다음에 특수교사는 관습적인 몸짓을 촉진하기 위한 보완의사소통 지원 방안을 제안하였다. 도우미 카드를 개발하여 혜지의 책상 위 잘 보이는 곳에 놓아 둘 수 있는데, 카드에는 혼잣말에 대한 시범 문장(예: "나는 도움이 필요하면 짝의 어깨를 살짝 두드릴 수 있어.")이 포함된다.

| 쉬는 시간 | 몸짓은 사회적 맥락에 따라 상당히 다른 의미를 내포할 수 있다는 것을 인식하여 교육 팀은 운동장에서 혜지에게 명시적인 지원을 제공할 필요가 있다고 보았다. 혜지가 운동장에서도 손을 들어 친구들의 주의를 끌려고 하기 때문에 팀은 운동장으로 이동하기 전에 보완의사소통 지원을 제공함으로써 혜지를 준비시키기로 하였다. 예를 들어, 상황이야기를 작성하여 맥락에 적절한 방식으로 또래의 주의를 끄는 전략을 보여 줄 수 있으며(예: 또래가 돌아서 있다면 어깨를 살짝 두드리기, 간단하게 "애들아, 뭐하고 있니?"라고 말하기), 또래 도우미는 쉬는 시간 동안 혜지에게 이러한 전략을 분명하게 시범 보인다.

⑤ 상징 사용 5: 의미를 표현하기 위해 생성적 언어 이해하고 사용하기

아동 목표	관련된 파트너 목표	
상징 사용	대인관계 지원	학습 지원
SU5 의미를 표현하기 위해 생성적 언어 이해하고 사용하기	IS6 파트너는 언어 사용을 조절한다 IS7 파트너는 적절한 행동을 시범 보인다	LS2 파트너는 발달을 촉진하기 위해 보완의사소통 지원을 사용한다 LS4 파트너는 목표, 활동, 학습 환경을 수정한다
SU5는 JA, MR, SR에 직접적으로 연계되지 않음 관련 장단기 교수목표 SU5의 성취는 JA3, MR1의 성취와 관련됨	다양한 상위 수준 관계어, 어떤 것을 나타내는 지시어, 동사구, 문장 구조 이해하고 사용하기(SU5.1~SU5.4) 능력은 아동의 발달 수준에 따라 언어의 복잡성 조절하기(IS6.2), '아동 입장'에서 언어 및 혼잣말 사용 시범 보이기(IS7.5)와 같은 파트너 능력에 의존함	다양한 상위 수준 관계어, 어떤 것을 나타내는 지시어, 동사구, 문장 구조 이해하고 사용하기(SU5.1~SU5.4), 구어나 쓰기 담화에서 연결된 문장 이해하고 사용하기(SU5.5) 능력은 의사소통과 표현언어를 강화하기 위해 보완의사소통 지원 사용하기(LS2.1), 아동의 성공을 위해 과제 난이도 조절하기(LS4.2)와 같은 파트너 능력에 의존함

동규 사례

동규는 대화 파트너 단계에 있는 6세 남아로 1학년 통합학급에 재학 중이다. 지금까지 동규는 오랫동안 주로 게슈탈트 정보처리자 상태에 머물렀으며 의사소통과 대화 중 차례를 위해 다른 사람의 말을 그대로 사용하는 언어 형태(지연반향어)나 즉각반향어에 의존해 왔으므로 창의적이고 생성적인 언어의 발달은 느렸다. 그러나 지난 18개월 동안 동규의 표현언어는 눈에 띄게 성장해 왔고, 현재 평서문(예: "아빠는 잔디 깎기 기계를 고치고 있어.")과 부정문(예: "비가 내리면 밖에서 놀 수 없어.")을 포함한 다양한 창의적 문장 구성이 가능하며, 특히 접속사 '그리고(-고)'가 포함된 간단한 접속문과 같은 복잡한 문장을 구성하기 시작하였다(예: "나는 애완견이 있고 이름은 진돌이야."). 따라서 현재 동규는 다양한 문장 구조를 이해하고 사용하기(SU5.4)를 배우고 있다. 동규의 교육 팀은 이 교수목표를 다루기 위해 동규의 발달 수준에 따라 언어의 복잡성을 조절하고(IS6.2), 동규의 의사소통과 표현 언어를 강화하기 위해 보완의사소통 지원을 사용할(LS2.1) 필요가 있다.

| 읽기 활동 | 읽기 과제를 마친 후 동규와 반 학생들은 이야기 속의 문법적 요소를 확인하기 위한 읽기 이해 연습지를 풀게 된다(예: 이야기가 일어난 장소, 등장인물, 발생한 사건). 일반적으로 동규는 "소년이 걷고 있었다."와 같은 단순한 문장을 작성하는데, 이는 이야기 속의 원인 및 시간적 관계(즉, 시간)를 나타내는 더 복잡한 문장 사용에 대비된다(예: "소년은 개구리를 잡으려고 했다. 그러나 개구리는 너무 빨랐다." "개구리는 소년이 집으로 돌아간 후에 소년을 따라갔다."). 이러한 복잡한 문장 구성이 없는 동규의 이야기 설명은 전체적인 의미를 명시하는 주요 요소를 분명히 놓치고 있다. 따라서 동규의 특수교사는 동규가 더 복잡한 문장을 산출할 수 있도록 보완의사소통 문자 지원 방안을 제공할 필요가 있다고 보았다. 지원 방안으로 읽기 이해 연습 문제지를 수정하여 동규가 이미 적어 놓은 문장들 사이에 삽입할 수 있는 선택안 목록(그림 삽화와 짝지어짐)을 포함할 수 있다. 예를 들어, "소년은 개구리를 잡으려고 했다. 그러나 ________ "라는 문장 속에 여러 가지 선택안을 삽입할 수 있다. 선택안에는 "개구리가 너무 빨랐다." "개구리가 차 아래에 숨었다." "개구리가 떨어져서 땅에 머리를 처박았다."와 같은 예가 포함될 수 있다. 이후 이야기 맥락과 제공된 그림 단서를 토대로 가장 적절한 선택안을 고를 수 있다.

| 학급 토론 활동 | 읽기 활동에서 읽은 이야기에 대한 학급 토론 중에 동규는 교사의 질문에 창의적으로 답하는 데 어려움을 보인다. 동규의 팀은 동규가 이 활동에 잘 참여할 수 있도록 언어 입력의 난이도를 조절할 필요가 있음을 인식하여, 토의 전에 동규의 발달 수준에 맞게 몇 가지 질문을 마련함으로써 초기 접속문에 대한 분명하고 명시적인 시범을 보이기로 하였다. 그다음에 팀은 동규가 접속사를 사용하여 여러 문장을 연결할 수 있도록 보완의사소통 지원 방안을 제공할 필요가 있음을 논의하였다. 교사가 질문을 할 때(예: "이야기 끝부분에서 소년은 왜 슬펐나요?"), 동규가 선택할 수 있는 문장 선택안을 칠판에 제시할 수 있다[예: 소년은 (① 진돌이를 잃어버렸기 때문에, ② 애완용 새끼고양이를 발견하였기 때문에, ③ 개구리를 잡을 수 없었기 때문에) 슬펐습니다)].

⑥ 상징 사용 6: 대화 규칙 따르기

아동 목표	관련된 파트너 목표	
상징 사용	대인관계 지원	학습 지원
SU6 대화 규칙 따르기	IS5 파트너는 발달을 지원한다 IS7 파트너는 적절한 행동을 시범 보인다	LS2 파트너는 발달을 촉진하기 위해 보완의사소통 지원을 사용한다 LS3 파트너는 시각적 지원 및 조직화 지원을 사용한다 LS4 파트너는 목표, 활동, 학습 환경을 수정한다
SU6은 JA, MR, SR에 직접적으로 연계되지 않음	관습에 따라 대화 시작하고 차례 주고받기와 대화 주제 전환하기(SU6.1, SU6.2) 능력은 활동 성공을 위해 필요할 때 안내 및 피드백 제공하기(IS5.3), 다양한 의사소통 기능 시범 보이기(IS7.2), 아동이 부적절한 행동을 할 때 적절한 행동 시범 보이기(IS7.4)와 같은 파트너 능력에 의존함	관습에 따라 대화 시작하고 차례 주고받기와 대화 주제 전환하기(SU6.1, SU6.2) 능력은 또한 의사소통과 표현언어를 강화하기 위해 보완의사소통 지원 사용하기(LS2.1), 집단 활동에서의 적극적인 참여를 촉진하기 위해 시각적 지원 사용하기(LS3.6), 시작행동과 확장된 상호작용을 촉진하는 활동 제공하기(LS4.8)와 같은 파트너 능력에 의존함

애나 사례

애나는 대화 파트너 단계에 있는 8세 6개월 여아로 조숙할 뿐만 아니라 자신의 의사를 분명히 표현할 줄 안다. 애나의 어휘 능력은 자신의 연령대에서 기대되는 것보다 훨씬 높으며, 애나의 표현언어 기술도 항상 상대적인 강점 영역이었다. 그러나 부모에 따르면, 애나는 대화의 상호적 특성을 이해하는 데 어려움이 있는 것으로 보인다. 애나는 종종 자신과 관계를 맺고 있는 사람들을 방해하고, 대화를 독점하며, 대화 주제에서 벗어나는 경향을 보인다. 애나의 팀은 이러한 사회 의사소통적 어려움이 또래 관계 형성뿐만 아니라 학습 환경에서의 성취에 중대한 영향을 미친다는 점에 주목하고 있다. 따라서 현재 애나는 관습에 따라 대화 시작하고 차례 주고받기(SU6.1)를 배우고 있다. 팀은 다양한 의사소통 기능을 시범 보이고

(IS7.2), 집단 활동에서의 적극적인 참여를 촉진하기 위해 시각적 지원을 사용하는 (LS3.6) 데에 노력을 기울이고 있다.

| 점심 모임 | 애나는 성인의 지원으로 상호 만족스러운 사회적 대화에 참여하도록 명백한 지원을 제공하는 소집단 활동인 '점심 모임' 시간을 매우 즐거워한다. 이 활동을 이끄는 언어치료사는 애나가 대화 속 차례 주고받기에 대한 단서에 반응하는 데 계속해서 어려움을 나타냄을 알게 되었다. 애나는 대화에 적극적으로 참여하며, 일반적으로 자신이 좋아하는 주제(예: 해리포터 소설)에 대한 일련의 내용을 언급하며 대화를 이끌어 간다. 그러나 대화를 독점하고 다른 사람과 번갈아 이야기하지 않는 경향을 보인다. 애나의 팀은 애나가 이 활동에 적극적으로 참여하도록 촉진하기 위해 시각적 대화 보드를 사용할 필요가 있다고 보았다. 말을 할 때마다 언어치료사는 대화 보드의 "나는 할 말이 있어요." 부분에 작은 시각적 단서(예: 고무찰흙 공)를 놓는다. 또한 아동이 질문을 하면 대화 보드의 "나는 질문할 수 있어요" 부분에 더 큰 시각적 단서(예: 더 큰 고무찰흙 공)를 놓는다. 이러한 시각적 지원은 질문이야말로 파트너에게 대화 차례를 넘겨주는 것이므로 질문하기가 더 가치 있다는 점을 강조하는 것이라 할 수 있다.

| 과학 협동학습 | 과학은 애나가 상대적 강점을 나타낼 뿐만 아니라 좋아하는 과목이므로 과학 수업 시간에 애나는 상당히 장황하게 말하는 모습이 관찰된다. 따라서 교사가 학생들을 집단으로 나눌 때 가끔씩 또래들은 애나와 짝이 되고 싶어 하지 않는데, 이는 애나가 과도하게 지시적이고 그 결과, 마치 '어린 선생님'인 양 행동할 수 있기 때문이다. 교육 팀은 과학 활동을 우선순위로 인식하여 집단을 나누기 전에 과학 교사가 전체 학생을 대상으로 적절한 집단 리더십과 차례 주고받기를 시범 보일 필요가 있다고 보았다. 그다음에는 애나가 친구들에게 대화 차례를 줄 수 있도록 더 적극적인 참여를 촉진하는 시각적 지원이 필요할 수 있다. 따라서 말랑말랑한 '말하기 공'을 사용함으로써 누가 말하고 있는지를 나타내고 다른 학생에게 대화 차례를 전달하는 매개체 역할이 되도록 구체적인 시각적 단서를 제공하였다. 공을 사용하면 말하는 데 끼어드는 것이 더 확연하게 드러나고 한층 더 분명하게 표시되는데, 이때 말을 가로막힌 학생은 지금이 자신의 차례라는 것을 표시하는 시각적 단서로 단순히 공을 쥐고 있으면 된다.

(3) 정서 조절: 상호조절

① 상호조절 1: 다양한 정서 표현하기

아동 목표	관련된 파트너 목표	
상호조절	대인관계 지원	학습 지원
MR1 다양한 정서 표현하기	IS4 파트너는 참여를 위한 장을 마련한다 IS5 파트너는 발달을 지원한다 IS7 파트너는 적절한 행동을 시범 보인다	LS1 파트너는 적극적인 참여를 위해 활동을 구조화한다 LS2 파트너는 발달을 촉진하기 위해 보완의사소통 지원을 사용한다
MR1은 JA2, SR3에 연계됨 연계 교수목표 MR1.1 초기 정서 단어 이해하고 사용하기(=JA2.1, SR3.1) MR1.2 상위 수준 정서 단어 이해하고 사용하기(=JA2.3, SR3.2) MR1.3 단계적인 정서 이해하고 사용하기(=JA2.5, SR3.3) 관련 장단기 교수목표 MR1의 성취는 SU4-SU5의 성취와 관련됨	초기/상위 수준 정서 단어와 단계적인 정서 이해하고 사용하기(MR1.1~MR1.3), 파트너의 피드백에 따라 정서 표현 바꾸기(MR1.4), 정서를 표현하는 비구어 단서 사용하기(MR1.5) 능력은 정서, 내적 상태, 정신적 계획 공유하기(IS4.4), 구어 또는 비구어로 의사소통 실패를 복구하려고 시도하기(IS5.2), 적절한 비구어 의사소통과 정서 표현 시범 보이기(IS7.1)와 같은 파트너 능력에 의존함	초기/상위 수준 정서 단어, 단계적인 정서 이해하고 사용하기(MR1.1~MR1.3) 능력은 또한 다양한 학습 기회 제공하기(LS1.5), 정서 표현 및 이해를 강화하기 위해 보완의사소통 지원 사용하기(LS2.3), 정서 조절을 강화하기 위해 보완의사소통 지원 사용하기(LS2.4)와 같은 파트너 능력에 의존함

우주 사례

우주는 대화 파트너 단계에 있는 7세 아동으로 2학년 일반학급에 재학 중이다. 우주는 자신의 의도를 표현하기 위해 다양한 범위의 문장 구성을 사용하기는 하지만 정서 상태를 표현할 때 '기쁜' '슬픈' '화난'과 같은 초기 정서 관련 단어만을 사용한다. 다양한 활동 맥락에 걸쳐서 더 진보된 정서 관련 단어를 아직 사용하지 못한다. 또한 우주의 팀은 우주의 정서 표현이 파트너의 정서 상태나 사회적 환경의 전반적 분위기와는 관련이 없다는 점에 주목하였다. 따라서 우주의 현재 교수 목표에는 상위 수준의 정서 단어를 이해하고 사용하기(MR1.2)와 파트너의 피드백에 따라 정서 표현 바꾸기(MR1.4)가 포함된다. 팀은 우주와 정서, 내적 상태, 정신적 계획을 공유하고(IS4.4), 우주의 정서 표현 및 이해를 강화하기 위해 보완의사소통 지원을 사용하는(LS2.3) 데에 노력을 기울이고 있다.

| 점심시간 | 우주는 현재 성공적인 상호작용을 촉진하기 위해 보조교사의 도움을 받으면서 학교 식당에서 소집단의 학생들과 함께 점심을 먹는다. 우주의 교사는 친구들이 최근에 본 영화나 비디오 게임의 가장 좋은 점에 대해 열띤 논쟁을 벌이거나 의견 일치를 보지 못할 때, 우주가 종종 어찌할 줄을 몰라 하는 것을 목격하였다. 팀은 우주의 반 친구들이 자신의 정서와 의견을 더 분명하게 공유하게 하고, 참여하고 있는 사람들의 정서 상태를 강조하는 보완의사소통 지원 방안을 제공하기 위한 노력이 필요하다고 보았다. 따라서 우주가 더 진보된 정서 개념을 구별하고 이해하도록 돕는 노력의 일환으로 보조교사는 또래들이 대화 중에 정서 관련 단어를 더 분명하게 사용하도록 지원을 제공할 것이다. 그다음에는 아동들이 '얼음 게임'을 하도록 격려하는데, 이 게임에서 보조교사는 아동들 사이에서 긍정적이거나 부정적인 정서가 내포된 상호작용이 발생할 때 손을 든다. 그러면 아동들은 모두 멈추고 이 상호작용에 대해 이야기를 나눔으로써 관련된 정서 상태와 다른 사람의 의도를 되돌아볼 수 있게 된다. 이후 교사는 논의된 내용과 아동의 정서나 의견을 모두 칠판에 상세하게 묘사한다.

| 읽기 활동 | 읽기 활동 시 우주는 더 진보된 정서 관련 단어가 포함된 내용을 이해하는 데 종종 어려움을 보이는데, 이는 어느 정도는 더 어려운 개념(예: 흥미로운, 낙담되는, 걱정되는, 스트레스를 받는)과 연관된 정서를 역할놀이로 잘 나타내지 못하기 때문이다. 따라서 교육 팀은 등장인물의 정서 상태를 더 분명하게 강조할 필요가 있음을 논의한 결과, 읽은 내용을 몸짓으로 표현하게 함으로써 학생들이 등장인물의 정서 표현을 재연할 수 있게 하였다. 아울러 팀은 정서 관련 단어와 그 정의를 목록으로 만들어 게시판에 붙여 단어 벽을 만드는 것이 잠재적으로 도움이 될 것으로 보았다. 우주와 반 친구들이 이 단어 벽을 적극적으로 활용하여 읽기 활동 시간은 물론 하루 종일 자신의 정서를 표현하는 데 지원을 받을 수 있게 한다.

② 상호조절 2: 파트너가 제공하는 지원에 반응하기

아동 목표	관련된 파트너 목표	
상호조절	대인관계 지원	학습 지원
MR2 파트너가 제공하는 지원에 반응하기	IS1 파트너는 아동에게 반응적이다 IS4 파트너는 참여를 위한 장을 마련한다. IS6 파트너는 언어 사용을 조절한다	LS1 파트너는 적극적인 참여를 위해 활동을 구조화한다 LS2 파트너는 발달을 촉진하기 위해 보완의사소통 지원을 사용한다 LS4 파트너는 목표, 활동, 학습 환경을 수정한다
MR2는 JA, SU, SR에 직접적으로 연계되지 않음	파트너의 위로에 진정하기(MR 2.1), 파트너가 주의를 환기시킬 때 참여하기(MR2.2), 상호작용 시도에 반응하기(MR2.3), 파트너의 정서 표현 변화에 동조하기(MR2.5) 능력은 아동의 정서 및 속도에 맞추기(IS1.2), 의사소통하기 전에 아동의 주의 확보하기(IS4.1), 아동의 각성 수준에 따라 언어의 질 조절하기(IS6.3)와 같은 파트너 능력에 의존함	파트너의 정서 표현 변화에 반응하기(MR2.4), 파트너의 정서 표현 변화에 동조하기(MR2.5), 파트너가 제공한 정보나 전략에 반응하기(MR2.6) 능력은 활동에 예측 가능한 순서 마련하기(LS1.3), 언어 및 행동 이해를 강화하기 위해 보완의사소통 지원 사용하기(LS2.2), 아동의 성공을 위해 과제 난이도 조절하기(LS4.2)와 같은 파트너 능력에 의존함

기수 사례

기수는 유치원에 재학 중인 대화 파트너 단계의 6세 6개월 남아로 언어 능력에 있어서 조숙한 편이며 나이에 비해 풍부한 어휘 및 세련된 문법과 조음 능력을 지녔다. 이러한 상대적 강점에도 불구하고 기수는 계속해서 정서 조절 측면에서 큰 어려움을 경험하고 있으며, 종종 하루 종일 높은 수준의 각성 상태를 보이곤 한다. 이러한 상황에서 기수는 성인과 또래 등 파트너가 기수의 재정비 능력을 지원하기 위해 복잡한 언어를 사용하면 자주 이를 무시하곤 한다. 따라서 기수는 아직까지 스스로 각성 수준을 낮추도록 도움을 주고자 파트너가 사용하는 전략에 일관되게 반응하지 못하고 있다. 기수의 교수목표에는 파트너의 정서 표현 변화에 동조하기(MR2.5)와 파트너가 제공한 정보나 전략에 반응하기(MR2.6)가 포함된다. 기수의 파트너는 기수의 각성 수준에 따라 언어의 질을 조절하고(IS6.3), 기수의 성공을 위해 과제 난이도를 조절하는(LS4.2) 지원 전략을 사용하고 있다.

| **파트너와의 놀이** | 기수의 팀은 현재 파트너의 지원이 주로 구두로 이루어지고 있으며 종종 기수의 조절장애를 악화시키는 결과를 가져오기 때문에 기수의 조절을 지원하기 위해서 모든 파트너의 시도가 보다 더 일관성 있게 실시될 필요가 있음을 인식하였다. 예를 들어, 가정에서의 놀이 중 기수가 높은 수준의 각성 상태일 때는 진정하라는 부모의 요청을 이해하는 데 어려움을 보이며, 어머니가 계속 기수에게 말을 하고 있는 상황에서 어머니의 머리카락을 확 잡아당기는 등 갑작스럽게 공격할 수도 있다. 따라서 팀은 달래는 목소리 톤과 중립적인 정서를 시범 보이고 아주 간단하고 긍정적인 언어를 사용함으로써(예: "나는 힘들어요, 나는 그냥 쉬고 싶어요.") 언어 입력을 조절할 필요가 있다고 보았다. 팀은 기수의 언어 조절 전략이 아직 걸음마 상태기 때문에 휴식을 취하기 위해 자리에서 벗어나거나 '스트레스 공' 처럼 손을 꼼지락거릴 수 있게 해주는 놀잇감을 쥐고 주무르기와 같은 행동 전략도 시범 보일 필요가 있다고 보았다. 마지막으로, 팀은 부모 및 형제자매와 함께 할 수 있는 게임의 경쟁적 요소 제한하기와 같이 기수가 더 많이 성공할 수 있도록 놀이 활동을 조정할 필요가 있음을 논의하였다.

| **학교에서 일기 쓰기** | 또한 교육 팀은 현재 학교에서 일기를 쓸 때 기수의 조절을 지원하기 위한 노력을 더 일관성 있게 개선할 필요가 있다고 보았다. 기수는 글쓰기를 어려워하기 때문에 종종 일기 쓰기 활동에 앞서 불안해하고 상당한 조절장애를 나타내곤 한다. 현재 기수의 조절 문제를 돕기 위해 교사들은 주로 구두 지원을 사용하고 있으며, 이는 더 큰 조절장애를 일으키기도 한다. 따라서 팀은 아주 간단하고 긍정적인 언어를 사용하면서(예: "이건 어려워요. 나는 도움이 필요해요.") 달래는 목소리 톤과 중립적인 정서 상태를 시범 보일 필요가 있음을 논의하였다. 또한 팀은 손으로 글쓰기가 어려움의 요인임을 고려하여 일기 쓰기 활동에서 더 잘 성취할 수 있도록 컴퓨터를 사용하여 글을 쓸 수 있게 활동을 조정하기로 하였다.

③ 상호조절 3: 행동에 대한 피드백 및 안내에 반응하기

아동 목표	관련된 파트너 목표	
상호조절	대인관계 지원	학습 지원
MR3 행동에 대한 피드백 및 안내에 반응하기	IS1 파트너는 아동에게 반응적이다 IS5 파트너는 발달을 지원한다	LS2 파트너는 발달을 촉진하기 위해 보완의사소통 지원을 사용한다 LS4 파트너는 목표, 활동, 학습 환경을 수정한다
MR3은 SU1에 연계됨 연계 교수목표 MR3.3 사회적 행동을 안내하기 위해 파트너가 시범 보인 행동 사용하기 (=SU1.2) MR3.4 문제를 해결할 때 또래와 협력하고 타협하기 (=SU1.5)	정서 표현/조절 전략의 적절성에 대한 피드백에 반응하기(MR3.1, MR3.2), 사회적 행동을 안내하기 위해 파트너가 시범 보인 행동 사용하기(MR3.3), 문제를 해결할 때 또래와 협력하고 타협하기(MR3.4), 합의점에 도달하기 위해 타협하는 동안 파트너의 의견 수용하기(MR3.5) 능력은 상태를 조절할 수 있도록 정보와 도움 제공하기(IS1.6), 또래와의 상호작용 성공을 위해 안내 제공하기(IS5.1), 정서를 표현하고 정서의 원인을 이해하도록 안내하기(IS5.4), 다른 사람의 감정과 생각을 해석할 수 있도록 안내 제공하기(IS5.5)와 같은 파트너 능력에 의존함	조절 전략의 적절성에 대한 피드백에 반응하기(MR3.2), 합의점에 도달하기 위해 타협하는 동안 파트너의 의견 수용하기(MR3.5) 능력은 아동의 언어 및 행동 이해를 강화하기 위해 보완의사소통 지원 사용하기(LS2.2), 주의집중을 높일 수 있도록 학습 환경 구성하기(LS4.4), '요구의 정도를 높이거나' 기대감을 적절하게 높이기(LS4.10)와 같은 파트너 능력에 의존함

수지 사례

수지는 대화 파트너 단계의 2학년 8세 여아로 의견이 강하고 고집이 센 똑똑한 소녀라고 부모와 교육 팀은 설명한다. 협동놀이나 집단 작업을 할 때 수지는 또래들과 함께 규칙을 만들기보다는 스스로 규칙을 세워 적용하는 것을 더 편안해한다. 실제로, 수지는 또래의 아이디어나 의견에 맞추는 데 큰 어려움을 보이며, 스스로 윗사람인 것처럼 행동하고 자신이 통제할 수 없을 때 몹시 괴로워한다. 수지의 현재 교수목표에는 문제를 해결할 때 또래와 협력하고 타협하기(MR3.4), 합의점에 도달하기 위해 타협하는 동안 파트너의 의견 수용하기(MR3.5)가 포함된다. 수지의 팀은 또래와의 상호작용 성공을 위한 안내를 제공하고(IS5.1), '요구의 정도를 높이거나' 기대감을 적절하게 높이는(LS4.10) 데 노력을 기울이고 있다.

| 운동장 게임 | 수지는 반 친구들과의 놀이에 분명한 관심을 보이고 친구들의 이름을 부르거나 자신이 어떤 게임을 하고 싶은지 말하면서 또래들과 함께 놀이에 참여하려는 시도를 자주 보인다. 그러나 다른 사람의 의견을 수용하는 데 어려움이 있기 때문에 현재 수지의 이러한 시도는 큰 성공을 거두지 못하고 있다. 수지의 팀은 또래와의 상호작용 성공을 위해 더 분명하게 안내할 필요가 있으며, 수지가 흥미를 잃지 않으면서 또래가 이끄는 대로 따라갈 수 있도록 촉진하는 방안을 더 개선하고자 하였다. 팀은 운동장으로 이동하기 전에 반 전체 학생들과 쉬는 시간에 대해 기대하는 바를 검토하는 것이 잠재적으로 도움이 될 것으로 보았다. 또한 또래 간 타협에 성공할 수 있도록 운동장에 시각적 지원을 마련할 필요가 있다고 보았다. 이를 위해 운동장에 있는 모든 아동을 대상으로 모루로 만든 '유연성 척도'를 사용할 수 있다. 예를 들어, 수지가 또래의 의견을 수용하는 데 어려움을 보이면 모루를 꼿꼿이 세워 둔다. 그러나 수지가 다른 사람의 의견을 수용한 경우 모루를 구부려서 수지의 절충 능력이 그만큼임을 나타낼 수 있다. 또한 팀은 수지와 반 학생들에게 협력하여 결정을 내리는 다양한 전략(예: '가위 바위 보' '어느 것을 할까요')을 사전에 가르칠 필요가 있음을 논의하였다.

| 과학 협동학습 | 수지는 작업을 통제하고 또래에게 지시를 내리려는 분명한 욕구로 인하여 협동 작업에 제대로 참여하지 못하고 있다. 따라서 팀은 수지가 교실 공동체의 규칙을 인식하도록 지원할 필요가 있음을 논의하였다. 문장으로 구성된 이 지원은 집단 구성원 간의 성공적인 타협을 위한 전략을 분명하게 제시한다. 예를 들어, 제일 먼저 무엇을 할지, 프로젝트를 어떻게 끝낼지, 어떤 자료를 사용하는 것이 타당한지에 대해 아동 각자가 자신만의 의견을 가지고 있음을 설명한다. 그러므로 집단 작업에서 집단 전체의 아이디어를 결정하기 위해서는 한 아동이 자신의 의견을 바꿀 필요가 있다는 것을 설명한다. 그다음에 수지의 팀은 성공을 촉진하기 위해 보조교사나 특수교사가 현장에서 도움을 제공할 필요가 있다고 보았다. 교사는 집단이 토의를 할 시간을 주면서 지울 수 있는 칠판에 각 집단 구성원의 의견을 모두 적어 놓고 성공적으로 타협에 이른 것을 크게 격려한다. 또한 '말하기

공'을 사용하여 의견을 말할 순서의 아동에게 전달하게 할 수도 있다.

④ 상호조절 4: 상태를 조절하기 위해 파트너에게 도움 청하기

아동 목표	관련된 파트너 목표	
상호조절	대인관계 지원	학습 지원
MR4상태를 조절하기 위해 파트너에게 도움 청하기	IS2 파트너는 시작행동을 촉진한다 IS3 파트너는 아동의 독립성을 존중한다 IS7 파트너는 적절한 행동을 시범 보인다	LS2 파트너는 발달을 촉진하기 위해 보완의사소통 지원을 사용한다 LS4 파트너는 목표, 활동, 학습 환경을 수정한다
MR4는 JA3에 연계됨 연계 교수목표 MR4.3 다른 사람의 행동을 조절하기 위해 의도 공유하기(=JA3.1) MR4.4 사회적 상호작용을 위해 의도 공유하기(=JA3.2) MR4.5 공동관심을 위해 의도 공유하기(=JA3.3)	위로를 구하기 위해 부정적인 정서 공유하기(MR4.1), 상호작용을 하기 위해 긍정적인 정서 공유하기(MR4.2), 다른 사람의 행동을 조절하기 위해 의도 공유하기(MR4.3), 갈등 및 문제 해결 상황에서 지원 요구하기(MR4.6) 능력은 시작행동 기다리고 격려하기(IS2.2), 문제행동을 의사소통 또는 조절의 기능으로 이해하기(IS3.3), 다양한 의사소통 기능 시범 보이기(IS7.2)와 같은 파트너 능력에 의존함	다른 사람의 행동을 조절하기 위해 의도 공유하기(MR4.3), 사회적 상호작용이나 공동관심을 위해 의도 공유하기(MR4.4, MR4.5), 갈등 및 문제 해결 상황에서 지원 요구하기(MR4.6) 능력은 아동의 의사소통과 표현언어를 강화하기 위해 보완의사소통 지원 사용하기(LS2.1), 아동의 정서 표현 및 이해를 강화하기 위해 보완의사소통 지원 사용하기(LS2.3), 시작행동을 촉진하는 학습 환경 구성하기(LS4.5)와 같은 파트너 능력에 의존함

동수 사례

동수는 대화 파트너 단계의 4세 남아로 유아특수교육 및 가정 중심 프로그램에 참여하고 있다. 최근 몇 달간 동수의 언어 능력에 큰 발전이 있었으며, 현재 더 창의적인 문장을 사용하고 친숙한 파트너와 자신의 더 많은 경험을 공유하고 있다. 그러나 동수의 팀은 동수의 의사소통 기능이 특히 상호조절을 위한 지원을 요청하는 측면에서 제한적이라고 전한다. 동수의 교수목표에는 다른 사람의 행동을 조절하기 위해 의도 공유하기(MR4.3)와 공동관심을 위해 의도 공유하기(MR4.5)가 포함된다. 팀은 다양한 의사소통 기능을 시범 보이고(IS7.2), 동수의 시작행동을 촉진하는 학습 환경을 구성하는(LS4.5) 지원을 제공하고 있다.

| 블록놀이 | 동수는 집과 학교에서 블록놀이 하는 것을 매우 좋아한다. 따라서 팀은 동수가 다른 사람의 도움을 요청하는 능력을 촉진하는 데 블록놀이 활동이 훌륭한 맥락이 될 것으로 보았다. 구체적으로 팀은 놀이 중 파트너가 다양한 언어 구조를 시범 보일 필요가 있다는 데 동의하였다. 팀은 지시하기(예: "아빠, 다리 밑에 이 블록을 놓아."), 언급하기(예: "이건 큰 탑이야."), 동수의 관점에서 의도와 계획 공유하기(예: "나는 성을 부술 거야.")를 시범 보이기로 하였다. 또한 팀은 원하는 블록을 없애는 것이 동수의 시작행동을 촉진하는 자연적인 기회를 제공하기 때문에 동수가 좋아하는 특정 블록을 손에 닿지 않게 하거나 시야에서 사라지게 하여 블록 만들기를 완성하기 위한 도움을 청할 수 있게 하였다.

| 목욕하기 | 목욕은 동수가 좋아하는 또 다른 활동이다. 따라서 동수의 가족은 동수가 더 자주 행동 조절 및 공동관심 시도를 하도록 촉진하기 위해 목욕 활동 중에 지원을 삽입하도록 제안하였다. 팀은 더 많은 언급하기(예: "나는 지금 오리를 가지고 놀아.")를 촉진하기 위해 동수의 놀이에 대해 언급함으로써 다양한 의사소통 기능을 시범 보이고, 동수의 요청하기를 촉진하기 위해 학습 환경을 조정할 필요(예: 원하는 욕실 놀잇감을 손이 닿지 않는 걸이형 바구니 속에 넣어 두기)가 있음을 논의하였다.

⑤ 상호조절 5: 파트너의 지원을 받아 극심한 조절장애로부터 회복하기

아동 목표	관련된 파트너 목표	
상호조절	대인관계 지원	학습 지원
MR5 파트너의 지원을 받아 극심한 조절장애로부터 회복하기	IS1 파트너는 아동에게 반응적이다 IS3 파트너는 아동의 독립성을 존중한다 IS6 파트너는 언어 사용을 조절한다 IS7 파트너는 적절한 행동을 시범 보인다	LS2 파트너는 발달을 촉진하기 위해 보완의사소통 지원을 사용한다 LS4 파트너는 목표, 활동, 학습 환경을 수정한다

MR5는 JA, SU, SR에 직접적으로 연계되지 않음	활동으로부터 떨어져 있게 하는 방법으로 회복을 지원하는 파트너의 노력에 반응하기(MR5.1), 파트너의 행동 전략이나 언어 전략 사용에 반응하기(MR5.2, MR5.3), 파트너의 지원을 받아 극심한 조절장애 상태의 강도 줄이기(MR5.6) 능력은 조절장애 신호 인식하고 지원하기(IS1.5), 적절한 경우 저항, 거부, 거절 존중하기(IS3.4), 아동의 각성 수준에 따라 언어의 질 조절하기(IS6.3), 적절한 비구어 의사소통과 정서 표현 시범 보이기(IS7.1)와 같은 파트너 능력에 의존함	파트너의 언어 전략 사용에 반응하기(MR5.3), 상호작용이나 활동에 다시 참여하게 하기 위한 파트너의 시도에 반응하기(MR5.4), 파트너의 지원을 받아 극심한 조절장애로부터 회복되는 시간 단축하기(MR5.5) 능력은 언어 및 행동 이해를 강화하기 위해 보완의사소통 지원 사용하기(LS2.2), 아동의 정서 표현 및 이해를 강화하기 위해 보완의사소통 지원 사용하기(LS2.3), 학습 환경의 감각적 속성 수정하기(LS4.3)와 같은 파트너 능력에 의존함

근우 사례

근우는 대화 파트너 단계의 9세 남아로 최근 4학년으로 진급하였다. 근우의 언어 능력은 항상 상대적인 강점이었으며, 특히 각별한 관심을 보이는 자동차 디자인에 대한 어휘 및 문법은 종종 나이에 비해 성숙한 양상을 보인다. 그러나 부모와 교육 팀에 의하면 근우가 괴로운 상태일 때는 의사소통을 하거나 정서 조절을 위한 혼잣말을 하기 위해 언어를 사용하는 능력이 눈에 띄게 줄어든다. 4학년 들어 처음 몇 달 동안 근우는 극심한 정서 폭발을 보였다. 실제로 근우의 정서 폭발 빈도가 더 증가하였고, 몇몇 상황에서는 자신의 책상과 교실 가구를 훼손하는 극심한 조절장애를 보여 어머니가 근우를 집으로 데리고 가야 하는 경우도 발생하였다. 근우의 팀은 불안과 좌절을 감소시키기 위한 예방 전략으로 교육과정 및 사회적 환경을 수정하는 노력을 기울이는 동시에, 근우가 극심한 조절장애 상태에서 보다 신속하게 회복되도록 지원할 필요가 있음을 논의하였다. 근우의 교수목표에는 활동으로부터 떨어져 있게 하는 방법으로 회복을 지원하는 파트너의 노력에 반응하기(MR5.1)와 파트너의 행동 전략 사용에 반응하기(MR5.2)가 포함된다. 팀은 근우의 각성 수준에 따라 언어의 질을 조절하고(IS6.3), 근우의 언어 및 행동 이해를 강화하기 위해 보완의사소통 지원을 사용하며(LS2.2), 학습 환경의 감각적 속성을 수정하기(LS4.3) 위해 노력을 기울이고 있다.

| **수학 연습지** | 연습지를 사용하여 교실에서 독립적으로 수학 공부를 하면서, 근우는 문장제 문제에서 막힐 때와 혼자 힘으로 과제를 끝마치지 못할 때 눈에 띄게 좌절하는 모습을 보인다. 동작의 비조직화와 분노가 증가하면서 근우는 종종 책상 위에 놓인 자료를 던지고 책상을 밀쳐 버리곤 한다. 팀은 근우가 극심한 조절장애로부터 회복되게 하는 지원 전략을 개선할 필요가 있음을 논의하였다. 첫째, 교실 내에 근우를 위한 안전한 '휴식처'를 제공할 필요가 있으므로 책장 칸막이가 둘러져 있고 빈백 의자가 놓인 조용한 구석자리 공간을 마련할 수 있다. 오디오 북을 사용하는 것 또한 고려하였는데, 이 전략은 근우가 교실의 소음에서 벗어나는 데 도움이 되며 자신의 특별한 관심사(예: 자동차 회사 및 모델)로 연결시킬 수 있다. 그 다음에 팀은 극심한 조절장애 상태일 때 근우가 말로 휴식을 잘 요청하지 못하므로 주머니와 책상에 늘 지니고 다닐 수 있는 휴식 카드를 근우에게 제공할 필요가 있다고 보았다.

| **체육 시간 협동게임** | 근우의 시지각 운동 결함 및 다른 사람의 생각을 수용하기 힘들어하는 특성으로 인해 체육 시간 중 또래와 협상하기는 본질적으로 근우에게 상당한 어려움이 되곤 한다. 따라서 체육 활동은 자주 극심한 조절장애를 유발한다. 교육 팀은 반 학생들이 게임에 대한 계획을 세우는 데 도움이 되도록 지울 수 있는 칠판을 사용하게 함으로써 토의 중 사용되는 언어의 난이도를 낮출 필요가 있음을 논의하였다. 또한 팀은 체육 시간 중 휴식 카드를 사용할 수 있게 해야 한다고 보았다. 마지막으로, 근우의 각성 수준이 높아지기 시작할 때 시각적 선택 목록(예: 체육관 내 트랙 걷기, 도서실 책 정리하기, 경비 아저씨 도와드리기)을 제공하기로 하였다.

(4) 정서 조절: 자기조절

① 자기조절 1: 학습 또는 상호작용의 가능성 보이기

아동 목표	관련된 파트너 목표	
자기 조절	대인관계 지원	학습 지원
SR1 학습 또는 상호작용의 가능성 보이기	IS4 파트너는 참여를 위한 장을 마련한다 IS5 파트너는 발달을 지원한다 IS7 파트너는 적절한 행동을 시범 보인다	LS1 파트너는 적극적인 참여를 위해 활동을 구조화한다 LS3 파트너는 시각적 지원 및 조직화 지원을 사용한다 LS4 파트너는 목표, 활동, 학습 환경을 수정한다
SR1은 JA1, JA4에 연계됨 연계 교수목표 SR1.2 사회적 파트너의 관심 초점 따르기(=JA1.1) SR1.3 경험을 공유하기 위해 청자 및 화자의 역할을 바꾸어 가며 상호작용하기(= JA4.1)	사회적 파트너의 관심 초점 따르기(SR1.2), 경험을 공유하기 위해 청자 및 화자의 역할을 바꾸어 가며 상호작용하기(SR1.3), 맥락에 적절하게 정서 표현하기(SR1.6) 능력은 상호작용을 촉진하기 위해 적절한 근접성과 비구어 행동 사용하기(IS4.2), 또래와의 상호작용 성공을 위해 안내 제공하기(IS5.1), 적절한 비구어 의사소통과 정서 표현 시범 보이기(IS7.1)와 같은 파트너 능력에 의존함	차별화된 정서로 감각 및 사회적 경험에 반응하기(SR1.1), 행위 및 행동 억제 능력 보이기(SR1.4), 합리적인 요구를 지닌 과제 지속하기(SR1.5) 능력은 다양한 학습 기회 제공하기(LS1.5), 활동 완수에 필요한 시간과 단계를 명확히 하기 위해 지원 사용하기(LS3.2), 활동이 발달적으로 적절하도록 고안하고 수정하기(LS4.6)와 같은 파트너 능력에 의존함

세호 사례

세호는 통합 유치원에 다니는 대화 파트너 단계의 5세 남아다. 세호는 성인과의 상호작용에 가장 자주 집중을 하고 주의를 기울이는 반면, 또래와의 상호작용 시에는 관심을 기울이지 않고 딴청을 피우는 경향이 있다. 세호의 교수목표에는 사회적 파트너의 관심 초점 따르기(SR1.2)와 합리적인 요구를 지닌 과제 지속하기(SR1.5)가 포함된다. 팀은 또래와의 상호작용 성공을 위해 안내를 제공하며(IS5.1), 활동 완수에 필요한 시간과 단계를 명확히 하기 위해 시각적 지원을 사용하고 있다(LS3.2).

| 아침 인사 | 세호의 학급 친구들은 매일 아침 서로 인사하는 일과에 참여한다. 세호의 인사 시간 참여는 변동적이기 때문에 팀은 또래가 세호의 참여를 촉진할 수 있도록 더 분명한 안내를 제공할 필요가 있음을 인식하였다. 특히 세호의 이해를 높이기 위해 각 아동이 몸짓(예: 손 흔들기나 악수)을 사용하여 구두 인사를 보완하게 할 필요가 있다고 보았다. 그다음에 팀은 인사하기 일과에 포함된 활동 단계를 상세히 알려 주는 시각적 지원 사용의 중요성을 논의한 후 전체 아동을 대상으로 짧은 상황이야기를 읽어 주고, 세호의 가정으로 상황이야기를 보내서 활동을 하기 전에 다시 읽고 연습할 수 있게 하였다. 아울러서 학급 또래의 위치를 시각적으로 배열하기 위해 반원 모양으로 각자의 조각 매트를 제공하는 등 몇 가지 환경 수정을 논의하였는데, 이는 아침 인사의 진행 흐름을 조직화하는 데 도움이 될 수 있다.

| 집단 게임 | 세호는 협동게임을 하면서 여러 친구들의 차례를 거치며 나타나는 상호작용의 흐름을 인식하고 자신의 차례를 끝마치는 것과 관련된 단계를 알아차리는 데 어려움을 보인다. 팀은 각 아동이 맡은 차례의 구체적인 목표는 물론 게임 내 여러 단계를 보여 주는 시각적 지원을 더 확실하게 제공할 필요가 있다고 보았다. 팀은 세호가 또래와 할 수 있는 각 게임의 규칙표를 만들기로 하였다. 그리고 각 게임을 시작하기 전에 세호와 이 표를 검토하면서 얼마나 많은 사람이 참여하는지, 어떻게 차례를 바꾸는지, 한 순서 내에서 각 단계가 어떻게 진행되는지, 어떻게 게임을 완성하는지에 대해 환기시키도록 한다. 또한 팀은 유치원 친구뿐만 아니라 동네 친구와도 성공적으로 게임을 할 수 있도록 더 분명하게 안내할 필요가 있음을 논의하였다. 예를 들어, 친구가 말을 하고 있는 동안 세호가 귀를 기울이고 있지 않는 경우 친구로 하여금 세호의 어깨를 살짝 두드리거나 이름을 부르게 할 필요가 있다.

② 자기조절 2: 익숙한 활동 중에 각성 수준을 조절하기 위해 행동 전략 사용하기

아동 목표	관련된 파트너 목표	
자기조절	대인관계 지원	학습 지원
SR2 익숙한 활동 중에 각성 수준을 조절하기 위해 행동 전략 사용하기	IS1 파트너는 아동에게 반응적이다 IS3 파트너는 아동의 독립성을 존중한다 IS7 파트너는 적절한 행동을 시범 보인다	LS1 파트너는 적극적인 참여를 위해 활동을 구조화한다 LS2 파트너는 발달을 촉진하기 위해 보완의사소통 지원을 사용한다 LS4 파트너는 목표, 활동, 학습 환경을 수정한다
SR2는 JA, SU, SR에 직접적으로 연계되지 않음	혼자 하는 활동 및 사회적 활동 중에 각성 수준을 조절하기 위해 행동 전략 사용하기(SR2.1), 각성 수준을 조절하기 위해 파트너가 시범 보인 행동 전략 사용하기(SR2.2), 장시간의 활동에 생산적으로 참여하기 위해 행동 전략 사용하기(SR2.3) 능력은 각성 수준을 조절하기 위한 아동의 행동, 언어, 초인지 전략 인식하고 지원하기(IS1.4), 필요한 경우 활동 중간에 돌아다닐 수 있도록 휴식 허락하기(IS3.1), 아동이 부적절한 행동을 할 때 적절한 행동 시범 보이기(IS7.4)와 같은 파트너 능력에 의존함	혼자 하는 활동 및 사회적 활동 중에 각성 수준을 조절하기 위해 행동 전략 사용하기(SR2.1), 각성 수준을 조절하기 위해 파트너가 시범 보인 행동 전략 사용하기(SR2.2), 장시간의 활동에 생산적으로 참여하기 위해 행동 전략 사용하기(SR2.3) 능력은 또한 반복되는 학습 기회 제공하기(LS1.4), 정서 조절을 강화하기 위해 보완의사소통 지원 사용하기(LS2.4), 필요에 따라 동적인 활동과 정적인 활동 교대하기(LS4.9)와 같은 파트너 능력에 의존함

진규 사례

진규는 대화 파트너 단계의 4세 남아로 아직까지 자신의 각성 수준을 조절하기 위해 일관되게 행동 전략을 사용하지 못한다. 그 대신에 진규는 스트레스를 주는 사회적 상호작용이나 혼란스러운 환경 자극에 노출될 때 나타나는 조절장애에 대처하고자 성인 옆에 가까이 있는 것에 의존한다. 가끔 진규는 자신을 조절해 주는 것으로 보이는 양육자가 촉진을 하면 행동 전략을 사용하기도 한다. 따라서 진규의 팀은 진규가 이러한 조절 전략을 독립적으로 사용하는 것을 우선순위로 정하였다. 진규의 교수목표에는 혼자 하는 활동 및 사회적 활동 중 각성 수준을 조절하기 위해 행동 전략 사용하기(SR2.1)와 각성 수준을 조절하기 위해 파트너가 시범 보인 행동 전략 사용하기(SR2.2)가 포함된다. 팀은 진규가 부적절한 행동을 할 때 적절한 행동을 시범 보이고(IS7.4), 필요에 따라 동적인 활동과 정적인 활동을 교대하도록(LS4.9) 지원하고 있다.

| 기차 세트 놀이 | 진규는 집과 학교 모두에서 자주 기차 세트를 선택해서 가지고 논다. 기차 세트는 분명히 진규의 선호 활동이지만 진규는 활동을 하면서 흥분하는 경우가 많으며, 특히 기차를 가지고 놀 때는 산만한 정도가 점차 높아지곤 한다. 그리고 진규는 몇 분이 지나면 바닥에 엎드려 기차 바퀴를 돌리는 데에만 집중하기 시작한다. 팀은 진규의 관심을 다른 곳으로 돌리고 조직화를 촉진할 필요가 있다고 생각하였다. 따라서 팀은 기차 놀이 중 자기조절을 위한 진규의 노력을 지지하기 위한 그다음 수정을 적용할 필요가 있음을 논의하였는데, 왜냐하면 이러한 적용이 진규가 더 생산적으로 놀이하고 더 잘 참여하게 만들 수 있기 때문이다. 마지막으로, 팀은 더 일관되게 적절한 자기조절 행동을 시범 보일 필요가 있음을 인식하였다. 예를 들어, 팀은 진규가 조절장애의 신호를 보일 때(예: 과도하게 기차 바퀴를 살피면서 활동에 참여하지 않음) 트램펄린 사진을 보여 주면서 "점프할 시간"이라고 말하는 것이 중요하다고 보았다.

| 또래와의 '둥글게 둥글게' 활동 | 진규는 또래와 함께 활동에 참여하기를 즐기지만 종종 각성 수준이 고조되어 손을 휘두르고 갑자기 활동에서 도망치는 상황이 발생하기도 한다. 이러한 행동 패턴은 제한된 자기조절 전략과 더불어 활동이 진행되면서 점점 더 혼란을 가중시킨다. 따라서 진규의 팀은 더 적절한 자기조절 행동을 시범 보이면서 진규의 극도로 높은 각성 수준을 감소시키고자 동적인 활동 속에 정적인 동작을 삽입하여 균형을 맞출 필요가 있음을 논의하였다. 점프하기는 진규가 괴로움을 느끼거나 흥분할 때 조직화 자극의 역할을 하기 때문에 팀은 진규가 높은 각성 수준일 때 걷거나 뛰기보다는 노래 리듬에 맞춰서 점프하도록 촉진하는 게 중요하다고 보았다. 이 외에도 팀은 진규에게 대안적인 행동 조절 전략을 제공하기 위해 또래와의 상호작용 중 각 순서 중간에 두 손을 꽉 쥐는 행동과 휴대용 물통에 든 음료수 마시기를 시범 보이기로 하였다.

③ 자기조절 3: 익숙한 활동 중에 각성 수준을 조절하기 위해 언어 전략 사용하기

아동 목표	관련된 파트너 목표	
자기조절	대인관계 지원	학습 지원
SR3 익숙한 활동 중에 각성 수준을 조절하기 위해 언어 전략 사용하기	IS1 파트너는 아동에게 반응적이다 IS5 파트너는 발달을 지원한다 IS7 파트너는 적절한 행동을 시범 보인다	LS1 파트너는 적극적인 참여를 위해 활동을 구조화한다 LS3 파트너는 시각적 지원 및 조직화 지원을 사용한다 LS4 파트너는 목표, 활동, 학습 환경을 수정한다
SR3은 JA2, MR1에 연계됨 연계 교수목표 SR3.1 초기 정서 단어 이해하고 사용하기(=JA2.1, MR1.1) SR3.2 상위 수준 정서 단어 이해하고 사용하기(=JA.3, MR1.2) SR3.3 단계적인 정서 이해하고 사용하기(=JA2.5, MR1.3)	초기/상위 수준 정서 단어 이해하고 사용하기(SR3.1, SR3.2), 단계적인 정서 이해하고 사용하기(SR3.3), 각성 수준을 조절하기 위해 파트너가 시범 보인 언어 전략 사용하기(SR3.5) 능력은 의사소통 효능감을 증진시키기 위해 아동의 신호에 적절하게 반응하기(IS1.3), 활동 성공을 위해 필요할 때 안내 및 피드백 제공하기(IS5.3), '아동 입장'에서 언어 및 혼잣말 사용 시범 보이기(IS7.5)와 같은 파트너 능력에 의존함	초기/상위 수준 정서 단어 이해하고 사용하기(SR3.1, SR3.2), 단계적인 정서 이해하고 사용하기(SR3.3), 혼자 하는 활동 및 사회적 활동 중에 각성 수준을 조절하기 위해 언어 전략 사용하기(SR3.4), 장시간의 활동에 생산적으로 참여하기 위해 언어 전략 사용하기(SR3.6) 능력은 활동에 예측 가능한 순서 마련하기(LS1.3), 아동의 정서 표현 및 이해를 강화하기 위해 보완의사소통 지원 사용하기(LS2.3), '요구의 정도를 높이거나' 기대감을 적절하게 높이기(LS4.10)와 같은 파트너 능력에 의존함

마리 사례

마리는 대화 파트너 단계의 7세 여아로 2학년 일반학급에 완전통합되어 있다. 조절장애 상태가 될 때 자기조절을 위해서 주로 행동 전략을 사용한다. 그러나 성인 파트너가 질문을 하면 자신의 일반적인 정서 상태를 정확하게 표현할 수 있다(예: "나 화난 것 같아요." "나는 기뻐요." "그것 때문에 슬펐어요."). 하지만 아직까지 보다 다양한 강도의 정서를 표현하지는 못한다. 마리의 교수목표에는 단계적인 정서 이해하고 사용하기(SR3.3), 각성 수준을 조절하기 위해 파트너가 시범 보인 언어 전략 사용하기(SR3.5)가 포함된다. 마리의 파트너는 '아동 입장'에서 언어 및 혼잣말 사용을 시범 보이고(IS7.5), 마리의 정서 표현 및 이해를 강화하기 위해 보완의사소통 지원을 사용하면서(LS2.3) 아동이 해당 목표를 달성하도록 지원하고 있다.

| 수학 모둠 활동 | 마리는 수학 활동 중 자주 좌절 상태에 빠진다. 사실 극심한 조절장애 상태로 악화되는 것은 상당히 갑작스럽고 극단적이다. 이때 마리는 이러한 정서적 급등에 대처하기 위해 행동 전략을 사용한다(예: 연필 씹기, 교실 돌아다니기). 마리의 팀은 돌아다니는 행동이 소중한 학습 기회를 놓치게 만들며 때때로 학급에 방해가 된다는 점을 염려하고 있다. 팀은 더 지속적인 참여와 자기조절을 촉진하기 위해 마리가 모둠 내에서 언어 전략을 사용하도록 지원하려고 한다. 그러나 현재 이러한 교수목표를 촉진하기 위해 팀이 제공하는 교류 지원은 일관적이지 못한 상태다. 따라서 팀은 더 다양한 강도의 정서 표현을 촉진하기 위한 보완의사소통 지원을 적용함으로써 더 지속적으로 '아동 입장'의 언어 및 혼잣말을 시범 보일 필요가 있음을 논의하였다. 첫째, 팀은 마리가 경험할 수 있는 여덟 가지의 정서를 묘사하는 정서바퀴를 적용하는 것에 대해 논의하였다. 파트너가 각 정서에 동반되는 언어를 시범 보이면(예: "나는 ___일(할) 때 정말 많이 화가 나."), 마리는 이 바퀴를 사용하여 긍정적인 정서와 부정적인 정서 상태 모두를 나타낼 수 있다. 그다음에 팀은 적절한 혼잣말을 시범 보이면서(예: "약간 화가 날 때, 나는 도움을 청할 수 있어. 정말 많이 화가 날 때, 나는 휴식을 요청할 수 있어.") 또한 마리가 이러한 정서의 각기 다른 강도를 이해할 수 있도록 정서척도를 사용하기로 하였다.

| 체조 교실 | 마리는 지역사회 체조 수업에 흥미를 갖고 있는 것이 분명하지만 시끄러운 소음과 예상하지 못한 동작으로 인해 자주 겁을 먹는다. 이러한 상황에서는 파트너가 혼잣말을 시범 보이고 보완의사소통 지원을 사용하기가 어렵다. 따라서 팀은 여러 환경에 걸쳐서 더 일관되게 교류 지원을 제공할 필요가 있음을 논의하였다. 첫째, 팀은 수학 시간에 사용된 정서바퀴를 작게 만들어서 체조 강사에게 전달하여 옷 주머니에 넣고 있다가 필요할 때 마리가 사용할 수 있게 하였다. 그다음에 팀은 각기 다른 강도의 '두려움'을 나타내는 언어 시범을 적절한 정도로 제공하기 위한 전략에 대해 논의하였다. 마지막으로, 팀은 이 활동 맥락에서의 추가적인 보완의사소통 지원에 대해 논의하였다. 예를 들어, 팀은 마리에게 정서 경험에

대한 일지를 쓰게 하여 그 강도, 체조 시간의 다른 사건 및 경험과의 관련성, 디지털 사진에서 동일한 것을 찾아 각각 적게 할 수 있다. 그리고 마리가 이러한 상황을 더 확실하게 준비하는 데에 도움이 되도록 수업 전에 일지를 검토할 수 있다.

④ 자기조절 4: 익숙한 활동 중에 각성 수준을 조절하기 위해 초인지 전략 사용하기

아동 목표	관련된 파트너 목표	
자기조절	대인관계 지원	학습 지원
SR4 익숙한 활동 중에 각성 수준을 조절하기 위해 초인지 전략 사용하기	IS1 파트너는 아동에게 반응적이다 IS4 파트너는 참여를 위한 장을 마련한다 IS5 파트너는 발달을 지원한다 IS7 파트너는 적절한 행동을 시범 보인다	LS1 파트너는 적극적인 참여를 위해 활동을 구조화한다 LS2 파트너는 발달을 촉진하기 위해 보완의사소통 지원을 사용한다 LS3 파트너는 시각적 지원 및 조직화 지원을 사용한다
SR4는 SU1에 연계됨 연계 교수목표 SR4.1 행동을 안내하기 위해 성인이 시범 보인 내재화된 규칙 사용하기(=SU1.3) SR4.3 행동을 안내하기 위해 자기점검이나 혼잣말 사용하기(=SU1.4)	행동을 안내하기 위해 성인이 시범 보인 내재화된 규칙 사용하기(SR4.1), 행동을 안내하기 위해 자기점검이나 혼잣말 사용하기(SR4.3), 조절 지원 전략을 파악하고 반영하기(SR4.5) 능력은 상태를 조절할 수 있도록 정보와 도움 제공하기(IS1.6), 정서, 내적 상태, 정신적 계획을 아동과 공유하기(IS4.4), 정서를 표현하고 정서의 원인을 이해하도록 안내하기(IS5.4), '아동 입장'에서 언어 및 혼잣말 사용 시범 보이기(IS7.5)와 같은 파트너 능력에 의존함	활동 계획을 달성하기 위해 초인지 전략 사용하기(SR4.2), 정서 조절을 돕기 위해 정서 기억 사용하기(SR4.4) 능력은 활동의 시작과 종료를 분명하게 정하기(LS1.1), 정서 조절을 강화하기 위해 보완의사소통 지원 사용하기(LS2.4), 활동 완수에 필요한 시간과 단계를 명확히 하기 위해 지원 사용하기(LS3.2)와 같은 파트너 능력에 의존함

현서 사례

현서는 대화 파트너 단계의 10세 남아로 보조교사의 지원을 받으며 4학년 일반 학급에 다닌다. 현서는 조절 상태를 잘 유지하기 위해 다양한 행동 및 언어 전략을 사용한다. 파트너들에 따르면, 최근 현서는 보조교사의 촉진 없이 자신의 행동을 안내하기 위해 교실 규칙을 사용하기 시작하였다. 이 점을 고려하여 팀은 행동을 안내하기 위해 성인이 시범 보인 내재화된 규칙 사용하기(SR4.1)와 행동을 안내하기 위해 자기점검이나 혼잣말 사용하기(SR4.3)를 우선적으로 실시하기로 하였다. 팀은 상태를 조절할 수 있도록 정보와 도움을 제공하고(IS1.6), 활동 완수에 필요한 시간과 단계를 명확히 하기 위해 지원을 사용하는(LS3.2) 노력을 기울이고 있다.

| 도서실 | 현서의 팀은 학교 도서실 가기가 현서의 선호 활동 중 하나이기 때문에 도서실에서의 학습과 활동의 성공을 높일 지원 및 전략을 사용하는 데 노력을 기울이기로 하였다. 그러나 현서에게 자기조절을 위한 정보나 도움을 제공하고 도서실 활동을 완수하는 데 필요한 단계 및 시간을 정의하기 위한 지원을 실행하는 측면에서 더 큰 일관성이 필요하였다. 팀은 도서실에서의 활동 단계를 적은 주머니 크기의 문자 일과표를 고안할 필요가 있음을 논의하였다. 그다음에 팀은 사서 책상 위에 디지털시계를 가져다 놓아 현서가 소요시간을 독립적으로 점검하고 교실로 돌아가는 전이를 예상할 수 있게 하였다. 마지막으로, 팀은 현서가 자신의 규칙 따르기 능력이 교사와 반 친구들에게 어떤 긍정적 영향을 미치는지에 대해 이해할 수 있도록 토막만화 대화(Gray, 1994a)를 사용하기로 하였다.

| 학교에서 가정으로의 전이 | 하루 일과가 끝날 때 학교 버스를 타러 가거나 부모가 데리러 오기 직전에 학생들과 교사가 가방을 챙기기 시작하면서 교실이 더 분주하고 시끄러워지는데, 이때 현서는 자주 행동 체계를 잡는 데 어려움을 겪고 상당한 조절장애를 나타내곤 한다. 팀은 모든 성인 파트너가 현서의 자기조절을 위한 정보나 도움을 제공하고, 이러한 하교 일과를 마무리하는 데 필요한 단계와 시간을 정의하기 위한 지원을 실행하는 것이 아직까지 일관성 있게 이루어지지 않는다고 보았다. 따라서 팀은 현서를 지원하기 위해 성공적으로 전이를 완수하는 데 필요한 모든 단계가 목록화되어 있고 수행 후 하나씩 지워 나가는 체계를 고안할 필요가

있다고 보았다. 또한 팀은 다른 아동이 하기 전에 현서가 자신의 소지품을 먼저 정리하기 시작함으로써 이 상황에서 현서가 덜 혼란스러울 수 있게 하였다. 이러한 전략이 성공적이지 못할 경우 팀은 현서가 가방을 먼저 정리하고 소란스러운 교실을 벗어나 언어치료사의 치료실에서 조직화 활동을 할 수 있게 하였다. 상징으로 글쓰기(Writing with Symbols) 워드 프로그램은 이미 작성된 내용의 문장과 아이콘을 포함하고 있는데, 이 프로그램을 활용해서 하루를 돌아보는 이야기를 작성하는 조직화 활동에는 많은 집중이 요구되며, 현서가 출력물을 가정으로 가져가서 부모와 공유할 수 있도록 완성된 작품을 제공해 준다.

⑤ 자기 조절 5: 새롭고 변화하는 상황에서 정서 조절하기

아동 목표	관련된 파트너 목표	
자기조절	대인관계 지원	학습 지원
SR5 새롭고 변화하는 상황에서 정서 조절하기	IS1 파트너는 아동에게 반응적이다 IS7 파트너는 적절한 행동을 시범 보인다	LS1 파트너는 적극적인 참여를 위해 활동을 구조화한다 LS2 파트너는 발달을 촉진하기 위해 보완의사소통 지원을 사용한다 LS4 파트너는 목표, 활동, 학습 환경을 수정한다
SR5는 JA, SU, MR에 직접적으로 연계되지 않음	새롭고 변화하는 상황에서 각성 수준을 조절하기 위해 언어/초인지 전략 사용하기(SR5.2, SR5.3), 전이 중 각성 수준을 조절하기 위해 언어/초인지 전략 사용하기(SR5.5, SR5.6) 능력은 각성 수준을 조절하기 위해 아동의 행동, 언어, 초인지 전략 인식하고 지원하기(IS1.4), 상태를 조절할 수 있도록 정보와 도움 제공하기(IS1.6), '아동 입장'에서 언어 및 혼잣말 사용 시범 보이기(IS7.5)와 같은 파트너 능력에 의존함	새롭고 변화하는 상황에서 각성 수준을 조절하기 위해 행동 전략 사용하기(SR5.1), 전이 중 각성 수준을 조절하기 위해 행동 전략 사용하기(SR5.4) 능력은 반복되는 학습 기회 제공하기(LS1.4), 정서 조절을 강화하기 위해 보완의사소통 지원 사용하기(LS2.4), 학습 환경의 감각적 속성 수정하기(LS4.3)와 같은 파트너 능력에 의존함

미라 사례

미라는 대화 파트너 단계의 6세 여아로 전이 중 계속해서 혼란스러워하며 속상해한다. 따라서 팀은 미라가 다양한 자기조절 전략을 더 많이 사용하게 함으로써 전이에 대처하도록 돕기로 하였다. 미라의 교수목표에는 전이 중 각성 수준을 조절하기 위해 행동 전략 사용하기(SR5.4)와 전이 중 각성 수준을 조절하기 위해 초인지 전략 사용하기(SR5.6)가 포함된다. 팀은 각성 수준을 조절하기 위해 미라의 전략을 인식하고 지원하며(IS1.4), 미라의 정서 조절을 강화하기 위해 보완의사소통 지원을 사용하고자(LS2.4) 시도하고 있다.

| 쉬는 시간에서 교실로의 전이 | 일과의 예측 가능성에도 불구하고, 쉬는 시간이 끝난 후 운동장에서 학교 건물로 이동해야 할 때 미라는 계속해서 힘들어한다. 그러나 팀은 전이 중 각성 수준을 조절하기 위한 미라의 전략 사용을 인식하거나 지원하지 않았을 뿐만 아니라 정서 조절을 지원하기 위한 보완의사소통 지원을 일관되게 실행하지 않았음을 인식하였다. 따라서 조절장애의 여러 가지 신호를 목록화하는 것이 모든 팀 구성원(예: 교사, 운동장 모니터요원, 보조교사, 치료사) 간의 일관성을 증진시키는 데 도움이 될 수 있으므로 이를 만들 필요가 있다고 보았다. 팀은 미라의 몇몇 신호가 다른 신호(예: 이 갈기)에 비해 덜 두드러지며, 운동장의 모든 파트너가 미라를 잘 알지는 못하므로 이러한 작업이 반드시 필요하다는 데 의견을 모았다. 그다음에 팀은 쉬는 시간에서 교실로 이동하기 전에 미라에게 정서 책을 제공하기로 하였다. 이 책에는 미라의 정서 식별, 정서 이해, 정서 조절(예: "나는 운동장을 떠날 때 슬퍼. 다음 시간에 뭘 하고 놀지 생각할 수 있으니까 괜찮아.")에 도움을 주는 시각적 지원이 포함된다. 마지막으로, 팀은 동작 중심의 활동 및 '힘든 일'이 미라가 구조화하는 데 도움을 주는 경향이 있으므로, 미라가 운동장 밖으로 크고 무거운 공 바구니를 끌고 나가게 하는 것이 유용할 것으로 보았다.

| 태권도장으로의 전이 | 미라의 부모에 따르면, 미라는 지역사회의 한 활동에서 다른 활동으로의 전이에서도 어려움을 보이는데, 특히 가정에서 태권도장으로의 전이가 그러하다. 여러 상황에서 전이를 다루는 것이 중요하다는 점을 감안하여, 교육 팀은 미라의 부모와 파트너에게 미라의 각성 조절 전략을 인식하고 지원하며 미라의 자기조절을 돕기 위해 보완의사소통 지원을 사용하도록 교수할 필

요가 있음을 강조하였다. 따라서 팀은 여러 맥락에서 일관성 있게 실시할 수 있도록 다음의 지원 방안을 실행할 필요성에 대해 논의하였다. 첫째, 태권도 강사를 위해 여러 가지 조절장애 신호를 목록화할 필요가 있다고 보았다. 그다음에 팀은 수업으로 이동하는 자동차 안에서 부모가 미라와 함께 수업 단계를 검토하는 것이 중요하다고 판단하였다. 태권도 사진이 첨부된 문자 스케줄을 운전석 뒤편에 붙여 놓아 수업에 대한 검토 시 활용할 수 있다. 마지막으로, 미라가 수업 중 긴장을 풀기 위한 행동 조절 전략(예: 심호흡하기)을 사용하도록 돕기 위해 간단하고 일관된 단서 제공(Cautela & Groden, 1981)이 필요하다고 보았다.

⑥ 자기조절 6: 극심한 조절장애로부터 스스로 회복하기

아동 목표	관련된 파트너 목표	
자기조절	대인관계 지원	학습 지원
SR6 극심한 조절장애로부터 스스로 회복하기	IS1 파트너는 아동에게 반응적이다 IS3 파트너는 아동의 독립성을 존중한다 IS7 파트너는 적절한 행동을 시범 보인다	LS2 파트너는 발달을 촉진하기 위해 보완의사소통 지원을 사용한다 LS3 파트너는 시각적 지원 및 조직화 지원을 사용한다 LS4 파트너는 목표, 활동, 학습 환경을 수정한다
SR6는 JA, SU, MR에 직접적으로 연계되지 않음	지나치게 자극적이거나 원하지 않는 활동으로부터 스스로 떠나기(SR6.1), 극심한 조절장애로부터 회복하기 위해 행동/언어 전략 사용하기(SR6.2, SR6.3) 능력은 아동의 정서 및 속도에 맞추기(IS1.2), 각성 수준을 조절하기 위한 아동의 행동, 언어, 초인지 전략 인식하고 지원하기(IS1.4), 적절한 경우 저항, 거부, 거절 존중하기(IS3.4), '아동 입장'에서 언어 및 혼잣말 사용 시범 보이기(IS7.5)와 같은 파트너의 능력에 의존함	지나치게 자극적이거나 원하지 않는 활동으로부터 스스로 떠나기(SR6.1), 극심한 조절장애로부터 회복된 후 상호작용이나 활동에 다시 참여하기(SR6.4), 극심한 조절장애로부터 회복되는 시간 단축하기(SR6.5) 능력은 아동의 정서조절을 강화하기 위해 보완의사소통 지원 사용하기(LS2.4), 집단 활동에서의 적극적인 참여를 촉진하기 위해 시각적 지원 사용하기(LS3.6), 학습 환경의 감각적 속성 수정하기(LS4.3)와 같은 파트너의 능력에 의존함

배호 사례

배호는 1학년에 재학 중인 대화 파트너 단계의 7세 남아로 성인 파트너가 단지 "안 돼."라는 구어 지시를 사용하는 것과 같이 자신의 기대가 어긋날 때 극심한 괴로움을 겪는다. 이러한 상황을 예방하거나 감소시키기 위해서 배호의 팀은 특정 활동 전에 차례 주고받기 지원 및 활동 내 과제수행표를 사용하여 과제가 요구하는 것에 대한 정보를 제공하는 데 일관된 노력을 기울일 필요가 있다고 보았다. 그러나 이러한 예방적인 노력에도 불구하고 배호의 발달 수준 및 민감성을 고려할 때 극심한 조절장애를 경험하게 될 위험은 아직 높은 편이라고 판단된다. 따라서 팀은 극심한 조절장애로부터 회복하기 위해 언어 전략 사용하기(SR6.3), 극심한 조절장애로부터 회복된 후 상호작용이나 활동에 다시 참여하기(SR6.4)를 배호의 우선적인 목표로 삼았다. 팀은 '아동 입장'에서 언어 및 혼잣말 사용 시범 보이기(IS7.5)와 학습 환경의 감각적 속성 수정하기(LS4.3)를 시도하고 있다.

| **미술 시간** | 배호의 미술 시간 참여는 자신의 선호도를 토대로 미리 생각해 놓은 활동 단계를 따라가려는 강한 욕구로 인해 방해받곤 한다. 따라서 수업에 제시된 활동이 자신의 예상과 맞지 않을 경우 자주 극심한 괴로움을 느끼며 소리를 지르고 귀를 막고 교실을 뛰쳐나가기도 한다. 배호의 팀은 이 상황에서 배호의 성공적인 참여를 촉진하기 위해 시각적 지원을 제공하고, 미술실의 감각적 속성을 수정하며, 보다 일관적인 혼잣말 시범 보이기를 제공할 필요가 있음을 인식하였다. 예를 들어, 팀은 각 미술 수업의 활동 단계를 나타내는 시각적 지원을 일관되게 제공하며, 전이 전에 배호와 함께 이 목록을 검토할 필요가 있다고 보았다. 팀은 이러한 선행사건 지원에 덧붙여서 활동 중에 배호가 괴로움을 겪을 때 팀원들이 직접 지원하는 방안에 대해서도 고려할 필요가 있다고 보았다. 배호의 시야에 항상 시각적 스케줄이 보이도록 하여(예: 책상 위 배호 옆에 놓기) 원할 때 이를 살펴볼 수 있게 하고, 적절한 경우 휴식 기회를 부여할 수 있다. 또한 팀은 배호가 진정되기 시작하면 언어 전략을 시범 보이는 데 동의하였다(예: "오늘 나는 미술 시간에 크레용을 사용해요. 나는 화가 났어요. 나는 핑거페인트로 그리고 싶었어요. 아마 다음 시간에는 페인트로 그릴 거예요. 오늘은 크레용."). 만일 보조 인력의 감독이 요구되는 휴식이 필요한 경우, 출입문 근처의 자리에 앉으면 보다 효과적으로 교실 밖으로 나갈 수 있으므로 배호의 좌석 배

열을 수정하는 것 또한 중요하게 고려되었다.

| 돌봄교실에서의 바깥놀이 | 배호는 각성 상태가 높을 때 재정비가 잘 되지 않기 때문에 팀은 이러한 극심한 조절장애를 예방하기 위한 노력으로 사전에 배호와 관련된 정보를 공유하는 것이 중요하다고 보았다. 여러 맥락에 걸쳐 보다 일관성 있게 지원하기 위해서는 배호의 성공 촉진을 위해 보육 환경의 감각적 속성을 수정하고, 보다 일관되게 혼잣말 시범을 보이도록 기관 내 인력을 촉진할 필요가 있음을 인식하였다. 팀은 놀이터 상황에서 사용할 상황이야기를 고안하여 차례 주고받기, 놀이기구 차례 기다리기, 성인에게 도움 청하기와 같이 이 맥락에서 기대되는 사회적 행동 및 상호작용에 대한 보완의사소통 지원을 제공하기로 하였다. 또한 배호의 자기조절 언어에 대한 구어 대사를 끌어내기 위한 수단으로 키워드를 사용하기로 논의하였다(예: '○○가 그네 탄 다음에 내 차례야.'라는 뜻으로 "차례"라고 말하기). 마지막으로, 팀은 배호의 성공을 촉진하기 위한 몇몇 환경 수정에 대해 논의하였다. 예를 들어, 풍선 불기 활동이 배호로 하여금 계속해서 또래와의 놀이에 다시 참여하게 만든다는 것을 알게 되었기 때문에 팀은 계속해서 놀이터에 커다란 풍선 불기 용구를 놓아두기로 하였다.

제 5 장

사회적 파트너 단계의 사회 의사소통, 정서 조절, 교류 지원 강화:
진단부터 프로그램 실행까지

1. 사회적 파트너 단계에서 공동관심 관련 목표의 우선순위 정하기
2. 사회적 파트너 단계에서 상징 사용 관련 목표의 우선순위 정하기
3. 사회적 파트너 단계에서 상호조절 관련 목표의 우선순위 정하기
4. 사회적 파트너 단계에서 자기조절 관련 목표의 우선순위 정하기
5. 사회적 파트너 단계에서 대인관계 지원 관련 목표의 우선순위 정하기
6. 사회적 파트너 단계에서 학습 지원 관련 목표의 우선순위 정하기

※ 사회적 파트너 단계 아동의 사례

사례 1: 초기 사회적 파트너 단계

사례 2: 상위 수준 사회적 파트너 단계

SCERTS 모델은 사회적 파트너 단계에서 종합적인 교육 프로그램을 개발하거나 아동의 기존 프로그램을 조정할 때 사람, 장소, 상황에 따른 의사소통을 지원하는 아동의 발달 능력을 가장 우선시한다. 1권의 7장에서 서술하였듯이, 이러한 과정은 사회 의사소통 및 정서 조절 영역에서의 아동의 현재 발달 수준에 근거하여 각 영역의 장단기목표를 파악하는 것으로 시작되며, 그다음으로는 아동과 가족을 위해 가장 적용 가능한 교류 지원이 무엇인지 결정하게 된다. 이것은 아동의 학습상의 강점과 요구, 가족의 우선순위, 일과 내 활동과 진행되고 있는 교육 프로그램에서의 어려움을 근거로 하는 융통성 있는 과정이어야 한다.

이 장에서는 사회적 파트너 단계 중 초기 수준과 상위 수준에 있는 아동 두 명을 위한 교육 프로그램의 개발과 실행 과정을 설명하고자 한다. 이 두 아동은 서로 매우 다른 수준의 능력을 지니고 있어 사회적 파트너 단계의 프로그램을 구성할 때 다루어야 하는 다양한 쟁점을 고려할 수 있게 해 준다. 각 아동의 프로그램은 사회 의사소통과 정서 조절에 있어서 아동 고유의 요구와 학습상의 강약점을 근거로 개별화되어야 하기 때문에 이 장에서 묘사하는 목표와 활동은 이 단계의 모든 아동이 따라야 하는 '처방'으로 여겨져서는 안 된다. 이 책의 1장에서 논의된 바와 같이, 아동을 위한 교수목표의 우선순위는 다음의 기준에 근거한다: (1) 사회 의사소통과 정서 조절에서의 가장 기능적인 능력을 목표로 하는가(즉, 일과 내 자연적인 활동에서 아동이 적극적으로 참여하도록 지원하는 능력), (2) 가족의 우선순위를 직접적으로 다루는가(즉, 부모와 기타 가족 구성원의 가치관과 일치하는 목표), (3) 발달적으로 적합한가(즉, SCERTS 진단-관찰에서 나타난 아동의 수행과 일치하는 목표). 이와 같은 기준을 따름으로써 아동이 자신이 습득한 기술을 가능한 한 독립적으로 언제 어떻게 사용하는지를 이해하고 이러한 능력을 가족 및 일상에서 만나는 수많은 파트너가 중요하다고 생각하는 활동에서 일관되고 기능적인 방법으로 적용할 수 있게 해 주는 능력을 강화하는 데 초점을 맞출 수 있다.

1장에서 설명한 바와 같이, SCERTS 모델 프로그램은 아동을 적극적으로 참여시키기 위해서 개별화된 관심을 가지고 일 년 내내 적어도 주당 25시간의 계획된 학습 기회를 포함시킨다. 따라서 사회적 파트너 단계에 있는 아동을 위한 종합적이고 집중적인 교육 프로그램을 고안하기 위해서는 다음과 같은 노력이 요구된다: (1) 일과 내에서 의미 있고 목표 지향적인 활동을 하기 위한 상세한 계획 세우기,

(2) 이러한 상황에 내포된 현재의 어려움이 무엇인지 알아보기, (3) 아동 고유의 사회 의사소통 및 정서 조절 능력에 적합한 사회적 맥락의 복잡성 결정하기(예: 일대일, 소집단, 대집단 환경). 또한 아동의 교육 프로그램의 일부로 사회 의사소통 목표를 정할 때 전형적인 발달을 보이는 아동 또는 언어 및 사회성 모델을 제공할 수 있는 아동과 함께 배우는 기회를 제공하는 것은 매우 중요하다는 사실을 명심해야 한다(2장의 '성공적인 통합 및 또래와의 학습과 놀이' 참조).

좀 더 자연스러운 맥락에서 아동의 성취를 증진시키려면 가족과 교육 팀 구성원은 계획된 활동 일과, 설계된 활동, 수정된 자연적 활동을 실행하기 위해 신중한 노력을 기울여야 한다. 1장에서 이미 설명한 바와 같이, SCERTS 모델은 자연스러움의 연속체에 대해서 엄격한 위계적 순서를 주장하지는 않는다. 오히려 계획된 활동 일과와 설계되고 수정된 활동이 다양한 활동의 복잡성과 하루 전반에 걸친 다양성에 따라 그날의 여러 시간대로 병합된다. 경우에 따라서는 일대일로 계획된 활동 일과가 특정 목표의 연습과 시연을 위한 기회로 제공될 수도 있다. 왜냐하면 아동이 목표 기술을 언제 어떻게 사용하는지에 대한 자연적인 단서를 이해하도록 지원하기 위해서는 궁극적으로 능력이나 기술을 사용하게 될 맥락 내에서 연습과 시연이 이루어져야 가장 효과적이기 때문이다.

더욱이 3장에서 논의된 바와 같이, SCERTS 모델은 사회적 파트너 단계의 아동을 위한 종합적인 교육 프로그램의 성공적인 실행이 아동의 교수목표를 정하고 지원하는 것에만 전적으로 의존하지는 않는다는 사실을 인식한다. 가족을 위한 교육 지원과 정서 지원을 제공하기 위해 SCERTS 가족 지원 계획이 필요하며, 현직 연수, 계속교육, 팀 협력을 모두 다루기 위해서는 전문가와 서비스 제공자를 위한 SCERTS 지원 계획이 필요하다. 아동의 파트너는 지원망에 포함될 때에야 비로소 사회 의사소통 및 정서 조절을 촉진하고 적절한 교류 지원을 실행하는 데 있어서 공동의 방식으로 협력할 수 있다. 이러한 지원 계획은 아동, 가족, 서비스 제공자의 변화하는 요구에 민감해야 하며 사회적 파트너 단계에서 아동이 직면하는 고유의 어려움을 다룰 수 있어야 한다.

1권의 2장에서 설명한 바와 같이, 사회적 파트너 단계에서는 아동이 보다 적극적인 사회적 및 의사소통 파트너가 될 수 있게 하는 두 가지 주요 발달상의 변화가 나타난다: (1) 광범위한 의사소통 기능을 위한 목적 또는 의도를 가지고 의사소통하는 능력, (2) 정서적으로 만족스럽고 상호적인 사회 의사소통 교환으로 관습적인 몸짓과 발성을 습득하고 사용하기. 의도 또는 목적이 있는 의사소통이란 다른 사람과 원하는 목표를 공유하는 능력을 말한다. 이와 같은 초기 의사소통 발달지표는 아동이 의사소통 신호(예: 몸짓 또는 발성)를 시작하고, 이러한 신호를 파트너의 관심을 끌기 위해 시선 또는 신체적 접촉과 함께 다른 사람에게로 향하게 하는 방법을 배울 때 성취된다. 그렇게 함으로써 아동은 의사소통 의도를 가장 효과적으로 전달해 주는 몸짓과 음성 전략을 인식하게 되며 동시에 공유된 관심 또는 공동관심을 형성시키기 위한 가장 초기의 전략 중 몇 가지도 인식하게 된다.

뿐만 아니라, 아동이 사회 의사소통에 참여하기 위한 이와 같은 필수적인 기술을 습득하게 되면서 유능감과 자신감 모두를 발달시키게 되는데, 이러한 유능감과 자신감은 아동의 자아의식의 출현에 영향을 미치며 결과적으로는 언어 학습과 문제 해결을 위한 맥락으로서 좀 더 적극적으로 상호작용을 추구하게 만든다(능동적 학습이라고도 함). 이와 같은 후자의 성취는 이미 발생한 의사소통 실패를 복구 및 지속하고자 하는 능력을 지원하고, 도움을 얻기 위해서뿐만 아니라 사회적 참여, 정보, 위안과 즐거움을 얻기 위해서 다른 사람을 찾는 능력을 지원한다.

SCERTS 모델의 사회 의사소통 영역에서의 이러한 성취는 일반적으로 공동관심 및 상징 사용의 발달 결과로 나타나며, 정서 조절 영역에서는 상호조절 및 자기조절 성취 결과로 나타난다.

1. 사회적 파트너 단계에서 공동관심 관련 목표의 우선순위 정하기

공동관심과 관련된 여러 가지 주요 발달지표는 아동이 사회적 파트너 단계에서 언어 파트너 단계로 전환하는 데 기여하며, 사회적으로 관습적이면서 목적 있는 의사소통의 발달에 도움이 된다. 이와 같은 발달지표는 자폐 범주성 장애 아동이 사회적 파트너 단계를 거치면서 발달해 갈 때 목표 영역의 우선순위를 정하기 위한 틀을 제공해 준다. 목표 영역은 다음과 같은 능력을 포함한다: (1) 상호적 상호작용에 참여하기, (2) 관심 공유하기, (3) 정서 공유하기, (4) 다른 사람의 행동을 조절하기 위해 의도 공유(표현)하기, (5) 사회적 상호작용을 위해 의도 공유하기, (6) 공동관심을 위해 의도 공유하기, (7) 의사소통 실패를 복구하고 지속하기. 이상의 능력은 의사소통 교환에서 파트너와 관심을 공유하고 진정한 사회적 파트너로서 참여하는 아동의 능력을 형성하는 데 도움이 된다. 이러한 발달 경로에 따른 구체적인 발달지표는 이 단계 아동의 주간 교수목표를 결정하기 위한 발달 기준을 제공한다. 여기에는 다음과 같은 내용이 포함된다.

1. 아동은 다음과 같은 방법으로 상호적 상호작용에 참여한다.
   a. 상호작용 시도에 반응하기
   b. 상호작용 시도 시작하기
   c. 간단한 상호적 상호작용에 참여하기
   d. 확장된 상호적 상호작용에 참여하기

2. 아동은 다음과 같은 방법으로 관심을 공유한다.
   a. 사람 쳐다보기
   b. 사람과 사물 간에 시선 옮기기
   c. 다른 사람이 짚어서 가리키는 것을 쳐다보기
   d. 다른 사람이 멀리 있는 것을 가리킬 때 쳐다보기

3. 아동은 다음과 같은 방법으로 정서를 공유한다.
   a. 얼굴 표정이나 발성을 이용하여 부정적인 정서 공유하기
   b. 얼굴 표정이나 발성을 이용하여 긍정적인 정서 공유하기
   c. 파트너의 정서 표현 변화에 반응하기
   d. 파트너의 정서 표현 변화에 동조하기

4. 아동은 다음과 같은 방법으로 다른 사람의 행동을 조절하기 위해 의도를 공유한다.
   a. 원하는 음식이나 사물 요구하기
   b. 원하지 않는 음식이나 사물 거부/거절하기
   c. 도움 또는 기타 행동 요구하기
   d. 원하지 않는 행동이나 활동 거부하기

5. 아동은 다음과 같은 방법으로 사회적 상호작용을 위해 의도를 공유한다.

a. 위로 구하기
b. 사회적 게임 요구하기
c. 차례 주고받기
d. 인사하기
e. 부르기
f. 자랑하기

6. 아동은 다음과 같은 방법으로 공동관심을 위해 의도를 공유한다.
   a. 사물에 대해 언급하기
   b. 행동이나 사건에 대해 언급하기

7. 아동은 다음과 같은 방법으로 의사소통 실패를 복구하고 지속한다.
   a. 맥락에 적절한 비율로 의사소통하기
   b. 의사소통 실패를 복구하기 위해 반복하기
   c. 의사소통 실패를 복구하기 위해 수정하기

1권의 2장에서 설명하였듯이, 일반적으로 사회적 파트너 단계의 자폐 범주성 장애 아동은 공유된 관심 영역에서의 초기 성취에서 어려움을 보이는 것으로 나타나는데, 이러한 어려움은 사람에게 관심을 돌리고 집중하거나, 관심의 초점을 따라가거나, 시선 옮기기를 사용하거나, 다른 사람이 가리키거나 바라보는 것을 따라가거나(예: 시선 따라가기, 가리키는 것 따라가기) 등의 측면에서의 결함으로 나타난다. 따라서 다른 사람이 의사소통을 하려고 시도하고 있거나 관심을 보이고 있다는 것을 고려하는 능력은 아동의 그러한 능력이 사회적 상호작용이나 공동관심과 같이 좀 더 사회적인 목적을 위해 의사소통하는 것으로 변할 때 성취되기 시작한다.

2. 사회적 파트너 단계에서 상징 사용 관련 목표의 우선순위 정하기

상징 사용과 관련된 여러 가지 주요 발달지표는 아동이 사회적 파트너 단계에서 언어 파트너 단계로 전환하는 데에 기여하며, 사회적으로 관습적이면서 목적이 있는 의사소통의 발달에 도움이 된다. 아동이 의도를 가지고 의사소통을 시작할 때의 많은 몸짓과 발성은 처음에는 비관습적이거나 이상할 수 있다. 아동의 직접적인 양육자 이외의 파트너는 이러한 신호를 해석하기 어려울 것이다. 초기 몸짓은 종종 다른 사람의 손을 조작하거나(즉, 신체적인 조작) 원하는 사건의 일부를 재창조하는 것(즉, 재연하기)을 포함한다. 이러한 형태의 몸짓은 초기에 나타나서 일반적으로 주는 몸짓, 밀어내는 몸짓, 가리키는 손가락질, 고개 끄덕이기 등과 같이 좀 더 관습적이거나 또는 쉽게 이해가 되는 몸짓으로 발달하게 된다. 보다 관습적인 몸짓으로의 전환은 일반적으로 첫 단어가 나타나기 전에 이루어진다.

전형적인 발달을 보이는 아동이 어떻게 이와 같은 발달을 성취해 가는지에 대한 지식과 자폐 범주성 장애 아동의 사회 의사소통 패턴 관련 최근 연구는 팀이 상징 사용에서의 주요 목표 영역에 대한 우선순위를 정하도록 도와준다. 아동이 사회적 파트너 단계를 거치면서 발달해 갈 때 수많은 주요 능력이 의도를 의사소통하고자 하는 좀 더 관습적인 수단이나 행동을 사용하는 능력에 기여하게 되는데, 즉 쉽게 이해될 수 있고 파트너와 의미를 공유할 수 있는 몸짓과 발성을 사용하면서 자신의 목적을 의사소통하는 등의 행동이 나타난다. 이와 같은 능력에는 다음과 같은 것들이 있다: (1) 익숙한 행동과 소리 모방을 통해 학습하기, (2) 익숙한 활동에서 비구어 단서 이해하기, (3) 놀이 중에 익숙한 사물을 관습적인 방식으로 사용하기, (4) 의도 공유를 위해 몸짓이나 비구어 수단 사용하기, (5) 의도 공유를 위해 발성 사용하기, (6) 2~3개의 익숙한 단어 이해하기. 이러한 발달 경로에 따른 구체적인 발달지표는 이 단계 아동의 주간 교수목표를 결정하기 위한 발달 기준을 제공한다. 여기에는 다음과 같은 내용이 포함된다.

1. 아동은 다음과 같은 방법으로 익숙한 행동과 소리 모방을 통해 학습한다.
   a. 자신의 행동이나 소리를 반복하면서 차례 주고받기

b. 시범 후 즉시 유도하면 익숙한 행동이나 소리 모방하기
c. 시범 후 즉시 자발적으로 익숙한 행동이나 소리 모방하기
d. 시간이 경과된 후 자발적으로 익숙한 행동이나 소리 모방하기

2. 아동은 다음과 같은 방법으로 익숙한 활동에서 비구어 단서를 이해한다.
   a. 익숙한 일과에서 다른 사람의 행동 예상하기
   b. 익숙한 일과에서 상황 단서 따르기
   c. 가리키기 이외의 몸짓 단서 따르기
   d. 짚어서 가리키는 것을 쳐다보기
   e. 멀리 있는 것을 가리킬 때 쳐다보기
   f. 시각적 단서(사진이나 그림)에 반응하기
   g. 얼굴 표정과 억양 단서에 반응하기

3. 아동은 다음과 같은 방법으로 놀이 중에 익숙한 사물을 관습적인 방식으로 사용한다.
   a. 사물에 대한 탐색 행동 보이기
   b. 구성놀이에서 익숙한 사물 사용하기
   c. 익숙한 사물을 관습적인 방식으로 자신에게 사용하기
   d. 익숙한 사물을 관습적인 방식으로 다른 사람에게 사용하기

4. 아동은 다음과 같은 방법으로 의도 공유를 위해 몸짓이나 비구어 수단을 사용한다.
   a. 근접성 사용하기
   b. 얼굴 표정 사용하기
   c. 간단한 동작 사용하기
   d. 주기, 밀어내기, 보여 주기, 손 뻗기/만지기, 가리키기/만지기 등의 관습적인 접촉 몸짓 사용하기
   e. 손 흔들기, 멀리 손 뻗기, 멀리 있는 것 가리키기, 손뼉 치기, 고개 젓기, 고개 끄덕이기 등의 먼 곳을 향한 관습적인 몸짓 사용하기
   f. 재연 또는 먼 곳을 향한 상징적 몸짓 사용하기
   g. 일련의 몸짓이나 비구어 수단 사용하기

h. 몸짓과 시선 일치시키기

5. 아동은 다음과 같은 방법으로 의도 공유를 위해 발성을 사용한다.
   a. 차별화된 발성 사용하기
   b. 다양한 자음+모음 조합 사용하기
   c. 일과와 밀접하게 관련된 단어 사용하기
   d. 발성을 시선과 몸짓에 일치시키기

6. 아동은 다음과 같은 방법으로 2~3개의 익숙한 단어를 이해한다.
   a. 자신의 이름에 반응하기
   b. 익숙한 사회적 게임에서 2~3개의 단어에 반응하기
   c. 2~3개의 친숙한 사람, 신체부위, 사물 이름에 반응하기
   d. 익숙한 일과에서 자주 사용되는 2~3개의 구절에 반응하기

1권의 2장에서 설명하였듯이, 사회적 파트너 단계의 자폐 범주성 장애 아동은 이와 같은 상징 사용에 있어서의 초기 성취에 어려움을 보이는데, 이러한 어려움은 초기 의사소통 발달 단계에서 제한된 범위의 관습적인 몸짓과 발성을 보이는 것으로 나타난다. 실제로, 자폐 범주성 장애 아동은 (1) 끌기, 잡아당기기, 또는 신체적으로 다른 사람의 손 조작하기 등의 접촉하는 몸짓을 포함하여 보통 눈 맞춤 없이 이루어지는 상징 전 운동적 몸짓과 (2) 어떤 일이 일어나도록 요구하기 위하여 그 일을 또는 그 일의 일부를 반복하는 등의 재연 전략을 통해서 의사소통을 한다. 이와 같은 비관습적인 의사소통 방법은 보여 주기, 손 흔들기, 가리키기, 고개를 끄덕이거나 좌우로 흔들기와 같은 관습적인 몸짓을 사용하는 대신에 오랫동안 사용될 수도 있다. 게다가 파트너를 시각적으로 좇아가며 쳐다보는 데 있어서의 어려움은 자폐 범주성 장애 아동이 사물 없이 몸을 사용하는 행동과 사물을 가지고 하는 행동 모두를 사용해야 하는 모방 과제를 수행할 때 어려움을 경험하게 만든다. 마찬가지로, 아주 어리거나 비구어/상징 전 자폐 범주성 장애 아동은 일반적으로 다른 사람의 비구어 의사소통을 이해하는 데 있어서 상대적인 약점을 가질 뿐만 아니라 사물을 가지고 하는 기능적인 행동이 매우 제한된다.

1권의 3장에서 설명하였듯이, 자폐 범주성 장애 아동 중에는 활동을 회피하거

나 활동으로부터 빠져나가기 위해 소리 지르기, 공격하기, 자해하기, 탠트럼, 축 늘어지기, 바닥에 드러눕기와 같은 비관습적이고 사회적으로 바람직하지 않은 의사소통 행동을 발달시키는 아동도 있다. 이처럼 의사소통을 위해 문제행동을 사용하는 것은 의사소통을 위한 관습적이고 좀 더 상징적인 수단을 사용하는 데 있어서 제한되기 때문에 그 직접적인 결과로 나타날 수 있는데, 즉 이러한 행동은 저항하거나 사회적 통제를 위한 좀 더 관습적인 몸짓 대신 사용되곤 한다는 것이다. 그러므로 문제행동의 출현은 상징 사용 목표를 결정할 때 반드시 다루어야 하는 상징 능력에 있어서의 어려움을 반영할 수도 있기 때문에 아동의 구어 및 비구어 의사소통 행동 목록과 관련해서 의사소통을 위해 문제행동을 사용하는지에 대해서도 반드시 고려해야 한다.

3. 사회적 파트너 단계에서 상호조절 관련 목표의 우선순위 정하기

상호조절과 관련된 여러 가지 주요 발달지표는 아동이 사회적 파트너 단계에서 언어 파트너 단계로 전환하는 데 기여하며, 아동이 적극적이고 주의 깊은 의사소통 파트너가 될 수 있도록 지원하는 효과적이고 효율적인 정서 조절 전략의 발달에 도움이 된다. 상호조절 과정에서 가장 중요한 점은 파트너가 아동의 조절장애 신호에 반응하는 것인지 아니면 아동이 시작하고 다른 사람을 향해 의도적으로 신호를 보냄으로써 조절 지원을 이끌어 내는 것인지를 아는 것이다. 사회적 파트너 단계 초기에는 아직까지 정서 조절을 위해 도움이 필요하다는 사실을 알리기 위해 의도적으로 파트너에게 신호를 보내는 의사소통 능력과 사회적 인식이 발달되어 있지 않다. 그러나 조절장애 신호는 쉽게 관찰된다. 얼굴 표정, 발성, 몸의 긴장, 활동 수준 등을 포함한 조절장애 신호를 알아차리고 반응하는 의사소통 파트너의 능력은 **반응적 상호조절**(respondent mutual regulation)로 불리는 과정에 기여한다. 아동의 사회 의사소통 능력이 사회적 파트너 단계를 거치면서 발달하기 때문에 정서 조절을 위해 도움을 청하는 능력도 함께 발달하게 된다. 이 과정은 아동이 적극적으로 파트너의 도움을 구하기 때문에 **상호조절 시작하기**(initiated mutual regulation)로 표현된다. 상호조절 시작하기는 초기에는 특이한 몸짓과 같은 비관습적인 수단을 사용함으로써 나타나며, 궁극적으로는 좀 더 관습적인 몸짓 사용을 통해 그리고 사회 의사소통 능력의 향상을 반영하는 과정인 발성을 통해 나타난다.

상호조절에서의 주요 목표 영역은 다음과 같은 두 가지 중요한 자원을 근거로 우선순위가 결정된다: (1) 전형적인 발달을 보이는 아동이 다른 사람으로부터 점점 더 도움을 잘 찾을 수 있는 좀 더 적극적인 사회적 파트너가 되도록 만드는 방법에 대한 팀의 지식, (2) 자폐 범주성 장애 아동이 직면하는 상호조절 어려움과 관련된 최신 연구. 상호조절에서의 우선순위 목표는 다음과 같다: (1) 다양한 정서 표현하기, (2) 파트너가 제공하는 지원에 반응하기, (3) 정서 상태를 조절하기 위해 파트너에게 도움 청하기, (4) 파트너의 지원을 받아 극심한 조절장애로부터 회복하기. 이러한 발달 경로에 따른 구체적인 발달지표는 이 단계 아동의 주간 교수 목표를 결정하기 위한 발달 기준을 제공한다. 여기에는 다음과 같은 내용이 포함된다.

1. 아동은 다음과 같이 다양한 정서를 표현한다.
   a. 기쁨 표현하기
   b. 슬픔 표현하기
   c. 분노 표현하기
   d. 두려움 표현하기

2. 아동은 다음과 같이 파트너가 제공하는 지원에 반응한다.
   a. 파트너의 위로에 진정하기
   b. 파트너가 주의를 환기시킬 때 참여하기
   c. 상호작용 시도에 반응하기
   d. 파트너의 정서 표현 변화에 반응하기
   e. 파트너의 정서 표현 변화에 동조하기
   f. 파트너의 제안에 따라 선택하기

3. 아동은 다음과 같이 상태를 조절하기 위해 파트너에게 도움을 청한다.
   a. 위로를 구하기 위해 부정적인 정서 공유하기

b. 상호작용을 하기 위해 긍정적인 정서 공유하기
c. 좌절했을 때 도움 청하기
d. 괴로울 때 거부하기

4. 아동은 다음과 같이 파트너의 지원을 받아 극심한 조절장애로부터 회복한다.
   a. 활동으로부터 떨어져 있게 하는 방법으로 회복을 지원하는 파트너의 노력에 반응하기
   b. 파트너의 행동 전략 사용에 반응하기
   c. 상호작용이나 활동에 다시 참여하게 하기 위한 파트너의 시도에 반응하기
   d. 파트너의 지원을 받아 극심한 조절장애로부터 회복되는 시간 단축하기
   e. 파트너의 지원을 받아 극심한 조절장애 상태의 강도 줄이기

1권의 3장에서 설명하였듯이, 사회적 파트너 단계의 자폐 범주성 장애 아동은 몸짓, 얼굴 표정, 신체 언어를 사용하는 능력이 제한되기 때문에 정서를 표현하기 어렵다는 점에서도 입증되었듯이 일반적으로 상호조절에 있어서 어려움을 보인다. 이와 같은 어려움은 결국 의사소통 파트너가 아동의 정서 및 각성 상태를 해석하기 어렵게 만들고 결과적으로 언제나 조직화를 촉진해 주는 것은 아닌 반응적 상호조절 전략을 사용하게 만든다. 아동의 특이한 조절장애 신호를 정확하게 해석하는 것 외에도 파트너는 아동의 조직화를 촉진하는 효과적인 상호조절 전략을 고안하고 실행하기 위해서 활동과 사건에 대한 아동의 각성 편향성과 정서 반응을 중요하게 고려해야 한다. 예를 들어, 청각 자극에 조절장애를 보이는 과잉 반응 아동을 지원하기 위해서 파트너는 아동이 좀 더 잘 조절된 상태가 되도록 돕기 위해 에어컨의 소음과 같은 환경 자극의 강도를 감소시킬 필요가 있음을 알아야 한다. 반대로 전이가 이루어지는 동안 조절장애를 보이는 과소 반응 아동을 지원하기 위해서 파트너는 아동의 주의집중과 참여를 향상시키도록 돕기 위해 운동과 리듬 사용을 증가시킬 필요가 있다. 파트너가 아동의 각성 편향성과 관련된 조절장애 신호를 읽을 수 없을 때 반응적 조절 전략은 해롭게 적용될 수 있으며, 따라서 성공하지 못하거나 더욱 극심한 조절장애를 초래할 수도 있다.

더욱이 사회 의사소통의 어려움은 의사소통 파트너가 자신을 지원해 주는 자원이라는 사실을 인식하는 능력에 영향을 미치며, 따라서 정서 조절을 위한 도움을

청하기 위해 다른 사람에게 이해할 수 있는 신호를 보내는 능력에도 영향을 미치게 된다. 종합하자면, 이와 같은 어려움은 아동의 상호조절 전략을 사용하거나 반응하는 데 있어서의 어려움을 더욱 악화시킨다.

4. 사회적 파트너 단계에서 자기조절 관련 목표의 우선순위 정하기

자기조절과 관련된 여러 가지 주요 발달지표는 아동이 사회적 파트너 단계에서 언어 파트너 단계로 전환하는 데 기여하며, 아동이 적극적이고 주의 깊은 의사소통 파트너가 될 수 있도록 지원하는 효과적이고 효율적인 정서 조절 전략의 발달에 도움이 된다. 초기 사회적 파트너 단계 아동의 주요 욕구는 항상성 상태를 유지하기 위한 생물학적 본능인 방어기제와 함께 단순한 행동 수단(예: 감각이나 동작 행위)을 사용하는 것이다. 결국 잘 조절된 상태는 아동이 상호작용하고 탐구하고 참여하는 능력을 지원한다. 초기 단계에서 반응적인 파트너의 존재가 자기조절을 위해 사용되는 효과적인 행동 전략의 발달을 촉진하도록 돕는 것과 같이 상호조절과 자기조절 능력 간에 명확한 상호의존성이 존재한다. 안정시키는 사물을 제공하거나 자극을 조직화하는 등의 환경 지원 또한 아동이 새롭고 변화하는 상황에 반응하고 극심한 조절장애로부터 회복할 수 있게 해 주는 자기조절 능력의 발달을 지원한다.

자기조절 요소의 주요 목표 영역은 다음의 두 가지 정보를 근거로 우선순위가 결정된다: (1) 전형적인 발달을 보이는 아동이 어떻게 자기조절 능력을 습득하고 확장시키는지에 대한 지식, (2) 자폐 범주성 장애 아동이 보이는 자기조절의 어려움. 자기조절을 위한 우선순위 목표는 다음과 같다: (1) 학습 또는 상호작용의 가능성 보이기, (2) 익숙한 활동 중에 각성 수준을 조절하기 위해 행동 전략 사용하기, (3) 새롭고 변화하는 상황에서 정서 조절하기, (4) 극심한 조절장애로부터 스스로 회복하기. 이러한 발달 경로에 따른 구체적인 발달지표는 이 단계 아동의 주간 교수목표를 결정하기 위한 발달 기준을 제공한다. 여기에는 다음과 같은 내용이 포함된다.

1. 아동은 다음과 같이 학습 또는 상호작용의 가능성을 보인다.
   a. 환경 내 사람과 사물 인식하기
   b. 다양한 감각 및 사회적 경험에 흥미 보이기
   c. 다양한 감각 체험을 추구하고 참아내기
   d. 상호작용 시도 시작하기
   e. 간단한 상호적 상호작용에 참여하기
   f. 확장된 상호적 상호작용에 참여하기
   g. 차별화된 정서로 감각 및 사회적 경험에 반응하기

2. 아동은 다음과 같이 익숙한 활동 중에 각성 수준을 조절하기 위해 행동 전략을 사용한다.
   a. 혼자 하는 활동 중에 각성 수준을 조절하기 위해 행동 전략 사용하기
   b. 사회적 상호작용 중에 각성 수준을 조절하기 위해 행동 전략 사용하기
   c. 각성 수준을 조절하기 위해 파트너가 시범 보인 행동 전략 사용하기
   d. 장시간의 활동에 생산적으로 참여하기 위해 행동 전략 사용하기

3. 아동은 다음과 같이 새롭고 변화하는 상황에서 정서를 조절한다.
   a. 익숙한 일과에서 다른 사람의 행동 예상하기
   b. 새롭고 변화하는 상황에 참여하기
   c. 새롭고 변화하는 상황에서 각성 수준을 조절하기 위해 행동 전략 사용하기
   d. 전이 중 각성 수준을 조절하기 위해 행동 전략 사용하기

4. 아동은 다음과 같이 극심한 조절장애로부터 스스로 회복한다.
   a. 지나치게 자극적이거나 원하지 않는 활동으로부터 스스로 떠나기
   b. 극심한 조절장애로부터 회복하기 위해 행동 전략 사용하기
   c. 극심한 조절장애로부터 회복된 후 상호작용이나 활동에 다시 참여하기
   d. 극심한 조절장애로부터 회복되는 시간 단축하기
   e. 조절장애 상태의 강도 줄이기

1권의 3장에서 설명하였듯이, 사회적 파트너 단계의 자폐 범주성 장애 아동은

사회적 상호작용 중에 주의집중을 유지하기 어렵고 강하고 갑작스러운 정서 반응을 보이며 전이를 인내하기 어렵다는 점에서도 이미 입증되었듯이 대체로 초기 자기조절 발달 단계의 어려움을 보인다. 이와 같은 어려움에 기인하는 자폐 범주성 장애 관련 요인은 다음과 같다: (1) 각성 편향성을 초래하는 자극에 대한 비전형적인 반응(예: 높은 각성 편향성을 초래하는 감각과 자극에 대한 과민성, 낮은 각성 편향성을 초래하는 감각과 자극에 대한 둔감성), (2) 각성 상태의 생리적인 변화를 지각하기 어려움, (3) 정서 표현의 어려움.

사회 의사소통의 어려움 역시 자기조절 능력에 영향을 미친다. 특히 이러한 어려움은 다른 사람이 이해할 수 있고 사회적으로 수용 가능한 방법으로 정서 변화를 표현하거나 지금까지 모델로 제공되었던 정서 조절 전략을 사용하는 능력에 영향을 미친다. 더욱이 사회적 파트너 단계에서 자폐 범주성 장애 아동은 특이하고, 관습적이지 않으며, 경우에 따라서는 사회적으로 낙인이 될 수 있어 보이는 자기조절 전략(예: 손 펄럭이기, 발끝으로 걷기, 입에 넣기, 물기, 몸을 앞뒤로 흔들기)을 사용하기도 한다. 이러한 독특한 자기조절 행동은 교육적 접근에 따라서는 문제행동 또는 소거해야 하는 표적행동으로 여겨지기도 한다. 이러한 행동은 사회적으로 적절하고 효과적인 자기조절 및 사회 의사소통 전략이 제한됨으로 인해서 나타나는 직접적인 결과일 수 있으며, 이러한 사실을 고려하는 것은 매우 중요하다. SCERTS 모델에서는 자기조절의 적절한 목표를 결정할 때 이러한 행동 패턴이 지니는 정서 조절 기능을 중요하게 고려한다.

5. 사회적 파트너 단계에서 대인관계 지원 관련 목표의 우선순위 정하기

사회적 파트너 단계에서는 아동의 사회 의사소통 및 정서 조절 능력과 행동에 주로 초점을 맞추는 것이 사실이다. 그러나 파트너의 행동이 아동의 대인관계 상호작용의 발달과 성취에 미치는 압도적인 영향력을 다시 한 번 강조하는 것도 매우 중요하다. 사회적 파트너 단계에서 사회 의사소통 및 정서 조절이라는 발달 능력의 성취는 사회적 참여, 의사소통 시작하기, 잘 조절된 상태를 촉진해 주는 파트너와의 예측 가능하고 지지적인 상호작용이 성공적으로 누적될 때 가능하다.

SCERTS 모델에서는 이러한 대인관계 조정을 대인관계 지원이라고 하며, 교류 지원 영역에서 파트너 목표의 우선순위를 정할 때 중요하게 고려한다.

교류 지원의 대인관계 지원 요소가 지니는 다음과 같은 측면은 아동이 진정한 사회적 파트너로 참여하기 위한 능력을 키우는 데 필수적인 것으로 간주된다: (1) 파트너는 아동에게 반응적이다, (2) 파트너는 시작행동을 촉진한다, (3) 파트너는 아동의 독립성을 존중한다, (4) 파트너는 참여를 위한 장을 마련한다, (5) 파트너는 발달을 지원한다, (6) 파트너는 언어 사용을 조절한다, (7) 파트너는 적절한 행동을 시범 보인다. 각각의 측면에 대한 구체적인 목표는 개별화된 대인관계 지원을 개발하도록 안내하고, 아동뿐만 아니라 아동의 파트너를 위한 주간 교수목표를 결정하기 위한 기준을 제공한다. 여기에는 다음과 같은 내용이 포함된다.

1. 파트너는 다음과 같이 아동에게 반응적이다.
   a. 아동의 관심 초점 따르기
   b. 아동의 정서 및 속도에 맞추기
   c. 의사소통 효능감을 증진시키기 위해 아동의 신호에 적절하게 반응하기
   d. 각성 수준을 조절하기 위한 아동의 행동 전략 인식하고 지원하기
   e. 조절장애 신호 인식하고 지원하기
   f. 아동을 모방하기
   g. 필요할 때 상호작용이나 활동으로부터 휴식 제공하기
   h. 휴식에 이어 상호작용이나 활동에 다시 참여하도록 촉진하기

2. 파트너는 다음과 같이 시작행동을 촉진한다.
   a. 비구어 또는 구어로 선택의 기회 제공하기
   b. 시작행동 기다리고 격려하기
   c. 시작행동과 반응행동의 균형 유지하기
   d. 아동이 활동을 시작하고 마치도록 해 주기

3. 파트너는 다음과 같이 아동의 독립성을 존중한다.
   a. 필요한 경우 활동 중간에 돌아다닐 수 있도록 휴식 허락하기
   b. 아동이 자신의 속도로 문제를 해결하고 활동을 완수할 수 있도록 시간 허

용하기
c. 문제행동을 의사소통 또는 조절의 기능으로 이해하기
d. 적절한 경우 저항, 거부, 거절 존중하기

4. 파트너는 다음과 같이 참여를 위한 장을 마련한다.
a. 의사소통할 때 아동의 눈높이에 맞추기
b. 의사소통하기 전에 아동의 주의 확보하기
c. 상호작용을 촉진하기 위해 적절한 근접성과 비구어 행동 사용하기
d. 최적의 각성 상태와 참여를 지원하기 위해 적절한 단어와 억양 사용하기

5. 파트너는 다음과 같이 발달을 지원한다.
a. 모방 격려하기
b. 또래와의 상호작용 격려하기
c. 구어 또는 비구어로 의사소통 실패를 복구하려고 시도하기
d. 활동 성공을 위해 필요할 때 안내 및 피드백 제공하기
e. 아동의 놀이와 비구어 의사소통 확장하기

6. 파트너는 다음과 같이 언어 사용을 조절한다.
a. 이해를 돕기 위해 비구어 단서 사용하기
b. 아동의 발달 수준에 따라 언어의 복잡성 조절하기
c. 아동의 각성 수준에 따라 언어의 질 조절하기

7. 파트너는 다음과 같이 적절한 행동을 시범 보인다.
a. 적절한 비구어 의사소통과 정서 표현 시범 보이기
b. 다양한 의사소통 기능 시범 보이기
c. 적절한 놀이 시범 보이기
d. 아동이 부적절한 행동을 할 때 적절한 행동 시범 보이기
e. '아동 입장'에서 언어 시범 보이기

사회적 상호작용은 그 속성상 교류적이다. 따라서 아동의 의사소통 파트너는

아동의 의사소통 및 조절 능력의 발달을 촉진하기 위해 융통성 있고도 지원적인 방식으로 반응해야 한다. 1권의 4장에서 설명하였듯이, 자폐 범주성 장애 아동은 성공적이지 못한 경험이 반복되면서 대인 간 상호작용을 위압적이고 혼란스럽고 스트레스가 많은 것으로 인식하게 될 위험에 놓이기도 한다. 또한 아동에 따라서는 언어 및 감각 처리의 어려움 또는 대인관계 사건에 대한 과소반응 편향성으로 인하여 사회적 상호작용에 거의 참여하지 않거나 참여하고자 하는 동기가 매우 낮은 위험에 처하기도 한다. 아동의 파트너 역시 아동과의 상호작용이 어려운 것이라고 생각하게 될 위험에 놓일 수 있는데, 특히 아동의 의사소통 의도를 지원하고 미세한 조절장애 신호를 알아채는 것과 관련된 어려움을 경험하게 될 수 있다.

사회적 파트너 단계에서 아동의 발달적 취약함과 학습 방식의 차이는 파트너에게 교류적 영향을 미친다. 예를 들어, 언어 처리의 어려움은 파트너의 상호작용을 위한 구어 시도에 반응하지 않거나 일관성 없이 반응하게 만든다. 그러므로 파트너는 아동이 다가가기 어렵고 함께하기 어려운 존재라고 생각하게 된다. 이와 비슷하게 파트너는 아동의 의사소통을 위한 시도 또는 조절장애 신호가 비관습적이고 미세하기 때문에 알아차리기 어려울 수 있다. 이러한 어려움은 아동의 의도에 반응함으로써 궁극적으로 의사소통 효능감을 형성시켜 주는 파트너의 능력을 제한시킬 수 있다. 마찬가지로, 정서적 단서, 몸짓, 얼굴 표정을 이해하는 데 있어서의 아동의 어려움은 파트너의 비구어적이고 정서적인 의사소통에 대해 반응하지 않거나 일관성이 없거나 부적절하게 반응하게 만들기도 한다. 어떤 경우에는 아동이 처리하기 어려운 정보에 직면하게 되면서 정보를 차단하거나 무시함으로써 아동과 연계하고 참여를 유지시키려고 열심히 노력하는 파트너에게 반응을 하지 않거나 일관성 없이 반응하기도 한다.

마지막으로, 아동의 감각 처리의 어려움(예: 과소 또는 과민 반응)은 감각 자극에 대한 일관성 없는 반응과 변동적인 각성 상태를 가져올 수 있는데, 이는 아동의 파트너가 성공적으로 알아차리고 반응하기 어려운 패턴이다. 대인 간 상호작용의 이와 같은 속성은 아동이 의도를 가지고 의사소통하는 능력에 기여하며, 또한 관습적인 의사소통 방법을 시범 보이는 파트너의 능력에도 영향을 미친다.

6. 사회적 파트너 단계에서 학습 지원 관련 목표의 우선순위 정하기

사회 의사소통 및 정서 조절에서의 성취는 학습 지원의 효과적인 사용에 의해 부분적으로 촉진될 수 있다. 학습 지원은 다양한 범위의 환경 수정, 시각적 지원, 기타 관련 학습 및 교수 전략을 포함하는 조정으로 아동의 의사소통과 표현언어, 언어 및 사회적 기대의 이해, 활동 구조(예: 활동 단계의 순서와 최종 목표), 정서 표현, 정서 조절을 촉진하는 데 사용될 수 있다. 파트너가 조직화를 지원하고 적극적인 학습을 위한 기회를 제공하고 아동의 시작행동과 참여를 촉진하기 위해서 활동과 학습 환경을 수정하는 방식으로 조정을 사용하는 것은 매우 중요하다.

학습 지원 요소가 지니는 다음과 같은 측면은 아동이 유능한 사회적 파트너로 참여할 수 있도록 지원하는 데에 필수적이다. 파트너는 (1) 적극적인 참여를 위해 활동을 구조화하고, (2) 발달을 촉진하기 위해 보완의사소통 지원을 사용하고, (3) 시각적 지원 및 조직화 지원을 사용하고, (4) 아동의 특정 발달 수준과 학습 방식의 차이에 맞추기 위해 목표, 활동, 학습 환경을 수정한다. 이러한 측면에서의 구체적인 목표는 개별화된 학습 지원을 개발하고, 아동뿐만 아니라 아동의 파트너를 위한 주간 교수목표를 결정하기 위한 기준을 제공한다. 여기에는 다음과 같은 내용이 포함된다.

1. 파트너는 다음과 같이 적극적인 참여를 위해 활동을 구조화한다.
   a. 활동의 시작과 종료를 분명하게 정하기
   b. 차례 주고받기 기회를 만들고 아동이 참여할 수 있도록 여지 남겨 두기
   c. 활동에 예측 가능한 순서 마련하기
   d. 반복되는 학습 기회 제공하기
   e. 다양한 학습 기회 제공하기

2. 파트너는 다음과 같이 발달을 촉진하기 위해 보완의사소통 지원을 사용한다.
   a. 의사소통과 표현언어를 강화하기 위해 보완의사소통 지원 사용하기
   b. 언어 및 행동 이해를 강화하기 위해 보완의사소통 지원 사용하기

c. 정서 표현 및 이해 능력을 강화하기 위해 보완의사소통 지원 사용하기
d. 정서 조절을 강화하기 위해 보완의사소통 지원 사용하기

3. 파트너는 다음과 같이 시각적 지원 및 조직화 지원을 사용한다.
   a. 과제 수행 단계를 명확히 하기 위해 지원 사용하기
   b. 활동 완수에 필요한 시간과 단계를 명확히 하기 위해 지원 사용하기
   c. 활동 간 원활한 전이를 위해 시각적 지원 사용하기
   d. 하루 전반에 걸쳐 시간 분할을 조직화하기 위해 지원 사용하기
   e. 집단 활동에서의 주의집중을 높이기 위해 시각적 지원 사용하기
   f. 집단 활동에서의 적극적인 참여를 촉진하기 위해 시각적 지원 사용하기

4. 파트너는 다음과 같이 목표, 활동, 학습 환경을 수정한다.
   a. 조직화와 상호작용을 지원하기 위해 사회적 복잡성 조절하기
   b. 아동의 성공을 위해 과제 난이도 조절하기
   c. 학습 환경의 감각적 속성 수정하기
   d. 주의집중을 높일 수 있도록 학습 환경 구성하기
   e. 시작행동을 촉진하는 학습 환경 구성하기
   f. 활동이 발달적으로 적절하도록 고안하고 수정하기
   g. 활동 내에 동기유발이 가능한 교재 및 주제 포함시키기
   h. 시작행동과 확장된 상호작용을 촉진하는 활동 제공하기
   i. 필요에 따라 동적인 활동과 정적인 활동 교대하기
   j. '요구의 정도를 높이거나' 기대감을 적절하게 높이기

1권의 4장에서 설명하였듯이, 사회적 파트너 단계의 자폐 범주성 장애 아동은 학습 선호도와 약점에 있어서 독특한 양상을 보이는데, 이는 사회 의사소통과 정서 조절 모두를 촉진하기 위해서는 개별화된 학습 지원이 실행되어야 한다는 필요성을 제기한다. 자폐 범주성 장애 아동의 학습 및 인지 스타일을 더 잘 이해할수록 다양하고 효과적인 시각적 지원, 조직화 지원, 학습 지원을 개발할 수 있다. 이러한 수많은 지원은 보완대체 의사소통 또는 AAC라는 포괄적인 용어 안에 포함된다. 자폐 범주성 장애 아동 간에 분명한 개인차가 있는 것은 사실이지만, 이들은 사라

지지 않는 시각적 정보에 강한 선호를 보인다는 공통점을 지닌다. 시각적 정보란 그림, 시공간적 패턴, 사물 등 정지되어 있거나 시간이 지나도 그 자리에 고정되어 있는 정보를 말한다. 따라서 SCERTS 모델은 말이나 비구어 사회적 단서처럼 사라지거나 순식간에 지나가는 특성을 가진 정보를 처리하기 어렵다는 점을 보상할 수 있도록 정지된 시각적 정보에 대한 선호도를 활용하는 파트너의 역할을 강조한다. SCERTS 모델에서는 파트너가 과제 내 수행 단계를 정하고 활동을 완성하기 위한 단계와 시간을 정하고 활동 간의 원활한 전이를 지원하기 위해서 시각적이고 조직적인 지원을 이용하도록 격려한다. 마찬가지로, 파트너는 아동의 표현 의사소통과 언어 발달, 언어 이해력, 정서 조절을 촉진하기 위한 몸짓, 수어, 그림 등의 보완의사소통 지원을 실행하는 것이 좋다.

더욱이 사회적 파트너 단계의 아동은 의도를 가지고 의사소통하거나 좀 더 관습적인 의사소통 수단을 사용하기 위해 맥락 고유의 특징에 의존하는 경향이 있다. 이것은 고정된 환경적 단서 또는 게슈탈트식 강점, 사건 중심의 기억 또는 기계적인 연상 기억에 대한 선호를 반영하는 것이다. 그래서 SCERTS 모델은 파트너가 아동의 독특한 학습 방식을 이해하도록 격려하고 또한 자연스러운 활동의 명확한 시작과 끝을 분명하게 명시하고, 예측 가능한 학습 기회를 제공하고, 반복적이면서도 다양한 학습 기회 모두를 제공하는 학습 지원을 실행하도록 권장한다.

이와 같은 학습 지원은 아동이 자연적인 일과에 적극적으로 참여하고 유능한 사회적 파트너가 되는데 필요한 발달 능력을 개발하도록 기여하기 때문에, SCERTS 모델은 파트너 행동을 위한 체계적인 목표를 우선순위에 둔다. 이러한 목표는 사회적 파트너 단계 자폐 범주성 장애 아동을 위한 종합적인 프로그램을 개발하거나 기존의 프로그램을 수정할 때 환경 및 활동 수정, 시각적 지원의 실행, 고도로 예측 가능하고 반복적인 학습 기회의 활용을 강화하도록 고안되어 있다.

이 책의 4장에서는 다음을 촉진하기 위해서 어떻게 학습 지원을 실행할 수 있는지에 대한 많은 사례를 제시하였다: (1) 다양한 의사소통 기능을 위해 목적 또는 의도를 가지고 의사소통하는 능력, (2) 사회 의사소통 교환에서의 관습적인 몸짓 및 발성의 습득과 사용. 이 장에서는 사회적 파트너 단계의 두 아동을 대상으로 SCERTS 모델 프로그램 개발에 대해서 좀 더 심도 있고 종합적인 관점으로 살펴보고자 한다.

사회적 파트너 단계 아동의 사례

이 부분에서는 초기 및 상위 수준의 사회적 파트너 단계 아동 각각에 대해서 목표를 찾고 우선순위를 정하는 과정의 예시를 보여 주기 위해 두 명의 아동과 그 가족의 사례를 조명하고자 한다. 두 사례 모두 특정 시점의 발달 단계에 있는 아동과 그 가족을 반영하기 때문에 '조명한다'라는 용어를 사용하였다. SCERTS 모델은 진단과 프로그램 계획에 포함되는 역동적인 과정을 인지한다. 목표 선정 기준에 따른 (1) 기능적이고, (2) 가족의 우선순위를 고려하고, (3) 발달적으로 적합한 장단기 교수목표를 판별하기 위해서는 진행적인 진단이 반드시 필요하다. 아동의 프로그램이 전개됨에 따라 목표를 수정할 필요가 있을 수도 있다.

프로그램의 수정과 조정이 필요한지를 판단하기 위해서는 기타 여러 의사결정에 대해서도 정기적으로(예: 3개월마다) 재진단해야 한다. 재진단이 필요한 의사결정에는 다음과 같은 것들이 포함된다: (1) 아동의 일과 내에서 초점을 맞출 수 있는 의미 있고 목표 지향적인 활동 선정, (2) 사회적 집단 내 성인 대 아동 비율 등의 사회적 지원의 강도, (3) 활동의 자연스러움의 범위(예: 계획된 활동 일과, 설계된 활동, 수정된 자연적 활동). 여기서는 사회적 파트너 단계의 자폐 범주성 장애 아동을 위한 사회 의사소통, 정서 조절, 교류 지원을 다루는 프로그램의 진단으로부터 실행에 이르기까지의 과정을 통하여 SCERTS 모델 운영 방법을 예시하고자 한다(이 책의 6장과 7장은 언어 파트너와 대화 파트너 단계 아동을 각각 조명함). 사례에서 제시하는 진단 양식은 모두 1권의 부록 A에 수록되었다.

사례 1: 재호(초기 사회적 파트너 단계)

첫 번째 사례 재호는 사회적 파트너 단계의 초기 수준으로 사랑스럽고 순진한 2세 3개월 남아다. 전염성 있는 미소를 지녔으며, 음악과 대근육 운동 놀이에 대한 열정을 보이고, 화를 잘 내지 않는 순한 아이다. 재호는 외아들이기 때문에 두 살 난 사촌의 집을 자주 방문하곤 한다. 부모는 재호와 사촌이 함께 성장하고 발달하는 것을 보면서 재호의 발달에 대하여, 특히 과거 3~4개월 동안 걱정을 하게 되었다. 재호는 부모가 비눗방울을 불어 주고 자신이 좋아하는 노래를 불러 주는 것은 즐기지만 사촌이 같은 방에 있을 때조차도 필요한 것을 자기 힘으로 해결하고 혼자서 놀이하는 것을 좋아한다.

부모는 재호가 아직 단어를 사용하지 않기 때문에 걱정하고 있으며, 사촌의 부모인 숙모나 삼촌과의 관계를 형성하기 어려워하는 것에 대해서도 우려한다. 숙모와 삼촌은 집에도 자주 찾아오고 재호와 부모를 그들의 집으로 초대하기 때문에 서로 매우 친하게 지낸다. 그럼에도 불구하고 재호는 전형적인 방법으로 인사하거나 상호작용을 하지 않는다. 예를 들어, 재호는 삼촌 집에 가면 어김없이 부엌 창고로 달려가서 자동으로 여닫히는 문을 가지고 놀기 시작한다.

재호가 두 살이 되던 해 정기검진에서 부모는 소아과 의사에게 우려를 표명하였고 재호는 2세 2개월에 바로 장애진단 평가에 의뢰되었다. 평가 팀은 재호의 행동과 발달 프로파일이 자폐 범주성 장애의 기준과 일치한다고 지적하였고, 지역 조기개입 제공자에게 의뢰하였다. 부모는 평가 전에 이미 재호의 발달에 대해 걱정해 왔으면서도 진단 결과로 인해 더욱 불안해하기 시작하였다. 사실 평가를 통해서 대답을 얻었다기보다는 더 많은 질문을 하게 되었다. 재호의 부모는 자폐 범주성 장애의 본질에 대해서 그리고 진단 결과의 합리성에 대해 의문을 갖게 되었으며, 재호의 미래와 유치원을 갈 수 있을지에 대해서, 그리고 지금부터 취해야 하는 가장 적절한 절차가 무엇인지에 대해 의문을 갖게 되었다. 후자에 대한 부모의 집중적인 관심으로 인하여 중재에 대한 교육진단을 받을 수 있도록 조기개입 전문가에게 의뢰된 것이다. 이들은 적절한 치료 및 교육 프로그램을 통하여 재호가 의사소통 능력을 향상시키고, 숙모나 삼촌과 좀 더 안정적인 관계를 형성하고, 사촌과의 놀이에 더 많은 흥미를 보이게 되기를 희망하였다.

재호는 조기개입 프로그램 교사들을 처음 방문했을 때 SCERTS 진단에 참여하였다. 따라서 이 사례는 재호의 가족과 서비스 제공자들이 진단 과정의 일부로 역할한 단계를 설명한다. 1권의 7장에서 설명하였듯이, SCERTS 진단은 다음과 같은 목적으로 실행되었다: (1) 재호의 현재 발달상 강점과 요구 프로파일 작성하기, (2) 의미 있고 목표 지향적이며 동기를 부여하는 교수목표 결정하기, (3) 재호의 자연스러운 일과와 활동에 기반을 둔 가장 적절한 학습 맥락과 사회적 지원의 복잡성 결정하기, (4) 재호의 발달과 가족 및 또래와의 관계 증진에 필요한 교류 지원 결정하기. 종합적인 SCERTS 모델 프로그램은 가족 지원 및 전문가 간 지원을 위한 명확한 계획도 포함하기 때문에 SCERTS 진단으로부터 수집된 정보는 재호의 조기개입 프로그램이 가족의 요구와 부합하고 일치하는지를 확인하기 위해서도 사용되었다. 뿐만 아니라, 진단 팀은 재호의 가족과 재호의 프로그램을 실행하게 될 전문가에게 제공할 구체적인 교육 지원과 정서 지원도 결정하였다.

1 1단계: 재호의 의사소통 단계 결정하기

초기 전화 면담을 통해 수집된 재호의 발달력과 정보를 검토한 결과, 조기개입 서비스 조정자는 사회적 파트너 단계의 SCERTS 진단 양식을 사용하는 것이 적절하다고 결정하였다. 이러한 결정은 재호가 아직까지 의도를 가지고 의사소통하기 위해 참조 낱말이나 상징을 규칙적으로 사용하지 않기 때문에 의사소통 단계 결정 기록지 작성과 SCERTS 진단의 아동 의사소통 단계 결정을 위한 준거를 근거로 이루어졌다.

2 2단계: SCERTS 진단-질문지를 이용하여 정보 수집하기

전화 면담에 이어 재호의 부모에게 사회적 파트너 단계를 위한 SCERTS 진단-질문지를 메일로 보냈다. 부모는 이 서식을 완성해서 조기개입 프로그램을 위한 첫 만남 전에 재호의 서비스 조정자에게 제출하였다. 이 질문지를 통해서 다음과 같은 내용이 파악되었다: (1) 재호 부모의 주요 관심과 스트레스, (2) 재호의 주요 강점 및 부모가 생각하는 발달상의 우려사항, (3) 재호의 강점과 요구 영역을 모두 관찰할 수 있는 활동, (4) 재호의 전형적인 파트너, (5) 재호의 생활 중 자연적인 맥락. SCERTS 진단-질문지를 통해 수집된 정보는 다음과 같이 정리되었다.

1. 재호 부모의 주요 관심과 스트레스
   - 장애진단의 정확성
   - 재호를 가장 잘 지원할 수 있는 방법
   - 재호가 아직 말을 하지 않는 이유
   - 재호가 가족 구성원, 특히 사촌과 잘 어울리지 않음

2. 부모가 재호의 현행 프로파일에서 파악한 강점과 요구

강점	요구
"순하다." "음악을 좋아한다." "매우 독립적이다."	"아직 말을 하지 않는다. 좀 더 효과적인 의사소통을 발달시킬 필요가 있다." "아직 듣고 간단한 지시를 따르지 않는다. 사회적 환경에 주의를 기울일 필요가 있다." "놀잇감에 몰두하며 다가가기 어렵다. 사회적 일과에 좀 더 많은 관심을 보일 필요가 있다."

3. 재호의 강점과 요구 영역을 모두 관찰할 수 있는 활동
   - 섭식 일과(예: 아침식사, 간식, 점심식사)
   - 부모와 함께하는 놀이 일과(예: 비눗방울, 춤추기/노래하기, 퍼즐)
   - 사촌이 있는 삼촌 집 방문

4. 재호의 전형적인 파트너
   - 어머니
   - 아버지
   - 예지(만 2세 사촌)
   - 숙모
   - 삼촌

5. 재호의 생활 중 자연적인 맥락
   - 가정에서의 양육 일과
   - 가정에서의 놀이 일과
   - 사촌 예지네 집 방문
   - 동네 놀이터로 가끔 외출

3 3단계: 진단 팀 구성 및 SCERTS 진단-관찰 계획하기

재호의 조기개입 서비스 조정자는 완성된 SCERTS 진단-질문지를 수합한 후

SCERTS 진단-관찰을 계획하기 위해서 SCERTS 진단 지도를 작성하기 시작하였다. 이 양식은 진단 팀의 구성원, 이들의 역할과 책임, 외부 의뢰가 필요한지를 결정하기 위해 사용되었다. 또한 SCERTS 진단-관찰 실행 계획의 일부로 재호를 가장 잘 나타내고 가장 유용한 정보를 제공해 주는 행동 표본을 얻기 위해서 다음의 변수들이 고려되었다: (1) 관찰 장소(즉, 자연적 맥락), (2) 관찰 소요 시간, (3) 함께 있는 파트너, (4) 관찰 상황에서의 사회적 맥락의 집단 크기, (5) 활동 변인, (6) 각 관찰 동안의 전이 횟수(이러한 변수에 대한 좀 더 상세한 설명은 1권의 7장 참조).

SCERTS 진단-질문지를 통해 제공된 정보와 각각의 변수를 검토한 조기개입 서비스 조정자는 좀 더 대표적인 행동 표본을 확보하기 위한 관찰을 계획할 수 있었다. 먼저 재호가 사회적 파트너임을 고려하여 총 관찰 시간은 최소 2시간으로 결정하였다. 그러나 어린 아동의 경우 매일 다를 수 있다는 점을 고려하여 정해진 시간을 이틀에 걸쳐 나누기로 하였다(예: 관찰일당 1시간). 다음으로 조기개입 서비스 조정자는 재호가 사회적 파트너 단계의 어린 아동이기 때문에 사회적 맥락과 파트너의 범위가 상당히 제한적이라는 점을 인식하였다. 그래서 친숙하거나 친숙하지 않은 파트너 모두가 참여하기보다는 친숙한 파트너만 참여하는 상황에서 재호를 관찰하는 것이 적절하다고 판단하였다. 마찬가지로, 집단 크기(예: 재호의 자연스러운 환경 내에서의 집단 크기)를 결정하고 일대일(예: 재호와 엄마, 재호와 아빠)과 소집단(재호와 삼촌, 숙모, 사촌)을 포함하였다. 재호의 부모가 가정에서뿐만 아니라 삼촌 집에서의 재호의 행동에 대해서도 우려를 표했기 때문에 관찰을 위한 주요 장소로 이 두 맥락을 모두 포함시켰다. 재호의 부모는 종종 동네 놀이터에도 간다고 보고하였지만 서비스 조정자는 가끔 가는 놀이터에서의 관찰은 재호의 대표적인 행동 표본을 제공하지 않을 것이라고 판단하였다.

관찰을 위한 구체적인 상황을 결정한 후, 서비스 조정자는 부모의 주요 관심과 함께 재호의 강점 및 요구가 잘 드러날 것이라고 제안된 활동을 주의 깊게 검토하였다. 진단 팀이 정확한 결과를 얻을 수 있도록 부가적인 변수도 고려하였다. 예를 들어, 재호의 행동은 필수적인 양육 활동 대 놀이 중심의 활동에 참여할 때, 동적인 활동 대 정적인 활동을 할 때, 사회적인 활동 대 혼자 하는 활동을 할 때, 선호하는 활동 대 선호하지 않는 활동을 할 때 분명히 다를 수 있다. 이와 같은 정보를 근거로 가정에서의 관찰을 위해 다음과 같은 세 가지 활동을 알아냈다: (1) 파트너로서 어머니 또는 아버지와 함께하는 동적인 놀이 일과(즉, 익숙한 노래와 춤),

(2) 의무적인 양육 활동(즉, 간식), (3) 어머니 또는 아버지와 함께하는 정적인 놀이 활동(즉, 비눗방울, 퍼즐). 사촌 집에서 실행될 지역사회 중심의 관찰로 다음과 같은 세 가지 활동이 추가로 선정되었다: (1) 삼촌과 숙모에게 인사하는 예절을 포함한 사회적 활동, (2) 삼촌 집에서의 정적이고 혼자 하는 놀이 중심의 활동(예: 자동문 놀이와 같은 신체적 탐구놀이), (3) 사촌과 함께하는 선호하지 않는 사회적 활동(예: '둥글게 둥글게').

SCERTS 진단에 참여하는 모든 아동은 최소 3회 이상의 전이 상황에서 관찰되어야 하기 때문에 관찰일당 최소 2회의 전이 관찰이 계획되었다. 예를 들어, 첫 번째 날에는 서비스 조정자가 동적인 놀이 활동에서 간식시간의 유아용 의자로 전이하는 중에 관찰하고, 간식 후 가족놀이실에서의 정적인 놀이 활동(예: 비눗방울 불기)으로 전이하는 것을 관찰하도록 계획하였다. 두 번째 날에는 재호가 차에서 내려 삼촌 집으로 이동하는 것을 관찰하고, 혼자서 선호하는 활동을 하다가 사촌과 사회적인 놀이 중심의 활동으로 전이하는 것을 관찰하기로 하였다.

재호의 SCERTS 진단-질문지와 최근의 장애진단 평가를 검토한 결과, 청력평가가 아직 이루어지지 않은 것을 발견하였다. 부모가 제한된 단어 사용과 간단한 지시를 듣고 따르는 것의 어려움을 걱정하고 있다는 사실을 고려하여 청력 손실 여부를 판단하기 위한 청력평가가 추천되었다. 따라서 재호는 소아청각학자에게 의뢰되었다. [그림 5-1A]에 제시된 재호의 SCERTS 진단 지도에 포함된 정보는 이상의 계획 과정의 결과를 보여 준다. 재호의 SCERTS 진단 지도를 작성한 후에, 서비스 조정자는 SCERTS 진단-관찰 기록지의 표지([그림 5-1B] 참조)에 관련 정보를 옮겨 적었다.

관찰 계획을 위한 SCERTS 진단 지도

이름: 재호　　날짜: 2005년 11월 3일　　페이지: 1

	관찰 #: 1		관찰 #: 2	
관찰 장소 ※ 최소 2개 이상의 자연스러운 상황 포함(예: 가정, 학교, 지역사회)	집		사촌의 집	
관찰 시간 ※ 총 관찰 시간: • 사회적 파트너-최소 2시간 • 언어 파트너-최소 2시간 • 대화 파트너-3~4시간	날짜/시간 2005년 11월 3일 오전 10:00-11:00 관찰 소요 시간 1시간		날짜/시간 2005년 11월 6일 오후 3:00-4:00 관찰 소요 시간 1시간	
팀/파트너 ※ 최소 2개 이상의 집단 크기(일대일, 소집단, 대집단) ※ 언어 파트너 및 대화 파트너의 경우 친숙한 파트너와 친숙하지 않은 파트너 포함	팀 구성원 사회복지사, 서비스 조정자, 언어치료사, 작업치료사, 부모 파트너 및 집단 크기 일대일: 재호와 엄마 일대일: 재호와 아빠		팀 구성원 사회복지사, 서비스 조정자, 작업치료사, 부모 파트너 및 집단 크기 소집단: 재호와 숙모, 삼촌 소집단: 재호와 숙모, 삼촌, 사촌	
활동/변인 ※ 최소 4개 변인에 따른 4개 활동 ※ 활동 변인의 주요 요소: 1a) 구조화된 1b) 비구조화된 2a) 의무적인 2b) 재미있는 3a) 성인 주도의 3b) 아동 주도의 4a) 동적인 4b) 정적인 5a) 익숙한 5b) 익숙하지 않은 6a) 선호하는 6b) 선호하지 않는 7a) 쉬운 7b) 어려운 8a) 언어 중심의 8b) 비언어적인 9a) 사회적인 9b) 혼자 하는 10a) 붐비는 10b) 차분한	**활동** 가족 노래와 춤 간식 비눗방울 또는 퍼즐	**변인** 4a 2a 4b	**활동** 숙모나 삼촌과 인사하기 집에 대한 물리적 탐구 '둥글게 둥글게'	**변인** 9a 9b 6b
전이 ※ 활동, 환경, 장소 또는 파트너의 의미 있는 변화를 포함하는 최소 3개 이상의 전이 상황	1. 익숙한 노래와 율동 시간에서 간식시간으로 2. 간식시간에서 비눗방울과 퍼즐 활동 시간으로 3.		1. 부모의 차에서 숙모와 삼촌의 집으로 2. 집에 대한 물리적 탐색에서 '둥글게 둥글게' 활동으로 3.	

[그림 5-1A] 재호의 SCERTS 진단 지도

(1)

사회적 파트너	SCERTS 진단-관찰 기록지	사회 의사소통

이름: 재호 생년월일: 2003. 8. 1

배경 정보	재호는 2세 3개월이며, 2세 2개월에 자폐 범주성 장애 진단으로 SCERTS 진단에 의뢰되었다. 외아들이며, 근처에 살고 있는 삼촌, 숙모, 두 살짜리 사촌과 자주 상호작용을 한다. 부모는 재호가 음악과 대근육 놀이를 즐기는 순한 아이라고 보고하였다. 부모의 주요 관심은 재호가 아직 말을 하지 않는다는 것, 가족 구성원과의 제한적인 참여, 그리고 어떻게 지원할 수 있는지에 대한 것이다.	팀 구성원	서비스 조정자, 사회복지사, 작업치료사, 언어병리학자, 부모, 청각학자

관찰 상황			
집단 크기	☒ 일대일: 재호와 엄마	☒ 소집단: 재호, 숙모, 삼촌, 사촌	☐ 대집단:
파트너	☒ 친숙한 성인: 엄마, 아빠, 숙모, 삼촌 ☐ 친숙하지 않은 성인:	☒ 친숙한 또래/형제자매: 사촌 ☐ 친숙하지 않은 또래:	
자연적 상황	☒ 가정: 부모와 함께 하는 아침 일과	☐ 학교:	☒ 지역사회: 삼촌과 놀기 위해 삼촌집 방문
활동 변인	1. 구조화된/비구조화된 4. (동적인)/(정적인) 7. 쉬운/어려운 10. 붐비는/차분한	2. (의무적인)/재미있는 5. 익숙한/익숙하지 않은 8. 언어 중심의/비언어적인	3. 성인 주도의/아동 주도의 6. 선호하는/(선호하지 않는) 9. (사회적인)/(혼자 하는)
전이	1. 익숙한 노래와 율동 시간에서 간식시간으로	2. 부모의 차에서 숙모와 삼촌의 집으로	3. 집의 물리적 탐색에서 '둥글게 둥글게' 활동으로

관찰일	관찰 소요 시간
1/4 분기 시작일: 2005. 11. 3	총 관찰 길이: 2시간
2/4 분기 시작일:	총 관찰 길이
3/4 분기 시작일:	총 관찰 길이
4/4 분기 시작일:	총 관찰 길이

SCERTS 프로파일 요약	1/4 분기	2/4 분기	3/4 분기	4/4 분기
사회 의사소통				
공동관심	8/54	/54	/54	/54
상징 사용	9/62	/62	/62	/62
정서 조절				
상호조절	7/38	/38	/38	/38
자기조절	9/40	/40	/40	/40
교류 지원				
대인관계 지원	24/66	/66	/66	/66
학습 지원	9/50	/50	/50	/50

사회-정서 성장 지표 프로파일	1/4	2/4	3/4	4/4
행복감	3/10	/10	/10	/10
자아의식	1/10	/10	/10	/10
타인의식	1/10	/10	/10	/10
적극적인 학습 및 조직화	1/10	/10	/10	/10
융통성 및 회복력	2/10	/10	/10	/10
협력 및 행동의 적절성	1/10	/10	/10	/10
독립성	0/10	/10	/10	/10
사회적 소속감 및 우정	4/10	/10	/10	/10

채점 기준:
2 = 최소 두 가지 상황에서 두 명의 파트너에 걸쳐 준거에 도달하는 행동을 일관성 있게 보임
1 = 일관성 없이 또는 하나의 활동에서 또는 보조를 받아서 준거에 도달하는 행동을 보임
0 = 관찰 또는 보고된 정보에 근거해 볼 때 준거에 도달하지 않았거나 도달할 것이라고 기대되지 않음

[그림 5-1B] 재호의 SCERTS 진단-관찰 기록지의 표지(p. 1)

4 4단계: SCERTS 진단-관찰 기록지 작성하기

재호의 진단 팀(즉, 서비스 조정자, 언어치료사, 작업치료사)은 사회적 파트너 단계의 SCERTS 진단-관찰 기록지를 사용하여 두 번의 관찰에 걸쳐서 정보를 수집하였다(구체적인 실행 지침을 위해서는 1권의 7장 참조). 진단 정보는 재호의 강점과 요구 진단에 중점을 둔 두 개의 영역(즉, 사회 의사소통과 정서 조절)과 다양한 환경에서 파트너가 지닌 강점과 요구를 다루는 한 개의 영역(즉, 교류 지원), 총 세 영역에 걸쳐 수집되었다.

재호의 조기개입 교사는 맥락, 파트너, 관찰일에 따른 정보를 수집하고 서류화하기 위해서 팀 접근을 채택하였다. 재호의 서비스 조정자는 자격증을 소지한 사회복지사로 두 관찰 장면 모두에 참여하여 교류 지원 영역(즉, 대인관계 지원과 학습 지원)에 대한 대부분의 정보를 수집하기로 하였다. 수집되는 정보는 관찰 상황에서 이미 제공되고 있는 지원과 관련된 정보뿐만 아니라 재호의 발달을 촉진하기 위한 유익한 정보를 포함하였다. 재호의 언어치료사는 사회 의사소통 영역과 관련된 정보를 기록하기로 하였으며, 작업치료사는 정서 조절 영역의 행동을 기록하기로 하였다. 그러나 작업치료사는 이틀간의 관찰기간 동안 계속 함께 있었으므로 사회 의사소통 영역과 관련된 정보도 보완해주기로 하였다.

5 5단계: 행동 표집하기

사촌 집에서의 두 번째 관찰을 수행하기 위해 재호의 조기개입 팀 구성원은 간단하게 SCERTS 진단-관찰 기록지를 검토하였다. 이들은 재호의 자연스러운 환경과 활동에서 상호작용을 관찰하여 풍부한 정보를 모을 수 있었지만, 여전히 사회 의사소통과 정서 조절 영역에서의 능력과 관련된 의문점이 많이 남아 있다는 사실에 동의하였다. 팀은 이것이 재호의 수동적인 의사소통 스타일로 인해서 현재 사용하고 있는 의사소통 형태를 관찰할 수 있는 기회가 제한되며 관찰 활동의 속성이 약간의 예외(예: 사촌과의 '둥글게 둥글게' 놀이로 전이)를 제외하고는 주로 재호가 선호하고 익숙한 활동으로 구성되었기 때문인 것으로 판단하였다. 더 많은 정보가 필요한 영역은 다음과 같았다.

- JA4.3, SU4.4. – 재호가 요청하기 위해 사용하는 관습적인 접촉 몸짓(예: 주세요 몸짓)
- JA3.1, JA4.4, SU4.2, SU4.4 – 자신의 기대에서 벗어날 때 저항하거나 부정적인 정서를 공유하는 능력(예: 밀어내는 몸짓, 얼굴 표정)
- JA3.4, MR2.5 – 양육자의 표현에 따라 자신의 정서를 동조하는 능력
- SR3.2 – 새롭고 변화하는 상황에 참여하는 능력

재호의 조기개입 팀은 가정환경 중 익숙한 맥락에서의 추가 회기를 통해서 재호의 발달 프로파일과 관련된 질문을 다루고 좀 더 적절한 교육 프로그램의 개발 및 실행을 안내하도록 돕는 데 필요한 정보를 얻을 수 있을 것이라고 판단하였다. 이어지는 다음 회의에서 팀은 재호의 부모에게 관찰하고자 하는 영역의 능력을 보기 위해 고안된 몇 개의 구조화된 상황을 소개하고 참여하는 것이 괜찮은지 질문하였다. 예를 들어, 재호가 요구하기(JA4.3과 SU4.4)를 위해 관습적인 접촉 몸짓을 사용하는지 관찰하고 기록하기 위해서 일련의 의사소통 유혹(예: 비눗방울 불기, 태엽 감는 놀잇감 놀이, 풍선 불기 등 성인의 도움을 필요로 하는 고도로 동기화된 활동) 전략이 실시되었다(의사소통 유혹을 실행하기 위한 좀 더 상세한 지침에 대해서는 1권의 7장 참조). 다음으로, 새롭고 변화하는 상황(SR3.2)에 대한 재호의 반응은 새로우면서도 고도의 매력적인 활동(예: 다채로운 색깔의 낙하산)에 참여하도록 유혹하고 이와 관련된 다양한 게임(예: "낙하산이 올라간다…… 올라간다…… 올라간다…… 내려온다.", 까꿍놀이, "빨리 흔들어요. 천천히 흔들어요.")을 실행하면서 표집되었다.

재호의 팀은 추가적인 행동 표집 전략에 대해 논의하였다. 이러한 전략에는 자연스러운 환경에서 전형적으로 발생하지 않는 인위적으로 연출된 상황을 포함시켰다. 예를 들어, 재호가 기대한 것이 이루어지지 않았을 때 저항하는 능력을 관찰하기 위해서 선호하는 활동이 마지막에 주어지는 상황을 연출하였다(JA3.1, JA4.4, SU4.2, SU4.4). 재호의 부모가 재호가 걸음마 시기 비디오에 특별한 애착을 가지고 있다고 말하였으므로 조기개입 팀은 가족에게 재호가 좋아하는 비디오를 보게 하라고 요청하고 몇 분 후에 비디오를 끄게 함으로써 재호의 선호도를 이용하였다. 또한 부모에게 재호를 블록 탑 쌓기에 참여시키고 그 구조물이 망가질 때 과장된 슬픔을 표현하도록 요청하였다. 이러한 연출된 상황은 자신의 정서를 양육자의 표현에 동조하는 능력과 관련된 정보를 구하기 위한 것이다(JA3.4, MR2.5). (이러한

연출된 상황은 주로 진단 상황으로만 의미 있으며 아동의 교육/중재 프로그램의 일부로 추천되지는 않는다는 점을 반드시 주의할 것)

6 6단계: SCERTS 진단 요약지로 정보 정리하고 통합하기

이틀간의 관찰과 어린이병원 청력센터에서의 청력평가 및 가정에서의 추가 행동 표집을 모두 마친 후 서비스 조정자는 부모, 언어치료사, 작업치료사와의 회의를 소집하고 다음과 같은 두 가지 주요 정보를 정리하고 통합하였다: (1) SCERTS 진단-관찰을 통해 요약된 강점과 요구, (2) SCERTS 진단-관찰 결과에 대한 가족의 견해.

A. 주요 정보원 1: 강점과 요구 요약하기

A-1. 사회 의사소통: 공동관심

팀 회의에서 재호의 부모와 조기개입 교사는 먼저 공동관심과 관련해서 현재 재호가 보이는 강점과 요구를 결정하는 데 중점을 두었다. SCERTS 진단-관찰을 통해서 얻은 정보를 토대로, 부모와 교사는 재호가 보이는 다른 사람을 향해 주의를 기울이거나 의사소통 신호를 보내는 능력이 잘 형성된 능력이라기보다는 이제 나타나기 시작하는 능력이라는 점에서 재호가 자신의 의도와 감정을 다른 사람과 공유하는 능력이 제한되어 있다고 결론을 내렸다. 재호는 선호하는 활동이 명확하게 있음에도 불구하고(예: 비눗방울 놀이, 비디오 시청, 시각적으로 탐구하는 놀잇감), 부모가 같은 활동에 참여하고 있는지 또는 관심을 보이고 있는지 알기 위해서 부모와 원하는 활동을 번갈아 쳐다보는 행동을 하지는 않으며 대부분의 경우 주로 활동만을 응시함으로써 자신의 흥미를 표현한다.

언어치료사는 재호가 자신의 신호가 분명하게 다른 사람을 향하지 않을 때 부모가 반응을 하는지 일관성 있게 쳐다보지 않았다는 점에 주목하였다. 예를 들어, 가정에서의 관찰에서 재호는 선호하는 비눗방울 활동을 계속해 달라고 비눗방울 통을 엄마의 손 위에 놓았다. 이러한 의도적인 요구는 몇 분 뒤 간식시간에 보인 덜 분명한 요구와는 상반되는 것이었다. 선반 위에 있는 과자상자를 손가락으로 가리키고 상자와 엄마 간에 시선을 이동하는 대신 오히려 선반으로 걸어가서 과자

사회적 파트너 단계

상자를 의도적으로 쳐다보았다. 팀과 부모는 재호가 과자를 갖기 위해서 분명히 목표 지향적이었음에도 불구하고 그 목표를 달성하기 위한 방법은 요구하기나 공유된 관심을 위한 시도 등의 사회 의사소통 행위를 포함하지 않았다는 점에 동의하였다.

논의를 통해서 팀과 부모는 재호가 청자의 관심을 끌기 위한 응시나 신체적인 접촉 몸짓을 잘 사용하지 않기 때문에 요구하기나 저항하기 위해 주로 사용하는 방법이 다른 사람들과 공유되지 않는다는 사실을 분명히 알게 되었다. 그러므로 재호가 사용하는 대부분의 의사소통 신호는 전의도적이며, 따라서 분명한 목표나 목적을 가지고 다른 사람을 향해서 주어지지 않는 것으로 결론을 내렸다. 재호의 작업치료사는 삼촌의 집에서 발생한 추가 사례를 통해서 이러한 결론을 지지하였다. 작업치료사는 숙모가 재호를 사촌과 함께 '둥글게 둥글게' 놀이에 참여시키려고 시도하자 재호가 사촌의 손을 놓고 가족들에게 저항이나 거부 의사를 공유하려는 의사소통적 시선으로 신호를 보내는 행동 없이 그냥 활동에서 빠져나가려고 했다고 설명하였다.

결과적으로, 부모와 팀은 재호가 놀잇감, 간식, 사회적 일과(예: 인사하기, 익숙한 노래, 사회적 게임)를 요청하는 시작하기 능력이 제한되었기 때문에 두 곳의 익숙한 환경 모두에서 주로 수동적인 상호작용을 보이는 것으로 결론지었다. 조기개입 팀이 SCERTS 진단-관찰 기록지를 검토하였을 때, 재호의 익숙한 사회적 일과를 계속하려고 요청하는 시작하기 능력은 활동의 특성에 따라 영향을 받는다는 사실을 알게 되었다. 예를 들어, 재호는 익숙한 활동이 고도의 정서(예: 파트너가 기쁨과 흥분을 보임)와 움직임 중심의 놀이를 포함할 때 시작행동의 비율뿐만 아니라 긍정적인 정서를 공유하는 향상된 능력을 보였다. 실제로, 재호가 선호하는 사회적 일과는 예측 가능한 일련의 행동이나 과장된 정서(예: "만일 네가 행복하고 그것을 안다면[If You're Happy and You Know It]" "다섯 작은 원숭이[Five Little Monkeys]")가 포함된 활동인 경우가 많았다. 현재 공동관심 요소 중 재호가 보이는 강점과 요구 영역 프로파일에 대한 요약 정보는 SCERTS 진단-관찰 기록지와 SCERTS 진단 요약지에서 볼 수 있다([그림 5-2]와 [그림 5-8] 참조).

(2)

사회적 파트너	SCERTS 진단-관찰 기록지	사회 의사소통

이름: 재호

1/4	2/4	3/4	4/4	공동관심
1. 상호적 상호작용에 참여하기				
1				JA1.1 상호작용 시도에 반응하기(=MR2.3)
1				JA1.2 상호작용 시도 시작하기(=SR1.4)
1				JA1.3 간단한 상호적 상호작용에 참여하기(=SR1.5)
0				JA1.4 확장된 상호적 상호작용에 참여하기(=SR1.6)
2. 관심 공유하기				
1				JA2.1 사람 쳐다보기
0				JA2.2 사람과 사물 간에 시선 옮기기
0				JA2.3 짚어서 가리키는 것을 쳐다보기(=SU2.4)
0				JA2.4 멀리 있는 것을 가리킬 때 쳐다보기(=SU2.5)
3. 정서 공유하기				
0				JA3.1 얼굴 표정이나 발성을 이용하여 부정적인 정서 공유하기(≈MR3.1)
1				JA3.2 얼굴 표정이나 발성을 이용하여 긍정적인 정서 공유하기(≈MR3.2)
0				JA3.3 파트너의 정서 표현 변화에 반응하기(=MR2.4, SU2.7)
0				JA3.4 파트너의 정서 표현 변화에 동조하기(=MR2.5)
4. 다른 사람의 행동을 조절하기 위해 의도 공유하기(↔ JA7.2, JA7.3, SU4-SU5)				
1				JA4.1 원하는 음식이나 사물 요구하기(≈MR2.6)
0				JA4.2 원하지 않는 음식이나 사물 거부/거절하기(≈MR3.4)
1				JA4.3 도움 또는 기타 행동 요구하기(≈MR3.3)
0				JA4.4 원하지 않는 행동이나 활동 거부하기(≈MR3.4)
5. 사회적 상호작용을 위해 의도 공유하기(↔ JA7.2, JA7.3, SU4-SU5)				
1				JA5.1 위로 구하기(≈MR3.1)
0				JA5.2 사회적 게임 요구하기
0				JA5.3 차례 주고받기
0				JA5.4 인사하기
0				JA5.5 부르기
0				JA5.6 자랑하기
6. 공동관심을 위해 의도 공유하기(↔ JA7.2, JA7.3, SU4-SU5)				
0				JA6.1 사물에 대해 언급하기
0				JA6.2 행동이나 사건에 대해 언급하기
7. 의사소통 실패를 복구하고 지속하기				
0				JA7.1 맥락에 적절한 비율로 의사소통하기
0				JA7.2 의사소통 실패를 복구하기 위해 반복하기(↔JA4-JA6)
0				JA7.3 의사소통 실패를 복구하기 위해 수정하기(↔JA4-JA6)

채점 기준: 2=일관성 있게 준거에 도달함(두 가지 상황에서 두 명의 파트너에 걸쳐), 1=일관성 없이 준거에 도달하거나 보조를 받아서 도달함, 0=준거에 도달하지 못함

[그림 5-2] 재호의 SCERTS 진단-관찰 기록지(공동관심)

A-2. 사회 의사소통: 상징 사용

재호의 공동관심 능력에 대한 기초선을 설정한 후에 팀과 부모는 재호의 상징 사용 능력에 대한 강점과 어려움을 결정하는 데 관심을 모았다. 이틀간의 관찰에 대하여 논의한 결과, 재호는 가족과의 상호작용 중에 자신의 의도를 표현하기 위해 비관습적인 수단(예: 신체적 근접성, 신체적 조작 몸짓)에 상당히 의존한다는 사실을 알게 되었다. 또한 재호의 모방 기술이 제한적이고, 사물을 사용할 때는 주로 입에 넣거나 서로 부딪치는 등의 탐구적인 방법을 사용한다는 것도 알게 되었다.

부모는 재호가 놀이 중에 물건이나 도움을 얻으려고 관심이나 원함을 표현하기 위해 근접성을 일관되게 사용한다고 강조하였다(예: 의도적으로 비눗방울 막대 쳐다보기, 특정 퍼즐 만지기). 신체적 근접성의 사용은 SCERTS 진단-관찰을 실행하는 동안에도 저항/거절에 대한 의도로 관찰되었다. 선호도가 낮은 활동(예: 사촌과 함께하는 '둥글게 둥글게')이 시작되면, 재호는 관심이 없다는 것을 표현하기 위해서 자주 활동으로부터 멀어지려고 시도하였다. 부모는 재호가 의사소통을 위한 가장 효과적인 수단으로 신체적 근접성을 사용한다고 생각하였다. 이들은 또한 재호 행동의 이와 같은 특별한 측면을 해석하는 자신들의 능력이 의사소통 목표를 어느 정도 이해할 수 있게 해 주며, 결과적으로 재호의 필요를 충족시키는 상호작용을 효율적으로 할 수 있게 해 준다고 말하였다.

그러나 빈번한 의사소통 실패는 SCERTS 진단-관찰 전반에 걸쳐 나타났다. 이것은 자신의 선호도와 요구에 대해 의사소통하려는 재호의 특이한 전략과 관련된 것으로 보인다. 근접성이 재호의 주요 의사소통 통로인 것이 분명했지만 재호가 초기에 발달시킨 몸짓에는 **신체적 조작 몸짓** 또는 **재연 몸짓**도 포함되어 있었다. 신체적 조작 몸짓에는 도움 청하기(예: 엄마의 손을 비눗방울 통 쪽으로 끌어당기기)가 포함되며, 재연 몸짓으로는 위로 구하기(예: 아빠의 무릎으로 기어가기)와 행위 요구하기(예: 얼굴에서 비눗방울이 터지기 원한다고 의사소통하기 위해 엄마에게 기대기)가 포함되었다.

재호가 목적 있는 의사소통 교환에서 초기에 발달된 몸짓을 사용하는 능력을 분명하게 보이기 시작하였지만, 공동관심에 대한 제한된 능력은 덜 성공적인 의사소통 시도를 수정하기 위해서 시선, 발성, 상위 수준의 몸짓을 사용하는 능력을 저해하고 있는 것이 분명하였다. 이미 언급된 바와 같이, 재호의 부모는 익숙한 사회적 게임 동안에 쳐다보기와 미소 짓기 등의 방법으로 긍정적인 정서를 공유하는

(3)

사회적 파트너	SCERTS 진단-관찰 기록지	사회 의사소통

이름: 재호

1/4	2/4	3/4	4/4	상징 사용
1. 익숙한 행동과 소리 모방을 통해 학습하기				
0				SU1.1 자신의 행동이나 소리를 반복하면서 차례 주고받기
0				SU1.2 시범 후 즉시 유도하면 익숙한 행동이나 소리 모방하기
0				SU1.3 시범 후 즉시 자발적으로 익숙한 행동이나 소리 모방하기
0				SU1.4 시간이 경과된 후 자발적으로 익숙한 행동이나 소리 모방하기
2. 익숙한 활동에서 비구어 단서 이해하기				
1				SU2.1 익숙한 일과에서 다른 사람의 행동 예상하기(=SR3.1)
0				SU2.2 익숙한 일과에서 상황 단서 따르기
0				SU2.3 가리키기 이외의 몸짓 단서 따르기
0				SU2.4 짚어서 가리키는 것을 쳐다보기(=JA2.3)
0				SU2.5 멀리 있는 것을 가리킬 때 쳐다보기(=JA2.4)
0				SU2.6 시각적 단서(사진이나 그림)에 반응하기
0				SU2.7 얼굴 표정과 억양 단서에 반응하기(≈JA3.3)
3. 놀이 중에 익숙한 사물을 관습적인 방식으로 사용하기				
2				SU3.1 사물에 대한 탐색 행동 보이기(↔SR2.1)
1				SU3.2 구성놀이에서 익숙한 사물 사용하기
0				SU3.3 익숙한 사물을 관습적인 방식으로 자신에게 사용하기
0				SU3.4 익숙한 사물을 관습적인 방식으로 다른 사람에게 사용하기
4. 의도 공유를 위해 몸짓이나 비구어 수단 사용하기(↔ JA4-JA6, MR1, MR3.3, MR3.4)				
2				SU4.1 근접성 사용하기
1				SU4.2 얼굴 표정 사용하기
2				SU4.3 간단한 동작 사용하기
0				SU4.4 관습적인 접촉 몸짓 사용하기 □주기 □밀어내기 □보여 주기 □손 뻗기/만지기 □가리키기/만지기
0				SU4.5 먼 곳을 향한 관습적인 몸짓 사용하기 □손 흔들기 □ 멀리 손 뻗기 □ 멀리 있는 것 가리키기 □ 손뼉 치기 □ 고개 젓기 □ 고개 끄덕이기
0				SU4.6 재연 또는 먼 곳을 향한 상징적 몸짓 사용하기
0				SU4.7 일련의 몸짓이나 비구어 수단 사용하기
0				SU4.8 몸짓과 시선 일치시키기
5. 의도 공유를 위해 발성 사용하기(↔JA4-JA6, MR1, MR3.3, MR3.4)				
0				SU5.1 차별화된 발성 사용하기(↔MR1)
0				SU5.2 다양한 자음+모음 조합 사용하기
0				SU5.3 일과와 밀접하게 관련된 단어 사용하기
0				SU5.4 발성을 시선과 몸짓에 일치시키기
6. 2~3개의 익숙한 단어 이해하기				
0				SU6.1 자신의 이름에 반응하기
0				SU6.2 익숙한 사회적 게임에서 2~3개의 단어에 반응하기
0				SU6.3 2~3개의 친숙한 사람, 신체부위, 사물 이름에 반응하기
0				SU6.4 익숙한 일과에서 자주 사용되는 2~3개의 구절에 반응하기

채점 기준: 2=일관성 있게 준거에 도달함(두 가지 상황에서 두 명의 파트너에 걸쳐), 1=일관성 없이 준거에 도달하거나 보조를 받아서 도달함, 0=준거에 도달하지 못함

[그림 5-3] 재호의 SCERTS 진단-관찰 기록지(상징 사용)

능력이 싹트고 있음을 관찰해 왔다. 그러나 재호는 이와 같은 일과를 시작하려는 시도에서는 매우 수동적인 것으로 보고되었다. 관습적인 몸짓은 SCERTS 진단-질문지에 기록되지 않았으며, SCERTS 진단-관찰이 실행되는 동안에도 관찰되지 않았고, 행동 표집(즉, 의사소통적 유혹) 중에도 끌어내지지 않았다. 현재 상징 사용 요소 중 재호가 보이는 강점과 요구 영역 프로파일에 대한 요약 정보는 SCERTS 진단-관찰 기록지와 SCERTS 진단 요약지에서 볼 수 있다([그림 5-3]과 [그림 5-8] 참조).

A-3. 정서 조절: 상호조절

재호의 팀과 부모는 상호조절에서의 강점 및 어려움과 관련된 SCERTS 진단-관찰 결과에 대하여 논의하였다. 먼저 재호의 사회 의사소통 능력과 그러한 능력이 정서 조절 능력에 미치는 영향에 관한 이전 논의사항을 반영하였다. 부모와 팀 모두 SCERTS 진단-관찰에서 기록된 것처럼 자신의 의도와 정서를 다른 사람과 나누는 능력이 제한되었을 뿐만 아니라 의사소통을 위해 초기에 발달시킨 몸짓에 의존한다는 사실이 상호조절에서의 어려움에 상당한 영향을 미치는 것으로 인식하였다.

재호의 순한 기질과 흐름에 잘 따르는 능력은 SCERTS 진단-관찰 전에 부모가 작성한 SCERTS 진단-질문지에 기록되었다. 부모는 "재호는 화를 잘 내지 않는 행복한 아이인 것 같다."고 보고하였다. 서비스 조정자는 부모의 생각을 보완하는 예들을 제시하였다. 예를 들어, SCERTS 진단-관찰일 중 하루는 재호의 사촌이 재호가 가지고 놀고 있는 놀잇감을 빼앗았는데, 이때 재호는 부정적인 정서를 밖으로 표출하지 않았으며 조용히 활동으로부터 벗어났다. 부모는 재호가 최근에 정말로 화가 나거나 슬픈 것으로 보였던 기억이 없다고 말하면서 이것이 재호의 전형적인 모습이라고 하였다. 이러한 정보에 기초해서 부모와 팀은 기본 정서(예: 슬픔, 두려움, 분노)를 표현하는 재호의 능력이 상당히 제한되었다고 느꼈다. 게다가 양육자의 정서 표현에 맞추어서 자신의 감정을 동조하는 능력을 관찰하고 기록하기 위해 고안된 행동 표집에서도 양육자가 정서적인 고통을 연출할 때 계속해서 미소를 짓는 등 상당한 어려움을 지닌 것으로 나타났다.

이와 같이 발성, 몸짓, 얼굴 표정을 통해 관습적으로 정서를 표현하거나 조율하지 못하는 어려움에도 불구하고, 작업치료사는 SCERTS 진단-관찰에서 재호가 언제 조절장애 신호를 보였는지 기록하였다(예: 환경에 속하거나 다른 사람들과 어울리기 어려움). 그러나 이러한 신호는 덜 관습적이었다. 예를 들어, 숙모나 삼촌과 인사할 때 재호는 활동이 요구하는 행동을 수행하기에는 각성 상태가 너무 낮아서 조절장애를 보이는 것으로 관찰되었다. 자기가 들고 있는 책의 페이지 끝부분에 시선을 고정시키고 있는 것으로 보아서 이와 같은 사회적 사건을 인식하지 않고 있는 것으로 보였다. 이틀간의 관찰 기간 동안 관찰된 또 다른 조절장애 신호는 직선이나 연결선이 있는 환경 내에서 시각적인 정보 추구하기(예: 삼촌집의 흔들문 탐색하기), 초점 없는 시선 유지하기, 먹지 못하는 물건 입에 넣기 등이었다.

마지막으로, 재호의 수동적인 상호작용 방식은 조절된 상태에 도달하기 위해 관습적인 수단을 사용해서 다른 사람에게 적극적으로 지원을 요청하는 능력을 제한시키는 것이 분명하였다. 그러므로 가끔씩 보이는 재연 몸짓(예: 위로를 구하기 위해 아빠의 무릎으로 올라가기)을 제외하고는, 파트너에게 시선이나 몸짓을 사용해서 도움을 청하는 행동을 거의 보이지 않았다. 요청을 시작하기 어려운 것과는 반대로, 사회적 게임 중에 상호작용을 계속할 준비가 되었다는 신호로 미소를 사용하는 것이 몇 차례에 걸쳐서 관찰되었다. 팀은 대부분의 경우에 재호의 적극적인 참여를 촉진하기 위해 조절된 상태에 도달하고 유지하도록 도우려면 파트너가 재호의 미세하고 비관습적인 신호를 민감하게 알아차릴 필요가 있다고 판단하였다. 재호의 참여를 지원하는 데 가장 효과적이라고 보이는 전략에는 고조된 감정, 움직임 중심의 놀이, 감각운동 속성을 강조하는 노래 일과 등의 사용이 포함된다. 현재 상호조절 요소 중 재호가 보이는 강점과 요구 영역 프로파일에 대한 요약 정보는 SCERTS 진단-관찰 기록지와 SCERTS 진단 요약지에서 볼 수 있다([그림 5-4]와 [그림 5-8] 참조).

(4)

사회적 파트너	SCERTS 진단-관찰 기록지	정서 조절

이름: 재호

1/4	2/4	3/4	4/4	상호조절
1. 다양한 정서 표현하기(↔SU4-SU5)				
1				MR1.1 기쁨 표현하기
0				MR1.2 슬픔 표현하기
0				MR1.3 분노 표현하기
0				MR1.4 두려움 표현하기
2. 파트너가 제공하는 지원에 반응하기				
0				MR2.1 파트너의 위로에 진정하기
1				MR2.2 파트너가 주의를 환기시킬 때 참여하기
1				MR2.3 상호작용 시도에 반응하기(=JA1.1)
0				MR2.4 파트너의 정서 표현 변화에 반응하기(=JA3.3)
0				MR2.5 파트너의 정서 표현 변화에 동조하기(=JA3.4)
0				MR2.6 파트너의 제안에 따라 선택하기(≈JA4.1)
3. 상태를 조절하기 위해 파트너에게 도움 청하기				
0				MR3.1 위로를 구하기 위해 부정적인 정서 공유하기(≈JA3.1; ↔ JA5.1)
1				MR3.2 상호작용을 하기 위해 긍정적인 정서 공유하기(≈JA3.2)
1				MR3.3 좌절했을 때 도움 청하기(≈JA4.3; ↔ SU4-SU5)
0				MR3.4 괴로울 때 거부하기(≈JA4.2, JA4.4; ↔ SU4-SU5)
4. 파트너의 지원을 받아 극심한 조절장애로부터 회복하기				
0				MR4.1 활동으로부터 떨어져 있게 하는 방법으로 회복을 지원하는 파트너의 노력에 반응하기
1				MR4.2 파트너의 행동 전략 사용에 반응하기
1				MR4.3 상호작용이나 활동에 다시 참여하게 하기 위한 파트너의 시도에 반응하기
0				MR4.4 파트너의 지원을 받아 극심한 조절장애로부터 회복되는 시간 단축하기
0				MR4.5 파트너의 지원을 받아 극심한 조절장애 상태의 강도 줄이기

채점 기준: 2=일관성 있게 준거에 도달함(두 가지 상황에서 두 명의 파트너에 걸쳐), 1=일관성 없이 준거에 도달하거나 보조를 받아서 도달함, 0=준거에 도달하지 못함

[그림 5-4] 재호의 SCERTS 진단-관찰 기록지(상호조절)

A-4. 정서 조절: 자기조절

다음으로, 재호의 부모와 팀 구성원은 재호의 자기조절 능력과 어려움에 대해 논의하였다. SCERTS 진단-질문지와 SCERTS 진단-관찰을 통해 수집한 정보를 토대로 팀은 재호의 자기조절 전략 레퍼토리가 극히 제한적이라는 것을 알게 되었다. 팀과 부모는 재호가 낮은 각성 상태를 보이는 경향이 있는 것으로 보이며 수동적이라고 결론지었다. 관찰 회기 전반에 걸쳐 초점 없는 시선과 시각적으로 자극적인 활동을 추구하는 등 분명한 조절장애(즉, 환경의 요구를 실행하기에는 너무 낮은 각성 수준)의 신호를 보였다. 그러나 이러한 행동 전략은 활동에 보다 잘 참여할 수 있도록 각성 수준을 높이는 데 도움을 줄 만큼 효과적이지 않았다.

이러한 점은 SCERTS 진단-관찰 중에, 혼자 놀이 활동 중에, 그리고 가족 구성원과 인사하는 일과 중에 분명하게 관찰되었다. 자극을 추구하기 위해서 재호가 사용하는 시각적 전략은 재호의 관심의 초점이 되었으며 진행 중인 활동의 중요한 요소에 주의를 기울이기 위해서 독립적으로 관심을 이동해야 할 때 어려움으로 작용하였다. 부모는 SCERTS 진단-질문지에 재호의 비효율적인 자기조절 전략을 중단시키고 활동에 다시 참여하게 만들기가 얼마나 어려운지 기록하였다.

효과적인 자기조절 전략이 제한되었기 때문에 재호는 학습과 상호작용을 위해 준비되기가 어렵다. 팀은 재호가 주변의 물리적 환경에 상대적인 관심을 보임에도 불구하고 파트너가 환경 안으로 들어오고 나가는 것을 의식하지 않는 것으로 보였다는 데에 동의하였다. 이러한 어려움이 새롭고 변화하는 상황에 참여하는 어려움을 더 악화시켰다. 재호가 그러한 상황에서 관찰 가능한 분노를 보이지는 않았지만, 각성 수준이 너무 낮아서 동작과 음악을 투입하지 않는 한 새로운 자극과 활동에 주목하게 만들기 어려웠다. 현재 자기조절 요소 중 재호가 보이는 강점과 요구 영역 프로파일에 대한 요약 정보는 SCERTS 진단-관찰 기록지와 SCERTS 진단 요약지에서 볼 수 있다([그림 5-5]와 [그림 5-8] 참조).

(5)

사회적 파트너	SCERTS 진단-관찰 기록지	정서 조절

이름: 재호

1/4	2/4	3/4	4/4	자기조절
1. 학습 또는 상호작용의 가능성 보이기				
1				SR1.1 환경 내 사람과 사물 인식하기
1				SR1.2 다양한 감각 및 사회적 경험에 흥미 보이기
0				SR1.3 다양한 감각 체험을 추구하고 참아내기
1				SR1.4 상호작용 시도 시작하기(=JA1.2)
1				SR1.5 간단한 상호적 상호작용에 참여하기(=JA1.3)
0				SR1.6 확장된 상호적 상호작용에 참여하기(=JA1.4)
1				SR1.7 차별화된 정서로 감각 및 사회적 경험에 반응하기
2. 익숙한 활동 중에 각성 수준을 조절하기 위해 행동 전략 사용하기				
1				SR2.1 혼자 하는 활동 중에 각성 수준을 조절하기 위해 행동 전략 사용하기(↔SU3.1)
1				SR2.2 사회적 상호작용 중에 각성 수준을 조절하기 위해 행동 전략 사용하기
0				SR2.3 각성 수준을 조절하기 위해 파트너가 시범 보인 행동 전략 사용하기
0				SR2.4 장시간의 활동에 생산적으로 참여하기 위해 행동 전략 사용하기
3. 새롭고 변화하는 상황에서 정서 조절하기				
1				SR3.1 익숙한 일과에서 다른 사람의 행동 예상하기(=SU2.1)
1				SR3.2 새롭고 변화하는 상황에 참여하기
0				SR3.3 새롭고 변화하는 상황에서 각성 수준을 조절하기 위해 행동 전략 사용하기
0				SR3.4 전이 중 각성 수준을 조절하기 위해 행동 전략 사용하기
4. 극심한 조절장애로부터 스스로 회복하기				
0				SR4.1 지나치게 자극적이거나 원하지 않는 활동으로부터 스스로 떠나기
0				SR4.2 극심한 조절장애로부터 회복하기 위해 행동 전략 사용하기
0				SR4.3 극심한 조절장애로부터 회복된 후 상호작용이나 활동에 다시 참여하기
0				SR4.4 극심한 조절장애로부터 회복되는 시간 단축하기
0				SR4.5 조절장애 상태의 강도 줄이기

채점 기준: 2=일관성 있게 준거에 도달함(두 가지 상황에서 두 명의 파트너에 걸쳐), 1=일관성 없이 준거에 도달하거나 보조를 받아서 도달함, 0=준거에 도달하지 못함

[그림 5-5] 재호의 SCERTS 진단-관찰 기록지(자기조절)

A-5. 교류 지원: 대인관계 지원

대인관계 지원을 논의할 때, 부모는 재호의 각성 상태가 너무 낮아서 사회적으로 참여하기에는 지나치게 멍한 상태거나 물건 또는 놀잇감을 쳐다보는 데 지나치게 집중하기 때문에 재호에게 다가가기 어려움을 느낀다고 보고하였다. 숙모와 삼촌 역시 재호를 참여시키는 데 동일한 어려움을 경험해 왔다. 재호의 부모는 SCERTS 진단-질문지에 재호가 "놀잇감에 몰두해 있는 것 같고 다가가기 어렵다."라고 기록하였다. SCERTS 진단-관찰에서는 재호가 사촌의 집에 도착했을 때 이와 같은 현상이 관찰되었다. 숙모와 삼촌은 재호에게 인사하려고 시도하였으며 이때 책의 페이지를 쳐다보고 있는 재호의 주의를 끌지 못함으로써 좌절하게 되었다. SCERTS 진단-질문지에는 "재호는 듣고 간단한 지시 따르기를 아직 하지 않는다."라고 기술되었다. 따라서 효과적인 의사소통 교환이 아직 일관성 있게 나타나지는 않는다고 할 수 있다.

이러한 어려움에도 불구하고 재호의 서비스 조정자는 좀 더 유능한 사회 의사소통과 정서 조절을 분명하게 촉진해 주는, 그래서 계속 격려되어야 하는 사회적 지원망 내에서의 특별한 대인관계 강점을 알아냈다. 특히 재호의 부모는 관심을 나타나기 위해서 신체적 근접성을 사용하거나 관심이 없다는 것을 보이기 위해서 신체적 거리를 유지하는 등 재호가 보이는 미세한 의사소통 형태를 이해한다. 이와 같은 대인관계 지원은 재호와 부모 간에 효능감이 생기도록 도와주었는데, 예를 들어 재호는 최근 수개월간 신체적 근접성을 좀 더 쉽게 사용하게 되었다. 그러나 숙모와 삼촌은 재호의 미세한 신호를 해석하는 데에 덜 편안하다고 느끼는 것을 인정하면서 재호의 의도와 조절장애 신호를 이해할 수 있도록 안내해 줄 것을 요청하였다.

SCERTS 진단-질문지와 SCERTS 진단-관찰 결과를 검토함으로써 부모와 조기개입 팀은 재호의 사회적 지원망 내에서 강점으로 자리 잡고 있거나 주요 요구 영역으로 간주되는 수많은 대인관계 지원을 파악할 수 있었다. 다음의 표는 몇 가지 예시를 보여 준다.

강점	요구
재호의 부모는 재호의 관심 초점에 반응하고 재호가 선호하는 활동이나 간식을 요구하려고 근접성을 사용할 때 반응하는 방법을 배우고 있다(IS1.1, IS1.3). 재호의 모든 파트너는 재호가 조절장애를 보이고 있으며 사촌이나 친숙한 성인과 함께 하려고 하지 않는다는 사실을 인식하기 시작하였다(IS1.5).	재호의 부모는 재호가 언제 특정 물건이나 간식을 원하는지 안다고 확신하지만 어떻게 요구 시작하기를 촉진하고 어떤 의사소통 시범을 사용해야 되는지에 대해서는 잘 알지 못한다(IS1.3, IS2.2, IS7.1). 재호의 부모, 숙모, 삼촌은 재호의 관심 초점을 알아차리고 파악할 수 있다. 그러나 상호작용을 격려하는 방법을 결정하는 데에는 효율적이지 못하다고 느낀다(IS2.1, IS4.3, IS5.1). 재호의 모든 파트너는 재호가 주의를 기울이지 않고 있을 때 또는 참여하지 않고 있을 때 지원을 제공하기 어려워한다(IS1.5, IS4.3).

재호의 사회적 지원망을 통한 다양한 대인관계 지원의 사용에 대한 요약 정보는 SCERTS 진단-관찰 기록지와 SCERTS 진단 요약지에서 볼 수 있다([그림 5-6]과 [그림 5-8] 참조).

A-6. 교류 지원: 학습 지원

팀 회의의 마지막 안건으로 일과와 활동에서 이미 실행되고 있고 사회 의사소통과 정서 조절 능력을 촉진한다고 여겨지는 학습 지원에 대한 논의가 이루어졌다. 이틀간의 SCERTS 진단-관찰과 행동 표집 회기를 모두 관찰한 서비스 조정자는 재호의 사회적 참여와 의사소통을 지원하기 위해서 이미 많은 학습 지원이 효과적으로 사용되고 있음을 지적하였다. 이러한 지원에는 적극적인 참여를 위해 활동을 구조화하고 성공률을 높이기 위해 활동과 환경의 감각적 속성을 수정하는 부모의 능력이 포함된다. 서비스 조정자는 부모가 시작하고 구조화하는 사회적 일과(예: "만일 네가 행복하고 그것을 안다면[If You're Happy and You Know It]")에 참여하는 재호의 능력을 보고 강한 인상을 받았다. 부모는 이러한 활동이 재호가 예견할 수 있도록 예측 가능한 순서의 동작으로 구성된다는 사실을 분명하게 알고 있었다. 이들은 또한 재호의 사회적 참여를 강화해 주는 두 가지 변수인 동작과 음악이 있는 일과를 사용함으로써 환경의 감각적 속성이 동기를 유발하도록 수정하였다.

(6)

사회적 파트너	SCERTS 진단-관찰 기록지	교류 지원

이름: 재호

1/4	2/4	3/4	4/4	대인관계 지원
1. 파트너는 아동에게 반응적이다.				
1				IS1.1 아동의 관심 초점 따르기
1				IS1.2 아동의 정서 및 속도에 맞추기
1				IS1.3 의사소통 효능감을 증진시키기 위해 아동의 신호에 적절하게 반응하기
1				IS1.4 각성 수준을 조절하기 위한 아동의 행동 전략 인식하고 지원하기
1				IS1.5 조절장애 신호 인식하고 지원하기
0				IS1.6 아동을 모방하기
1				IS1.7 필요할 때 상호작용이나 활동으로부터 휴식 제공하기
1				IS1.8 휴식에 이어 상호작용이나 활동에 다시 참여하도록 촉진하기
2. 파트너는 시작행동을 촉진한다.				
0				IS2.1 비구어 또는 구어로 선택의 기회 제공하기
1				IS2.2 시작행동 기다리고 격려하기
0				IS2.3 시작행동과 반응행동의 균형 유지하기
1				IS2.4 아동이 활동을 시작하고 마치도록 해 주기
3. 파트너는 아동의 독립성을 존중한다.				
1				IS3.1 필요한 경우 활동 중간에 돌아다닐 수 있도록 휴식 허락하기
1				IS3.2 아동이 자신의 속도로 문제를 해결하고 활동을 완수할 수 있도록 시간 허용하기
0				IS3.3 문제행동을 의사소통 또는 조절의 기능으로 이해하기
2				IS3.4 적절한 경우 저항, 거부, 거절 존중하기
4. 파트너는 참여를 위한 장을 마련한다.				
1				IS4.1 의사소통할 때 아동의 눈높이에 맞추기
1				IS4.2 의사소통하기 전에 아동의 주의 확보하기
1				IS4.3 상호작용을 촉진하기 위해 적절한 근접성과 비구어 행동 사용하기
1				IS4.4 최적의 각성 상태와 참여를 지원하기 위해 적절한 단어와 억양 사용하기
5. 파트너는 발달을 지원한다.				
1				IS5.1 모방 격려하기
1				IS5.2 또래와의 상호작용 격려하기
1				IS5.3 구어 또는 비구어로 의사소통 실패를 복구하려고 시도하기
1				IS5.4 활동 성공을 위해 필요할 때 안내 및 피드백 제공하기
1				IS5.5 아동의 놀이와 비구어 의사소통 확장하기
6. 파트너는 언어 사용을 조절한다.				
0				IS6.1 이해를 돕기 위해 비구어 단서 사용하기
0				IS6.2 아동의 발달 수준에 따라 언어의 복잡성 조절하기
0				IS6.3 아동의 각성 수준에 따라 언어의 질 조절하기
7. 파트너는 적절한 행동을 시범 보인다.				
1				IS7.1 적절한 비구어 의사소통과 정서 표현 시범 보이기
0				IS7.2 다양한 의사소통 기능 시범 보이기 □a. 행동 조절 □b. 사회적 상호작용 □c. 공동관심
1				IS7.3 적절한 놀이 시범 보이기
0				IS7.4 아동이 부적절한 행동을 할 때 적절한 행동 시범 보이기
0				IS7.5 '아동 입장'에서 언어 시범 보이기

채점 기준: 2=일관성 있게 준거에 도달함(두 가지 상황에서 두 명의 파트너에 걸쳐), 1=일관성 없이 준거에 도달하거나 보조를 받아서 도달함, 0=준거에 도달하지 못함

[그림 5-6] 재호의 SCERTS 진단-관찰 기록지(대인관계 지원)

SCERTS 진단-질문지와 SCERTS 진단-관찰 결과를 검토함으로써 부모와 조기개입 팀은 재호의 사회적 지원망에서 강점 영역으로 나타나고 있거나 주요 요구 영역으로 간주되는 수많은 학습 지원을 파악할 수 있었다. 다음의 표는 몇 가지 예시를 보여 준다.

강점	요구
재호의 부모는 활동을 하면서 예측할 수 있는 일련의 행위를 제공하는 방법을 학습하고 있다(LS1.3). 재호의 부모는 재호의 관심을 확장시키고 의사소통을 이끌어내는 동작과 음악 모두를 포함한 사회적 일과를 종종 사용한다(LS4.4, LS4.5).	재호가 사회적 일과를 거의 시작하지 않기 때문에 팀은 주어진 활동의 시작과 종료를 분명하게 정의하는 것에 대한 중요성을 논의하였다(LS1.1). 재호의 부모는 일과에 재호를 참여시키고 유지하는 데에 매우 숙련되어 있지만 재호가 좀 더 자주 참여하도록 차례 주고받기 기회를 만들고 재호가 참여할 수 있도록 여지를 남겨 두는 것에는 덜 효과적이라고 느꼈다(LS1.2).

재호의 사회적 지원망을 통한 다양한 학습 지원 사용에 대한 요약 정보는 SCERTS 진단-관찰 기록지와 SCERTS 진단 요약지에서 볼 수 있다([그림 5-7]과 [그림 5-8] 참조).

A-7. 사회-정서 성장 지표: 결과 및 의견

다음으로 재호의 팀은 사회-정서 성장 지표에 대한 기초선 종합점수를 산출하였다. 재호의 부모는 이 점수가 재호 행동의 전반적인 질적 측면에서 향후 성취를 측정하는 기준을 제공한다는 사실을 알게 되면서 지표에 상당한 관심을 보였다. 사회-정서 성장 지표에 의해 측정되는 행동의 질은 다음과 같다: (1) 행복감, (2) 자아의식, (3) 타인의식, (4) 적극적인 학습 및 조직화, (5) 융통성 및 회복력, (6) 협력 및 행동의 적절성, (7) 독립성, (8) 사회적 소속감 및 우정(사회-정서 성장 지표에 대한 상세한 설명은 1권의 7장 참조). 재호의 사회-정서 성장 지표 점수는 행복감 그리고 사회적 소속감 및 우정에서 상대적인 강점을 드러냈다. 재호의 가족과 교육팀이 걱정하고 있는 요구 영역은 적극적인 학습 및 조직화와 자아의식이었다.

(7)

사회적 파트너	SCERTS 진단-관찰 기록지	교류 지원

이름: 재호

1/4	2/4	3/4	4/4	학습 지원
1. 파트너는 적극적인 참여를 위해 활동을 구조화한다.				
0				LS1.1 활동의 시작과 종료를 분명하게 정하기
0				LS1.2 차례 주고받기 기회를 만들고 아동이 참여할 수 있도록 여지 남겨 두기
1				LS1.3 활동에 예측 가능한 순서 마련하기
1				LS1.4 반복되는 학습 기회 제공하기
1				LS1.5 다양한 학습 기회 제공하기
2. 파트너는 발달을 촉진하기 위해 보완의사소통 지원을 사용한다.				
0				LS2.1 의사소통과 표현언어를 강화하기 위해 보완의사소통 지원 사용하기
0				LS2.2 언어 및 행동 이해를 강화하기 위해 보완의사소통 지원 사용하기
0				LS2.3 정서 표현 및 이해 능력을 강화하기 위해 보완의사소통 지원 사용하기
0				LS2.4 정서 조절을 강화하기 위해 보완의사소통 지원 사용하기
3. 파트너는 시각적 지원 및 조직화 지원을 사용한다.				
0				LS3.1 과제 수행 단계를 명확히 하기 위해 지원 사용하기
0				LS3.2 활동 완수에 필요한 시간과 단계를 명확히 하기 위해 지원 사용하기
0				LS3.3 활동 간 원활한 전이를 위해 시각적 지원 사용하기
0				LS3.4 하루 전반에 걸쳐 시간 분할을 조직화하기 위해 지원 사용하기
0				LS3.5 집단 활동에서의 주의집중을 높이기 위해 시각적 지원 사용하기
0				LS3.6 집단 활동에서의 적극적인 참여를 촉진하기 위해 시각적 지원 사용하기
4. 파트너는 목표, 활동, 학습 환경을 수정한다.				
1				LS4.1 조직화와 상호작용을 지원하기 위해 사회적 복잡성 조절하기
0				LS4.2 아동의 성공을 위해 과제 난이도 조절하기
1				LS4.3 학습 환경의 감각적 속성 수정하기
0				LS4.4 주의집중을 높일 수 있도록 학습 환경 구성하기
0				LS4.5 시작행동을 촉진하는 학습 환경 구성하기
1				LS4.6 활동이 발달적으로 적절하도록 고안하고 수정하기
1				LS4.7 활동 내에 동기유발이 가능한 교재 및 주제 포함시키기
0				LS4.8 시작행동과 확장된 상호작용을 촉진하는 활동 제공하기
1				LS4.9 필요에 따라 동적인 활동과 정적인 활동 교대하기
1				LS4.10 '요구의 정도를 높이거나' 기대감을 적절하게 높이기

채점 기준: 2=일관성 있게 준거에 도달함(두 가지 상황에서 두 명의 파트너에 걸쳐), 1=일관성 없이 준거에 도달하거나 보조를 받아서 도달함, 0=준거에 도달하지 못함

[그림 5-7] 재호의 SCERTS 진단-관찰 기록지(학습 지원)

B. 주요 정보원 2: SCERTS 진단-관찰 결과와 우선순위에 대한 가족의 견해

교육 프로그램의 구체적인 장단기 교수목표를 결정하기 전에 조기개입 팀은 재호의 부모에게 이틀간의 관찰, 행동 표집, 청력평가를 통해 대표적인 행동이 표집되었는지 또는 SCERTS 진단 요약지에 재호의 강점과 어려움이 정확하게 기록되었는지 등의 의견을 공유해 줄 것을 요청하였다. 또한 부모에게 주요 관심사를 다시 진술하고 재호의 발달에 대한 희망사항과 기대를 이야기하도록 청했다. 재호가 지닌 어려움이 가족의 상호작용과 생활에 어떤 영향을 미치는지를 이해하는 것은 시간이 지남에 따른 가족의 진보 측정을 가능하게 해 주기 때문에, 이러한 기회는 조기개입 팀에게 중요한 기초선 정보를 제공해 준다. 부모는 또한 자신들에게 가장 도움이 될 정보와 지원의 유형을 말할 수 있는 기회를 가졌다. 이와 같은 가족의 인식은 SCERTS 진단 요약지에서 볼 수 있다([그림 5-8] 참조).

7 7단계: 장단기 교수목표의 우선순위 정하기

SCERTS 진단-질문지, SCERTS 진단-관찰, 행동 표집, 청력평가, SCERTS 진단 요약지를 모두 포함하는 SCERTS 진단을 통해 수집된 종합적인 정보를 토대로 재호의 부모와 조기개입 팀은 함께 다음과 같은 기준에 의해서 장단기 교수목표의 우선순위를 결정하였다: (1) 가장 기능적인가, (2) 가족의 우선순위를 직접적으로 다루는가, (3) 재호와 파트너를 위해 SCERTS 진단 요약지에 제시된 발달상의 요구 영역에 부합하는가. 가장 기능적인 목표와 가족의 우선순위에 가장 근접하게 일치하는 목표를 동등하게 고려해야 하기 때문에 SCERTS 진단-관찰에서 보인 재호의 수행이 주간 교수목표를 선정하기 위한 유일한 변수가 될 수는 없다. 이것은 때로는 SCERTS 진단에서의 장단기목표의 위계를 벗어나는 교수목표를 선정하게 만들기도 하지만, 이러한 융통성과 개별화는 실제로 SCERTS 모델 프로그램의 성공적인 실행을 위한 주요 요소로 고려된다.

1권의 7장에서 언급한 바와 같이, 공동관심과 상징 사용에서의 교수목표는 함께 짝을 이루는 경우가 많은데, 이를 통하여 재호는 점점 더 정교한 상징 수단을 이용해서 자신의 의도를 의사소통하는 방법을 배우게 된다. 마찬가지로, 다양한 대인관계 지원과 학습지원 목표도 서로 연계되며, 이를 통하여 재호의 파트너는 주어진 활동에서 상호작용 방식을 수정하고 학습 및 환경 조정을 실행하는 방법을 배우게 된다. 재호의 팀이 판별한 목표 목록은 재호의 SCERTS 진단 요약지에서 볼 수 있다([그림 5-8] 참조).

8 8단계: 후속 진단 추천하기

SCERTS 진단 요약지를 검토하면서, 조기개입 팀은 재호의 청력 손실을 아직 배제할 수 없으므로 최근 검사결과의 정확성에 대한 우려를 해결하기 위해 추가적인 청력평가를 권고하였다. SCERTS 진단 요약지의 가족 인식과 우선순위 부분에서 부모는 재호가 몇몇 실행 절차 중에 실제로 상당히 비협력적이었다고 보고하였다. 한 활동에서는 재호가 아빠의 무릎에 앉아서 음장청력검사(sound field audiometry)라고 불리는 절차를 통하여 방안의 한쪽 구석에 놓여 있는 음악이 나오는 곰 인형을 향해 관심의 초점을 옮기는지 관찰되었다. 청각학자는 재호가 이와 같은 다양한 자극에 종종 반응을 보였음에도 불구하고 이러한 절차를 통해서 한쪽 귀에만 청력 이상을 보이는(즉, 편측성 난청) 등의 미세한 형태의 청력 손실을 완전히 배제하지 못할 수도 있음을 지적하였다. 헤드폰을 이용한 좀 더 확실한 검사를 통해서 양쪽 귀에서의 청력 손실(즉, 양측성 난청)뿐만 아니라 한쪽 귀에서의 청력 손실도 배제할 수 있게 될 것이다. 부모는 검사를 실시하게 되면 재호가 헤드폰을 벗어 버리고 검사 환경으로부터 빠져나갈 것이라고 지적하였다.

어린 아동에게 청력 검사를 실시하기는 어렵다. 사회 의사소통과 정서 조절 어려움이 있는 경우 이와 같은 어려움은 전형적인 형태의 청력 검사를 실시하는 데 더 큰 방해가 될 수 있다. 그러므로 재호의 팀은 이음향방사(otoacoustic emissions) 선별검사를 의뢰하는 것이 적절하다는 데에 동의하였다. 이 검사에서는 재호에게 소리 나는 곳을 향해 고개를 돌리거나 손을 올리는 등 행동으로 반응하도록 요구하지 않는다. 오히려 내이의 기능을 객관적으로 측정하게 된다. 만일 이 검사에서도 선별이 어렵다고 보고된다면, 청성 뇌간 반응검사(BAER: brainstem auditory evoked response)를 의뢰하도록 좀 더 종합적인 검사를 권하게 될 것이다. 이 검사는 재호의 협조를 거의 필요로 하지 않으면서도 청신경 반응을 직접적으로 측정할 수 있다. 재호의 사회 의사소통 어려움의 주요 특성을 고려하여 이와 같은 의뢰는 적절한 학습 지원의 제공을 보장하기 위한 프로그램의 필수적인 요소로 고려되었다.

SCERTS

(1)

사회적 파트너	SCERTS 진단 요약지	사회적 파트너

이름: 재호

관찰분기 시작일: 2005년 11월 3일 나이: 2세 3개월

SCERTS 프로파일

〈사회 의사소통〉

공동관심

JA1 상호적 상호작용에 참여하기

JA2 관심 공유하기

JA3 정서 공유하기

JA4 다른 사람의 행동을 조절하기 위해 의도 공유하기

JA5 사회적 상호작용을 위해 의도 공유하기

JA6 공동관심을 위해 의도 공유하기

JA7 의사소통 실패를 복구하고 지속하기

상징 사용

SU1 익숙한 행동과 소리 모방을 통해 학습하기

SU2 익숙한 활동에서 비구어 단서 이해하기

SU3 놀이 중에 익숙한 사물을 관습적인 방식으로 사용하기

SU4 의도 공유를 위해 몸짓이나 비구어 수단 사용하기

SU5 의도 공유를 위해 발성 사용하기

SU6 2~3개의 익숙한 단어 이해하기

〈정서 조절〉

상호조절

MR1 다양한 정서 표현하기

MR2 파트너가 제공하는 지원에 반응하기

MR3 상태를 조절하기 위해 파트너에게 도움 청하기

MR4 파트너의 지원을 받아 극심한 조절장애로부터 회복하기

[그림 5-8] 재호의 SCERTS 진단 요약지

SCERTS (2)

사회적 파트너	SCERTS 진단 요약지	사회적 파트너

자기조절

SR1 학습 또는 상호작용의 가능성 보이기

SR2 익숙한 활동 중에 각성 수준을 조절하기 위해 행동 전략 사용하기

SR3 새롭고 변화하는 상황에서 정서 조절하기

SR4 극심한 조절장애로부터 스스로 회복하기

〈교류 지원〉

대인관계 지원

IS1 파트너는 아동에게 반응적이다.

IS2 파트너는 시작행동을 촉진한다.

IS3 파트너는 아동의 독립성을 존중한다.

IS4 파트너는 참여를 위한 장을 마련한다.

IS5 파트너는 발달을 지원한다.

IS6 파트너는 언어 사용을 조절한다.

IS7 파트너는 적절한 행동을 시범 보인다.

학습 지원

LS1 파트너는 적극적인 참여를 위해 활동을 구조화한다.

LS2 파트너는 발달을 촉진하기 위해 보완의사소통 지원을 사용한다.

LS3 파트너는 시각적 지원 및 조직화 지원을 사용한다.

LS4 파트너는 목표, 활동, 학습 환경을 수정한다.

[그림 5-8] 계속

SCERTS (3)

사회적 파트너	SCERTS 진단 요약지	사회적 파트너

사회-정서 성장 지표 프로파일

1. 행복감
2. 자아의식
3. 타인의식
4. 적극적인 학습 및 조직화
5. 융통성 및 회복력
6. 협력 및 행동의 적절성
7. 독립성
8. 사회적 소속감 및 우정

가족의 견해 및 우선순위

이 프로파일은 자녀에 대해 정확하게 묘사하고 있습니까? 만일 그렇지 않다면, 어떤 점에서 그러한지 설명해 주십시오.

청력평가 결과를 제외하고는 재호의 강점과 요구를 정확하게 표현했습니다.

자녀를 위한 교육을 계획하는 데 필요하다고 생각되는 추가 정보가 있습니까?

지금은 없습니다.

만일 자녀를 위해 한 가지 일에 집중해야 한다면 어떤 것에 집중하겠습니까?

재호와 의사소통을 하고 싶고 재호가 사촌과 잘 놀 수 있도록 도와주고 싶습니다.

앞으로 3개월 내에 자녀가 배우기를 바라는 기술은 무엇입니까?

사회적 일과와 놀이 활동을 시작하는 능력
파트너의 지원으로 조절장애로부터 회복하는 능력
의사소통을 위해 몸짓을 사용하는 능력

[그림 5-8] 계속

(4)

사회적 파트너	SCERTS 진단 요약지	사회적 파트너

SCERTS 주간 교수목표의 우선순위

아동: 사회 의사소통 및 정서 조절 목표	파트너: 교류 지원 목표
1. 재호는 상호작용 시도에 반응할 것이다(JA1.1).	1. 파트너는 아동의 관심 초점을 따를 것이다(IS1.1).
2. 재호는 원하는 음식이나 사물을 요구할 것이다(JA4.1).	2. 파트너는 아동의 정서 및 속도에 맞출 것이다(IS1.2).
3. 재호는 사회적 게임을 요구할 것이다(JA5.2).	3. 파트너는 조절장애 신호를 인식하고 지원을 제공할 것이다(IS1.5).
4. 재호는 관습적인 접촉 몸짓을 사용할 것이다(SU4.4).	4. 파트너는 비구어 또는 구어로 선택의 기회를 제공할 것이다(IS2.1).
5. 재호는 파트너가 주의를 환기시킬 때 참여할 것이다(MR2.2).	5. 파트너는 상호작용을 촉진하기 위해 적절한 근접성과 비구어 행동을 사용할 것이다(IS4.3).
6. 재호는 파트너의 행동 전략 사용에 반응할 것이다(MR4.2).	6. 파트너는 활동의 시작과 종료를 분명하게 정할 것이다(LS1.1).
7. 재호는 환경 내 사람과 사물을 인식할 것이다(SR1.1).	7. 파트너는 차례 주고받기 기회를 만들고 재호가 참여할 수 있도록 여지를 남겨 둘 것이다(LS1.2).
8. 재호는 다양한 감각 체험을 추구하고 참아낼 것이다(SR1.3).	8. 파트너는 학습 환경의 감각적 속성을 수정할 것이다(LS4.3).

[그림 5-8] 계속

(5)

사회적 파트너	SCERTS 진단 요약지	사회적 파트너

후속 진단-주요 결과 또는 기타 권고사항

재호의 청력검사 결과는 결론나지 않았다. 그러므로 재호의 청각 능력에 대한 심층적인 이음향방사검사를 받도록 권고한다.

활동 계획

SCERTS 활동 계획서를 사용할 핵심 활동

☒ 오전 일정 ☒ 오후 일정

가족 지원 계획

교육 지원		정서 지원	
활동	얼마나 자주 (제공 빈도)	활동	얼마나 자주 (제공 빈도)
• 교육 자원 제공	진행 중	• 부모 지원 그룹	매월
• 직접적인 개별 아동-양육자 지도	매주	• 일대일 지원 모임	매월
• 상호작용적 안내	매주		
• 팀 모임	격주		
• 양육자 교육 프로그램	매주		

전문가와 서비스 제공자를 위한 지원 계획

교육 지원		정서 지원	
활동	얼마나 자주 (제공 빈도)	활동	얼마나 자주 (제공 빈도)
• 준전문가 교사 멘토링	주당 5시간	• 수퍼비전 회의	격주
• 수퍼비전 회의	격주	• 팀 회의	매월
• 팀 회의	매월		
• 현장연수	매월		

[그림 5-8] 계속

9 9단계: 재호, 부모, 서비스 제공자를 위한 SCERTS 교육 프로그램 계획하기

SCERTS 진단의 9단계는 여러 가지 의미 있고 목표 지향적인 주요 활동과 이러한 활동에서 제공될 사회적 지원(즉, 팀 구성원의 역할과 책임), 그리고 서비스 제공에서 주요 역할을 담당하게 될 친숙한 파트너를 알아내는 것이다. 조기개입 장면에서 재호의 서비스 조정자는 재호와 그 가족을 위한 교육 및 지원 프로그램을 조직화하는 주요 역할을 맡았다. 서비스 조정자는 효과적인 중재의 특성에 대해서 파악한 후 1년 내내 적어도 주당 25시간 이상 계획된 그리고 발달적으로 적절한 학습 기회를 제공하는 집중적인 조기교육 프로그램에 대한 논의를 이끌었다. 또한 재호가 프로그램에 적극적으로 참여하기 위해서는 충분히 개별화된 관심과 낮은 성인 대 아동 비율이 필요하다고 지적하였다.

SCERTS 진단에서 이 단계는 재호의 자연적인 일과 중 의미 있고 목표 지향적인 약 3시간의 활동이 각각 포함된, 두 가지 SCERTS 활동 계획서(1권의 7장과 2권의 1장에서 논의된 바와 같이)를 개발함으로써 완결되었다. 첫 번째 계획서는 재호의 전형적인 오전 일과를 약술하고 있으며([그림 5-9] 참조), 두 번째 계획서는 재호의 전형적인 오후 일과를 약술하였다([그림 5-10] 참조). 결과적으로, 하루에 약 6시간씩 주당 총 30시간에 대해서 SCERTS 모델 프로그램이 계획되었다.

SCERTS 활동 계획서에는 활동에서 다루게 될 구체적인 목표, 재호의 독특한 사회 의사소통 및 정서 조절 능력에 따라 적절하다고 판단되는 사회적 맥락의 복잡성(즉, 자연스러움의 정도 및 일대일 지원의 양과 빈도), 그리고 하루 전반에 걸쳐 함께 있게 될 파트너에 대한 정보가 포함되었다. 또한 각 활동에 삽입될 파트너 목표와 구체적인 교류 지원(예: 대인관계 지원 및 학습 지원)이 포함되었다([그림 5-9]와 [그림 5-10] 참조).

다음으로, 재호의 서비스 조정자는 SCERTS 가족 지원 계획 제공에 대한 팀의 논의를 이끌기 위해 SCERTS 진단-관찰 기록지의 교류 지원 영역 정보와 함께 SCERTS 진단-질문지를 통해 부모가 제공한 정보를 보고하였다. 이 책의 3장에서 설명하였듯이, 아동의 직계가족과 친척을 위한 교육 및 정서 지원 제공은 SCERTS 모델에서 선택사항이기보다는 오히려 주요한 우선순위를 지닌다. 따라서 재호의 서비스 조정자는 재호의 교육 프로그램 개발이 이와 같은 중요한 단계를 거치지 않고는 완성될 수 없다고 강조하였다.

SCERTS 활동 계획서

이름: 재호 의사소통 단계: 사회적 파트너 날짜: 2005년 11월 14일 페이지: 1(오전)

팀 구성원 및 파트너	활동	아침식사 (MOD)	오전놀이 (PAR, ENG)	기저귀 갈기 (NAT)	오전놀이 (PAR & ENG)	점심식사 (MOD)
사회복지사(SW), 작업치료사(OT), 언어치료사(SLP), 보조교사(P), 어머니(M), 아버지(D), 숙모(A), 삼촌(U), 사촌(C)	시간	9:00-9:30	9:30-10:15	10:15-10:30	10:30-11:15	11:15-12:00
	사회적 복잡성	1:1	1:1	1:1	1:1	1:1
	집단 크기	3-4	3-4	2-3	3-4	2-3
	팀 구성원 및 파트너	M, P, SLP/OT	M, P, SLP/OT	M, SW	M, P, SW	M, P
주간 아동 목표	재호는 상호작용을 시도할 것이다.		○			
	재호는 원하는 음식이나 사물을 요구할 것이다.	○			○	
	재호는 사회적 게임을 요구할 것이다.		○			
	재호는 관습적인 접촉 몸짓을 사용할 것이다.				○	○
	재호는 파트너가 주의를 환기시킬 때 참여할 것이다.	○		○		
	재호는 파트너의 행동 전략 사용에 반응할 것이다.		○			○
	재호는 환경 내 사람과 사물을 인식할 것이다.			○		
	재호는 다양한 감각 체험을 추구하고 참아낼 것이다.		○			
주간 파트너 목표	파트너는 아동의 관심 초점을 따를 것이다.	○			○	
	파트너는 아동의 정서 및 속도에 맞출 것이다.	○				
	파트너는 조절장애의 신호를 알고 지원을 제공할 것이다.			○		○
	파트너는 비구어 또는 구어로 선택의 기회를 제공할 것이다.		○			○
	파트너는 상호작용을 촉진하기 위해 적절한 근접성과 비구어 행동을 사용할 것이다.	○			○	
	파트너는 활동의 시작과 종료를 분명하게 정할 것이다.			○		
	파트너는 차례 주고받기 기회를 만들고 재호가 참여할 수 있도록 여지를 남겨둘 것이다.		○			
	파트너는 학습 환경의 감각적 속성을 수정할 것이다.		○	○		
교류 지원 샘플		(LS) 유아용 의자에 앉아 있는 동안 열기 어려운 투명한 용기에 음식을 담아서 제공한다.	(IS) 파트너는 놀잇감 선택 기회를 자주 제공하고, 놀이 일과를 노래와 연결시킨다.	(IS) 기저귀를 갈 때 감각운동 놀이와 노래를 병행한다.	(LS) 선호하는 인과관계 놀잇감에 관심을 보이도록 뒷마당 모래상자에 투명하고 뚜껑 있는 상자를 놓아둔다.	(LS) 아동용 탁자에 앉아서 열기 어려운 투명한 용기에 담긴 음식을 선택하게 한다.

지침: 왼쪽 상단의 팀 구성원 및 파트너 칸에 각 구성원이나 파트너의 수 또는 이름 약자를 기록한다. 그 아래 주간 아동 목표 및 주간 파트너 목표 옆의 빈 칸에 아동의 주간 사회 의사소통 및 정서 조절 목표와 파트너의 교류 지원 목표를 기록한다. 활동 계획 하단에 각 제목에 따라 칸마다 활동과 시간, 사회적 복잡성 측면에서의 비율, 집단 크기, 활동에 참여하는 팀 구성원이나 파트너의 수 또는 이름 약자를 간단히 기록한다. 다음으로, 각 활동에서 초점을 둘 목표를 모두 표시한다. 마지막으로 각 활동에서 사용할 교류 지원 샘플에 대해 간략하게 기록한다.

[그림 5-9] 재호의 SCERTS 활동 계획서(오전 활동)

(PAR-계획된 활동 일과; ENG-설계된 활동; MOD-수정된 자연적 활동; NAT-자연적으로 발생하는 사건; LS-학습 지원; IS-대인관계 지원)

SCERTS 활동 계획서

이름: 재호 의사소통 단계: 사회적 파트너 날짜: 2005년 11월 14일 페이지: 2(오후)

팀 구성원 및 파트너	활동	삼촌 집으로 이동 (MOD)	오후 놀이 (PAR, ENG)	기저귀 갈기 (NAT)	오후 간식 (MOD)	오후 놀이 (PAR, ENG)
사회복지사(SW), 작업치료사(OT), 언어치료사(SLP), 보조교사(P), 어머니(M), 아버지(D), 숙모(A), 삼촌(U), 사촌(C)	시간	1:00-1:30	1:30-2:15	2:15-2:30	2:30-3:00	3:00-4:00
	사회적 복잡성	1:1	1:1	1:1	1:1	1:1
	집단 크기	5	5-6	2	5	5
	팀 구성원 및 파트너	M, P, A, U	P, A, U, C	A	P, A, C, SW	P, A, U, C, SW
주간 아동 목표	재호는 상호작용을 시도할 것이다.					○
	재호는 원하는 음식이나 사물을 요구할 것이다.				○	
	재호는 사회적 게임을 요구할 것이다.			○		○
	재호는 관습적인 접촉 몸짓을 사용할 것이다.				○	
	재호는 파트너가 주의를 환기시킬 때 참여할 것이다.		○			
	재호는 파트너의 행동 전략 사용에 반응할 것이다.		○			
	재호는 환경 내 사람과 사물을 인식할 것이다.	○		○		
	재호는 다양한 감각 체험을 추구하고 참아낼 것이다.	○				
주간 파트너 목표	파트너는 아동의 관심 초점을 따를 것이다.		○			
	파트너는 아동의 정서 및 속도에 맞출 것이다.			○		
	파트너는 조절장애의 신호를 알고 지원을 제공할 것이다.		○			
	파트너는 비구어 또는 구어로 선택의 기회를 제공할 것이다.					○
	파트너는 상호작용을 촉진하기 위해 적절한 근접성과 비구어 행동을사용할 것이다.				○	
	파트너는 활동의 시작과 종료를 분명하게 정할 것이다.	○				
	파트너는 차례 주고받기 기회를 만들고 재호가 참여할 수 있도록 여지를 남겨둘 것이다.				○	○
	파트너는 학습 환경의 감각적 속성을 수정할 것이다.	○		○		
교류 지원 샘플		(LS) 차에서 인사 노래가 시작되고 A와 U는 좋아하는 놀잇감을 선택하도록 문 앞에서 기다린다.	(IS) 적절하게 반응하기 위한 A, U, C의 능력을 강화하도록 조절장애 신호의 목록을 만든다.	(IS) A는 감각운동 놀이와 노래를 진행한다.	(LS) 아동용 탁자에서 열기 어려운 투명 용기에 있는 음식을 선택하라고 처음에는 C에게 다음에는 재호에게 비구어로 요구한다.	(IS)A, U, C는 재호가 자신의 차례에 채워야 하는 익숙한 노래의 예측 가능한 한 구절 전에 잠시 멈추는 것으로 촉진한다.

지침: 왼쪽 상단의 팀 구성원 및 파트너 칸에 각 구성원이나 파트너의 수 또는 이름 약자를 기록한다. 그 아래 주간 아동 목표 및 주간 파트너 목표 옆의 빈 칸에 아동의 주간 사회 의사소통 및 정서 조절 목표와 파트너의 교류 지원 목표를 기록한다. 활동 계획 하단에 각 제목에 따라 칸마다 활동과 시간, 사회적 복잡성 측면에서의 비율, 집단 크기, 활동에 참여하는 팀 구성원이나 파트너의 수 또는 이름 약자를 간단히 기록한다. 다음으로, 각 활동에서 초점을 둘 목표를 모두 표시한다. 마지막으로 각 활동에서 사용할 교류 지원 샘플에 대해 간략하게 기록한다.

[그림 5-10] 재호의 SCERTS 활동 계획서(오후 활동)

(PAR-계획된 활동 일과; ENG-설계된 활동; MOD-수정된 자연적 활동; NAT-자연적으로 발생하는 사건; LS-학습 지원; IS-대인관계 지원)

A. 재호의 가족을 위한 교육 지원

이미 설명한 바와 같이, 재호의 부모가 보여 준 교육적인 관심은 다음과 같다: (1) 장애진단의 정확성, (2) 최상의 지원 방법, (3) 단어를 사용해서 의사소통을 하지 못하는 이유, (4) 가족과의 참여, 특히 사촌과 잘 놀지 않는 것에 대한 대처 방안. 따라서 교육 지원은 다음과 같은 일반적인 목표를 다룰 필요가 있는 것으로 나타났다.

목표 1 가족이 재호의 장애 특성을 이해하고 그러한 특성이 재호의 발달에 구체적으로 어떤 영향을 미치는지에 대해 이해할 수 있도록 정보와 자원 제공하기 재호 가족에게 지원이 필요한 영역은 다음과 같다: (1) 재호의 사회 의사소통 수준, 현재 사용하는 의사소통 전략, 현재 가지고 있는 정서 조절의 어려움 이해하기, (2) 앞으로의 발달에 대하여 적절하게 기대할 수 있도록 재호와 관련된 언어, 의사소통, 사회-정서 발달의 순서와 과정 이해하기

기대되는 성과: 재호 가족은 자폐 범주성 장애에 대해 알고 그러한 장애가 일생 동안 재호의 기능적인 능력에, 특히 다음과 같은 점에서 구체적으로 어떤 영향을 미치는지에 대해 좀 더 잘 알게 될 것이다: (1) 재호의 사회 의사소통 수준 이해하기, (2) 언어, 의사소통, 사회-정서 발달의 순서와 과정 이해하기. 이들은 정보를 찾기 위해 자원을 활용할 줄 알고 재호가 성장해 감에 따라 계속해서 적극적으로 학습하게 될 것이다.

목표 2 가족이 일상적인 활동에서 재호의 발달을 지원할 수 있도록, 또한 스트레스가 많고 어렵다고 느끼는 구체적인 이슈를 다룰 수 있도록 지식과 기술 제공하기 재호의 가족을 위한 이슈는 (1) 재호에게 적절하면서도 반응적인, 그리고 성공적인 의사소통적 상호작용을 지원하는 상호작용 스타일 개발하기, (2) 재호와 양육자 간 또는 재호와 사촌 간에 사회 의사소통 발달을 지원하고 관계를 향상시키는 활동과 일과(학습 지원)를 파악하고 수정하기 등이다.

기대되는 성과: 재호의 가족은 다양한 상황과 일상적인 활동에서 재호의 발달을 촉진하기 위해 필요한 지원을 제공하는 데 있어서, 또한 특정 시점에 직면하게 되는 가장 심각한 어려움이 무엇인지 알고 대처하는 데 있어서 자신감을 갖게 될 것이다. 특히 다음과 같은 측면에서 자신감을 보이게 될 것이다: (1) 재호에게 적절하면서도 반응적인 상호작용 스타일 개발하기, (2) 발달과 관계를 지원하게 될 활동과 일과(학습 지원)를 파악하고 수정하기

재호가 장애진단을 받은 것이 최근이고 가족은 이에 대한 정보를 적극적으로 모으고 있는 중이라는 사실을 고려하여 SCERTS 가족 지원 계획의 첫 단계로 교육 자원을 제공하기로 하였다. 가족 간의 수많은 다양성과 서로 다른 가치관을 고려해서 재호의 서비스 조정자는 재호의 발달, 자폐 범주성 장애의 특성, 적절한 교육 프로그램 추천과 관련된 필수적인 정보를 제공해 주는 도서, 웹사이트, 지원 기관의 개별화된 목록을 제공하였다. 가족 지원 계획의 다음 단계는 SCERTS 진단-관찰에서 확인된 현행 파트너 목표에 초점을 맞추기 위해 직접적인 개별 양육자-아동 지도 또는 안내(즉, 조기개입 교사가 발달적으로 적절한 활동에서 재호와 그의 양육자와 함께 참여하는 기회)와 상호작용적 안내(예: 조기개입 교사가 재호의 양육자와의 상호작용을 관찰하면서 즉각적으로 실행을 위한 제안과 추천을 제공하는 기회)를 포함한다. 의사소통 효능감을 증진시키기 위해 아동의 신호에 적절하게 반응하기(IS1.3), 시작행동 기다리고 격려하기(IS 2.2), 조절장애 신호 인식하고 지원하기(IS1.5)와 같은 파트너 목표가 다루어질 것이다.

재호의 서비스 조정자, 언어치료사, 작업치료사는 특히 교육 지원을 제공하기 위해서 매월 2회씩(한 달에 2시간씩) 교대로 가족과의 팀 회의를 주도하게 된다. 재호의 숙모와 삼촌은 가족을 위한 비공식적인 지원망을 제공해 주는 것이 분명하기 때문에 이들에게는 가능한 한 자주 회의에 참석하도록 요청하였다. 마지막으로, 재호의 부모가 다른 가족과의 만남에 관심을 보였기 때문에 서비스 조정자는 자폐 범주성 장애 아동과 그 가족을 위해서 특별히 개발된 Hanen 센터의 'More than Words'교육과정(Sussman, 1999)을 도입한 양육자 교육 프로그램을 추천하였다. 이 프로그램의 그룹 회기는 3주 후에 시작될 예정이며 재호의 부모는 큰 관심을 보이면서 참여하겠다고 동의하였다.

B. 재호의 가족을 위한 정서 지원

재호의 부모는 장애진단을 받기 전에 아들의 발달에 관해 걱정을 해 왔음에도 불구하고 진단결과로 인해서 불안만 가중된 느낌이었다. 그러나 SCERTS 진단에 참여함으로써 재호의 장애진단과 관련된 수많은 질문을 해결해 나가는 첫 단계를 시작할 수 있었다. 그럼에도 불구하고 재호의 가족은 다음의 영역에서 정서 지원을 필요로 하는 것으로 나타났다.

목표 1 가족이 자폐 범주성 장애를 지닌 재호를 양육하는 데에서 오는 스트레스와 어려움을 다룰 수 있도록 능력 강화하기

기대되는 성과: 가족은 자폐 범주성 장애를 지닌 재호로 인해 직접적으로 또는 간접적으로 경험하게 되는 피할 수 없는 스트레스를 다루기 위한 구체적인 대처 능력을 개발할 것이다.

목표 2 재호의 가족이 다양한 종류의 활용 가능한 공식적 또는 비공식적 정서 지원을 알고 접근할 수 있도록 돕기

기대되는 성과: 재호의 가족은 특정 시점에 갖게 되는 정서적 요구에 가장 적합한 공식적 또는 비공식적 지원에 접근할 수 있게 될 것이다.

목표 3 재호의 가족이 교육 및 보건 관리 체계를 잘 다룰 뿐만 아니라 전문가와 잘 지내기 위해 노력하도록 지원하기

기대되는 성과: 재호의 가족은 긍정적인 부모-전문가 관계를 발전시키기 위한 구체적인 방법을 개발하게 될 것이며, 전문가와의 상호작용이나 관계에서 오는 어려움 또는 교육 및 보건 관리 체계를 다루는 데서 오는 어려움으로 인한 정서적인 문제를 다룰 수 있게 될 것이다.

목표 4 재호의 가족이 재호의 발달과 가족의 삶을 위해 그들 자신의 우선순위를 파악하고, 적절한 기대치를 설정하고, 현실적이고 성취 가능한 목표를 세울 수 있도

록 돕기

기대되는 성과: 재호의 가족은 재호와 가족을 위해 다루어야 할 가장 중요한 이슈가 무엇인지 알게 될 것이며, 재호를 위한 현실적인 목표와 기대를 수립하고, 자신들의 생활방식과 가치관에 맞도록 가족생활의 균형을 찾게 될 것이다.

조기개입 프로그램에서 제공하게 될 정서 지원에 대해서는 재호의 부모와 논의하였다. 여기서 말하는 지원에는 기관에서 한 달에 한 번 실시하는 부모 지원 모임, 지역사회에서의 부모 지원 모임, 조기개입 센터에 속한 심리학자와의 일대일 지원 모임과 같은 공식적인 지원이 포함되었다. 모임 중에 재호의 부모는 사적인 안내와 지원 기회가 주어지기를 원했으며, 매월 추가적으로 심리학자와 만나게 해 달라고 요청하였다.

C. 전문가 간 지원

재호의 교육 프로그램을 계획하고 고안하기 위한 마지막 단계로 재호의 서비스 조정자는 전문가와 기타 서비스 제공자들이 집중적인 교육 프로그램을 실행할 때 상당한 어려움에 직면하게 된다는 사실을 SCERTS 모델이 얼마나 잘 인식하고 있는지에 대해 설명하였다. 전문가와 기타 서비스 제공자(예: 준전문가)가 아동과 가족을 최대한 효과적으로 지원할 수 있게 하기 위해서는 전문가와 서비스 제공자를 위한 SCERTS 지원 계획을 개발해야 한다. SCERTS 활동 계획서에 기록된 것처럼, 재호의 팀은 전문가뿐만 아니라 준전문가를 포함하고 있기 때문에 재호의 언어치료사나 작업치료사 또는 사회복지사가 준전문가에게 주당 적어도 5시간 이상 매일 수퍼비전을 제공하는 것으로 멘토링 계획을 세웠다. 수퍼비전은 격주로 모이는 수퍼비전 회의에서 이루어지며, 일대일 정서 지원과 함께 직접교육과 상호작용적 지도로 구성되었다. 다음으로, 재호의 서비스 조정자는 매월 팀 회의를 개최해서 재호의 진보와 상호작용 지원 및 학습 지원의 일관성에 대하여 논의할 것을 제안하였다. 재호의 언어치료사에게는 초기 사회적 파트너 단계 아동의 사회 의사소통 발달, 대인관계 지원, 학습 지원과 관련된 구체적인 지도법을 알려주는 연수를 실시해 줄 것을 요청하였다.

10 10단계: 지속적으로 점검하기

재호와 부모를 위한 주간 목표를 결정한 후에 팀은 교육 프로그램에서의 지속적인 진도점검의 필요성에 대해 논의하였다. 팀은 재호의 연령이 어리다는 점과 더욱 다양한 활동 참여가 제한되었음을 고려하여 SCERTS 활동 일지 II(1권의 7장 참조)를 사용하기로 결정하였다. 재호의 팀은 모든 활동에서 모든 목표에 대한 자료를 수집하는 것이 실현 가능해 보이지는 않지만 프로그램 실행의 효과를 결정하기 위한 정보를 제공해 주는 진도점검은 매우 중요하다고 판단하였다. 따라서 각각의 목표에 대해서 매일 두 가지 활동에서 수행을 추적하기로 하였다. 서비스 조정자와 작업치료사가 재호의 오전 활동 일과 동안 자료 수집의 주요 책임을 맡기로 하였다. 이들은 재호의 네 가지 사회 의사소통과 정서 조절 목표(JA1.1, SU4.4, MR2.2, SR 1.3)에 대한 진도를 점검하고, SCERTS 진단 요약지에 주 단위로 우선순위화되어 기술된 네 가지 교류 지원 목표(IS1.2, IS2.1, IS4.3, LS4.3)에 대한 진전 상황을 점검하기로 하였다. 다음으로 부모와 준전문가가 재호의 오후 활동 일과 동안 자료 수집을 책임지기로 동의하였다. 이들은 구체적으로 SCERTS 진단 요약지에 주간 우선순위로 기술된 다른 사회 의사소통과 정서 조절 목표 4개(JA4.1, JA5.2, MR4.2, SR1.1) 및 교류 지원 목표 4개(IS1.1, IS1.5, LS1.1, LS1.2)의 수행을 추적하기로 하였다.

다음으로, 재호의 팀은 SCERTS 주간 기록지를 완성하기 위해 SCERTS 활동 일지에 기록된 정보를 사용하기로 계획하였다. 서비스 조정자가 정보를 모아서 팀과 공유하는 책임을 지기로 하였으며, 프로그램 실행의 효과를 결정하기 위해서는 주 단위로 재호의 진도를 점검하는 것이 중요하다고 판단하였다. 이들은 재호가 3주 동안 연속하여 0점을 획득한다면 프로그램 결정을 재고할 필요가 있다고 판단하였다. 마지막으로, 재호의 목표가 성취되었는지와 새로운 목표가 필요한지를 결정하기 위해 3개월마다 분기별로 새로운 SCERTS 진단 양식을 작성할 필요가 있다고 논의하였다. 이러한 분기별 진단은 진도 부진으로 인해서 교수목표가 변경되어야 하는지를 결정하는 데에 사용될 것이다.

사례 2: 세희(상위 수준 사회적 파트너 단계)

세희는 사회적 파트너 단계의 상위 수준에 속하며, 지역교육청 내 통합 유치원의 종일반에 다니는 귀엽고 에너지 많은 5세 여아다. 세희는 23개월에 자폐 범주성 장애로 진단받고 약 3개월간 치료 및 교육 프로그램에 다녔다. 부모는 세희가 최근에 이르기까지는 사회적 상호작용을 시작하는 일이 거의 없는 감각이 예민하고 수줍은 아이라고 묘사하였다. 부모는 세희의 이러한 민감성이 유치원 친구나 7세 오빠와의 관계 발달을 심각하게 방해한다고 보고하였다.

그러나 과거 6개월 동안 세희는 성장하기 시작하였으며, 다른 사람과의 참여에 좀 더 집중하고 좀 더 목표 지향적이고 좀 더 흥미를 갖게 되었다. 현재 세희는 친숙한 양육자나 기타 친숙한 성인에게 의사소통과 사회적 상호작용 시도를 좀 더 쉽게 시작하곤 한다. 또한 친구를 관찰하는 데 흥미를 보이기 시작하였다. 가끔씩 멀리서 기차세트를 가지고 노는 정호를 쳐다보기도 하고, 학급 친구들이 교실에서 노래를 부르거나 놀이터에서 그네를 탈 때 가까운 거리에 머물러 있기도 한다. 세희는 현재 양육자에게 물건을 주는 몸짓이나 원하는 놀잇감을 가리키는 등의 관습적인 몸짓을 좀 더 많이 사용하기 시작하였으며, 특히 의사소통을 위한 첫 번째 시도가 성공적이지 않을 때에는 때때로 발성과 함께 몸짓을 사용하기도 한다. 익숙한 일과에서 두 개 정도의 낱말을 비슷하게 발성하는 것이 관찰되었다. 예를 들어, 교사가 "준비……"라고 말하면 "시작"이라고 말하여 완성하거나, 가정에서 선호하는 비디오테이프를 요청할 때 "엘모"와 비슷한 "모…… 모……"라는 말을 사용한다. 이러한 유사 낱말을 사용하기 시작한 것과 함께 최근에 세희는 일관되지는 않지만 가정과 유치원에서 좋아하는 부드러운 담요를 달라고 그림 상징을 사용하기 시작하였다.

부모와 교사에게 유사 낱말을 좀 더 자주 시작하고 사용하는 세희를 관찰하게 하였으나 이들은 그 낱말들이 들쭉날쭉하다고 지적하였다. 세희의 의사소통 교환은 매우 짧고 일관성이 없으며 파트너의 친숙함이나 맥락에 의존한다. 의사소통 실패는 세희에게 좌절의 원인이 되며 빈번한 탠트럼의 형태로 극심한 조절장애를 일으키는 데 기여한다. 세희의 잦은 조절장애에 기여하는 것으로 보이는 또 다른 요인에는 예측할 수 없거나 친숙하지 않은 활동 중에 세희가 보이는 강한 정서 반응과 스트레스가 포함된다.

특히 세희는 고도의 민감함 또는 과잉행동을 보이는데, 특히 예상하지 못한 접촉이나 환경 소음과 같은 환경 자극에 그러하며, 사회적 상황에서 기대되는 바를 이해하기 어려워한다. 이러한 어려움은 불안감을 고조시키면서 다른 사람이 세희를 참여시키려고 할 때 거부하고 차단하거나 날카로운 소리를 내고 탠트럼을 보이는 등 사회적 참여를 지속적으로 어렵게 만든다. 예를 들어, 유치원 교사는 세희가 2분에서 10분 정도의 탠트럼을 하루 평균 6~8회 보인다고 보고하였다. 이러한 경우에 세희는 달랠 수 없을 정도로 울고 소리를 지른다. 사회 의사소통 프로파일에서의 변화와 정서 조절에서의 지속적인 어려움을 근거로 부모와 교육 팀은 세희의 장단기 교수목표에 따른 프로그램 조정 및 수정을 위해서 지금이 현행 교육 프로그램을 검토해야 하는 시점이라고 동의하였다.

세희의 교육 프로그램 검토의 일부로 SCERTS 진단이 실행되었다. 그래서 이 사례는 세희의 가족과 교육 팀이 SCERTS 진단을 실행한 과정을 설명한다. SCERTS 진단은 (1) 세희의 발달상 강점과 요구 프로파일을 작성하고, (2) 의미 있고 목표 지향적이며 동기를 부여하는 교수목표를 결정하고, (3) 자연스러운 일과와 활동에 기반을 둔 가장 적절한 학습 맥락과 사회적 지원의 복잡성을 결정하고, (4) 세희의 발달과 가족, 또래, 교직원과의 관계 증진에 필요한 교류 지원을 결정하기 위해서 실시되었다. 종합적인 SCERTS 모델 프로그램은 가족 지원 및 전문가 간 지원을 위한 명확한 계획도 포함하기 때문에 SCERTS 진단으로부터 수집된 정보는 세희의 교육 프로그램이 가족의 요구와 부합하고 일치하는지를 확인하기 위해서도 사용되었다. 뿐만 아니라, 진단 팀은 세희의 가족과 세희의 프로그램을 실행하게 될 전문가에게 제공할 구체적인 교육 및 정서 지원에 대해서도 결정하였다.

1 1단계: 세희의 의사소통 단계 결정하기

가정과 학교 환경에서 세희의 현재 행동을 검토한 결과, 유치원 특수교육 지원 팀장은 진단에 사용할 적절한 SCERTS 진단 양식은 사회적 파트너 단계를 위한 양식이라고 결정하였다. 이러한 결정은 의사소통 단계 결정 기록지 작성과 SCERTS 진단에서 아동의 의사소통 단계를 결정하기 위해 사용되는 준거 검토를 근거로 이루어졌다. 세희는 의사소통을 위해 상징을 사용하기 시작하였지만(즉, 두 개의 유사단어와 한 개의 그림 상징), 이러한 단어 사용은 아직까지 일관성이 없는 것으로 나타났다. 즉, 세희는 세 개 이하의 상징을 일관되게 참조적으로 또한 의도적으로 사용하고 있었다.

2 2단계: SCERTS 진단-질문지를 이용하여 정보 수집하기

세희의 부모와 교육 팀이 참석하는 월례회의에 앞서, 부모는 가정과 지역사회 환경에서 세희가 보이는 행동에 대한 추가 정보를 제공하기 위해 SCERTS 진단-질문지를 작성하였다. 이 질문지를 통해서 다음과 같은 내용을 파악할 수 있었다: (1) 세희 부모의 주요 관심과 스트레스, (2) 세희의 발달에 대해서 부모가 알고 있는 주요 강점과 우려사항, (3) 가정과 지역사회 환경에서 세희의 강점과 요구 영역을 모두 관찰할 수 있는 활동, (4) 가정과 지역사회 내 세희의 전형적인 파트너, (5) 세희의 유치원 외 생활에서의 전형적인 맥락. 세희의 교육 팀은 세희가 자연스러운 환경에서 보이는 행동 대비 학급과 유치원에서 보이는 행동 간에 나타나는 유사점과 차이점을 파악하기 위해 별개의 SCERTS 진단-질문지를 작성하였다. SCERTS 진단-질문지 통해 수집된 정보는 다음과 같이 정리되었다.

1. 세희 부모의 주요 관심과 스트레스
    - 빈번하고 강도 높은 탠트럼
    - 제한적이고 일관되지 않은 단어의 사용
    - 일과에서의 변화를 다루기 어려움
    - 오빠와의 좀 더 확장된 상호작용을 촉진하는 방법

2. 부모와 교육 팀이 세희의 현행 프로파일에서 파악한 강점과 요구

강점	요구
"세희는 의사소통을 위해 단어와 그림을 사용하기 시작하였다." "세희는 신속하게 일과를 학습한다." "세희는 오빠와 학급 친구들에게 관심을 보이기 시작하였다."	"세희는 자주 탠트럼을 보인다. 자신의 감정에 대처하기 위한 좀 더 효과적인 전략을 배울 필요가 있다." "세희의 단어 또는 그림 사용에 일관성이 없다. 단어 회상 능력을 향상시킬 필요가 있다." "다른 사람과의 상호작용이 너무 짧다. 좀 더 긴 시간 동안 참여할 필요가 있다."

3. 세희의 강점과 요구 영역을 모두 관찰할 수 있는 활동
   - 유치원에서의 영역 활동: 찰흙놀이, 미술, 블록놀이와 같은 소집단 활동
   - 일관성 있는 일과에 따른 이야기나누기 활동
   - 방과 후 학교 놀이터에서 오빠와의 놀이

4. 세희의 전형적인 파트너
   - 어머니
   - 아버지
   - 정호(7세 오빠)
   - 유치원 같은 반 또래(8명)
   - 유치원 특수교사
   - 학급 보조교사(2명의 성인)
   - 언어치료사
   - 작업치료사

5. 세희의 생활 중 자연적인 맥락
   - 가정에서의 양육 일과
   - 가정에서의 놀이 일과
   - 유치원 학급 일과
   - 유치원 놀이터
   - 유치원 버스

3 3단계: 진단 팀 구성 및 SCERTS 진단-관찰 계획하기

세희의 부모와 교육 팀으로부터 완성된 SCERTS 진단-질문지를 수합한 후 세희의 특수교사는 SCERTS 진단-관찰을 계획하기 위해서 SCERTS 진단 지도를 작성하기 시작하였다. 이 양식은 진단 팀의 구성원, 이들의 역할과 책임, 외부 의뢰가 필요한지를 결정하기 위해 사용되었다. 또한 SCERTS 진단-관찰 실행 계획의 일부로 세희를 가장 잘 나타내고 가장 유용한 정보를 제공해 주는 행동 표본을 얻기 위해서 다음의 변수가 고려되었다: (1) 관찰 장소(즉, 자연적 맥락), (2) 관찰 소요 시간, (3) 함께 있는 파트너, (4) 관찰 상황에서의 사회적 맥락의 집단 크기, (5) 활동 변인, (6) 각 관찰 동안의 전이 횟수(이러한 변수에 대한 좀 더 상세한 설명은 1권의 7장 참조).

세희의 교육 팀은 SCERTS 진단-질문지를 통해 제공된 정보와 각각의 변수를 검토한 후에 보다 대표적인 행동 표본을 확보하기 위한 관찰 계획을 세웠다. 우선, 세희가 사회적 파트너임을 고려하여 전체 관찰 소요시간은 최소한 2시간으로 결정하였다. 그러나 세희는 맥락과 파트너에 매우 의존적이었기 때문에 팀은 친숙한 파트너와 덜 친숙한 파트너를 포함한 두 개의 서로 다른 환경에서 각각 1시간씩 나누어 관찰하는 것이 최선일 것이라고 결정하였다. 관찰 활동을 안내하기 위해 세희의 매일의 환경과 활동에서 대표적인 집단의 크기는 일대일(예: 세희와 교사)과 소집단(예: 세희와 급우들, 세희와 가족)인 것으로 확인하였다.

세희의 팀은 학급에서뿐만 아니라 놀이터와 같은 덜 구조화된 환경에서의 행동에 대한 우려를 표현했기 때문에 이 두 상황은 관찰을 위한 1차적인 맥락으로 결정되었다. 관찰을 위한 특정 맥락이 결정된 후에 특수교사는 부모와 교육 팀의 주요 우려사항을 검토하였으며, 동시에 세희의 강점과 요구 영역의 행동 표본을 제공해 줄 것이라고 생각되는 활동을 검토하였다. 진단 팀이 정확한 결과를 도출할 수 있도록 확실시하기 위한 추가 변수들 또한 고려되었다. 예를 들어, 세희는 비구조화 활동 대 구조화 활동, 붐비는 환경 대 차분한 환경, 사회적인 활동 대 혼자 하는 활동, 언어 중심 대 비언어적 또는 시각적으로 지원되는 과제에 참여할 때 다르게 행동할 것임이 분명하였다.

이상의 정보를 근거로 유치원에서의 관찰을 위해 다음과 같이 세 가지 활동을 결정하였다: (1) 오전 일과(즉, 일대일 보조를 받아 교실로 이동하기), (2) 특수교사 및

8명의 또래와 함께하는 이야기나누기 활동, (3) 느슨하게 구조화된 자유놀이 시간(즉, 영역 활동 시간). 또한 방과 후 지역사회에서의 관찰을 위해서 두 가지 추가 활동이 선정되었다. 이 관찰은 부모와 오빠와 함께 학교 운동장에서 이루어졌다. 활동에는 (1) 혼자 하는 놀이 중심 활동(예: 미끄럼틀 타기)과 (2) 가족의 대표적인 사회적 일과인 부모, 오빠와 함께하는 잡기놀이가 포함되었다.

이미 설명하였듯이, SCERTS 진단에 참여하는 모든 아동은 최소 3회 이상의 전이에서 관찰되어야 한다. 일과의 변화를 다루고 전이하는 것은 세희가 어려워하는 영역이므로 팀은 이러한 어려움에 대한 충분한 양의 정보를 모으기 위해 관찰 회기마다 다양한 전이 상황을 계획하였다. 예를 들어, 첫 번째 관찰 동안 작업치료사는 세희가 집단 활동에서 자유놀이로뿐만 아니라 버스에서 교실로 이동하는 전이를 관찰하기로 하였다. 두 번째 관찰에서는 특수교사와 언어치료사가 유치원에서 운동장으로, 혼자 하는 선호 활동에서 가족과 함께하는 익숙한 사회적인 일과로 전이할 때 관찰하기로 하였다. 계획된 전이에 대한 정보는 SCERTS 진단 지도에 요약되었다.

4 4단계: SCERTS 진단-관찰 기록지 작성하기

특수교사, 언어치료사, 작업치료사를 포함한 진단 팀은 두 가지 관찰에서 정보를 수집하기 위해 사회적 파트너 단계의 SCERTS 진단-관찰 기록지를 사용하였다(구체적인 실행 방법에 대해서는 1권의 7장 참조). 세희의 강점과 요구 진단에 초점을 두고 사회 의사소통 및 정서 조절 영역에 대한 정보를 수집하였으며, 다양한 환경에서의 파트너의 강점과 요구를 다루는 교류 지원을 위해서 정보를 수집하였다. 세희의 팀은 세희의 프로파일과 세희를 지원하기 위해 파트너가 사용하는 전략에 대한 구체적이고 대표적인 표본을 얻기 위해서 진단을 하는 동안 관찰 책임을 분담할 필요가 있다는 데에 동의하였다.

팀은 세희의 언어치료사가 두 관찰 모두에 참여할 예정이므로 사회 의사소통과 정서 조절 영역과 관련된 대부분의 정보를 수집하기로 결정하였다. 따라서 작업치료사와 특수교사는 교류 지원 영역(즉, 대인관계 지원과 학습지원 요소)과 관련된 대부분의 정보를 수집하기로 하였으며, 필요한 경우 언어치료사의 관찰 내용을 보완하기로 하였다.

5 5단계: 행동 표집하기

운동장에서의 두 번째 관찰을 실행하기 위해서 세희의 교육 팀은 SCERTS 진단-관찰 기록지를 간략하게 검토하였다. 주의 깊게 선택된 활동과 환경 안에서 세희를 관찰하여 필요한 정보를 많이 얻었지만, 사회 의사소통 및 정서 조절 영역 능력과 관련된 두 가지 질문에 대해서는 답을 얻지 못하였다. 활동의 특성상 특정 상황(예: 세희의 주의를 끌기 위해 파트너가 몸짓을 사용함)에서만 나타나는 저빈도 행동에 대한 관찰은 이루어지지 않았다. 관찰은 주로 예외가 거의 없는 친숙하고 예측 가능한 활동으로 구성되어 있었다. 따라서 정보가 더 필요한 영역은 다음과 같다.

- JA2.3, JA2.4-다양한 파트너와 활동에 걸쳐서 손으로 짚어서 가리키거나 멀리 있는 것을 가리킬 때 쳐다보는 능력(예: 파트너가 가리키는 곳으로 시선 향하기)
- SR3.3-새롭고 변화하는 상황에서 각성 수준을 조절하기 위해 행동 전략을 사용하는 능력

이와 같이 아직 남아 있는 의문점을 고려하여, 세희의 팀은 특수체육 시간에 간단한 추가 관찰을 하게 된다면 종합적인 발달 프로파일 작성과 적절한 교육 프로그램의 개발 및 실행에 도움이 될 것이라고 생각하였다. 세희는 현재 일주일에 한 번 세 명의 학급 또래 및 보조교사와 함께 특수체육 시간에 참여하고 있으며, 따라서 대체로 교사 대 학생 비율을 1:2로 유지하고 있다. 세희가 일주일에 한 번 만나는 특수체육 교사는 상대적으로 덜 친숙한 파트너기 때문에 팀은 이러한 맥락이 추가 관찰을 위한 최적의 상황이라고 판단하였다. 게다가 특수체육 교사는 수업 중에 새로운 활동을 소개하고 세희와 또래에게 수업 자료를 회수하게 함으로써 체력 단련에 참여하게 만들곤 한다.

특수교사는 이와 같은 추가 관찰이 세희와 학급 또래 간의 구체적인 상호작용을 연출하고 촉진함으로써 교육 팀에게 남겨진 질문에 대한 답을 얻을 수 있는지를 확인하기 위해서 관찰 전에 특수체육 교사를 만났다. 예를 들어, 짚어서 가리키는 것을 쳐다보는(JA2.3) 세희의 능력을 관찰하고 기록하기 위해 특수체육 교사에게 세희 앞에 있는 치료용 공을 똑바로 가리키면서 세희가 공을 쳐다보도록 격려해 줄 것을 요청하였다. 특수체육 교사는 조금 떨어진 곳에 사물을 놓아두고 가리키면서 "세희야, 저거 나한테 가져다줄래?"라고 말하며 세희에게 집단 놀이 일

과에 사용될 낙하산을 가져오라고 요구함으로써 멀리 있는 것을 가리킬 때 쳐다보는(JA2.4) 기회를 만들어 보겠다고 하였다. 다음으로, 또래와 함께 시각적 지원이 제공되는 신호등 얼음땡 게임에 참여하도록 격려함으로써 새롭고 변화하는 상황에서 각성 수준을 조절하기 위해 행동 전략 사용하기(SR3.3) 능력을 관찰하기로 하였다.

6 6단계: SCERTS 진단 요약지로 정보 정리하고 통합하기

두 번의 관찰과 특수체육 수업에서의 간략한 추가 관찰을 모두 마친 후 교육 팀과 부모는 회의를 소집하고 다음과 같은 두 가지 주요 정보를 정리하고 통합하였다: (1) SCERTS 진단-관찰 기록지에 요약된 강점과 요구, (2) SCERTS 진단-관찰 결과에 대한 가족의 견해.

A. 주요 정보원 1: 강점과 요구 요약하기

A-1. 사회 의사소통: 공동관심

팀 회의에서 세희의 부모와 교육 팀은 먼저 공동관심에서 세희가 보이는 강점과 어려움을 결정하는 데 중점을 두었다. SCERTS 진단을 통해서 얻은 정보를 기반으로, 부모와 교육 팀은 친숙한 성인과 원하는 목표 또는 의사소통 시도를 공유하는 전반적인 능력이 지난 6개월에 걸쳐 현저하게 발전했다는 점에 동의하였다. 특수교사와 부모 모두 "세희가 접촉하고 의사소통하려는 더 강한 동기를 얻은 것으로 보인다."는 점을 지적하였다. 세희는 학급 관찰 시간 동안 자신과 상호작용하려는 파트너의 노력에 좀 더 일관되게 반응하는 것으로 나타났다. 집단 활동 중에는 교사가 시작하는 몇몇 사회적 일과에 참여하였으며, 특히 익숙한 성인과의 사회적 상호작용을 시도하기 위해 더욱 다양한 전략을 사용하였다.

실제로, 세희가 유치원 교실로 이동하는 동안 자신의 책가방을 열어 달라고 요구하기 위해 자발적으로 관습적인 몸짓을 사용하고 보조교사를 쳐다본 것으로 보고되었다. 그러한 요청을 한 후 즉시 좋아하는 엘모 보드북을 추가로 요청하였다. 이 때 보조교사는 책가방에서 두 권의 책을 꺼내 세희에게 선택하도록 제시하였다. 세희는 책을 갖고 싶다는 것을 나타내기 위해서 '엘모'를 뜻하는 유사 단어인

"모……모"라고 말하는 동시에 짚어서 가리키면서 빠르게 반응하였다. 팀이 완성한 SCERTS 진단-질문지로부터 얻어진 정보 역시 이러한 진보를 확인해 주었는데, 왜냐하면 세희의 치료사와 보조교사는 세희가 첫 번째 의사소통 시도가 성공적이지 않을 때 훨씬 더 많은 노력으로 지속하는 것을 관찰하였기 때문이다. 어떤 경우에는 세희가 대략 두 차례의 의사소통 교환을 지속하기도 하였다. 이러한 사회 의사소통의 성취를 보이기 전에는 세희는 활동에서 활동으로 이동하거나, 자신의 물건을 가지려고 시도하거나, 의사소통이 성공적이지 못할 때 의사소통 실패를 복구하거나 지속하려고 하지 않았었다.

이와 같은 진전에도 불구하고, 세희의 양육자 보고나 직접 관찰은 모두 세희의 의사소통 능력의 범위가 초기 언어 파트너 단계로 발전해 간다는 기대에 부응하기에는 제한적이라는 점을 보여 주었다. 선호하는 과자나 놀잇감을 요청하고 자기관리 일과 동안에 도움을 요청하기 위해 의사소통을 한다는 점은 주목할 만했지만, 세희는 여전히 쉽게 조절되지 않는 편이었고 다른 사람과 부정적인 감정의 표현 또는 저항감을 공유하는 게 쉽지 않았다. 예를 들어, 특수체육 시간에 익숙하지 않은 신호등 얼음땡 게임에 참여하도록 격려 받을 때 세희는 저항하거나 거절하기 위한 관습적인 방법을 사용하지 않는다. 오히려 마룻바닥에 주저앉아서 날카로운 비명을 지른다. 세희는 저항이나 거절의 의사를 표현하기 위해 다른 사람의 주의를 이끌어 내거나 관습적인 방법을 사용할 수 없기 때문에 이렇게 저항/거절 행동의 형태로 나타나는 극심한 조절장애의 갑작스러운 발현은 주요 염려 대상으로 남게 되었다.

팀은 세희가 좀 더 많은 사회 의사소통 기능을 표현하기 위한 전략 사용이 아직은 부족하다는 점에 동의하였다. 그러나 사회적 상호작용을 위한 의사소통 능력이 나타나기 시작하고 있다. 특히 팀은 세희가 사회적 일과를 시작하거나 또는 일과가 지속되도록 요청하기, 위로 구하기, 인사하기, 부르기, 자랑하기를 통해서 자신에게로 관심을 이끌어 내는 능력이 발현되고 있다는 점에 주목하였다. 사실 세희는 긍정적인 감정을 공유하는 능력과 관련하여 여러 상대적인 강점을 명백하게 보인다. 영역 활동 중에 세희는 다음의 목표를 성취하기 위한 의사소통을 시도하였다: (1) '보고 말하기' 활동 놀잇감을 성공적으로 조작한 후 기쁨을 표현하거나 자랑하기(즉, 놀잇감을 움직이게 한 후 친숙한 성인을 바라보며 미소 짓기), (2) 즐거운 사회적 일과를 계속해 달라고 요구하기, (3) 운동장에서 가족과의 잡기 놀이 중 넘어졌을 때 엄마에게 위로 구하기.

이렇게 다양한 사회적 기능 중에서 특히 익숙한 사회적 게임과 노래를 하는 동안에 기쁨과 흥분을 공유하는 능력은 회의에서 가장 중요한 발달적 성취로 주목을 받았다. 언어치료사는 팀원들에게 이러한 능력의 주요 특성을 설명하였다. 어떤 사건에 대한 긍정적인 반응을 공유하는 능력은 같은 경험을 통해서 다른 사람도 즐거울 수 있다는 사실을 이해하는 것이라고 설명하였다. 그러므로 누군가가 즐거운 일에 대해 의사소통을 하게 되면 그 즐거움은 공유되고, 관계의 발전, 더 나아가 우정관계를 이끌게 된다. 그렇지만 세희의 경우에는 학급 또래와는 대조적으로 이러한 공유된 긍정적인 감정 교환이 기본적으로 친숙한 성인에게 국한되어 있다는 점이 명백하였다. 현재 공동관심 요소 중 세희가 보이는 강점과 요구 영역 프로파일에 대한 요약 정보는 SCERTS 진단-관찰 기록지와 SCERTS 진단 요약지에서 볼 수 있다.

A-2. 사회 의사소통: 상징 사용

세희의 공동관심 능력에 대한 기초선을 설정한 후에 교육 팀과 부모는 세희의 상징 사용 능력에 대한 강점과 어려움을 결정하는 데 관심을 모았다. 부모와 교육 팀에 의해 작성된 SCERTS 진단-질문지에 의하면, 세희는 지난 6개월간 좀 더 먼 곳을 향한 몸짓을 사용함과 동시에 물건을 주거나 원하는 놀잇감을 만지거나 가리키는 등의 좀 더 관습적인 접촉 몸짓을 더 많이 사용하고 있는 것이 분명하였다. 예를 들어, 집에서 세희는 관습적인 접촉 몸짓(예: 주기, 손 뻗기/만지기, 밀어내기, 가리키기/만지기)과 함께 아빠가 직장에서 돌아오면 손을 흔들어 인사하거나, 높은 선반 위의 비디오테이프를 가지려고 쳐다보면서 팔을 뻗거나, 오빠와 함께 익숙한 노래를 부른 후에 자랑하느라 손뼉을 치는 등 먼 곳을 향한 몸짓도 모두 사용하기 시작한 것으로 보고되었다. 이와 같은 좀 더 정교한 동작은 파트너와의 상호적 상호작용 내에서 비구어 모방을 통해 발생한다. 따라서 교육 팀은 세희가 좀 더 쉽게 이해할 수 있는 의사소통 형태를 공유하고 있기 때문에 이러한 보다 관습적인 몸짓의 사용은 사회적 인식으로의 매우 긍정적인 진전을 반영한 것이라고 생각하였다.

부모는 또한 세희가 발성(예: "아" "오")과 함께 몸짓을 더 자주 연합하기 시작했다는 점을 인식하였다. 특히 세희의 주도적인 의사소통 시도가 성공적이지 못할 때 더욱 그렇다는 점에 주목하였다. 익숙한 일과에서 세희는 두 가지 다른 유사 단어를 사용하는 것으로 관찰되었다. 예를 들어, 세희는 엄마가 준비시키는 문구인 "준비…, 시………"를 말하면 "~작"이라는 말로 뒤따랐으며, 집에서 좋아하는 비디오를 요청할 때 "엘모"의 유사어로 종종 "모 …… 모"라는 단어를 사용하는 것으로 보고되었다. 이 유사 단어는 SCERTS 진단-관찰을 실행하는 동안에도 엘모 보드북을 요청할 때 관찰되었다. 이러한 유사 단어의 출현 외에도 교실에 활용 가능한 상징을 준비해 두자 휴식시간에 자신이 좋아하는 부드러운 담요를 요청하기 위해 그림 상징을 사용하기 시작한 것으로 보고되었다. 세희의 가족은 세희가 집에서 담요를 요청하기 위해 상징을 사용하는 것을 보면서 상징을 세희 가까이에 두고 관심을 갖도록 주의를 유도할 필요가 있다는 점을 인지하였다. 즉, 세희는 아직 독립적으로 상징을 찾거나 자발적으로 성인과 교환하지는 않는다.

세희가 상당한 진전을 보인 것은 사실이지만, SCERTS 진단-관찰에서 수집된 정보에 의하면 아직까지 몸짓이나 음성을 이용한 의사소통 수단을 시선과 연합해서 사용하는 데에는 몇 가지 주요 취약점을 보이는 것으로 나타났다. 우선, 세희의 시선 사용은 활동의 익숙한 정도와 의사소통 상대가 얼마나 편안한가에 강하게 의존하는 것으로 보인다. 더욱이 세희는 대화 파트너가 반응을 잠시 멈추거나 지연시키고 있을 때 몸짓과 연합된 응시 행동을 좀 더 자주 사용하는 경향이 있다. 시선을 사용하기 시작했다는 것은 세희가 타인의 입장을 인식하기 시작했다는 것을 의미하는 것이 사실이지만, 새로운 활동에서 시선을 사용하거나 시선을 사용하도록 촉진하는 파트너와 함께할 때의 어려움은 아직까지 다양한 파트너와 장소에 따라 의도를 표현하는 데 있어서, 또는 행동을 안내해 주는 비구어 사회적 단서(예: 타인의 얼굴 표정과 감정)를 이해하는 데 있어서의 어려움을 지속시키고 있다.

다음으로 세희가 활동을 거부하거나 저항하는 목적으로 관습적인 몸짓이나 발성을 잘 사용하지 못하는 것은 도움을 요청하는 몸짓 사용의 출현과는 극명하게 대비된다. 실제로, 저항하거나 거절하기 위한 관습적 수단을 사용하기보다는 불안과 좌절로 인해 신속하게 조절장애 상태가 시작되어 날카롭게 소리를 지르거나 탠트럼을 보이거나 바닥에 주저앉는 등의 행동을 보이곤 한다. 물론 교실에서의 영역 활동 중에 몇몇 사물을 거부하기 위해 밀어내는 몸짓을 사용한 것으로 관찰되었지만, '싫다'는 표현으로 고개를 젓는 동작의 사용은 관찰되지 않았다. 또한 흥미로운 물건이나 사건을 알리기 위해서 시선과 함께 먼 곳을 향해 손가락으로 가리키기, 긍정의 의미로 고개 끄덕이기, 인사하기 위해 손 흔들기, 상호 관심 있는 물건으로 상대방의 주의를 끌기 위한 몸짓 하기 등의 기타 몸짓도 보고되거나 관찰되지 않았다.

SCERTS 진단-관찰을 실행하는 동안 세희의 의사소통의 정교한 정도는 몇 가지 변수에 의존하는 것으로 나타났다. 이러한 변수로는 파트너의 친숙함, 활동의 예측 가능성, 세희의 전반적인 각성 수준과 정서 조절이 포함된다. 예를 들어, 익숙한 형태의 예측 가능성이 높은 놀이(예: 가족과의 잡기 놀이, 교사와 이야기나누기 시간에 노래 부르기) 중에는 관습적인 몸짓을 사용하고, 때로는 일과 내에서 의사소통을 위해 "~작"이라는 말을 사용하기도 하였다. 이와 같은 능력은 오빠나 친구 등 예측할 수 없는 파트너가 등장하거나, 새롭고 변동적인 활동이 진행되거나, 복잡하고 좀 더 자극적인 환경에 처하는 등의 원인으로 각성 상태가 고조되는 경우에 세희가 사용하는 의사소통 전략과는 대조된다. 이러한 경우에는, 신체 조작 몸짓이나 재연 몸짓과 같은 초기에 사용하던 전략에 더 자주 의존하곤 한다. 신체 조작 몸짓으로는 낙하산 활동을 위한 도움 청하기(예: 특수체육 교사의 손을 낙하산 쪽으로 잡아당기기)가 있으며, 재연 몸짓으로는 감정 조절에 대한 도움 청하기가 있다. 예를 들면, SCERTS 진단-관찰 중에 세희는 교실 내 소음이 너무 커서 감당할 수 없게 되면 손으로 머리를 감싸는 동작을 보인 것으로 기록되었다. 이러한 행동은 학급보조교사 중 한 명이 가끔씩 사용하던 전략의 재연이었다(예: 세희가 괴로워할 때 진정시키기 위해서 세희의 머리에 묵직하게 손을 얹기). 현재 상징 사용 요소 중 세희가 보이는 강점과 요구 영역 프로파일에 대한 요약 정보는 SCERTS 진단-관찰 기록지와 SCERTS 진단 요약지에서 볼 수 있다.

A-3. 정서 조절: 상호조절

다음으로 세희의 부모와 교육 팀은 상호조절에 있어서의 세희의 강점 및 어려움과 관련된 SCERTS 진단-관찰 결과에 대하여 논의하였다. 먼저 세희의 사회 의사소통 능력과 그러한 능력이 정서 조절 능력에 미치는 영향에 관한 이전 논의를 반영하였다. 부모와 교육 팀 모두 SCERTS 진단-관찰에서 기록된 것처럼 공동관심과 상징 사용 능력에 있어서의 최근의 성장이 상호조절에서의 성장과 관련된다는 점을 인식하였다. 증가된 동기와 관습적인 몸짓, 발성, 몇몇 단어를 사용하는 좀 더 정교한 의사소통 방법의 조합은 다른 사람에게 위로를 구하고 도움을 청하는 직접적인 요구하기 능력을 발현시키는 데 기여하였다. 또한 다양한 맥락에서 좀 더 잘 조절된 상태를 유지하는 능력을 지원해 주었다. 이러한 점들은 최근에 실행된 SCERTS 진단-관찰 중에 분명하게 드러났다. 예를 들어, 세희가 부모와 잡기 놀이를 하는 동안 넘어져서 금방 괴로워하기 시작하는 장면이 관찰되었다. 그러나 세희는 엄마에게로 가서 위로를 구하며 양팔을 뻗었는데, 이것은 상호조절에 대한 분명한 시도였으며 엄마가 좀 더 조절된 상태가 되도록 도와줄 것이라는 사실을 알고 있는 것으로 보였다. 엄마가 허리를 굽혀 세희를 꼭 안아 주는 반응을 보이자(즉, 조절을 지원하는 행동 전략) 세희는 2~3분만에 진정되었다. 이렇게 상호조절을 주도하는 능력은 새롭게 나타나기 시작하였으며, 정서 조절을 지원하기 위해 이러한 전략을 사용하는 세희의 능력은 아직까지는 일관성이 없는 것으로 보였다. 특히 덜 친숙하고 덜 신뢰하는 파트너에게는 더욱 그러하였다.

세희의 팀은 세희가 특수교사에게 위로를 구하는 유사한 전략을 사용하면서도 다른 반 교사나 특수체육 교사에게는 그러한 전략을 사용하지 않는다는 점을 주목하였다. 따라서 교실에 교사가 없을 때 힘든 일이 생기면 신뢰하고 안정적인 관계에 있는 사람이 없기 때문에 더 빨리 극심한 조절장애에 도달한다는 사실을 알게 되었다. 이러한 경우 세희는 가끔 달랠 수 없을 정도로 울곤 한다. 팀 회의에서 세희의 어머니와 교사는 이러한 조절장애의 극심한 사례는 상대방이 세희의 도움 요청을 이해하지 못할 때, 세희의 요청에 즉시 반응할 수 없을 때, 안정감과 신뢰를 느끼는 파트너가 없을 때 특히 더 쉽게 일어난다는 점에 동의하였다.

또한 세희는 자신의 감정 상태를 표현하는 능력에 있어서 성장한 것으로 관찰되었다. 실제로 세희는 행복감, 슬픔, 분노, 공포심을 표현하는 다양한 얼굴 표정과 음성을 사용하는 것으로 관찰되었다. 그러나 세희의 표현은 과장되는 경향이 있어 그 강도는 주어진 일과나 활동에서 양육자가 사회적으로 적절하다고 느끼는 정도가 아닌 경우가 종종 있다. 특히 익숙하지 않은 활동, 위반된 기대, 복잡한 환경 등에 의해 각성 상태가 고조되는 경우 친숙하지 않은 사람은 세희의 정서 표현을 이해하기 어렵다. 작업치료사는 다음과 같은 사례를 설명하였다. 아빠와 함께 달리고 있을 때 세희는 활짝 웃으면서 게임이 지속되기를 바라는 듯한 즐거운 비명을 질렀다. 하지만 오빠가 놀이에 합류하면서 세희와 가볍게 스치고 세희의 팔을 잡았을 때, 세희는 다시 웃고 소리를 냈지만 긴장과 걱정이 증가하는 신호도 보였다. 세희의 어머니는 후자의 예에서 세희는 화가 났고 자신은 그녀를 위로하고 중재하기 위해 빠르게 움직였다고 말하였다. 두 가지 예에서의 세희의 표면적 행동은 매우 유사해 보였지만 좀 더 세밀하게 살펴보면 숨겨진 정서 상태는 매우 달랐다. 친숙하지 않고 덜 민감한 파트너는 두 번째 예를 기쁨의 표현으로 오해할 수 있으며, 극심한 조절장애를 초래하는 방식으로 반응할 수도 있다.

종합하자면, SCERTS 진단-질문지와 SCERTS 진단-관찰로부터 수집한 정보에 의하면 세희는 극심한 조절장애로부터 회복하도록 돕는 상호조절 전략에 반응하고 적용하는 능력을 보이기 시작한 것으로 보인다. 그럼에도 불구하고 수많은 주요 취약점 역시 존재한다. 실제로, 극심한 조절장애를 경험할 때에는 관습적인 몸짓과 음성 사용과 같은 가장 정교한 도움 청하기 의사소통 수단을 더 이상 사용할 수 없게 되며, 이때 조절 상태에 도달하고 유지하는 능력은 자신의 신호를 이해해 주는 파트너의 기술에 의존하게 된다. 세희의 어머니와 교사는 숙련된 파트너가 함께 있으면서 환경 내 자극을 줄이거나 꼭 안아 줌으로써 신속하게 중재하는 경우에는 세희가 재정비하고 상대적인 안정을 회복하기도 한다는 점에 동의하였다. 반대로, 파트너가 세희의 조절장애 신호에 익숙하지 않거나 충분히 빠르게 중재할 수 없다면 조절장애 상태는 때때로 극심한 상태로 가속화된다. 후자의 경우, 세희는 상호조절 전략에 반응을 보이지 않으며, 긴 시간 동안 물건을 던지고 소리를 지르고 울면서 탈진 상태가 되곤 한다.

현재 상호조절 요소 중 세희가 보이는 강점과 요구 영역 프로파일에 대한 요약 정보는 SCERTS 진단-관찰 기록지와 SCERTS 진단 요약지에서 볼 수 있다.

A-4. 정서 조절: 자기조절

다음으로 세희의 부모와 팀은 자기조절 능력 및 어려움과 관련된 세희의 행동에 대해 논의하였다. 교육 팀은 SCERTS 진단-질문지와 SCERTS 진단-관찰을 통해 수집한 정보를 토대로 세희의 극심한 조절장애와 탠트럼이 자주 발생하는 것으로 봐서 세희의 자기조절 전략 레퍼토리가 극히 제한적이라고 판단하였다. 세희의 부모와 팀은 세희가 높은 각성 상태에 대한 편향성을 보이며 때로는 경계하는 것처럼 보인다고 결론지었다. 부모가 작성한 SCERTS 진단-질문지에 기록된 정보에 의하면, 세희는 자신의 환경 내에서 벌어지는 사건과 활동에 대해 강한 정서 반응을 보이는 것으로 나타났다. 실제로 세희의 부모는 이러한 반응의 강도에 대해 걱정하면서 가끔씩은 세희의 신경 체계가 계속해서 원시 상태이거나 노출된 것 같아 보인다고 하였는데, 이는 세희가 하루 종일 마주치게 되는 자극의 정도를 참아내지 못하곤 하기 때문이다. 또한 세희의 아버지는 세희가 익숙하지 않은 활동이나 오빠와의 상호작용을 아주 조금씩만 감당할 수 있다고 보고하였다. 그렇지 않으면 세희는 어찌할 줄을 몰라 하며 극심한 조절장애 상태에 빠지게 된다는 것이다.

SCERTS 진단-관찰 중에 세희의 팀은 비슷한 패턴을 관찰하였다. 특수체육 시간에 세희는 세 명의 친구와 함께하는 낙하산 놀이에 짧은 시간 동안 참여하였다. 게임에 참여하고 일과가 지속되기를 원하는 재연 몸짓을 사용하는 것으로 볼 때 세희는 행복하고 만족하는 것 같아 보였다. 그러나 활동이 진행됨에 따라 세희는 들썩거리고 참여하지 않고 손으로 날갯짓을 하며 시선을 돌리는 행동을 보였다. 이때부터 세희의 각성은 빠르게 고조되었으며 소리치면서 활동에서 뛰쳐나왔고 귀를 막았다. 이와 같은 조절장애 신호는 각성과 정서에 대한 자기조절 행동 전략 시도임이 분명하였다. 결과적으로, SCERTS 진단-관찰에서 수집된 정보를 통해서 세희는 때때로 사회적 상호작용 중에 정서 조절을 지원하려고 간단한 동작(예: 시각적 전략, 움직임 전략)을 사용한다는 것을 알 수 있었다.

마지막으로, 교육 팀과 마찬가지로 세희의 부모도 세희의 제한된 자기조절 전략이 새롭고 변동적인 활동 중에 분명하게 드러난다는 점에 주목하였다. 세희의 부모는 사실 탠트럼을 피하기 위해 세희의 일과를 가능한 한 일관성 있고 예측 가능하게 유지하려고 시도하고 자극적인 사회적 상황을 피하고자 노력한다고 보고하였다. SCERTS 진단-관찰을 실시하는 동안 세희는 모든 전이에서, 특히 선호하는 편안한 활동에서 이야기나누기 활동과 같이 좀 더 스트레스를 받는 활동으로 이동할 때 심각한 어려움을 갖는 것으로 관찰되었다. 앞에서도 말하였듯이, 세희의 저항은 소리 지르고 바닥에 주저앉고 새로운 활동으로부터 도망치는 등의 비관습적인 방법을 통해 표현되곤 하였다.

이와 같은 행동 패턴을 고려한다면, 세희가 극심한 조절장애를 빈번히 경험하고 있다는 사실이 SCERTS 진단-관찰을 통해서 분명해졌다. 극심한 조절장애에 해당되는 행동으로는 물건 던지기, 귀 막기, 완전히 지칠 때까지 뛰고 울기가 포함된다. 세희는 극심한 조절장애를 나타내는 행동을 시작하기 전에 원하지 않는 활동에서 빠져나가려는 시도를 한 번 이상 보였다. 부모는 이러한 행동이 최근에 나타났으며, 이로 인하여 위로가 된다고 말하였다. 팀은 세희의 이러한 행동이 긍정적인 자기조절 전략이며 지원과 중재를 필요로 하는 영역이라는 점을 인식하였다. 부모를 포함한 팀은 극심한 문제행동이나 비참여 또는 단절을 포함하는 몇몇 예측 가능한 상황과 누적적인 요소가 세희로 하여금 조절장애를 고조시키는 위기로 밀어 넣을 것이라고 덧붙였다. 이러한 요소로는 복잡한 환경, 예측할 수 없는 환경 소음, 예기치 않은 접촉, 발달 수준을 넘어서는 활동, 부정적인 정서 기억과 연결되는 성인의 출현 등이 포함된다.

현재 자기조절에서 세희가 보이는 강점과 요구 영역 프로파일에 대한 요약 정보는 SCERTS 진단-관찰 기록지와 SCERTS 진단 요약지에서 볼 수 있다.

A-5. 교류 지원: 대인관계 지원

사회 의사소통 및 정서 조절 능력을 촉진하는 데에 필요한 세희의 사회적 지원망과 대인관계 지원에서의 강점 및 요구를 결정하기 위해 SCERTS 진단-질문지와 SCERTS 진단-관찰 기록지를 검토하였다. 이번 논의에서 부모와 교육 팀은 세희의 발달상의 약점이 파트너에게 어떻게 교류적 영향을 미치게 되는지를 논의하였다. 예를 들어, 세희가 언어 처리의 어려움을 지니고 있다는 사실은 파트너가 상호작용을 하려고 언어로 시도할 때 반응 결여 또는 비일관된 반응이라는 결과를 초래할 수 있다. 그러므로 파트너는 세희가 접근하기 어렵다고 또는 함께 놀기 어렵다고 생각할 수 있다. 이와 같은 경우에서의 대인관계 지원은 파트너 쪽에서 목표로 하는 변화라고 할 수 있는데, 이것은 몸짓, 단일 단어, 일상화된 문구를 사용하여 세희의 발달 수준에 맞게 언어 입력의 복잡성을 조절할 수 있는 파트너는 좀 더 일관성 있는 상호성을 이끌어 낼 수 있기 때문이다.

더욱이 팀은 세희가 자신의 속도에 맞춰 문제를 해결하거나 활동을 완수하도록 시간을 주고 기다리는 파트너가 손위의 손 보조나 다른 직접적인 단서를 사용해서 활동을 하도록 좀 더 신체적으로 직접 지도하는 파트너와는 반대로 더 나은 참여와 협력을 끌어낸다는 사실을 주목하였다. 세희의 감각적인 과민반응을 포함한 감각 처리상의 어려움은 감각 자극에 대한 일관성 없는 반응과 일관되지 않은 각성 상태를 초래할 수 있으며, 이는 탠트럼과 날카로운 소리 지르기 행동을 촉발함으로써 파트너가 성공적으로 반응하기 어렵게 만들 수도 있다. 의사소통 시도 또는 조절장애 신호로 세희의 신호가 고조되기 시작할 때 이러한 신호를 더 잘 해석할 수 있는 파트너는 극심한 조절장애 장면을 방지하거나 다루는 데 보다 효과적일 수 있다.

SCERTS 진단-질문지와 SCERTS 진단-관찰 기록지를 검토함으로써 부모와 교육 팀은 세희의 사회적 지원망 내에서 강점으로 자리 잡고 있거나 주요 요구 영역으로 간주되는 수많은 대인관계 지원을 파악할 수 있었다. 다음의 표는 강점과 요구 각각에 대한 몇 가지 예시를 보여 준다.

강점	요구
세희의 부모는 세희가 조절장애 상태거나 주어진 사회적 상황에 참여하지 않으려고 할 때를 인식하고, 필요한 경우 휴식을 허용하고, 세희의 각성 수준에 따라 언어의 질을 조절함으로써 세희를 수용하곤 한다(IS1.5, IS3.1, IS6.3). 교직원(예: 교사, 보조교사, 치료사)은 다양한 활동에 걸쳐 상당히 일관성 있게 사용되는 여러 대인관계 지원을 발달시키기 시작하였다. 여기에는 놀이 교재 선택하기와 시작하도록 기다리고 격려하기가 포함된다(IS2.1, IS2.2).	세희의 파트너는 세희가 조절장애를 보이기 시작할 때 자신의 속도로 문제를 해결하거나 활동을 완수하게 해주는 것이 중요하다는 것을 인식하기 시작하였다. 세희가 이미 화가 났거나 높은 수준의 조절장애 상태일 때 중재를 하는 것은 오히려 문제를 악화시킬 수 있다(IS3.2). 상호조절이나 의사소통 교환을 위한 시도를 알아차리고 효율적으로 반응하는 것은 주요 요구 영역이다(IS1.3, IS1.5). 세희의 파트너는 세희의 발달 수준에 따라 언어의 복잡성을 조절하는 지원(예: 몸짓, 단일 단어, 일상화된 문구의 사용)으로부터 성과를 얻을 수 있을 것이다(IS6.2).

세희의 사회적 지원망을 통한 다양한 대인관계 지원 사용에 대한 요약 정보는 SCERTS 진단-관찰 기록지와 SCERTS 진단 요약지에서 볼 수 있다.

A-6. 교류 지원: 학습 지원

팀 회의의 마지막 안건으로 일과와 활동에서 이미 교류 지원으로 실행되고 있고 사회 의사소통 및 정서 조절 능력을 촉진한다고 여겨지는 학습 지원에 대한 논의가 이루어졌다. 작업치료사와 특수교사는 세희의 사회적 참여와 의사소통을 지원하는 것으로 보이는 여러 가지 학습 지원에 주목하였다. 예를 들어, 적극적인 참여를 끌어내기 위해서 활동을 구조화하고 자극이 과다한 환경에서 자극을 줄임으로써 세희가 성공할 수 있도록 활동과 환경의 감각적 속성을 수정하는 부모의 능력이 포함된다. 작업치료사는 또한 세희의 교사가 대집단 이야기나누기 활동의 예측 가능한 순서를 개발하였고 세희가 다양한 노래, 게임, 활동에 집중하고 참여하도록 촉진하는 시각적 지원을 사용했다는 점에 주목하였다.

마지막으로, 부모와 교육 팀은 고정되고 변하지 않으며 예측 가능한 시각적 정보에 대한 세희의 선호도를 이용한다면 말처럼 일시적이고 지나가는 정보를 처리하는 어려움을 보완하도록 도울 수 있기 때문에 이에 대한 논의를 진행하였다. 단어 회상을 지원하기 위한 운반구(예: "준비…… 시……")와 같은 예측 가능한 환경 단서와 엘모 그림과 같은 고정된 시각적 단서에 대해 세희가 보인 긍정적인 반응은 교육 프로그램에서 시각적 지원이나 기타 보완의사소통 지원의 사용을 증가시킴으로써 가져올 수 있는 잠재적인 성과를 예측하게 해 준다. 그러므로 모든 파트너는 과제 내 단계를 보여 주고, 활동 완수를 위한 단계와 시간을 보여 주고, 활동 간 원활한 전이를 지원하는 시각적이고 조직적인 지원을 사용하도록 격려되었다. 마찬가지로, 파트너는 몸짓, 신호, 그림과 같은 세희의 표현 의사소통을 촉진하는 보완의사소통 지원을 사용하도록 격려되었다.

세희의 부모와 팀은 SCERTS 진단-질문지와 SCERTS 진단-관찰의 결과를 검토함으로써 세희의 사회적 지원망에서 강점으로 나타나고 있거나 주요 요구로 간주되는 수많은 학습 지원을 파악할 수 있었다. 다음의 표는 강점과 요구 각각에 대한 몇 가지 예시를 보여 준다.

강점	요구
세희의 부모는 적극적인 참여를 촉진하도록 활동을 구조화하고 세희의 성공을 돕기 위해 활동과 환경 내 감각적 속성을 수정하는 능력을 가지고 있다(예: 자극이 과다한 환경에서 자극 줄이기)(LS1.3, LS4.2).	예측 가능한 운반구(예: "준비……시……") 또는 시각적 단서(예: 엘모 사진) 사용 여부에 따라 세희의 어휘가 증감하기 때문에, 보완의사소통 지원의 사용을 증가시킬 필요가 있다(LS2.3).
세희의 특수교사는 대집단 이야기나누기 활동의 예측 가능한 순서를 개발하였고, 활동 내 단계를 인식할 수 있도록 시각적 지원을 사용한다. 이러한 지원은 결과적으로 세희의 집중과 참여를 촉진한다(LS1.3, LS3.1).	과제 내 단계를 보여 주고, 활동 완수를 위한 단계와 시간을 보여 주고, 활동 간 원활한 전이를 지원하는 시각적 지원의 사용이 여러 파트너와 다양한 활동에 걸쳐서 실행될 필요가 있다(LS3.1~LS3.3).

세희의 사회적 지원망을 통한 다양한 학습 지원 사용에 대한 요약 정보는 SCERTS 진단-관찰 기록지와 SCERTS 진단 요약지에서 볼 수 있다.

A-7. 사회-정서 성장 지표: 결과 및 의견

다음으로 세희의 팀은 사회-정서 성장 지표에 대한 기초선 종합점수를 산출하였다. 팀 구성원 모두는 세희의 점수가 세희 행동의 전반적인 질적 측면에서 향후 성취를 측정하는 데에 기준을 제공한다는 것을 알기 때문에 이 지표에 상당한 관심을 보였다. 사회-정서 성장 지표로 측정되는 행동의 질은 다음과 같다: (1) 행복감, (2) 자아의식, (3) 타인의식, (4) 적극적인 학습 및 조직화, (5) 융통성 및 회복력, (6) 협력 및 행동의 적절성, (7) 독립성, (8) 사회적 소속감 및 우정(사회-정서 성장 지표에 대한 상세한 설명은 1권의 7장 참조). 사회-정서 성장 지표 점수를 산출한 결과, 세희는 적극적인 학습과 조직화 및 자아의식에서 상대적인 강점을 보이는 것으로 나타났다. 유연성과 탄력성 그리고 협력과 행동의 적절성은 요구 영역으로 포함되었다.

B. 주요 정보원 2: SCERTS 진단-관찰 결과와 우선순위에 대한 가족의 견해

교육 프로그램의 구체적인 장단기 교수목표를 결정하기 전에 교육 팀은 부모에게 SCERTS 진단-관찰과 행동 표집을 통해서 세희의 대표적인 행동이 표집되었는지 또는 SCERTS 진단 요약지에 세희의 강점과 요구가 정확하게 기록되었는지 등의 의견을 공유해 줄 것을 요청하였다. 또한 부모에게 주요 관심사를 다시 진술하고 세희의 발달에 대한 희망사항과 기대를 이야기하도록 요청하였다. 세희가 지닌 어려움이 가족의 상호작용과 생활에 어떤 영향을 미치는지를 이해하는 것은 시간이 지남에 따른 가족의 진보에 대한 주요 측정을 가능하게 해 주기 때문에, 이와 같은 기회는 팀에게 중요한 기초선 정보를 제공해 준다. 부모는 또한 자신들에게 가장 도움이 될 만한 정보와 지원 유형에 대해 말할 기회를 가졌다. 이와 같은 가족의 견해는 SCERTS 진단 요약지에서 볼 수 있다.

7 7단계: 장단기 교수목표의 우선순위 정하기

SCERTS 진단-질문지, SCERTS 진단-관찰, 행동 표집, SCERTS 진단 요약지를 모두 포함하는 SCERTS 진단을 통해 수집된 정보에 기초하여 세희의 부모와 교육 팀은 함께 다음과 같은 기준에 의해서 장단기 교수목표의 우선순위를 결정하였다: (1) 가장 기능적인가, (2) 가족의 우선순위를 직접적으로 다루는가, (3) 세희와 파트너를 위해 SCERTS 진단 요약지에 제시된 발달상의 요구 영역에 부합하는가. 가장 기능적이면서 가족의 우선순위에 가장 근접하게 일치하는 목표를 동등하게 고려해야 하기 때문에 SCERTS 진단-관찰에서 보인 세희의 수행이 주간 교수목표를 선정하기 위한 유일한 변수가 될 수는 없다. 이것은 때로는 위계를 벗어나는 교수목표를 선정하게 만들기도 하지만, 이러한 융통성과 개별화는 실제로 SCERTS 모델 프로그램의 성공적인 실행을 위한 주요 요소로 고려된다.

1권의 7장에서 언급한 바와 같이, 공동관심과 상징 사용에서의 교수목표는 함께 짝을 이루는 경우가 많은데, 따라서 세희는 좀 더 정교한 상징 수단을 이용해서 자신의 의도를 의사소통하는 방법을 배우게 된다. 마찬가지로, 다양한 대인관계 지원과 학습 지원 목표도 서로 연계되며, 이를 통하여 세희의 파트너는 주어진 활동에서 상호작용 방식을 수정하고 학습 및 환경 조정을 실행하는 방법을 배우게 된다.

8 8단계: 후속 진단 추천하기

SCERTS 진단 요약지를 검토한 결과 부모는 세희의 사회 의사소통과 정서 조절의 어려움을 보여 주는 대표적인 행동 표본과 함께 가장 적절한 교류 지원에 관한 정보가 수집되었다고 생각하였다. 3개월 후로 예정된 재진단 외에는 추가적인 검사를 추천하지 않았다.

9 9단계: 세희, 부모, 서비스 제공자를 위한 SCERTS 교육 프로그램 계획하기

SCERTS 진단의 9단계는 여러 가지 의미 있고 목표 지향적인 주요 활동과 이러한 활동에서 제공될 사회적 지원(즉, 팀 구성원의 역할과 책임), 그리고 서비스 제공에서 주요 역할을 담당하게 될 친숙한 파트너를 알아내는 것이다. 통합된 유아교육 장면에서 세희의 팀 리더인 특수교사는 세희와 그 가족을 위한 교육 및 지원 프로그램을 구성하는 주요 역할을 맡았다. 특수교사는 집중적인 교육 프로그램이 지속되어야 할 필요성과 함께 1년 내내 적어도 주당 25시간 이상 계획된 그리고 발달적으로 적합한 학습 기회를 제공해야 한다는 것에 대한 논의를 이끌었다. 또한 세희가 프로그램에 적극적으로 참여하기 위해서는 충분히 개별화된 관심이 필요하다고 지적하였다. 또한 가정과 지역사회에서의 세희의 정서 조절과 관련된 가족의 불안함을 다루기 위한 교육 지원을 제공하기 위해서는 가족과의 협력하에 계획을 수립할 필요가 있다.

SCERTS 진단에서 이 단계는 세희의 자연적인 일과 중 의미 있고 목표 지향적인 약 3시간의 활동이 각각 포함된, 오전과 오후 두 가지 SCERTS 활동 계획서를 개발함으로써 완결되었다. 하루에 약 6시간씩 주당 총 30시간에 대해서 SCERTS 모델 프로그램이 계획되었다. SCERTS 활동 계획서에는 활동에서 다루게 될 구체적인 목표, 세희의 독특한 사회 의사소통 및 정서 조절 능력에 따라 적절하다고 판단되는 사회적 맥락의 복잡성(즉, 자연스러움의 정도 및 일대일 지원의 양과 빈도), 그리고 하루 전반에 걸쳐 함께 있게 될 파트너가 포함되었다. 또한 SCERTS 활동 계획서에는 각 활동에 삽입될 파트너 목표와 구체적인 교류 지원(예: 대인관계 지원, 학습 지원)이 포함되었다

다음으로, 세희의 팀 리더는 SCERTS 가족 지원 계획서를 작성하기 위한 팀의 논의를 이끌어 가기 위해 SCERTS 진단-관찰 기록지의 교류 지원 영역을 통해 수집한 정보와 함께 SCERTS 진단-질문지를 통해 부모가 제공한 정보를 보고하였다. 이 책의 3장에서 설명하였듯이, SCERTS 모델에서 아동의 직계가족과 확대가족에게 교육 지원 및 정서 지원 모두를 제공하는 것은 선택사항이기보다는 오히려 주요 우선순위를 지닌다. 따라서 세희의 팀 리더는 세희의 교육 프로그램 개발이 이와 같은 중요한 단계를 거치지 않고는 완성될 수 없다고 강조하였다.

A. 세희의 가족을 위한 교육 지원

이미 설명한 바와 같이, 세희의 부모가 보여 준 우선적인 교육적 관심은 다음과 같다: (1) 빈번하고 강도 높은 탠트럼과 일과의 변화에 대한 적응의 어려움 등의 사례로 알 수 있는 지속적인 정서 조절의 어려움, (2) 의사소통을 위한 단어 사용이 제한되고 일관성이 없게 만드는 요인, (3) 오빠와의 놀이 상호작용 중에 세희를 지원해 주는 가장 좋은 방법. 따라서 교육 지원은 다음과 같은 일반적인 목표를 다룰 필요가 있는 것으로 나타났다.

목표 1 가족이 세희의 장애 특성을 이해하고 그러한 특성이 세희의 발달에 구체적으로 어떤 영향을 미치는지에 대해 이해할 수 있도록 정보와 자원 제공하기 세희의 가족에게 지원이 필요한 영역은 다음과 같다: (1) 세희가 보이는 정서 조절의 어려움과 현재 사용하고 있는 상호조절 및 자기조절 전략 이해하기, (2) 세희의 사회 의사소통 수준과 현재 사용하고 있는 의사소통 전략 이해하기, (3) 앞으로의 발달에 대하여 적절하게 기대할 수 있도록 세희와 관련된 사회-정서, 언어, 의사소통 발달의 순서와 과정 이해하기.

기대되는 성과: 세희의 가족은 자폐 범주성 장애에 대해 알고 그러한 장애가 일생동안 세희의 기능적인 능력에, 특히 다음과 같은 점에서 구체적으로 어떤 영향을 미치는지에 대해 좀 더 잘 알게 될 것이다: (1) 세희가 현재 보이는 정서 조절 어려움 이해하기, (2) 세희의 사회 의사소통 수준 이해하기, (3) 세희의 발달과 관련된 사회-정서, 언어, 의사소통 발달의 순서와 과정 이해하기. 이들은 정보를 찾기 위해 자원을 활용할 줄 알고 세희가 성장해 감에 따라 계속해서 적극적으로 학습하게 될 것이다.

목표 2 가족이 일상적인 활동에서 세희의 발달을 지원할 수 있도록, 또한 스트레스가 많거나 어렵다고 느끼는 구체적인 이슈를 다룰 수 있도록 지식과 기술 제공하기 세희의 가족을 위한 이슈는 다음과 같다: (1) 세희가 오빠와 상호작용하도록 지원하는 안전하고 예측 가능한 일상의 활동과 일과 알아내기, (2) 오빠가 효과적으로 대인관계 지원과 학습 지원을 사용하도록 그 능력을 촉진하고 지원하기.

기대되는 성과: 세희의 가족은 다양한 상황과 일상적인 활동에서 세희의 발달을 촉진하기 위해 필요한 지원을 제공하는 데 있어서, 또한 특정 시점에 직면하게 되는 가장 심각한 어려움이 무엇인지 알고 대처하는 데 있어서 자신감을 갖게 될 것이다. 특히 다음과 같은 측면에서 자신감을 보이게 될 것이다: (1) 세희가 남동생과의 상호작용에 참여하도록 지원하는 안전하고 예측 가능한 매일의 활동과 일과, (2) 대인관계 지원과 학습 지원을 사용하는 남동생의 능력을 촉진하고 지원하기.

세희의 가족을 위한 SCERTS 가족 지원 계획의 첫 단계는 자원을 제공하는 것이다. 가족 간의 수많은 다양성과 서로 다른 가치관을 고려해서 세희의 팀 리더는 적절한 교육 프로그램을 추천해 주고 어린 아동의 사회-정서 및 의사소통 발달 정보를 제공해 주는 자폐 범주성 장애 아동의 부모를 위해 작성된 최신 도서, 비디오테이프, 논문의 개별화된 목록을 제공하였다. 가족 지원 계획의 다음 단계는 상호작용적 안내를 포함한다. 이 단계는 SCERTS 진단-관찰에서 확인된 현행 파트너 목표에 가정과 학교 간의 일관되고 협력적인 초점을 맞추기 위한 것이다. 여기서는 다음과 같은 파트너 목표가 다루어질 것이다: 조절장애 신호 인식하고 지원하기(IS 1.5), 아동의 의사소통과 표현언어를 강화하기 위해 보완의사소통 지원 사용하기(LS 2.1), 활동 간 원활한 전이를 위해 시각적 지원 사용하기(LS 3.3).

세희의 부모를 포함한 팀은 이러한 목표를 대상으로 교육 지원을 제공하기 위한 팀 회의를 개최하기 위해서 특수교사가 매월(월 1.5시간) 가정/지역사회를 방문하기로 하였다. 세희의 가족은 세희가 오빠와 상호작용하는 데에 관심을 보이기 시작한다는 것을 우선순위로 삼았기 때문에 팀은 오빠가 가능한 한 이때 함께 참여하게 하는 데에 동의하였다. 방문 중에 오빠가 세희와 놀이하는 동안 시각적 지원을 사용하고 동생이 보이는 조절장애 신호를 알아차리도록 도와주는 시간을 책정하였다.

팀은 월 단위의 교육적 방문 외에도 세희의 성취를 축하해 주고 조절의 어려움으로 인해 발생할 수 있는 문제를 해결하기 위한 수단으로 매일 사용할 수 있는 효율적인 의사소통 체계를 고안할 필요가 있다는 것을 인식하였다. 이러한 목적을 위해 팀은 사회 의사소통, 정서 조절, 교류 지원의 세 부분으로 나누어 의견을 받을 수 있도록 양식을 만들어 사용하기로 하였다. 마지막으로, 세희의 부모가 세희와 학급 또래 간의 우정을 촉진시키는 방법을 학습하는 데에 관심을 보였기 때문에 팀 리더는 세희와 어머니가 매주 학교 언어치료사가 운영하는 양육자-아동 그룹(즉, '엄마와 나' 점심)에 참여하도록 권고하였다. 부모는 이러한 교육과 네트워킹 기회에 대해 홍분을 표현하였으며 참여에 동의하였다.

B. 세희의 가족을 위한 정서 지원

세희의 부모는 장애진단 이후에도 딸의 양육을 전적으로 즐거워하고 세희의 발달 지원과 교육 프로그램 계획에 적극적으로 참여해 왔음에도 불구하고, 다음과 같은 영역에서 정서 지원을 필요로 한다는 사실이 SCERTS 진단을 통해 분명하게 드러났다.

목표 1 가족이 자폐 범주성 장애를 지닌 세희를 양육하는 데에서 오는 스트레스와 어려움을 다룰 수 있도록 능력 강화하기

기대되는 성과: 가족은 자폐 범주성 장애를 지닌 세희로 인해 직접적으로 또는 간접적으로 경험하게 되는 피할 수 없는 스트레스를 다루기 위한 구체적인 대처 능력을 개발할 것이다.

목표 2 세희의 가족이 다양한 종류의 활용 가능한 공식적 또는 비공식적 정서 지원을 알고 접근할 수 있도록 돕기

기대되는 성과: 세희의 가족은 특정 시점에 갖게 되는 정서적 요구에 가장 적합한 공식적 또는 비공식적 지원에 접근할 수 있게 될 것이다.

목표 3 세희의 가족이 세희의 발달과 가족의 삶을 위해 그들 자신의 우선순위를 파악하고, 적절한 기대치를 설정하고, 현실적이고 성취 가능한 목표를 세울 수 있도록 돕기

기대되는 성과: 세희의 가족은 세희와 가족을 위해 다루어야 할 가장 중요한 이슈가 무엇인지 알게 될 것이며, 세희를 위한 현실적인 목표와 기대를 수립하고, 가족의 생활방식과 가치관에 맞도록 가족생활의 균형을 찾게 될 것이다.

지역사회 내에서 선택 가능한 몇 가지 정서 지원에 대해서는 세희의 부모와 논의하였다. 여기서 말하는 지원에는 학교 관할 교육청에서 한 달에 한 번 실시하는 지역교육청 차원의 부모 지원 모임, 좀 더 큰 단위의 지역사회 부모 지원 모임, 일대일 지원 모임과 같은 공식적인 지원이 포함된다. 회의 중에 세희의 부모는 지역사회와 접촉할 기회를 원하였으며, 학교 체계에서 제공되는 월 단위 관할 교육청 차원의 지원 모임에 합류하고 싶다는 강한 열망을 보였다.

C. 전문가 간 지원

세희의 교육 프로그램을 계획하고 고안하기 위한 마지막 단계로 세희의 팀 리더는 전문가와 기타 서비스 제공자들이 집중적인 교육 프로그램을 실행할 때 상당한 어려움에 직면하게 된다는 사실을 SCERTS 모델이 얼마나 잘 인식하고 있는지에 대해 논의하였다. 전문가와 기타 서비스 제공자(예: 준전문가)가 아동과 가족을 최대한 효과적으로 지원할 수 있게 하기 위해서는 전문가와 서비스 제공자를 위한 SCERTS 지원 계획이 필요하다. SCERTS 활동 계획서에 기록된 것처럼 세희의 팀은 전문가뿐만 아니라 준전문가도 포함하고 있기 때문에 세희의 특수교사나 언어치료사 또는 작업치료사가 준전문가에게 주당 적어도 5시간 이상 매일 수퍼비전을 제공하는 것으로 멘토링 계획을 세웠다. 수퍼비전은 두 달에 한 번 모이는 수퍼비전 회의에서 이루어지며, 직접적인 교육과 안내뿐만 아니라 일대일 정서 지원과 직접적인 교육적 및 상호작용적 지도로 구성되었다. 다음으로, 세희의 팀 리더는 매월 팀 회의를 개최해서 세희의 진보와 요구가 대인관계 지원 및 학습 지원과 일치하는지에 대하여 협의할 것을 제안하였다. 또한 세희의 작업치료사에게는 세희의 각성 수준과 정서 표현을 촉진하기 위해서 고안된 세희의 정서 조절 발달과 관련된 그리고 효과적이고 개별화된 대인관계 지원 및 학습 지원과 관련된 구체적인 지도법을 알려 주는 연수를 실시해 줄 것을 제안하였다.

10 10단계: 지속적으로 점검하기

세희와 파트너를 위한 주간 교수목표를 결정한 후에 팀은 교육 프로그램에서의 지속적인 진도점검의 필요성에 대해 논의하였다. 이를 위해서 팀은 세희의 연령과 세희가 어려운 활동을 견디기 힘들어한다는 점을 고려하여 SCERTS 활동 일지 II를 사용하기로 결정하였다. 세희의 팀은 모든 활동에서 모든 목표에 대한 자료를 수집하는 것이 실현 가능해 보이지는 않지만 프로그램 실행의 효과를 결정하기 위한 정보를 제공해 주는 진도점검은 매우 중요하다고 판단하였다. 따라서 각각의 목표에 대해 매일 한두 가지 활동에서 수행을 추적하기로 하였다. 교사와 준전문가가 세희의 오전 활동 일과 동안 자료 수집의 주요 책임을 맡기로 하였다. 이들은 세희의 사회 의사소통과 정서 조절 목표의 절반과 파트너를 위한 교류 지원 목표의 절반에 대하여 진전 상황을 점검하기로 하였다. 오후 활동 일과 중 자료 수집을 위한 책임은 부모와 준전문가가 맡기로 하였다.

세희의 팀은 SCERTS 주간 기록지를 완성하기 위해 SCERTS 활동 일지에 기록된 정보를 사용하기로 계획하였다. 언어치료사가 매주 정보를 모아서 팀과 공유하는 책임을 맡기로 하였다. 팀은 또한 프로그램 실행의 효과를 결정하기 위해서는 주 단위로 세희의 진도를 점검하는 것이 중요하다고 판단하였다. 마지막으로, 이들은 수립된 목표가 성취되고 있는지와 새로운 목표가 필요한지를 결정하기 위해 3개월마다 분기별로 새로운 SCERTS 진단 양식을 작성할 필요가 있다고 논의하였다. 이러한 진단은 진도 부진으로 인해서 세희의 교수목표를 변경할 필요가 있는지를 결정하는 데 사용될 것이다.

제 6 장

언어 파트너 단계의 사회 의사소통, 정서 조절, 교류 지원 강화: 진단부터 프로그램 실행까지

1. 언어 파트너 단계에서 공동관심 관련 목표의 우선순위 정하기
2. 언어 파트너 단계에서 상징 사용 관련 목표의 우선순위 정하기
3. 언어 파트너 단계에서 상호조절 관련 목표의 우선순위 정하기
4. 언어 파트너 단계에서 자기조절 관련 목표의 우선순위 정하기
5. 언어 파트너 단계에서 대인관계 지원 관련 목표의 우선순위 정하기
6. 언어 파트너 단계에서 학습 지원 관련 목표의 우선순위 정하기

※ 언어 파트너 단계 아동의 사례

사례 1: 초기 언어 파트너 단계

사례 2: 상위 수준 언어 파트너 단계

SCERTS 모델은 언어 파트너 단계에서 종합적인 교육 프로그램을 개발하거나 아동의 기존 프로그램을 조정할 때 사람, 장소, 상황에 따른 의사소통을 지원하는 아동의 발달 능력을 가장 우선시한다. 1권의 7장에서 서술하였듯이, 이러한 과정은 사회 의사소통 및 정서 조절 영역에서의 아동의 현재 발달 수준에 근거하여 각 영역의 장단기목표를 파악하는 것으로 시작되며, 그다음으로는 아동과 가족을 위해 가장 적용 가능한 교류 지원이 무엇인지 결정하게 된다. 이것은 아동의 학습상의 강점과 요구, 가족의 우선순위, 일과 내 활동과 진행되고 있는 교육 프로그램에서의 어려움을 근거로 하는 융통성 있는 과정이어야 한다.

이 장에서는 언어 파트너 단계 중 초기 수준과 상위 수준에 있는 아동 두 명을 위한 교육 프로그램의 개발과 실행 과정을 설명하고자 한다. 이 두 아동은 서로 매우 다른 수준의 능력을 지니고 있어 언어 파트너 단계의 프로그램을 구성할 때 다루어야 하는 다양한 쟁점을 고려할 수 있게 해 준다. 각 아동의 프로그램은 사회 의사소통과 정서 조절에 있어서 아동 고유의 요구와 학습상의 강약점을 근거로 개별화되어야 하기 때문에 이 장에서 묘사하는 목표와 활동은 이 단계의 모든 아동이 따라야 하는 '처방'으로 여겨져서는 안 된다. 이 책의 1장에서 논의된 바와 같이, 아동을 위한 교수목표의 우선순위는 다음의 기준에 근거한다: (1) 사회 의사소통과 정서 조절에서의 가장 기능적인 능력을 목표로 하는가(즉, 일과 내 자연적인 활동에서 아동이 적극적으로 참여하도록 지원하는 능력), (2) 가족의 우선순위를 직접적으로 다루는가(즉, 부모와 기타 가족 구성원의 가치관과 일치하는 목표), (3) 발달적으로 적합한가(즉, SCERTS 진단-관찰에서 나타난 아동의 수행과 일치하는 목표). 이와 같은 기준을 따름으로써 아동이 자신이 습득한 기술을 가능한 한 독립적으로 언제 어떻게 사용하는지를 이해하고 이러한 능력을 가족 및 일상에서 만나는 수많은 파트너가 중요하다고 생각하는 활동에서 일관되고 기능적인 방법으로 적용할 수 있게 해 주는 능력을 강화하는 데 초점을 맞출 수 있다.

1장에서 설명한 바와 같이 SCERTS 모델 프로그램은 아동을 적극적으로 참여시키기 위해서 개별화된 관심을 가지고 일 년 내내 적어도 주당 25시간의 계획된 학습 기회를 포함시킨다. 따라서 언어 파트너 단계에 있는 아동을 위한 종합적이고 집중적인 교육 프로그램을 고안하기 위해서는 다음과 같은 노력이 요구된다: (1) 일과 내에서 의미 있고 목표 지향적인 활동을 하기 위한 상세한 계획 세우기, (2) 이러한 상황에 내포된 현재의 어려움이 무엇인지 알아보기, (3) 아동 고유의 사회 의사소통 및 정서 조절 능력에 적합한 사회적 맥락의 복잡성 결정하기(예: 일대일, 소집단, 대집단 환경). 또한 아동의 교육 프로그램의 일부로 사회 의사소통 목표를 정할 때 전형적인 발달을 보이는 아동 또는 언어 및 사회성 모델을 제공할 수 있는 아동과 함께 배우는 기회를 제공하는 것은 매우 중요하다는 사실을 명심해야 한다(2장의 '성공적인 통합 및 또래와의 학습과 놀이' 참조).

좀 더 자연스러운 맥락에서 아동의 성취를 증진시키려면 가족과 교육 팀 구성원은 계획된 활동 일과, 설계된 활동, 수정된 자연적 활동을 실행하기 위해 신중한 노력을 기울여야 한다. 1장에서 이미 설명한 바와 같이, SCERTS 모델은 자연스러움의 연속체에 대해서 엄격한 위계적 순서를 주장하지는 않는다. 오히려 계획된 활동 일과와 설계되고 수정된 활동이 다양한 활동의 복잡성과 하루 전반에 걸친 다양성에 따라 그날의 여러 시간대로 병합된다. 경우에 따라서는 일대일로 계획된 활동 일과가 특정 목표의 연습과 시연을 위한 기회로 제공될 수도 있다. 언어 파트너 단계에서 계획된 활동 일과를 사용할 때에는 자연적인 학습 환경에서 구할 수 있는 실물 또는 비슷한 교재를 사용하는 것이 중요하다. 그러나 언어 파트너 단계에서는 더 높은 발달 능력을 보이는 아동일수록 다양성과 융통성에 대처하는 기술이 더욱 중요해진다. 아동이 목표 기술을 언제 어떻게 사용하는지에 대한 자연적인 단서를 이해하도록 지원하기 위해서는 궁극적으로 목표 능력을 사용하게 될 맥락 내에서의 연습과 시연이 가장 효과적이다. 그러나 사회적 파트너 단계와 비교하자면, 새로운 경험에 대처하면서 적극적으로 문제를 해결할 수 있도록 지원하기 위해서는 교육 프로그램을 계획할 때 융통성을 더 많이 도입하는 것이 중요한 역할을 하게 된다.

더욱이 3장에서 논의된 바와 같이, SCERTS 모델은 언어 파트너 단계의 아동을 위한 종합적인 교육 프로그램의 성공적인 실행이 아동의 교수목표를 정하고 지원하는 것에만 전적으로 의존하지는 않는다는 사실을 인식한다. 가족을 위한 교육 지원과 정서 지원을 제공하기 위해 SCERTS 가족 지원 계획이 필요하며, 현직연수, 계속교육, 팀 협력을 모두 다루기 위해서는 전문가와 서비스 제공자를 위한 SCERTS 지원 계획이 필요하다. 아동의 파트너는 지원망에 포함될 때에야 비로소 사회 의사소통 및 정서 조절을 촉진하고 적절한 교류 지원을 실행하기 위한 능력을 계발하기 시작할 수 있다. 이러한 지원 계획은 아동, 가족, 서비스 제공자의 변화하는 요구에 민감해야 하며 언어 파트너 단계에서 아동이 직면하는 고유의 어려움을 다룰 수 있어야 한다.

1권의 2장에서 설명한 바와 같이, 언어 파트너 단계에서는 아동이 보다 적극적인 사회적 및 의사소통 파트너가 될 수 있게 하는 두 가지 주요 발달상의 변화가 나타난다: (1) 첫 단어기로의 발달, (2) 단어 조합 단계로의 발달. 이 단계에 들어선 아동은 사회적 파트너 단계의 아동보다 더 명백한 의도성의 증거를 보인다. 사실상 이 단계의 아동은 비사회적인 목적(예: 요구하기, 거부하기)뿐만 아니라 특정 사회적 목적(예: 위로 구하기)을 위해서도 보다 지속적으로 의사소통하게 된다. 게다가 언어 파트너 단계의 아동은 상징 사용 능력을 발달시키기 위해 다양한 유형의 능동적인 학습 전략을 사용하는데, 이는 사물이나 사건을 지칭하는 단어를 이해하고 사용하거나, 새로운 행동을 모방하고, 놀이에서 사물을 가장하여 사용하는 능력으로 알 수 있다. 이 단계에서 아동은 의사소통 파트너에게 자신의 의도를 성공적으로 전달했는지를 점점 더 인식하게 되고 메시지를 전달하기 위해서는 좀 더 분명한 의사소통 신호를 사용할 필요가 있다는 사실을 인식하게 된다. 초기 단어 목록을 습득하고 나면 어휘가 급속하게 확장되고 단어 조합이 가능해지며 아동은 더 다양한 의도, 정서, 개인적인 경험을 공유할 수 있게 된다.

마찬가지로, 언어 파트너 단계에서 아동은 관심을 공유하는 능력을 발달시키는데, 이는 파트너가 주의를 기울이고 있는 것이 무엇인지 알아차리고 그 사람이 현재 어떤 활동을 하고 있는지를 고려하면서 타인의 구어 및 비구어적 의사소통에 내재된 의도를 추론할 수 있는 능력이 나타나기 시작한다는 점에서 알 수 있다. 보다 정교한 공동관심 능력이 생기면, 아동은 양육자를 큰 소리로 부르는 등 타인의 주의를 끄는 부가적인 전략을 사용하고, 훨씬 더 다양한 파트너에게 인사하고, 허락을 구하고, 흥미로운 물건이나 사건에 대해 언급할 수 있게 된다.

SCERTS 모델의 사회 의사소통 영역에서의 이러한 성취는 일반적으로 공동관심 및 상징 사용의 발달 결과로 나타난다. 정서 조절 영역에서는 상호조절 및 자기조절 성취 결과로 나타난다.

1. 언어 파트너 단계에서 공동관심 관련 목표의 우선순위 정하기

공동관심과 관련된 여러 가지 주요 발달지표는 아동이 언어 파트너 단계에서 대화 파트너 단계로 전환하는 데 기여하며, 상호적 상호작용에서의 보다 효과적이고 명백한 의사소통적 교환의 발달에 기여한다. 이와 같은 발달지표는 자폐 범주성 장애 아동이 언어 파트너 단계를 거치면서 발달해 갈 때 목표 영역의 우선순위를 정하기 위한 틀을 제공해 준다. 목표 영역은 다음과 같은 능력을 포함한다: (1) 상호적 상호작용에 참여하기, (2) 관심 공유하기, (3) 정서 공유하기, (4) 다른 사람의 행동을 조절하기 위해 의도 공유하기, (5) 사회적 상호작용을 위해 의도 공유하기, (6) 공동관심을 위해 의도 공유하기, (7)의사소통 실패를 복구하고 지속하기, (8) 상호적 상호작용에서 경험 공유하기.

언어 파트너 단계에서의 공동관심 발달은 관심, 정서, 의도 공유를 통해 궁극적으로 경험을 공유하게 하는 상호적 의사소통 참여에 필요한 기본 요소의 습득에 기초가 된다. 따라서 언어 파트너 단계 아동의 경우 초기 사회적 대화에서 사물이나 사건에 대해 언급하기 위해서뿐만 아니라 경험을 공유하기 위해서 관심, 정서, 의도를 조직화하는 능력을 발달시키게 된다. 이러한 능력이 통합되는 것은 아동의 의사소통 기능 레퍼토리 확장과 상호적 상호작용 참여 능력(즉, 청자와 화자 역할 모두에서의 상호성을 보여 줌으로써) 증진에 도움을 준다. 이러한 발달 경로에 따른 구체적인 발달지표는 이 단계 아동의 주간 교수목표를 결정하기 위한 발달 기준을 제공한다. 여기에는 다음과 같은 내용이 포함된다.

1. 아동은 다음과 같은 방법으로 상호적 상호작용에 참여한다.
   a. 상호작용 시도 시작하기
   b. 간단한 상호적 상호작용에 참여하기
   c. 확장된 상호적 상호작용에 참여하기

2. 아동은 다음과 같은 방법으로 관심을 공유한다.
   a. 사람과 사물 간에 시선 옮기기

b. 짚어서 가리키거나 멀리 있는 것을 가리킬 때 쳐다보기
c. 사회적 파트너의 관심 초점 따르기
d. 의도를 나타내기 전에 자신에게로 주의 끌기

3. 아동은 다음과 같은 방법으로 정서를 공유한다.
a. 부정적인 정서와 긍정적인 정서 공유하기
b. 다양한 정서를 표현하기 위해 상징 이해하고 사용하기
c. 파트너의 정서 표현 변화에 동조하기
d. 다른 사람의 정서 상태 설명하기

4. 아동은 다음과 같은 방법으로 다른 사람의 행동을 조절하기 위해 의도를 공유한다.
a. 원하는 음식이나 사물 요구하기
b. 원하지 않는 음식이나 사물 거부/거절하기
c. 도움 또는 기타 행동 요구하기
d. 원하지 않는 행동이나 활동 거부하기

5. 아동은 다음과 같은 방법으로 사회적 상호작용을 위해 의도를 공유한다.
a. 위로 구하기
b. 사회적 게임 요구하기
c. 차례 주고받기
d. 인사하기
e. 부르기
f. 자랑하기
g. 허락 구하기

6. 아동은 다음과 같은 방법으로 공동관심을 위해 의도를 공유한다.
a. 사물에 대해 언급하기
b. 행동이나 사건에 대해 언급하기
c. 관심 있는 것에 대해 정보 요구하기

7. 아동은 다음과 같은 방법으로 의사소통 실패를 복구하고 지속한다.
   a. 맥락에 적절한 비율로 의사소통하기
   b. 의사소통 실패를 복구하기 위해 반복하거나 수정하기
   c. 의사소통 실패 인식하기

8. 아동은 다음과 같은 방법으로 상호적 상호작용에서 경험을 공유한다.
   a. 경험을 공유하기 위해 관심, 정서, 의도 조절하기
   b. 경험을 공유하기 위해 청자 및 화자의 역할을 바꾸어 가며 상호작용하기
   c. 친구와 상호작용 시작하고 경험 공유하기

언어 파트너 단계의 자폐 범주성 장애 아동은 의도적인 의사소통의 기초 발달 지표 중 일부를 이미 성취하고 있을 수도 있다. 그러나 공동관심에서의 어려움은 여전히 지속되며 사회 의사소통의 더 많은 발달을 이루는 데에 필요한 주요 기초 능력을 저해한다. 1권의 2장에서 설명하였듯이, 이 단계에 있는 자폐 범주성 장애 아동은 종종 다음의 능력에서 어려움을 보이곤 한다: (1) 파트너를 시각적으로 관찰하고 그들의 관심을 끌기 위해 좀 더 정교한 전략 사용하기, (2) 파트너가 무엇에 관심을 기울이는지 바라보고 언급함으로써 파트너의 관심 초점 점검하기, (3) 다른 사람의 정서 상태를 추론하고 설명하기 위해 비구어적인 사회적 단서 해석하기, (4) 보다 확장된 상호 교환(예: 사회적 게임 요구하기, 차례 주고받기, 경험 공유하기)을 유지하기 위해 다양한 사회적 목적(예: 정서 표현하기, 언급하기, 허락 구하기)으로 의사소통하기.

이 단계에서의 이와 같은 어려움은 특히 자폐 범주성 장애 아동이 보다 다양한 파트너와 다양한 상황에서 상호작용하기 시작할 때 더욱 분명하게 드러난다. 다양한 상황에서의 행동상의 차이는 전형적으로 발달하는 아동에게서도 종종 나타나며 특히 익숙하지 않은 상황에 처음 노출될 때 자주 관찰되지만, 자폐 범주성 장애 아동에게서는 보통 이러한 차이의 정도가 매우 크고 장기적으로 나타나기 때문에 이러한 차이를 설명하기 위해 **상황에 제한된 학습**(situation-specific learning)이라는 용어를 사용해 왔다(자세한 내용은 1권의 2장 참조). 자폐 범주성 장애 아동은 언어 파트너 단계에서 친숙한 파트너와 익숙한 일과에 대한 강한 편향성을 보이곤 한다. 따라서 SCERTS 진단에서 아동이 특정 기술에 대한 준거에 도달했는

지에 대한 기대는 사회적 파트너 단계에서보다 커진다. 이러한 변화는 이 단계의 SCERTS 진단-관찰 채점 기준에도 분명히 명시되어 있듯이 특정 목표가 적어도 두 가지 다른 활동(예: 양육 일과, 놀이)이나 상황(예: 학교, 가정)에서 적어도 세 명 이상의 다양한 파트너를 대상으로 나타나는지 확인하게 만든다.

2. 언어 파트너 단계에서 상징 사용 관련 목표의 우선순위 정하기

상징 사용과 관련된 여러 가지 주요 발달지표는 아동이 언어 파트너 단계에서 대화 파트너 단계로 전환하는 데에 기여하며, 상호적 상호작용에서 보다 효과적이고 분명한 의사소통적 교환을 발달시키는 데에도 도움을 준다. 또한 이 단계에서의 상징 사용 성취는 보다 창의적이고 생성적인 언어 사용을 포함한다. 아동이 언어 파트너 단계에 들어설 때 이미 물건을 주거나 밀어내기, 물건 보여 주기, 집게 손가락으로 가리키기, 고개 끄덕이기 등과 같이 보다 관습적이거나 쉽게 이해할 수 있는 일련의 몸짓을 보이게 되며, 이러한 몸짓은 일과에 대한 수어, 그림, 단어와 같은 초기 상징적 의사소통 형태의 출현과 함께 의사소통의 신뢰할 만한 수단이 된다. 아동이 처음으로 단어 형태나 초기 상징 언어를 습득하게 되면, 곧 급격한 어휘 확장과 단어 조합으로 이어지면서 더욱 다양한 의도, 정서, 개인적 경험을 공유할 수 있게 된다.

전형적인 발달을 보이는 아동이 어떻게 언어 파트너 단계로 발달하는지에 대한 지식과 자폐 범주성 장애 아동의 사회 의사소통 패턴 관련 최근 연구는 팀이 상징 사용에서의 주요 목표 영역에 대한 우선순위를 정하도록 도와준다. 여기에는 다음과 같은 능력이 포함된다: (1) 익숙하거나 익숙하지 않은 행동이나 단어를 관찰하고 모방하여 학습하기, (2) 익숙하거나 익숙하지 않은 활동에서 비구어 단서 이해하기, (3) 놀이 중에 익숙한 사물을 관습적인 방식으로 사용하기, (4) 의도 공유를 위해 몸짓이나 비구어 수단 사용하기, (5) 의미를 표현하기 위해 단어와 단어 조합 사용하기, (6) 맥락적 단서 없이 다양한 단어와 단어 조합 이해하기. 이러한 발달 경로에 따른 구체적인 발달지표는 이 단계 아동의 주간 교수목표를 결정하기 위한 발달 기준을 제공한다. 여기에는 다음과 같은 내용이 포함된다.

1. 아동은 다음과 같은 방법으로 익숙하거나 익숙하지 않은 행동이나 단어를 관찰하고 모방하여 학습한다.
   a. 시범 후 즉시 자발적으로 익숙한 행동이나 단어 모방하기
   b. 시범 후 즉시 자발적으로 익숙하지 않은 행동이나 단어 모방하기
   c. 동작이나 단어를 자발적으로 모방하고 다른 행동을 더하기
   d. 시간이 경과된 후 다른 맥락에서 다양한 행동을 자발적으로 모방하기

2. 아동은 다음과 같은 방법으로 익숙하거나 익숙하지 않은 활동에서 비구어 단서를 이해한다.
   a. 익숙하거나 익숙하지 않은 활동에서 상황 및 몸짓 단서 따르기
   b. 짚어서 가리키거나 멀리 있는 것을 가리킬 때 쳐다보기
   c. 시각적 단서(사진이나 그림)를 동반한 지시 따르기
   d. 얼굴 표정과 억양 단서에 반응하기

3. 아동은 다음과 같은 방법으로 놀이 중에 익숙한 사물을 관습적인 방식으로 사용한다.
   a. 구성놀이에서 다양한 사물 사용하기
   b. 여러 가지 익숙한 사물을 관습적인 방식으로 자신에게 사용하기
   c. 여러 가지 익숙한 사물을 관습적인 방식으로 다른 사람에게 사용하기
   d. 놀이 중 사물을 사용하여 다양한 행동 조합하기

4. 아동은 다음과 같은 방법으로 의도 공유를 위해 몸짓이나 비구어 수단을 사용한다.
   a. 보여주기, 손 흔들기, 멀리 손 뻗기/가리키기, 손뼉 치기, 고개 젓기, 고개 끄덕이기 등의 다양한 관습적 또는 상징적 몸짓 사용하기
   b. 일련의 몸짓이나 비구어 수단을 시선과 함께 사용하기

5. 아동은 다음과 같은 방법으로 의미를 표현하기 위해 단어와 단어 조합을 사용한다.
   a. 소리/단어를 시선 및 몸짓과 함께 조합하여 사용하기
   b. 상징으로 적어도 5~10개의 단어나 반향어 구 사용하기
   c. 존재, 부재/사라짐, 재출현, 거부 등을 위해 초기 관계어 사용하기
   d. 사물, 신체 부위, 행위자에 대해 다양한 이름 사용하기

e. 개인적-사회적 단어, 행위, 수식어, 의문사 등 상위 수준의 관계어를 다양하게 사용하기
f. 수식어+대상, 부정어+대상, 행위자+행위+대상 등 단어 조합에 있어서 다양한 관계 의미 사용하기

6. 아동은 다음과 같은 방법으로 맥락적 단서 없이 다양한 단어와 단어 조합을 이해한다.
a. 자신의 이름에 반응하기
b. 여러 가지 익숙한 단어 및 구절에 반응하기
c. 맥락적 단서 없이 다양한 이름 이해하기
d. 맥락적 단서 없이 행위, 수식어, 의문사 등의 다양한 관계어 이해하기
e. 맥락적 단서 없이 수식어+대상, 부정어+대상, 행위자+행위+대상 등의 단어 조합에서 다양한 관계 의미 이해하기

언어 파트너 단계의 자폐 범주성 장애 아동은 대체적으로 상징 사용에서의 이러한 성취에 어려움을 보이는데, 이는 첫 단어 습득으로의 발달이 어렵다는 점과 함께 융통성 있고 규칙이 있는 언어 체계로의 발달이 어렵다는 점에서도 알 수 있다. 따라서 행위자로서의 사람, 다양한 행위, 다양한 대상을 포함한 일련의 창의적인 단어 조합(예: 행위자+행위+대상 문장)을 형성하는 능력이 자주 손상되어 나타난다. 이러한 어려움은 언어 파트너 단계의 대표적인 성취라고 할 수 있는 더 다양한 의도, 정서, 개인적 경험을 공유하는 능력을 제한하게 된다.

다양한 발달상의 문제와 학습 양식의 차이로 인해 자폐 범주성 장애 아동은 언어 파트너 단계에서 상징 사용에 많은 어려움을 겪는다. 여기에는 다음과 같은 어려움이 포함되는데, 그러나 이러한 것들로만 국한되는 것은 아니다: (1) 사회적 관찰을 통한 학습의 어려움(이러한 어려움은 행위 단어와 상징놀이 발달에 영향을 미침), (2) 단어를 학습한 구체적인 상황 외에서 그 단어를 회상하는 데 있어서의 어려움(즉, 단어 인출의 어려움), (3) 게슈탈트 언어 처리 과정에 대한 의존(이러한 의존성은 상당히 많은 아동에게서 높은 비율로 반향어가 나타난다는 사실에 의해 증명됨), (4) 구강-운동 및 말 산출의 문제로 인한 음성 및 말 의사소통의 어려움. 이와 같은 잠재적인 어려움을 인식하는 것은 언어 파트너 단계의 자폐 범주성 장애 아동을 위한 종합적인 교육 프로그램을 개발하거나 기존 프로그램을 수정할 때 매우 중요

하다.

자폐 범주성 장애 아동은 사회적 관찰을 통한 학습에 심각한 문제를 지닐 수 있으며, 따라서 성인의 관심 초점을 따르는 데에 어려움을 보일 수 있다. 그 결과, 언어 파트너 단계에서의 어휘 발달은 아동이 좋아하는 놀잇감 또는 과자의 이름이나 명사 등 파트너가 아동의 관심 초점을 따르면서 시범을 보인 단어에만 국한되곤 한다. 행위 단어나 수식어와 같은 명사 이외의 참조를 위한 상징 단어 형태는 언어 모델을 처리하는 과정에서 성인의 관심 초점을 따르고 성인의 행동과 의도를 관찰할 수 있는 능력을 요구하기 때문에, 자폐 범주성 장애 아동의 경우는 더 나중에 발달된다. 마찬가지로, 자발적인 가장놀이 및 기능놀이의 발달 또한 사회적 활동에 대한 관찰을 통해 학습되며, 이러한 놀이가 지니는 사회적인 속성으로 인하여 이 단계에서는 상당히 제한되기도 한다.

자폐 범주성 장애 아동의 상징 사용 발달은 더 이전 단계의 발달 수준에 있는 어린 아동에게서 관찰되는 학습 전략인 일화 중심의 연상에 지나치게 오래 의존함으로써 더 어려워진다. 이들은 고정된 환경적 또는 시각적 단서에 대한 강한 선호를 보이고 기계적 암기에 상대적인 강점을 보이기 때문에 단어나 언어 전체(=덩어리 언어)를 특정 일화에 내재된 한 부분으로 듣고 기억할 수도 있다. 따라서 단어 회상을 돕는 것은 단어가 지니는 개념적인 지식(즉, 의미론)이 아니라 그 일화에 포함된 상황에 제한된 학습 조건이다(예: 환경 내 시각적 단서, 파트너의 구어적 단서, 교사의 신체적 단서). 이러한 일과 중심의 기억에 대한 의존성은 자폐 범주성 장애 아동이 진보된 언어 파트너 단계에서 단어를 조합하기 시작할 때는 물론 초기 언어 파트너 단계에서 한 단어를 사용할 때에도 단어 회상을 방해할 수 있다. 다시 말해서, 이것은 사물 명명과는 대조적으로 행위 단어와 함께 나타날 가능성이 많다. 사물과 달리, 행위 단어는 지속적으로 변화하는 사건이나 상황을 포함한다. 예를 들어, 문을 열 때와 비눗방울 통을 열 때 그 행동이 달라 보이듯이 '열다'라는 말은 많은 독특하고 고유한 행동을 포함할 수 있다. 반대로 명사는 지각적인 속성(예: 공은 둥글다)에서의 유사점에 의해 정의되는 사라지지 않는 지시 대상을 지닌다. 그러므로 단어 회상에서의 어려움은 아동이 행위 단어나 좀 더 개념적인 언어를 발달시키기 시작할 때 더 분명하게 나타나곤 한다.

또한 언어 파트너 단계의 자폐 범주성 장애 아동은 게슈탈트 양식의 언어 학습을 통해 말하기를 배울 수도 있다. 앞에서 언급하였듯이, 이것은 언어의 요소(즉,

개별 단어의 의미)를 제대로 이해하지 못한 채 구나 문장을 암기함으로써 언어를 학습하는 과정을 말한다. 그래서 아동은 덩어리 언어나 반향어, 타인의 말에 대한 즉각적인 반복(즉, 즉각반향어) 또는 지연된 반복(즉, 지연반향어)을 사용하는 기간을 거치기도 한다. 자폐 범주성 장애 아동이 의사소통적 상호작용 중에 보다 적절하면서 의미에 맞도록 의사소통적 의도를 표현하기 위해 이러한 게슈탈트 형태를 사용하도록 배울 수도 있지만, 언어 파트너 단계에서의 목표는 덩어리 언어에서 단어나 문법 구조에 맞는 더 작은 의미 단위로 반향어 덩어리를 쪼개는 능력을 지원하도록 고안된다. 반향어 발화를 분할하는 과정은 문법이 있는 생성적인 언어체계로 발달하는 과정에서 매우 중요하다.

마지막으로, 언어 파트너 단계에서 첫 단어기로의 발달과 단어 조합 단계로의 발달은 자폐 범주성 장애 아동에게서 관찰되는 음성 의사소통이나 말 사용 능력의 현저한 다양성 때문에 더 어려울 수도 있다. 1권의 2장에서 설명한 것처럼, 자폐 범주성 장애 아동 및 성인의 1/3에서 1/2은 의사소통의 기능적이고 효과적인 수단으로 말을 사용하는 데에 심각한 어려움을 갖고 있는 것으로 추정된다. 공동관심과 상징 사용에서의 핵심적인 어려움은 아동의 사회성 및 의사소통 능력을 설명할 때 고려해야 하는 가장 보편적인 요소인 것이 사실이지만, 아동에 따라서는 구강 운동 계획의 어려움 또는 음운론적 발달에서의 지체로 인해 자음 소리 목록이 매우 제한되거나 덜 복잡한 음절 구조를 사용하기도 한다(Bryson, 1996; Lord & Paul, 1997; NRC, 2001). 이러한 개인적인 다양성은 적절한 대인관계 지원 및 학습 지원을 개발할 때는 물론 주요 장단기목표의 우선순위를 결정할 때에도 반드시 고려해야 한다.

3. 언어 파트너 단계에서 상호조절 관련 목표의 우선순위 정하기

상호조절과 관련된 여러 가지 주요 발달지표는 아동이 언어 파트너 단계에서 대화 파트너 단계로 전환하는 데 기여하며, 상호적 상호작용에서의 조절을 위해 언어에 기초한 보다 효과적인 전략을 발달시킬 수 있도록 돕는다. 언어 파트너 단계 아동의 상호조절 과정을 이해하기 위해서는 주로 파트너가 아동의 조절장애에 대한 신호에 반응하는 것인지(즉, 반응적 상호조절[respondent mutual regulation]), 아니면 아동이 시작하고 의도적으로 다른 사람에게 신호를 보내는 것인지(즉, 상호조절 시작하기[initiated mutual regulation])를 알 수 있어야 한다. 언어 파트너 단계 초기에는 아동의 사회적 인식 및 사회 의사소통 능력이 발달하기 때문에 감정을 조절하기 위한 상호조절 시작하기 전략 사용을 지원해야 한다. 그러나 반응적 상호조절의 과정도 여전히 중요하다. 이것은 특히 불안정한 각성 상태로 인해 아동의 사회 의사소통 능력이 다양하게 나타날 때 더욱 그렇다. 예를 들어, 극심한 조절장애를 겪고 있는 언어 파트너 단계의 아동은 파트너에게 효율적으로 도움을 청할 수 없지만 반응적 상호조절이나 파트너가 먼저 도와주는 것이 도움이 될 수 있으며, 이것은 조절장애의 징후를 인지하고 지원을 제공하는 파트너의 능력에 달려 있다.

아동이 언어 파트너 단계를 거치면서 발달해 갈 때 상호조절 시작하기 전략 또한 정교화된다. 이것은 부분적으로는 아동 스스로가 조절을 위해 도움을 받아야 할 필요를 더 잘 인식하게 되고 언어 파트너 단계의 특징인 구어 및 비구어 의사소통 수단(예: 몸짓, 단어, 단어 조합)이 보다 분명해짐에 따라 이러한 필요에 대해 의사소통할 수 있는 능력이 증진되기 때문이다. 아동의 요구는 행동적 또는 언어적 도움을 얻기 위한 것일 수 있다. 이 단계에서 파트너의 피드백이나 안내와 함께 증가하는 아동의 사회적 참조는 정서 반응 및 행동을 형성하고 이끌어 내는 데 도움이 된다.

상호조절에서의 주요 목표 영역은 다음과 같은 두 가지 중요한 자원을 근거로 우선순위가 결정된다: (1) 전형적인 발달을 보이는 아동이 언어 파트너 단계로 어떻게 이동하는지, 그래서 다른 사람으로부터 도움을 청하기 위한 상징 수단 사용 능력이 어떻게 증진될 수 있는지에 대한 팀의 지식, (2) 자폐 범주성 장애 아동이 직면하는 상호조절 어려움과 관련된 최신 연구. 상호조절에서의 우선순위 목표는 다음과 같다: (1) 다양한 정서 표현하기, (2) 양육자가 제공하는 지원에 반응하기, (3) 정서 상태를 조절하기 위해 양육자의 도움 청하기, (4) 파트너의 지원을 받아 극심한 조절장애로부터 회복하기. 이러한 발달 경로에 따른 구체적인 발달지표는 이 단계 아동의 주간 교수목표를 결정하기 위한 발달 기준을 제공한다. 여기에는 다음과 같은 내용이 포함된다.

1. 아동은 다음과 같이 다양한 정서를 표현한다.
   a. 부정적인 정서와 긍정적인 정서 공유하기
   b. 다양한 정서를 표현하기 위해 상징 이해하고 사용하기
   c. 익숙한 활동에서 파트너의 피드백에 따라 정서 표현 바꾸기

2. 아동은 다음과 같이 파트너가 제공하는 지원에 반응한다.
   a. 파트너의 위로에 진정하기
   b. 파트너가 주의를 환기시킬 때 참여하기
   c. 상호작용 시도에 반응하기
   d. 파트너의 정서 표현 변화에 반응하기
   e. 파트너의 정서 표현 변화에 동조하기
   f. 파트너의 제안에 따라 선택하기
   g. 익숙한 활동에서 파트너의 피드백에 따라 조절 전략 바꾸기

3. 아동은 다음과 같이 상태를 조절하기 위해 파트너에게 도움을 청한다.
   a. 위로를 구하기 위해 부정적인 정서 공유하기
   b. 상호작용을 하기 위해 긍정적인 정서 공유하기
   c. 좌절했을 때 도움 청하기
   d. 괴로울 때 거부하기
   e. 휴식을 요구하기 위해 언어 전략 사용하기
   f. 활동이나 자극 조절을 요구하기 위해 언어 전략 사용하기
   g. 사회적 조절 수행을 위해 언어 전략 사용하기

4. 아동은 다음과 같이 파트너의 지원을 받아 극심한 조절장애로부터 회복한다.
   a. 활동으로부터 떨어져 있게 하는 방법으로 회복을 지원하는 파트너의 노력에 반응하기
   b. 파트너의 행동 전략 사용에 반응하기
   c. 파트너의 언어 전략 사용에 반응하기
   d. 상호작용이나 활동에 다시 참여하게 하기 위한 파트너의 시도에 반응하기
   e. 파트너의 지원을 받아 극심한 조절장애로부터 회복되는 시간 단축하기

f. 파트너의 지원을 받아 극심한 조절장애 상태의 강도 줄이기

1권의 3장에서 설명하였듯이, 언어 파트너 단계의 자폐 범주성 장애 아동은 상호조절에서 어려움을 보이는 경우가 많다. 이러한 어려움은 부분적으로는 제한된 범위의 정서 표현(예: 몸짓, 표정, 신체 언어의 제한된 사용)이나 극도의 정서 반응(예: 맥락에 비해 과도한 정서 표현) 때문이다. 또한 미성숙한 행동 패턴(예: 다른 사람에게 달려들기, 때리기, 물기)을 보이는 등 언어 파트너 단계의 자폐 범주성 장애 아동에게서 자주 나타나는 정서 상태를 의사소통하는 측면에서의 또 다른 다양성도 파트너로부터 적절하고 지원적인 도움을 얻어 내는 능력에 영향을 미친다. 이러한 관습적이지 않은 행동은 아동의 파트너가 그러한 행동을 조절문제의 징후라기보다는 문제행동으로 인식할 때 교류적 영향을 미치게 된다. 이러한 불행한 상황에서 파트너가 도움을 필요로 하는 아동의 상태에 적절하게 반응하지 않을 때(예: 아동의 행동을 벌하거나 무시하기) 타인으로부터 도움을 구하려는 아동의 시도는 더 심한 고립이나 정서적 고통을 초래할 수 있다.

또한 아동의 정서 표현이나 조절장애 신호를 정확하게 해석하는 데 있어서의 어려움은 이들의 각성 편향성으로 인하여 더욱 가중된다는 사실을 고려해야 하는데, 이는 둔감한 성향을 가진 아동이 과민한 성향을 가진 아동과는 상당히 다른 신호를 보내기 때문이다. 이러한 요인에 대한 정확한 진단은 아동의 조직화 능력을 촉진하는 상호조절 전략을 고안하고 실행하는 데에 필수적이다. 예를 들어, 과민한 아동이 더 잘 조절된 상태가 되도록 돕기 위해서는 다른 학생들이 복도에서 시끄럽게 떠들고 있을 때 교실 문을 닫아주는 등 환경 자극의 강도를 감소시키는 것이 좋다. 반대로 둔감한 아동이 이동을 하거나 여러 단계의 활동에 계속해서 참여하고 집중하게 하려면 시각적 지원을 더 많이 이용해야 할 필요가 있다. 만일 이러한 요소들이 고려되지 않는다면, 반응성 조절 전략을 시도한다 하더라도 아동의 고유한 필요를 지원하는 데에는 성공적이지 못할 수도 있다.

사회 의사소통 및 각성 상태 조절이라는 발달적 능력에서의 어려움은 의사소통 파트너가 자신을 지원해 주는 자원이라는 사실을 인식하는 능력에 영향을 미치며, 따라서 정서 조절을 위한 도움을 청하기 위해 이해할 수 있는 신호를 보내는 능력에도 영향을 미치게 된다. 예를 들어, 자폐 범주성 장애 아동이 강렬한 감정과 이에 따른 극심한 정서 상태의 변화를 경험하고 있을 때에는 상황에 적응적으로 반응하는 능력이 제대로 발휘되지 않을 수 있다. 즉, 조절이 잘 될 때에는 방 안에 있는 파트너에게 구어로 도움을 청할 수 있는 아동이라도 조절장애를 겪을 당시에는 그렇게 하지 못할 수도 있다. 종합하자면, 이와 같은 어려움은 아동의 상호조절 전략을 사용하거나 반응하는 데 있어서의 어려움을 더욱 악화시킨다.

4. 언어 파트너 단계에서 자기조절 관련 목표의 우선순위 정하기

자기조절과 관련된 여러 가지 주요 발달지표는 아동이 언어 파트너 단계에서 대화 파트너 단계로 전환하는 데 기여하며, 상호적 상호작용에서의 조절을 위해 언어에 기초한 보다 효과적인 전략을 발달시킬 수 있도록 돕는다. 초기 언어 파트너 단계의 아동은 자기조절 수단으로 주로 행동 전략에 의존한다. 이러한 전략은 생물학적인 본능일 수도 있고(예: 배경소음을 막기 위해 차단하기) 반응적인 파트너에 의해 촉진된 것일 수도 있다(예: 화재 경보가 울리는 동안 귀 막기).

상징 능력이 확장되면서 아동은 또한 이러한 같은 목적을 위해 언어 전략을 사용할 수 있게 된다. 언어 전략이란 각성 수준을 조절하기 위해 아동 스스로 사용하는 단어 또는 기타 상징(예: 수어, 그림)을 말한다. 예를 들어, 소음에 민감한 아동은 혼잣말을 하면서 강당에서 열리는 음악회에 대처할 수 있다(예: "노래 세 개면 모두 끝나."). 아동이 행동 전략과 언어 전략을 모두 사용하게 되면 상태를 잘 조절할 수 있는 능력이 높아지기 때문에 더 분명한 형태의 의사소통을 발달시키고 확장된 상호작용에 참여할 수 있게 된다. 언어 파트너 단계에서 이와 같이 조절 능력이 확장되었다는 것을 보여 주는 대표적인 증거는 아동이 전이 상황을 견디고, 일과의 변화에 대처하며, 행동적 충동을 조절하는 능력이 증가한다는 것이다.

전형적인 발달에 대한 지식과 자폐 범주성 장애 아동이 직면하는 자기조절 문제 관련 최신 연구는 팀이 자기조절에서 주요 장기목표 영역의 우선순위를 결정하는 데 도움이 된다. 여기서 말하는 우선순위 목표는 다음을 포함한다: (1) 학습 또는 상호작용의 가능성 보이기, (2) 익숙한 활동 중에 각성 수준을 조절하기 위해 행동 전략 사용하기, (3) 익숙한 활동 중에 각성 수준을 조절하기 위해 언어 전략 사용하기, (4) 새롭고 변화하는 상황에서 정서 조절하기, (5) 극심한 조절장애로부터 스스로 회복하기. 이러한 발달 경로에 따른 구체적인 발달지표는 이 단계 아동의 주간 교수목표를 결정하기 위한 지침을 제공한다. 여기에는 다음과 같은 내용이 포함된다.

1. 아동은 다음과 같이 학습 또는 상호작용의 가능성을 보인다.
   a. 상호작용 시도 시작하기
   b. 간단한 상호적 상호작용에 참여하기
   c. 확장된 상호적 상호작용에 참여하기
   d. 차별화된 정서로 감각 및 사회적 경험에 반응하기
   e. 행위 및 행동 억제 능력 보이기
   f. 여러 가지 익숙한 단어 및 구절에 반응하기
   g. 합리적인 요구를 지닌 과제 지속하기
   h. 맥락에 적절하게 정서 표현하기

2. 아동은 다음과 같이 익숙한 활동 중에 각성 수준을 조절하기 위해 행동 전략을 사용한다.
   a. 혼자 하는 활동과 사회적 활동 중에 각성 수준을 조절하기 위해 행동 전략 사용하기
   b. 각성 수준을 조절하기 위해 파트너가 시범 보인 행동 전략 사용하기
   c. 장시간의 활동에 생산적으로 참여하기 위해 행동 전략 사용하기

3. 아동은 다음과 같이 익숙한 활동 중에 각성 수준을 조절하기 위해 언어 전략을 사용한다.
   a. 혼자 하는 활동 중에 각성 수준을 조절하기 위해 언어 전략 사용하기
   b. 사회적 상호작용 중에 각성 수준을 조절하기 위해 언어 전략 사용하기
   c. 각성 수준을 조절하기 위해 파트너가 시범 보인 언어 전략 사용하기
   d. 장시간의 활동에 생산적으로 참여하기 위해 언어 전략 사용하기
   e. 다양한 정서를 표현하는 상징 사용하기

4. 아동은 다음과 같이 새롭고 변화하는 상황에서 정서를 조절한다.

a. 새롭고 변화하는 상황에 참여하기
b. 익숙하지 않은 활동에서 상황 및 몸짓 단서 따르기
c. 새롭고 변화하는 상황에서 각성 수준을 조절하기 위해 행동 전략 사용하기
d. 새롭고 변화하는 상황에서 각성 수준을 조절하기 위해 언어 전략 사용하기
e. 전이 중 각성 수준을 조절하기 위해 행동 전략 사용하기
f. 전이 중 각성 수준을 조절하기 위해 언어 전략 사용하기

5. 아동은 다음과 같이 극심한 조절장애로부터 스스로 회복한다.
a. 지나치게 자극적이거나 원하지 않는 활동으로부터 스스로 떠나기
b. 극심한 조절장애로부터 회복하기 위해 행동 전략 사용하기
c. 극심한 조절장애로부터 회복하기 위해 언어 전략 사용하기
d. 극심한 조절장애로부터 회복된 후 상호작용이나 활동에 다시 참여하기
e. 극심한 조절장애로부터 회복되는 시간 단축하기
f. 조절장애 상태의 강도 줄이기

1권의 3장에서 설명하였듯이, 언어 파트너 단계의 자폐 범주성 장애 아동은 사회적 상호작용 중에 주의집중을 유지하기 어렵고 강하고 갑작스러운 정서 반응을 보이며 전이를 인내하기 어렵다는 점에서도 이미 입증되었듯이 대체로 자기조절 발달 단계에서 어려움을 보인다. 이러한 어려움에 기인하는 자폐 범주성 장애 관련 요인은 다음과 같다: (1) 각성 편향성을 초래하는 자극에 대한 비전형적인 반응(예: 높은 각성 편향성으로 나타나는 과민성, 낮은 각성 편향성으로 나타나는 둔감성), (2) 각성 상태의 생리적인 변화를 지각하기 어려움, (3) 정서 표현의 어려움.

사회 의사소통의 어려움은 아동의 자기조절 능력 발달을 더욱 저해할 수 있다. 특히 언어 파트너 단계에서 공동관심의 어려움은 다른 사람이 시범을 보인 정서 조절 전략을 사용하는 능력은 물론 자기 행동의 수용 가능성에 대한 사회적 피드백에 반응하는 능력에도 영향을 미친다. 그 결과, 언어 파트너 단계의 자폐 범주성 장애 아동은 계속해서 과도한 정서 반응을 보일 수도 있고 특이하고, 관습적이지 않으며, 경우에 따라서는 사회적으로 낙인이 될 수 있어 보이는 자기조절 전략(예: 손뼉 치기, 발끝으로 걷기, 물기, 몸을 앞뒤로 흔들기)을 사용하기도 한다.

5장에서 살펴본 바와 같이, 이와 같은 독특한 자기조절 행동은 단순하게 문제행

동으로 간주되기도 하고 소거해야 할 대상으로 여겨지기도 한다. 이러한 행동은 사회적으로 적절하고 효과적인 자기조절 전략의 레퍼토리가 제한되기 때문에 나타나는 행동이므로 자기조절의 적절한 목표를 결정할 때 이러한 행동 패턴이 지니는 정서 조절 기능을 고려해야 한다.

5. 언어 파트너 단계에서 대인관계 지원 관련 목표의 우선순위 정하기

파트너의 행동이나 파트너와의 관계가 언어 파트너 단계의 아동 발달과 효능감 및 신뢰감에 미치는 상호 교류적 영향을 다시 한 번 강조하는 것은 매우 중요하다. 언어 파트너 단계에서 사회 의사소통 및 정서 조절이라는 발달 능력의 성취는 사회적 참여, 의사소통 시작하기, 잘 조절된 상태에 도달하기를 촉진해 주는 파트너와의 예측 가능하고 지지적인 상호작용이 성공적으로 누적될 때 가능하다. 교류 지원 영역에서 파트너에 대한 목표 우선순위를 정할 때 대인관계 조정(SCERTS 모델에서는 대인관계 지원으로 칭함)이 필수적으로 고려된다.

교류 지원의 대인관계 지원 요소가 지니는 다음과 같은 측면은 아동이 유능한 언어 파트너로 참여하는 능력을 키우는 데 필수적인 것으로 간주된다: (1) 파트너는 아동에게 반응적이다, (2) 파트너는 시작행동을 촉진한다, (3) 파트너는 아동의 독립성을 존중한다, (4) 파트너는 참여를 위한 장을 마련한다, (5) 파트너는 발달을 지원한다, (6) 파트너는 언어 사용을 조절한다, (7) 파트너는 적절한 행동을 시범 보인다. 각각의 측면에 대한 구체적인 목표는 개별화된 대인관계 지원을 개발하도록 안내하고, 아동뿐만 아니라 아동의 파트너에 대한 주간 교수목표를 결정하기 위한 기준을 제공한다. 여기에는 다음과 같은 내용이 포함되다.

1. 파트너는 다음과 같이 아동에게 반응적이다.
   a. 아동의 관심 초점 따르기
   b. 아동의 정서 및 속도에 맞추기
   c. 의사소통 효능감을 증진시키기 위해 아동의 신호에 적절하게 반응하기
   d. 각성 수준을 조절하기 위한 아동의 행동 및 언어 전략을 인식하고 지원하기

e. 조절장애 신호 인식하고 지원하기
f. 아동을 모방하기
g. 필요할 때 상호작용이나 활동으로부터 휴식 제공하기
h. 휴식에 이어 상호작용이나 활동에 다시 참여하도록 촉진하기

2. 파트너는 다음과 같이 시작행동을 촉진한다.
   a. 비구어 또는 구어로 선택의 기회 제공하기
   b. 시작행동 기다리고 격려하기
   c. 시작행동과 반응행동의 균형 유지하기
   d. 아동이 활동을 시작하고 마치도록 해 주기

3. 파트너는 다음과 같이 아동의 독립성을 존중한다.
   a. 필요한 경우 활동 중간에 돌아다닐 수 있도록 휴식 허락하기
   b. 아동이 자신의 속도로 문제를 해결하고 활동을 완수할 수 있도록 시간 허용하기
   c. 문제행동을 의사소통 또는 조절의 기능으로 이해하기
   d. 적절한 경우 저항, 거부, 거절 존중하기

4. 파트너는 다음과 같이 참여를 위한 장을 마련한다.
   a. 의사소통할 때 아동의 눈높이에 맞추기
   b. 의사소통하기 전에 아동의 주의 확보하기
   c. 상호작용을 촉진하기 위해 적절한 근접성과 비구어 행동 사용하기
   d. 최적의 각성 상태와 참여를 지원하기 위해 적절한 단어와 억양 사용하기

5. 파트너는 다음과 같이 발달을 지원한다.
   a. 모방 격려하기
   b. 또래와의 상호작용 격려하기
   c. 구어 또는 비구어로 의사소통 실패를 복구하려고 시도하기
   d. 활동 성공을 위해 필요할 때 안내 및 피드백 제공하기
   e. 정서를 표현하고 정서의 원인을 이해하도록 안내하기

6. 파트너는 다음과 같이 언어 사용을 조절한다.
   a. 이해를 돕기 위해 비구어 단서 사용하기
   b. 아동의 발달 수준에 따라 언어의 복잡성 조절하기
   c. 아동의 각성 수준에 따라 언어의 질 조절하기

7. 파트너는 다음과 같이 적절한 행동을 시범 보인다.
   a. 적절한 비구어 의사소통과 정서 표현 시범 보이기
   b. 행동 조절, 사회적 상호작용, 공동관심 등의 다양한 의사소통 기능 시범 보이기
   c. 적절한 구성놀이 및 상징놀이 시범 보이기
   d. 아동이 부적절한 행동을 할 때 적절한 행동 시범 보이기
   e. '아동 입장'에서 언어 시범 보이기

사회적 상호작용은 그 속성상 교류적이다. 따라서 아동의 의사소통 파트너는 아동의 의사소통 및 조절 능력의 발달을 촉진하기 위해 융통성 있고도 지원적인 방식으로 반응해야 한다. 1권의 4장에서 설명하였듯이, 자폐 범주성 장애 아동은 성공적이지 못한 경험이 반복되면서 대인 간 상호작용을 위압적이고 혼란스럽고 스트레스가 많은 것으로 인식하게 될 위험에 놓이기도 한다. 또한 아동에 따라서는 언어 및 감각 처리의 어려움 또는 대인관계 사건에 대한 과소반응 편향성으로 인하여 사회적 상호작용에 거의 참여하지 않거나 참여하고자 하는 동기가 매우 낮은 위험에 처하기도 한다. 아동의 파트너 역시 아동과의 상호작용이 어려운 것이라고 생각하게 될 위험에 놓일 수 있는데, 특히 아동의 상호적인 참여를 촉진하고 조절이 잘 된 상태에 도달하도록 지원하는 데에 어려움을 경험하게 될 수 있다.

언어 파트너 단계에서 아동의 발달적 취약함과 학습 방식의 차이는 파트너에게 교류적 영향을 미친다. 예를 들어, 언어 파트너 단계의 아동은 언어 이해와 처리과정에 어려움을 보일 수 있으며, 그 결과 언어 파트너 단계에서 보편적인 아동기 활동(예: 상황 단서를 사용하는 대신 단어나 단어 조합을 이해하는 능력이 필요한 활동)을 피하게 될 수도 있다. 결과적으로 성인과 또래는 모두 아동이 냉담하고, 반응이 없으며, 참여시키기 어려운 존재라고 생각하게 된다. 마찬가지로, 언어 파트너 단계에서 나타나는 언어 이해와 처리과정에서의 어려움은 아동의 불안감을 유발할 수

도 있는데, 이러한 패턴은 파트너로 하여금 아동에게 문제가 있거나 불순응적이라고 생각하게 만든다. 표현 의사소통에서의 문제는 아동과 파트너 간의 상호작용 어려움을 더욱 악화시킬 수 있다. 앞에서 살펴본 바와 같이 언어 파트너 단계의 자폐 범주성 장애 아동은 제한된 범위의 어휘를 사용하고, 단어 회상에 어려움을 보이며, 다양한 의도를 전달하기 위해서 반향어와 같은 비관습적인 구어 수단을 사용하고, 의사소통의 효율적인 방법으로 이해할 수 있는 말을 산출하는 데에 어려움을 보이기도 한다. 이러한 어려움은 파트너가 아동을 이해하는 데에 심각한 영향을 미치며, 따라서 파트너는 아동을 참여시키기 어려운 대상으로 생각하게 될 수 있다.

이와 같은 언어와 관련된 어려움 외에도 이들은 정서적 단서, 몸짓, 표정을 이해하는 데 어려움을 보이며, 그 결과 파트너의 비구어적이고 정서적인 의사소통에 대해 반응하지 않거나 일관성 없고 부적절한 반응을 보이게 됨으로써 아동과 파트너 간의 상호작용은 위태롭게 된다. 상황에 따라서는 단어 및 단어 조합, 비구어 몸짓, 정서 표현 등 처리하기 어려운 정보에 직면하면서 반응을 차단하거나 무시하는 행동을 보일 수도 있으며, 그 결과 극심한 조절장애로 인하여 상호작용이 불가능한 상태를 초래하게 된다. 또한 아동의 또래나 형제자매 역시 자폐 범주성 장애 아동이 상호작용 중에 자신의 정서적 신호를 이해하지 못한다고 생각하여 좌절감을 느낄 수도 있다.

마지막으로, 아동의 감각 처리의 어려움(예: 과소 또는 과민 반응)은 감각 자극에 대한 일관성 없는 반응과 변동적인 각성 상태를 가져올 수 있는데, 이는 아동의 파트너가 성공적으로 알아차리고 반응하기 어려운 패턴이다. 그래서 언어 파트너 단계의 주요 우선순위는 상호작용 방식과 관련하여 파트너 행동에 대한 목표를 체계적으로 다루는 것이다.

파트너의 대인관계 지원 실행은 아동이 언어 파트너 단계에서 다음과 같은 발달지표를 성취하도록 돕는다: (1) 보다 상호적인 의사소통 교환, (2) 창의적이고 생성적인 언어 사용, (3) 보다 효과적이고 효율적인 조절 전략.

6. 언어 파트너 단계에서 학습 지원 관련 목표의 우선순위 정하기

사회 의사소통 및 정서 조절에서의 성취는 학습 지원의 효과적인 사용에 의해 부분적으로 촉진될 수 있다. 학습 지원은 다양한 범위의 환경 수정, 시각적 지원, 기타 관련 학습 및 교수 전략을 포함하는 조정으로 아동의 의사소통과 표현언어, 언어 및 사회적 기대의 이해, 활동 구조(예: 활동 단계의 순서와 최종 목표), 정서 표현, 정서 조절을 촉진하는 데 사용될 수 있다. 파트너가 조직화를 지원하고 능동적인 학습을 위한 기회를 제공하고 아동의 시작행동과 참여를 촉진하기 위해서 활동과 학습 환경을 수정하는 방식으로 조정을 사용하는 것은 매우 중요하다.

학습 지원 요소가 지니는 다음과 같은 측면은 아동이 유능한 언어 파트너로 참여할 수 있도록 지원하는 데에 필수적이다. 파트너는 (1) 적극적인 참여를 위해 활동을 구조화하고, (2) 발달을 촉진하기 위해 보완의사소통 지원을 사용하고, (3) 시각적 지원 및 조직화 지원을 사용하고, (4) 아동의 특정 발달 수준과 학습 방식의 차이에 맞추기 위해 목표, 활동, 학습 환경을 수정한다. 이러한 측면에서의 구체적인 목표는 개별화된 학습 지원을 개발하고, 아동뿐만 아니라 아동의 파트너를 위한 주간 교수목표를 결정하기 위한 기준을 제공한다. 여기에는 다음과 같은 내용이 포함된다.

1. 파트너는 다음과 같이 적극적인 참여를 위해 활동을 구조화한다.
   a. 활동의 시작과 종료를 분명하게 정하기
   b. 차례 주고받기 기회를 만들고 아동이 참여할 수 있도록 여지 남겨 두기
   c. 활동에 예측 가능한 순서 마련하기
   d. 반복되는 학습 기회 제공하기
   e. 다양한 학습 기회 제공하기

2. 파트너는 다음과 같이 발달을 촉진하기 위해 보완의사소통 지원을 사용한다.
   a. 의사소통과 표현언어를 강화하기 위해 보완의사소통 지원 사용하기
   b. 언어 및 행동 이해를 강화하기 위해 보완의사소통 지원 사용하기

c. 정서 표현 및 이해 능력을 강화하기 위해 보완의사소통 지원 사용하기
d. 정서 조절을 강화하기 위해 보완의사소통 지원 사용하기

3. 파트너는 다음과 같이 시각적 지원 및 조직화 지원을 사용한다.
a. 과제 수행 단계를 명확히 하기 위해 지원 사용하기
b. 활동 완수에 필요한 시간과 단계를 명확히 하기 위해 지원 사용하기
c. 활동 간 원활한 전이를 위해 시각적 지원 사용하기
d. 하루 전반에 걸쳐 시간 분할을 조직화하기 위해 지원 사용하기
e. 집단 활동에서의 주의집중을 높이기 위해 시각적 지원 사용하기
f. 집단 활동에서의 적극적인 참여를 촉진하기 위해 시각적 지원 사용하기

4. 파트너는 다음과 같이 목표, 활동, 학습 환경을 수정한다.
a. 조직화와 상호작용을 지원하기 위해 사회적 복잡성 조절하기
b. 아동의 성공을 위해 과제 난이도 조절하기
c. 학습 환경의 감각적 속성 수정하기
d. 주의집중을 높일 수 있도록 학습 환경 구성하기
e. 시작행동을 촉진하는 학습 환경 구성하기
f. 활동이 발달적으로 적절하도록 고안하고 수정하기
g. 활동 내에 동기유발이 가능한 교재 및 주제 포함시키기
h. 시작행동과 확장된 상호작용을 촉진하는 활동 제공하기
i. 필요에 따라 동적인 활동과 정적인 활동 교대하기
j. '요구의 정도를 높이거나' 기대감을 적절하게 높이기

1권의 4장에서 설명하였듯이, 언어 파트너 단계의 자폐 범주성 장애 아동은 학습 선호도와 약점에 있어서 독특한 양상을 보이는데, 이는 사회 의사소통과 정서 조절 모두를 촉진하기 위해서는 개별화된 학습 지원이 실행되어야 한다는 필요성을 제기한다. 자폐 범주성 장애 아동의 학습 및 인지 스타일을 더 잘 이해할수록 다양하고 효과적인 시각적 지원, 조직화 지원, 학습 지원을 개발할 수 있다. 이러한 수많은 지원은 보완대체 의사소통 또는 AAC라는 포괄적인 용어 안에 포함된다. 자폐 범주성 장애 아동 간에 분명한 개인차가 있는 것은 사실이지만, 이들은

사라지지 않는 시각적 정보에 강한 선호를 보이는 공통점을 지닌다. 시각적 정보란 그림, 시공간적 패턴, 사물 등 정지되어 있거나 시간이 지나도 그 자리에 고정되어 있는 정보를 말한다. 따라서 SCERTS 모델은 말이나 비구어 사회적 단서처럼 사라지거나 순식간에 지나가는 특성을 가진 정보를 처리하기 어렵다는 점을 보상할 수 있도록 정지된 시각적 정보에 대한 선호도를 활용하는 파트너의 역할을 강조한다. SCERTS 모델에서는 파트너가 과제 내 수행 단계를 정하고 활동을 완성하기 위한 단계와 시간을 정하고 활동 간의 원활한 전이를 지원하기 위해서 시각적이고 조직적인 지원을 이용하도록 격려한다. 마찬가지로, 언어 파트너 단계 자폐 범주성 장애 아동의 파트너는 아동이 반향어라는 언어 형태에서 보다 창의적이고 생성적인 단어 조합으로, 그리고 궁극적으로 보다 복합적인 단어 조합의 생성으로 발달할 수 있도록 몸짓, 수어, 그림, 단어 등과 같은 보완의사소통 지원을 실행하는 것이 좋다. 더욱이 구강-운동 또는 단어 회상의 어려움 때문에 언어를 상기하는 데에 어려움을 보일 때 보다 정교한 언어 사용을 촉진하기 위해 보완 의사소통 지원을 활용할 수 있다.

더욱이 언어 파트너 단계의 아동은 언어 처리과정과 정서 조절의 어려움 때문에 사회적 상호작용 및 활동에서의 적극적인 참여를 유지하는 데에 어려움을 보일 수 있다. 따라서 SCERTS 모델은 아동의 파트너가 이러한 어려움을 더 잘 이해하도록 격려하고, 자연스러운 활동에 대해 시작과 끝을 분명하게 명시하고, 예측 가능한 학습 기회를 제공하며, 반복적이면서도 다양한 학습 기회를 제공하는 학습 지원을 실행하도록 권장한다. 또한 아동의 적극적인 참여를 유지시키기 위해서는 활동 및 학습 환경을 수정하는 학습 지원 역시 매우 중요하게 고려되어야 한다. 그러므로 아동의 적극적인 참여를 촉진하기 위해서 주어진 활동의 사회적 복잡성, 물리적 속성, 감각적 특성을 어떻게 수정해야 하는지를 고려해야 한다.

언어 파트너 단계의 학습 지원에서 부가적으로 고려해야 할 점은 자폐 범주성 장애 아동이 상황에 제한된 학습을 야기하는 일화 중심의 연상에 의존하는 경향이 있다는 것과 관련된다. 이러한 어려움을 해결하기 위해서 보완의사소통 지원이 맥락 간 시각적 다리 역할을 할 수 있는데, 이는 다양한 경험 간에 공통성을 보여 주고 새롭고 변화하는 환경에서 일반화와 자발성을 촉진하기 때문이다. 예를 들어, 아동은 각각의 화장실을 별도의 학습과정을 필요로 하는 완전히 다른 환경으로 생각하는 대신 하나의 화장실 그림 상징이 여러 환경에서의 많은 화장실과 연관된다는 것을 학습하고 화장실에 가고 싶다고 요청할 필요가 있을 때 그 그림 상징을 사용할 수 있다. 또한 이러한 학습 지원은 자폐 범주성 장애 아동으로 하여금 언제 어떻게 다양한 환경과 여러 파트너에 대해 보다 독립적으로 학습목표를 사용할지를 결정할 수 있게 해 준다.

학습 지원은 아동이 자연적인 일과에 적극적으로 참여할 수 있도록 돕기 때문에 SCERTS 모델은 파트너 행동에 대한 체계적인 목표를 우선순위에 둔다. 이러한 목표는 언어 파트너 단계의 자폐 범주성 장애 아동을 위한 종합적인 프로그램을 개발하거나 기존의 프로그램을 수정할 때 환경 및 활동 수정, 시각적 지원의 실행, 의사소통 발달을 촉진하기 위한 보완의사소통 체계의 실행, 고도로 예측 가능하고 반복적인 학습 기회의 활용을 강화하도록 고안되어 있다.

언어 파트너 단계 아동의 사례

이 부분에서는 초기 및 상위 수준의 언어 파트너 단계 아동 각각에 대해서 목표를 찾고 우선순위를 정하는 과정의 예시를 보여 주기 위해 두 명의 아동과 그 가족의 사례를 조명하고자 한다. 두 사례 모두 특정 시점의 발달 단계에 있는 아동과 그 가족을 반영하기 때문에 '조명한다'라는 용어를 사용하였다. SCERTS 모델은 진단과 프로그램 계획에 포함되는 역동적인 과정을 인지한다. 목표 선정 기준에 따른 (1) 기능적이고, (2) 가족의 우선순위를 고려하고, (3) 발달적으로 적합한 장단기 교수목표를 판별하기 위해서는 진행적인 진단이 반드시 필요하다. 아동의 프로그램이 전개됨에 따라 목표를 수정할 필요가 있을 수도 있다.

프로그램의 수정과 조정이 필요한지를 판단하기 위해서는 기타 여러 의사결정에 대해서도 정기적으로(예: 3개월마다) 재진단해야 한다. 재진단이 필요한 의사결정에는 다음과 같은 것들이 포함된다: (1) 아동의 일과 내에서 초점을 맞출 수 있는 의미 있고 목표 지향적인 활동 선정, (2) 사회적 집단 내 성인 대 아동 비율 등의 사회적 지원의 강도, (3) 활동의 자연스러움의 범위(예: 계획된 활동 일과, 설계된 활동, 수정된 자연적 활동). 여기서는 언어 파트너 단계의 자폐 범주성 장애 아동을 위한 사회 의사소통, 정서 조절, 교류 지원을 다루는 프로그램의 진단으로부터 실행에 이르기까지의 과정을 통하여 SCERTS 모델 운영 방법을 예시하고자 한다(이 책의 5장과 7장은 사회적 파트너와 대화 파트너 단계 아동을 각각 조명함). 사례에서 제시하는 진단 양식은 모두 1권의 부록 A에 수록되었다.

사례 1: 규호(초기 언어 파트너 단계)

규호는 언어 파트너 단계의 초기 수준으로 어머니와 함께 살고 있는 사랑스럽고 온순한 9세 남아다. 규호는 지역교육청의 전일제 교육 프로그램에 참여하고 있으며, 몇몇 방과 후 프로그램에서 승마와 수영 수업을 받고 있다. 규호는 2세에 자폐 범주성 장애의 일반적인 분류에 해당하는 자폐성 장애(autistic disorders)로 진단받았다. 규호가 진단을 받은 후에 어머니는 적극적으로 조기개입 서비스를 물색하였고 전통적인 응용행동분석 접근과 언어치료를 기반으로 하는 집중적인 가정중심 프로그램 등의 다양한 서비스를 받았다. 규호는 3세 전에는 이러한 서비스에 참여하였지만 3세가 되었을 때 교육청이 주관하는 교육 프로그램을 시작하게 되었다.

현재 규호는 3명의 다른 자폐 범주성 장애 아동과 함께 전일제 특수학급에 배치되어 있으며, 매일 3학년 일반학급에서의 통합 기회와 함께 언어치료, 작업치료, 특수체육 수업으로 구성된 프로그램을 제공받는다. 규호의 조기개입 프로그램은 보다 전통적인 응용행동분석 중심의 접근이었지만, 현재 IEP는 여러 철학과 접근으로부터 도출되었다. 예를 들어, 특수학급에서의 교육과정은 대개 응용행동분석 전략에 기초하고 있으며 학급의 다른 아동과 분리하여 특수교사나 보조교사가 진행한다. 그러나 규호의 특수학급에서는 몇 가지 다른 교육적 접근 또한 분명하게 사용되고 있다. 이러한 접근에는 TEACCH 교육과정(Schopler et al., 1995)의 구조화된 교수(Structured Teaching) 접근 중 구조화된 작업공간과 환경 구성, 그림교환의사소통체계(PECS) 내에서의 교수, 구강-운동 치료가 포함된다.

규호는 현재의 교육 프로그램 덕분에 많은 기술이 발달되었지만, 교육 팀과 어머니는 규호가 성인 및 또래 모두와의 참여를 자발적으로 시작하고 보다 상호적인 상호작용에 참여하는 데에는 지속적인 어려움을 보인다는 사실로 인하여 걱정하였다. 규호는 주로 요구하기나 거부하기 등의 도구적 기능을 위해 의사소통하는 경향이 있으며, 타인에게 인사하거나 사회적 게임을 요청하고 자신의 경험에 대해 이야기하는 데에 있어서는 계속해서 어려움을 보이고 있다. 마찬가지로, 어머니와 팀은 규호가 주의가 산만해지거나 활동에서 이탈하기 쉽기 때문에 학교나 가정에서의 매일의 일과에 적극적으로 참여하기 어렵다는 점에 대해 우려를 표현했다.

이러한 우려 때문에 규호의 어머니는 교육 프로그램에서의 우선순위를 결정하기 위한 회의를 요구하였다. 어머니는 현행 프로그램의 절충적인 특성에 대해 상당히 만족하고 있지만, 규호가 배운 것을 특정 상황과 사람에게만 보이기 때문에 다양한 장소와 사람에게도 보일 수 있도록 좀 더 지속적으로 다루는 것이 도움이 될 것이라고 생각하였다. 예를 들어, 규호의 팀은 규호가 학교에서 통합학급 또래에게 관심을 보이는 것 같고 많은 교직원과 관계를 형성하기는 했지만 아직 또래 사이에서 친구를 만들지는 못하였다는 데에 동의하였다.

규호의 팀은 몇 가지 요인이 이러한 어려움에 계속해서 영향을 미친다고 생각하였다. 먼저 규호의 사회 의사소통에서의 어려움이 주요 요인으로 보인다. 공유된 관심(즉, 공동관심)을 확립하고 언어를 발달시키는 데(즉, 상징 사용)에서의 어려움과 함께 규호는 확실히 구강-운동 계획에서 심각한 어려움을 보이고 있으며, 이로 인해 알아들을 수 있는 말을 사용하는 데에 제한이 따른다. 친숙한 성인 파트너는 규호가 자주 사용하는 유사 단어(예: "책"은 "채", "그네"는 "네", "규호"는 "디……이이"라고 말함)를 이해할 수 있지만 3학년 동급생들은 대집단 상호작용을 하는 동안 이러한 발화를 거의 알아듣지 못하거나 반응하지 않는다. 규호는 상호작용 속도가 느리고 또래와 의사소통하기 위해 가까이 다가가거나 자주 몸짓을 시도한다. 그러나 이러한 방법은 분주한 3학년 교실에서는 간과되기 쉽다.

규호의 팀은 그림교환의사소통체계(PECS) 도입으로 물건이나 익숙한 사회적 일과를 요구하는 능력이 크게 향상되었다는 점도 인식하였다. 그러나 이러한 AAC 접근은 특정 활동(예: 간식시간, 휴식시간, 점심시간)과 관련해서만 사용되었기 때문에 보다 사회적인 기능(예: 경험 공유하기)을 위해 사용할 기회는 거의 없었으며, 따라서 또래와 의사소통하기 위해 그림교환의사소통체계를 사용할 기회도 극히 제한적이었다. 이러한 제한점에도 불구하고, 규호의 팀은 그림 상징의 도입으로 인해 규호가 의도를 갖고 일관성 있게 사용하는 상징적 어휘가 대략 20개 정도로 늘어난 것으로 평가하였다. 주로 좋아하는 음식이나 놀잇감을 명명하는 데에 그쳤던 어휘는 최근 사물의 색과 활동 거부를 위한 단어(즉, "싫어."를 의미하는 상징)를 포함할 만큼 확장되었다. 가끔씩 규호가 그림 상징을 사용해서 요구를 시도하도록 만들기 위해서는 구어 단서(예: "뭐가 필요하지?" "도와줄까?")를 필요로 하였다. 이것은 주로 규호가 낮은 각성 상태에 있거나 집중하기 어려울 때에 분명하게 드러난다.

규호 어머니와 교육 팀은 자주 규호의 각성 수준이 사회적 및 물리적 환경의 요구를 수용하기에는 너무 낮아서 때때로 규호를 각성시킬 필요가 있으며 신체적 활동과 예측 가능한 일과의 사용을 검토할 필요가 있다는 데에 동의하였다. 양육자로부터의 지원이 없으면 규호는 가끔 초점을 잃고 주의를 기울이지 않는 것 같아 보인다. 실제로, 규호의 팀은 규호가 하루의 대부분을 곁눈질로 창밖을 바라보면서(예: 바람에 흔들리는 나뭇가지 쳐다보기) 보내려고 하는 것 같다는 데에 동의한다. 분명한 것은 이렇게 낮은 각성 편향성은 또래와 성공적으로 상호작용하는 능력에도 영향을 미친다는 것이다.

규호 어머니와 교육 팀은 규호의 사회 의사소통 프로파일에서의 지속적인 어려움과 정서 조절에서의 계속된 문제를 근거로 프로그램을 조정하고 이들 영역의 발달을 촉진하기 위한 장단기 교수목표를 수정하기 위해 현행 교육 프로그램을 검토하는 것이 시의적절하다는 데에 동의하였다. 다양한 환경과 파트너에 걸친 학습 조정의 실행이 일관성 있게 이루어져야 한다는 필요성과 함께, 현재의 절충적인 프로그램에서 주요 발달 목표의 우선순위를 정하는 방식에 대한 규호 어머니의 우려로 인해서 SCERTS 진단이 실시되었다. 따라서 여기서는 규호 어머니와 교육 팀이 이러한 과정을 실행한 단계에 대하여 설명하고자 한다.

SCERTS 진단은 다음과 같은 목적으로 실행되었다: (1) 규호의 현재 발달상 강점과 요구 프로파일 작성하기, (2) 의미 있고 목표 지향적이며 동기를 부여하는 목표 결정하기, (3) 규호의 자연스러운 일과와 활동에 기반을 둔 가장 적절한 학습 맥락과 사회적 지원의 복잡성 결정하기, (4) 규호의 발달과 가족, 또래, 교사와의 관계 증진에 필요한 교류 지원 결정하기. 종합적인 SCERTS 모델 프로그램은 가족 지원 및 전문가 간 지원을 위한 명확한 계획도 포함하기 때문에 SCERTS 진단으로부터 수집된 정보는 규호의 교육 프로그램이 어머니의 요구에 부합하고 일치하는지를 확인하기 위해서도 사용되었다. 뿐만 아니라, 진단 팀은 규호의 어머니와 프로그램을 실행하게 될 전문가에게 제공할 구체적인 교육 지원과 정서 지원도 결정하였다.

1 1단계 : 규호의 의사소통 단계 결정하기

첫 번째 SCERTS 진단 회의에서 규호의 특수교사는 가정과 학교 환경에서 규호가 보이는 행동에 대한 논의를 이끌었다. 이러한 논의에 따라 팀은 언어 파트너 단계의 SCERTS 진단 양식을 사용하는 것이 적절하다고 결정하였다. 이와 같은 결정은 의사소통 단계 결정 기록지 작성과 SCERTS 진단의 아동 의사소통 단계 결정을 위한 준거를 근거로 이루어졌다. 규호는 파트너에게 무언가를 요구하기 위해 대략 20개 정도의 상징(즉, 그림 상징 및 유사 단어)을 일관되게 그리고 목표 지향적인 의사소통 시도로 사용한다. 또한 팀은 규호가 아직 창의적인 단어 조합을 사용하여 의사소통하지는 않으며 그의 의사소통 기능이 기본적인 요구 및 거부에만 제한되어 있어 아직 대화 파트너 단계의 준거에는 부합하지 않는다는 점을 주목하였다.

2 2단계: SCERTS 진단-질문지를 이용하여 정보 수집하기

규호의 어머니와 교육 팀이 참석하는 월례회의에서 가정 및 지역사회 환경에서의 규호 행동에 대한 추가 정보를 얻기 위해 어머니에게 SCERTS 진단-질문지를 작성하도록 요청하였다. 이 질문지를 통해서 다음과 같은 내용이 파악되었다: (1) 규호 어머니의 주요 관심과 스트레스, (2) 규호의 주요 강점 및 어머니가 생각하는 발달상의 우려사항, (3) 가정 및 지역사회 환경에서 규호의 강점과 요구 영역을 모두 관찰할 수 있는 활동, (4) 가정과 지역사회 내 규호의 전형적인 파트너, (5) 규호의 학교 밖 생활 중 자연적인 맥락. 규호의 교육 팀은 또한 학교에서 관찰되는 규호의 행동과 기타 자연스러운 환경에서의 행동 간의 유사점과 차이점을 확인하기 위해 SCERTS 진단-질문지를 별도로 작성하였다. 규호의 두 가지 SCERTS 진단-질문지를 통해 수집된 정보는 다음과 같이 정리되었다.

1. 규호 어머니의 주요 관심과 스트레스
   - 초점을 유지하기 위해 타인에게 의존함
   - 의사소통을 하고자 하는 이유가 제한됨
   - 조음상의 어려움
   - 제한된 우정

- 참여시키려고 시도할 때 소요되는 시간의 양

2. 어머니와 교육 팀이 규호의 현행 프로파일에서 파악한 강점과 요구

강점	요구
"단어, 유사 단어, 몸짓, 그림 상징을 사용하여 의사소통한다." "또래에게 관심을 보인다." "신체 활동을 좋아한다."	"또래와의 상호작용을 시도할 때 더 성공적일 필요가 있다." "활동이나 상호작용을 하는 동안 초점(집중)을 유지할 필요가 있다." "놀이나 공유하기 등 보다 사회적인 기능을 위해 의사소통할 필요가 있다."

3. 규호의 강점과 요구 영역을 모두 관찰할 수 있는 활동
   - 일관성 있는 학급 일과이면서 보완의사소통 지원을 사용하는 활동인 간식 시간
   - 3학년 교실에서의 또래와의 통합
   - 방과 후 프로그램인 수영교실

4. 규호의 전형적인 파트너
   - 어머니
   - 특수교사
   - 일반교사
   - 학급 보조교사
   - 언어치료사
   - 작업치료사
   - 특수체육 교사
   - 특수학급 또래(3명)
   - 3학년 학급 또래(23명)
   - 수영교실 또래(3명)

5. 규호의 생활 중 자연적인 맥락
   - 가정에서의 양육 일과
   - 가정에서의 놀이 일과
   - 특수학급에서의 일과
   - 일반학급에서의 일과
   - 학교 운동장
   - 지역사회 실내수영장
   - 승마 훈련장

3 3단계: 진단 팀 구성 및 SCERTS 진단-관찰 계획하기

규호의 특수교사는 규호의 어머니와 교육 팀이 작성한 SCERTS 진단-질문지를 수합한 후 SCERTS 진단-관찰을 계획하기 위해서 SCERTS 진단 지도를 작성하기 시작하였다. 이 양식은 진단 팀에 참여할 적절한 구성원을 확인하고 이들의 역할과 책임을 결정하기 위해 사용되었다. 외부 전문가 의뢰가 필요한지에 대해서도 고려하였다. 또한 SCERTS 진단-관찰 실행 계획의 일부로 규호의 능력과 요구를 가장 잘 나타내는 대표적인 행동 표본을 얻기 위해서 다음의 변수들이 고려되었다: (1) 관찰 장소(즉, 자연적 맥락), (2) 관찰 소요 시간, (3) 함께 있는 파트너, (4) 관찰 상황에서의 사회적 맥락의 집단 크기, (5) 활동 변인, (6) 각 관찰 동안의 전이 횟수(이러한 변수에 대한 좀 더 상세한 설명은 1권의 7장 참조).

규호의 교육 팀은 SCERTS 진단-질문지를 통해 제공된 정보와 각각의 변수를 검토한 후 규호의 강점과 요구에 대한 대표적인 행동 표본을 확보하기 위해 향후 관찰 계획을 세울 수 있었다. 먼저, 규호가 언어 파트너 단계라는 점을 고려하여 총 관찰 시간은 최소 2시간으로 결정하였다. 그러나 팀은 규호의 능력이 맥락이나 파트너에 따라 매우 다양하다는 점을 고려하여 의사소통 파트너로 성인과 또래 모두를 포함하면서 세 가지 환경으로 나누어(즉, 환경마다 1시간씩) 관찰하는 것이 좋겠다고 결정하였다. 마찬가지로, 대표적인 집단 크기(즉, 규호의 자연스러운 환경 내에서의 전형적인 집단 크기)를 확인하고 고려하였다: 일대일(예: 보조교사와 함께 있는 상황), 소집단(예: 수영교실에서 어머니, 수영 강사, 세 명의 또래와 함께 있는 상황), 대집단(예: 3학년 통합학급 상황). 규호의 팀이 환경과 사회적 변인에 따라 규호의 행동에 일관성이 없다는 점을 우려하고 있었기 때문에 이러한 세 가지 장소와 집단 크기가 관찰을 위한 주요 맥락으로 판별되었다.

관찰을 위한 구체적인 상황을 결정한 후, 특수교사는 어머니와 교육 팀이 규호의 강점 및 요구 영역의 행동 표본이 잘 나타날 것이라고 생각하는 활동과 함께 이들의 주요 관심사를 주의 깊게 검토하였다. 진단 팀이 정확한 결과를 얻을 수 있도록 부가적인 변수도 고려하였다. 예를 들어, 규호의 행동은 구조화된 활동 대 비구조화된 활동에 참여할 때, 붐비는 환경 대 차분한 환경에 있을 때, 동적인 활동 대 정적인 활동에서, 언어 중심의 과제 대 비언어적이거나 시각적으로 지원되는 과제에서 분명히 다를 수 있다. 이러한 정보를 근거로 학교에서의 관찰을 위한 네 가지 활동을 파악하였다: (1) 특수학급 친구 및 보조교사와 함께 간식시간에 참여하기, (2) 특수교사와 함께 개별 학습 시간에 참여하기, (3) 3학년 통합학급에서 미술 활동에 참여하기, (4) 3학년 통합학급에서 읽기 모둠 활동에 참여하기. 방과 후 지역사회 중심 관찰의 일환으로 수영교실이 선정되었다. 수영교실 교사와 일정을 맞추기가 어려웠기 때문에 이 활동은 비디오로 촬영한 후 팀 회의 중에 검토하기로 하였다.

1권의 7장에서 설명하였듯이, SCERTS 진단-관찰에 참여하는 아동은 최소 3회 이상의 전이 상황에서 관찰되어야 한다. 따라서 특수교사는 새로운 상황이나 변화하는 상황에서의 행동에 대한 대표적인 표본을 확보하기 위해 각 관찰마다 전이를 포함시켜 계획을 세웠다. 예를 들어, 첫 번째 관찰 기간 동안 팀은 규호가 간식을 먹고 난 후 독립적인 활동을 하기 위해 이동하는 것은 물론 간식을 준비해서 친구들과 먹기 위해 이동하는 것도 관찰하기로 계획하였다. 두 번째 관찰에서는 특수학급에서 3학년 통합학급으로의 이동을 관찰하기로 하였고 통합학급에서는 미술 활동에서 읽기 모둠 활동으로의 전이를 관찰하기로 하였다. 마지막으로, 세 번째 관찰에서는 수영교실에서 수영장에 들어가고 나올 때 관찰하기로 하였다. 규호의 SCERTS 진단 지도에 포함된 정보는 [그림 6-1A]에서 보는 바와 같으며, 이상의 계획 과정을 보여 준다. 규호의 SCERTS 진단 지도가 작성된 후에 서비스 조정자는 SCERTS 진단-관찰 기록지의 표지([그림 6-1B] 참조)에 관련 정보를 옮겨 적었다.

관찰 계획을 위한 SCERTS 진단 지도

이름: 규호　　날짜: 2005년 2월 3일　　페이지: 1

	관찰 #: 1		관찰 #: 2	
관찰 장소 ※ 최소 2개 이상의 자연스러운 상황 포함(예: 가정, 학교, 지역사회)	특수학급 교실		3학년 통합학급	
관찰 시간 ※ 총 관찰 시간: • 사회적 파트너-최소 2시간 • 언어 파트너-최소 2시간 • 대화 파트너-3~4시간	날짜/시간 2005년 2월 3일 오전 10:00-11:00 관찰 소요 시간 1시간		날짜/시간 2005년 2월 4일 오후 1:00- 2:00 관찰 소요 시간 1시간	
팀/파트너 ※ 최소 2개 이상의 집단 크기(일대일, 소집단, 대집단) ※ 언어 파트너 및 대화 파트너의 경우 친숙한 파트너와 친숙하지 않은 파트너 포함	팀 구성원 작업치료사, 언어치료사 파트너 및 집단 크기 일대일: 규호, 보조교사 소집단(1:2): 규호, 또래 3명, 보조교사, 특수교사		팀 구성원 언어치료사, 특수교사 파트너 및 집단 크기 대집단(1:8): 규호, 또래 23명, 보조교사, 일반교사	
활동/변인 ※ 최소 4개 변인에 따른 4개 활동 ※ 활동 변인의 주요 요소: 1a) 구조화된 1b) 비구조화된 2a) 의무적인 2b) 재미있는 3a) 성인 주도의 3b) 아동 주도의 4a) 동적인 4b) 정적인 5a) 익숙한 5b) 익숙하지 않은 6a) 선호하는 6b) 선호하지 않는 7a) 쉬운 7b) 어려운 8a) 언어 중심의 8b) 비언어적인 9a) 사회적인 9b) 혼자 하는 10a) 붐비는 10b) 차분한	활동	변인	활동	변인
	간식 준비하기	2a, 4a	미술	1b, 3b
	간식	1a, 4b	읽기 모둠	7b, 8a
	개별 학습	1a, 4b, 10b		
전이 ※ 활동, 환경, 장소 또는 파트너의 의미 있는 변화를 포함하는 최소 3개 이상의 전이 상황	1. 간식 준비 장소에서 간식 먹는 식당으로		1. 특수학급 교실에서 3학년 일반학급 교실로	
	2. 간식 먹는 식당에서 개별 학습 공간으로		2. 미술 활동 영역에서 읽기 모둠 공간으로	
	3.		3.	

The SCERTS® Model: A Comprehensive Educational Approach for Children with Autism Spectrum Disorders by Barry M. Prizant, Amy M. Wetherby, Emily Rubin, Amy C. Laurent, & Patrick J. Rydell

[그림 6-1A] 규호의 SCERTS 진단 지도

관찰 계획을 위한 SCERTS 진단 지도

이름: 규호 날짜: 2005년 2월 3일 페이지: 2

	관찰 #: 3		관찰 #:	
관찰 장소 ※ 최소 2개 이상의 자연스러운 상황 포함(예: 가정, 학교, 지역사회)	지역사회 수영장			
관찰 시간 ※ 총 관찰 시간: • 사회적 파트너-최소 2시간 • 언어 파트너-최소 2시간 • 대화 파트너-3~4시간	날짜/시간 2005년 2월 13일 오후 5:00 - 6:00 (녹화 후 다음날 팀이 영상을 관찰함)		날짜/시간	
	관찰 소요 시간 1시간		관찰 소요 시간	
팀/파트너 ※ 최소 2개 이상의 집단 크기(일대일, 소집단, 대집단) ※ 언어 파트너 및 대화 파트너의 경우 친숙한 파트너와 친숙하지 않은 파트너 포함	팀 구성원 작업치료사, 언어치료사, 특수교사		팀 구성원	
	파트너 및 집단 크기 소집단(1:2): 규호, 또래 3명, 어머니, 수영강사		파트너 및 집단 크기	
활동/변인 ※ 최소 4개 변인에 따른 4개 활동 ※ 활동 변인의 주요 요소: 1a) 구조화된 1b) 비구조화된 2a) 의무적인 2b) 재미있는 3a) 성인 주도의 3b) 아동 주도의 4a) 동적인 4b) 정적인 5a) 익숙한 5b) 익숙하지 않은 6a) 선호하는 6b) 선호하지 않는 7a) 쉬운 7b) 어려운 8a) 언어 중심의 8b) 비언어적인 9a) 사회적인 9b) 혼자 하는 10a) 붐비는 10b) 차분한	활동	변인	활동	변인
	수영 강습	4a, 6a, 8b		
전이 ※ 활동, 환경, 장소 또는 파트너의 의미 있는 변화를 포함하는 최소 3개 이상의 전이 상황	1. 탈의실에서 수영장으로		1.	
	2. 수영장에서 탈의실로		2.	
	3.		3.	

The SCERTS® Model: A Comprehensive Educational Approach for Children with Autism Spectrum Disorders by Barry M. Prizant, Amy M. Wetherby, Emily Rubin, Amy C. Laurent, & Patrick J. Rydell

[그림 6-1A] 계속

(1)

언어 파트너	SCERTS 진단-관찰 기록지	사회 의사소통

이름: 규호　　생년월일: 1996. 1. 28

배경 정보	규호는 9세 남아로 어머니와 함께 집에서 살고 있다. 규호는 활동 참여를 유지하고 사회적 상호작용을 시작하기 위해 다른 사람의 도움에 의존하는 경향이 있는 다정한 아이로 묘사된다. 또래에 관심이 많지만 관계를 형성하는 데에는 어려움을 보인다. 다음과 같은 학습 환경으로 구성된 전일제 교육 프로그램을 받고 있다: 특수학급 및 3학년 일반학급에서의 통합. 규호는 어머니와 방과 후 특별활동(예: 수영)에 참여하고 있다.	팀 구성원	특수교사, 언어치료사, 보조교사, 작업치료사, 일반교사, 어머니

관찰 상황			
집단 크기	☒ 일대일: 규호와 특수교사	☒ 소집단: 또래 3명, 어머니, 수영강사	☒ 대집단: (1:8) 또래 23명, 보조교사, 일반교사
파트너	☒ 친숙한 성인: 어머니, 특수교사, 작업치료사, 언어치료사, 보조교사 ☒ 친숙하지 않은 성인: 일반학급 교사	☒ 친숙한 또래/형제자매: 특수학급 친구들, 수영강습에서의 또래 ☒ 친숙하지 않은 또래: 일반학급 친구들	
자연적 상황	☐ 가정:	☒ 학교: 특수학급 및 일반학급	☒ 지역사회: 실내수영장
활동 변인	1. (구조화된)/(비구조화된) 4. (동적인)/(정적인) 7. 쉬운/(어려운) 10. 붐비는/(차분한)	2. (의무적인)/재미있는 5. 익숙한/익숙하지 않은 8. (언어 중심의)/(비언어적인)	3. 성인 주도의/(아동 주도의) 6. (선호하는)/선호하지 않는 9. 사회적인/혼자 하는
전이	1. 간식 준비 장소에서 간식 먹는 식당으로	2. 특수학급에서 3학년 일반학급으로	3. 수영장에서 탈의실로

관찰일	관찰 소요 시간
1/4 분기 시작일: 2005년 2월 3일	총 관찰 길이: 3시간
2/4 분기 시작일:	총 관찰 길이
3/4 분기 시작일:	총 관찰 길이
4/4 분기 시작일:	총 관찰 길이

SCERTS 프로파일 요약	1/4 분기	2/4 분기	3/4 분기	4/4 분기
사회 의사소통				
공동관심	26/62	/62	/62	/62
상징 사용	32/50	/50	/50	/50
정서 조절				
상호조절	21/46	/46	/46	/46
자기조절	20/56	/56	/56	/56
교류 지원				
대인관계 지원	39/66	/66	/66	/66
학습 지원	23/50	/50	/50	/50

사회-정서 성장 지표 프로파일	1/4	2/4	3/4	4/4
행복감	6/10	/10	/10	/10
자아의식	4/10	/10	/10	/10
타인의식	3/10	/10	/10	/10
적극적인 학습 및 조직화	4/10	/10	/10	/10
융통성 및 회복력	5/10	/10	/10	/10
협력 및 행동의 적절성	2/10	/10	/10	/10
독립성	3/10	/10	/10	/10
사회적 소속감 및 우정	4/10	/10	/10	/10

채점 기준:
2 = 최소 두 가지 상황에서 두 명의 파트너에 걸쳐 준거에 도달하는 행동을 일관성 있게 보임
1 = 일관성 없이 또는 하나의 활동에서 또는 보조를 받아서 준거에 도달하는 행동을 보임
0 = 관찰 또는 보고된 정보에 근거해 볼 때 준거에 도달하지 않았거나 도달할 것이라고 기대되지 않음

[그림 6-1B] 규호의 SCERTS 진단-관찰 기록지의 표지(p. 1)

4 4단계: SCERTS 진단-관찰 기록지 작성하기

규호의 SCERTS 진단 팀(즉, 특수교사, 언어치료사, 작업치료사)은 언어 파트너 단계의 SCERTS 진단-관찰 기록지를 사용하여 세 가지 관찰에 걸쳐서 정보를 수집하였다(구체적인 실행 지침을 위해서는 1권의 7장 참조). 진단 정보는 규호의 강점과 요구 진단에 중점을 둔 두 개의 영역(즉, 사회 의사소통과 정서 조절)과 다양한 환경에서 파트너가 지닌 강점과 요구를 다루는 한 개의 영역(즉, 교류 지원), 총 세 영역에 걸쳐 수집되었다.

규호의 팀은 규호의 프로파일과 파트너가 사용하는 전략에 대한 구체적이고도 대표적인 행동 표본을 얻기 위해 진단하는 동안 책임을 분담할 필요가 있다는 데에 동의하였다. 팀이 확인한 것처럼 사회 의사소통과 정서 조절 두 영역이 현재 규호의 핵심적인 어려움이며 언어치료사가 이 두 가지 영역의 관찰에 모두 참여하고 비디오테이프도 검토할 예정이었기 때문에 팀은 언어치료사가 사회 의사소통 및 정서 조절과 관련된 정보의 대부분을 수집해야 한다는 데에 동의하였다. 따라서 작업치료사와 특수교사는 교류 지원 영역(즉, 대인관계 지원 및 학습 지원) 내 요소와 관련된 정보를 주로 수집하고 필요한 경우 언어치료사가 실시한 관찰을 보완하기로 하였다.

5 5단계: 행동 표집하기

규호의 팀은 수영교실 활동을 촬영한 비디오 자료 검토를 포함하여 세 가지 계획된 관찰을 실시한 후에 규호의 SCERTS 진단-관찰 기록지를 간단히 검토하였다. 이들은 자연스러운 환경과 활동에서 상호작용을 관찰하여 풍부한 정보를 모을 수 있었지만, 여전히 사회 의사소통 영역에서의 능력과 관련된 의문점이 많이 남아 있다는 데에 동의하였다. 팀은 이러한 의문점이 여전히 남아 있는 것은 부분적으로는 관찰된 활동의 특성 때문이라고 생각하였다. 규호는 대다수 활동에서 사회적 상호작용을 하는 동안 주로 수동적으로 반응하는 역할을 하였고 따라서 사회적 상호작용 및 공동관심을 목적으로 하는 자발적인 의도를 공유하기 위해 의사소통을 시작할 수 있는 기회가 제한되었다. 규호는 수동적으로 반응하는 역할만 하려는 경향이 있기 때문에 촉진과 시도에 반응하도록 기다려 주는 장면이 종종 관찰되었고 자발적인 의도를 명확하게 전달하기 위해 스스로 인내하고 수정할 필요는 거의 없었던 것으로 나타났다. 이러한 점을 고려할 때, 더 많은 정보가 필요한 영역은 다음과 같았다.

- JA5.4 - 다른 사람에게 인사함으로써 상호작용을 위한 의도를 공유하는 능력
- JA6.2 - 행동이나 사건에 대해 언급함으로써 공동관심을 위한 의도를 공유하는 능력
- JA7.2 - 의사소통을 반복하고 수정함으로써 의사소통 실패를 복구하고 지속하는 능력

이렇게 남아 있는 의문점과 관련해서, 규호의 팀은 특수학급의 익숙한 맥락에서의 부가적인 관찰이 적절한 교육 프로그램의 개발 및 실행을 안내하는 데에 필요한 정보를 제공할 것이라는 데에 동의하였다. 이러한 후속 관찰 회기에서 팀은 앞에서 제시한 영역과 관련된 규호의 능력과 기량을 알아내기 위해 고안된 몇 가지 간단한 활동을 구조화하였다. 예를 들어, 규호가 파트너와 인사하기 위해(JA5.4) 사용하는 관습적인 의사소통 수단(예: 몸짓, 그림 상징, 단어)을 기록하기 위해 특수교사가 교실에 들어와 규호 가까이에 섰을 때 규호를 관찰하였으며, 이때 규호는 먼저 인사하지 않았다.

다음으로, 집에서 가져온 사진을 이용하여 행동이나 사건과 관련된 정보를 공유하는 능력(JA6.2)을 수집하였는데, 이 사진에는 적절한 순서로 나열할 수 있도록 색깔로 표시한(즉, 행위자에는 빨간색 테두리로, 행위 단어[=동사]에는 초록색 테두리로 표시함) 행위자(사람)와 행위를 나타내는 그림 상징을 함께 제시하였다. 언어치료사는 먼저 그림 상징을 사용하여 초기에 발달하는 단어 조합(예: 행위자+행위)을 구성하는 법을 시연하였고 그런 다음 규호가 똑같이 하도록 촉진하였다(예: "규호가 수영해요.").

마지막으로, 팀은 의사소통 실패를 복구하고 지속하기 위한 능력(JA7.2)에 관심을 기울였다. 이를 위해 팀은 규호의 자연스러운 환경 내에서는 잘 발생하지 않는 상황을 연출하거나 새롭게 구성하였다. 예를 들어, 규호가 보조교사에게 좋아하는 책의 그림 상징을 건네주면 보조교사는 규호가 의사소통을 지속하는지와 만일 그렇다면 어떤 방법을 이용해서 실패를 복구하는지를 보기 위해 규호의 의사소통

시도에 반응하기 전에 잠시 시간을 두고 기다렸다. 구어, 몸짓, 그림 상징 수단을 사용하여 의사소통 실패를 복구하고 지속하는 능력이 필요한 몇 가지 다른 상황도 연출되었다. 이렇게 자료 수집을 하는 동안 언어치료사는 규호의 구어 산출과 구강-운동의 정교화는 물론 관심을 공유하기 위한 노력을 하면서 보인 유사 단어의 사용에 특별한 관심을 기울였는데, 왜냐하면 이러한 부분이 어머니의 주요 관심사이자 또래와의 효과적인 의사소통 능력에 명백한 영향을 미치기 때문이었다.

6 6단계: SCERTS 진단 요약지로 정보 정리하고 통합하기

초기 관찰과 특수학급에서의 추가 행동 표집을 모두 마친 후 교육 팀과 어머니는 회의를 소집하고 다음과 같은 두 가지 주요 정보를 정리하고 통합하였다: (1) SCERTS 진단-관찰을 통해 요약된 강점과 요구, (2) SCERTS 진단-관찰 결과에 대한 가족의 인식.

A. 주요 정보원 1: 강점과 요구 요약하기

A-1. 사회 의사소통: 공동관심

팀 회의에서 규호의 어머니와 교육 팀은 먼저 공동관심에서 현재 규호가 보이는 강점과 요구를 결정하는 데에 중점을 두었다. SCERTS 진단-관찰을 통해서 얻은 정보를 토대로, 어머니와 서비스 제공자들은 규호가 관심, 정서, 의도를 공유하기 위해 다양한 몸짓, 그림, 유사 단어를 사용할 수 있다는 점에서 언어 파트너 단계에 속한다는 데에 동의하였다. 언어치료사는 규호가 정서 조절이 잘 되고 사회적 상호작용에 잘 참여할 때에 타인의 행동을 조절하기 위해 자신의 의도를 전달하는 능력이 분명히 나타난다는 것을 알아냈다. 다시 말해서, 요구하고 거부하는 능력이 상대적인 강점 영역이라는 것이다. 언어치료사는 다음의 사례를 공유하였다. 학교 간식시간 중에 규호는 먹고 싶지 않은 음식을 거부할 때는 물론 먹고 싶은 음식을 요구할 때에도 일관성 있게 그림 상징을 사용할 수 있었다. 작업치료사는 수영교실에서의 비디오 자료를 검토한 후 규호가 그림 상징을 갖고 있지 않았음에도 마찬가지로 이러한 의도를 공유하는 능력이 확실히 나타났다고 덧붙였다. 예를 들어, 이 상황에서 규호는 동일한 기능을 위해 몸짓, 시선, 유사 단어를 사용하였다(예: 킥보드를 계속 타고 싶다는 것을 알리기 위해 엄마를 쳐다보며 손뼉을 치면서 "마"라고 말함).

팀은 이러한 예들이 규호가 할 수 있는 최고 수준의 능력이며 정서 조절이 잘 되지 않을 때에는 파트너의 주의를 끌거나 자신의 의도를 전달하기 위해 덜 정교하거나 덜 상징적인 수단에 자주 의존한다는 데에 동의하였다. 규호는 상대적으로 더 복잡한 사회적 환경인 3학년 통합학급에서 다른 사람의 관심을 끌기 위해 주로 신체적인 접촉(예: 보조교사의 팔 잡기)이나 좀 더 미세한 수단(예: 가까기 다가가 서 있기)에 의존하였다. 예를 들어, 물을 마시고 싶을 때 규호는 물을 요구하기 위해 손으로 가리키거나 유사 단어를 사용하는 대신 식수대 가까이에 가만히 서 있곤 한다. 특수교사는 파트너의 관심을 끌기 위한 이러한 전상징적 수단이 오랫동안 앉아서 하는 활동에서 더 잘 관찰된다고 하였다. 그녀는 미술 활동을 하는 동안 규호가 보조교사의 팔을 반복적으로 잡는 것을 관찰하였다. 그러나 규호는 도움을 요청하는 그림 상징을 사용하기 전에 보조교사가 "무엇을 원하니?"라고 묻기를 기다렸다.

다음으로, 팀은 다양한 관심을 공유하기 위한 규호의 능력에 관심을 기울이며 요구하기 및 거부하기로부터 인사하기와 설명하기로 관심을 돌렸다. 이들은 모두 규호가 사물, 음식, 휴식이나 엄마, 특수교사, 보조교사 등 좋아하는 파트너와의 친숙한 사회적 게임을 요구하는 행동을 보였으며 대부분의 경우 이렇게 자신의 기본적인 요구를 전달하기 위해 그림 상징, 몸짓, 유사 단어를 사용하는 능력에서는 일관성을 보인다는 데에 동의하였다. 또한 규호는 그림 상징으로 사물에 대해 설명하기 시작하였다. 예를 들어, 규호는 특수교사와 함께 개별 학습 시간 동안 짝맞추기 과제를 수행하면서, 그가 조작하고 있는 물건의 색깔을 설명하려고 독립적으로 파란색과 빨간색을 나타내는 그림 상징을 선택하였다. 그러나 규호는 아직 행동이나 사건에 대해 독립적으로 설명하거나 자신이 흥미를 느끼는 앞으로의 사건이나 사물에 대한 정보를 스스로 요구하지는 못했다.

행동 표집 회기 중에 규호는 사진 설명을 지원하려고 제시한 색깔 단서에 관심을 보였지만, 간단한 행위자+행위 단어 조합을 구성하는 데에는 상당한 도움을 필요로 하였다. 팀은 규호의 현행 교육 프로그램이 다양한 의사소통이 필요 없는 활동 내에서 반응적인 역할만을 요구하는 경우가 많기 때문에 차례 주고받기, 인사하기, 부르기, 자랑하기, 허락 구하기 등의 사회적 상호작용을 위해 자신의 의도를 공유하는 능력은 여전히 제한되어 있다는 데에 동의하였다.

다음으로, 팀은 규호의 수동적인 특성이 의사소통 실패를 복구하고 지속하기

(2)

언어 파트너	SCERTS 진단-관찰 기록지	사회 의사소통

이름: 규호

1/4	2/4	3/4	4/4	공동관심
1. 상호적 상호작용에 참여하기				
2				JA1.1 상호작용 시도 시작하기(=SR1.1)
1				JA1.2 간단한 상호적 상호작용에 참여하기(=SR1.2)
1				JA1.3 확장된 상호적 상호작용에 참여하기(=SR1.3)
2. 관심 공유하기				
2				JA2.1 사람과 사물 간에 시선 옮기기
1				JA2.2 짚어서 가리키거나 멀리 있는 것을 가리킬 때 쳐다보기(=SU2.2)
1				JA2.3 사회적 파트너의 관심 초점 따르기
1				JA2.4 의도를 나타내기 전에 자신에게로 주의 끌기(≈JA5.5)
3. 정서 공유하기				
2				JA3.1 부정적인 정서와 긍정적인 정서 공유하기(=MR1.1;≈MR3.1, MR3.2)
0				JA3.2 다양한 정서를 표현하기 위해 상징 이해하고 사용하기(≈MR1.2, SR3.5)
1				JA3.3 파트너의 정서 표현 변화에 동조하기(≈SU2.4; =MR2.5)
0				JA3.4 다른 사람의 정서 상태 설명하기(↔SU5.6)
4. 다른 사람의 행동을 조절하기 위해 의도 공유하기(↔JA7.2, JA8.2, SU4-SU5, MR3.7)				
2				JA4.1 원하는 음식이나 사물 요구하기(≈MR2.6)
2				JA4.2 원하지 않는 음식이나 사물 거부/거절하기(≈MR3.4)
2				JA4.3 도움 또는 기타 행동 요구하기(≈MR3.3)
2				JA4.4 원하지 않는 행동이나 활동 거부하기(≈MR3.4)
5. 사회적 상호작용을 위해 의도 공유하기(↔JA7.2, JA8.2, SU4-SU5)				
2				JA5.1 위로 구하기(≈MR3.1)
2				JA5.2 사회적 게임 요구하기
0				JA5.3 차례 주고받기
0				JA5.4 인사하기
0				JA5.5 부르기(≈JA2.4)
0				JA5.6 자랑하기
0				JA5.7 허락 구하기
6. 공동관심을 위해 의도 공유하기(↔ JA7.2, JA8.2, SU4-SU5)				
1				JA6.1 사물에 대해 언급하기
0				JA6.2 행동이나 사건에 대해 언급하기
0				JA6.3 관심 있는 것에 대해 정보 요구하기
7. 의사소통 실패를 복구하고 지속하기				
1				JA7.1 맥락에 적절한 비율로 의사소통하기
0				JA7.2 의사소통 실패를 복구하기 위해 반복하거나 수정하기(↔JA4-JA6)
0				JA7.3 의사소통 실패 인식하기
8. 상호적 상호작용에서 경험 공유하기				
0				JA8.1 경험을 공유하기 위해 관심, 정서, 의도 조절하기
0				JA8.2 경험을 공유하기 위해 청자 및 화자의 역할을 바꾸어 가며 상호작용하기(↔ JA4-JA6)
0				JA8.3 친구와 상호작용 시작하고 경험 공유하기

채점 기준: 2=일관성 있게 준거에 도달함(두 가지 상황에서 두 명의 파트너에 걸쳐), 1=일관성 없이 준거에 도달하거나 보조를 받아서 도달함, 0=준거에 도달하지 못함

[그림 6-2] 규호의 SCERTS 진단-관찰 기록지(공동관심)

위한 능력에 어떻게 영향을 미치는지에 대해 관심을 돌렸다. 이것은 SCERTS 진단-관찰을 위해 선정된 자연스러운 활동 내에서는 관찰되지 않았기 때문에 행동 표집 회기에서 정보가 수집되었다. 규호는 의사소통 실패를 복구하기 위해 자신의 의사소통 전략을 반복하고 수정하는 데에 심각한 어려움을 보이는 것으로 관찰되었다. 행동 표집 중에 규호는 보조교사에게 그림을 건네면서 의사소통을 하려고 했던 시도를 실패하였는데, 이때 새로운 전략을 시도하기 전에 같은 전략을 반복하였다. 마찬가지로, 의사소통적인 눈맞춤과 함께 "네~"라는 유사 단어를 사용하여 그네 타기를 요구하려는 시도가 효과적이지 않았을 때 한 번 더 시도한 다음 요구를 분명히 하기 위해 그네 옆에 서 있었다. 팀은 의사소통을 지속하고 복구하는 데에서의 어려움이 부분적으로 변동적인 각성 수준과 주의집중을 유지하는 데에서의 어려움 때문이라고 느꼈다. 그러나 이러한 패턴에 기여하는 몇 가지 다른 요소가 더 있다고 생각하였다. 특히 의사소통을 하기 전에 다른 사람의 관심을 먼저 확인하는 능력에 일관성이 없다는 점, 구강 운동에서의 지속적인 어려움, 의사소통 실패의 복구 및 지속에서의 어려움 등이 또래와의 상호작용을 유지하는 능력에 어떻게 부정적인 영향을 미치는지에 대해 이야기 나누었다.

현재 공동관심 요소 중 규호가 보이는 강점과 요구 영역 프로파일에 대한 요약 정보는 SCERTS 진단-관찰 기록지와 SCERTS 진단 요약지에서 볼 수 있다([그림 6-2]와 [그림 6-8] 참조).

A-2. 사회 의사소통: 상징 사용

규호의 공동관심 능력에 대한 기초선을 설정한 후에 팀은 상징 사용에 대한 강점과 요구를 결정하였다. 두 가지 초기 관찰 결과를 살펴보면 규호는 초기에 발달하는 몸짓과 이후에 발달하는 몸짓을 다양하게 사용하였고, 다양한 한 단어 수준의 유사 단어와 다양한 그림 상징을 사용하여 의사소통을 하고 있는 것이 분명했다. 특수학급과 수영교실에서는 도움을 구하기 위해서 주세요 몸짓을, 다양한 활동에 대한 선호를 표현하기 위해서는 손을 뻗는 몸짓과 밀어내는 몸짓을, 구체적인 물건을 요구하기 위해서는 손가락으로 짚어 가리키기를 일관성 있게 사용하고 있었다. 규호는 이러한 몸짓을 효과적으로 사용하였지만 정서 조절이 되지 않는 상태에서는 자신의 의도를 표현하기 전에 다른 사람의 관심을 자기에게로 가져오기 위해 일관성 있게 몸짓과 시선을 사용하는 데에는 여전히 어려움이 있었다. 언어치료사는 SCERTS 진단-관찰을 실시하는 동안 규호가 손 흔들기, 고개 끄덕이기, 고개 젓기와 같은 보다 정교한 몸짓을 사용하는 능력은 보이지 않았다고 하였다. 규호의 어머니는 이러한 어려움이 집에서도 자주 관찰되기 때문에 언어치료사의 의견에 동의하였다.

비구어 의사소통에서의 이러한 어려움과 함께 팀은 몇 가지 다른 요인이 규호의 상징적 의사소통 기술을 제한한다고 결론 내렸다. 이러한 요인으로는 단어 회상에서의 어려움뿐만 아니라 구강-운동 계획에서의 어려움도 포함되었다. 최근에 규호의 상징적 의사소통 기술은 익숙한 사물 이름을 명명하는 제한된 수의 유사 단어(예: "책"을 "채" "그네"를 "네", "비디오"를 "부디오"라고 말하기)와 함께 사물의 이름, 속성(예: 색깔), 재출현(예: "더" "네"), 거부(예: "아니요")를 표현하기 위한 그림 상징도 포함하게 되었다. 또한 언어 파트너 단계-단어 의미 기록지를 살펴보면, 그림 상징을 사용할 수 있는지 여부와는 상관없이 행위자 명명, 행위 단어, 정서 단어 및 초기 단어 조합(예: 행위자+행위, 행위+대상)은 여전히 부족한 것으로 나타났다.

언어 이해 능력과 관련해서 교육 팀은 규호가 수영강습 시간과 특수교사와의 개별 학습 시간 동안 다음과 같은 능력을 보였다는 사실에 주목하였다: 주어진 물건을 내밀면 그 물건을 향해 몸 돌리기, 몸짓 및 구어 단서에 반응하기, 기본적인 사물 어휘와 행위 단어 및 초기 서술적 개념(예: 색깔, 글자, 숫자) 변별하기. 예를 들어, 규호의 수영교사는 빨간색 킥보드를 집어 들라고 말하면서 킥보드를 내밀어 보드 귀퉁이에 손을 뻗도록 몸짓으로 알려 주었다. 규호는 어려움 없이 이러한 지시를 따를 수 있었다. 보다 진보된 관계어, 특히 단어 조합에서의 관계어에 대한 이해는 아직 일관성 있게 나타나지 않았다. 규호는 미술시간에 활동의 각 단계를 따르기 위해서 보조교사의 신체적 몸짓(즉, 촉각 단서)과 시각적 모델을 필요로 하였다. 또한 규호는 개별 학습 시간 동안 행위와 행위자가 연합된 단어 조합(예: "말이 달린다." "강아지가 뛴다.")에 반응하기 어려워했는데, 이는 규호가 지시어의 한 가지 요소에만 집중하는 경향이 있기 때문이다. 팀은 이러한 어려움이 부분적으로는 지시어에 반응할 때 시각적 기억이나 상황 단서에 의존해야 하는 규호의 성향 때문일 수 있으며 이것은 규호의 상황에 제한된 학습 방식의 한 특성이라는 데에 동의하였다. 상황 단서가 없으면 규호의 반응은 훨씬 더 일관성 없이 나타났다.

규호의 어머니는 이러한 관찰 결과에 동의하였고 규호의 신발 신기에 대한 경험을 공유하였다. 외출할 때 코트와 신발을 챙기면서 규호에게 신발을 가져오라

(3)

언어 파트너	SCERTS 진단-관찰 기록지	사회 의사소통

이름: 규호

1/4	2/4	3/4	4/4	상징 사용
1. 익숙하거나 익숙하지 않은 행동이나 단어를 관찰하고 모방하여 학습하기				
2				SU1.1 시범 후 즉시 자발적으로 익숙한 행동이나 단어 모방하기
1				SU1.2 시범 후 즉시 자발적으로 익숙하지 않은 행동이나 단어 모방하기
0				SU1.3 동작이나 단어를 자발적으로 모방하고 다른 행동을 더하기
1				SU1.4 시간이 경과된 후 다른 맥락에서 다양한 행동을 자발적으로 모방하기
2. 익숙하거나 익숙하지 않은 활동에서 비구어 단서 이해하기				
2				SU2.1 익숙하거나 익숙하지 않은 활동에서 상황 및 몸짓 단서 따르기(=SR4.2)
1				SU2.2 짚어서 가리키거나 멀리 있는 것을 가리킬 때 쳐다보기(=JA2.2)
2				SU2.3 시각적 단서(사진이나 그림)를 동반한 지시 따르기
2				SU2.4 얼굴 표정과 억양 단서에 반응하기(≈JA3.3)
3. 놀이 중에 익숙한 사물을 관습적인 방식으로 사용하기				
2				SU3.1 구성놀이에서 다양한 사물 사용하기
2				SU3.2 여러 가지 익숙한 사물을 관습적인 방식으로 자신에게 사용하기
1				SU3.3 여러 가지 익숙한 사물을 관습적인 방식으로 다른 사람에게 사용하기
0				SU3.4 놀이 중 사물을 사용하여 다양한 행동 조합하기
4. 의도 공유를 위해 몸짓이나 비구어 수단 사용하기(↔JA4-JA6, MR3.3, MR3.4)				
0				SU4.1 다양한 관습적 또는 상징적 몸짓 사용하기 ☐a. 보여 주기 ☐b. 손 흔들기 ☐c. 멀리 손 뻗기/가리키기 ☐d. 손뼉 치기 ☐e. 고개 젓기 ☐f. 고개 끄덕이기 ☐g. 기타________
1				SU4.2 일련의 몸짓이나 비구어 수단을 시선과 함께 사용하기
5. 의미를 표현하기 위해 단어와 단어 조합 사용하기(↔JA4-JA6, MR3.3, MR3.4)				
2				SU5.1 소리/단어를 시선 및 몸짓과 함께 조합하여 사용하기
2				SU5.2 상징으로 적어도 5~10개의 단어나 반향어 구 사용하기
2				SU5.3 초기 관계어 사용하기 ☒a. 존재 ☒b. 부재/사라짐 ☒c. 재출현 ☒d. 거부
2				SU5.4 사물, 신체부위, 행위자에 대해 다양한 이름 사용하기
0				SU5.5 상위 수준의 관계어를 다양하게 사용하기 ☐a. 개인적-사회적 ☐b. 행위 ☒c. 수식어 ☐d. 의문사
0				SU5.6 단어조합에 있어서 다양한 관계 의미 사용하기(↔JA3.4) ☐a. 수식어+대상 ☐b. 부정어+대상 ☐c. 행위자+행위+대상
6. 맥락적 단서 없이 다양한 단어와 단어 조합 이해하기				
2				SU6.1 자신의 이름에 반응하기
2				SU6.2 여러 가지 익숙한 단어 및 구절에 반응하기(=SR1.6)
2				SU6.3 맥락적 단서 없이 다양한 이름 이해하기
1				SU6.4 맥락적 단서 없이 다양한 관계어 이해하기 ☐a. 행위 ☒b. 수식어 ☐c. 의문사
0				SU6.5 맥락적 단서 없이 단어 조합에서 다양한 관계 의미 이해하기 ☐a. 수식어+대상 ☐b. 부정어+대상 ☐c. 행위자+행위+대상

채점 기준: 2=일관성 있게 준거에 도달함(두 가지 상황에서 두 명의 파트너에 걸쳐), 1=일관성 없이 준거에 도달하거나 보조를 받아서 도달함, 0=준거에 도달하지 못함

[그림 6-3] 규호의 SCERTS 진단-관찰 기록지(상징 사용)

언어 파트너 단계

고 하면 규호는 주저하지 않고 바로 신발을 신는다고 하였다. 그러나 거실에 앉아 책을 읽으면서 같은 요구를 하면 규호는 그 행동을 수행하지 못할 가능성이 높다는 것이다. SCERTS 진단-관찰을 실시하는 내내 규호는 시간이 지나도 볼 수 있는 구체물이나 그림 단서처럼 사라지지 않는 속성을 지닌 정보에 대해 강한 선호도를 보였다. 팀은 규호가 구어로 지시할 때 시각적 정보를 함께 제공하면(예: 가방을 향해 몸짓을 하면서 "치워."라고 요구하기) 더 명확하고 효율적으로 반응한다는 것과 행동을 조직화하기 위해 시각적 지원(예: 그림 과제 스케줄)을 사용하는 것이 유용하다는 데에 동의하였다. 현재 상징 사용 요소 중 규호가 보이는 강점 및 요구 프로파일에 대한 요약 정보는 SCERTS 진단-관찰 기록지와 SCERTS 진단 요약지에서 볼 수 있다([그림 6-3]과 [그림 6-8] 참조).

A-3. 정서 조절: 상호조절

규호의 팀은 상호조절에서의 강점 및 요구와 관련된 SCERTS 진단-관찰 결과에 대하여 논의하였다. 팀은 규호의 사회 의사소통 능력과 이 영역이 정서 조절 능력에 미치는 영향에 대한 이전 논의사항을 반영하였다. 그 과정에서 규호의 어머니와 교육 팀은 SCERTS 진단-관찰에서 확인된 것처럼 상징 능력과 타인의 행동을 조절하기 위한 의도 전달 능력이 향상되면서 상호조절 시도 전략을 사용하기 시작하는 데에 긍정적인 영향을 미치고 있다는 것을 알게 되었다. 이것은 특히 규호가 사회적 상호작용이나 활동에 적극적으로 참여할 때 분명하게 드러났다. 즉, 이러한 상황에서 규호는 힘들 때 거부하고, 좌절할 때 도움을 구하며, 비구어 수단을 통해 긍정적이거나 부정적인 정서를 공유할 수 있었다.

규호는 '안아 줘'라는 의미로 "안"이라는 유사 단어와 '안아 주다' 그림 상징을 함께 사용하여 파트너에게 정서 조절을 위한 도움을 구하기 시작하였다. 규호는 SCERTS 진단-관찰 전반에 걸쳐 서너 번 정도 이러한 전략을 사용하였는데, 집중력이 약해지기 시작하지만 여전히 그 과제에 관심이 있을 때 이러한 전략을 사용하는 것 같았다. 예를 들어, 작업치료사는 개별 치료 시간은 물론 가족 사진을 이용한 행동 표집 활동 중에도 규호가 조절을 위한 도움을 얻으려고 이러한 요구를 사용한 것으로 기록하였다. 이러한 고무적인 예시에도 불구하고, 각성 수준이 너무 낮아서 하고 있던 활동에 계속 참여하기 어려울 때에는 그런 요구 사용이 관찰되지 않았기 때문에 규호의 도움 요청 능력이 견고하게 확립되었다고 판단할 수는 없다. 또한 팀은 규호가 아직 자신의 느낌을 표현하기 위해 정서 단어를 사용하지 않는 것을 걱정하였다.

규호의 수동적인 특성은 SCERTS 진단-관찰을 실행하기 전에 어머니와 교육 팀이 각각 작성한 SCERTS 진단-질문지에 기록되었다. 질문지 작성을 통해 교육 팀과 어머니는 모두 규호가 현재 활동 참여를 유지하기 위해서 많은 지원을 자주 필요로 한다고 보고하였다. 팀은 낮은 각성 편향성과 환경 및 사회적 자극에 대한 둔감성의 결과로 정서 표현이 자주 제한되었고 얼굴 표정보다 집중 정도와 행동이 정서 상태와 각성 수준을 더 많이 나타낸다는 데에 동의하였다. 예를 들어, 간식을 먹는 동안 규호의 표정은 무덤덤했지만 주의집중을 하면서 적극적으로 참여하고 있었다. 반면에, 3학년 통합학급의 읽기 모둠 활동 중에도 규호의 표정은 무덤덤했으나 보조교사는 그가 창 쪽으로 눈을 돌리고 조용히 몸을 흔들고 있는 것을 관찰하였다. 보조교사는 규호의 관심 초점과 행동이 규호의 각성 수준이 떨어졌고 다시 조절이 잘 된 상태로 회복되기 위해 도움을 필요로 한다는 것을 보여 주는 것이라고 해석하였다. 보조교사가 기분 좋게 규호의 등을 쓰다듬고 방 안에서 잠깐씩 걷게 하면서 규호를 각성시키는 것이 관찰되었다. 이러한 지원이 주어지면 규호는 학급 활동에 다시 참여할 수 있게 되었다. 팀은 파트너가 시각적 구조화, 움직임, 과장된 긍정적 정서, 신체부위 꾹 누르기와 같은 구조화된 지원을 제공할 때 규호가 곧바로 더 일관성 있게 활동에 재참여할 수 있다는 데에 동의하였다. 또한 팀은 이러한 유형의 지원이 규호가 활동 간 전이를 하도록 돕는 데에 필수적이라고 생각하였다.

다음으로, 팀은 규호가 낮은 각성 상태에 있을 때나 높은 각성 상태에 있을 때 모두 극심한 조절장애를 경험한다고 판단하였기 때문에 극심한 조절장애와 관련된 문제에 대해 의논하였다. 규호는 각성 수준이 너무 높거나 너무 낮을 때 학습이나 사회적 참여를 할 수 없을 수도 있다. 이러한 양극의 각성 상태 모두가 환경 내에서 자연스럽게 발생하는 학습 기회에 참여하여 이익을 얻는 데에 심각한 방해가 된다. 팀은 다음과 같은 행동이 낮은 각성과 관련된 극심한 조절장애의 신호라고 판단하였다: (1) 먼 허공 응시하기, (2) 혼자서 소리 내기, (3) 조용히 몸 흔들기, (4) 빠르게 눈 깜빡이기, (5) 의사소통의 빈도 및 정교함의 심각한 감소. SCERTS 진단-관찰 전반에 걸쳐 규호가 장시간 앉아서 하는 활동에 참여할 때나 사진 스케줄 같은 시각적 정보를 활용할 수 없을 때 이러한 신호가 관찰되곤 하였다.

(4)

언어 파트너	SCERTS 진단-관찰 기록지	정서 조절

이름: 규호

1/4	2/4	3/4	4/4	상호조절
1. 다양한 정서 표현하기(↔SU4-SU5)				
2				MR1.1 부정적인 정서와 긍정적인 정서 공유하기(=JA3.1)
0				MR1.2 다양한 정서를 표현하기 위해 상징 이해하고 사용하기(≈JA3.2; =SR3.5)
1				MR1.3 익숙한 활동에서 파트너의 피드백에 따라 정서 표현 바꾸기
2. 파트너가 제공하는 지원에 반응하기				
2				MR2.1 파트너의 위로에 진정하기
2				MR2.2 파트너가 주의를 환기시킬 때 참여하기
1				MR2.3 상호작용 시도에 반응하기
1				MR2.4 파트너의 정서 표현 변화에 반응하기
1				MR2.5 파트너의 정서 표현 변화에 동조하기(=JA3.3)
1				MR2.6 파트너의 제안에 따라 선택하기(≈JA4.1)
0				MR2.7 익숙한 활동에서 파트너의 피드백에 따라 조절 전략 바꾸기
3. 상태를 조절하기 위해 파트너에게 도움 청하기				
2				MR3.1 위로를 구하기 위해 부정적인 정서 공유하기(≈JA3.1; ↔JA5.1)
1				MR3.2 상호작용을 하기 위해 긍정적인 정서 공유하기(≈JA3.1)
1				MR3.3 좌절했을 때 도움 청하기(≈JA4.3; ↔SU4-SU5)
1				MR3.4 괴로울 때 거부하기(≈JA4.2, JA4.4; ↔SU4-SU5)
0				MR3.5 휴식을 요구하기 위해 언어 전략 사용하기
0				MR3.6 활동이나 자극 조절을 요구하기 위해 언어 전략 사용하기
0				MR3.7 사회적 조절 수행을 위해 언어 전략 사용하기(↔JA4)
4. 파트너의 지원을 받아 극심한 조절장애로부터 회복하기				
2				MR4.1 활동으로부터 떨어져 있게 하는 방법으로 회복을 지원하는 파트너의 노력에 반응하기
2				MR4.2 파트너의 행동 전략 사용에 반응하기
1				MR4.3 파트너의 언어 전략 사용에 반응하기
0				MR4.4 상호작용이나 활동에 다시 참여하게 하기 위한 파트너의 시도에 반응하기
0				MR4.5 파트너의 지원을 받아 극심한 조절장애로부터 회복되는 시간 단축하기
0				MR4.6 파트너의 지원을 받아 극심한 조절장애 상태의 강도 줄이기

채점 기준: 2=일관성 있게 준거에 도달함(두 가지 상황에서 두 명의 파트너에 걸쳐), 1=일관성 없이 준거에 도달하거나 보조를 받아서 도달함, 0=준거에 도달하지 못함

[그림 6-4] 규호의 SCERTS 진단-관찰 기록지(상호조절)

언어치료사는 또한 높은 수준의 각성 상태와 관련된 극심한 조절장애의 명백한 신호 몇 가지를 보고하였다. 이와 같은 신호는 SCERTS 진단-관찰 중 미술시간이 끝나고 읽기 모둠 활동으로 전이할 때와 수영강습이 끝날 무렵 수영장에서 나오라고 지시했을 때 단 두 번만 관찰되었다. 두 번의 관찰에서 모두 규호는 시선을 피하고 머리 부딪치기를 시도하였다. 언어치료사는 이 두 관찰 기간의 공통된 맥락을 확인하였다. 두 경우 모두 시각적 지원이 없고 많은 사람들의 이동으로 인해 환경이 매우 번잡하여 청각 및 일시적인 시각적 정보의 홍수를 일으킴으로써 전이를 위한 준비가 잘 이루어지지 않은 상태였다.

현재 상호조절 요소 중 규호가 보이는 강점과 요구 영역 프로파일에 대한 요약 정보는 SCERTS 진단-관찰 기록지와 SCERTS 진단 요약지에서 볼 수 있다([그림 6-4]와 [그림 6-8] 참조).

A-4. 정서 조절: 자기조절

규호의 팀은 자기조절 능력과 어려움에 대해 논의하였다. SCERTS 진단-질문지와 SCERTS 진단-관찰을 통해 수집한 정보를 토대로 팀은 규호가 자기조절을 위해 사용하는 다양한 행동 전략이 환경 내에서의 학습 및 상호작용 능력에 도움이 된다고 느꼈다. SCERTS 진단-관찰 전반에 걸쳐 팀은 규호가 사용하는 몇 가지 다른 행동 전략을 기록하였으며 이러한 전략은 활동 참여 능력을 지원하는 것으로 보였다. 이들 전략에는 손으로 테이블 위를 두드리기, 머리를 양옆으로 흔들기, 발로 가볍게 또각또각 소리내기가 포함된다. 규호는 이러한 전략을 사용함으로써 때로는 각성 수준을 조절할 수 있었고, 나아가 더 확장된 사회적 상호작용을 시작하고 이에 참여할 수 있었다. 그러나 이러한 전략은 또래에게 부정적인 인상을 줄 가능성이 있었고 최적의 각성 상태를 달성하는 데에 언제나 효과적인 것은 아니었다. 그 결과, 규호는 사회적 환경의 기대에 비해 지나치게 낮은 각성 상태에 머물러 있는 경우가 자주 관찰되었고 이러한 패턴은 자기조절 전략 목록이 제한되었다는 것을 의미하였다.

어떤 경우에는 규호의 각성 상태가 너무 낮아서 장시간 동안 아무것도 할 수 없는 상태가 되었는데, 이는 교육 팀이 극심한 조절장애를 보이는 기간으로 확인한 패턴이었다. 이러한 기간이 낮은 각성 상태와 연결되면 규호는 몸을 앞뒤로 흔들고, 먼 허공을 응시하고, 반복적으로 소리를 내고, 빠르게 눈을 깜빡이는 등 분명한

(5)

언어 파트너	SCERTS 진단-관찰 기록지	정서 조절

이름: 규호

1/4	2/4	3/4	4/4	자기조절
1. 학습 또는 상호작용의 가능성 보이기				
2				SR1.1 상호작용 시도 시작하기(=JA1.1)
2				SR1.2 간단한 상호적 상호작용에 참여하기(=JA1.2)
1				SR1.3 확장된 상호적 상호작용에 참여하기(=JA1.3)
1				SR1.4 차별화된 정서로 감각 및 사회적 경험에 반응하기
0				SR1.5 행위 및 행동 억제 능력 보이기
2				SR1.6 여러 가지 익숙한 단어 및 구절에 반응하기(=SU6.2)
1				SR1.7 합리적인 요구를 지닌 과제 지속하기
1				SR1.8 맥락에 적절하게 정서 표현하기
2. 익숙한 활동 중에 각성 수준을 조절하기 위해 행동 전략 사용하기				
1				SR2.1 혼자 하는 활동과 사회적 활동 중에 각성 수준을 조절하기 위해 행동 전략 사용하기
0				SR2.2 각성 수준을 조절하기 위해 파트너가 시범 보인 행동 전략 사용하기
1				SR2.3 장시간의 활동에 생산적으로 참여하기 위해 행동 전략 사용하기
3. 익숙한 활동 중에 각성 수준을 조절하기 위해 언어 전략 사용하기				
0				SR3.1 혼자 하는 활동 중에 각성 수준을 조절하기 위해 언어 전략 사용하기
0				SR3.2 사회적 상호작용 중에 각성 수준을 조절하기 위해 언어 전략 사용하기
0				SR3.3 각성 수준을 조절하기 위해 파트너가 시범 보인 언어 전략 사용하기
0				SR3.4 장시간의 활동에 생산적으로 참여하기 위해 언어 전략 사용하기
0				SR3.5 다양한 정서를 표현하는 상징 사용하기(≈JA3.2;=MR1.2)
4. 새롭고 변화하는 상황에서 정서 조절하기				
2				SR4.1 새롭고 변화하는 상황에 참여하기
2				SR4.2 익숙하지 않은 활동에서 상황 및 몸짓 단서 따르기(=SU2.1)
1				SR4.3 새롭고 변화하는 상황에서 각성 수준을 조절하기 위해 행동 전략 사용하기
0				SR4.4 새롭고 변화하는 상황에서 각성 수준을 조절하기 위해 언어 전략 사용하기
0				SR4.5 전이 중 각성 수준을 조절하기 위해 행동 전략 사용하기
0				SR4.6 전이 중 각성 수준을 조절하기 위해 언어 전략 사용하기
5. 극심한 조절장애로부터 스스로 회복하기				
0				SR5.1 지나치게 자극적이거나 원하지 않는 활동으로부터 스스로 떠나기
1				SR5.2 극심한 조절장애로부터 회복하기 위해 행동 전략 사용하기
0				SR5.3 극심한 조절장애로부터 회복하기 위해 언어 전략 사용하기
2				SR5.4 극심한 조절장애로부터 회복된 후 상호작용이나 활동에 다시 참여하기
0				SR5.5 극심한 조절장애로부터 회복되는 시간 단축하기
0				SR5.6 조절장애 상태의 강도 줄이기

채점 기준: 2=일관성 있게 준거에 도달함(두 가지 상황에서 두 명의 파트너에 걸쳐), 1=일관성 없이 준거에 도달하거나 보조를 받아서 도달함, 0=준거에 도달하지 못함

[그림 6-5] 규호의 SCERTS 진단-관찰 기록지(자기조절)

조절장애의 신호를 보였다. SCERTS 진단-관찰 기록지의 상호조절 하위요소에 기록되었듯이, 규호의 팀은 SCERTS 진단-관찰의 일환으로 관찰된 읽기 모둠 활동에서 이러한 행동이 나타났다는 사실에 주목하였다. 이와 같은 행동 전략은 참여할 수 있도록 각성 수준을 높이는 데에 도움이 되지 않았다. 사실상 규호의 시각 및 운동 전략들이 잠재적으로는 각성 수준을 증가시키려는 목적을 지녔다고 해도, 전략 자체에 지나치게 몰두함으로써 결국 독립적으로 자신의 주의를 활동으로 옮기기 어려워 보였다.

또한 규호는 행동 전략을 잘 사용하지 못하기 때문에 높은 각성 상태와 관련된 극심한 조절장애를 겪을 때 자기조절을 잘할 수가 없었다. 규호는 3학년 통합학급과 수영교실에서 머리를 부딪치거나 시선을 피하는 행동과 같은 효과적이지 못한 행동 전략을 시도하였는데 거의 성공하지 못하였다. 팀 협의를 통해 규호는 극심한 조절장애로부터 회복하기 위해서나 새롭고 변화하는 상황에서 각성 수준을 조절하기 위해서 행동 전략을 아직 효과적으로 사용하지 못한다는 것이 분명해졌다. 또한 작업치료사는 규호가 상징적 의사소통자이자 언어 파트너 단계지만 아직 익숙한 활동에서 각성 수준을 조절하기 위해 언어 전략을 사용하지 못하고 양육자가 시범 보인 전략을 사용하는 것 같지도 않다고 말하였다. 현재 자기조절 요소 중 재호가 보이는 강점과 요구 영역 프로파일에 대한 요약 정보는 SCERTS 진단-관찰 기록지와 SCERTS 진단 요약지에서 볼 수 있다([그림 6-5]와 [그림 6-8] 참조).

A-5. 교류 지원: 대인관계 지원

사회 의사소통 및 정서 조절 능력을 촉진하는 데에 필요한 규호의 사회적 지원망과 대인관계 지원에서의 강점 및 요구를 결정하기 위해 SCERTS 진단-질문지와 SCERTS 진단-관찰 기록지를 검토하였다. 어머니와 교육 팀은 규호의 발달상의 약점이 파트너에게 어떻게 교류적인 영향을 미치게 되는지를 논의하였다. 예를 들어, 규호는 정서 조절상의 어려움으로 인하여 일관되지 못한 각성 상태를 보이고 자기조절 행동 전략(예: 빠르게 눈 깜빡이기, 시선 피하기)을 자주 사용하곤 한다. 이러한 신호는 비관습적이기 때문에 친숙하지 않은 파트너, 특히 또래의 경우 신호를 해석하기 어렵다는 사실이 학급 관찰을 통해서 나타났다. 그럼에도 불구하고 보조교사가 이러한 포착하기 어려운 신호를 해석할 수 있도록 도와줌으로써 또래와의 상호작용을 촉진할 때 성공적인 또래 교류가 나타날 가능성이 더 높아진다.

낮은 각성 상태로의 편향성과 제한된 정서 표현은 종종 규호가 참여하는 데에 냉담하고 무관심하거나 어려움을 보이는 것처럼 느껴지게 하였다. 교육 팀은 통합학급 3학년 또래들이 성인의 촉진 없이 규호에게 먼저 인사를 하거나 함께 노는 것을 관찰할 수 없었기 때문에 이들이 특히 그렇게 생각한다고 느꼈다. 이와 같은 상황에 도움이 될 것으로 판단되는 대인관계 지원은 또래에게 규호의 학습 방식을 이해하도록 도와주고 규호와의 상호작용 스타일을 보다 활동적이게 하고, 간단한 언어를 사용하며, 규호가 자신의 속도로 문제를 해결하거나 활동을 완수하는 데 충분한 시간을 제공하게 하는 방식으로 수정하도록 촉진하는 것이다. 팀은 파트너 모두가 이러한 유형의 대인관계 지원을 일관성 있게 사용한다면 규호로부터 보다 일관성 있는 반응을 끌어내기 쉬울 것이며 따라서 참여에 대해 무관심하고 참여하기 어렵다는 주변 인식을 바꿀 수 있다는 데에 동의하였다. 더욱이 팀은 활동에 수동적으로 참여하게 만드는 사람보다 규호 스스로 자신의 속도로 문제를 해결하고 활동을 완수할 수 있도록 시간을 더 제공하는 파트너에게 규호가 더 잘 협력하고 참여한다는 사실에 주목하였다.

어머니와 교육 팀은 SCERTS 진단-질문지와 SCERTS 진단-관찰 기록지를 검토함으로써 규호의 사회적 지원망에서 강점으로 자리 잡고 있거나 주요 요구 영역으로 간주되는 수많은 대인관계 지원을 파악할 수 있었다. 다음의 표는 강점과 요구 각각에 대한 몇 가지 예시를 보여 준다.

강점	요구
규호의 어머니는 효능감을 키워 주기 위해 규호의 의사소통 신호에 일관성 있고도 적절하게 반응하며 다양한 의사소통 기능을 시범 보인다(IS1.3, IS7.2). 학교에서 성인 파트너(교사, 보조교사, 치료사)는 일련의 대인관계 지원을 개발하여 활동마다 일관성 있게 사용하기 시작하였다. 이러한 지원에는 규호와 의사소통하기 전에 주의 확보하기(IS4.2)뿐만 아니라 조절장애 신호 인식하고 지원하기(IS1.5)도 포함된다.	규호는 하루 중 많은 시간 동안 반응하는 역할을 하고 있기 때문에 시작행동을 더 자주 할 필요가 있다. 그래서 파트너가 시작행동을 기다려주고 격려하며, 시작행동과 반응행동의 균형을 유지하고, 규호가 활동을 시작하고 마칠 수 있게 해 주어야 한다(IS2.2~IS2.4). 또래가 규호의 미세한 조절장애 신호를 인식하고 관심을 형성하고 유지하는 데 가장 효과적인 전략을 사용하게 함으로써 또래와의 상호작용(IS5.2)을 증진할 필요가 있다. 규호가 다양한 파트너와 다양한 환경에 걸쳐 구어 및 비구어 의사소통 실패를 복구하려고 시도하도록 촉진할 필요가 있다(IS5.3).

(6)

언어 파트너	SCERTS 진단-관찰 기록지	교류 지원

이름: 규호

1/4	2/4	3/4	4/4	대인관계 지원
1. 파트너는 아동에게 반응적이다.				
1				IS1.1 아동의 관심 초점 따르기
2				IS1.2 아동의 정서 및 속도에 맞추기
1				IS1.3 의사소통 효능감을 증진시키기 위해 아동의 신호에 적절하게 반응하기
1				IS1.4 각성 수준을 조절하기 위한 아동의 행동 및 언어 전략 인식하고 지원하기
1				IS1.5 조절장애 신호 인식하고 지원하기
1				IS1.6 아동을 모방하기
1				IS1.7 필요할 때 상호작용이나 활동으로부터 휴식 제공하기
2				IS1.8 휴식에 이어 상호작용이나 활동에 다시 참여하도록 촉진하기
2. 파트너는 시작행동을 촉진한다.				
2				IS2.1 비구어 또는 구어로 선택의 기회 제공하기
1				IS2.2 시작행동 기다리고 격려하기
0				IS2.3 시작행동과 반응행동의 균형 유지하기
1				IS2.4 아동이 활동을 시작하고 마치도록 해 주기
3. 파트너는 아동의 독립성을 존중한다.				
2				IS3.1 필요한 경우 활동 중간에 돌아다닐 수 있도록 휴식 허락하기
1				IS3.2 아동이 자신의 속도로 문제를 해결하고 활동을 완수할 수 있도록 시간 허용하기
2				IS3.3 문제행동을 의사소통 또는 조절의 기능으로 이해하기
1				IS3.4 적절한 경우 저항, 거부, 거절 존중하기
4. 파트너는 참여를 위한 장을 마련한다.				
1				IS4.1 의사소통할 때 아동의 눈높이에 맞추기
2				IS4.2 의사소통하기 전에 아동의 주의 확보하기
1				IS4.3 상호작용을 촉진하기 위해 적절한 근접성과 비구어 행동 사용하기
1				IS4.4 최적의 각성 상태와 참여를 지원하기 위해 적절한 단어와 억양 사용하기
5. 파트너는 발달을 지원한다.				
1				IS5.1 모방 격려하기
1				IS5.2 또래와의 상호작용 격려하기
2				IS5.3 구어 또는 비구어로 의사소통 실패를 복구하려고 시도하기
2				IS5.4 활동 성공을 위해 필요할 때 안내 및 피드백 제공하기
0				IS5.5 정서를 표현하고 정서의 원인을 이해하도록 안내하기
6. 파트너는 언어 사용을 조절한다.				
1				IS6.1 이해를 돕기 위해 비구어 단서 사용하기
1				IS6.2 아동의 발달 수준에 따라 언어의 복잡성 조절하기
1				IS6.3 아동의 각성 수준에 따라 언어의 질 조절하기
7. 파트너는 적절한 행동을 시범 보인다.				
1				IS7.1 적절한 비구어 의사소통과 정서 표현 시범 보이기
2				IS7.2 다양한 의사소통 기능 시범 보이기 ☒a. 행동 조절 ☒b. 사회적 상호작용 ☒c. 공동관심
0				IS7.3 적절한 구성놀이 및 상징놀이 시범 보이기
1				IS7.4 아동이 부적절한 행동을 할 때 적절한 행동 시범 보이기
1				IS7.5 '아동 입장'에서 언어 시범 보이기

채점 기준: 2=일관성 있게 준거에 도달함(두 가지 상황에서 두 명의 파트너에 걸쳐), 1=일관성 없이 준거에 도달하거나 보조를 받아서 도달함, 0=준거에 도달하지 못함

[그림 6-6] 규호의 SCERTS 진단-관찰 기록지(대인관계 지원)

규호의 사회적 지원망을 통한 다양한 대인관계 지원의 사용에 대한 요약 정보는 SCERTS 진단-관찰 기록지와 SCERTS 진단 요약지에서 볼 수 있다([그림 6-6]과 [그림 6-8] 참조).

A-6. 교류 지원: 학습 지원

규호의 팀은 일과 중에 교류 지원으로 이미 실행되고 있는 학습 지원과 앞으로 고려되어야 할 학습 지원에 대해 논의하기 위하여 팀 회의를 계속하였다. 치료사와 특수교사는 학급과 지역사회에서 이미 참여를 지원하고 있는 학습 지원을 구체화하였다. 이러한 지원에는 확실한 구조와 움직일 기회를 제공함으로써 적극적인 참여를 위해 활동을 구조화하고, 활동의 감각적인 속성을 수정하며, 성공률을 높이기 위해 환경을 수정하는(예: 수영강습 시간에 벽을 등지고 서게 하여 깃발이 어지럽게 나부껴서 시각적으로 주의가 산만해질 수 있는 가능성 최소화하기) 등의 어머니의 능력이 포함되었다. 또한 작업치료사는 규호가 전이와 이후 활동을 준비할 수 있도록 보조교사와 특수교사가 시각적 스케줄을 효과적으로 사용한다고 보고하였다. 어머니와 교육 팀은 규호가 과제 간에 또한 과제 내에서의 기대를 해석할 수 있도록 시각적 정보에 대한 선호를 최대한 활용할 필요가 있다고 논의하였다(예: 과제 구성도의 사용, 집단 활동 참여를 촉진하는 시각적 지원, 또래와의 차례 주고받기를 촉진하는 시각적 지원).

규호의 어머니와 팀은 또한 사회 의사소통 영역에서의 능력을 증진하는 데 있어서 AAC 전략이 중요하다고 논의하였다. 팀은 이미 규호와 소통할 때 그림 상징을 사용해 왔지만, 정서 표현 및 이해는 물론 의사소통과 표현언어 증진을 위해서는 많은 수정을 거쳐 보다 일관성 있게 AAC 체계를 사용해야 한다는 데 동의하였다.

어머니와 교육 팀은 SCERTS 진단-질문지와 SCERTS 진단-관찰 결과를 검토함으로써 규호의 사회적 지원망에서 강점 영역으로 나타나고 있거나 주요 요구 영역으로 간주되는 수많은 학습 지원을 파악할 수 있었다. 다음의 표는 몇 가지 예시를 보여 준다.

강점	요구
규호의 어머니는 규호가 성공할 수 있도록 과제 난이도를 조절하는 능력을 개발해 왔고 규호에게 반복이 필요하다는 점을 고려하여 반복되는 학습 기회를 제공하고 있다(LS4.2, LS1.4). 특수교사와 보조교사는 규호가 전이와 이후 활동을 예측할 수 있도록 다양한 시각적 스케줄을 개발하였다(LS3.3).	규호는 알아들을 수 있는 말을 하거나, 다양한 기능(예: 인사하기, 이름 부르기, 자랑하기, 언급하기)으로 의사소통하거나, 의사소통 실패를 복구하는 데 어려움을 보이기 때문에 규호의 의사소통과 표현언어를 강화하기 위한 보완의사소통 지원(LS2.1)을 더 많이 사용하도록 권장한다. 다양한 파트너와 다양한 활동에 걸쳐 규호의 조절력을 지원할 수 있도록 과제 수행 단계를 명확히 하고, 활동 완수에 필요한 시간과 단계를 명확히 하며, 활동 간 원활한 전이를 위해 시각적 지원을 좀 더 일관성 있게 사용해야 한다(LS3.1~LS3.3).

사회적 지원망을 통한 다양한 학습 지원 사용에 대한 요약 정보는 SCERTS 진단-관찰 기록지와 SCERTS 진단 요약지에서 볼 수 있다([그림 6-7]과 [그림 6-8] 참조).

A-7. 사회-정서 성장 지표: 결과 및 의견

다음으로 규호의 팀은 사회-정서 성장 지표에 대한 기초선 종합점수를 산출하였다. 이 지표는 규호 행동의 전반적인 질적 측면에서 향후 성취를 측정하는 데 유용한 기준을 제공한다. 사회-정서 성장 지표로 측정되는 행동의 질은 다음과 같다: (1) 행복감, (2) 자아의식, (3) 타인의식, (4) 적극적인 학습 및 조직화, (5) 융통성 및 회복력, (6) 협력 및 행동의 적절성, (7) 독립성, (8) 사회적 소속감 및 우정. 사회-정서 성장 지표 산출 결과, 규호는 행복감과 융통성 및 회복력에서 상대적인 강점을 보이는 것으로 나타났다.

B. 주요 정보원 2: SCERTS 진단-관찰 결과와 우선순위에 대한 가족의 견해

교육 프로그램의 구체적인 장단기 교수목표를 결정하기 전에 교육 팀은 규호의 어머니에게 SCERTS 진단-관찰과 행동 표집 회기에 대한 생각을 공유해 줄 것을 요청하였다. 특히 관찰한 내용이 규호의 행동을 대표할 만한지와 SCERTS 진단 요약지에 강점과 요구가 정확하게 기록되었는지를 검토하도록 요청하였다. 어머니는 SCERTS 진단-관찰 기록지에 그 당시 아들에 대한 정확한 정보가 담겨 있기는 하

(7)

언어 파트너	SCERTS 진단-관찰 기록지	교류 지원

이름: 규호

1/4	2/4	3/4	4/4	학습 지원
1. 파트너는 적극적인 참여를 위해 활동을 구조화한다.				
1				LS1.1 활동의 시작과 종료를 분명하게 정하기
2				LS1.2 차례 주고받기 기회를 만들고 아동이 참여할 수 있도록 여지 남겨 두기
1				LS1.3 활동에 예측 가능한 순서 마련하기
2				LS1.4 반복되는 학습 기회 제공하기
2				LS1.5 다양한 학습 기회 제공하기
2. 파트너는 발달을 촉진하기 위해 보완의사소통 지원을 사용한다.				
1				LS2.1 의사소통과 표현언어를 강화하기 위해 보완의사소통 지원 사용하기
1				LS2.2 언어 및 행동 이해를 강화하기 위해 보완의사소통 지원 사용하기
0				LS2.3 정서 표현 및 이해 능력을 강화하기 위해 보완의사소통 지원 사용하기
0				LS2.4 정서 조절을 강화하기 위해 보완의사소통 지원 사용하기
3. 파트너는 시각적 지원 및 조직화 지원을 사용한다.				
0				LS3.1 과제 수행 단계를 명확히 하기 위해 지원 사용하기
0				LS3.2 활동 완수에 필요한 시간과 단계를 명확히 하기 위해 지원 사용하기
1				LS3.3 활동 간 원활한 전이를 위해 시각적 지원 사용하기
2				LS3.4 하루 전반에 걸쳐 시간 분할을 조직화하기 위해 지원 사용하기
0				LS3.5 집단 활동에서의 주의집중을 높이기 위해 시각적 지원 사용하기
0				LS3.6 집단 활동에서의 적극적인 참여를 촉진하기 위해 시각적 지원 사용하기
4. 파트너는 목표, 활동, 학습 환경을 수정한다.				
1				LS4.1 조직화와 상호작용을 지원하기 위해 사회적 복잡성 조절하기
1				LS4.2 아동의 성공을 위해 과제 난이도 조절하기
1				LS4.3 학습 환경의 감각적 속성 수정하기
1				LS4.4 주의집중을 높일 수 있도록 학습 환경 구성하기
1				LS4.5 시작행동을 촉진하는 학습 환경 구성하기
1				LS4.6 활동이 발달적으로 적절하도록 고안하고 수정하기
1				LS4.7 활동 내에 동기유발이 가능한 교재 및 주제 포함시키기
1				LS4.8 시작행동과 확장된 상호작용을 촉진하는 활동 제공하기
1				LS4.9 필요에 따라 동적인 활동과 정적인 활동 교대하기
1				LS4.10 '요구의 정도를 높이거나' 기대감을 적절하게 높이기

채점 기준: 2=일관성 있게 준거에 도달함(두 가지 상황에서 두 명의 파트너에 걸쳐), 1=일관성 없이 준거에 도달하거나 보조를 받아서 도달함, 0=준거에 도달하지 못함

[그림 6-7] 규호의 SCERTS 진단-관찰 기록지(학습 지원)

지만, 정서 조절의 어려움은 지난 봄과 여름에 그렇게 심각하지 않았다고 말하였다. 이는 다음과 같은 두 가지 요인 때문일 수 있다고 설명하였다: (1) 일조량, (2) 바깥에서 적극적으로 놀 수 있는 기회의 증가. 규호의 변화하는 요구에 대처하기 위해 자주 재평가(3개월마다)할 필요가 분명하게 드러났다.

이상의 논의 후에, 어머니는 규호의 발달에 대한 주요 관심사를 다시 진술하고 희망사항과 기대를 말할 수 있도록 초대되었다. 규호의 어려움이 어머니와 가족의 삶에 어떤 영향을 미치는지를 이해하는 것은 시간이 지남에 따른 가족의 진보 측정을 가능하게 해 주기 때문에, 이러한 기회는 교육 팀에게 중요한 기초선 정보를 제공해 준다. 어머니는 또한 자신에게 가장 도움이 될 정보와 지원의 유형을 말할 수 있는 기회를 가졌다. 가족의 견해는 SCERTS 진단 요약지에서 볼 수 있다([그림 6-8] 참조).

7 7단계: 장단기 교수목표의 우선순위 정하기

SCERTS 진단-질문지와 SCERTS 진단-관찰, 추가적인 행동 표집, SCERTS 진단 요약지를 모두 포함하는 SCERTS 진단을 통해 수집된 종합적인 정보에 기초하여 규호의 어머니와 교육 팀은 함께 다음과 같은 기준에 의해서 장단기 교수목표의 우선순위를 정하였다: (1) 가장 기능적인가, (2) 가족의 우선순위를 직접적으로 다루는가, (3) 규호와 파트너를 위해 SCERTS 진단 요약지에 제시된 발달상의 요구 영역에 부합하는가. 가장 기능적인 목표와 가족의 우선순위에 가장 근접하게 일치하는 목표를 동등하게 고려해야 하기 때문에 SCERTS 진단-관찰에서 보인 규호의 수행이 주간 교수목표를 선정하기 위한 유일한 변수가 될 수는 없다. 이것은 때로는 SCERTS 진단에서의 장단기목표의 위계를 벗어나는 교수목표를 선정하게 만들기도 하지만, 이러한 융통성과 개별화는 실제로 SCERTS 모델 프로그램의 성공적인 실행을 위한 주요 요소로 고려된다.

공동관심과 상징 사용의 교수목표는 함께 짝을 이루는 경우가 많은데, 이를 통하여 규호는 점점 더 정교한 상징 수단을 이용해서 자신의 의도를 의사소통하는 방법을 배우게 된다. 마찬가지로, 다양한 대인관계 지원과 학습지원 목표도 서로 연계되며, 이를 통하여 규호의 파트너는 주어진 활동에서 상호작용 방식을 수정하고 학습 및 환경 조정을 실행하는 방법을 배우게 된다. 팀이 판별한 목표 목록은

(1)

언어 파트너	SCERTS 진단 요약지	언어 파트너

이름: 규호

관찰분기 시작일: 2005년 2월 3일 나이: 9세

SCERTS 프로파일

〈사회 의사소통〉

공동관심

JA1 상호적 상호작용 참여하기

JA2 관심 공유하기

JA3 정서 공유하기

JA4 다른 사람의 행동을 조절하기 위해 의도 공유하기

JA5 사회적 상호작용을 위해 의도 공유하기

JA6 공동관심을 위해 의도 공유하기

JA7 의사소통 실패를 복구하고 지속하기

JA8 상호적 상호작용에서 경험 공유하기

상징 사용

SU1 익숙하거나 익숙하지 않은 행동과 단어를 관찰하고 모방하여 학습하기

SU2 익숙하거나 익숙하지 않은 활동에서 비구어 단서 이해하기

SU3 놀이 중에 익숙한 사물을 관습적인 방식으로 사용하기

SU4 의도 공유를 위해 몸짓이나 비구어 수단 사용하기

SU5 의미를 표현하기 위해 단어와 단어 조합 사용하기

SU6 맥락적 단서 없이 다양한 단어와 단어 조합 이해하기

〈정서 조절〉

상호조절

MR1 다양한 정서 표현하기

MR2 파트너가 제공하는 지원에 반응하기

MR3 상태를 조절하기 위해 파트너에게 도움 청하기

MR4 파트너의 지원을 받아 극심한 조절장애로부터 회복하기

[그림 6-8] 규호의 SCERTS 진단 요약지

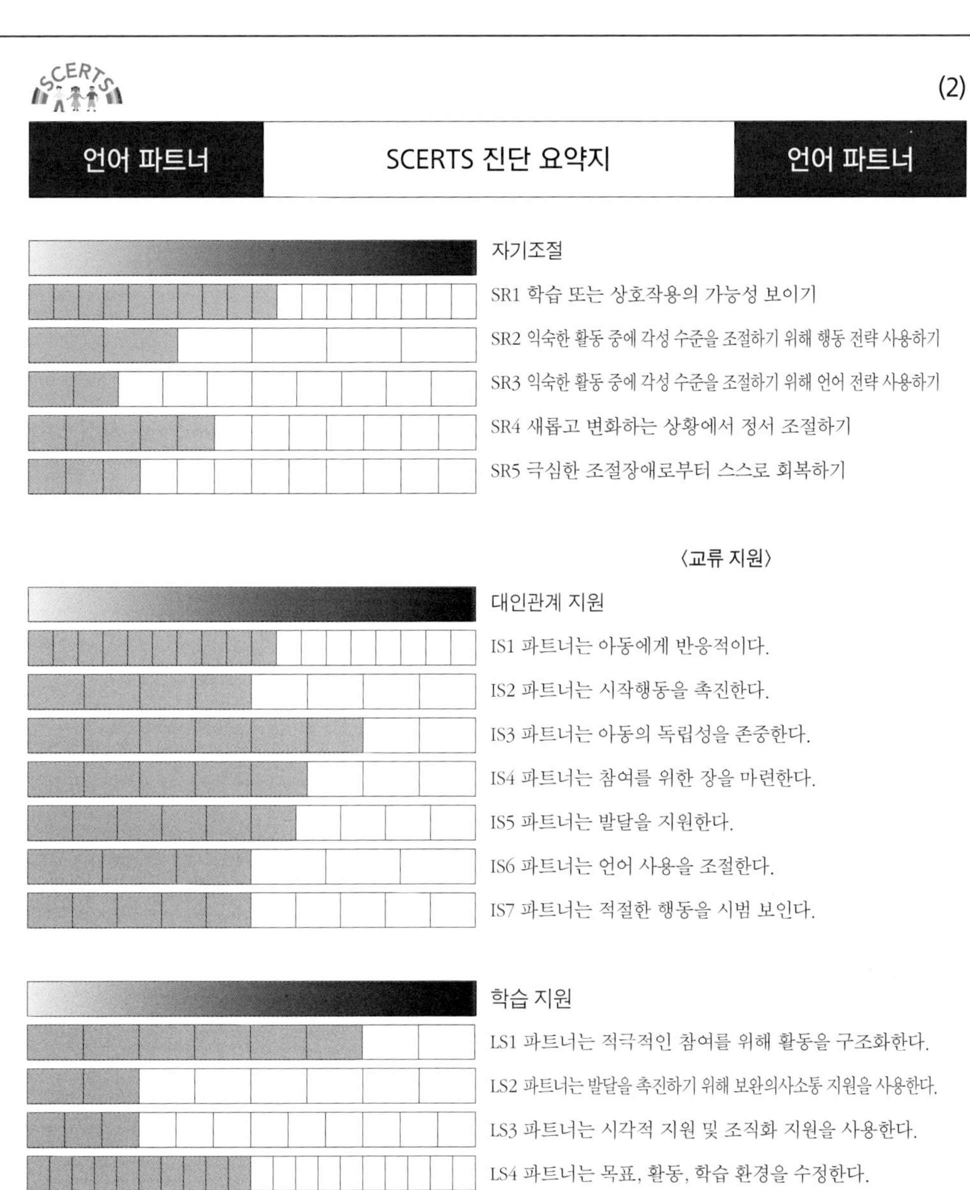
SCERTS
(2)
언어 파트너
SCERTS 진단 요약지
언어 파트너
자기조절
SR1 학습 또는 상호작용의 가능성 보이기
SR2 익숙한 활동 중에 각성 수준을 조절하기 위해 행동 전략 사용하기
SR3 익숙한 활동 중에 각성 수준을 조절하기 위해 언어 전략 사용하기
SR4 새롭고 변화하는 상황에서 정서 조절하기
SR5 극심한 조절장애로부터 스스로 회복하기
〈교류 지원〉
대인관계 지원
IS1 파트너는 아동에게 반응적이다.
IS2 파트너는 시작행동을 촉진한다.
IS3 파트너는 아동의 독립성을 존중한다.
IS4 파트너는 참여를 위한 장을 마련한다.
IS5 파트너는 발달을 지원한다.
IS6 파트너는 언어 사용을 조절한다.
IS7 파트너는 적절한 행동을 시범 보인다.
학습 지원
LS1 파트너는 적극적인 참여를 위해 활동을 구조화한다.
LS2 파트너는 발달을 촉진하기 위해 보완의사소통 지원을 사용한다.
LS3 파트너는 시각적 지원 및 조직화 지원을 사용한다.
LS4 파트너는 목표, 활동, 학습 환경을 수정한다.

[그림 6-8] 계속

(3)

언어 파트너	SCERTS 진단 요약지	언어 파트너

사회-정서 성장 지표 프로파일

1. 행복감
2. 자아의식
3. 타인의식
4. 적극적인 학습 및 조직화
5. 융통성 및 회복력
6. 협력 및 행동의 적절성
7. 독립성
8. 사회적 소속감 및 우정

가족의 견해 및 우선순위

이 프로파일은 자녀에 대해 정확하게 묘사하고 있습니까? 만일 그렇지 않다면, 어떤 점에서 그러한지 설명해 주십시오.

네, 그러나 지난 봄과 여름에는 조절의 어려움이 그렇게 심각하지 않았음

자녀를 위한 교육을 계획하는 데 필요하다고 생각되는 추가 정보가 있습니까?

현재는 없음

만일 자녀를 위해 한 가지 일에 집중해야 한다면 어떤 것에 집중하겠습니까?

또래나 친구와 함께 노는 능력

앞으로 3개월 내에 자녀가 배우기를 바라는 기술은 무엇입니까?

또래 상호작용을 성공적으로 시작하는 능력

주의집중을 유지하는 능력 향상

사회적인 이유로 의사소통하는 능력

[그림 6-8] 계속

(4)

언어 파트너	SCERTS 진단 요약지	언어 파트너

SCERTS 주간 교수목표의 우선순위

아동: 사회 의사소통 및 정서 조절 목표	파트너: 교류 지원 목표
1. 규호는 간단한 상호적 상호작용에 참여할 것이다(JA1.2).	1. 파트너는 시작행동을 기다리고 촉진할 것이다(IS2.2).
2. 규호는 행동이나 사건에 대해 언급할 것이다(JA6.2)	2. 파트너는 또래와의 상호작용을 촉진할 것이다(IS 5.2).
3. 규호는 다양한 관습적 또는 상징적 몸짓을 사용할 것이다(SU4.1).	3. 파트너는 구어 및 비구어로 의사소통 실패를 복구하려고 시도하도록 촉진할 것이다(IS5.3).
4. 규호는 상위 수준의 관계어를 다양하게 사용할 것이다(SU5.5).	4. 파트너는 활동의 시작과 종료를 분명하게 정할 것이다(LS1.1).
5. 규호는 다양한 정서를 표현하기 위해 상징을 이해하고 사용할 것이다(MR1.2).	5. 파트너는 규호의 의사소통과 표현언어를 강화하기 위해 보완의사소통 지원을 사용할 것이다(LS2.1).
6. 규호는 파트너의 언어 전략 사용에 반응할 것이다(MR4.3).	6. 파트너는 규호의 정서 표현 및 이해 능력을 강화하기 위해 보완의사소통 지원을 사용할 것이다(LS2.3).
7. 규호는 각성 수준을 조절하기 위해 파트너가 시범 보인 행동 전략을 사용할 것이다(SR2.2).	7. 파트너는 과제 수행 단계를 명확히 하기 위해 지원을 사용할 것이다(LS3.1).
8. 규호는 새롭고 변화하는 상황에서 각성 수준을 조절하기 위해 언어 전략을 사용할 것이다(SR4.4).	8. 파트너는 집단 활동에서의 적극적인 참여를 촉진하기 위해 시각적 지원을 사용할 것이다(LS3.6).

[그림 6-8] 계속

(5)

언어 파트너	SCERTS 진단 요약지	언어 파트너

후속 진단-주요 결과 또는 기타 권고사항

추가 검사가 실시되거나 추천되지 않음

활동 계획

SCERTS 활동 계획서를 사용할 핵심 활동

☒ 오전 일정 ☒ 오후 일정

가족 지원 계획

교육 지원		정서 지원	
활동	얼마나 자주 (제공 빈도)	활동	얼마나 자주 (제공 빈도)
• 자원 제공 • 학급 방문 • 부모교육 프로그램 • '만들고 가져가기' 세션 • 팀 회의 • 매일의 의사소통 체계 • 가족 참여 행사	지속적으로 매월 연4회 필요할 때 매월 매일 매월	• 아동 양육 요소를 포함한 일대일 지원 모임	매월

전문가와 서비스 제공자를 위한 지원 계획

교육 지원		정서 지원	
활동	얼마나 자주 (제공 빈도)	활동	얼마나 자주 (제공 빈도)
• 멘토링 • 수퍼비전 회의 • 팀 회의 • 위기관리 회의	주당 5시간 격주 매월 필요할 때	• 수퍼비전 회의 • 위기관리 회의	격주 필요할 때

[그림 6-8] 계속

규호의 SCERTS 진단 요약지에서 볼 수 있다([그림 6-8] 참조).

8 8단계: 후속 진단 추천하기

SCERTS 진단 요약지를 검토한 결과 어머니는 규호의 사회 의사소통 및 정서 조절에서의 어려움을 대표할 만한 행동 표본과 가장 적절한 교류지원 관련 정보가 수집되었다고 느꼈다. 따라서 3개월 간격의 체계적인 재진단 외에 추가 진단은 추천되지 않았다.

9 9단계: 규호, 어머니, 서비스 제공자를 위한 SCERTS 교육 프로그램 계획하기

SCERTS 진단의 9단계는 여러 가지 의미 있고 목표 지향적인 주요 활동과 이러한 활동에서 제공될 사회적 지원(즉, 팀 구성원의 역할 및 책임), 그리고 서비스 제공에서 주요 역할을 담당하게 될 친숙한 파트너를 알아내는 것이다. 팀 리더인 특수교사는 규호와 어머니를 위한 교육 및 지원 프로그램을 구성하는 주요 역할을 맡았다. 특수교사는 집중적인 교육 프로그램이 지속되어야 할 필요성과 함께 1년 내내 주당 적어도 25시간 이상의 계획된 그리고 발달적으로 적합한 학습 기회를 제공해야 할 필요성에 대해 논의를 이끌었다. 또한 규호가 프로그램에 적극적으로 참여하기 위해서는 충분히 개별화된 관심이 필요할 것이라고 지적하였다. 팀은 규호가 가정과 지역사회에서 필요로 하는 지원의 양에 대해 지속적으로 관심을 보이는 어머니에게도 교육 및 정서 지원을 제공하기 위한 계획을 세워야 했다.

SCERTS 진단에서 이 단계는 규호의 자연적인 일과 중 의미 있고 목표 지향적인 약 3시간의 활동이 각각 포함된, 두 가지 SCERTS 활동 계획서를 개발함으로써 완결되었다. 첫 번째 계획서는 규호의 전형적인 오전 일과를 약술하고 있으며([그림 6-9] 참조), 두 번째 계획서는 규호의 전형적인 오후 일과를 약술하였다([그림 6-10] 참조). 결과적으로, 하루에 약 6시간씩 주당 총 30시간의 교육 프로그램이 계획되었다.

SCERTS 활동 계획서

이름: 규호 의사소통 단계: 언어 파트너 날짜: 2005년 2월 21일 페이지: 1(오전)

팀 구성원 및 파트너	활동	특수학급 아침조회(MOD)	특수체육 (ENG & PAR)	간식 (MOD)	자습 (MOD, PAR)
특수교사, 일반교사, 작업치료사, 언어치료사, 보조교사, 특수체육교사, 어머니, 또래	시간	9:00-10:00	10:00-10:30	10:30-10:50	10:50-12:00
	사회적 복잡성	1:2	1:2	1:2	1:1
	집단 크기	4	4	4	1
	팀 구성원 및 파트너	특수교사, 언어치료사 보조교사, 또래	특수체육, 교사, 보조교사 작업치료사, 또래	보조교사, 특수교사 언어치료사, 또래	특수교사
주간 아동 목표	규호는 활동이나 사건에 대해 언급할 것이다.	○			
	규호는 간단한 상호적 상호작용에 참여할 것이다.	○			
	규호는 다양한 관습적 또는 상징적 몸짓을 사용할 것이다.			○	
	규호는 상위 수준의 관계어를 다양하게 사용할 것이다.			○	○
	규호는 다양한 정서를 표현하기 위해 상징을 이해하고 사용할 것이다.		○		
	규호는 파트너의 언어 전략 사용에 반응할 것이다.				○
	규호는 각성수준 조절을 위해 파트너가 시범 보인 행동전략을 사용할 것이다.		○		
	규호는 새롭고 변화하는 상황에서 각성수준을 조절하기 위해 언어전략을 사용할 것이다.				○
주간 파트너 목표	파트너는 시작행동을 기다리고 촉진할 것이다.	○			
	파트너는 또래와의 상호작용을 촉진할 것이다.		○		
	파트너는 구어 또는 비구어로 의사소통 실패를 복구하려고 시도할 것이다.			○	
	파트너는 활동의 시작과 종료를 분명하게 정할 것이다.				○
	파트너는 규호의 의사소통과 표현 언어를 강화하기 위해 보완 의사소통 지원을 사용할 것이다.			○	○
	파트너는 규호의 정서 표현 및 이해능력을 강화하기 위해 보완의사소통지원을 사용할 것이다.		○		
	파트너는 과제 수행 단계를 명확히 하기위해 지원을 사용할 것이다.				
	파트너는 집단 활동에서의 적극적인 참여를 촉진하기 위해 시각적 지원을 사용할 것이다.	○			○
교류 지원 샘플		(IS)반 친구들의 사진을 선택하도록 촉진한다. 특수교사는 규호가 먼저 인사하도록 기다려 주고 촉진한다.	(LS)보완적 지원, 즉 '행복함' '슬픔' '화남'의 그림상징 파이차트가 붙어 있는 정서돌림판을 사용한다.	(LS) 간단한 여러 가지 행위 단어(예: 마시다, 먹다) 사용을 촉진하기 위해 보완적 지원을 실행한다.	(LS) 과제 내에서의 활동 순서를 설명하기 위해 과제 내 일과표를 사용한다.

지침: 왼쪽 상단의 팀 구성원 및 파트너 칸에 각 구성원이나 파트너의 수 또는 이름 약자를 기록한다. 그 아래 주간 아동 목표 및 주간 파트너 목표 옆의 빈 칸에 아동의 주간 사회 의사소통 및 정서 조절 목표와 파트너의 교류 지원 목표를 기록한다. 활동 계획 하단에 각 제목에 따라 칸마다 활동과 시간, 사회적 복잡성 측면에서의 비율, 집단 크기, 활동에 참여하는 팀 구성원이나 파트너의 수 또는 이름 약자를 간단히 기록한다. 다음으로, 각 활동에서 초점을 둘 목표를 모두 표시한다. 마지막으로 각 활동에서 사용할 교류 지원 샘플에 대해 간략하게 기록한다.

[그림 6-9] 규호의 SCERTS 활동 계획서(오전 활동)

(PAR-계획된 활동 일과; ENG-설계된 활동; MOD-수정된 자연적 활동; NAT-자연적으로 발생하는 사건; LS-학습 지원; IS-대인관계 지원)

SCERTS 활동 계획서

이름: 규호 의사소통 단계: 언어 파트너 날짜: 2005년 2월 21일 페이지: 2(오후)

팀 구성원 및 파트너	활동	점심 급식 (ENG)	3학년 휴식시간 (MOD)	3학년 개별 읽기 (MOD)	자습 (MOD, PAR)
특수교사, 일반교사, 작업치료사, 언어치료사, 보조교사, 특수체육교사, 어머니, 또래	시간	12:00-12:30	12:30-1:00	1:00-1:30	1:30-3:00
	사회적 복잡성	1:3	1:8	1:8	1:1
	집단 크기	3	24	24	1
	팀 구성원 및 파트너	보조교사 또래	보조교사, 작업치료사 일반교사, 또래	일반교사, 보조교사 언어치료사, 또래	특수교사, 보조교사 언어치료사
주간 아동 목표	규호는 간단한 상호적 상호 작용에 참여할 것이다.	○	○		
	규호는 활동이나 사건에 대해 언급할 것이다.	○			
	규호는 다양한 관습적 또는 상징적 몸짓을 사용할 것이다.			○	
	규호는 상위 수준의 관계어를 다양하게 사용할 것이다.				○
	규호는 다양한 정서를 표현하기 위해 상징을 이해하고 사용할 것이다.				○
	규호는 파트너의 언어 전략 사용에 반응할 것이다.			○	
	규호는 각성 수준 조절을 위해 파트너가 시범 보인 행동전략을 사용할 것이다.			○	
	규호는 새롭고 변화하는 상황에서 각성 수준을 조절하기 위해 언어전략을 사용할 것이다.		○		
주간 파트너 목표	파트너는 시작행동을 기다리고 촉진할 것이다.	○			
	파트너는 또래와의 상호작용을 촉진할 것이다.	○			
	파트너는 구어 또는 비구어로 의사소통 실패를 복구하려고 시도할 것이다.			○	
	파트너는 활동의 시작과 종료를 분명하게 정할 것이다.		○		
	파트너는 규호의 의사소통과 표현 언어를 강화하기 위해 보완의사소통 지원을 사용할 것이다.			○	
	파트너는 규호의 정서 표현 및 이해능력을 강화하기 위해 보완의사소통지원을 사용할 것이다.				○
	파트너는 과제 수행 단계를 명확히 하기위해 지원을 사용할 것이다.				○
	파트너는 집단 활동에서의 적극적인 참여를 촉진하기 위해 시각적 지원을 사용할 것이다.		○		
교류 지원 샘플		(IS) 3학년 또래들에게 규호의 점심을 가리키고 반응을 기다리면서 1~2 단어의 설명을 시범 보이도록 촉진한다.	(LS) 운동도구(예: 그네)를 차례로 이용하게 하기 위해서 3학년 친구들의 사진으로 만든 돌림판을 사용한다.	(LS) 3학년 교과서 대신에 행위자+행위에 대한 그림 상징과 함께 사진첩을 사용한다. 파트너는 낮은 각성 수준을 보일 때 분수대로 걸어가는 것을 시범 보인다. 규호가 참고할 수 있도록 시각적 타이머를 제공한다.	(LS) 규호의 정서에 맞는 상징을 활용하기 위해 특수체육 시간에 사용된 정서돌림판(오전 계획표 참조)을 다시 사용한다.

지침: 왼쪽 상단의 팀 구성원 및 파트너 칸에 각 구성원이나 파트너의 수 또는 이름 약자를 기록한다. 그 아래 주간 아동 목표 및 주간 파트너 목표 옆의 빈 칸에 아동의 주간 사회 의사소통 및 정서 조절 목표와 파트너의 교류 지원 목표를 기록한다. 활동 계획 하단에 각 제목에 따라 칸마다 활동과 시간, 사회적 복잡성 측면에서의 비율, 집단 크기, 활동에 참여하는 팀 구성원이나 파트너의 수 또는 이름 약자를 간단히 기록한다. 다음으로, 각 활동에서 초점을 둘 목표를 모두 표시한다. 마지막으로 각 활동에서 사용할 교류 지원 샘플에 대해 간략하게 기록한다.

[그림 6-10] 규호의 SCERTS 활동 계획서(오후 활동)

(PAR-계획된 활동 일과; ENG-설계된 활동; MOD-수정된 자연적 활동; NAT-자연적으로 발생하는 사건; LS-학습 지원; IS-대인관계 지원)

SCERTS 활동 계획서에는 활동에서 다루게 될 구체적인 목표와 규호의 사회 의사소통 및 정서 조절 능력에 적절하다고 판단되는 사회적 맥락의 복잡성(즉, 자연스러움의 정도 및 일대일 지원의 양과 빈도)이 포함되었다. 또한 각 활동에 삽입될 파트너 목표와 구체적인 교류 지원(즉, 대인관계 지원 및 학습 지원)이 포함되었다. 규호와 팀을 위한 두 가지 SCERTS 활동 계획서는 [그림 6-9]와 [그림 6-10]에서 볼 수 있다.

다음으로, 팀 리더는 SCERTS 가족 지원 계획을 위한 팀 논의를 이끌기 위해 SCERTS 진단-관찰 기록지의 교류 지원 영역 정보와 함께 SCERTS 진단-질문지를 통해 어머니가 제공한 정보를 보고하였다. 팀 리더는 규호의 교육 프로그램 개발이 어머니에 대한 교육 지원과 정서 지원을 제공하지 않고는 완성될 수 없다고 강조하였다.

A. 규호의 어머니를 위한 교육 지원

이미 설명한 바와 같이, 어머니가 표현한 주요 교육적인 관심은 다음과 같다: (1) 규호가 관심 초점을 유지하기 위해서는 타인의 도움에 의존해야 함, (2) 의사소통을 위한 이유가 제한적임(예: 요구하기, 거부하기), (3) 제한적인 우정 형성, (4) 규호의 참여를 유지시키기 위해 소모되는 시간의 양. 따라서 다음과 같은 일반적인 목표를 다루기 위한 교육 지원이 필요한 것으로 나타났다.

목표 1 어머니가 일상적인 활동에서 규호의 발달을 지원할 수 있도록, 또한 스트레스가 많거나 어렵다고 느끼는 구체적인 이슈를 다룰 수 있도록 지식과 기술 제공하기 이 목표와 관련된 규호 어머니를 위한 우선순위는 다음과 같다: (1) 정서 조절에서 규호가 겪고 있는 어려움을 이해하고 현재 사용하고 있는 자기조절 및 상호조절 전략 인식하기, (2) 규호가 일상적인 활동에서 AAC 전략을 사용할 수 있도록 지원하기 위하여 AAC 체계와 그 역할 이해하기.

기대되는 성과: 규호의 어머니는 규호가 (1) 자기조절 및 상호조절 전략과 (2) 보완의사소통의 발달을 촉진하기 위해 필요한 지원을 제공하는 데 있어서 자신감을 갖게 될 것이다.

목표 2 어머니가 서비스와 서비스 제공의 책임이 있는 지원 체계에 대한 자신과 규호의 법적 권리를 이해하도록 돕기 규호 어머니의 관심사는 규호가 가정 및 지역사회 일과에 잘 참여할 수 있게 해 주는 주 정부 및 연방정부 재원으로 운영되는 가정 중심 서비스 수혜 자격에 대한 내용을 포함한다.

기대되는 성과: 어머니는 자신과 규호의 법적 권리에 대한 지식을 갖게 될 것이며, 이러한 권리를 기반으로 규호에게 서비스를 제공할 책임이 있는 지원 체계를 효과적으로 다루고 협력하게 되고 이러한 지식에 기초하여 정보에 근거한 판단을 하게 될 것이다. 규호의 어머니는 주 정부 및 연방정부의 재원으로 운영되는 가정 중심 서비스 수혜 자격에 대해서 더 잘 알게 될 것이다.

SCERTS 가족 지원 계획의 첫 번째 단계는 교육 자원 제공이다. 먼저, 교육 팀 리더는 어머니에게 가정 및 지역사회 환경에서 발달 지원을 제공하는 가정 중심 프로그램이 있고 이러한 프로그램이 규호가 가정과 지역사회에 지속적이고 적극적으로 참여하게 도울 수 있도록 어머니를 지원할 것이라는 것을 알렸다. 이것은 규호 어머니가 한부모라는 것을 고려할 때 우선순위 지원으로 고려되었다. 따라서 지역사회 기관 목록과 각 기관이 제공하는 서비스 유형에 대한 간단한 소개가 함께 제공되었다. 어머니가 AAC에 대해 연구하고 배울 시간이 부족하다는 점을 고려하여, 팀 리더는 가정 및 지역사회 환경에서의 AAC 지원 실행을 다룬 문헌 중 자폐 범주성 장애 아동 부모를 위해 쉽게 작성된 간단하고 개별화된 도서 목록을 제공하였다. 또한 팀 리더는 유인물을 통해 언어 파트너 단계에 있는 자폐 범주성 장애 아동에게 적합한 정서 조절 전략 중 효과적이고 사회적으로 적절한 행동 전략과 현재의 비효율적인 전략을 대체하기 위한 전략을 소개하였다.

SCERTS 가족 지원 계획의 다음 단계는 정기적인 학급 방문의 일환으로 어머니에게 학교 활동 관찰 기회와 양육자 교육 프로그램 참여 기회를 제공하는 것이었다. 이는 가정과 학교 간의 일관성 있고 협력적인 노력을 확보하기 위한 것이었다. 의사소통 및 표현 언어를 강화하기 위해 보완의사소통 지원 사용하기(LS2.1), 과제 수행 단계를 명확히 하기 위해 지원 사용하기(LS3.1), 활동 간 원활한 전이를 위해 시각적 지원 사용하기(LS3.3)와 같은 파트너 목표가 다루어졌다. 팀은 또한 어머니가 시각적 지원 '만들고 가져가기(make and take)' 회기에 참여하도록 초대하였다. 이 지원 활동의 첫 번째 수업에서는 언어치료사가 가정에서 사용할 시각적 지원을 고안할 수 있도록 교내 부모 도서실의 장비(예: 클립아트 소프트웨어, 컬러프린터, 코팅기계) 사용법에 대해 안내해 줄 것이다. 회기가 끝나면 어머니는 편리할 때 장비를 사용할 수 있도록 사서와 일정을 예약할 수 있다. 팀은 또한 어머니가 매월 팀 회의에 참석해서 가정과 학교에서 사용되는 교류 지원에 대한 갱신 및 수정 사항을 논의하는 것이 좋겠다고 동의하였다.

팀은 월간 교육 지원 활동 외에도 규호의 성취를 축하해 주고 사회 의사소통 및 정서 조절 어려움으로 인해 발생할 수 있는 문제를 해결하기 위한 수단으로 매일 사용할 수 있는 효율적인 의사소통 체계를 고안할 필요가 있다고 판단하였다. 이러한 목적을 위해 팀은 사회 의사소통, 정서 조절, 교류 지원의 세 부분으로 나누어 의견을 받을 수 있도록 양식을 만들어 사용하기로 하였다. 마지막으로, 어머니는 규호와 반 친구들 간에 우정을 촉진하는 방법을 알고 싶어 했기 때문에 특수교사는 규호와 어머니가 학교에서 열리는 가족 참여 행사에 참가하도록 조언하였다. 이 행사는 한 달에 한 번 개최되는 저녁 프로그램으로 협력적이고 동기가 부여되는 활동에 아이들을 참여시키고 또래 상호작용을 촉진하기 위한 성공적인 전략이 계획되었다.

B. 규호의 어머니를 위한 정서 지원

어머니가 작성한 SCERTS 진단-질문지와 면담 정보에 따르면 다음의 영역에서 정서 지원이 필요한 것으로 나타났다.

목표 1 어머니가 자폐 범주성 장애를 지닌 규호를 양육하는 데에서 오는 스트레스와 어려움을 다룰 수 있도록, 특히 한부모임을 고려하여 규호의 참여 촉진을 위해 매일 요구되는 시간과 노력의 양에 적절히 대처할 수 있도록 능력 강화하기

기대되는 성과: 어머니는 자폐 범주성 장애를 지닌 규호로 인해 직접적으로 또는 간접적으로 경험하게 되는 피할 수 없는 스트레스를 다루기 위한 구체적인 대처 능력을 개발할 것이다.

목표 2 규호의 어머니가 다양한 종류의 활용 가능한 공식적 또는 비공식적 정서 지원을 알고 접근할 수 있도록 돕기

기대되는 성과: 규호의 어머니는 특정 시점에 갖게 되는 정서적 요구에 가장 적합한 공식적 또는 비공식적 지원에 접근할 수 있게 될 것이다.

목표 3 규호의 어머니가 교육 및 보건관리 체계를 잘 다룰 뿐만 아니라 전문가와 잘 지내기 위해 노력하도록 지원하기

기대되는 성과: 규호의 어머니는 긍정적인 부모-전문가 관계를 발전시키기 위한 구체적인 방법을 개발하게 될 것이며, 전문가와의 상호작용이나 관계에서 오는 어려움 또는 교육 및 보건관리 체계를 다루는 데서 오는 어려움으로 인한 정서적인 문제를 잘 다룰 수 있게 될 것이다.

지역사회 내에서 선택 가능한 여러 가지 정서 지원에 대해서는 규호의 어머니와 논의하였다. 여기서 말하는 지원에는 학교 관할 교육청에서 한 달에 한 번 실시되는 지역교육청 차원의 부모 지원 모임, 더 큰 단위의 지역사회에서의 부모 지원 모임, 상담을 위한 자원 등과 같은 공식적인 지원이 포함된다. 회의 중에 규호의 어머니는 자신의 일정상 이러한 지원을 이용할 시간이 충분하지 않다고 하였는데, 이는 부분적으로는 자녀 돌봄 지원이 부족하기 때문이라고 하였다. 따라서 팀은 자녀 돌봄을 포함하는 일대일 지원 모임을 한 달에 한 번 제공하기로 하였다(즉, 규호가 방과 후 활동에 참여하는 동안 학교 사회복지사와 개별화된 모임을 가짐). 또한 규호 어머니가 자기 자신을 위한 일을 하고 재충전할 수 있는 기회가 부족하다는 점을 고려하여 팀은 시나 도에서 제공하는 주간 단기보호 서비스를 이용하도록 조언하였다.

C. 전문가 간 지원

규호의 교육 프로그램을 계획하고 고안하기 위한 마지막 단계로 특수교사는 전문가와 기타 서비스 제공자들이 집중적인 교육 프로그램을 실행할 때 상당한 어려움에 직면하게 된다는 사실을 SCERTS 모델이 얼마나 잘 인식하고 있는지에 대

해 설명하였다. 전문가와 기타 서비스 제공자(예: 보조교사, 준전문가)가 아동과 가족을 최대한 효과적으로 지원할 수 있게 하기 위해서는 전문가와 서비스 제공자를 위한 SCERTS 지원 계획이 필요하다. SCERTS 활동 계획서에 기록된 것처럼, 규호의 팀에는 전문가뿐만 아니라 준전문가도 있기 때문에 규호의 특수교사나 언어치료사 또는 작업치료사가 준전문가에게 주당 적어도 5시간 이상 매일 수퍼비전을 제공하는 것으로 멘토링 계획을 세웠다. 수퍼비전은 격월로 모이는 수퍼비전 회의에서 이루어지며, 일대일 정서 지원과 함께 직접교육 및 상호작용적 지도로 구성되었다. 다음으로, 특수교사는 매월 팀 회의를 개최해서 규호의 진보와 대인관계 지원 및 학습 지원의 일관성에 대해서 논의할 것을 제안하였다. 마지막으로, 만일 규호가 행동상의 갑작스러운 변화를 보이거나 팀 구성원 중 한 명이 교류 지원을 성공적으로 실행하는 데에 특별한 어려움을 겪게 된다면 위기관리 회의를 소집할 수 있다는 데에 모두 동의하였다.

10 10단계: 지속적으로 점검하기

규호와 파트너를 위한 주간 교수목표를 결정한 후에 팀은 교육 프로그램에서의 지속적인 진도점검의 필요성에 대해 논의하였다. 논의 중에 팀은 모든 활동에서 모든 목표에 대한 자료를 수집하는 것이 실현 가능해 보이지는 않지만 프로그램 실행의 효과를 결정하기 위한 정보를 제공해 주는 진도점검은 매우 중요하다고 판단하였다. 따라서 각각의 목표에 대해 매일 한두 가지 활동에서 수행을 추적하기로 하였다. 자료 수집에 대한 책임을 공유하기 위해서 언어치료사는 사회 의사소통 목표와 관련된 자료 수집을, 작업치료사는 주로 정서 조절 목표와 관련된 자료 수집을, 그리고 특수교사는 교류 지원 목표에 대한 자료 수집을 책임지기로 하였다.

다음으로, 팀은 SCERTS 주간 기록지 작성을 위해 SCERTS 활동 일지에 기록된 정보를 사용하기로 계획하였다. 특수교사가 정보를 정리하고 통합하여 팀과 공유하는 책임을 맡기로 하였다. 이러한 검토는 구체적인 교수목표가 성취되었는지 또는 진도가 부진한지의 여부를 알기 위해 반드시 필요하다. 그런 다음 SCERTS 진단은 연 4회 실시하기로 하였다.

사례 2: 인수(상위 수준 언어 파트너 단계)

인수는 언어 파트너 단계의 상위 수준으로 가냘픈 몸과 커다란 갈색 눈동자를 가진 적극적이고 활기차고 기민한 5세 남아다. 인도에서 온 1세대 이민자인 부모와 외할머니, 28개월 된 여동생 민주와 함께 집에서 생활한다. 인수는 다른 사람과 소통할 때 몸짓, 시선, 표정, 단어, 짧은 구 등 다양한 방법을 사용하는 끈기 있는 의사소통자로 묘사된다. 시범 보인 언어를 반복하거나(즉, 즉각반향어) 이전에 들었거나 경험했던 맥락과 본질상 연관이 되는 구절을 반복하는(즉, 지연반향어) 방법을 가장 많이 사용한다. 부모는 인수가 예측 가능하거나 좋아하는 활동을 할 때에는 집중을 잘 하지만 기분이 나빠질 때가 많으며 새로운 상황에 직면하거나 상황이 바뀔 때에는 공격적인 행동을 보인다고 보고하였다.

인수는 예측 가능하고 익숙한 일과 활동에 강한 선호를 보이기 때문에 마트에 가거나 외식을 하거나 친지를 방문하는 등의 일상적인 가족 활동에 인수를 참여시키기는 매우 어려웠다. 인수가 친숙하지 않은 사람들과는 상호작용을 하려고 하지 않기 때문에 가족은 인수를 돌보아 줄 사람을 구하는 데에도 어려움을 겪게 되며 이러한 패턴으로 인해 가족은 집에만 갇혀 있다고 느끼고 고착된 일과에 묶여 있게 되었다. 가족은 인수가 외출을 할 때 매우 불안해할 수 있다는 것을 알고 있다. 때때로 "끝"이라는 말을 하기도 하지만 이러한 거부는 즉시 소리를 지르거나 도망가는 행동으로 이어지고 결과적으로 가족에게 부적절하고 좌절스러운 느낌을 갖게 만들곤 한다. 만일 새로운 환경에 들어가도록 요구하면 인수는 부모의 손을 뿌리치고 바닥에 드러누우며, 붙잡거나 건드리면 때리면서 물리적으로 저항한다. 게다가 인수는 발끝으로 걷고 손뼉을 치기도 하는데, 이러한 행동은 주변 사람들로부터 당혹스러운 관심을 끌기도 한다.

가족의 이와 같은 스트레스는 몇 가지 부가적인 요인에 의해 더욱 악화된다. 먼저, 인수의 할머니는 부분적으로는 문화 및 언어에 따른 차이로 인해 아직 인수의 발달상의 어려움이 지니는 주요 특성에 대해 잘 이해하지 못하고 있다. 그 결과, 할머니는 인수의 문제가 관대한 양육으로 인한 문제라고 생각하여 좀 더 엄격하게 훈육해야 한다고 주장하며, 이로 인하여 할머니와 부모 간에 갈등이 생기곤 한다. 다음으로, 인수의 부모는 여동생을 향한 인수의 행동에 대해 늘 걱정하고 있다. 인수는 가끔 놀이 중에 동생이 방해하거나 울면 그에 대한 반응으로 동생을 때리거나 화를 내곤 한다. 그래서 부모는 둘 사이의 관계를 증진시키는 대신 사고를 예방하는 차원에서 두 아이를 서로 멀리 떼어 놓으려고 하는 자신들을 발견하게 된다. 마지막으로, 부모는 최근 여동생 민주의 언어 및 운동기술에 대한 우려 때문에 발달평가를 의뢰하도록 제안 받은 것에 대해 불안해하고 있다.

인수는 3세에 자폐 범주성 장애에 속하는 달리 분류되지 않는 전반적 발달장애(PDD-NOS)로 진단 받았다. 그 후 인수의 부모는 소아과 의사의 안내에 따라 지역 교육청에 연락을 했다. 일련의 교육 계획 협의회를 거쳐 인수의 특수교육 서비스 적격성이 인정되었고 IEP가 개발되었다. 유치원에 다니던 첫 1년 동안 인수는 7명의 장애 아동과 7명의 일반 또래, 교사 1명, 보조교사 1명으로 구성된 언어 중심 학급의 반일제 통합 프로그램에 참여하였다. 또래는 다양한 수준의 능력과 장애를 지닌 다양한 학생들이었다. 학급 일정은 장시간의 탐구놀이와 비구조화된 시간을 포함하여 구성되었다.

유치원 2년차인 4세가 되기 전에 배치를 결정하기 위한 준비로 교육 팀과 부모는 IEP 목표에 대한 진보를 검토하였고 인수가 종종 교실 환경에 압도되는 것처럼 보인다는 점에 동의하였다. 예를 들어, 선택을 해야 하는 상황에서 인수는 성인이나 또래의 방해를 피하려는 듯이 한쪽 구석에 앉아서 다른 사람들이 교실에서 돌아다니는 것을 지켜보았다. 인수는 학교에서 생활하는 동안 늘 적극적으로 참여하는 것 같지는 않았기 때문에 예측 가능성이 더 높은 일과로 구성된 사회적 복잡성이 낮은 학급에 배치하는 것이 적절할 것이라고 결정하였다. 그 결과, 인수는 유치원 2년차에 6명의 또래와 2명의 교사 그리고 1명의 보조교사로 구성된 자폐 범주성 장애 진단을 받은 아동을 위해 만들어진 전일제 학급에 다니게 되었다.

학급 교사들은 자폐 범주성 장애 학생의 요구를 다룰 수 있도록 특별히 훈련을 받았기 때문에 인수는 이와 같은 전일제 프로그램 고유의 지원으로부터 분명한 혜택을 받을 수 있었다. 전문가와 서비스 제공자에게 지원을 제공하기 위해 지역교육청이 시도한 시범 프로그램의 일환으로 자폐 범주성 장애와 보완대체 의사소통(AAC) 체계 영역에서의 전문가가 자주 자문을 제공하였다. 하루의 일과를 미리 알려 주기 위해 시각적 지원이 적용되었으며, 주의집중과 참여를 증진시키기 위해 환경이 수정되었고, 교사-학생 비율(학생 2명당 1명의 교사)은 유치원에서의 첫해보다 훨씬 낮았다. 인수는 이러한 환경에서 놀랄 만한 성장을 보였으며, 부모와 교육 팀은 이러한 유형의 학습 환경이 3년차 배치로 전이할 때에도 적절할 것이라고 생각하였다.

그러나 부모는 최근에 지역교육청 관할 구역 내에는 이러한 학급이 없다는 사실을 알고 크게 걱정하게 되었다. 자폐 범주성 장애 학생을 위한 특수교육 프로그램을 제공하는 지역교육청 시범 프로그램은 오직 3~4세 반에서만 실행되었다. 인수가 속한 학군에서는 단지 반일제(즉, 주당 15시간) 5세반 프로그램을 제공하기 위한 준비가 진행되고 있었으며, 이는 자폐 범주성 장애 아동 교육을 위한 NRC(2001)의 추천사항을 고려할 때 인수에게 적절한 배치가 될 수 없다. 교육 팀과 부모는 인수의 5세반 배치와 교육 프로그램을 고려할 때 자폐 범주성 장애 아동을 위해 특성화된 인근 사립학교인 베이포트 학습 센터와 협력하는 것이 적절할 것이라는 데에 동의하였다.

베이포트 학습 센터의 5세반 프로그램은 전일제로 제공되었으며 특수교사와 언어치료사가 협력교수를 실시하는 다학문적 프로그램이었다. 또한 작업치료사가 교직원에게 자문을 제공하고 2명의 보조교사를 감독하기 위해 반나절 정도 근무하였다. 인수의 학급은 5명의 다른 자폐 범주성 장애 아동으로 구성되었다. 주당 3회 오후 시간에 공립학교 5세반 학급에서 통합 기회가 주어졌으며 베이포트 프로그램으로부터 보조교사 지원이 제공되었다. 교육 팀과 부모는 이러한 통합 기회가 이웃 아동들과 계속해서 연계할 수 있는 능력을 지원하는 데에 필수적이라는 사실에 동의하였다.

새 프로그램에서 6주간의 초기 적응 기간을 보낸 후에 베이포트 학습 센터 교직원은 적절한 장단기 발달목표의 우선순위를 정하고 인수와 부모에 대한 최상의 지원을 결정함으로써 학습 프로그램을 개별화하기 위해서 SCERTS 진단을 실시하였다. 그래서 이 사례는 인수의 가족과 교육 팀이 진단을 실행한 과정을 설명한다. SCERTS 진단은 (1) 인수의 발달상 강점과 요구 프로파일을 작성하고, (2) 의미 있고 목표 지향적이며 동기를 부여하는 교수목표를 결정하고, (3) 자연스러운 일과와 활동에 기반을 둔 가장 적절한 학습 맥락과 사회적 지원의 복잡성을 결정하고, (4) 인수의 발달과 가족, 또래, 교직원과의 관계에 필요한 교류 지원을 결정하기 위해서 실시되었다.

종합적인 SCERTS 모델 프로그램은 가족 지원 및 전문가 간 지원을 위한 명백한 계획도 포함하기 때문에 SCERTS 진단으로부터 수집된 정보는 인수의 교육 프로그램이 가족의 요구에 부합하고 일치하는지를 확인하기 위해서도 사용되었다. 뿐만 아니라, 진단 팀은 인수의 가족과 인수의 프로그램을 실행하게 될 전문가에게 제공할 구체적인 교육 및 정서 지원에 대해서도 결정하였다.

1 1단계: 인수의 의사소통 단계 결정하기

SCERTS 진단 팀의 첫 번째 회의에서 베이포트 학습 센터 담임교사인 특수교사가 가정 및 학교 환경에서 보이는 인수의 현재 행동에 대한 논의를 이끌었다. 이 논의에 기초하여 팀은 진단에 사용할 적절한 SCERTS 진단 양식은 언어 파트너 단계를 위한 양식이라고 결정하였다. 인수는 현재 약 85개의 단어를 참조적으로 사용하며 자신의 의도를 의사소통하기 위해 여러 개의 짧은 구를 사용한다. 인수의 간단한 말을 사용하는 능력이 상대적인 강점으로 나타났지만, 팀은 이러한 말의 많은 부분이 반향어로(즉, 이전에 들은 구절을 반복함) 의사소통을 위해 창의적인 단어 조합을 독립적으로 사용하기 시작한지는 얼마 되지 않았다는 점에 주목하였다. 이러한 능력을 고려할 때, 팀은 인수가 아직 대화 파트너 단계의 준거에 도달하지는 않았다는 점에 동의하였다.

2 2단계: SCERTS 진단-질문지를 이용하여 정보 수집하기

회의 중에 인수의 부모는 가정과 지역사회 환경에서 인수가 보이는 행동에 대한 추가 정보를 제공하기 위해 SCERTS 진단-질문지를 작성하도록 요청받았다. 이 질문지를 통해서 다음과 같은 내용을 파악할 수 있었다: (1) 인수 가족의 주요 관심과 스트레스, (2) 인수의 발달에 대해서 가족이 생각하는 주요 강점과 우려사항, (3) 가정과 지역사회 환경에서 인수의 강점과 요구 영역을 모두 관찰할 수 있는 활동, (4) 가정과 지역사회 내 인수의 전형적인 파트너, (5) 인수의 학교 밖 생활 중 자연적인 맥락. 교육 팀은 학교에서의 인수가 자연스러운 환경에서 보이는 행동 대비 학교에서 보이는 행동 간에 나타나는 유사점과 차이점을 파악하기 위해 별개의 SCERTS 진단-질문지를 작성하였다. SCERTS 진단-질문지를 통해 수집된 정보는 다음과 같이 정리되었다.

1. 인수 가족의 주요 관심과 스트레스
   - 발달지체를 보이는 두 아이를 양육하는 스트레스
   - 여동생을 향한 인수의 공격행동
   - 인수의 예측 불가능한 행동으로 인한 외출의 어려움
   - 가족 활동에 대한 인수의 위축과 회피
   - 주변의 관심을 끄는 인수의 이상한 습관 - 손뼉 치기, 발끝으로 걷기

2. 부모와 교육 팀이 인수의 현행 프로파일에서 파악한 강점과 요구

강점	요구
"인수는 물리적 또는 사회적 환경에 대해 끊임없이 의식하는 관찰력 있는 아동이다." "인수는 의사소통을 위해 단어, 구절, 몸짓, 시선, 표정을 사용할 수 있다." "인수는 불안을 일으키는 활동에 대해 좀 더 수용 가능한 방법으로 저항하기 시작하였다."	"인수는 정해진 일과의 변화나 기대 위반에 대처하기 위한 전략을 발달시킬 필요가 있다." "인수는 압도되거나 화가 날 때 자기조절을 위해 사회적으로 좀 더 적절한 전략을 배울 필요가 있다." "인수는 자신의 말을 사용해서 자기를 표현하는 더 뛰어난 능력을 발달시킬 필요가 있다."

3. 인수의 강점과 요구 영역을 모두 관찰할 수 있는 활동
   - 베이포트 학습 센터 교실에서의 아침 조회
   - 공립학교 5세반의 오후 통합 시간
   - 가정에서 여동생과 함께하는 놀이 시간(방과 후)

4. 인수의 전형적인 파트너
   - 어머니
   - 아버지
   - 할머니
   - 민주(28개월 된 여동생)
   - 베이포트 센터의 특수교사
   - 2명의 학급 보조교사
   - 베이포트 센터의 일반교사

- 베이포트 센터의 언어치료사
- 베이포트 센터의 작업치료사
- 베이포트 센터의 음악치료사
- 베이포트 센터에 있는 5명의 학급 또래
- 공립학교에 있는 18명의 5세반 또래

5. 인수의 생활에서 자연적인 맥락
   - 가정에서의 양육 일과
   - 가정에서의 놀이 일과
   - 베이포트 센터의 학급 일과
   - 공립학교 일반학급에서의 학급 일과
   - 베이포트 센터와 공립학교의 운동장

3 3단계: 진단 팀 구성 및 SCERTS 진단-관찰 계획하기

인수의 가족과 베이포트 센터의 교육 팀이 작성한 SCERTS 진단-질문지를 수합한 후 인수의 담임교사는 SCERTS 진단-관찰을 계획하기 위해 SCERTS 진단 지도를 작성하기 시작하였다. 이 양식은 인수를 진단하기에 적절한 팀 구성원이 누구인지 확인하고 이들의 역할과 책임을 결정하기 위해 사용되었다. 또한 외부 전문가 의뢰가 필요한지 여부를 결정하였다. 그 외에도 SCERTS 진단-관찰 실행 계획의 일부로 인수의 능력과 요구에 대한 대표적인 행동 표본을 수집하기 위해 다음의 변수가 고려되었다: (1) 관찰 장소(즉, 자연적 맥락), (2) 관찰 소요 시간, (3) 함께 있는 파트너, (4) 관찰 상황에서의 사회적 맥락의 집단 크기, (5) 활동 변인, (6) 각 관찰 동안의 전이 횟수(이러한 변수에 대한 좀 더 상세한 설명은 1권의 7장 참조).

인수의 팀은 SCERTS 진단-질문지에 작성된 정보와 각각의 변수를 검토한 후에 관찰 계획을 세웠다. 우선, 인수가 언어 파트너 단계라는 점을 고려하여 관찰 소요시간은 최소한 2시간으로 결정하였다. 그러나 팀은 SCERTS 진단-질문지에 나타난 정보를 토대로 인수의 행동이 여러 자연적인 환경에 걸쳐 일관성 없이 나타난다는 사실을 확인하였는데, 이는 아마도 환경 및 사회적 요소에 의한 것으로 추측된다. 이러한 정보를 고려하여 팀은 인수가 가장 자주 경험하는 가정, 베이포트 학습 센터의 특수학급, 공립학교의 통합학급 세 곳으로 나누어 관찰하는 것이 최선일 것이라고 결정하였다. 관찰은 각각 1시간 정도로 구성되었고 성인과 또래 파트너도 포함시켰다. 마찬가지로, 인수의 자연스러운 환경에서의 대표적인 집단 크기를 확인하고 고려하여 다음과 같은 사회적 집단이 선정되었다: (1) 소집단(즉, 베이포트 학급에서의 인수와 또래, 가정에서의 인수와 가족), (2) 대집단(즉, 통합학급에서의 인수). 이상의 장소와 집단 크기는 인수가 매일 경험하는 일상적인 것들이기 때문에 주요 관찰 맥락으로 판별되었다.

관찰을 위한 구체적인 상황을 결정한 후, 인수의 담임교사는 인수의 가족과 교육 팀이 인수의 강점과 요구 영역에 대한 행동 표본을 제공할 것이라고 생각하는 활동은 물론 그들이 주로 관심을 갖고 걱정하는 부분에 대해서도 면밀하게 검토하였다. 또한 진단 팀이 정확한 결과를 얻을 수 있도록 부가적인 변수를 고려하였다. 예를 들어, 비구조화 활동 대 구조화 활동, 붐비는 환경 대 차분한 환경, 성인 주도의 활동 대 아동 주도의 활동, 익숙한 활동 대 익숙하지 않은 활동에 참여할 때 다르게 행동할 것임이 분명하였다. 이러한 정보를 근거로 두 군데 학교에서의 관찰을 위해 다음과 같은 4개의 활동이 선정되었다: (1) 아침조회(베이포트 센터), (2) 학급 친구를 위한 생일 파티(베이포트 센터), (3) 자유놀이(통합학급), (4) 미술 활동(통합학급). 여동생과의 놀이에 참여하는 추가 활동이 방과 후 가정 중심 관찰의 한 부분으로 포함되었다. 이 관찰은 가족의 의사를 존중해서 녹화를 통해 실시하기로 하였으며, 팀은 회의에서 비디오 자료를 검토하기로 하였다.

SCERTS 진단 지도에 기록된 것처럼, SCERTS 진단에 참여하는 모든 아동은 최소 3회 이상의 전이에서 관찰되어야 한다. 담임교사는 인수의 행동에 대한 대표적인 행동 표본을 확보하기 위해 각 관찰의 일부분으로 전이를 계획하였다. 예를 들어, 첫 번째 관찰(베이포트 센터)에서 팀은 생일파티뿐만 아니라 아침조회를 하기 위한 전이를 준비하고 실제 전이하는 과정을 관찰하기로 하였다. 두 번째 관찰(공립학교)에서는 스쿨버스에서 학급으로, 또 자유놀이에서 미술 활동으로 이동하는 것을 포함시켰다. 세 번째 관찰에서는 가정환경 내에서 아동 주도의 활동과 성인 주도의 활동 간의 전이를 관찰할 기회를 계획하였다. 이러한 정보는 SCERTS 진단 지도에 요약되었다.

4 4단계: SCERTS 진단-관찰 기록지 작성하기

인수의 SCERTS 진단 팀(즉, 특수교사, 언어치료사, 학교 심리학자, 작업치료사)은 세 가지 관찰에서 정보를 수집하기 위해 언어 파트너 단계용 SCERTS 진단-관찰 기록지를 사용하였다(구체적인 실행 방법에 대해서는 1권의 7장 참조). 다음의 영역에 대해 정보가 수집되었다: 인수의 발달상 강점과 요구를 진단하는 데에 초점을 둔 사회 의사소통과 정서 조절, 다양한 환경에서 파트너의 강점과 요구를 알아보기 위한 교류 지원. 인수의 팀은 인수의 프로파일과 그를 지원하기 위해 파트너가 사용하는 전략에 대한 구체적이고 대표적인 행동 표본을 얻기 위해서 진단을 하는 동안 관찰 책임을 분담할 필요가 있다는 데에 동의하였다.

팀은 인수의 언어치료사가 두 가지 관찰 상황 모두에 포함되고 비디오 자료 또한 검토할 것이기 때문에 사회 의사소통 영역과 관련된 대부분의 정보를 수집하기로 결정하였다. 학교 심리학자와 특수교사는 정서 조절이 사회적 참여를 유지하고 학교에서의 적절한 행동에 대한 사회적 관습을 따르는 어려움에 내재되어 있는 영역이므로 정서 조절에 대한 대부분의 정보를 수집하는 책임을 공유하기로 하였다. 작업치료사와 특수교사는 교류 지원 영역(즉, 대인관계 지원 및 학습 지원)과 관련된 대부분의 정보를 수집하고 다른 구성원들의 관찰 내용을 보완하는 역할을 맡았다.

5 5단계: 행동 표집하기

가정에서의 놀이 장면을 녹화한 자료에 대한 팀 검토를 포함하여 세 가지 계획된 관찰을 실시한 후에 팀은 SCERTS 진단-관찰 기록지를 간략하게 검토하였다. 이들은 풍부한 정보를 수집하였음에도 불구하고 사회 의사소통 및 정서 조절 영역에서 인수의 능력에 관해 여전히 많은 의문점이 남아 있다는 것에 동의하였다. 팀은 이러한 질문이 아직 남아 있는 것은 부분적으로는 관찰된 활동의 구조 때문이라고 생각하였다. 대부분의 관찰에서 활동에 대한 기대가 명확히 형성되어 있었고 인수는 그러한 활동에 참여하도록 촉진되었다. 따라서 활동에 참여하거나 활동을 변경하기 위해 허락을 구할 필요가 거의 없었다. 팀은 통합학급에서의 놀이와 가정에서 여동생과의 놀이를 관찰하는 동안 인수의 각성 수준이 높았기 때문에 관찰된 활동이 인수의 놀이 기술에 대한 실제 모습을 보여 주지 못한 것 같다고 느꼈다. 또한 모든 관찰이 소집단 및 대집단 상황에서만 실시되었기 때문에 인수가 독립적인 활동에 참여할 때 사용하는 일련의 조절 전략에 대한 의문도 남아 있었다. 따라서 추가 정보가 필요한 영역은 다음과 같았다.

- JA5.7 - 허락을 구함으로써 사회적 상호작용을 위해 의도를 공유하는 능력
- SU3.3 - 여러 가지 익숙한 사물을 관습적인 방식으로 다른 사람에게 사용하는 능력
- SR2.1 - 혼자 하는 활동과 사회적 활동 중에 각성 수준을 조절하기 위해 행동 전략을 사용하는 능력

이상의 정보를 수집하기 위해 교육 팀은 베이포트 센터 특수학급에서의 익숙한 맥락 내 추가 관찰이 인수의 발달 프로파일과 관련된 이러한 의문점을 해소하는 데에 필요한 정보를 제공할 것이며, 그래서 보다 더 적절하고 개별화된 교육 프로그램의 개발과 실행에 도움이 될 것이라는 데에 동의하였다. 이러한 후속 관찰 회기에서 팀은 앞에서 제시한 영역과 관련된 인수의 능력과 기량을 알아내기 위해 고안된 몇 가지 간단한 활동을 구조화하였다. 예를 들어, 팀은 단독놀이 중에 자기조절을 위해 사용하는 행동 전략(SR2.1)을 관찰하기 위해서 학급에서 자유선택 활동 시간에 인수가 가장 좋아하는 교통기관 놀이 영역을 개방하였다. 이를 통해 팀은 이러한 형태의 활동에서 각성 수준의 변화와 관련된 발끝으로 걷기나 손뼉 치기 등의 행동과 주의집중을 관찰할 수 있었다.

다음으로, 운동장으로 이동하는 동안 허락을 구하기 위해(JA5.7) 몸짓, 단어, 구절 등의 관습적인 의사소통 전략을 사용하는 능력이 표집되었다. 인수와 학급 친구들은 모두 문 앞에 줄을 섰으며, 문은 각 아동이 출발하기 전에 닫혔다. 모든 학생은 운동장으로 나가 또래와 합류하기 위해 스스로 문을 열도록 허락을 구해야 하는 동기가 부여되는 기회를 갖게 되었다. "문 열어요?"와 같은 구절 또는 교사를 향한 사회적 참조를 관찰할 수 있을 것으로 기대되었다. 인수는 매번 아동이 출발한 후에 문이 닫힘으로써 발생하는 일과의 변화로 인해 조절장애 상태가 되지 않도록 줄의 앞쪽에 서도록 안내되었다.

마지막으로, 팀은 인수의 놀이 기술, 즉 놀이 중에 여러 가지 익숙한 사물을 파

트너를 향해 관습적인 방식으로 사용하는 기술(SU3.3)에 관심을 돌렸다. 인수는 자동차에 앉아 '운전사'인 것처럼 운전하는 흉내를 내는 등 관습적인 놀이의 익숙한 놀이 도식에는 편안해하지만, 발전된 상상놀이에서 흔히 관찰되는 것과 같이 다양한 행위자 또는 다른 사람을 활용하여 놀이하지는 않는 경향이 있다. 인수의 발달 중 이러한 측면에서의 능력을 파악하기 위해 담임교사는 베이포트 센터 바깥놀이 시간에 모래상자에 여러 가지 놀잇감을 준비해 두었다. 인수는 가끔 모래상자에 마음이 끌려 자발적으로 다가갔고 이러한 배치는 이상적인 것으로 생각되었다. 인수가 좋아하는 세 가지 세트의 놀잇감이 제공되었다: 차고놀이 세트(즉, 차고, 자동차 몇 대, 운전자 인형 몇 개, 주유기), 주방놀이 세트(즉, 테이블, 식기, 엄마, 아빠, 아이들), 농장놀이 세트(즉, 동물 모형 몇 개, 농부, 트랙터). 이러한 행동 표집 활동을 지원하기 위해 다른 놀이 도식을 시범 보일 수 있도록 보조교사가 모래상자 근처에 있기로 하였다.

6 6단계: SCERTS 진단 요약지로 정보 정리하고 통합하기

베이포트 센터에서의 3회 관찰과 추가 행동 표집을 모두 마친 후 인수의 교육팀과 부모는 회의를 소집하고 다음과 같은 두 가지 주요 정보를 정리하고 통합하였다: (1) SCERTS 진단-관찰 기록지에 요약된 강점과 요구, (2) SCERTS 진단-관찰 결과에 대한 가족의 견해

A. 주요 정보원 1: 강점과 요구 요약하기

A-1. 사회 의사소통: 공동관심

팀 회의에서 인수의 가족과 교육 팀은 먼저 공동관심과 관련된 인수의 강점과 요구를 결정하는 데 중점을 두었다. 담임교사는 언어 파트너 단계의 전형적인 발달을 보이는 아동이 초기 사회적 대화 중에 경험을 공유하기 위해 주의집중, 감정, 의도를 조정하는 능력을 어떻게 발달시키는지에 대해 설명하였는데, 이러한 능력은 자신의 환경 내 물건이나 사건에 대해 언급하는 것 이상의 발달적인 진보로 나타난다. 이와 같은 능력의 통합은 청자와 화자의 역할을 수행하게 하고 초기 사회적 대화에 참여하게 함으로써 아동의 의사소통 기능을 확장시키고 좀 더 긴 시간

동안 상호적 상호작용에 참여하는 능력에 기여한다.

SCERTS 진단-관찰을 통해서 얻은 정보를 살펴보면, 인수는 익숙하고 예측 가능한 상황에서 자신의 의도를 공유할 때 타인과의 주의집중을 조정하는 능력에서 상대적인 강점을 보였다. 앞에서 언급하였듯이, 인수는 좋아하는 놀잇감과 활동을 요구할 때 매우 끈질긴 의사전달자가 될 수 있었고 보다 확장된 상호적 상호작용에 참여하는 능력이 꽃을 피우기 시작하였다. 예를 들어, 집에서 엄마나 여동생과 바니 소방차 노래를 부르는 등의 익숙한 사회적 일과를 요구하거나 4회 이상의 교환으로 일과를 계속해 달라고 요구함으로써 사회적 상호작용을 시작하기도 하였는데, 이러한 현상은 동생이 바니 소방차 노래의 율동을 이용해서 다른 가사를 시작할 때에도 나타났다. 인수는 또한 최근에 학교에서 원하는 과자를 요구하거나 코트 걸기, 신발 신기, 운동장으로 가기 위해 문 열기 등과 같은 일상생활 활동에서 도움을 청할 때 보다 집요한 시도를 보였다.

인수의 부모는 SCERTS 진단-질문지에 인수가 지난 몇 달 사이에 좋아하는 파트너의 관심을 끌기 위해 이름을 부르거나 팔을 당기는 행동을 보이기 시작했다고 기록하였다. 교실에서 원하지 않는 활동을 거부하거나 놀이에 대한 방해에 저항할 때 익숙한 상황에서는 행동의 지속성과 목표지향성도 보였다. 인수는 다양한 활동에 걸쳐서 컵케이크를 밀거나 모래놀이에서 교사를 미는 등의 밀치는 동작과 "아니요."의 의미로 고개를 젓거나 "다 했다."라는 구절을 사용하는 것이 관찰되었다. 이러한 의사소통 전략은 인수의 의도를 전달하는 효과성을 확실하게 증가시켰고 다양한 상황에 대처하는 전반적인 능력을 강화하였다.

그러나 인수는 익숙함과 정해진 일과를 필요로 하였으며, 이는 더 복잡하고 덜 익숙한 사회적 상황이나 또래가 참여하는 대소집단의 상황에 적응하고 참여하는 능력을 제한시켰다. 따라서 다양한 상황에서 사회적인 참여를 지속하고 의사소통하는 능력은 그 편차가 심했다. 교육 팀은 인수가 예측 가능성이 떨어지는 새로운 활동(즉, 학급 친구의 생일파티)에서는 사회적 교환에 참여하기보다는 위축되거나 또래 상호작용을 회피하는 경향이 있다는 사실을 알게 되었다. 이러한 도전적인 상황에서는 인수의 의사소통 실패를 복구하고 지속하는 능력이 더욱 제한된다. 마찬가지로, 인수는 속상할 때에는 시선을 옮기거나 교사의 어깨를 톡톡 치거나 다른 사람의 이름을 부르는 등 관심을 공유하기 위한 신호를 사용하여 도움과 상호작용을 위한 시도를 조절하는 능력이 매우 부족한 것으로 보였다. 인수는 조절장애로부터 스스로 회복하거나 반응적인 교사나 양육자가 마음을 가다듬도록 도와줄 때까지 기다리도록 혼자 남겨지곤 하였다.

팀이 SCERTS 진단-관찰을 통해 확인한 바와 같이, 인수의 의사소통 기능은 사물 요구하기, 도움 청하기, 거부하기, 그리고 사회적 게임 요구하기, 인사하기, 자랑하기, 분명하고 예측 가능한 게임이나 노래에서 차례 주고받기 등과 같은 사회적 일과 요구하기 등 여전히 보다 도구적인 기능에 제한되어 있었다. 관찰 및 행동 표집 회기에서 인수는 좋아하는 기차를 말할 때 “토마스”라고 말하거나 주차장 놀이에서 자동차 사고를 언급할 때 “자동차 쾅, 어어”라고 말하는 등 자신의 관심의 초점이 되는 물건이나 행동에 대해 이야기하는 것이 관찰되었다. 그러나 인수는 다른 누군가가 보고 있다는 것을 알아차리는 등 다른 사람의 시각적인 관점을 따르는 데에는 제한된 능력을 보였고 친구가 자신이 만든 블록 탑을 가리키는 것과 같이 타인의 몸짓을 따르는 데에도 제한된 능력을 보였기 때문에 인수의 말은 주로 스스로 관심을 두고 있는 것과 관련되었다. 그래서 상호적인 교환을 통해 이야기를 주고받음으로써 또래와 경험을 공유하는 능력이나 현재의 상황을 벗어난 경험을 공유하는 능력은 아직 관찰되지 않았다. 인수는 놀잇감이 이미 자신의 놀이 도식의 일부가 되어 있을 때에만 다른 사람의 행동에 관해 의사소통한다. 예를 들어, 토마스 탱크엔진 기차를 모두 줄 세웠을 때 여동생이 기차 하나를 가져가려고 하면 “하지 마!”라고 소리치며 저항하는 모습을 보였다.

인수가 보이는 관습적이거나 상징적인 방식으로 자신의 감정을 공유하지 못하는 어려움으로 인하여 주의집중과 의사소통 신호를 일관성 있게 협응시키지 못하는 어려움과 보다 사회적인 목적을 위해 의사소통하지 못하는 어려움이 가중되고 있다. 담임교사와 학교 심리학자는 또래와의 놀이 기회 중에 명백하게 일관된 패턴을 관찰하였다. 인수가 긴장하고 흥분하게 되면 정서 상태와 각성 수준에서 변화를 경험하게 되고, 인수가 그러한 높은 각성 상태를 직접적으로 드러내는 신호를 보내면 또래들은 불편해지기 때문에 멀리 가 버리곤 하였다. 이렇게 긍정적인 또는 부정적인 정서를 적절하게 공유할 수 있는 수단 없이 손뼉 치기, 화내기, 팔짝팔짝 뛰기와 같이 상태 변화에 대처하기 위해 사용하는 독특한 방법은 또래로 하여금 인수 가까이에 다가가는 것을 경계하게 만들었고, 결과적으로 인수의 고립이 심화되었다. 따라서 팀은 인수의 자신감을 형성시키고 사회적 지원망을 강화하기 위해 또래와의 성공을 촉진하기에 적절한 맥락을 확인할 필요가 있다는 데에 진지하게 관심을 가지게 되었다. 이것은 인수의 IEP 개발에서 중요한 다음 단계로 고려되었다.

A-2. 사회 의사소통: 상징 사용

공동관심 능력에 대한 인수의 기초선을 설정한 후에 교육 팀과 가족은 상징 사용 능력에 대한 강점과 요구를 결정하는 데 관심을 모았다. 앞에서 언급하였듯이, 인수는 약 85개의 어휘를 사용하는 것으로 관찰되거나 보고되었기 때문에 단일단어 어휘가 확장되고 있는 것으로 나타났다. 인수는 의사소통을 할 때 관습적인 몸짓(예: 손 뻗기, 가리키기, 고개 젓기, 밀어내기), 시선, 표정, 단어, 짧은 구 등 분명하게 다양한 방식을 사용하고 있었다. 이러한 능력은 요구하기, 거부하기, 사회적 일과 시작하기를 위해 의사소통을 하는 인수의 능력과 효과성을 증진시켰다. 예를 들어, "토마스는 기차야!" 또는 "자동차 부딪쳐, 어어!"라고 말하면서 이러한 능력을 놀이나 현재 조작하고 있는 물건에 대해 간단히 설명하는 데에도 사용하였다.

SCERTS 진단-관찰에서 확인된 내용을 살펴보면, 공동관심에서의 인수의 어려움은 사회적 관찰을 통해 학습하는 능력을 제한시키고 그 결과 사회적으로 관습적인 방식(예: 부엌놀이 도구로 설거지하는 흉내 내기)으로 사물을 사용하는 놀이 도식의 발달을 저해하는 것으로 나타났다. 인수는 파트너가 보고 있는 것을 보면서 파트너의 관점에 집중하는 행동을 보이지 않았기 때문에 파트너가 하고 있거나 의도하는 것을 완전히 알아채지 못하곤 하였다. 팀은 이러한 제한된 사회적 관찰 기술이 좀 더 다양한 놀이 도식의 사용을 제한한다고 논의하였는데, 왜냐하면 인수가 오직 토마스 탱크엔진 기차를 운전하거나 만화주인공 밥 더 빌더를 불도저에 앉히는 흉내를 내는 등 익숙한 비디오나 책에서 외운 놀이 도식을 재연하는 것으로만 관찰되었기 때문이다.

사회적 관찰을 통한 학습이 어렵다는 것은 또한 보다 다양한 행위 단어 발달에도 영향을 미치는 것으로 나타났다. SCERTS 진단-관찰을 실행하는 동안, 언어치료사는 언어파트너 단계-단어 의미 기록지를 사용하였다. 인수의 단일단어 어휘가 초기 관계어(예: "아니" "바이바이" "더" "그만")와 사물(예: "기차" "비눗방울" "자동차" "풍선"), 신체부위(예: "머리" "배" "코"), 행위자(예: "엄마" "아빠" "민주" "선생님"[역주: 담임교사 이름])의 명칭에 국한되었다는 사실이 주목되었다. 더 진보된 관계어의 발달(예: 행위 단어, 수식어, wh-의문사)은 SCERTS 진단 전반에 걸쳐 자주 관찰되지는 않았다. 인수는 다른 사람의 관점으로부터 나온 말보다는(예: "이름……쓰다" "촟

언어 파트너 단계

불…… 켜다" "컴퓨터…… 켜다") 자신의 참조 틀로부터 나온 자기에게 편안한 고빈도 단어(예: "간다." "부딪친다." "열어.")를 사용하였다.

아마도 인수의 팀이 관찰한 가장 두드러진 상징 사용의 어려움은 단일단어 수준을 넘어선 발화를 할 때 반향어에 의존한다는 사실일 것이다. 인수가 네 단어(예: "코트를 걸어 주세요[Hang up coat, please].") 수준의 문구를 구사하는 것으로 관찰되었지만 이러한 문구는 이전 맥락에서 성인이 시범을 보인 언어에서 차용해 온 지연반향어의 예이거나 인수에게 시범을 보인 말에 대한 즉각반향어였다. 팀은 인수가 단어나 덩어리 언어에 대한 시범이 주어지고 시간이 한참 지난 후에도 그 말을 기억했다는 점에서 인수가 일화적 연상에 주목할 만한 능력을 가졌다는 사실에 놀라워했다. 학교 심리학자는 이와 같은 놀라운 회상력에 대한 예시를 제시하였다. 스쿨버스에서 통합 유치원 학급으로의 이동을 관찰할 때 인수가 도로 위에 도시락을 떨어뜨렸다. 인수는 보조교사를 쳐다보며 "네 양동이와 걸레를 가져와!"라고 말했다. 학교 심리학자는 이 문구는 베이포트 센터에서 첫 주에 보았던 비디오에서 나온 말이라는 데에 주목하였다. 그 비디오에서도 한 아이가 자신의 도시락을 떨어뜨렸고 그와 똑같은 말을 하였다.

언어치료사는 인수가 언어를 생성하는 데 있어서 고정된 환경적 또는 시각적 단서에 의존하는 것이 상대적인 강점이기는 하지만 이러한 경향이 단어 회상을 어렵게 만든다고 인식하였다. 그래서 행위자+대상+행위, 수식어+대상, 부정어+대상과 같은 창의적인 단어 조합을 위해 개별 단어를 조합하는 능력을 키울 수 있도록 보완의사소통 지원을 실행할 것을 강력하게 제안하였다. 인수가 네 단어 발화를 할 수 있는 능력이 있음에도 불구하고 언어치료사는 SCERTS 진단-관찰을 다시 검토하여 이러한 발달 지표가 창의적인 언어 산출 능력을 강화하기 위해 다루어져야 한다는 점에 주목하였다.

A-3. 정서 조절: 상호조절

다음으로 팀과 부모는 상호조절에서의 강점 및 요구와 관련된 SCERTS 진단-관찰 결과에 대하여 논의하기 시작하였다. 우선 팀은 인수의 사회 의사소통 능력과 이 능력이 정서 조절 능력에 미치는 영향에 대한 이전의 논의사항을 반영하였다. 그 과정에서 부모와 교육 팀은 모두 SCERTS 진단-관찰에서 확인된 것처럼 공동관심과 상징 사용에서의 인수의 성장이 상호조절 전략 사용에 긍정적인 영향을 미치고 있다고 생각하였다.

먼저 팀은 보다 이해하기 쉽거나 관습적인 몸짓을 사용하여 타인의 행동을 조절하려는 의도 공유 능력이 증가함에 따라 인수가 자신의 정서를 조절하기 위해 양육자와 교사로부터 도움을 구하는 능력에서도 향상을 보인다고 생각하였다. 사실상 팀의 각 구성원은 각각의 관찰 상황에서 불안을 유발하는 활동을 거부하기 위해 밀어내는 몸짓을 사용한 사례를 적어도 한 번씩은 회상할 수 있었다. 학교 심리학자는 친구의 생일파티에서 친구가 촛불을 불어서 끄는 상황이 인수가 힘들어할 가능성이 있는 사건인데도, 인수는 새로운 전략을 통해 촛불 끄기를 더 잘 쳐다볼 수 있었다고 말하였다. 교사는 인수가 친구 가까이에서 지켜보는 동안 인수에게 컵케이크를 가져다주었으며, 이때 인수는 재빨리 손으로 교사의 손을 밀어 컵케이크를 치워 버렸다. 이러한 거부는 효율적이면서도 이해하기 쉬웠기 때문에 교사는 활동 참여를 지속하기 위한 인수의 능력을 지원한다는 측면에서 인수의 거부를 존중하였다. 교사는 인수가 앉아 있는 자리 앞쪽을 치우고 멀리 떨어졌으며, 인수는 다시 자신을 가다듬고 촛불을 불고 있는 친구에게 집중할 수 있었다. 인수는 밀어내는 몸짓을 사용하기 전에는 교사의 방해나 원치 않은 간식에 대한 거부의 표현으로 교사에게 분노를 표출하고 소리를 지르곤 했었다. 이러한 이전의 방식은 활동에 계속 참여하고자 하는 인수 자신의 능력과 활동을 즐기고자 하는 또래의 능력 모두에 영향을 미쳤다.

거부하는 능력이 증진되고 불안을 유발하는 활동을 더 잘 조절할 수 있게 되었다는 점 외에도, 인수의 의사소통 능력은 일상적인 사회적 교환 상황에서 도움이나 사회적 상호작용을 요구할 수 있게 해 주었다. 이러한 능력은 이제 막 나타나기 시작하기는 했지만, 가정에서의 놀이 일과 중 엄마나 예측 가능한 교실 일과에서의 보조교사와 같이 아주 친숙한 파트너에게는 더 확실하게 나타났다. 예를 들어, 버스에서 유치원 학급으로 이동하는 동안 인수는 스스로 보조교사에게 코트 거는 것을 도와달라고 요청하였다. 그런 상황에서 그는 쳐다보며 "코트 걸어 주세요."라는 문구를 사용하였으며 이러한 문구는 인수가 등원 일과에 친숙해지도록 보조교사가 자주 사용했던 말을 따라 한 것이었다. 다시 말해서, 이렇게 효율적이고도 이해 가능한 방법으로 도움을 요청하는 능력은 통합 유치원 학급의 대집단 사회적 환경으로 전이하는 불안한 상황에서도 조절이 잘 된 상태를 유지하도록 지원하였다. 이전에는 보조교사의 팔에 매달려 축 늘어지거나 환경으로부터 달아나거나 울면서 이러한 도전적인 과제로부터 빠져나가려고 했었다.

이러한 고무적인 변화에도 불구하고 상호조절 기술이 단지 익숙한 일과와 친숙한 파트너에 대해서만 현저하게 나타나는 것으로 관찰되었기 때문에 팀 회의에서 인수의 상호조절 기술 발달은 여전히 일관성 없이 나타나는 것으로 결론을 내렸다. 인수는 익숙하지 않은 활동에서나 친숙하지 않은 파트너에 대해서 또는 각성 수준이 너무 높아서 참여 상태를 유지하기 어려울 때에는 아직 효율적이고 이해 가능한 거부나 요구를 사용하지 않는 것으로 나타났다. 예를 들어, 베이포트 센터 담임선생님이 아침조회를 하는 동안 휴식을 요구하기 위한 수단으로 "그만"이라고 말하는 것이 관찰된 반면에, 작업치료사는 아이들이 '생일축하' 노래를 부르고 촛불을 끄자 생일파티로부터 도망가는 것을 관찰하였다. 이렇게 익숙한 일과가 끝나고 나면, 인수는 각성 및 정서 상태를 조절하는 데 도움이 필요한 것이 분명하였다. 활동으로부터 도망가는 행동은 인수가 계속 자주 사용하던 그리고 교사나 양육자를 필요로 하지 않는 행동 전략인데, 이는 저항하거나 다시 추스르기 위해 도움을 청할 때 일관성 있게 파트너의 관심을 확보하는 방법을 아직 배우지 못하였기 때문이다. 그래서 팀은 인수가 부정적인 정서를 공유하고, 위로를 구하고, 정서적으로 힘든 상황에서 거부하는 능력이 아직 확실하게 확립되지 않았다는 데에 동의하였다.

관찰 전에도 부모와 교육 팀은 그들이 각각 작성한 SCERTS 진단-질문지에 인수의 예측하기 어려운 특성을 보고하였다. 이것은 인수의 정서적 신호가 분명하고 파트너에게 이해될 수 있는 신호인지를 결정하기 위한 회의에서 논제가 되었는데, 왜냐하면 파트너는 인수의 정서 상태 변화를 더 일관성 있고 정확하게 점검할 수 있게 해 주기 때문이다. 부모와 팀은 인수의 비구어 정서 표현이 그 특성상 매우 격렬해서 이해하기는 쉽지만 자신의 정서 상태를 단어나 그림을 사용하여 상징적으로 표현하지 못하기 때문에 주변 사람들로부터 정서 조절을 위한 도움을 받아 더 높은 수준의 조절장애로 치닫는 것을 막기 어렵다고 말하였다. 인수는 흥분하면 슬프거나 화난 표정과 같은 타인의 정서 단서를 읽고 자신에게 시범 보여진 언어(예: "너 슬프구나." "너 화나 보여.")에 반응하는 능력으로 인해서 양육자의 도움이 더 큰 정서적 고통으로 이끄는 상황을 만든다. 다시 말해, 인수를 도와주려는 노력이 역효과를 가져올 수 있다는 것이다. 인수에게는 보다 상징적인 방식으로 자신을 표현하는 능력을 향상시키기 위한 지원이 분명히 필요하다. 이러한 지원에는 시각적 지원(예: 과제 스케줄이나 각 과제 내 체크리스트에 따른 정서 표현을 위해 그림 상징 사용하기), 공유된 조절의 기회(예: 선택의 기회 제공, 활동 준비에 참여시키기), 분명하고 예측 가능한 일과, 음악 활용 등이 있다. 인수의 활동 참여 능력을 촉진하기 위해서는 이러한 전략들이 일관성 있게 실행되어야 한다. 이와 같은 지원 없이는 인수가 높은 수준의 각성과 극심한 조절장애를 경험하게 될 가능성이 높다.

마지막으로, 팀은 극심한 조절장애가 나타나는 사례에 대한 논의로 관심을 돌렸는데, 왜냐하면 관찰을 통해 수집된 정보에 의하면 인수는 하루 중 상당히 긴 시간을 극도로 조절이 어렵고 아무것도 할 수 없는 상태에서 보내고 있기 때문이다. 팀은 높은 각성 상태에 대한 인수의 편향성에 몇 가지 요인이 영향을 미친다는 데에 동의하였다. 특히 이러한 요인으로 예상하지 못한 자극(예: 소음, 역동적인 시각 정보, 접촉)에 대한 민감성, 기계적인 학습 방식, 일과의 변화나 새로움이 제한되기를 바라는 성향, 조절되기를 원하는 요구가 주목되었다. 이러한 요인들의 광범위한 특성과 각성 상태의 잦은 변화를 고려한다면, 인수가 집과 학교 모두에서 하루 중 상당한 시간을 극심한 조절장애의 상태로 보내고 있으며 환경 내에서의 자연스러운 우발학습의 기회로부터 언제나 이익을 얻는 것은 아니라는 점이 명백해졌다. 학교 심리학자는 인수의 높은 각성 상태와 연관된 극심한 조절장애의 몇 가지 분명한 신호를 확인하였다. 이러한 신호는 (1) 달아나거나 도망치기, (2) 주먹 휘두르기, (3) 파트너에게 등을 돌리고 팔짝팔짝 뛰기, (4) 의사소통의 빈도와 정교함이 현저하게 감소되는 단절 행동을 포함한다.

관찰 전반에 걸쳐서 인수는 새로운 활동이 주어지거나, 활동의 각 단계의 순서가 명확하지 않거나, 환경 내 사회적 복잡성이 증가하거나(예: 더 적은 집단에서 더 큰 집단으로 이동할 때) 등의 상황이 발생할 때마다 극심한 조절장애 신호를 보였다. 회의에서 몇 가지 사례가 제시되었다. 집에서 엄마가 여동생과 새로운 게임을 하도록 시도할 때 인수는 방에서 나가 버리는 것이 관찰되었다. 자신이 줄 세워 둔 기차를 여동생이 가져가려고 하면 여동생을 때리려고 하였다. 학교에서는 떠들썩한 또래 두 명이 블록 영역으로 들어와 놀려고 할 때 영역에서 나가 버렸고, 미술 활동을 끝내고 싶다고 요구해도 보조교사가 무시할 때 뛰쳐나가 버렸다.

이러한 각 사례에 비추어 볼 때, 인수는 양육자와 교사가 인수의 상호조절을 촉진하기 위한 대인관계 지원과 학습 지원을 제공할 때에만 극심한 조절장애로부터 회복될 수 있음이 분명하였다. 이러한 지원에는 몇 가지 공통점이 발견된다. 이들

지원은 환경의 복잡성을 감소시키고, 활동 단계 및 활동 간 예측 가능한 순서를 제공하며, 인수의 효능감과 조절력을 촉진하는 데 목표를 둔다.

현재 상호조절에서 인수가 보이는 강점과 요구 영역 프로파일에 대한 요약 정보는 SCERTS 진단-관찰 기록지와 SCERTS 진단 요약지에서 볼 수 있다.

A-4. 정서 조절: 자기조절

다음으로 인수의 부모와 팀은 자기조절과 관련된 인수의 능력과 어려움에 대해 논의하였다. 팀은 SCERTS 진단-질문지와 SCERTS 진단-관찰을 통해 얻은 정보에 기초하여 발끝으로 걷기, 손뼉 치기, 팔짝팔짝 뛰기와 같은 행동 전략이 어떻게 조절장애의 신호이면서 동시에 자기조절 시도를 시작하는 신호이기도 한지에 주목하였다. 실제로, 인수는 극심한 조절장애가 더 심해지지 않게 하려고 이러한 전략을 종종 사용하였다. 그럼에도 불구하고 이러한 전략은 인수의 환경 내에서의 학습 및 상호작용 능력을 최소한으로만 지원하며, 혼동되고 관습적이지 않다는 점으로 인해서 자주 또래들이 인수를 꺼려 하거나 피하게 만드는 원인이 되고 결국 사회적 참여에 대한 기회를 제한하는 결과를 가져온다. 인수가 사용하는 이러한 전략은 또한 부모에게는 매우 고민스럽고 공공장소에서 난처하게 만드는 원인이 되었다.

팀은 SCERTS 진단-관찰 중에 인수가 단독놀이와 사회적 놀이를 하는 동안 자신의 각성 수준을 감소시키기 위해 손뼉 치기와 같은 행동 전략을 사용하는 몇 가지 사례를 확인하였다. 앞에서 언급하였듯이, 이러한 시도는 분명히 자기조절을 위한 시작점이었지만 다시 참여 가능한 상태로 돌아갈 수 있게 하는 데에는 충분하지 않았다. 오히려 인수는 그러한 행동의 감각 및 운동 특성에 너무 몰두한 나머지, 하고 있던 과제나 사회적 활동에 다시 집중하는 데에 어려움을 겪게 되는 것이 자주 관찰되었다. 그러므로 확장된 상호적 상호작용과 오래 걸리는 활동에 참여하는 인수의 능력은 잘 조절된 상태를 유지하기 위해 자신이 가지고 있는 자원보다는 조절을 지원하는 활동의 질(예: 활동 구조, 파트너의 예측 가능 능력, 조직적인 교류 지원)에 훨씬 더 의존한다고 결론지었다. 또한 인수가 현재 학습과 상호작용이 가능한 상태인지를 고려할 때, 팀은 현재 사용하는 행동 전략의 제한된 효과성이 합리적인 요구를 가진 과제 수행을 지속하는 능력과 충동적으로 행동하려는 경향을 억제하는 능력에 어떤 영향을 미치는지를 반영하였다.

자기조절과 관련된 인수의 요구 때문에 팀은 도전적인 상황에서 보이는 인수의 충동적이고 예측 불가능한 행동에 더 구체적으로 초점을 맞추었다. 작업치료사는 가정에서 동생과의 놀이를 녹화한 비디오를 보면서 인수의 어머니가 아이들이 좋아하는 기차를 함께 나누도록 격려하기 위해 어떻게 차례 주고받기 구조를 만들려고 했는지에 주목하였다. 엄마가 동생 차례라고 하자 인수는 화가 나서 울기 시작하였고 동생에게서 놀잇감을 빼앗으려고 하였다. 어머니는 발을 세게 구르거나 "나 화났어."라고 말하는 등 기분이 나쁘다는 감정을 표현하기 위해 허용 가능한 행동 및 언어 전략을 시범 보였지만 인수는 이러한 전략을 시범 보이는 엄마에게 집중하거나 반응하지 않았다. 대신, 놀잇감을 낚아채고 마루에 드러누워 다시 한 번 분노를 표출하였다. 속상한 감정에 대처하는 행동 전략 사용이 제한된 것이 분명하였으며, 이는 매우 충동적이고 공격적인 성향을 보이게 만들었다.

인수는 좋아하는 활동을 지속하기 위해서 양육자가 시범을 보인 언어 전략을 사용하기 시작하는 것 같지는 않았다. 예를 들어, 언어치료사와 작업치료사는 모두 행동 표집 중에 인수가 자동차 놀이를 구조화하기 위해 사용한 언어에 대해 언급하였다. 인수는 자동차 세트 놀이에서 엘리베이터에 자동차를 넣었다는 의미로 "자동차 위로(Car up)"라는 말을 반복적으로 말하였고 엘리베이터가 꼭대기에 도착한 후 자동차가 경사로로 내려오고 있다는 것을 의미하는 "자동차 내려가(Car go down)"라는 말을 뒤이어 하는 것이 관찰되었다. 이러한 혼잣말은 인수가 활동을 차례로 진행하고 적극적인 참여를 유지하는 데 도움이 되었다.

다음으로, 팀은 인수가 새롭고 변화하는 상황을 다루는 데에서 겪는 어려움에 관심을 돌렸다. 인수의 가족과 교육 팀이 작성한 SCERTS 진단-질문지에 기록된 바와 같이, 이것은 주요한 관심 영역이었고 그 나이 또래 아이들이 일반적으로 경험하는 다양한 활동 및 환경에 성공적으로 참여하는 능력을 제한하는 요소로 보였다. 관찰하는 중에도 계획되지 않은 전이와 예기치 못한 사건은 인수에게 극심한 불안을 일으키는 것으로 보였다. 인수는 이러한 경우에 자주 발끝으로 걷고 손뼉을 치는 등의 행동 전략을 사용하였다. 그러나 이러한 전략의 효과가 제한적이었기 때문에 결국 활동에서 이탈하거나 탠트럼을 보이는 것으로 마무리되곤 하였다. 대조적으로, 파트너가 시각적 스케줄이나 타이머 등의 학습 지원을 사용할 때처럼 인수가 활동이나 일과에서의 변화에 대해 분명하게 준비가 되는 경우에는 순조롭게 진행될 수 있었다. 다시 말해서, 상호조절 지원에 대한 이러한 의존성은 인수가 새롭게 변화하는 상황에 대처하고 주변 사람에 대한 의존성을 감소시키기 위해 자기조절 전략을 사용해야 한다는 점에 초점을 두어야 함을 알게 해 준다.

효과적인 언어 및 행동 전략의 레퍼토리가 제한되었다는 것은 또한 높은 각성 수준을 동반한 극심한 조절장애를 경험할 때 자기 스스로를 조절할 수 있는 능력을 저해한다. 인수는 미술 활동 중에 활동을 끝내기 위한 상호작용 시도가 거부되자 극심한 조절장애 상태를 보였다. 인수는 의자에서 벌떡 일어나 큰 소리를 지르면서 팔짝팔짝 뛰기 시작하였다. 보조교사가 인수를 덜 자극적인 환경(즉, '편안한 장소[cozy corner]')으로 데려가서야 비로소 가다듬기 시작하였다. 이 시점에서 인수는 극심한 조절장애로부터 회복하기 위해 아직 행동 전략을 효과적으로 사용할 수 없었다. 현재 자기조절 요소 중 인수가 보이는 강점 및 요구 영역프로파일에 대한 요약 정보는 SCERTS 진단-관찰 기록지와 SCERTS 진단 요약지에서 볼 수 있다.

A-5. 교류 지원: 대인관계 지원

사회 의사소통 및 정서 조절 능력을 촉진하는 데에 필요한 인수의 사회적 지원망과 대인관계 지원에서의 강점 및 요구를 결정하기 위해 SCERTS 진단-질문지와 SCERTS 진단-관찰 기록지를 검토하였다. 인수의 학교 심리학자는 인수의 발달상의 약점이 어떻게 파트너에게 교류적 영향을 미치게 되는지에 초점을 맞추었다. 예를 들어, 높은 각성 상태로의 편향성과 예측하기 어려운 정서 반응은 성인과 또래 파트너로 하여금 인수가 폭발하기 쉽고 공격적이며 위험하다고까지 인식하게 만드는 결과를 가져올 수 있다. 팀은 이러한 상황이 덜 친숙한 파트너, 덜 구조화된 환경에서 상호작용하는 파트너, 같은 나이 또래의 파트너의 경우 더 쉽게 나타난다고 하였다.

이러한 경우에서의 대인관계 지원은 인수의 파트너가 인수의 학습 방식과 환경적 자극에 대한 민감성, 조절장애 신호, 효과적인 상호조절 지원을 이해하도록 돕는 것을 포함한다. 팀은 인수의 파트너 모두가 이러한 유형의 대인관계 지원을 일관성 있게 사용함으로써 좀 더 지속적인 상호성과 참여를 이끌어 낼 수 있다는 데에 동의하였다. 또한 팀은 더 반응적이고 지시적인 방식으로 인수의 행동을 통제하려는 파트너에 비해 인수에게 선택의 기회를 제공하고, 활동을 끝내고 싶어 하는 마음을 존중하며, 시작행동을 촉진하는 등 사회적 조절을 공유할 기회를 주는 파트너가 참여 유지, 긍정적인 정서 반응, 공유된 관심을 더 잘 끌어낼 수 있다는 사실을 인식하였다. 실제로, 인수는 공유된 조절 기회를 제공해 주고 자신의 거절을 존중해 주는 파트너를 원하고 더 많이 통제하고 지시적인 파트너는 피하려는 경향을 보였다.

SCERTS 진단-질문지와 SCERTS 진단-관찰 기록지를 검토함으로써 인수의 부모와 교육 팀은 인수의 사회적 지원망 내에서 강점으로 자리 잡고 있거나 주요 요구 영역으로 간주되는 수많은 대인관계 지원을 파악할 수 있었다. 다음의 표는 강점과 요구 각각에 대한 몇 가지 예시를 보여 준다.

강점	요구
인수의 어머니는 계속해서 구어 또는 비구어로 선택의 기회를 제공한다(IS2.1). 인수의 교육 팀(예: 교사, 보조교사, 치료사)은 인수가 학교에서 보내는 시간 중에 상당히 일관성 있게 사용될 일련의 대인관계 지원을 개발하기 시작하였다. 이러한 지원은 조절장애 신호를 인식하고 지원 제공하기, 문제행동을 의사소통 또는 조절의 기능으로 이해하기, 인수의 각성 수준에 따라 언어 투입의 복잡성 조절하기를 포함한다(IS1.5, IS3.3, IS 6.2).	인수의 파트너는 인수가 공유된 조절감을 느낄 때 참여를 더 잘 유지할 수 있다는 것을 인식하기 시작하였다. 그래서 인수에게 선택의 기회를 제공하고 자신의 속도로 활동을 종료하고 문제를 해결하며 하루 중 적절할 때 활동을 거부할 수 있는 기회를 조성할 필요가 있다(IS2.1, IS3.2~3.4). 인수의 파트너는 인수의 예측하기 어려운 정서와 비관습적인 자기조절 전략 때문에 또래가 그를 꺼려 할 수도 있으므로 또래와의 상호작용을 적절하게 촉진하고 성공적으로 상호작용할 수 있도록 발달적인 지원을 제공할 필요가 있다고 인식하였다(IS5.2) 인수의 파트너는 적절한 비구어 의사소통 및 정서 표현을 시범 보이는 것이 인수가 흥분한 상태에서는 더 큰 정서적 좌절을 가져올 수 있기 때문에 어렵다고 인식하였다(IS7.1).

인수의 사회적 지원망을 통한 다양한 대인관계 지원 사용에 대한 요약 정보는 SCERTS 진단-관찰 기록지와 SCERTS 진단 요약지에 포함되었다.

A-6. 교류 지원: 학습 지원

팀 회의의 마지막 안건으로 일과와 활동에서 이미 교류 지원으로 실행되고 있고 사회 의사소통 및 정서 조절 능력을 촉진한다고 여겨지는 학습 지원에 대한 논의가 이루어졌다. 팀은 이미 다양한 학습 지원이 인수의 두 학급에서의 참여를 지원하고 있다고 인식하였다. 이러한 지원에는 가족이 자동차, 트럭, 기차와 같은 동기 부여가 가능한 교재를 매일의 활동에 포함시키고 있다는 점과 인수와 동생의 놀잇감을 대체로 분리된 박스에 정리해 두고 각각을 사용한 후에는 깨끗하게 치워두는 등 학습 환경에서의 감각적 속성을 수정하려고 시도한다는 점이 포함된다. 또한 인수의 작업치료사는 교사가 전이나 앞으로의 활동을 준비시킬 때 활동 스케줄을 종종 사용한다는 점에 주목하였다. 인수의 부모와 교육 팀은 인수가 스트레스 없이 활동에서의 예측 가능한 순서를 이해하고 다양한 학습 기회에 참여할 수 있도록 이와 유사한 지원을 사용할 필요가 있다고 논의하였다.

인수의 가족과 교육 팀은 또한 인수를 위한 AAC 지원의 중요성에 대해 의논하였다. 이것은 이전의 교육 프로그램 계획에서는 다루어지지 않았던 부분이었다. 그러나 인수가 계속해서 반향어에 의존하고 있기 때문에 창의적인 단어 조합의 사용은 여전히 제한되어 있다. 앞에서 언급하였듯이, 새로운 발화를 산출해 내는 능력이 제한되었고 들은 구와 문장에서 개별 단어 및 단어 관계를 이해하기 어렵기 때문에 인수는 이전에 하나의 단위로 들었던 문구를 차용하는 경향이 강했다. 인수는 고정된 시각적 정보를 선호하는 경향이 강하기 때문에 팀은 인수가 이러한 다단어 발화 내에서 구별된 요소나 단어를 분해해서 이해하고 보다 창의적이고 생성적인 언어로 발전하도록 지원하기 위해 그림 상징을 실행할 수 있는 방안에 대해 논의하였다. 그래서 인수의 부모와 교육 팀은 SCERTS 진단-질문지와 SCERTS 진단-관찰 기록지를 검토함으로써 인수의 사회적 지원망에서 강점으로 나타나고 있거나 주요 요구로 간주되는 수많은 학습 지원을 파악할 수 있었다. 다음의 표는 강점과 요구 각각에 대한 몇 가지 예시를 보여 준다.

강점	요구
인수의 부모는 가정환경의 감각적 속성을 수정하고 활동 내에 동기 부여를 위한 교재를 포함시키는 능력을 개발하였다(LS4.3, LS4.7). 인수의 교사는 인수가 전이와 앞으로의 활동을 예측할 수 있도록 다양한 시각적 스케줄을 개발하였다(LS3.3).	인수가 의사소통할 때 반향어와 단일단어 발화에 계속해서 의존하기 때문에 팀은 표현언어를 증진하고 보다 창의적인 단어 조합 사용을 촉진하기 위해 보완의사소통 지원의 필요성에 동의하였다(LS2.1). 인수가 과제 내에서의 단계를 이해할 수 있게 하기 위한 학습 지원 사용이 다양한 맥락과 파트너에 걸쳐 일관성 있게 통합될 필요가 있다(LS3.1).

사회적 지원망을 통한 다양한 학습 지원의 사용에 대한 요약 정보는 SCERTS 진단-관찰 기록지와 SCERTS 진단 요약지에서 볼 수 있다.

A-7. 사회-정서 성장 지표: 결과 및 의견

다음으로 인수의 팀은 사회-정서 성장 지표에 대한 기초선 종합점수를 산출하였다. 이 지표는 인수 행동의 전반적인 질적 측면에서 향후 성취를 측정하는 데 유용한 기준을 제공할 것이다. 사회-정서 성장 지표로 측정되는 행동의 질은 다음과 같다: (1) 행복감, (2) 자아의식, (3) 타인의식, (4) 적극적인 학습 및 조직화, (5) 융통성 및 회복력, (6) 협력 및 행동의 적절성, (7) 독립성, (8) 사회적 소속감 및 우정. 사회-정서 성장 지표 산출 결과, 인수는 자아의식에서 상대적인 강점을 보이는 것으로 나타났다. 행복감, 융통성 및 회복력, 협력 및 행동의 적절성은 상대적인 약점으로 나타났다.

B. 주요 정보원 2: SCERTS 진단-관찰 결과와 우선순위에 대한 가족의 견해

교육 프로그램의 구체적인 장단기 교수목표를 결정하기 전에 팀은 인수의 부모에게 SCERTS 진단-관찰과 행동 표집 회기에 대한 생각을 공유해 줄 것을 요청하였다. 특히 관찰된 내용이 인수의 행동을 대표할 만한지와 SCERTS 진단 요약지에 강점과 요구가 정확하게 나타나 있는지를 검토하도록 요청하였다. 인수의 어머니와 아버지는 최근 베이포트 학습 센터의 새로운 교육 프로그램으로 옮긴 것을 언급하면서 SCERTS 진단이 전이와 관련된 아들의 행동을 정확하게 파악했다고 지적하였다. 이들은 인수가 유치원 2년차인 4세가 끝나갈 무렵보다 약간 더 불안하고 공격적으로 보였기 때문에 인수가 새로운 상황에 어떻게 반응하는지를 관찰한 것이라고 말하였다. 부모는 3개월 후에 실시할 다음 재검사는 학교 일과가 더 견고하게 확립된 후에 실시될 예정이기 때문에 이를 기대하고 있었다.

이상의 논의 후에 부모는 인수에 대한 주요 관심사를 다시 진술하고 인수의 발달에 대한 희망사항과 기대를 논의하는 자리에 초대되었다. 이들은 베이포트 센터 교사들이 가정에서 가족이 직면하고 있는 인수와 관련된 어려움을 알아 가는 데에 시간을 투자하고 있으며 교육 프로그램을 작성하기 위해 목표를 결정할 때 이러한 어려움을 고려하고 있다는 사실에 감사를 표했다. 베이포트 센터의 담임교사는 한 아동을 진정으로 이해하기 위해서는 다양한 맥락에 따른 강점과 요구를 평가하는 것이 반드시 필요하다는 팀의 믿음을 되풀이하여 말하였다. 다음으로 인수의 부모는 가족에게 가장 도움이 될 만한 정보와 지원 유형에 대해 말할 기회를 가졌다. 가족의 견해는 SCERTS 진단 요약지에서 볼 수 있다.

7 7단계: 장단기 교수목표의 우선순위 정하기

SCERTS 진단-질문지, SCERTS 진단-관찰, 추가적인 행동 표집, SCERTS 진단 요약지를 모두 포함하는 SCERTS 진단을 통해 수집된 종합적인 정보에 기초하여 인수의 부모와 교육 팀은 함께 다음과 같은 기준에 의해 장단기 교수목표의 우선순위를 정하였다: (1) 가장 기능적인가, (2) 가족의 우선순위를 직접적으로 다루는가, (3) 인수와 파트너를 위해 SCERTS 진단 요약지에 제시된 발달상의 요구 영역에 부합하는가. 가장 기능적이면서 가족의 우선순위에 가장 근접하게 일치하는 목표를 동등하게 고려해야 하기 때문에 SCERTS 진단-관찰에서 보인 인수의 수행이 주간 교수목표를 선정하기 위한 유일한 변수가 될 수는 없다. 이것은 때로는 SCERTS 진단에서의 장단기목표의 위계를 벗어나는 교수목표를 선정하게 만들기도 하지만, 그럼에도 불구하고 이러한 융통성과 개별화는 실제로 SCERTS 모델 프로그램의 성공적인 실행을 위한 주요 요소로 고려된다. 일관성 있는 대인관계 지원과 학습 지원의 사용을 통하여 공동관심과 상징 사용에서의 목표에 초점을 맞추는 팀의 능력은 인수가 좀 더 정교한 상징 수단을 사용하여 일련의 의도를 의사소통할 수 있도록 학습하는 데에 도움이 될 것이다. 인수의 주간 교수목표는 SCERTS 진단 요약지에서 볼 수 있다.

8 8단계: 후속 진단 추천하기

SCERTS 진단 요약지를 검토한 결과 인수의 부모는 사회 의사소통 및 정서 조절에서의 어려움을 대표할 만한 행동 표본과 가장 적절한 교류 지원 관련 정보가 수집되었다고 생각하였다. 그럼에도 불구하고 이들은 인수가 현재 5세반으로 진급하였고 앞으로 몇 년간 또래의 학업 수준을 따라가야 한다는 어려움에 직면할 것이기 때문에 학습 방식과 인지 능력에 대해서도 더 잘 이해할 수 있기를 희망하였다. 자폐 범주성 장애를 가진 어린 아동의 평가와 관련된 경험도 많고 훈련도 받은 베이포트 센터의 학교 심리학자는 지금이 기초선 측정을 실행할 적절한 때라고 생각하고 앞으로 수개월에 걸쳐 일련의 소규모 회기로 심리교육 검사를 시작하기로 하였다.

9 9단계: 인수, 부모, 서비스 제공자를 위한 SCERTS 교육 프로그램 계획하기

SCERTS 진단의 9단계는 여러 가지 의미 있고 목표 지향적인 주요 활동과 이러한 활동에서 제공될 사회적 지원(즉, 교육 팀 구성원의 역할 및 책임), 그리고 서비스 제공에서 중요한 역할을 담당하게 될 친숙한 파트너를 알아내는 것이다. 인수의 팀 리더인 특수교사는 인수와 부모를 위한 교육 및 지원 프로그램을 구성하는 주요 역할을 맡았다. 특수교사는 집중적인 교육 프로그램이 지속되어야 할 필요성과 함께 1년 내내 적어도 주당 25시간 이상의 계획된 그리고 발달적으로 적합한 학습 기회를 제공해야 할 필요성에 대한 논의를 이끌었다. 또한 인수가 프로그램에 적극적으로 참여하기 위해서는 충분히 개별화된 관심이 필요하다고 지적하였다. 또한 가정환경에서의 행동과 관련된 가족의 계속적인 우려를 다루기 위한 교육 지원을 제공하기 위해서는 가족과의 협력하에 계획을 수립할 필요가 있었다.

SCERTS 진단에서 이 단계는 인수의 자연적인 일과 중 의미 있고 목표 지향적인 약 3시간의 활동이 각각 포함된 두 가지 SCERTS 활동 계획서를 개발함으로써 완결되었다. 첫 번째 계획서는 인수의 전형적인 오전 일과를 약술하였으며, 두 번째 계획서는 인수의 전형적인 오후 일과를 약술하였다. 결과적으로, 하루에 약 6시간씩 주당 총 30시간의 교육 프로그램이 계획되었다.

SCERTS 활동 계획서에는 활동에서 다루게 될 구체적인 목표와 인수의 독특한 사회 의사소통 및 정서 조절 능력에 적절한 사회적 맥락의 복잡성(즉, 자연스러움의 정도 및 일대일 지원의 양과 빈도)이 포함되었다. 또한 SCERTS 활동 계획서에는 각 활동에 삽입될 파트너 목표와 구체적인 교류 지원(예: 대인관계 지원 및 학습 지원)이 포함되었다.

다음으로, 인수의 팀 리더는 SCERTS 가족 지원 계획을 위한 팀의 논의를 이끌어가기 위해 SCERTS 진단-관찰 기록지의 교류 지원 영역을 통해 수집한 정보와 함께 SCERTS 진단-질문지에서 부모가 제공한 정보를 보고하였다. 이 책의 3장에서 설명하였듯이, 종합적인 프로그램에서는 아동의 직계가족과 확대가족에게 교육 지원 및 정서 지원 모두를 제공하는 것은 선택사항이라기보다는 오히려 주요 우선순위를 지닌다. 그래서 팀 리더는 인수의 교육 프로그램 개발이 이와 같은 중요한 단계를 거치지 않고는 완성될 수 없다고 강조하였다.

A. 인수의 가족을 위한 교육 지원

이미 설명한 바와 같이, 인수의 부모가 표현한 주요 교육적인 관심은 다음과 같다: (1) 인수의 예측하기 어려운 행동(특히 여동생을 향한) 때문에 생기는 어려움, (2) 인수가 가족 활동에 참여할 수 있도록 돕는 전략 부족(가정 안과 밖에서 모두), (3) 할머니에게 이해할 수 있고 수용할 수 있는 용어로 인수의 어려움이 무엇인지 설명하기 어려움. 따라서 교육 지원은 다음과 같은 일반적인 목표를 다룰 필요가 있는 것으로 나타났다.

목표 1 가족이 일상적인 활동에서 인수의 발달을 지원할 수 있도록, 또한 스트레스가 많거나 어렵다고 느끼는 구체적인 이슈를 다룰 수 있도록 지식과 기술 제공하기 이러한 목표와 관련된 인수 가족의 우선순위는 다음과 같다: (1) 인수가 현재 겪고 있는 정서 조절의 어려움을 이해하고 정서적 고통의 신호 인식하기, (2) 학교에서 개발된 학습 지원을 가정과 지역사회(예: 수퍼마켓 가기, 친척 집 방문하기)의 일상적인 활동에서도 실행하기.

기대되는 성과: 인수의 가족은 다양한 상황과 일상적인 활동에서 인수의 정서 조절을 촉진하기 위해 필요한 지원을 제공하는 데 있어서, 또한 특정 시점에 직면하게 되는 가장 심각한 어려움이 무엇인지 알고 대처하는 데에 있어서 자신감을 갖게 될 것이다.

목표 2 가족이 인수의 장애 특성을 이해하고 그러한 특성이 인수의 발달에 구체적으로 어떤 영향을 미치는지에 대해 이해할 수 있도록 정보와 자원 제공하기 특히 가족은 번역이 가능하고 할머니와 공유할 수 있는 교육 자료를 필요로 한다.

기대되는 성과: 할머니를 포함한 인수의 가족은 자폐 범주성 장애에 대해 알고 그

러한 장애가 일생 동안 인수의 기능적인 능력에 구체적으로 어떤 영향을 미치는지에 대해 좀 더 잘 알게 될 것이다. 가족은 정보를 찾기 위해 자원을 활용할 줄 알고 인수가 성장해 감에 따라 계속해서 적극적으로 학습하게 될 것이다.

SCERTS 가족 지원 계획의 첫 번째 단계는 자원을 제공하는 것이다. 먼저 인수의 팀 리더는 부모에게 자폐 범주성 장애 아동이 자주 경험하게 되는 정서 조절 문제의 특성에 대해 설명한 몇 가지 논문 복사본을 제공하였다. 또한 인수 부모에게 정서 조절을 위해 언어 파트너 단계의 자폐 범주성 장애 아동에게 적합한 효과적이고 사회적으로도 적절한 **행동 전략**과 인수가 현재 사용하고 있는 효율적이지 않은 전략을 대체하기 위한 전략들을 구체적으로 설명한 유인물을 제공하였다. 교사는 유인물에 제시된 전략 목록은 일반적인 것이며 인수에게 더 잘 맞는 특정 전략은 매월 실시되는 정기 팀 회의에서 논의될 것이라고 알려 주었다. 마지막으로, 인수의 할머니가 자폐 범주성 장애에 대해 이해할 수 있도록 돕는 구체적인 유인물을 제공하였다. 이 유인물은 자폐 범주성 장애의 진단과 관련된 기본 정보와 사회 의사소통 및 정서 조절에서의 핵심적인 어려움에 대한 정보로 구성되었다.

SCERTS 가족 지원 계획의 다음 단계는 인수의 가족이 교육 자원에 접근하게 해 주고 가정과 학교에서의 교육적 접근이 일관성을 가질 수 있도록 보장하는 것이다. 부모와 할머니에게 학교에서 인수의 모습을 매주 관찰할 수 있도록 수업 참관을 권유하였다. 베이포트 센터의 교실은 관찰을 위한 일방경이 설치되어 있었기 때문에 부모와 할머니가 교실에 직접 들어올 때처럼 방해되지는 않는다. 학교 심리학자가 수업 진행 순서를 설명하고 대인관계 및 학습 지원이 성공적으로 사용될 때를 알 수 있도록 동석하였다. 다음으로, 베이포트 센터에서는 이러한 관찰을 보충하기 위해 두 달에 한 번씩 **양육자 교육 프로그램**을 제공하였다. 이러한 교육 프로그램은 SCERTS 진단-관찰에서 확인된 파트너 목표에 초점을 두고 진행되었다. **아동의 의사소통 및 표현언어를 강화하기 위해 보완의사소통 지원 사용하기**(LS2.1)와 **과제 수행 단계를 명확히 하기 위해 지원 사용하기**(LS3.1) 등의 파트너 목표가 여기서 다루어질 것이다.

다음으로, 팀은 가정 일과 내에서의 자연스러운 활동에서 **상호작용적 안내**를 제공하고 시범 보이기 위해 한 달에 한 번 가정방문을 하기로 하였다. 가족은 이러한 지원을 감사히 여겼고 이와 같은 안내로 얻게 되는 잠재적인 이익에 동의하였다.

그러나 이들은 학교 교직원이 가정을 방문한다는 사실 자체를 부담스러워했기 때문에 가정방문을 통해 실행할 활동을 베이포트 센터에서 실시하면 좋겠다고 하였다. 팀은 이러한 계획 수정에 동의하였고 학교 심리학자와 작업치료사가 함께 참여하여 월 1회 가족교육을 실행하였다.

팀은 이러한 월 1회 교육 지원 활동 외에도 인수의 성취를 축하해 주고 사회 의사소통 및 정서 조절 어려움으로 인해 발생할 수 있는 문제를 해결하기 위한 수단으로 매일 사용할 수 있는 효율적인 의사소통 체계를 고안할 필요가 있다고 판단하였다. 이러한 목적을 위해 팀은 사회 의사소통, 정서 조절, 교류 지원의 세 부분으로 나누어 의견을 받을 수 있도록 양식을 만들어 사용하기로 하였다.

B. 인수의 가족을 위한 정서 지원

SCERTS 진단 전반에 걸쳐 인수의 가족은 일상생활에서 겪는 어려움을 솔직하게 토로하였다. 이러한 어려움은 복합적인 원인을 갖고 있었고 가족의 삶의 질에도 분명히 영향을 미쳤다. 그래서 다음의 목표를 위해 정서 지원 또한 필요한 것으로 판단되었다.

목표 1 가족이 자폐 범주성 장애를 지닌 인수를 양육하는 데에서 오는 스트레스와 어려움을 다룰 수 있도록 능력 강화하기 특히 가족은 인수의 예측하기 어려운 정서 반응과 문제행동(예: 여동생을 향한 공격행동)에 대처하고 이를 관리하는 것을 우선순위 목표로 확인하였다.

기대되는 성과: 가족은 인수의 예측하기 어려운 정서 반응과 문제행동(예: 여동생을 향한 공격행동)을 포함하여 자폐 범주성 장애를 지닌 인수로 인해 직접적으로 또는 간접적으로 경험하게 되는 피할 수 없는 스트레스를 다루기 위한 구체적인 대처 능력을 개발할 것이다.

목표 2 인수의 가족이 다양한 종류의 활용 가능한 공식적 또는 비공식적 정서 지원을 알고 접근할 수 있도록 돕기

기대되는 성과: 인수의 가족은 특정 시점에 갖게 되는 정서적 요구에 가장 적합한

공식적 또는 비공식적 지원에 접근할 수 있게 될 것이다.

목표 3 인수의 가족이 인수의 발달과 가족의 삶을 위해 그들 자신의 우선순위를 파악하고, 적절한 기대치를 설정하고, 현실적이고 성취 가능한 목표를 세울 수 있도록 돕기

기대하는 성과: 인수의 가족은 인수와 가족을 위해 다루어야 할 가장 중요한 이슈가 무엇인지 알게 될 것이며, 인수를 위한 현실적인 목표와 기대를 수립하고, 가족의 생활방식과 가치관에 맞도록 가족생활의 균형을 찾게 될 것이다.

베이포트 학습 센터와 통합 유치원, 그리고 지역사회에서의 몇 가지 선택 가능한 정서 지원에 대해 인수의 부모와 논의하였다. 여기서 말하는 지원에는 학교에서 월 1회 저녁에 열리는 베이포트 지원 모임, 지역사회 중심 부모 지원 모임, 개별화된 상담 서비스가 가능한 자원 등의 공식적인 지원이 포함된다. 그러나 인수의 가족은 그룹 상황에 대해 불편하게 느꼈고 개별화된 지원 회의에서 논의하는 것을 더 선호하였다. 학교 심리학자는 가족이 경험하고 있는 어려움의 민감한 특성을 고려하여 이들의 요구를 지원하고 지원을 위한 대안을 탐색하기 위해 3개월 동안 2주에 한 번씩 인수의 가족을 만나겠다고 제안하였다. 그런 다음, 팀은 베이포트의 가족 참여 행사에 대해 의논하였다. 이 행사는 학생과 가족을 위해 구성된 사회적 모임으로 인수의 가족이 밖으로 나와 안전하면서도 비판받지 않는 환경에서 즐길 수 있는 기회를 제공할 것이다. 또한 팀은 부모가 두 명의 주교사와 네 명의 보조교사가 지원하는 베이포트 합숙 프로그램을 이용하도록 권유하였다. 이 행사는 연 2회로 예정되어 있으며 부모 대신 자녀를 돌봐주면서 부모가 자유롭게 지역사회에서 행사를 즐길 수 있는 기회를 제공하기 위해 계획되었다.

C. 전문가 간 지원

인수의 교육 프로그램을 계획하고 고안하기 위한 마지막 단계로, 특수교사는 전문가와 기타 서비스 제공자들이 집중적인 교육 프로그램을 실행할 때 상당한 어려움에 직면하게 된다는 사실을 SCERTS 모델이 얼마나 잘 인식하고 있는지에 대해 논의하였다. 전문가와 기타 서비스 제공자(예: 보조교사, 준전문가)가 아동과

가족을 최대한 효과적으로 지원할 수 있게 하기 위해서는 전문가와 서비스 제공자를 위한 SCERTS 지원 계획이 필요하다. SCERTS 활동 계획서에 기록된 것처럼 인수의 팀에는 전문가뿐만 아니라 준전문가도 있기 때문에 특수교사나 언어치료사 또는 작업치료사가 준전문가에게 주당 적어도 5시간 이상 매일 수퍼비전을 제공하는 것으로 멘토링 계획을 세웠다. 수퍼비전은 격월로 모이는 수퍼비전 회의에서 이루어졌으며, 직접적인 교육과 안내뿐만 아니라 일대일 정서 지원과 직접적인 교육적 및 상호작용적 지도로 구성되었다. 다음으로, 담임교사는 매월 팀 회의를 개최해서 인수의 대인관계 지원 및 학습 지원 모두에 대해 일관성을 가질 수 있도록 인수의 진보와 요구가 대인관계 지원 및 학습 지원과 일치하는지에 대하여 협의할 것을 제안하였다. 만일 인수가 행동상의 갑작스러운 변화를 보이거나 팀 구성원이 교류 지원을 성공적으로 실행하는 데에 특별한 어려움을 겪게 된다면 위기관리 회의를 소집할 수 있다는 데에 모두 동의하였다.

10 10단계: 지속적으로 점검하기

인수와 파트너를 위한 주간 교수목표를 결정한 후에 팀은 교육 프로그램에서의 지속적인 진도점검의 필요성에 대해 논의하였다. 논의 중에 팀은 모든 활동에서 모든 목표에 대한 자료를 수집하는 것이 실현 가능해 보이지는 않지만 프로그램 실행의 효과를 결정하기 위한 정보를 제공해 주는 진도점검은 매우 중요하다고 판단하였다. 따라서 각각의 목표에 대해 매일 한두 가지 활동에서 수행을 추적하기로 하였다. 자료 수집에 대한 책임을 공유하기 위해 언어치료사는 사회 의사소통 목표와 관련된 자료 수집에 대해 주로 책임을 지고, 특수교사와 작업치료사는 주로 정서 조절 목표와 관련된 자료 수집을 책임지기로 하였으며, 학교 심리학자는 교류 지원 목표에 대한 책임을 지기로 하였다.

다음으로, 인수의 팀은 SCERTS 주간 기록지를 완성하기 위해 SCERTS 활동 일지에 기록된 정보를 사용하기로 계획하였다. 담임교사인 특수교사가 정보를 정리하고 통합하여 팀과 공유하는 책임을 맡기로 하였다. 이러한 검토는 구체적인 교수목표가 성취되었는지 또는 진도가 부진한지의 여부를 알기 위해 반드시 필요하다. 그런 다음 SCERTS 진단은 연 4회 실시하기로 하였다.

제 7 장

대화 파트너 단계의 사회 의사소통, 정서 조절, 교류지원 강화: 진단부터 프로그램 실행까지

1. 대화 파트너 단계에서 공동관심 관련 목표의 우선순위 정하기
2. 대화 파트너 단계에서 상징 사용 관련 목표의 우선순위 정하기
3. 대화 파트너 단계에서 상호조절 관련 목표의 우선순위 정하기
4. 대화 파트너 단계에서 자기조절 관련 목표의 우선순위 정하기
5. 대화 파트너 단계에서 대인관계 지원 관련 목표의 우선순위 정하기
6. 대화 파트너 단계에서 학습 지원 관련 목표의 우선순위 정하기

※ 대화 파트너 단계 아동의 사례

사례 1: 초기 대화 파트너 단계

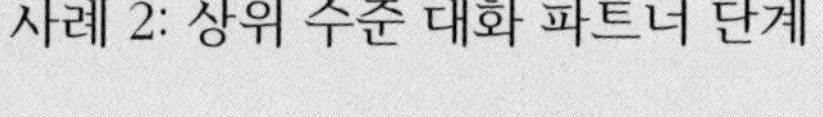

사례 2: 상위 수준 대화 파트너 단계

SCERTS 모델은 대화 파트너 단계에서 종합적인 교육 프로그램을 개발하거나 아동의 기존 프로그램을 조정할 때 사람, 장소, 상황에 따른 의사소통을 지원하는 아동의 발달 능력을 가장 우선시한다. 1권의 7장에서 서술하였듯이, 이러한 과정은 사회 의사소통 및 정서 조절 영역에서의 아동의 현재 발달 수준에 근거하여 각 영역의 장단기목표를 파악하는 것으로 시작되며, 그다음으로는 아동과 가족을 위해 가장 적용 가능한 교류 지원이 무엇인지 결정하게 된다. 이것은 아동의 학습상의 강점과 요구, 가족의 우선순위, 일과 내 활동과 진행되고 있는 교육 프로그램에서의 어려움을 근거로 하는 융통성 있는 과정이어야 한다.

이 장에서는 대화 파트너 단계 중 초기 수준과 상위 수준에 있는 아동 두 명을 위한 교육 프로그램의 개발과 실행 과정을 설명하고자 한다. 이 두 아동은 서로 매우 다른 수준의 능력을 지니고 있어 대화 파트너 단계의 프로그램을 구성할 때 다루어야 하는 다양한 쟁점을 고려할 수 있게 해 준다. 각 아동의 프로그램은 사회 의사소통과 정서 조절에 있어서 아동 고유의 요구와 학습상의 강약점을 근거로 개별화되어야 하기 때문에 이 장에서 묘사하는 목표와 활동은 이 단계의 모든 아동이 따라야 하는 '처방'으로 여겨져서는 안 된다. 이 책의 1장에서 논의된 바와 같이, 아동을 위한 교수목표의 우선순위는 다음의 기준에 근거한다: (1) 사회 의사소통과 정서 조절에서의 가장 기능적인 능력을 목표로 하는가(즉, 일과 내 자연적인 활동에서 아동이 적극적으로 참여하도록 지원하는 능력), (2) 가족의 우선순위를 직접적으로 다루는가(즉, 부모와 기타 가족 구성원의 가치관과 일치하는 목표), (3) 발달적으로 적합한가(즉, SCERTS 진단-관찰에서 나타난 아동의 수행과 일치하는 목표). 이와 같은 기준을 따름으로써 아동이 자신이 습득한 기술을 가능한 한 독립적으로 언제 어떻게 사용하는지를 이해하고 이러한 능력을 가족 및 일상에서 만나는 수많은 파트너가 중요하다고 생각하는 활동에서 일관되고 기능적인 방법으로 적용할 수 있게 해 주는 능력을 강화하는 데 초점을 맞출 수 있다.

1장에서 설명한 바와 같이, SCERTS 모델 프로그램은 아동을 적극적으로 참여시키기 위해서 개별화된 관심을 가지고 일 년 내내 적어도 주당 25시간의 계획된 학습 기회를 포함시킨다. 따라서 대화 파트너 단계에 있는 아동을 위한 종합적이고 집중적인 교육 프로그램을 고안하기 위해서는 다음과 같은 노력이 요구된다: (1) 일과 내에서 의미 있고 목표 지향적인 활동을 하기 위한 상세한 계획 세우기, (2) 이러한 상황에 내포된 현재의 어려움이 무엇인지 알아보기, (3) 아동 고유의 사회 의사소통 및 정서 조절 능력에 적합한 사회적 맥락의 복잡성 결정하기(예: 일대일, 소집단, 대집단 환경). 또한 아동의 교육 프로그램의 일부로 사회 의사소통 목표를 정할 때 전형적인 발달을 보이는 아동 또는 언어 및 사회성 모델을 제공할 수 있는 아동과 함께 배우는 기회를 제공하는 것은 매우 중요하다는 사실을 명심해야 한다(2장의 '성공적인 통합 및 또래와의 학습과 놀이' 참조).

좀 더 자연스러운 맥락에서 아동의 성취를 증진시키려면 가족과 교육 팀 구성원은 계획된 활동 일과, 설계된 활동, 수정된 자연적 활동을 실행하기 위해 신중한 노력을 기울여야 한다. 1장에서 이미 설명한 바와 같이, SCERTS 모델은 자연스러움의 연속체에 대해서 엄격한 위계적 순서를 주장하지는 않는다. 오히려, 계획된 활동 일과와 설계되고 수정된 활동이 다양한 활동의 복잡성과 하루 전반에 걸친 다양성에 따라 그날의 여러 시간대로 병합된다. 경우에 따라서는 일대일로 계획된 활동 일과가 특정 목표의 연습과 시연을 위한 기회로 제공될 수도 있다. 그러나 대화 파트너 단계에서 계획된 활동 일과를 사용할 때에는 자연적인 학습 환경에서 구할 수 있는 실물 또는 비슷한 교재를 사용하는 것이 항상 중요하다. 왜냐하면 아동이 목표 기술을 언제 어떻게 사용하는지에 대한 자연적인 단서를 이해하도록 지원하기 위해서는 궁극적으로 목표 능력을 사용하게 될 맥락 내에서 연습과 시연이 이루어져야 가장 효과적이기 때문이다.

이와 같이 자연적인 맥락에서 발생하는 변인을 강조하는 것은 대화 파트너 단계의 아동에게 특별히 더 중요하다. 사회적 파트너 단계나 언어 파트너 단계와는 달리, 대화 파트너 단계에 있는 아동은 성공적인 사회적 교류가 파트너와의 협력적인 노력에 의해서만 가능하다는 사실과 사회적으로 적절한 정도는 상황에 따라 다를 수 있다는 개념을 배우기 시작한다. 대화 파트너 단계에 있는 아동은 새롭고 변화하는 상황에 대해서뿐만 아니라 성인과 또래를 포함하는 다른 사람의 관점과 의견에 대해 점점 더 융통성을 갖게 된다. 따라서 사회 의사소통과 정서 조절을 지원하는 노력은 아동의 자연스러운 사회적 맥락이나 상호작용 파트너를 벗어나서는 쉽게 성과를 거둘 수 없다. 이 단계에서는 활동 중심 중재 계획에 또래 훈련을 삽입하도록 강력하게 권한다. 또래 훈련은 아동의 친구들이 상호작용을 하는 동안 성취감과 즐거움을 경험하게 해 주고, 이를 통해 아동의 관계와 우정이 발달됨으로써 결과적으로 사회적 지원망을 확장시킨다.

더욱이 3장에서 논의된 바와 같이, SCERTS 모델은 대화 파트너 단계의 아동을 위한 종합적인 교육 프로그램의 성공적인 실행이 아동의 교수목표를 정하고 지원하는 것에만 전적으로 의존하지는 않는다는 사실을 인식한다. 가족을 위한 교육 지원과 정서 지원을 제공하기 위해 SCERTS 가족 지원 계획이 필요하며, 현직연수, 계속교육, 팀 협력을 모두 다루기 위해서는 전문가와 서비스 제공자를 위한 SCERTS 지원 계획이 필요하다. 아동의 파트너는 지원망에 포함될 때에야 비로소 사회 의사소통 및 정서 조절을 촉진하고 적절한 교류 지원을 실행하기 위한 능력을 계발하기 시작할 수 있다. 이러한 지원 계획은 아동, 가족, 서비스 제공자의 변화하는 요구에 민감해야 하며 대화 파트너 단계에서 아동이 직면하는 고유의 어려움을 다룰 수 있어야 한다.

1권의 2장에서 설명한 바와 같이, 대화 파트너 단계에 있는 아동은 좀 더 상위 수준의 언어를 습득하고 타인에 대해 사회적으로 인식하게 되는데, 이는 의사소통 교환의 주기를 확장시키고 다른 사람의 관점과 정서 상태에 더 민감하게 해 준다. 따라서 파트너와의 관계가 더욱 깊어진다. 이 단계에서는 아동이 더 유능한 사회적 및 의사소통 파트너가 될 수 있게 하는 두 가지 주요 발달상의 변화가 나타난다: (1) 문장 구조 문법으로의 전환, (2) 대화적 담화로의 전환. 대화 파트너 단계의 초기 수준에 있는 아동은 초기 다단어 발화를 사용하는 것에서 문법과 구문 법칙을 기초로 문장을 구성하는 수준으로 발달해 간다. 문법적인 형태, 구문론, 어휘 관련 지식이 늘어나면서 아동의 언어는 더욱 정교해지고 명확해지고 구체적이게 된다. 아동은 파트너가 집중을 하는지, 관심을 갖는지, 그리고 대화하는 주제나 사건에 대해 익숙한지를 파악함으로써 사회적 파트너의 관점에 대한 의식을 발달시키는데, 그에 따라 아동이 사용하는 언어는 현 상황과는 직접적인 관련이 없는 추상적인 사건에 대한 상호적인 대화로 확장된다. 이러한 변화로 인하여, 아동은 미래와 과거에 대해 의사소통하고, 다른 사람의 생각과 감정에 대한 정보를 요구하며, 본인의 생각과 정서 상태를 나눌 수 있는 능력을 갖게 된다.

대화 파트너 단계의 상위 수준에 있는 아동은 의사소통 파트너의 경험적 지식과 선호도, 사회적 대화 교환과 관련된 관습, 다양한 상황에 맞는 적절한 행동의 요구사항과 사회적 관습에 대하여 점점 더 많이 인식하기 시작한다. 이렇게 대화 파트너 단계에서 나타나는 성취는 1권의 2장에서 설명한 좀 더 광범위한 학습 전략인 교수에 의한 학습 전략과 협동학습 전략의 발달과 동시에 나타난다. 이 단계에서 아동의 학습은 모방을 통해서뿐만 아니라, 다양한 관점의 조율을 필요로 하는 대화의 내면화 과정을 통해서 이루어진다. 어떤 사건에 대한 아동의 관점은 (1) 직접적인 교수 또는 지도를 통한 교사의 관점과 (2) 생각, 계획, 선호도를 교환하면서 또래의 관점으로부터 얻게 된 정보와 짝을 이루게 된다. 아동은 미래 상황에서 이와 같은 정보에 의존할 수 있게 되는데, 즉 이전보다 더 많은 사회적 문제를 해결할 수 있게 되고, 사회적이고 도덕적인 규율에 따라 자신의 행동을 자제하거나 판단하며, 정신 상태와 관련된 언어를 사용하여 다른 사람의 관점을 관찰하고(예: "그 아이는 내가 X라고 생각한다고 생각해."), 그에 따라 자신의 행동을 조절할 수 있게 된다.

이와 같은 성취로 인해, 아동은 다음과 같은 능력을 발달시키기 시작한다: (1) 정서 조절을 돕기 위해 사회적 경험과 정서 기억을 사용하는 능력, (2) 경험과 상호작용을 사전에 계획하고 준비하는 능력, (3) 성인이나 또래와 협상하는 능력. 대화 파트너 단계에 있는 아동은 파트너와의 성공적인 사회적 교환이 긍정적인 관계 형성의 기초가 되며 파트너와의 협력적이고 공유된 노력을 통해서만 성취될 수 있다는 점을 깊이 이해하기 시작한다. 아동은 사회적 규칙이 상황과 파트너에 따라 달라질 수 있다는 사실을 이해함과 동시에 파트너의 흥미에 기초한 주제를 선택하고, 함께 나누는 정보의 관련성을 통해 대화 관계를 유지하고, 대화의 순서나 길이 및 내용을 가늠할 수 있게 된다. 자신의 관점과 다른 사람의 관점에 대해 이해하고 의식하게 되면서 공통 관심사를 가진 또래에게 점차 끌리게 되며, 이를 통해 친구와의 관계를 형성할 뿐만 아니라 유지하는 능력을 갖게 된다.

SCERTS 모델의 사회 의사소통 영역에서의 이러한 성취는 일반적으로 상위 수준의 공동관심 및 상징 사용의 발달 결과로 나타난다. 정서 조절 영역에서의 이러한 성취는 보다 상위 수준의 상호조절 및 자기조절 능력에 의존한다.

1. 대화 파트너 단계에서 공동관심 관련 목표의 우선순위 정하기

공동관심과 관련된 여러 가지 주요 발달지표는 대화 파트너 단계 아동의 성장에 기여함으로써 여러 상황에서 다양한 또래와 성인을 포함한 대화 파트너와의 성공적인 의사소통적 교환을 할 수 있는 능력을 발달시킨다. 이와 같은 발달지표는 자폐 범주성 장애 아동이 대화 파트너 단계를 거치면서 발달해 갈 때 목표 영역의 우선순위를 정하기 위한 틀을 제공해 준다. 목표 영역은 다음과 같은 능력을 포함한다: (1) 관심 공유하기, (2) 정서 공유하기, (3) 다양한 목적을 위해 의도 공유하기, (4) 상호적 상호작용에서 경험 공유하기, (5) 의사소통 실패를 복구하고 지속하기.

언어 파트너 단계에서 대화 파트너 단계로 전환하는 아동은 이미 상대방의 관점을 고려하고 그러한 관점을 근거로 자신의 언어 사용과 해석을 수정하는 데 맥락적인 정보를 사용하게 하는 수많은 기회가 포함된 광범위한 사회 학습 경험을 가지고 있다. 아동은 자아의식과 사회적 관습에 대한 이해가 점점 더 커지면서, 자신의 대화적 담화가 특정 파트너의 요구나 관심과 관련해서 적절한지를 모니터하는 능력을 발달시키게 된다. 아동은 파트너가 주의를 기울이고 관심을 보이고 있는지 또는 특정 주제에 대해서 더 많은 정보를 필요로 하는지 등을 인식할 수 있게 된다. 이러한 능력은 파트너와 대화를 시작하기 전에 상대방의 시선을 확보하고, 특정 파트너가 좋아하는 대화의 주제를 선택하고, 파트너에게 제공할 배경지식의 양을 가늠해야 하는 등의 중요성을 인지하게 해 준다. 아동은 파트너가 보거나 들은 내용에 따라 어떻게 자신의 언어를 수정해야 하는지 이해하기 시작하며, 그 결과로 다른 사람과 좀 더 쉽게 자신의 생각과 내면의 상태를 공유하기 시작한다.

공동관심에 있어서의 이러한 성취는 아동이 성인이나 아동 등 다양한 파트너와 더욱 성공적이고 상호 만족스러운 교류를 하게 되는 빈도를 증가시킨다. 이와 같은 성장은 양방향으로 교류적인 영향을 미치게 되는데, 즉 특정 파트너에 맞춰 대화적 담화를 할 수 있는 능력은 파트너에게 즐거움을 제공하게 되고 결과적으로 그 파트너는 아동과 계속해서 관여하기를 원하는 동기를 갖게 된다. 파트너가 사회적 상호작용 중에 아동과의 즐거움을 경험하게 되면 관계와 우정의 발달을 통해서 아동의 지원망도 확장된다. 공동관심의 발달은 초기 아동기 이후에도 계속되며, 이러한 발달 경로에 따른 구체적인 발달지표는 이 단계 아동의 더 복잡한 사회적 관점 수용과 대화 능력을 지원하는 주간 교수목표를 결정하기 위한 발달 기준을 제공한다. 여기에는 다음과 같은 내용이 포함된다.

1. 아동은 다음과 같은 방법으로 관심을 공유한다.
   a. 사회적 파트너의 관심 초점 따르기

b. 의도를 나타내기 전에 자신에게로 주의 끌기
c. 관심의 초점 변화에 대한 비구어 단서 이해하기
d. 파트너가 보거나 들은 것을 기초로 언어 수정하기
e. 파트너와 내적 사고나 정신적 계획 공유하기

2. 아동은 다음과 같은 방법으로 정서를 공유한다.
   a. 초기 정서 단어 이해하고 사용하기
   b. 다른 사람의 정서 상태를 초기 정서 단어로 묘사하기
   c. 상위 수준 정서 단어 이해하고 사용하기
   d. 다른 사람의 정서 상태를 상위 수준 정서 단어로 묘사하기
   e. 단계적인 정서 이해하고 사용하기
   f. 정서를 표현하는 비구어 단서 이해하기
   g. 자신 및 다른 사람의 정서에 대한 타당한 원인 요소 설명하기

3. 아동은 다음과 같은 방법으로 다양한 목적을 위해 의도를 공유한다.
   a. 원하는 사물이나 활동 요구하기, 도움 청하기, 휴식 요구하기, 원하지 않는 활동 거절/거부하기 등 다른 사람의 행동을 조절하기 위해 의도 공유하기
   b. 인사하기, 부르기, 위로 구하기, 차례 조절하기, 허락 구하기, 파트너 칭찬하기, 공감 표현하기, 비밀 공유하기 등 사회적 상호작용을 위해 의도 공유하기
   c. 현재, 과거, 상상의 사건 언급하기, 현재 또는 과거 사건에 대해 요구된 정보 제공하기, 현재, 과거, 미래 사건에 대한 정보 요구하기, 기분이나 의견 표현하기, 결과 예상하고 계획하기 등 공동관심을 위해 의도 공유하기

4. 아동은 다음과 같은 방법으로 상호적 상호작용에서 경험을 공유한다.
   a. 경험을 공유하기 위해 청자 및 화자의 역할을 바꾸어 가며 상호작용하기
   b. 다양한 대화 주제 시작하기
   c. 파트너의 관심에 맞게 대화 시작하고 유지하기
   d. 관련된 정보를 요구하거나 제공하여 상호작용 유지하기
   e. 대화 주제에 대해 파트너가 알고 있는 지식을 기초로 필요한 정보 제공하기

f. 파트너에 따라 대화 차례의 길이 및 내용 판단하기
g. 파트너와 함께하기를 선호하기
h. 관심을 공유하는 파트너와 우정 맺기

5. 아동은 다음과 같은 방법으로 의사소통 실패를 복구하고 지속한다.
   a. 맥락에 적절한 비율로 의사소통하기
   b. 의사소통 실패를 복구하기 위해 반복하거나 수정하기
   c. 의사소통 실패를 인식하고 명료화 요구하기
   d. 파트너의 의견 변화에 따라 언어 및 행동 수정하기
   e. 파트너의 정서 반응에 따라 언어 및 행동 수정하기
   f. 상호작용 중에 성취감 및 자신감 표현하기

대화 파트너 단계의 자폐 범주성 장애 아동은 점점 더 정교한 표현언어를 구사할 수 있게 되지만, 공동관심에서의 어려움으로 인하여 이와 같은 언어를 실제로 효과적인 의사소통 교환과 상호적인 사회적 상호작용에서 사용하지 못한다. 이러한 어려움은 다음과 같은 아동의 능력을 제한시킨다: (1) 다른 사람의 의사소통 의도(예: 그 사람의 관심 초점, 흥미, 의견) 이해하기, (2) 다른 사람의 관심, 정서 상태, 의도/생각과 관련해서 비구어 의사소통 신호를 이해하고 사용하기, (3) 청자의 관점(예: 주제와 관련된 과거의 경험, 흥미, 정서 상태)에 근거해서 주제를 변경하고 의사소통 실패를 복구하기, (4) 내적 사고나 정신적 계획, 경험, 의도 등을 공유하기.

뿐만 아니라, 대화 파트너 단계에서 전형적인 발달을 보이는 아동의 사회적 지원망은 자연스럽게 확장되는 반면에, 자폐 범주성 장애 아동은 공동관심의 어려움으로 인하여 보다 제한된 사회적 지원망을 형성하게 된다. 성인 및 또래와의 참여 기회는 오랜 시간의 의사소통 실패나 성공적이지 못한 상호작용이 지속되면 감소하는 경향이 있다. 파트너의 관심 초점을 확보하지 않은 채 대화를 시작하고, 파트너가 거의 관심을 보이지 않거나 부적절한 대화 주제를 선택하거나 지속하며, 파트너의 불편함이나 지루함을 나타내는 정서 단서에 반응하지 않는 등의 행동은 성인 및 또래 의사소통 파트너에게 사회적으로 부정적인 인상을 줄 수 있다. 분명한 것은 이와 같은 상황이 또래로 하여금 아동의 의사소통 시도를 놀리거나 괴롭히는 등 지원적이지 않은 방법으로 반응하게 만듦으로써 자폐 범주성 장애 아동

에게뿐만 아니라 교육 팀과 양육자가 종합적인 교육 프로그램 개발을 시도할 때에 추가적인 걸림돌이 될 수 있다는 것이다.

공동관심에서의 어려움이 미치는 영향은 익숙한 맥락과 파트너를 벗어날 때 더욱 명백하게 나타나는데, 왜냐하면 친숙하지 않아서 예측하기 어려운 파트너는 비관습적인 행동 패턴이나 사회적 기대의 위반을 이해하지 못하며 이로 인해서 자폐 범주성 장애 아동에게 사회적 규칙을 추론하고 지키도록 더 많은 부담을 주기 때문이다. 그러므로 SCERTS 모델에서는 대화 파트너 단계의 아동에 대한 사회적 기대가 높아짐에 따라 아동이 특정 교수목표에 대한 준거에 도달했는지의 여부를 결정하기 위한 기대가 언어 파트너 단계에서의 기대보다 더 높아진다. 이러한 변화는 이 단계의 SCERTS 진단-관찰 채점 기준에도 분명히 명시되어 있듯이 특정 목표가 적어도 두 가지 다른 상황(예: 학교, 가정, 지역사회)에서 적어도 세 명의 다른 파트너(한 명 이상 또래 포함)를 대상으로 나타나는지 확인하게 만든다. 따라서 대화 파트너 단계에서는 학교, 가정, 지역사회의 다양한 상황에서 다양한 파트너와 경험하고 성공하는 능력을 발달시키도록 공동관심을 향상시키는 데에 특별한 강조점을 둔다.

2. 대화 파트너 단계에서 상징 사용 관련 목표의 우선순위 정하기

상징 사용과 관련된 여러 가지 주요 발달지표는 아동이 대화 파트너 단계에서 계속 성장하도록 기여하며, 결과적으로 성인과 또래를 포함한 다양한 파트너와 다양한 상황에서 성공적인 의사소통 교환을 하게 하는 능력을 점점 더 향상시킨다. 이러한 발달지표는 자폐 범주성 장애 아동이 대화 파트너 단계를 거치면서 성장하는 동안 목표 영역의 우선순위를 정할 수 있도록 틀을 제공해 준다. 여기에는 다음과 같은 능력이 포함된다: (1) 모방, 관찰, 교수 및 협력을 통해 학습하기, (2) 상호적 상호작용에서 비구어 단서와 비문자적 의미 이해하기, (3) 극놀이와 여가활동에 관습적인 방식으로 참여하기, (4) 맥락에 적절한 몸짓이나 비구어 행동 사용하기, (5) 의미를 표현하기 위해 생성적인 언어 이해하고 사용하기, (6) 대화 규칙 따르기.

초기 대화 파트너 단계의 아동에게 주요 성취는 문법과 구문론을 따르면서 의문문, 평서문, 부정문 등 다양한 형태의 문장을 구성하기 위해 초기 다단어 조합을 사용하는 것으로부터 진보하는 것이다. 아동은 각각의 문법 형태, 구문론적 구조, 언어의 개념을 통해서 의사소통 파트너에게 더욱 분명하게 메시지를 나누거나 확인시키고 다른 사람의 언어나 이야기를 더 잘 이해하게 해 주는 새로운 상징적인 도구를 갖게 된다. 이에 따라서 아동은 과거와 미래 사건에 대해 훨씬 더 유능하게 의사소통하고, 타인으로부터 또는 타인에 대한 정보를 요청하며, 서술담화를 사용하거나 이해하게 된다. 마찬가지로, 아동은 몸짓, 얼굴 표정, 몸의 방향, 억양 등의 비구어 단서가 대화에서의 차례나 파트너의 관심 초점, 정서 상태, 의도에 대한 정보를 제공해 주는 공유된 의미를 지닌다는 명백한 사실을 학습하게 된다. 실제로 아동은 초기 대화 파트너 단계에서 상위 수준으로 진보하면서 비구어 단서와 행동이 파트너의 메시지에 담겨 있는 의미에 어떻게 영향을 미칠 수 있는지를 보다 잘 이해하게 되고, 결과적으로 유머, 비유적인 표현, 비꼬는 말, 속임수 등을 나타내는 언어의 비문자적인 의미를 알게 된다.

비구어 사회적 단서와 언어를 이해하고 사용하는 것은 다른 사람과 경험이나 생각을 교환할 수 있는 기초를 제공해 준다. 그럼에도 불구하고, 의사소통을 잘하기 위해서는 사회적 규칙이 대화에서 공유되는 내용을 해석하는 데에 어떻게 영향을 미치는지도 파악할 필요가 있다. 따라서 아동이 대화 파트너 단계의 상위 수준에 도달하면서, 새롭게 습득한 학습 전략을 좀 더 많이 사용함으로써 보다 성숙한 사회적 문제 해결과 협상, 사회적 또는 도덕적 규범에 따라 행동을 억제하는 능력, 상황에 적합한 대화의 규칙과 사회적 적절성을 따르는 능력을 갖게 된다. 예를 들어, 이 단계의 아동은 (1) 상황에 맞지 않는 목소리 내기(예: 도서실에서 너무 큰 소리로 말하기, 수업 중 소리 내어 책을 읽을 때 너무 작은 목소리로 읽기), (2) 주어진 상황에 부적절한 방식으로 주제를 시작하기(예: 교사의 수업 도중 손을 들지 않고 대화의 주제를 시작하기), (3) 또래와의 대화 중 상황에 맞지 않는 말을 하거나 가 버리기 등의 사회적 기대를 위반하는 행동 패턴의 결과로 인한 다른 사람의 사회적 반응을 주시하는 방법을 배우게 된다.

이러한 발달 경로에 따른 상징 사용에서의 구체적인 발달지표는 이 단계 아동의 주간 교수목표를 결정하기 위한 발달 기준을 제공한다. 여기에는 다음과 같은 내용이 포함된다.

1. 아동은 다음과 같은 방법으로 모방, 관찰, 교수 및 협력을 통해 학습한다.
   a. 시간이 경과된 후 다른 맥락에서 다양한 행동을 자발적으로 모방하기
   b. 사회적 행동을 안내하기 위해 파트너가 시범 보인 행동 사용하기
   c. 행동을 안내하기 위해 성인이 시범 보인 내재화된 규칙 사용하기
   d. 행동을 안내하기 위해 자기점검이나 혼잣말 사용하기
   e. 문제를 해결할 때 또래와 협력하고 타협하기

2. 아동은 다음과 같은 방법으로 상호적 상호작용에서 비구어 단서와 비문자적 의미를 이해한다.
   a. 차례 주고받기 및 주제 변화에 대한 비구어 단서 이해하기
   b. 정서를 표현하는 비구어 단서 이해하기
   c. 유머와 비유적 표현의 비구어 단서 및 비문자적 의미 이해하기
   d. 놀림, 비꼬는 말, 속임수의 비구어 단서 및 비문자적 의미 이해하기

3. 아동은 다음과 같은 방법으로 극놀이와 여가활동에 관습적인 방식으로 참여한다.
   a. 익숙한 사건에 관한 놀이에서 행동의 논리적 순서 사용하기
   b. 모형이나 추상적 사물을 소품으로 사용하기
   c. 덜 익숙한 사건에 관한 놀이에서 행동의 논리적 순서 사용하기
   d. 극놀이에서 역할을 맡아 참여하기
   e. 다른 아동과 공동의 놀이 활동에 참여하기
   f. 극놀이에서 역할을 맡아 또래와 협력하기
   g. 규칙이 있는 집단 놀이 활동에 참여하기

4. 아동은 다음과 같은 방법으로 맥락에 적절한 몸짓이나 비구어 행동을 사용한다.
   a. 맥락과 파트너에 맞게 적절한 얼굴 표정 사용하기
   b. 맥락과 파트너에 맞게 적절한 몸짓 사용하기
   c. 맥락과 파트너에 맞게 적절한 자세 및 근접성 사용하기
   d. 맥락과 파트너에 맞게 목소리 크기와 억양 사용하기

5. 아동은 다음과 같은 방법으로 의미를 표현하기 위해 생성적 언어를 이해하고 사용

한다.

a. 의문사, 시간 관계, 물리적 관계, 수 관계, 장소나 공간 어휘, 친족 어휘, 원인 어휘 등 다양한 상위 수준 관계어 이해하고 사용하기
b. 주격 대명사, 기타 대명사, 관사, 복수 등 어떤 것을 나타내는 지시어 이해하고 사용하기
c. 본동사, 시제, 조동사, 법조동사, 부정어 등 다양한 동사구 이해하고 사용하기
d. 능동형 평서문, 명령문, 부정문, 의문문, 삽입문, 복합문 등 다양한 문장 구조 이해하고 사용하기
e. 구어나 쓰기 담화에서 연결된 문장 이해하고 사용하기

6. 아동은 다음과 같은 방법으로 대화 규칙을 따른다.
a. 관습에 따라 대화 시작하고 차례 주고받기
b. 관습에 따라 대화 주제 전환하기
c. 관습에 따라 대화 종료하기
d. 예의범절에 대한 관습 따르고 표현하기

대화 파트너 단계의 자폐 범주성 장애 아동이 보이는 생성적인 언어를 사용하고 이해하는 능력은 서로 다른 것이 사실이지만 상징 사용에 있어서 다양한 사회적 파트너와 상황에 따른 의사소통 능력을 성취하는 능력에 영향을 미치는 수많은 공통적인 어려움이 존재한다. 이러한 어려움은 다음과 같은 능력을 제한하기 때문에 중요하게 고려되어야 한다: (1) 문제 해결, 자기점검, 협상 등을 할 때 다양한 관점을 고려할 수 있게 해 주는 보다 정교한 학습 전략을 발달시키는 능력, (2) 파트너의 정서 상태와 의도에 대한 통찰력을 제공해 주는 비구어 단서와 비문자적 의미를 이해하고 사용하는 능력, (3) 또래와 협력하여 놀이 도식을 구성하고 보다 조직화된 활동의 규칙을 따르면서 극놀이와 여가활동에 관습적인 방식으로 참여하는 능력, (4) 파트너가 필요로 하는 정보를 제공하기 위해 좀 더 정교한 문법과 구문론을 사용해야 할 필요를 인지하는 능력, (5) 대화적 담화의 규칙을 따르는 능력, (6) 다양한 사회적 맥락에서의 규칙을 이해하는 능력

자폐 범주성 장애 아동에게 있어서 이와 같은 상징 사용의 어려움은 수많은 발

달적 · 인지적 · 사회적 요소로부터 기인하는 것이 분명하며, 이러한 요인에는 제한된 사회적 지원망으로 인해 사회적 문제 해결의 기회가 감소됨으로써 누적되는 영향이 포함된다. 앞에서 언급하였듯이, 의사소통의 실패 경험과 또래나 성인과의 효과적이지 않은 사회적 교환은 아동이 사회 의사소통 기술을 연습하면서 사회적 대화의 규칙을 습득할 수 있는 파트너의 범위를 제한시키는 결과를 낳는다. 뿐만 아니라, 학습 방식에 있어서의 분명한 차이는 파트너의 관심 초점과 정서 상태 및 그에 내포된 의도의 이해를 제한시키는 패턴인 비구어 사회적 단서 및 상황 단서로부터 의미를 찾아내는 능력에 영향을 미친다. 이와 같은 사회적 및 인지적 요인의 결과로 인하여 자폐 범주성 장애 아동은 매일 사회적 상황(예: 쉬는 시간에 친구들과 나누는 대화, 학교에서 수업시간에 하는 발표)과 파트너의 지위(예: 동생, 교사)에 따라 대화를 시작하고, 유지하고, 끝내는 전략을 적용하는 데 어려움을 경험한다.

자폐 범주성 장애 아동은 파트너나 상황과 상관없이 정확하고 융통성 없이 적용되는 보다 구체적이고 변하지 않는 일련의 사회적 담화 규칙을 고수하는 경향이 있다. 이러한 극도의 문자 그대로의 또는 사회적 융통성 없음은 대화 파트너 단계의 아동에게 영향을 미치게 되는데, 왜냐하면 이 단계의 사회 의사소통적 성공은 파트너와 상황에 따라 변화하는 요구에 대한 융통성과 민감성을 기초로 하기 때문이다. 그러므로 자폐 범주성 장애 아동을 위해서 종합적인 프로그램을 개발하거나 기존의 프로그램을 수정할 때 상징 사용 영역에서 체계적으로 장단기목표를 다루는 것은 중요한 우선순위라고 할 수 있다.

3. 대화 파트너 단계에서 상호조절 관련 목표의 우선순위 정하기

상호조절과 관련된 여러 가지 주요 발달지표는 아동이 대화 파트너 단계에서 계속 성장하는 데에 기여한다. 이러한 발달지표는 아동이 효과적이고, 효율적이고, 사회적으로 적절한 조절 전략을 확장하도록 지원하며, 결과적으로 상황에 따라서 성인이나 또래 등 다양한 파트너와 성공적인 의사소통 교환을 성취하는 능력을 향상시킨다. 아동이 대화 파트너 단계를 거치면서 발달해 감에 따라 보다 분명하고 정확한 언어와 비구어 의사소통 전략이 출현하면서 좀 더 정교한 상호조절 시작하기 전략이 동시에 나타나게 된다. 다양한 정서를 표현하거나 파트너의 도움을 청하기 위해 좀 더 이해하기 쉬운 얼굴 표정, 몸짓, 상징 언어를 사용하게 되면서 아동은 더욱 효율적으로 상호조절을 시작할 수 있게 된다. 또한 대화 파트너 단계의 아동은 자신의 정서 및 각성 상태와 조절장애를 일으키는 환경적 요인을 더 잘 인식하고 이해하게 되면서 정서 조절을 지원받아야 한다는 필요성도 더욱 잘 이해하게 된다. 마지막으로, 앞에서 교수된 학습 및 협동학습이라고 명명한, 다양한 상황에서의 사회적 적절성의 규칙을 이해하고 파트너의 피드백과 안내에 반응하는 능력은 아동으로 하여금 다양한 상황에 대한 정서 반응을 스스로 통제하고 적절하고 관습적인 방식으로 필요한 도움을 청할 수 있게 해 준다. 상호조절을 시작할 때 아동의 요구는 행동적이거나 언어 중심적이거나 초인지(즉, 인지/문제 해결)적인 도움을 확보하는 데에 초점이 맞춰질 수 있다.

대화 파트너 단계의 상호조절 과정을 이해하기 위해서는 아동에게서 관찰되는 뚜렷한 패턴을 알아내는 것이 중요하다. 조절이 성취되는 이유가 파트너가 아동의 조절장애 신호에 반응하기 때문인지(즉, 반응적 상호조절) 아니면 아동이 지원을 요청하기 위해 다른 사람에게 의도적으로 신호를 시작하고 보내기 때문인지(즉, 상호조절 시작하기)를 아는 것은 중요하다. 아동이 대화 파트너 단계를 거치면서 발달해 갈 때 공동관심과 상징 사용의 성취는 정서를 조절하기 위해서 관습적이고 보다 정교한 정서 조절 시작하기 전략을 적용하는 능력을 증진시키는 것이 분명하다. 그러나 반응적 상호조절 과정 역시 고려해야 할 중요한 사안으로 여겨져야 한다. 특히 아동의 사회 의사소통 능력이 각성 상태의 변동 결과로 인해 다양해지는 경우에는 더욱 그러하다. 예를 들어, 심한 조절장애를 겪고 있는 대화 파트너 단계의 아동은 대화 파트너에게 효율적으로 도움을 청하지 못할 수도 있지만, 파트너가 시작한 지원으로 도움을 받을 수 있다. 따라서 조절장애의 신호를 알아차리고 도움을 제공하는 파트너의 능력인 반응적 상호조절은 이 단계에서도 당연히 고려되어야 한다.

상호조절에서의 주요 목표 영역은 다음과 같은 두 가지 중요한 자원을 근거로 우선순위가 결정된다: (1) 전형적인 발달을 보이는 아동이 어떻게 상호조절 능력을 습득하는가에 관한 지식, (2) 자폐 범주성 장애 아동이 직면하는 상호조절 어려움과 관련된 최신 연구. 상호조절에서의 우선순위 목표는 다음의 능력을 포함한

다: (1) 다양한 정서 표현하기, (2) 파트너가 제공하는 지원에 반응하기, (3) 행동에 대한 피드백 및 안내에 반응하기, (4) 상태를 조절하기 위해 파트너에게 도움 청하기, (5) 파트너의 지원을 받아 극심한 조절장애로부터 회복하기. 이러한 발달 경로에 따른 구체적인 발달지표는 이 단계 아동의 주간 교수목표를 결정하기 위한 발달 기준을 제공한다. 여기에는 다음과 같은 내용이 포함된다.

1. 아동은 다음과 같이 다양한 정서를 표현한다.
   a. 초기 정서 단어 이해하고 사용하기
   b. 상위 수준 정서 단어 이해하고 사용하기
   c. 단계적인 정서 이해하고 사용하기
   d. 파트너의 피드백에 따라 정서 표현 바꾸기
   e. 정서를 표현하는 비구어 단서 사용하기

2. 아동은 다음과 같이 파트너가 제공하는 지원에 반응한다.
   a. 파트너의 위로에 진정하기
   b. 파트너가 주위를 환기시킬 때 참여하기
   c. 상호작용 시도에 반응하기
   d. 파트너의 정서 표현 변화에 반응하기
   e. 파트너의 정서 표현 변화에 동조하기
   f. 파트너가 제공한 정보나 전략에 반응하기

3. 아동은 다음과 같이 행동에 대한 피드백 및 안내에 반응한다.
   a. 정서 표현의 적절성에 대한 피드백에 반응하기
   b. 조절 전략의 적절성에 대한 피드백에 반응하기
   c. 사회적 행동을 안내하기 위해 파트너가 시범 보인 행동 사용하기
   d. 문제를 해결할 때 또래와 협력하고 타협하기
   e. 합의점에 도달하기 위해 타협하는 동안 파트너의 의견 수용하기

4. 아동은 다음과 같이 상태를 조절하기 위해 파트너에게 도움을 청한다.
   a. 위로를 구하기 위해 부정적인 정서 공유하기

b. 상호작용을 하기 위해 긍정적인 정서 공유하기
c. 원하는 사물이나 활동 요구하기, 도움 청하기, 휴식 요구하기, 원하지 않는 활동 거절/거부하기 등 다른 사람의 행동을 조절하기 위해 의도 공유하기
d. 인사하기, 부르기, 위로 구하기, 차례 조절하기, 허락 구하기, 파트너 칭찬하기, 공감 표현하기, 비밀 공유하기 등 사회적 상호작용을 위해 의도 공유하기
e. 현재, 과거, 상상의 사건 언급하기, 현재 또는 과거 사건에 대해 요구된 정보 제공하기, 현재, 과거, 미래 사건에 대한 정보 요구하기, 기분이나 의견 표현하기, 결과 예상하고 계획하기 등 공동관심을 위해 의도 공유하기 등
f. 갈등 및 문제 해결 상황에서 지원 요구하기

5. 아동은 다음과 같이 파트너의 지원을 받아 극심한 조절장애로부터 회복한다.
   a. 활동으로부터 떨어져 있게 하는 방법으로 회복을 지원하는 파트너의 노력에 반응하기
   b. 파트너의 행동 전략 사용에 반응하기
   c. 파트너의 언어 전략 사용에 반응하기
   d. 상호작용이나 활동에 다시 참여하게 하기 위한 파트너의 시도에 반응하기
   e. 파트너의 지원을 받아 극심한 조절장애로부터 회복되는 시간 단축하기
   f. 파트너의 지원을 받아 극심한 조절장애 상태의 강도 줄이기

일반적으로 대화 파트너 단계의 자폐 범주성 장애 아동은 상호조절에서의 어려움을 보인다. 이러한 어려움은 부분적으로는 사회 의사소통의 지속적인 문제로 인한 것이라고 할 수 있는데, 이러한 사회 의사소통 문제는 (1) 제한된 범위의 비구어 형태 정서 표현, (2) 제한된 정서 단어, (3) 단계적인 정서를 이해하고 사용하는 데의 어려움, (4) 조절을 위한 도움을 받을 목적으로 의도를 공유하기 어려움 등에 의해서 확인된다. 상호조절의 어려움은 또한 부분적으로는 변동적인 각성 상태에 기인한다고 말할 수 있는데, 이는 주어진 상황의 사회적 요구에 적합한 각성 상태를 유지하기 어려워한다는 점에서 알 수 있다.

이상의 요인이 결합되면서 교수된 학습이나 협동학습과 같은 좀 더 정교한 학습 전략을 사용하지 못하게 방해하는데, 왜냐하면 이러한 전략은 파트너가 행동에

대한 직접적인 안내와 피드백을 제공할 때 참여하고 주의를 기울이도록 요구하기 때문이다. 이로 인해서 아동이 대화적 담화 규칙을 습득하고 정서 조절을 위하여 보다 사회적으로 관습적인 전략을 갖게 되는 능력이 방해될 수 있는데, 특히 단계적 정서와 관련해서는 더욱 그렇다. 그러므로 대화 파트너 단계의 자폐 범주성 장애 아동은 표현의 범위와 정교함 모두에서 제한될 수 있으며, 정서를 표현할 때 아예 반응하지 않거나 아주 미세하게 또는 극도로 지나치게 반응하기도 한다. 대화 파트너 단계에서의 이와 같은 사회 의사소통의 어려움은 아동이 사회적 규준이나 관습에 절대적으로 의존하는 정서 개념(예: 죄책감, 당황, 자부심, 질투)을 학습할 때 특별히 더 분명하게 나타난다. 아동은 다른 사람과의 상호작용을 통해 내적인 상태와 경험에 대한 정서 단어와 개념을 사용하도록 학습하기 때문에 사회적 상호작용을 이해하고 해석하는 데 있어서의 어려움은 결국 복잡한 대인관계를 반영하는 정서 개념을 사용하고 이해하는 데 있어서의 어려움으로 나타난다.

옷을 씹거나 탠트럼을 보이거나 사회적 상황으로부터 달아나는 등의 미성숙한 행동 패턴은 대화 파트너 단계에서, 특히 극심한 조절장애를 겪는 상황에서 종종 관찰되곤 한다. 이것은 부분적으로는 정서를 표현하는 관습적인 방법의 목록이 아직 형성되지 않았기 때문이다. 아동이 비관습적인 행동에 의지하게 되면 파트너에게도 명백한 교류적 영향을 미치게 된다. 이러한 행동은 조절을 시도하기 위해 시작된다고 하더라도 조절장애의 신호보다는 문제행동으로 여겨지기 때문에 파트너로부터 적절하고 지원적인 도움을 얻지 못할 수 있다. 불행하게도 이와 같은 상황에서는 다른 사람으로부터 도움을 받으려는 아동의 시도나 도움의 필요성을 알려주는 신호가 더 심한 고립이나 정서적 고통을 초래할 수 있는데, 왜냐하면 벌을 주거나 행동을 무시하는 등의 파트너 반응이 아동의 지원 요구를 충족시키지 못하기 때문이다.

더욱이 아동의 정서 표현이나 조절장애 신호를 정확하게 해석하지 못하는 파트너의 문제는 이들의 각성 편향성으로 인하여 더욱 가중될 수 있는데, 이는 둔감한 성향을 가진 아동이 과민한 성향을 가진 아동과는 상당히 다른 신호를 보내기 때문이다. 이러한 요인에 대한 정확한 진단은 아동의 조직화 능력을 촉진하고 잘 조절된 상태를 유지시키기 위한 상호조절 전략을 계획하고 실행하는 데에 필수적이다. 예를 들어, 파트너는 민감한 아동이 적절한 조절 상태를 성취하도록 돕기 위해서(예: 아동에게 압도적일 수 있는 활동에 대비하도록 과제 수행도 제공) 언어 전략 사용을 증가시킬 필요가 있다는 것을 인지해야 한다. 반대로, 둔감한 아동에게는 정적이고 흥미를 덜 보이는 활동에서 움직임과 상호작용의 기회(예: 받아쓰기 시험 전에 친구에게 유인물을 나누어 주도록 지시하기)를 증가시킬 필요가 있음을 파악해야 한다. 만일 이러한 각성 상태 및 각성 편향성 요인을 고려하지 않는다면 아동은 자신의 고유한 필요를 다루어 주는 적절한 지원을 받지 못할 수도 있다.

4. 대화 파트너 단계에서 자기조절 관련 목표의 우선순위 정하기

자기조절과 관련된 여러 가지 주요 발달지표는 대화 파트너 단계 아동의 성장에 기여한다. 이러한 발달지표는 아동이 효과적이고 효율적이고 사회적으로 적절한 조절 전략을 확장하도록 지원하며, 결과적으로 상황에 따라서 성인이나 또래 등 다양한 파트너와 성공적인 의사소통 교환을 성취하는 능력을 향상시킨다. 초기 대화 파트너 단계의 아동은 자기조절 수단으로 다양한 행동 전략과 초기 언어 전략을 계속해서 사용하는 경향이 있다. 이 단계에서 아동이 사용하는 행동 전략은 생물학적 본능일 수도 있고(예: 시끄러운 활동에서 갑작스럽게 뛰쳐나가기) 반응적인 파트너에 의해 촉진된 것일 수도 있다(예: 화날 때 발을 세게 구르기). 일반적으로 이 단계에서 나타나는 언어 전략은 단어 사용하기(즉, "나는 할 수 있어."라고 말하기) 또는 아동이 모방, 교수된 학습, 협력학습 등의 학습 전략을 통해 자기조절의 목적으로 사용하도록 배운 기타 상징(예: 수어, 그림, 문자 등) 사용하기 등이다. 예를 들어, 전이를 불안해하는 아동은 스스로에게 "수학부터 하고 그런 다음에 점심을 먹을 거야."라고 혼잣말을 하면서 활동 중에 곧 닥칠 변화에 대비할 수 있다.

상위 수준의 대화 파트너 단계 아동은 자기조절의 목적으로 초인지 전략을 사용할 수 있게 된다. 초인지 전략이란 활동의 요구사항을 알고 적용할 조절 전략에 대한 지식을 갖추고 이러한 지식을 활동에 성공적으로 참여하기 위해 사용할 수 있는 자신의 능력을 아동 스스로가 인지하도록 반영하는 전략으로 구성된다. 예를 들어, 어려운 활동에 직면한 아동은 자신의 능력과 다양한 자기조절 전략을 반영하고 결과적으로 활동을 완성할 수 있도록 계획을 세우게 된다.

행동 전략, 언어 전략, 그리고 초인지 전략의 종합적인 사용은 아동이 잘 조절된 상태에 이르도록 돕고, 결과적으로는 다양한 상황과 파트너에 걸친 사회적 상호작용에서 상호작용하고 탐구하고 참여하는 능력을 지원한다. 아동의 정서 조절 및 각성 상태와 사회적 환경의 요구는 아동이 구체적인 상황에서 사용할 특정 전략 또는 전략의 조합에 기여한다. 대화 파트너 단계에서의 이와 같이 확장된 자기조절 능력의 대표적인 특성은 정서 조절을 돕기 위해 정서 기억을 사용하는 강화된 능력, 경험과 상호작용을 계획하고 준비하는 능력, 특정 상황에서 정서 반응을 알리기 위해 사회적 환경을 점검하는 능력, 파트너와 협상하기 위해 언어를 사용하는 능력을 포함한다.

정서 조절 전략의 전형적인 발달에 대한 지식과 대화 파트너 단계의 자폐 범주성 장애 아동이 직면하는 자기조절 문제 관련 최신 연구는 팀이 자기조절 영역의 주요 장기목표 우선순위를 결정하는 데에 도움이 된다. 여기서 말하는 우선순위 목표는 다음을 포함한다: (1) 학습 또는 상호작용의 가능성 보이기, (2) 익숙한 활동 중에 각성 수준을 조절하기 위해 행동 전략 사용하기, (3) 익숙한 활동 중에 각성 수준을 조절하기 위해 언어 전략 사용하기, (4) 익숙한 활동 중에 각성 수준을 조절하기 위해 초인지 전략 사용하기, (5) 새롭고 변화하는 상황에서 정서 조절하기, (6) 극심한 조절장애로부터 스스로 회복하기. 이러한 발달경로에 따른 구체적인 발달지표는 이 단계 아동의 주간 교수목표를 결정하기 위한 지침을 제공한다. 여기에는 다음과 같은 내용이 포함된다.

1. 아동은 다음과 같이 학습 또는 상호작용의 가능성을 보인다.
   a. 차별화된 정서로 감각 및 사회적 경험에 반응하기
   b. 사회적 파트너의 관심 초점 따르기
   c. 경험을 공유하기 위해 청자 및 화자의 역할을 바꾸어 가며 상호작용하기
   d. 행위 및 행동 억제 능력 보이기
   e. 합리적인 요구를 지닌 과제 지속하기
   f. 맥락에 적절하게 정서 표현하기

2. 아동은 다음과 같이 익숙한 활동 중에 각성 수준을 조절하기 위해 행동 전략을 사용한다.
   a. 혼자 하는 활동 및 사회적 활동 중에 각성 수준을 조절하기 위해 행동 전략

사용하기
b. 각성 수준을 조절하기 위해 파트너가 시범 보인 행동 전략 사용하기
c. 장시간의 활동에 생산적으로 참여하기 위해 행동 전략 사용하기

3. 아동은 다음과 같이 익숙한 활동 중에 각성 수준을 조절하기 위해 언어 전략을 사용한다.
 a. 초기 정서 단어 이해하고 사용하기
 b. 상위 수준 정서 단어 이해하고 사용하기
 c. 단계적인 정서 이해하고 사용하기
 d. 혼자 하는 활동 및 사회적 활동 중에 각성 수준을 조절하기 위해 언어 전략 사용하기
 e. 각성 수준을 조절하기 위해 파트너가 시범 보인 언어 전략 사용하기
 f. 장시간의 활동에 생산적으로 참여하기 위해 언어 전략 사용하기

4. 아동은 다음과 같이 익숙한 활동 중에 각성 수준을 조절하기 위해 초인지 전략을 사용한다.
 a. 행동을 안내하기 위해 성인이 시범 보인 내재화된 규칙 사용하기
 b. 활동 계획을 달성하기 위해 초인지 전략 사용하기
 c. 행동을 안내하기 위해 자기점검이나 혼잣말 사용하기
 d. 정서 조절을 돕기 위해 정서 기억 사용하기
 e. 조절 지원 전략을 파악하고 반영하기

5. 아동은 다음과 같이 새롭고 변화하는 상황에서 정서를 조절한다.
 a. 새롭고 변화하는 상황에서 각성 수준을 조절하기 위해 행동 전략 사용하기
 b. 새롭고 변화하는 상황에서 각성 수준을 조절하기 위해 언어 전략 사용하기
 c. 새롭고 변화하는 상황에서 각성 수준을 조절하기 위해 초인지 전략 사용하기
 d. 전이 중 각성 수준을 조절하기 위해 행동 전략 사용하기
 e. 전이 중 각성 수준을 조절하기 위해 언어 전략 사용하기
 f. 전이 중 각성 수준을 조절하기 위해 초인지 전략 사용하기

6. 아동은 다음과 같이 극심한 조절장애로부터 스스로 회복한다.
   a. 지나치게 자극적이거나 원하지 않는 활동으로부터 스스로 떠나기
   b. 극심한 조절장애로부터 회복하기 위해 행동 전략 사용하기
   c. 극심한 조절장애로부터 회복하기 위해 언어 전략 사용하기
   d. 극심한 조절장애로부터 회복된 후 상호작용이나 활동에 다시 참여하기
   e. 극심한 조절장애로부터 회복되는 시간 단축하기
   f. 조절장애 상태의 강도 줄이기

1권의 3장에서 설명하였듯이, 대화 파트너 단계의 자폐 범주성 장애 아동은 종종 자기조절의 주요 발달지표를 성취하는 데에 어려움을 보이며, 그 결과로 강하고 갑작스러운 정서 반응을 보이거나 그렇지 않으면 일상의 활동에서 사회적 참여나 학습의 기회를 놓치기도 한다. 이러한 어려움은 사회적 상황과 관련된 정보에 주의를 기울이고, 만족을 지연시키며, 충동을 억제하는 데에서 나타나는 어려움을 통해 입증되기도 한다. 대화 파트너 단계에서 이상의 어려움에 기여하는 자폐 범주성 장애 관련 요인은 다음과 같다: (1) 높거나 낮은 각성 편향성을 초래하는 자극에 대한 비전형적인 반응, (2) 각성 상태의 생리적인 변화를 스스로 지각하기 어려움, (3) 정서 표현을 위한 제한된 비구어 및 언어 전략, (4) 사회적으로 관습적인 의사소통과 조절 전략 습득을 위한 교수된 학습 전략 및 협력학습 전략 사용의 제한된 능력, (5) 초인지 기술을 사용해서 자기반성을 하고 자신의 능력에 대해 판단하고, 자신의 행동이나 반응을 예측하는 인지적 평가의 어려움.

앞에서 논의하였듯이, 대화 파트너 단계의 사회 의사소통 어려움은 아동의 자기조절 능력 발달을 자주 저해할 수 있다. 특히 공동관심의 어려움은 다른 사람이 시범을 보인 정서 조절 전략을 사용하는 능력은 물론 자신의 행동과 정서 표현의 수용가능성에 대한 사회적 피드백에 반응하는 능력에도 영향을 미친다. 그 결과, 대화 파트너 단계에서 자폐 범주성 장애 아동은 계속해서 과도한 정서 반응을 보일 수도 있고 특이하고 관습적이지 않으며 경우에 따라서는 사회적으로 낙인이 될 수 있어 보이는 자기조절 전략(예: 몸을 앞뒤로 심하게 흔들기, 손뼉 치기, 발끝으로 걷기)을 사용하기도 하는데, 언어 사용과 학업이 상위 수준에 있는 아동일 경우에는 더욱 그러하다. 5장에서 살펴본 바와 같이, 이렇게 특이한 자기조절 행동은 아동의 파트너에게 문제행동으로 간주되기도 하고, 교육 접근에 따라서는 소거해야

할 대상으로 여겨지기도 한다. 그러나 이러한 행동은 사회 의사소통 능력이 제한되고 사회적으로 적절하고 효과적인 자기조절 전략의 목록이 제한되기 때문에 나타나는 결과라는 사실을 이해할 필요가 있다. SCERTS 모델에서는 자기조절 영역의 적절한 목표를 결정할 때 이러한 행동 패턴의 정서 조절 기능을 고려한다.

정서 조절을 돕기 위한 아동의 언어 전략과 초인지 전략의 발달은 공동관심과 상징 사용에 의해서 상당한 영향을 받는다. 아동은 사회적 환경에서 파트너를 향하고 관찰해야 할 뿐만 아니라 시범을 보인 언어 및 초인지 전략을 이해하고 사용할 수 있어야 한다. 그러므로 사회 의사소통의 어려움은 이 단계에서 반드시 성취해야 하는 내적 언어의 발달을 저해한다. 내적 언어는 아동으로 하여금 내적인 상징 수단을 통해서 기억 속의 사건을 묘사하거나 문제를 해결할 수 있게 해 준다. 이러한 능력은 사회적 경험과 행동을 조직화함으로써 과거의 사회적 사건을 생각하고 그 상황을 통해 배우고 미래의 사회적 사건을 계획하는(즉, 이전의 경험을 기반으로 하여 새로운 경험을 계획하고 적용하는) 데에 초인지 전략을 사용할 수 있게 해 준다. 이와 같은 능력은 교수된 학습 및 협력학습과 함께 아동이 조절장애의 상황을 예상하고 준비할 때 다양한 관점을 생각할 수 있게 해 준다. 내적 언어 사용 능력이 제한된다면 과거의 상황과 경험으로부터 적극적인 참여와 정서 조절을 지원하는 방식으로 반성하고 학습하기가 상당히 어려울 수 있다.

5. 대화 파트너 단계에서 대인관계 지원 관련 목표의 우선순위 정하기

파트너의 행동이나 파트너와의 관계가 대화 파트너 단계의 아동 발달과 대인관계 상호작용에 미치는 지대한 영향을 다시 한 번 강조하는 것은 매우 중요하다. 대화 파트너 단계에서 사회 의사소통 및 정서 조절이라는 발달 능력의 성취는 사회적 참여, 의사소통 시작하기, 잘 조절된 상태의 유지를 촉진해 주는 파트너와의 예측 가능하고 지지적인 상호작용이 성공적으로 누적될 때 가능하다. 교류 지원 영역에서 파트너 목표의 우선순위를 정할 때 대인관계 조정(SCERTS 모델에서는 대인관계 지원으로 칭함)이 필수적으로 고려된다.

교류 지원의 대인관계 지원 요소가 지니는 다음과 같은 측면은 아동이 유능한 대화 파트너로 참여하기 위한 능력을 키우는 데에 필수적인 것으로 간주된다: (1) 파트너는 아동에게 반응적이다, (2) 파트너는 시작행동을 촉진한다, (3) 파트너는 아동의 독립성을 존중한다, (4) 파트너는 참여를 위한 장을 마련한다, (5) 파트너는 발달을 지원한다, (6) 파트너는 언어 사용을 조절한다, (7) 파트너는 적절한 행동을 시범 보인다. 각각의 측면에 대한 구체적인 목표는 개별화된 대인관계 지원을 개발하도록 안내하고, 아동뿐만 아니라 아동의 파트너에 대한 주간 교수목표를 결정하기 위한 기준을 제공한다. 여기에는 다음과 같은 내용이 포함되다.

1. 파트너는 다음과 같이 아동에게 반응적이다.
   a. 아동의 관심 초점 따르기
   b. 아동의 정서 및 속도에 맞추기
   c. 의사소통 효능감을 증진시키기 위해 아동의 신호에 적절하게 반응하기
   d. 각성 수준을 조절하기 위한 아동의 행동, 언어, 초인지 전략 인식하고 지원하기
   e. 조절장애 신호 인식하고 지원하기
   f. 상태를 조절할 수 있도록 정보와 도움 제공하기
   g. 필요할 때 상호작용이나 활동으로부터 휴식 제공하기
   h. 휴식에 이어 상호작용이나 활동에 다시 참여하도록 촉진하기

2. 파트너는 다음과 같이 시작행동을 촉진한다.
   a. 비구어 또는 구어로 선택의 기회 제공하기
   b. 시작행동 기다리고 격려하기
   c. 시작행동과 반응행동의 균형 유지하기
   d. 아동이 활동을 시작하고 마치도록 해 주기

3. 파트너는 다음과 같이 아동의 독립성을 존중한다.
   a. 필요한 경우 활동 중간에 돌아다닐 수 있도록 휴식 허락하기
   b. 아동이 자신의 속도로 문제를 해결하고 활동을 완수할 수 있도록 시간 허용하기
   c. 문제행동을 의사소통 또는 조절의 기능으로 이해하기

d. 적절한 경우 저항, 거부, 거절 존중하기

4. 파트너는 다음과 같이 참여를 위한 장을 마련한다.
   a. 의사소통하기 전에 아동의 주의 확보하기
   b. 상호작용을 촉진하기 위해 적절한 근접성과 비구어 행동 사용하기
   c. 최적의 각성 상태와 참여를 지원하기 위해 적절한 단어와 억양 사용하기
   d. 정서, 내적 상태, 정신적 계획 공유하기

5. 파트너는 다음과 같이 발달을 지원한다.
   a. 또래와의 상호작용 성공을 위해 안내 제공하기
   b. 구어 또는 비구어로 의사소통 실패를 복구하려고 시도하기
   c. 활동 성공을 위해 필요할 때 안내 및 피드백 제공하기
   d. 정서를 표현하고 정서의 원인을 이해하도록 안내하기
   e. 다른 사람의 감정과 생각을 해석할 수 있도록 안내하기

6. 파트너는 다음과 같이 언어 사용을 조절한다.
   a. 이해를 돕기 위해 비구어 단서 사용하기
   b. 아동의 발달 수준에 따라 언어의 복잡성 조절하기
   c. 아동의 각성 수준에 따라 언어의 질 조절하기

7. 파트너는 다음과 같이 적절한 행동을 시범 보인다.
   a. 적절한 비구어 의사소통과 정서 표현 시범 보이기
   b. 행동 조절, 사회적 상호작용, 공동관심 등의 다양한 의사소통 기능 시범 보이기
   c. 적절한 극놀이 및 여가활동 시범 보이기
   d. 아동이 부적절한 행동을 할 때 적절한 행동 시범 보이기
   e. '아동 입장'에서 언어 및 혼잣말 사용 시범 보이기

사회적 상호작용은 그 속성상 교류적이다. 따라서 아동의 의사소통 파트너는 아동의 의사소통 및 조절 능력의 발달을 촉진하기 위해 융통성 있고도 지원적인

방식으로 반응해야 한다. 1권의 4장에서 설명하였듯이, 대화 파트너 단계의 자폐 범주성 장애 아동의 경우에도 성공적이지 못한 경험이 반복되면서 대인 간 상호작용을 위압적이고 혼란스럽고 스트레스가 많은 것으로 인식하게 될 위험에 놓이기도 한다. 또한 아동에 따라서는 언어 및 감각 처리의 어려움 또는 대인관계 사건에 대한 과소반응 편향성으로 인하여 사회적 상호작용에 거의 참여하지 않거나 참여하고자 하는 동기가 매우 낮은 위험에 처하기도 한다. 아동의 파트너 역시 아동과의 상호작용이 어려운 것이라고 생각하게 될 위험에 놓일 수 있는데, 특히 아동의 상호적인 참여를 촉진하고 조절이 잘 된 상태에 도달하도록 지원하는 데에 어려움을 겪게 될 수 있다. 이러한 면은 또래로 하여금 의도하지 않게 멀어지게 하거나, 놀리거나 괴롭히는 등의 사회적으로 공격적인 태도를 취하게 만들 수도 있다.

대화 파트너 단계에서 아동의 발달적 취약함과 학습 방식의 차이는 파트너에게 교류적 영향을 미친다. 예를 들어, 대화 파트너 단계의 아동이 표현언어 및 수용언어에서 상대적으로 강점을 보인다고 해도 급격하게 변하는 관심과 구어 정보에 대한 선택적인 집중이 요구되는 복잡한 환경에서 이러한 능력을 사용하는 데에 어려움을 느낄 수 있다. 이러한 취약점은 아동으로 하여금 강도 높고 복잡한 자극이 있는 분주한 환경에서 다른 사람과 함께 참여하는 능력에 의존해야 하는 보편적인 아동기 활동(예: 놀이터에서 하는 땅 따먹기, 깡통 차기)을 피하게 만들 수도 있다. 언어 정보, 상황 단서, 비구어 사회적 단서를 모두 통합해야 하는 언어의 비문자적 형식(예: 숙어, 은유, 냉소, 비꼬는 말)을 이해하는 것과 같이 상위 수준의 언어 능력에서 나타나는 계속되는 어려움은 아동으로 하여금 활동이 혼란스럽고 스트레스가 된다고 인지하게 만듦으로써 다른 사람과 함께 참여하고자 하는 동기에 영향을 미칠 수도 있다. 결과적으로, 성인과 또래는 모두 대화 파트너 단계의 자폐 범주성 장애 아동을 냉담하고 반응이 없으며 참여시키기 어려운 존재라고 생각하게 된다.

마찬가지로, 이러한 상위 수준의 언어 형식을 이해하고 복잡한 상황에서 언어를 처리하는 데에 있어서의 어려움은 대화 파트너 단계 아동의 불안감을 유발할 수도 있는데, 이러한 패턴은 파트너로 하여금 아동에게 문제가 있거나 불순응적이라고 생각하게 만든다. 경우에 따라서는 이렇게 문제의 소지가 있는 행동이 비참여 행동으로 드러나기보다는 조절장애 가능성의 요인을 통제하려는 반복적인 시도로 나타나기도 한다. 예를 들어, 특별한 관심 영역에 관련된 대화 주제를 고집하거나 벽장문을 모두 열어 놓는 등 특정 시공간적 순서에 집착하거나 학교에서 줄을 설 때 항상 정확하게 같은 자리에 서려고 할 수 있다. '강박적'이라고 표현되기도 하는 이러한 패턴은 파트너의 의도와는 무관하게, 만일 그렇지 않다면 혼란스럽고 압도적일 수 있는 상황에서 질서를 만들고 어느 정도의 통제를 유지하는 시도가 될 수 있다. 이러한 행동은 파트너가 아동에 대해 융통성이 없거나 이상하고 기이한 관심사에 심취해 있다고 생각하게 되면서 우정을 형성하고 유지하는 데에 부가적인 어려움을 가져다준다.

이와 같은 언어와 관련된 어려움 외에도, 대화 파트너 단계 아동과의 상호작용은 아동이 정서 단서, 몸짓, 표정을 이해하는 데 있어서의 어려움으로 인하여 또한 영향을 받게 된다. 이러한 발달적 취약점은 파트너의 비구어 및 정서적 의사소통에 대해 반응하지 않거나 일관성 없고 부적절한 반응을 보이게 만든다. 상황에 따라서는 복잡한 구어 정보, 비구어 사회적 단서, 정서 표현 등 처리하기 어려운 정보에 직면하면서 반응을 차단하거나 무시하는 행동을 보일 수도 있으며, 그 결과 극심한 조절장애로 인하여 상호작용이 불가능한 상태를 초래하게 된다. 또한 아동의 또래나 형제자매 역시 자폐 범주성 장애 아동이 상호작용 중에 자신의 정서적 신호를 놓치거나 잘못 이해한다고 생각하여 좌절감을 느낄 수도 있다.

마지막으로, 아동의 감각 처리의 어려움(예: 과소 또는 과민 반응)은 감각 자극에 대한 일관성 없는 반응과 변동적인 각성 상태를 가져올 수 있는데, 이는 아동의 파트너가 성공적으로 알아차리고 반응하기 어려운 패턴이다. 대인 간 상호작용의 이와 같은 속성은 아동이 여러 상황에서 다양한 파트너와 성공적으로 의사소통 교환을 할 수 있는 능력에 기여하기 때문에 대화 파트너 단계의 주요 우선순위는 자폐 범주성 장애 아동을 위한 종합적인 프로그램을 개발하거나 기존의 프로그램을 수정할 때 상호작용 방식과 관련하여 파트너 행동에 대한 목표를 체계적으로 다루는 것이다.

파트너의 대인관계 지원 실행은 아동이 대화 파트너 단계에서 다음과 같은 발달 지표를 성취하도록 돕는다: (1) 관심의 초점 변화를 보여 주는 비구어 단서를 이해하는 능력, (2) 파트너의 흥미와 관련된 대화를 시작하는 능력, (3) 효과적이고 효율적인 조절 전략.

6. 대화 파트너 단계에서 학습 지원 관련 목표의 우선순위 정하기

사회 의사소통 및 정서 조절에서의 성취는 학습 지원의 효과적인 사용에 의해 부분적으로 촉진될 수 있다. 6장에서 언급하였듯이, 학습 지원은 다양한 범위의 환경 수정, 시각적 지원, 기타 관련 학습 및 교수 전략을 포함하는 조정으로 아동의 의사소통과 표현언어, 언어 및 사회적 기대의 이해, 활동 구조(예: 활동 단계의 순서와 최종 목표), 정서 표현, 정서 조절을 촉진하는 데 사용될 수 있다. 파트너가 조직화를 지원하고 능동적인 학습을 위한 기회를 제공하고 아동의 시작행동과 참여를 촉진하기 위해서 활동과 학습 환경을 수정하는 방식으로 조정을 사용하는 것은 매우 중요하다. SCERTS 모델에서의 학습 지원은 교류 지원 영역에서 파트너 목표의 우선순위를 정할 때 매우 중요한 요소라 할 수 있다.

교류 지원에서의 학습 지원 요소가 지니는 다음과 같은 측면은 아동이 유능한 대화 파트너로 참여할 수 있도록 지원하는 데에 필수적이다. 파트너는 (1) 적극적인 참여를 위해 활동을 구조화하고, (2) 발달을 촉진하기 위해 보완의사소통 지원을 사용하고, (3) 시각적 지원 및 조직화 지원을 사용하고, (4) 아동의 특정 발달 수준과 학습 방식의 차이에 맞추기 위해 목표, 활동, 학습 환경을 수정한다. 이러한 측면에서의 구체적인 목표는 개별화된 학습 지원을 개발하고, 아동뿐만 아니라 아동의 파트너를 위한 주간 교수목표를 결정하기 위한 기준을 제공한다. 여기에는 다음과 같은 내용이 포함된다.

1. 파트너는 다음과 같이 적극적인 참여를 위해 활동을 구조화한다.
   a. 활동의 시작과 종료를 분명하게 정하기
   b. 차례 주고받기 기회를 만들고 아동이 참여할 수 있도록 여지 남겨 두기
   c. 활동에 예측 가능한 순서 마련하기
   d. 반복되는 학습 기회 제공하기
   e. 다양한 학습 기회 제공하기

2. 파트너는 다음과 같이 발달을 촉진하기 위해 보완의사소통 지원을 사용한다.

a. 의사소통과 표현언어를 강화하기 위해 보완의사소통 지원 사용하기
b. 언어 및 행동 이해를 강화하기 위해 보완의사소통 지원 사용하기
c. 정서 표현 및 이해를 강화하기 위해 보완의사소통 지원 사용하기
d. 정서 조절을 강화하기 위해 보완의사소통 지원 사용하기

3. 파트너는 다음과 같이 시각적 지원 및 조직화 지원을 사용한다.
a. 과제 수행 단계를 명확히 하기 위해 지원 사용하기
b. 활동 완수에 필요한 시간과 단계를 명확히 하기 위해 지원 사용하기
c. 활동 간 원활한 전이를 위해 시각적 지원 사용하기
d. 하루 전반에 걸쳐 시간 분할을 조직화하기 위해 지원 사용하기
e. 집단 활동에서의 주의집중을 높이기 위해 시각적 지원 사용하기
f. 집단 활동에서의 적극적인 참여를 촉진하기 위해 시각적 지원 사용하기

4. 파트너는 다음과 같이 목표, 활동, 학습 환경을 수정한다.
a. 조직화와 상호작용을 지원하기 위해 사회적 복잡성 조절하기
b. 아동의 성공을 위해 과제 난이도 조절하기
c. 학습 환경의 감각적 속성 수정하기
d. 주의집중을 높일 수 있도록 학습 환경 구성하기
e. 시작행동을 촉진하는 학습 환경 구성하기
f. 활동이 발달적으로 적절하도록 고안하고 수정하기
g. 활동 내에 동기유발이 가능한 교재 및 주제 포함시키기
h. 시작행동과 확장된 상호작용을 촉진하는 활동 제공하기
i. 필요에 따라 동적인 활동과 정적인 활동 교대하기
j. '요구의 정도를 높이거나' 기대감을 적절하게 높이기

앞에서 논의하였듯이, 대화 파트너 단계의 자폐 범주성 장애 아동은 학습 선호도와 약점에 있어서 독특한 양상을 보이는데, 이는 사회 의사소통과 정서 조절 모두를 촉진하기 위해서는 개별화된 학습 지원이 실행되어야 한다는 필요성을 제기한다. 자폐 범주성 장애 아동의 학습 및 인지 스타일을 더 잘 이해할수록 다양하고 효과적인 시각적 지원, 조직화 지원, 학습 지원을 개발할 수 있다. 이러한 수많은

지원은 보완대체 의사소통 또는 AAC라는 포괄적인 용어 안에 포함된다. 대화 파트너 단계의 자폐 범주성 장애 아동 간에 분명한 개인차가 있는 것이 사실이지만, 특히 구어 학습 대 시각적 학습 방식의 측면에서 이미 알려진 몇몇 학습 방식은 이러한 지원을 효과적으로 적용할 수 있게 해 준다. 앞에서도 언급하였듯이, 자폐 범주성 장애 아동은 구어 정보를 선호하든지 시각적 정보를 선호하든지 상관없이 정적인 또는 시간이 흘러도 한 자리에 고정된 상태(즉, 사물, 그림, 글자)의 정보를 보다 효과적으로 처리하고 사용한다. SCERTS 모델은 말이나 비구어 사회적 단서처럼 사라지거나 순식간에 지나가는 특성을 지닌 정보를 처리하기 어렵다는 점을 보상할 수 있도록 파트너가 정지된 시각적 정보에 대한 선호도를 활용하도록 그 역할을 강조한다. SCERTS 모델에서는 파트너가 과제 내 수행 단계를 정하고 활동을 완성하기 위한 단계와 시간을 정하고 활동 간의 원활한 전이를 지원하기 위해서 시각적이고 조직적인 지원을 이용하도록 격려한다. 마찬가지로, 대화 파트너 단계의 자폐 범주성 장애 아동의 파트너는 특히 아동이 극심한 조절장애를 경험할 때 단어를 회상하고 관습적인 방식으로 생각을 조직하고 표현하는 능력을 강화하기 위해서 아동의 선호도(예: 몸짓, 수어, 그림, 글자)를 고려한 보완의사소통 지원을 실행하는 것이 좋다.

더욱이 대화 파트너 단계에 있는 아동은 상위 수준의 또는 비문자적 언어 처리 과정의 어려움 때문에 사회적 상호작용 및 활동에서의 적극적인 참여를 유지하는 데에 어려움을 보일 수 있다. 이러한 언어는 또래나 성인과의 일상적인 대화에서 그리고 학급 환경에서 교사가 사용하는 담화에서 보편적으로 나타난다. 이러한 언어가 지니는 복잡성은 정서 조절의 어려움을 가중시키는데, 전이 또는 새롭고 변화하는 상황에서 특히 그렇다. 따라서 SCERTS 모델은 아동의 파트너가 이러한 어려움을 더 잘 이해하도록 격려하고, 또한 자연스러운 활동에 대해 시작과 끝을 분명하게 명시하고, 예측 가능한 학습 기회를 제공하며, 반복적이면서도 다양한 학습 기회 모두를 제공하는 학습 지원을 실행하도록 권장한다. 이 단계에서는 또래와의 학습과 놀이 능력이 강조되기 때문에 이러한 능력을 촉진하기 위해서 활동과 학습 환경을 수정하는 학습 지원 역시 매우 중요하다(또래와의 학습과 놀이 또는 LAPP에서 사용되는 또래 목표와 활동에 대한 상세한 내용은 2장 참조). 그러므로 아동과 또래 지원망 내 또래들의 적극적인 참여를 촉진하는 환경을 제공하기 위해서 주어진 활동의 사회적 복잡성, 물리적 속성, 감각적 특성을 어떻게 수정해야 하는지를 고려해야 한다.

학습 지원은 아동이 자연적인 일과에 적극적으로 참여하는 데 기여하고 유능한 대화 파트너가 되는 데 필요한 능력을 개발하도록 돕기 때문에 SCERTS 모델은 파트너 행동에 대한 체계적인 목표를 우선순위에 둔다. 이러한 목표는 대화 파트너 단계의 자폐 범주성 장애 아동을 위한 종합적인 프로그램을 개발하거나 기존의 프로그램을 수정할 때 환경 및 활동 수정, 시각적 지원의 실행, 의사소통 발달을 촉진하기 위한 보완의사소통 체계의 실행, 예측 가능하고 반복적인 학습 기회의 활용을 강화하도록 고안되어 있다.

대화 파트너 단계 아동의 사례

이 부분에서는 초기 및 상위 수준의 대화 파트너 단계 아동 각각에 대해서 목표를 찾고 우선순위를 정하는 과정의 예시를 보여 주기 위해 두 명의 아동과 그 가족의 사례를 조명하고자 한다. 두 사례 모두 특정 시점의 발달 단계에 있는 아동과 그 가족을 반영하기 때문에 '조명한다'라는 용어를 사용하였다. SCERTS 모델은 진단과 프로그램 계획에 포함되는 역동적인 과정을 인지한다. 목표 선정 기준에 따른 (1) 기능적이고, (2) 가족의 우선순위를 고려하고, (3) 발달적으로 적합한 장단기 교수목표를 판별하기 위해서는 진행적인 진단이 반드시 필요하다. 아동의 프로그램이 전개됨에 따라 목표를 수정할 필요가 있을 수도 있다.

프로그램의 수정과 조정이 필요한지를 판단하기 위해서는 기타 여러 의사결정에 대해서도 정기적으로(예: 3개월마다) 재진단해야 한다. 재진단해야 하는 의사결정에는 다음과 같은 것들이 포함된다: (1) 아동의 일과 내에서 초점을 맞출 수 있는 의미 있고 목표 지향적인 활동 선정, (2) 사회적 집단 내 성인 대 아동 비율 등의 사회적 지원의 강도, (3) 활동의 자연스러움의 범위(예: 계획된 활동 일과, 설계된 활동, 수정된 자연적 활동). 여기서는 대화 파트너 단계의 자폐 범주성 장애 아동을 위한 사회 의사소통, 정서 조절, 교류 지원을 다루는 프로그램의 진단으로부터 실행에 이르기까지의 과정을 통하여 SCERTS 모델 운영 방법을 예시하고자 한다(이 책의 5장과 6장은 사회적 파트너와 언어 파트너 단계 아동을 각각 조명함). 사례에서 제시하는 진단 양식은 모두 1권의 부록 A에 수록되었다.

사례 1: 가희(초기 대화 파트너 단계)

가희는 대화 파트너 단계의 초기 수준으로 부모 및 두 자매(언니 9세, 동생 4세)와 살고 있는 6세 여아다. 초등학교 1학년인 가희는 동네 초등학교에 다니고 있으며 언니와 함께 매일 버스를 타고 등교한다. 가희는 최근에 언니와 여동생과 더 친밀한 관계를 갖게 되었는데, 두 자매는 자신들의 놀이에, 특히 좋아하는 음악에 맞춰 춤을 추거나 뒷마당에서 자전거를 타는 등 가희가 선호하는 활동을 할 때 가희가 함께 참여하도록 유도한다. 가희는 또한 부엌에서 저녁식사를 준비하는 부모님 도와드리기를 좋아한다. 이때 특정 식사 메뉴를 요청하기도 하고 음식이 준비되지 않은 경우 불쾌감을 표현하기도 한다.

작년부터는 보다 정교하고 명확한 언어로 의사소통하는 능력을 보이기 시작하였고, 단어를 조합하는 수준을 지나 단순한 문장을 사용하게 되면서 사용하는 문장의 길이가 길어졌다. 가희는 "더 (주세요)" "다 했어요." "열어 (주세요)" "도와주세요." 등의 기능을 나타내는 다양한 몸짓과 폭넓은 범위의 단일단어와 다양한 지연반향어(예: "간지럼 태워 주세요." "아니요, 그만할래요.")로 의사소통을 한다. 최근에는 가족에게 사회적 상호작용을 요청하기 위해서 보다 창의적인 문장(예: "동생이 자전거를 타요." "언니가 컴퓨터해요.")과 더욱 복잡한 문장(예: "엄마, 오븐에 피자를 넣어요." "아빠는 어디에 가셨지?")을 사용하기 시작하였다.

가희는 친숙한 파트너나 일과에는 활발하게 참여하지만 쉽게 관심을 접기도 하고 대부분의 시간에는 참여하지 않는 경향이 있다. 이러한 점은 19명의 또래가 함께 있는 초등학교 1학년 학급에서는 지속적인 어려움이라고 할 수 있다. 가희는 구석에서 조용히 노래를 부르거나 창밖을 바라보거나 엄지를 빨기도 하는데, 다른 사람과의 상호작용은 거의 시작하지 않는다. 사실상 교사는 가희가 이야기나누기와 같은 대집단 활동이나 친구들과 보드게임을 하는 소집단 활동 등에 참여하도록 만들기 위해서 성인의 지속적인 일대일 지원이 필요하다고 느꼈다. 특히 일과에 변화가 있을 때 또는 선택하기나 쉬는 시간에 선호하는 활동을 선택할 수 없을 때 더욱 그렇다고 느끼곤 하는데, 왜냐하면 이러한 경우 가희는 극심한 조절장애를 보이고 달래기 힘든 상태가 되기도 하기 때문이다. 예를 들어, 울거나 엄지를 빨고, 학급 활동에 다시 참여하기까지 오랜 시간이 필요하다. 가희가 정서 상태를 표현하기 위해 사용하는 정서 단어는 상당히 제한적이다. 게다가 자신에게 주어진 질문이나 언급에 반응하지 않거나 부분적으로만 관심을 보이기 때문에 교사는 가희의 대화 유지 능력 자체를 걱정하고 있다. 예를 들어, 가희는 적절하게 대답을 하는 대신에 질문의 마지막 단어를 반복한다. 이러한 현상은 아침 일찍 쉬는 시간에 했던 활동을 회상하는 것과 같이 질문의 주제가 현재의 활동과 관련이 없을 때 더 뚜렷하게 나타난다. 그러므로 가희의 대화는 미술 작업, 간식, 이야기나누기 시간에 읽어 주는 내용 등 지금 여기에 해당되는 내용에만 제한되는 경향이 있다.

가희가 지역교육청을 통해 제공받은 지난 3년간의 교육 프로그램은 5~7명의 장애 아동과 함께하는 공립학교 전일제 특수학급에서 이루어졌다. 오후에는 전형적인 발달을 보이는 또래와의 통합교육 기회도 주어졌다. 이 프로그램에서 가희의 가족과 교육 팀은 가희의 사회 의사소통 능력과 정서 조절 기술이 성장했으며 혼자 있기보다는 또래와 함께 있는 것에 대한 분명한 선호도를 보인다고 생각하였다. 이러한 점은 쉬는 시간에 친구들이 무엇을 하는지 둘러보고 파악하는 능력을 향상시켰는데, 왜냐하면 활동에 참여하고자 하는 동기가 더욱 커졌기 때문이다. 따라서 가희가 3개월 전에 1학년 통합학급으로 진학하게 되었을 때 이러한 사회적 관심을 고려해서 다양한 학습 조정과 지원이 계획되었다.

1학년 학급은 3명의 장애 아동을 포함해서 20명으로 구성되어 있기 때문에, 통합 지원 특수교사가 전일제로 근무하면서 IEP 학생들을 지원한다. 특수교사는 일반교사와 협력하면서 가희와 다른 학생들을 지원하는 2명의 전일제 보조교사를 감독한다. 가희는 1학년 프로그램 외에도 학습 센터에서 일대일 및 소집단 특수교육 활동, 언어치료, 작업치료, 특수체육, 우정 활동에 매일 참여한다. 또한 특수교사는 가희가 미술과 그림 그리기에 특별한 관심을 보인다는 점을 고려해서 아침마다 등교 후 개별 미술 작업에 참여할 수 있게 하였는데, 이는 버스에서 1학년 교실로의 전이 동안 참여도와 집중도를 높이기 위해서다.

가족과 교육 팀은 가희가 1학년 교육환경에서 얻는 혜택이 있다고 생각하지만 교육 팀은 또한 가희가 하루 전반에 걸쳐 잘 참여하지 않으려고 하는 성향에 대해서도 지속적으로 염려하고 다루어야 한다고 생각하였다. 따라서 이러한 염려를 다루기 위해서 SCERTS 진단이 시작되었다. 팀은 사회 의사소통과 정서 조절 영역 교수목표의 우선순위를 정하는 것 외에도 가희가 학교와 집에서 적극적으로 참여할 수 있도록 적절한 대인관계 지원과 학습 지원을 명시하고 실행해야 한다고 생각하였다.

그러므로 여기서는 가희의 교육 팀과 가족이 SCERTS 진단 과정을 실행하면서 거친 단계에 대하여 설명하고자 한다. SCERTS 진단은 다음과 같은 목적으로 실행되었다: (1) 가희의 현재 발달상 강점과 요구 프로파일 작성하기, (2) 의미 있고 목표 지향적이며 동기를 부여하는 목표 결정하기, (3) 가희의 자연스러운 일과와 활동에 기반을 둔 가장 적절한 학습 맥락과 사회적 지원의 복잡성 결정하기, (4) 가희의 발달과 가족, 또래, 교육 팀과의 관계 증진에 필요한 교류 지원 결정하기.

종합적인 SCERTS 모델 프로그램은 가족 지원 및 전문가 간 지원을 위한 명확한 계획도 포함하기 때문에, SCERTS 진단으로부터 수집된 정보는 가희의 교육 프로그램이 가족의 요구에 부합하고 일치하는지를 확인하기 위해서도 사용되었다. 뿐만 아니라, 진단 팀은 가희의 가족과 프로그램을 실행하게 될 전문가에게 제공할 구체적인 교육 지원과 정서 지원도 결정하였다.

1 1단계: 가희의 의사소통 단계 결정하기

첫 번째 SCERTS 진단 회의에서 자격 있는 특수교사인 가희의 통합 지원 교사는 가정과 학교 환경에서 가희가 보이는 행동에 대한 논의를 이끌었다. 이러한 논의에 따라 팀은 대화 파트너 단계의 SCERTS 진단 양식을 사용하는 것이 적절하다고 결정하였다. 이와 같은 결정은 의사소통 단계 결정 기록지 작성과 SCERTS 진단의 아동 의사소통 단계 결정을 위한 준거를 근거로 이루어졌다. 가희는 100개 이상의 단어를 참조를 위해 사용할 수 있으며, 20개 이상의 자연스럽고 창의적인 문구와 문장을 사용하여 자신의 의도를 의사소통할 수 있다. 언어 파트너 단계의 아동과는 다르게, 가희의 언어와 정서 조절 기술은 가정과 학교의 다양한 상황에서 다양한 파트너에 걸쳐 관찰되었다. 단어를 조합해서 사용하는 가희의 능력은 상대적인 강점으로 드러났지만, 때로는 자신에게 주어진 말을 즉시 반복하는 즉각반향어나 이전 상황에서 들었던 구절을 반복하는 지연반향어에 의존하는 것으로 관찰되었다. 반향어의 사용은 특히 가희가 낮은 수준의 각성 상태를 보이거나, 지시를 이해하는 데에 시간이 더 필요하거나, 대답해야 하는 것을 알고는 있지만 반응하지 않고 있거나, 불쾌감을 느낄 때에 명백하게 나타났다. 그러므로 교육 팀은 가희가 사용하는 언어를 여러 상황과 다양한 각성 수준에서 관찰할 필요가 있다는 점에 동의하였다.

2 2단계: SCERTS 진단-질문지를 이용하여 정보 수집하기

교육 팀은 가정 및 지역사회 환경에서의 가희의 행동에 대한 추가 정보를 얻기 위해 가희의 부모에게 SCERTS 진단-질문지를 작성하도록 요청하였다. 이 질문지를 통해서 다음과 같은 내용이 파악되었다: (1) 가족의 주요 관심과 스트레스, (2) 가희의 주요 강점 및 가족이 생각하는 발달상의 우려사항, (3) 가정 및 지역사회 환경에서 가희의 강점과 요구 영역을 모두 관찰할 수 있는 활동, (4) 가정과 지역사회 내 가희의 전형적인 파트너, (5) 가희의 학교 밖 생활 중 자연적인 맥락. 가희의 교육 팀은 또한 학교에서 관찰되는 행동과 기타 자연스러운 상황에서의 행동 간의 유사점과 차이점을 확인하기 위해 SCERTS 진단-질문지를 별도로 작성하였다. 가희의 두 가지 SCERTS 진단-질문지 양식으로부터 수집된 정보는 다음과 같이 정리되었다.

1. 가족의 주요 관심과 스트레스
   - 사회적인 활동에 참여하도록 돕는 데 소모되는 시간과 에너지
   - 보다 창의적인 언어 대신 대본 같은 말을 계속 사용함
   - 하루 전반에 걸쳐 무시하거나 참여하지 않으려고 하는 성향
   - 과거나 미래 사건을 의사소통하기 위한 언어 사용이 제한됨
   - 교실에서 언어에 반응하는 데에 나타나는 지속적인 어려움

2. 가족과 교육 팀이 가희의 현행 프로파일에서 파악한 강점과 요구

강점	요구
"춤추기, 자전거 타기, 그림 그리기, 컴퓨터 사용하기 등 다양한 활동과 상황에 관심을 보인다."	"성인의 지원이 덜 주어져도 언니나 동생 또는 반 친구들과의 활동에 참여할 수 있어야 한다."
"의사소통할 때에 보다 분명한 언어를 사용한다."	"정서 상태를 표현하기 위한 단어를 배워야 한다."
"익숙한 일과에서 언니나 동생 또는 반 친구들과 보다 빈번하게 참여하기 시작하였다."	"언어 이해를 향상시키고 보다 창의적인 언어를 사용해야 한다."

3. 가희의 강점과 요구 영역을 모두 관찰할 수 있는 활동
- 등교 직후에 미술과제에 참여하기
- 학급 토론 시간에 이야기 듣기
- 독서와 수학시간에 연습지 완수하기
- 학습 센터에서 글쓰기
- 점심시간과 쉬는 시간에 또래와 함께 활동하기
- 가정에서 언니나 여동생과 놀이하기
- 가정에서 부모와 함께 간식이나 식사 준비하기

4. 가희의 전형적인 파트너
- 아버지
- 어머니
- 언니
- 여동생
- 통합 지원 교사(특수교사)
- 두 명의 보조교사
- 1학년 일반학급 담임교사
- 언어치료사
- 작업치료사
- 특수체육 교사
- 1학년 학급 또래(19명)

5. 가희의 생활 중 자연적인 맥락
- 가정에서의 양육 일과
- 가정에서의 놀이 일과
- 학급에서의 학업 일과
- 학급에서의 사회적 일과
- 지역사회 센터에서의 체조 수업

3 3단계: 진단 팀 구성 및 SCERTS 진단-관찰 계획하기

가희의 특수교사는 가희의 가족과 교육 팀이 작성한 SCERTS 진단-질문지를 수합한 후 SCERTS 진단-관찰을 계획하기 위해서 SCERTS 진단 지도를 작성하기 시작하였다. 이 양식은 진단 팀에 참여할 적절한 구성원을 확인하고 이들의 역할과 책임을 결정하기 위해 사용되었다. 외부 전문가 의뢰가 필요한지에 대해서도 고려하였다. 또한 SCERTS 진단-관찰 실행 계획의 일부로 가희의 능력과 요구를 가장 잘 나타내는 대표적인 행동 표본을 얻기 위해서 다음의 변수들이 고려되었다: (1) 관찰 장소(즉, 자연적 맥락), (2) 관찰 소요 시간, (3) 함께 있는 파트너, (4) 관찰 상황에서의 사회적 맥락의 집단 크기, (5) 활동 변인, (6) 각 관찰 동안의 전이 횟수.

가희의 팀은 SCERTS 진단-질문지를 통해 제공된 정보와 각각의 변수를 검토한 후 가희의 강점과 요구에 대한 대표적인 행동 표본을 확보하기 위한 향후 관찰 계획을 세울 수 있었다. 먼저, 가희는 대화 파트너 단계라는 점을 고려하여 총 관찰 시간은 최소 3~4시간으로 결정하였다. 가희가 주 단위로 참여하는 자연적인 맥락의 종류와 다양성으로 인하여 교육 팀은 가정과 학교를 나누어서 관찰하는 것이 좋겠다고 동의하였다. 학교 일과 전반에 걸쳐 나타나는 활동의 다양한 속성으로 인하여 학교에서의 첫 번째 관찰은 최소 3시간 이상이 적절할 것으로 결정하였으며, 관찰은 성인 파트너와 또래 파트너 모두를 포함하도록 계획하였다. 대화 파트너 단계의 채점 기준에 근거하여, 가희가 보이는 특정 기술이 일관성 있고 행동 목록에 안정적으로 포함되기 위해서는 그 기술을 적어도 두 곳 이상의 장소(예: 학교, 가정, 지역사회)에서 세 명 이상의 파트너(그 중 한 명 이상은 또래)에 걸쳐 사용하는 것으로 관찰되어야 한다.

팀은 관찰 일정을 계획할 때 대표적인 집단 크기(즉, 가희의 자연스러운 환경 내에서의 전형적인 집단 크기)를 확인하고 고려하였다. 가희의 가족과 교육 팀은 다음과 같이 다양한 사회적 복잡성을 대표하는 활동을 관찰하기로 계획하였다: (1) 일대일(교실에서 지도하는 미술시간, 학습 센터에서의 개별 교수), (2) 소집단(교실 내 수학 코너, 가정에서 가족과 함께 있는 시간), (3) 대집단(1학년 학급). 이러한 집단의 크기와 맥락은 가희의 일상적인 경험을 대표한다.

관찰을 위한 구체적인 상황을 결정한 후, 특수교사는 가희의 가족과 교육 팀이 가희의 강점 및 요구 영역의 행동 표본이 잘 나타날 것이라고 생각하는 활동과 함께 이들의 주요 관심사를 주의 깊게 검토하였다. 진단 팀이 정확한 결과를 얻을 수 있도록 부가적인 변수도 고려하였다. 예를 들어, 가희의 행동은 구조화된 활동 대 비구조화된 활동에 참여할 때, 붐비는 환경 대 차분한 환경에 있을 때, 동적인 활동 대 정적인 활동에서, 언어 중심의 과제 대 비언어적이거나 시각적으로 지원되는 과제에서 분명히 다를 수 있다. 이러한 정보를 근거로 학교에서의 SCERTS 진단-관찰을 위한 여섯 가지 활동을 판별하였다: (1) 등교 직후 미술과제에 참여하기, (2) 친구들과 함께 아침 이야기나누기 시간에 이야기 듣기, (3) 학급의 수학 코너에서 연습지 완성하기, (4) 보조교사와 함께 학습 센터에서 글쓰기, (5) 교내식당에서 점심식사하기, (6) 바깥놀이 시간에 친구들과 함께 운동장으로 나가기. 이 외에도 방과 후 가정 관찰을 위해서 두 가지 추가 활동이 선정되었다: (1) 어머니와 함께 간식 준비하기, (2) 집에서 언니와 동생과 함께 놀이하기. 가족과 교육 팀은 학교 교직원이 가정을 방문하게 되면 가희에게 방해가 될 것이라고 생각하였으며, 따라서 부모가 가정에서 활동을 촬영하고 그 다음 회의에서 공유하기로 하였다.

앞에서 언급하였듯이, SCERTS 진단-관찰에 참여하는 아동은 최소 3회 이상의 전이 상황에서 관찰되어야 한다. 따라서 가희의 특수교사는 행동에 대한 대표적인 표본을 확보하기 위해 각 관찰마다 전이를 포함시켜 계획을 세웠다. 첫 번째 관찰기간 동안 팀은 가희의 미술과제 수행을 관찰한 후 친구들과 함께하는 아침 이야기나누기 시간으로 이동하는 것을 관찰하도록 계획하였다. 같은 관찰 회기 중에 이야기나누기 시간에서 수학 코너로 이동하는 것도 관찰하기로 하였다. 두 번째 관찰에서는 학습 센터에서 글쓰기를 한 후 교내식당으로 이동해서 점심을 먹는 것과 점심을 먹은 후 학급 친구들과 바깥놀이 나가는 것을 관찰하기로 하였다. 가정에서는 가희가 하교 후 간식을 준비한 후에 자매들과의 놀이로 이동하는 것을 관찰하기로 하였다. 이와 같이 계획 과정에서 이루어진 결정은 가희의 SCERTS 진단 지도에 기록되었다.

4 4단계: SCERTS 진단-관찰 기록지 작성하기

가희의 교육 팀은 대화 파트너 단계의 SCERTS 진단-관찰 기록지를 사용하여 세 가지 관찰에 걸쳐서 정보를 수집하였다. 진단 정보는 가희의 강점과 요구에 중점을 둔 사회 의사소통 및 정서 조절 영역과 다양한 환경에서 파트너가 지닌 강점과 요구를 다루는 교류 지원 영역에서 수집되었다.

가희의 팀은 가희의 프로파일과 파트너가 사용하는 전략에 대한 구체적이고도 대표적인 행동 표본을 얻기 위해 진단을 하는 동안 책임을 분담할 필요가 있다는 데에 동의하였다. 언어치료사와 학급교사는 가희의 사회 의사소통 능력에 관한 정보를 수집하기로 하였고, 통합 지원 교사는 두 가지 관찰에 모두 참여하고 촬영 자료도 검토할 예정이기 때문에 정서 조절에 관한 주요 정보를 수집하기로 하였다. 정서 조절에 대한 세밀한 관찰은 가희가 하루 일과를 적극적으로 참여할 수 있도록 지원 단계를 결정하는 데에 필수적이다. 가희의 작업치료사와 보조교사는 교류 지원, 특히 대인관계 지원 및 학습 지원과 관련된 정보를 주로 수집하기로 하였으며, 필요한 경우 다른 팀 구성원들이 관찰한 내용을 보완하기로 하였다.

5 5단계: 행동 표집하기

가희의 팀은 가정에서 촬영한 비디오 검토를 포함하여 세 가지 계획된 관찰을 실시한 후에 가희의 SCERTS 진단-관찰 기록지를 간단히 검토하였다. 이들은 가희의 전형적인 환경과 활동 내에서의 상호작용을 관찰하여 양질의 정보를 수집했지만, 여전히 특정 사회 의사소통 및 정서 조절 영역에서의 능력과 관련된 의문점이 많이 남아 있었다. 특히 친숙하지 않은 파트너와 함께하는 익숙하지 않은 상황에서의 다양한 기술과 관련해서 이러한 의문은 명백해진다.

따라서 팀은 SCERTS 진단의 다음 단계로 행동 표집이 필요한 세 가지 영역을 파악하였다. 첫 번째 영역은 가희의 창의적인 언어와 생성적인 언어 획득에 관한 것이었다. 팀은 가희가 이전 상황에서 들은 언어를 그대로 가져다 쓰기(지연반향어)를 지속하고 있으며, 때로는 친구가 말한 문장을 반복한다는 점(즉각반향어)에 주목하였다. 결과적으로, 팀은 발화 자체가 창의적인지 지연반향어의 예인지를 항상 결정할 수 있는 것이 아니기 때문에 관찰만으로는 가희가 자발적으로 다양한 의미를 지닌 상위 수준 관계어를 이해하고 사용하는지(SU5.1) 판단하기 어렵다고 동의하였다. 그러므로 가희가 분명한 반향어적 언어 형태에서 보다 창의적이고 생성적인 언어로 진보하고 있는지 확인하기 위해서 좀 더 풍성한 언어 샘플을 얻기 위한 표집이 필요하다고 결정하였다.

가희의 통합 지원 교사도 다양한 상황과 파트너에 걸쳐 성인이 행동을 교수하기 위해 시범 보인 내재화된 규칙을 사용하는 능력(SR4.1)을 관찰하기 위해서 보다 많은 기회가 필요하다고 강조하였다. 교사는 이야기나누기 시간에 가희가 말하기 전에 손을 든다고 보고하였지만, 교육 팀은 가희가 집에서 피자를 주는 어머니한테 "고맙습니다."라고 말한 것 외에는 이러한 기술을 관찰할 수 없었다. 따라서 가희가 이 기술을 자신의 목록에 갖고 있는지를 확인하기 위해서는 다양한 파트너에게 사용하는 것을 기록할 필요가 있었다.

팀은 가희의 가족과 교육 팀이 주요 관심을 표했던 성인의 지원 없이 다양한 상황에서 적극적으로 참여하는 능력과 자신의 각성 수준을 조절하기 위해서 교사가 가르치거나 시범을 보였던 전략을 사용하는 능력(MR2.6)을 알아보기 위해서 정밀한 관찰이 필요하다고 결정하였다. 처음의 두 회기를 관찰하는 동안 가희는 때때로 엄지손가락을 빨거나 노래를 부르면서 자기조절을 시도하는 모습을 보였기 때문에, 행동 또는 언어에 기초한 상호조절 전략(즉, 다른 사람이 제공한 전략)에 대한 반응은 일관적이지 않았다. 가희는 효과적이지는 않아도 앞에서 설명한 것과 같은 자기조절 전략을 종종 사용하곤 하였다. 예를 들어, 가희는 이야기나누기 시간에 잠이 드는 것 같아 보이고 각성 상태가 너무 낮아서 활발한 참여를 할 수 없는 상태가 되곤 하는데, 그때부터는 엄지손가락을 빨기 시작하였다. 보조교사는 이것을 각성 상태가 낮아지는 신호로 이해하고 '튜브 모양의 씹기용 사물'(즉, 안전한 씹기용 저항성 물건)을 제공하였다. 그러나 가희는 고개를 돌리고 계속 엄지를 빨며 제공된 대체 전략을 받아들이지 않았다. 수학 코너에 있는 동안 가희는 노래를 부르기 시작하였는데, 교사는 가희가 예전에 말이 많은 또래와의 활동에서도 노래를 불렀던 적이 있기 때문에 바로 조절장애의 신호로 해석하였다. 교사는 손을 들어 휴식을 요청하도록 시범을 보였지만 가희는 고개를 돌렸으며, 이것은 손을 드는 행동이 휴식의 기회를 가져다준다는 것을 이해하지 못했음을 보여 주는 것이었다.

이상의 사안을 염두에 두고 교육 팀은 다음의 목표와 관련해서 좀 더 많은 정보를 수집하기로 하였다.

- SU5.1 – 의문사, 시간 관계, 물리적 관계, 수 관계, 장소 어휘, 친족 어휘, 원인 어휘 등의 다양한 상위 수준 관계어를 이해하고 사용하는 능력
- SR4.1 – 행동을 안내하기 위해 성인이 시범 보인 내재화된 규칙을 사용하는

능력

• MR2.6 – 파트너가 제공한 정보나 전략에 반응하는 능력

이렇게 남아 있는 의문점을 확인한 후, 교육 팀은 행동 표집을 통해 이러한 의문점에 답할 수 있도록 구체적으로 활동을 설정하기로 하였다. 가희의 상위 수준 관계어를 이해하고 사용하는 능력(SU5.1)과 관련해서 일대일 언어치료 회기에 추가 관찰을 하기로 하였다. 통합 지원 교사가 치료 회기에 참석해서 대화 파트너 단계-언어 요소 기록지를 사용하여 관찰한 각 단어 유형(예: 시간 관계, 수 관계, 장소 어휘)의 어휘를 목록으로 나열하고 그 수를 세기로 하였다.

이 추가 관찰 회기를 위해서 언어치료사는 서술적이고 정교한 언어 사용을 유도하기 위해 다음과 같은 세 가지 활동을 계획하였다: (1) 말로 설명하기: 가희가 사용하는 언어 형태를 관찰하기 위하여 글자가 없는 그림책을 사용해서 이야기 중 간단한 사회적 장면을 설명하게 하는 활동, (2) 보물찾기: 가희가 좋아하는 사물을 방안에 숨긴 지도를 사용해서 장소 어휘(예: '아래' '뒤' '옆')를 유도하는 활동으로 발견한 물건을 갖기 위해서는 찾은 곳을 설명해야 함, (3) 장벽게임: 가희와 언어치료사 사이에 가림막을 세우고 마주 앉아 서로의 설명에 따라 각자의 성을 똑같이 꾸미는 활동. 장벽게임은 가희가 다른 사람의 지시를 이해하는지 관찰할 수 있는 기회를 제공하기 때문에 가희의 표현언어에서 관찰되지 않았던 구체적인 단어를 직접적으로 표집할 수 있게 해 준다. 예를 들어, 언어치료사는 "공주는 두 개의 요술봉을 들고 있다."라고 말하고 가희가 지시대로 성을 꾸밀 기회를 줌으로써 수 관계 어휘를 이해하는지 확인할 수 있다.

다음으로, 행동을 안내하기 위해 성인이 시범 보인 내재화된 규칙을 사용하는 능력(SR4.1)과 각성 수준을 조절하기 위해 다른 사람이 제시한 정보나 전략에 반응하는 능력과 관련된 정보를 수집하기 위해서 또 다른 추가 관찰 회기를 계획하였다. 가희의 부모는 최근에 가희가 지역문화센터에서 체조 수업을 시작하였으며, 특히 참여와 관련해서 잘 적응하고 있다고 하였기 때문에 통합 지원 교사는 체조 수업 시간을 추가로 촬영해서 검토하는 것이 도움이 될 것이라고 생각하였다. 부모는 이러한 기회에 대해서 기뻐하였는데, 왜냐하면 가희의 체조 수업 참여를 증진시킬 수도 있는 교류 지원에 대해서 체조 교사에게 피드백을 제공할 수 있다는 기대 때문이었다. 따라서 가희의 팀은 가희의 현행 능력에 대해 더 잘 알 수 있

게 되었고 다양한 파트너와 상황에 걸쳐 일관성을 높일 수 있는 전략을 제공할 수 있게 되었는데, 이는 대화 파트너 단계에서 아동과 팀 구성원에게 중요한 목표다.

팀은 체조 수업이 매트에 올라가기 전에 신발 벗기나 트램펄린을 사용하기 전에 줄 서기 등 내재화된 규칙을 따르는 능력을 볼 수 있는 수많은 기회를 제공한다고 생각하였다. 더욱이 줄을 서서 기다리는 동안 교사가 시범 보인 행동(예: 발끝으로 서기, 팔을 뻗어 스트레칭하기)에 어떻게 반응하는지 등 참여를 지원하기 위한 체조 교사의 시도에 반응하는 능력(MR2.6)을 관찰할 수 있는 수많은 기회도 갖게 될 것이다.

6 6단계: SCERTS 진단 요약지로 정보 정리하고 통합하기

초기 관찰과 첫 번째 비디오테이프 검토 및 추가 행동 표집을 모두 마친 후 교육팀과 부모는 회의를 소집하고 다음과 같은 두 가지 주요 정보를 정리하고 통합하였다: (1) SCERTS 진단-관찰 기록지에 요약된 강점과 요구, (2) SCERTS 진단-관찰 결과에 대한 가족의 견해.

A. 주요 정보원 1: 강점과 요구 요약하기

A-1. 사회 의사소통: 공동관심

팀 회의에서 가희의 가족과 교육 팀은 공동관심 영역에서 현재 가희가 보이는 강점과 요구를 결정하는 데에 중점을 두었다. 통합 지원 교사는 대화 파트너 단계의 초기부터 나타나기 시작하는 사회적 인식이 파트너가 관심을 기울이는지, 흥미를 보이는지, 또는 파트너가 주어진 주제에 대해 보다 많은 정보를 필요로 하는지를 가늠할 수 있는 능력을 지원한다는 사실을 설명하였다. 이 단계의 아동은 파트너가 보고 들은 것에 기초하여 언어를 수정하는 방법을 이해하기 시작하며, 그 결과 다른 사람과 좀 더 쉽게 생각과 감정을 공유할 수 있게 된다.

SCERTS 진단-관찰을 통해 얻은 정보에 의하면 가희는 다양한 파트너와 상황에 걸쳐 공동의 관심을 형성하고자 하는 능력에 있어서 강점을 보이는 것으로 나타났으며, 특히 타인의 행동을 조절하려는 의도(예: 원하는 사물이나 행동 요구하기, 도움 청하기)를 공유하는 면이 두드러졌다. 앞에서도 언급하였듯이, 실제로 가희는 가정에서의 익숙한 일과 중에는 일관성 있는 의사소통자다. 어머니와 함께 오후 간식으로 피자를 만들 때 가희는 관심 초점의 전환을 알리는 비구어 단서를 정확하게 이해한다. 즉, 어머니가 냉장고 쪽으로 몸을 틀고 바라보자 가희도 재빨리 어머니를 따라 냉장고 쪽으로 향하였다. 이와 같은 사회적 참조는 가희로 하여금 어머니가 피자 토핑을 고르려고 한다고 추론할 수 있게 해 준다. 가희는 또한 어머니가 냉장고에서 식품을 꺼내느라 몰두하고 있을 때 어머니의 관심을 확보하기 위해서 시선을 사용하거나 어깨를 툭툭 치는 등의 행동을 보였다. 가희는 "모짜렐라 치즈, 체다치즈, 페퍼로니도 올려요."라고 말하면서 구체적인 요구도 하였으며, 페퍼로니가 없다는 어머니의 말에는 저항하기도 하였다. 그 후에도 가희는 계속해서 요구하는 행동을 보였는데, 이것은 어머니를 도움의 원천으로 생각하고 있다는 것을 보여 주는 것이었다. 예를 들어, 가희는 치즈 봉지를 열려고 시도하면서 "도와주세요."라고 말하였다. 따라서 팀은 익숙한 일과에서 공동의 관심을 형성하는 능력이 가희의 상대적인 강점으로 나타나기 시작한 것에 동의하였다.

가희는 학교에서도 파트너의 관심 초점을 모니터하는 것으로 관찰되었는데, 이러한 발달 능력은 사회적 문제를 해결하고(예: 어떤 사람이 무엇을 하고 있는지 이해하기) 다른 사람의 관심과 주제에 집중할 수 있게(예: "재희가 그네를 타고 있네. 나도 재희와 그네를 탈 수 있을 거야.") 해 준다. 이야기나누기 시간에 참여하는 동안에는 친구들이 교사가 읽어 주는 이야기에 관심의 초점을 두는 것을 보고 친구들로부터 교사에게로 시선을 옮기는 것이 관찰되었다. 쉬는 시간에는 친구들을 지켜보면서 몇 가지 의견을 말하기도 하였는데, 이것은 또래의 행동과 활동을 인식하고 있음을 보여 주는 것이다(예: "영호가 그네를 타네." "정수가 미끄럼을 타네."). 가희의 부모와 교육 팀 모두 발현되고 있는 이와 같은 기술이 파트너의 관심과 관련된 사회적 시작행동의 빈도를 증가시킬 것이라고 생각하였다. 그럼에도 불구하고 이들은 아이들이 놀이하고 있는 상황 밖에서 또래의 관심사를 기억해 내는 능력이 여전히 제한적이라는 사실에 주목하였다. 따라서 팀의 논의는 '나와 우리 반에 대한 모든 것'이라는 이야기책을 학습 지원 도구로 만드는 쪽으로 이어졌다. 이 책의 페이지마다 가희의 학급 친구들의 사진을 붙이고 친구들이 쉬는 시간에 잘하는 게임을 그림 상징으로 꾸몄다.

SCERTS 진단-질문지와 SCERTS 진단-관찰 기록지에 명시되었듯이, 몇 가지 제한된 공동관심 능력은 가정과 학교의 다양한 상황에서 성인이나 또래와 사회적으로 상호작용하는 능력을 저해하는 것으로 나타났다. 첫째, 가희는 정서 상태를 표현하기 위해 비구어 수단을 사용하고 거절을 위해 단어나 구를 사용하기도 하지만, 자신이나 다른 사람의 정서 상태를 묘사하기 위해 정서 단어를 사용하는 능력은 여전히 부모와 교사의 구어 단서에 의존하고 있다. 정서 단어의 어휘 수가 부족한 것은 정서 조절 기술을 저해할 뿐만 아니라 또래와의 대화, 학급 수업, 1학년 수준의 글짓기에서도 명백하게 드러난다. 예를 들어, 또래와의 상호적 교환에 참여할 때 가희는 자신의 내적 상태보다는 현재 하고 있는 활동의 구체적이고도 시각적인 측면에 초점을 맞추는 경향이 있다(예: "나는 땅콩버터와 잼을 바른 샌드위치를 먹어."). 그러나 가희의 친구들은 정서 표현을 사용해서 설명을 정교화한다("내 치즈 샌드위치는 맛이 없어. 엄마가 볼로냐로 샌드위치를 만들어 주시기를 바랐는데. 볼로냐 샌드위치는 정말 맛있어!"). 1학년 글짓기 시간에는 '나는 볼풀에서 점프하기를 좋아한다. 왜냐하면 볼풀에서 점프하면 행복해지기 때문이다.'라고 쓰는 대신 '나는 볼풀에서 점프한다.'라고 작문하였다. 정서 단어의 제한적인 사용은 가희가 파트너에게 자신의 내적 상태에 대한 정보를 제공하는 능력에 명백한 영향을 미친다. 같은 맥락에서, 정서 단어를 잘 이해하지 못하는 것은 자신의 행동이 학급 친구들의 정서 상태에 미치는 영향을 고려하는 능력을 감소시킨다. 따라서 교육 팀은 이러한 발달 측면을 도움이 필요한 주요 영역으로 선정하였다.

가희의 부모도 과거, 미래, 상상의 사건에 대해 의사소통하면서 공동관심을 위한 의도를 공유하는 가희의 능력이 제한되었으며, 그 결과 가정과 학교의 다양한 상황에서 성인이나 또래와의 사회적 상호작용 능력을 저해하고 결국에는 학교에서 진정한 우정을 형성하는 능력에 영향을 미치는 것으로 보고하였다. 가희는 지금 당장 경험하고 있는 것을 공유하는 능력을 갖기 시작하였지만(예: "영호가 지금 그네를 타고 있네." "정수가 미끄럼틀을 타고 있네.") 이러한 언어를 회상하기 위해서는 환경 내 시각적 단서에 의존하는 것으로 나타났다. SCERTS 진단-관찰을 통해 수집한 정보에 의하면, 가희의 언어는 맥락에 따른 언어 회상을 촉진해 주는 시각적 단서를 포함한 활동을 제외하고는 '여기 그리고 지금'에 국한되어 있음을 알 수 있다. 예를 들어, 1학년 글짓기 활동에서 가희는 이미 종료한 활동(즉, 볼풀에서 점프하기)에 대해 보조교사와 좀 더 확장된 상호적 상호작용을 보였다. 그러나 이때 볼풀이 여전히 가희의 시야에 남아 있었으며, 이는 시간이 지난 후 다양한 상황에서 사건과 언어를 회상하는 능력을 강화하기 위해서는 디지털 사진으로 글쓰기 등의 학습 지원이 필요하다는 것을 보여 준다.

현재 공동관심 요소 중 가희가 보이는 강점 및 요구 영역 프로파일에 대한 요약 정보는 SCERTS 진단-관찰 기록지와 SCERTS 진단 요약지에서 볼 수 있다.

A-2. 사회 의사소통: 상징 사용

공동관심 능력에 대한 가희의 기초선을 설정한 후에 교육 팀과 가족은 상징 사용에 대한 강점과 요구를 결정하였다. 앞에서도 언급하였듯이, 가희는 100개 이상의 단어를 참조를 위해 사용할 수 있으며, 20개 이상의 자연스럽고 창의적인 문구와 문장을 사용하여 자신의 의도를 의사소통할 수 있다. 작년부터는 보다 정교하고 명확한 언어로 의사소통하는 능력을 보이기 시작하였고, 단어를 조합하는 수준을 지나 단순한 문장을 사용하게 되면서 사용하는 문장의 길이가 길어졌다. 앞에서 언급하였듯이, 가희는 좀 더 창의적이고 생성적인 언어 형태보다는 대본 같은 언어나 반향어(즉각/지연)에 의존한다는 지속적인 문제를 지니고 있다.

SCERTS 진단-관찰을 실시하는 동안, 교육 팀은 가희가 완전히 이해하지 못하는 단어나 단어 개념을 사용할 때 반향어에 더욱 의존한다는 사실을 주목하였다. 언어치료사가 주도하고 통합 지원 교사가 기록한 행동 표집 회기에서 진행했던 말로 설명하기, 보물찾기, 장벽게임 등의 활동은 가희가 아직 발달시키지 못한 언어의 요소를 파악하는 데 도움이 되었다. 팀은 가희가 이해하고 사용하는 단어군의 구체적인 예를 명시하기 위해 대화 파트너 단계-언어 요소 기록지를 검토하였다. 가희는 말로 설명하기 활동에서의 Mercer Mayer의 『소년, 강아지, 그리고 개구리』라는 그림책의 이야기를 말로 표현하였다. 글자가 없는 그림책은 가희로 하여금 "소년이 걷고 있어요." "개구리가 나뭇잎 위에 앉아 있어요." "소년이 물에 빠졌어요." "소년이 다 젖었어요." "개구리가 폴짝 뛰어요." 등의 문장을 사용하게 만들었다. 즉, 가희는 다소 창의적인 대상, 행동, 사물의 범위를 사용하고 있었는데, 이는 언어 파트너 단계의 대표적인 특징이기도 하다. 실제로, 이러한 패턴은 가정에서도 관찰되었는데, 예를 들어 "세희가 자전거를 타요." "배희는 컴퓨터를 해요." 등의 단순한 문장을 가정에서도 사용하였다.

그럼에도 불구하고 언어치료사와 통합 지원 교사는 일반적으로 대화 파트너 단계 초기에 성취되는 상위 수준 관계어의 제한적인 사용에 대해 우려하였다. 먼저, 두 전문가는 이야기의 장면을 이어 주는 시간 관계(예: "지금" "나중에" "후에")의 사용이 제한되었다는 점에 주목하였다. 게다가 가희는 물리적 관계(예: "소년은 다 젖었다.")를 거의 사용하지 않았으며, 사용하는 경우에도 마치 이전 이야기의 비슷한 장면에서 가져온 것처럼 반향어적 성향이 있는 것으로 관찰되었다. 다음으로, 가희는 장소 어휘(예: "안에" "위에" "아래에" "너머로" "로")를 사용하기 시작하였지만 제한적이었으며 이야기 전반에 걸쳐 좀 더 서술적인 언어(예: "소년은 연못으로 걸어간다." "개구리는 소년의 머리 위로 뛰어올랐다.")의 사용은 나타나지 않았다. 마지막으로, 가희는 아직까지 이야기의 장면을 서로 연결하기 위한 원인 어휘(예: "소년은 물에 빠졌기 때문에 다 젖었다.")를 사용하지 않았다. 이 기술은 공동관심을 성취했는지에 따라 좌우되는데, 왜냐하면 다른 사람의 관심 초점을 따르는 능력이 인과관계를 결정하기 위한 맥락을 제공해 주기 때문이다(예: 소년은 물에 빠진 후에 자신이 걸려 넘어진 나뭇가지를 쳐다보았다).

다음으로, 행동 표집 회기에서 진행된 장벽게임에서 가희는 의문사나 수 관계 등의 상위 수준 관계어를 이해하고 사용하는 데에 추가적인 어려움을 보였다. 예를 들어, 가희는 게임을 하면서, 언어치료사의 행동에 대해 의문사를 사용하여 질문하는 것을 어려워했다. 관찰 중 단 한 개의 질문 유형(즉, "___는 어디로 갔어요?") 만을 사용하였는데, 대상이나 명사구를 바꿔 가며(예: "아빠는 어디로 갔어요?") 자주 사용하였다. 마찬가지로, 언어치료사가 "성 안에 꽃 세 송이"를 놓았다고 말했을 때 가희는 한 송이만 놓았는데, 이는 명사, 장소 어휘, 사물(즉, '꽃' '안' '성')에만 집중하는 경향 때문인 것으로 보였다. 그러므로 구체적인 단어 개념을 이해하고 단어나 문장 간의 관계를 이해하는 능력을 키우는 것이 교육 프로그램의 주요 우선순위로 고려되었다.

반향어적 언어 형태에서 보다 창의적이고 생성적인 언어로 전환하도록 촉진하기 위한 학습 지원의 방법으로 문장 구성을 위해 그림 상징을 사용하는 전략이 논의되었다. 이러한 AAC 지원은 다단어 발화의 특정 구성 요소를 고정된 단서로 제공해 주기 때문에 언어 형태에서의 개별 단위를 시각적으로 볼 수 있게 해 준다. 문장의 품사(예: 주어, 동사, 전치사, 목적구)를 색깔 체계로 구분하고 색깔로 표시된 문장을 이용해서 단어의 순서를 알게 해 주는 문장 만들기 틀을 사용할 수 있다(즉, 문장 만들기 틀에 각 단어가 들어갈 자리마다 색깔별로 밑줄을 그어 개별 단어를 어디에 놓아야 할지 알게 해 준다). 이러한 단서는 가희가 좀 더 정교하고 단순한 문장의 단어 순서를 독립적으로 결정할 수 있게 해 주며, 따라서 교사의 구어 단서에 대한 의존을 감소시킨다(다른 예를 보려면 4장 참조).

의미를 표현하기 위한 생성적인 언어 이해 및 사용의 어려움에도 불구하고, 상징 사용과 관련해서 몇 가지 능력이 나타나기 시작했다는 사실이 주목되었는데, 즉 모방 학습과 교수된 학습 등의 학습 전략 목록이 확장되고 있었다. 첫째, 팀은 가희가 가정과 학교에서 관습적인 놀이와 적응행동을 학습하기 위해 모방을 사용하고 있는 것으로 관찰하였다. 가정에서의 관찰에서 팀은 가희가 방과 후 간식으로 피자를 만들면서 어머니를 모방하는 것을 보고 깊은 인상을 받았다. 이렇게 모방하는 행동은 학교에서 쉬는 시간 중에도 관찰되었는데, 소꿉놀이에서 피자를 만들 때 모형 반죽을 만들고 치즈를 뿌리고 오븐에 넣어 요리하는 모습을 보였다. 다음으로, 교사의 안내와 교수뿐만 아니라 사건에 대한 자신의 관점을 고려하는 능력도 보이기 시작하였다. 이러한 학습 전략은 다양한 상황과 파트너에 따른 행동을 안내하기 위해 성인이 시범 보인 내면화된 규칙을 사용할 때 분명하게 드러났다(예: 이야기나누기 시간에 말하기 전에 손 들기, 어머니가 피자를 건네 줄 때 "고맙습니다."라고 말하기). 이상의 학습 전략은 사물함에 모자와 코트 걸기 등 매일 일과의 한 부분으로 또는 체조 수업에서 텀블링 매트에 올라가기 전에 신발 벗기 등 전이의 한 부분으로 새로운 연속적 동작을 학습하는 능력을 지원했을 뿐만 아니라, 상징놀이의 발달도 확실하게 지원하였다. 현재 상징 사용 요소 중 가희가 보이는 강점 및 요구 프로파일에 대한 요약 정보는 SCERTS 진단-관찰 기록지와 SCERTS 진단 요약지에서 볼 수 있다.

A-3. 정서 조절: 상호조절

다음 단계로, 교육 팀과 부모는 상호 조절에서의 강점 및 요구와 관련된 SCERTS 진단-관찰의 결과에 대하여 논의하였다. 팀은 가희의 사회 의사소통 능력과 이 영역이 정서 조절 능력에 미치는 영향에 대한 이전의 논의사항을 검토하였다. 그 과정에서 SCERTS 진단-관찰에서 확인된 것처럼 공동관심과 상징 사용 능력이 향상되면서 상호조절 시도 전략을 사용하기 시작하는 데에 긍정적인 영향을 미치고 있다는 것을 알게 되었다. 구체적으로, 교사를 올려다보거나 이름을 부르거나 어깨를 건드려서 다른 사람의 관심을 확보하는 능력이 가희의 필요를 충족시키는 데에 효과적이었는데, "도움이 필요해요."라고 말하며 도움을 청할 때나 조절장애를 일으키는 활동에 대해서 "아니요, 괜찮아요." 또는 "그만할래요."라고 말하면서 거절할 때 특히 효과적이었다. 그럼에도 불구하고 공동관심과 상징 사용의 지속적인 어려움은 자신의 정서 상태를 다른 사람과 공유하기 위해서 정서 단어를 사용하는 능력과 보다 관습적이거나 사회적으로 적절한 방법으로 자기조절을 하기 위해 파트너가 시범 보인 행동을 적용하는 능력을 제한하였다. 이러한 기술들은 나타나기 시작하고는 있었지만 아직까지 다양한 파트너와 상황에 걸쳐서 형성되지는 않았다.

가희의 초기 및 상위 수준의 정서 단어를 이해하고 사용하는 능력은 SCERTS 진단-질문지에서 그리고 SCERTS 진단-관찰을 실행하는 동안 주요 관심 영역으로 파악되었는데, 왜냐하면 이러한 제한점은 부모가 조절장애의 신호를 인지하고 지원(즉, 반응적 상호조절)하는 능력을 저해하기 때문이다. 가희는 부모나 교사가 촉진하면 간혹 정서 단어를 사용하기도 하지만 자발적으로는 거의 사용하지 않으며, 고개를 돌리거나 혼자 노래를 부르고 엄지손가락을 빠는 등 미세한 비구어 신호를 통해서 정서 조절 상태를 소통하려고 하는 경향이 있다. 가희의 신호를 알아차리는 데 있어서의 어려움은 특히 가희가 덜 친숙한 파트너나 또래와 있을 때 더욱 두드러진다. 부모와 치료사들은 가희가 보이는 조절장애의 비구어 신호에 반응하기도 하지만 친숙하지 않은 파트너는 가희가 울거나 오랜 시간 참여하지 않는 등 조절장애가 심해질 때까지 정서 조절을 위한 도움을 주지 않는 경우가 많았다. 체조 수업의 예를 들자면, 복잡한 지시가 주어지고 여학생들만 새로운 공간으로 이동하게 되었을 때 가희가 불편해 하는 것을 알아차리지 못하였다. 가희는 처음부터 집단에서 떨어져 나오고 엄지손가락을 빨고 발끝으로 서 있는 등 비참여와 불안의 징후를 보였지만, 자신의 불편한 정서 상태를 표현하기 위해서 정서 단어를 사용하지는 않았다. 급기야는 흐느끼기 시작하였고, 이러한 행동은 가희의 불편한 상태를 전혀 인지하지 못했던 교사를 놀라게 만들었다.

경우에 따라서는 가희의 비구어 정서 표현이 보다 관습적이고 명확해서 파트너가 가희의 정서를 인지하고 정서 단어를 시범 보이는 것으로 반응하기도 하였다. 예를 들어, 가희는 공주 그림을 완성한 후에 행복해 보였다. 보조교사를 올려다보고 손뼉을 치면서 자신의 긍정적인 감정을 공유하였으며, 보조교사가 "행복하니?"라고 묻자 "행복해."라고 대답하기도 하였다. 가희의 부모는 한 번은 가희가 생일 선물로 새 인형을 받았을 때 "나는 행복해요."라고 말했다고 보고하였는데, 이것은 아마도 가희가 좋아하는 이야기책에 나오는 똑같은 상황의 장면을 회상한 것으로 보인다. 결과적으로, 가희의 자발적인 정서 단어 회상 능력이 다양한 파트너와 상황에 걸쳐 관찰되지는 않았지만 적절한 상황에서 이러한 문구를 사용하는 능력이 점점 더 향상되고 있는 것은 분명하였다.

정서 단어 사용에 있어서의 어려움에도 불구하고 가희는 여러 파트너와 상황에 걸쳐 도움을 청했기 때문에 통합 지원 교사는 이러한 기술을 상대적인 강점이라고 기록하였다. 예를 들어, 가정에서는 피자치즈 봉지를 열기 위해 "도와주세요."라고 말하는 것이 관찰되었다. 마찬가지로 학교에서 일반학급 교사가 1학년 글짓기 시간을 관찰했을 때 가희는 학습 센터에서 자신의 선호 활동인 볼풀에서 놀이하는 장면을 그리려고 시도하였다. 그러나 "나는 볼풀에서 점프하는 것을 좋아한다."라고 문장으로 쓰는 것은 어려워했다. 손으로 글을 쓰는 과제로 인하여 점차 조절장애를 보이기 시작하였으며, 결국 탁자에서 일어나 다른 곳으로 가 엄지손가락을 빨기 시작하였다. 그렇지만 가희는 곧 보조교사를 향해 돌아보면서 "선생님, 점프 써 주세요."라고 말하였다.

팀은 가희가 낮은 각성 상태에 있을 때 극심한 조절장애를 경험하는 것으로 관찰하였으며, 이때 가희의 도움을 청하는 능력은 일관적이지 않은 것으로 나타났다. 이러한 경우 가희는 자기조절을 위해 관습적이지 않은 행동 전략에 의존하는 경향이 있으며, 파트너가 시범 보이는 조절 전략에 최소한으로 반응하였다. 통합 지원 교사는 가희가 반응하지 않거나 최소한의 반응을 보이는 가장 참여시키기 어려운 낮은 각성 상태와 극심한 조절장애 시기일 때 보이는 몇 가지 분명한 신호를 관찰하였다: (1) 초점을 잃은 채 다른 곳 쳐다보기, (2) 혼잣말로 노래 부르기, (3) 손가락으로 머리카락 꼬기, (4) 발끝으로 걷기, (5) 엄지손가락 빨기. 이러한 신호는 주로 예측 가능한 분명한 순서가 없거나 시각적으로 구조화되지 않았거나 몸을 움직일 수 있는 기회가 없는 분주한 사회적 환경 내에서 나타나곤 한다. 교내 식당에서의 예를 들자면, 가희는 점심식사를 하거나 친구들과 상호작용을 하는 대신 주변을 무시하고 창밖을 응시하였다. 이러한 또는 이와 비슷한 상황에서 가희는 교사의 지속적인 행동적 상호조절 전략에 반응하였는데, 교사가 사용한 상호조절 전략은 식사시간에 친구들과 참여하도록 알려 주는 수단으로 가희의 등을 재빠르게 쓰다듬는 것이었다.

마지막으로, 조절 전략의 적절성과 관련된 파트너의 피드백에 반응하는 능력은 아직까지 일관성은 없으나 나타나기 시작하였다. 아직은 이야기나누기 시간에 엄지손가락을 빠는 행동에서 '츄이 튜브'를 사용하는 것으로 전환하지 못하였으며, 또는 수학 코너에서 휴식을 요구하기 위해 손을 드는 등의 언어 기반 전략을 사용하는 단계로 발달하지 못하였다. 그러나 체조 수업 행동 표집 중에 트램펄린을 하려고 줄을 서 있는 동안 교사가 시범을 보인 참여 전략에 반응한 것으로 관찰되었다. 가희가 집중하지 않고 노래를 시작할 때 교사는 양팔을 옆으로 또는 위로 뻗으면서 스트레칭하는 행동 전략을 시범 보였다. 가희는 움직임을 사용한 전략에 잘 반응하였고 트램펄린을 사용하는 순서가 올 때까지 계속해서 행동 전략을 사용하였다. 학교에서 가희는 규칙을 더 잘 따르게 되었는데, 즉 가정에서는 엄지손가락을 빨아도 괜찮지만 학교에서는 사회적으로 좀 더 적절하고 효과적인 전략인 연필에 부착된 츄이 튜브를 사용하는 것이 더 좋다는 규칙을 더 잘 따르게 되었다.

현재 상호조절 요소 중 가희가 보이는 강점과 요구 영역 프로파일에 대한 요약 정보는 SCERTS 진단-관찰 기록지와 SCERTS 진단 요약지에서 볼 수 있다.

A-4. 정서 조절: 자기조절

다음으로, 가희의 부모와 팀은 자기조절 능력과 어려움에 대해 논의하였다. SCERTS 진단을 통해 수집한 정보를 토대로 학습 및 다른 사람과의 상호작용에 대한 전반적인 역량과 관련해서 상대적인 강점과 나타나기 시작한 기술에 대해 이야기하였다. 예를 들어, 파트너의 관심 초점을 따르는 능력은 학습 및 사회적 참여 역량에 긍정적인 영향을 가져온 것이 분명하였다. 이야기나누기 시간에 참여하는 동안에는 친구들이 교사가 읽어 주는 이야기에 관심의 초점을 두는 것을 보고 친구들로부터 교사에게로 시선을 옮기는 것이 관찰되었다. 쉬는 시간에는 친구들을 지켜보면서 몇 가지 의견을 말하기도 하였는데, 이것은 또래의 행동과 활동을 인식하고 있음을 보여 주는 것이다(예: "영호가 그네를 타네." "정수가 미끄럼틀을 타네."). 팀은 파트너의 관심 초점을 따르는 능력이 자기조절 능력을 지원하며, 결과적으로 이러한 성장이 협력학습의 초기 형태인 스스로 친구들에게 합류하고 그들의 주도를 따르는 능력을 강화할 것이고 생각하였다.

합리적인 수준의 과제를 지속하는 능력과 행동을 억제하는 능력도 나타나기 시작하였으며 학습과 상호작용의 전반적인 역량에 기여하고 있었다. 언어치료사는 가희가 미술과제를 하고 나서 이야기나누기 시간에 합류하는 모습을 관찰하였다. 미술과제를 하는 동안 가희는 그림이 완성될 때까지 참여하여 과제를 지속하였으며, 이러한 지구력은 주목할 만했다. 이야기나누기 시간 중에 교사가 달력과 날씨에 대한 질문을 하면 충동적으로 대답하기보다는 손을 들고 부를 때까지 기다리는 모습도 보였다. 이러한 행동은 가희가 참여할 준비가 되어 있으며 내재화한 규칙을 기초로 사회적 관습을 따르는 능력을 갖추기 시작하였음을 보여 주는 것이다.

SCERTS 진단-질문지와 SCERTS 진단-관찰을 통해 수집된 정보는 행동, 언어, 초인지 전략을 포함해서 가희가 보이는 자기조절 능력에 대한 논의로 이어졌다. 첫째, 팀은 가희가 꾸준히 사용하고 있는 행동 전략의 목록을 살펴보았으며, 다음과 같이 네 가지로 정리하였다: (1) 엄지손가락 빨기, (2) 혼잣말로 노래 부르기, (3) 발끝으로 걷기, (4) 손가락으로 머리카락 꼬기. 팀은 이러한 전략이 자기조절을 시작하는 초기 시도이자 조절장애를 나타내는 신호라는 데에 동의하였다. 또한 이러한 전략은 학습이나 다른 사람과의 상호작용을 항상 지원하는 것은 아니기 때문에 그 효과는 변동적이라고 말할 수 있다. 예를 들어, 엄지손가락 빨기는 1학년 수준의 글짓기를 끝마쳐야 할 때에는 가희의 마음을 가다듬을 수 있게 해 주는 듯했지만, 운동장과 같이 덜 구조화된 환경에서는 효과가 없어 보였다. 오히려 손가락을 빠는 데에 더 몰두하여 리더를 따르는 게임이나 기타 또래와 같이하는 활동 참여를 방해받았다. 결과적으로, 가희는 자신의 각성 상태를 조절하기 위해 행동 전략을 사용하는 능력을 보이고는 있으나, 아직까지 교사나 부모가 시범 보이는 좀 더 효과적이고 사회적으로 적절한 행동 전략을 사용하지는 못하고 있다.

다음으로, 팀은 가희가 혼자 하는 활동이나 사회적 활동에 참여할 때 각성 상태를 조절하기 위해 사용하는 언어 전략을 파악하였다. 가희의 담임교사는 가희가 전이 중에 활동명을 적절히 바꿔서 "글짓기 시간은 끝났어. 점심시간이야."라고 노래를 부르는 등 조용히 혼잣말을 사용한다고 보고하였다. 통합 지원 교사는 가희가 집에서 자매들과 음악을 들을 때 춤을 추기 위해 노래를 선택하는 순서를 기다리는 동안 "언니 차례야." "동생 차례야."를 반복해서 말한다고 전하였다. 이와 같은 사례는 매우 긍정적으로 여겨진다. 그러나 팀은 가희가 아직 정서 단어와 점진적인 정서를 이해하거나 사용하지 않고 있기 때문에 이러한 어려움이 정서 상태의 자기조절을 위한 혼잣말을 개발하는 데 방해가 될 수도 있다고 판단하였다.

다음으로, 팀은 가희가 다가올 활동을 반영하거나 자신의 각성 상태를 판단하거나 스스로의 조직화나 주의집중을 지원해 주는 문제 해결 전략을 사용하는 능력에 있어서 명백한 어려움을 보인다는 사실에 주목하였다. 이러한 제한점은 교수된 학습이나 협동학습 전략 두 가지 모두로부터 온전히 혜택을 얻을 수 없는 초기 대화 파트너 단계 아동에게서 흔하게 나타나는 문제다. 이러한 어려움 중에서 가희는 예외적으로 한 가지 능력을 보였는데, 행동을 안내하기 위해 성인이 시범을 보인 규칙을 내재화하는 능력이었다. 앞에서도 언급하였듯이, 가희는 집과 학교에서 "고맙습니다."와 "____해 주세요."라고 말하는 것을 배웠으며, 이야기나누기 시간에는 질문에 답을 하거나 말하고 싶을 때 손을 들어야 한다는 것도 배웠다. 체조 수업과 같은 새로운 환경에서도 내재화된 규칙을 사용하는 능력은 관찰되었다. 이러한 능력은 가희가 사회적 관습에 대해 인식하기 시작하였으며 자신의 행동을 안내하고 모니터하기 위해 외현화된 언어를 사용할 수 있게 되었다는 것을 보여 주는 것이다.

마지막으로, 팀은 가희가 극심한 조절장애로부터 회복하는 능력에 대해 논의하였는데, 이러한 능력은 각성 상태가 극도로 높은지 아니면 낮은지에 따라서 다르게 나타나는 것으로 보고되었다. 가희는 싫어하는 활동으로부터 빠져나가는 등의 행동 전략이나 전이 중 내내 혼잣말을 하는 등의 언어 전략을 사용해서 높은 각성 상태로부터 독립적이고 효율적으로 회복하는 능력을 보이곤 한다. 그러나 낮은 각성 상태와 관련된 극심한 조절장애로부터 회복하는 능력은 일관적이지 못하다. 실제로, 가희는 참여할 수 없을 정도의 낮은 각성 상태를 보일 때에는 성인의 직접적인 도움이 있어야만 다시 참여할 수 있었다. 예를 들어, 이야기나누기 시간 후반부에는 가희가 활발한 활동을 할 수 없을 정도로 낮은 각성 상태가 되었는데, 이것은 활동의 정적인 면과 교사가 사용하는 언어의 복잡성 때문일 가능성이 높았다. 이러한 경우 가희는 엄지손가락을 빠는 등 스스로 참여를 위한 전략을 시도하였다. 그러나 이러한 시도가 효과적이지 않으면 보조교사가 좀 더 효과적이고 사회적으로 적절한 전략을 시범 보임으로써 중재를 해야만 하였다. 시범은 주로 짧은 시간 동안 걸어 다닌 후 각성 상태가 적절해지면 이야기나누기 활동으로 돌아올 수 있도록 요구하는 것이었다. 현재 자기조절 요소 중 가희가 보이는 강점과 요구 영역 프로파일에 대한 요약 정보는 SCERTS 진단-관찰지와 SCERTS 진단 요약지에서 볼 수 있다.

A-5. 교류 지원: 대인관계 지원

사회 의사소통 및 정서 조절 능력을 촉진하는 데에 필요한 가희의 사회적 지원망과 대인관계 지원에서의 강점 및 요구를 결정하기 위해 SCERTS 진단-질문지와 SCERTS 진단-관찰 기록지를 검토하였다. 통합 지원 교사는 먼저 가희가 정서 조절과 사회 의사소통 영역에서 보이는 약점이 파트너와 또래에게 어떻게 교류적인 영향을 미치게 되는지에 대해 논의하였다. 예를 들어, 가희의 낮은 각성 편향성과 정서 조절 전략을 효율적으로 사용하지 못하는 어려움은 적극적이고 민첩한 상태를 유지하는 능력을 제한하고, 결과적으로 또래와의 장시간 상호작용에 참여하는 데 방해가 된다. 이러한 어려움은 특히 활동의 속성이 불분명하거나 쉬는 시간 운동장에 나가는 등 구조화되지 않은 환경에 있을 때 더욱 분명하게 드러난다. 이와 같은 유형의 장소나 활동에서 가희의 또래 파트너는 가희가 흥미를 잃었거나 거리감이 있다고 인식할 수 있다. 따라서 이들은 구조화되지 않은 환경에서의 놀이에 가희를 초대하지 않을 수 있다.

팀은 가희의 학급 친구들이 가희와 성공적으로 상호작용을 시작하고 참여하게 만들 수 있는 여러 가지 대인관계 지원을 고려하였다. 가희는 자신의 조절장애 신호를 이해하고 지원해 주는 파트너에게 상호작용을 시작하고 참여하려고 하는 경향이 있다. 그러므로 팀은 또래가 지원적인 전략을 일관성 있게 사용할 수 있도록 지도할 필요가 있다고 판단하였다. 예를 들어, 통합 지원 교사는 또래들이 가희와 대화를 시작하기 전에 먼저 관심을 끌기 위해서 가까이 다가가거나 어깨를 툭툭 치거나 이름을 부르는 등의 방법을 사용할 수 있다는 사실을 배운 적이 없다고 하였다. 이들은 또한 보다 성공적인 교환의 장을 마련하기 위해서 과장된 긍정적인 정서를 담아서 단순한 문장(예: "가희야, 와서 대장 따라 하기 놀이 같이 하자!")으로 말하는 등 적절한 단어와 억양을 사용할 수 있도록 지원받아야 한다. 뿐만 아니라, 팀은 학급 친구들이 하고 싶어 하는 극놀이나 여가활동의 시범을 보이기 위해서 보조교사가 쉬는 시간 전에 놀이터에서 가희와 함께 노는 것이 좋겠다고 판단하였다. 이러한 계획된 활동 일과 중에 가희는 게임의 규칙을 미리 배워서 실제 활동을 하는 중에는 활동이나 사회적 상호작용으로 인한 어려움을 겪지 않을 수 있다.

가희의 부모와 교육 팀은 SCERTS 진단-질문지와 SCERTS 진단-관찰 기록지를 검토함으로써 가희의 사회적 지원망에서 강점으로 자리 잡고 있거나 주요 요구 영역으로 간주되는 수많은 대인관계 지원을 파악할 수 있었다. 다음의 표는 강점과 요구 각각에 대한 몇 가지 예시를 보여 준다.

강점	요구
가희의 파트너는 (가정과 학교에서) 가희의 조절장애 신호를 알아보고 가희의 정서 및 속도에 맞추는 방법으로 지원을 제공하곤 한다(IS 1.5, IS1.2). 가희의 교육 팀은 가희가 자신의 속도로 문제를 해결하고 활동을 완수할 수 있도록 시간을 허용한다(IS 3.2). 보조교사는 가희가 언제 돌아다닐 수 있는 휴식을 필요로 하는지 알고 휴식에 이어 상호작용이나 활동에 다시 참여하도록 촉진할 수 있다(IS3.1, IS1.8).	가희의 파트너는 (가정, 학교, 지역사회 체조 수업에서) 가희가 부적절하거나 사회적으로 비관습적인 전략을 사용할 때 적절한 행동(예: 조절 전략)을 시범 보여야 한다(IS7.4). 가희가 정서를 표현하고 정서의 원인을 이해할 수 있도록 안내하고 보다 분명한 정서 표현 사용을 촉진해야 한다(IS5.4). 가희의 교육 팀은 가희가 흥미 없어 하기 때문에 활동으로부터 배제될 가능성이 있으므로 성공적인 상호작용을 지원하기 위해서 또래를 안내해야 한다(IS5.1). 보조교사는 가희가 쉬는 시간에 사회적 상호작용에 성공적으로 참여할 수 있도록 놀이터에서 적절한 극놀이 및 여가활동을 시범 보여야 한다(IS7.3).

가희의 사회적 지원망을 통한 다양한 대인관계 지원의 사용에 대한 요약 정보는 SCERTS 진단-관찰 기록지와 SCERTS 진단 요약지에서 볼 수 있다

A-6. 교류 지원: 학습 지원

팀 회의의 마지막 안건으로 일과에서 이미 교류 지원으로 실행되고 있는 학습 지원과 앞으로 프로그램을 보완하기 위해 고려되어야 할 학습 지원에 대한 논의가 계속되었다. SCERTS 진단-관찰에 근거해 볼 때 가정과 학교 환경에서 가장 효과적이라고 여겨지는 학습 지원은 예측 가능성 또는 시각적으로 고정된 정보를 제공하는 것이었다. 가정에서는 식사 준비와 같이 익숙한 활동에서 예측 가능한 순서를 따르고 자매들과 자전거를 타거나 음악에 맞춰 춤을 추는 등 익숙한 활동을 반복하면서 반복된 학습 기회를 만들어 주는 가족의 노력이 이에 포함된다. 학교에서는 전이와 앞으로 다가올 활동을 위해서 문자와 그림 상징을 짝 지은 과제 구성도를 사용하거나 남아 있는 점심시간을 보여 주는 타이머 사용하기처럼 하루 일과의 순서와 시간을 조직화할 수 있게 해 주는 시각적 지원이 이에 해당된다. 이상의 지원은 전이를 준비하기 위해 혼잣말을 사용하는 전략이 나타나는 데에 기

여하고 있는 것으로 여겨진다(예: "글짓기 시간은 끝났어." "이제 점심시간이다.").

가희의 팀은 가희가 (1) 정서 표현을 위한 정서 단어(예: 정서 어휘를 기억하도록 지원하기 위해서 그림 단서 사용하기), (2) 보다 창의적인 표현언어(예: 그림을 이용해서 문장 구성 지원하기), (3) 사회적으로 보다 적절한 정서 조절 전략(예: 교실 내 사회적 상황에 맞는 조절 전략의 시각적 목록 제공하기)을 사용할 수 있도록 지원하기 위해서 부가적인 지원이 필요하다고 인식하였다. 가희는 또한 복잡한 과제 내에서의 언어를 따르는 데에서도 지원이 필요하였다(예: 복잡한 수학 코너 수업을 따라가도록 안내하는 그림과 단어를 제공해 주는 과제 구성도 사용하기). 따라서 팀은 가희가 언어, 행동, 정서 표현, 정서 조절을 이해하도록 지원하는 AAC 체계를 사용하는 것이 중요하다고 판단하였다. 가희의 부모와 교육 팀은 SCERTS 진단-질문지와 SCERTS 진단-관찰 결과를 검토함으로써 가희의 사회적 지원망에서 강점 영역으로 나타나고 있거나 주요 요구 영역으로 간주되는 수많은 학습 지원을 파악할 수 있었다. 다음의 표는 몇 가지 예시를 보여 준다.

강점	요구
가희의 가족은 익숙한 활동에 예측 가능한 순서를 마련하고 반복된 학습 기회를 제공한다(LS1.3., LS1.4). 가희의 교육 팀은 가희가 전이와 다음 활동을 예상하고 하루 전반에 걸쳐 시간 분할을 조직화하도록 돕기 위해 시각적 스케줄을 제공한다(LS 3.3., LS3.4).	가희의 팀은 의사소통과 표현언어를 강화하기 위해 보완의사소통 지원을 사용해야 한다(LS2.1). 가희의 팀은 정서 단어 표현과 정서 이해를 강화하고 사회적으로 적절한 정서 조절 전략을 개발하도록 촉진하기 위해서 보완의사소통 지원을 사용해야 한다(LS2.4). 가희의 팀은 언어 및 행동 이해를 강화하고 과제 수행 단계를 명확히 하기 위해 보완의사소통 지원을 사용해야 한다(LS2.2, LS3.1).

가희의 사회적 지원망을 통한 다양한 학습 지원 사용에 대한 요약 정보는 SCERTS 진단-관찰 기록지와 SCERTS 진단 요약지에서 볼 수 있다

A-7. 사회-정서 성장 지표: 결과 및 의견

다음으로, 가희의 교육 팀은 사회-정서 성장 지표에 대한 기초선 종합 점수를

산출하였다. 이 지표는 가희 행동의 전반적인 질적 측면에서 향후 성취를 측정하는 데 유용한 기준을 제공한다. 사회-정서 성장 지표로 측정되는 행동의 질은 다음과 같다: (1) 행복감, (2) 자아의식, (3) 타인의식, (4) 적극적인 학습 및 조직화, (5) 융통성 및 회복력, (6) 협력 및 행동의 적절성, (7) 독립성, (8) 사회적 소속감 및 우정. 사회-정서 성장 지표 산출 결과, 가희는 행복감에서 상대적인 강점을 보였으며 사회적 소속감 및 우정에서는 강점을 보이기 시작하였다. 융통성과 회복력에서는 상대적인 약점을 보이는 것으로 나타났다.

B. 주요 정보원 2: SCERTS 진단-관찰 결과와 우선순위에 대한 가족의 견해

교육 프로그램의 구체적인 장단기 교수목표를 결정하기 전에 팀은 가희의 부모에게 초기 관찰과 행동 표집 회기를 통해 가희의 대표적인 행동이 표집되었는지 또는 SCERTS 진단 요약지에 가희의 강점과 요구가 정확하게 기록되었는지 등의 의견을 공유해 줄 것을 요청하였다. 가희의 부모는 딸의 현재 강점과 요구가 정확하게 반영되었다고 확인해 주었다. 이들은 또한 SCERTS 진단이 파트너가 가희와 상호작용을 시작하고 유지하려고 시도할 때 직면하는 어려움도 정확하게 포착하였다고 확인해 주었다.

교육 팀은 SCERTS 가족 지원 계획의 목적과 기대하는 성과를 명확히 하기 위해서 부모에게 가희의 발달에 대한 주요 관심사를 다시 진술하고 희망사항과 기대를 논의하도록 요청하였다. 부모는 또한 가정과 지역사회에서 자신들에게 가장 유용한 유형의 정보와 지원에 대해서 말할 수 있는 기회를 가졌다. 가족의 견해는 가희의 SCERTS 진단 요약지에서 볼 수 있다.

7 7단계: 장단기 교수목표의 우선순위 정하기

SCERTS 진단-질문지와 SCERTS 진단-관찰, 행동 표집, SCERTS 진단 요약지를 모두 포함하는 SCERTS 진단을 통해 수집된 종합적인 정보에 기초하여 가희의 부모와 교육 팀은 다음과 같은 기준에 의해서 장단기 교수목표의 우선순위를 결정하였다: (1) 가장 기능적인가, (2) 가족의 우선순위를 직접적으로 다루는가, (3) 가희와 파트너를 위해 SCERTS 진단 요약지에 제시된 발달상의 요구 영역에 부합하는가. 가장 기능적인 목표와 가족의 우선순위에 가장 근접하게 일치하는 목표를 동등하게 고려해야 하기 때문에 SCERTS 진단-관찰에서 보인 가희의 수행이 주간 교수목표를 선정하기 위한 유일한 변수가 될 수는 없다. 이것은 때로는 SCERTS 진단에서의 장단기목표의 위계를 벗어나는 교수목표를 선정하게 만들기도 하지만, 이러한 융통성과 개별화는 실제로 SCERTS 모델 프로그램의 성공적인 실행을 위한 주요 요소로 고려된다. 이에 대한 정보는 가희의 SCERTS 진단 요약지에서 볼 수 있다.

8 8단계: 후속 진단 추천하기

SCERTS 진단 요약지를 검토한 결과 부모는 가희의 사회 의사소통 및 정서 조절에서의 어려움을 대표할 만한 행동 표본과 가장 적절한 교류 지원 관련 정보가 수집되었다고 느꼈다. 따라서 3개월 간격의 체계적인 재진단 외에 추가 진단은 추천되지 않았다.

9 9단계: 가희, 어머니, 서비스 제공자를 위한 SCERTS 교육 프로그램 계획하기

SCERTS 진단의 9단계는 여러 가지 의미 있고 목표 지향적인 주요 활동과 이러한 활동에서 제공될 사회적 지원(즉, 교육 팀 구성원의 역할 및 책임), 그리고 서비스 제공에서 주요 역할을 담당하게 될 친숙한 파트너를 알아내는 것이다. 가희의 팀 리더인 통합 지원 교사는 가희와 가족을 위한 교육 및 지원 프로그램을 구성하는 주요 역할을 맡았다. 특수교사는 집중적인 교육 프로그램이 지속되어야 할 필요성과 함께 1년 내내 적어도 주당 25시간 이상의 계획된 그리고 발달적으로 적합한 학습 기회를 제공해야 할 필요성에 대해 논의하였다. 또한 가희가 프로그램에 적극적으로 참여하기 위해서는 충분히 개별화된 관심이 필요하다고 지적하였다. 팀은 가정에서 가희의 발달을 촉진할 수 있는 방법에 대해 생각해 보고 가희의 가족을 위해서도 협력적인 태도로 교육 및 정서 지원을 제공하기 위한 계획을 세워야 했다.

SCERTS 진단에서 이 단계는 가희의 자연적인 일과 중 의미 있고 목표 지향적인 약 3시간의 활동이 각각 포함된 두 가지 SCERTS 활동 계획서를 개발함으로써 완결되었다. 첫 번째 계획서는 가희의 1학년 교실에서의 전형적인 오전 일과를 약술하고 있으며, 두 번째 계획서는 학습 센터, 점심시간, 쉬는 시간, 교실로 돌아오기의 전형적인 오후 일과를 약술하였다. 결과적으로, 하루에 약 6시간씩 주당 총 30시간의 교육 프로그램이 계획되었다.

SCERTS 활동 계획서에는 활동에서 다루게 될 구체적인 목표와 가희의 사회 의사소통 및 정서 조절 능력에 적절하다고 판단되는 사회적 맥락의 복잡성(즉, 자연스러움의 정도 및 일대일 지원의 양과 빈도)이 포함되었다. 또한 각 활동에 삽입될 파트너 목표와 구체적인 교류 지원(즉, 대인관계 지원 및 학습 지원)이 포함되었다.

다음으로, 가희의 통합 지원 교사는 팀이 SCERTS 가족 지원 계획을 개발하고 제공할 수 있도록 SCERTS 진단-관찰 기록지의 교류 지원 영역 정보와 함께 SCERTS 진단-질문지를 통해 가족이 제공한 정보를 보고하였다. 아동의 직계가족과 친척을 위한 교육 및 정서 지원 제공은 종합적인 프로그램에서 주요 우선순위를 갖기 때문에 이상의 주요 단계를 거치지 않고는 가희의 교육 프로그램 개발은 완성될 수 없다. 교육 지원 및 정서 지원의 목적은 가족이 적극적이고 독립적으로 문제를 해결하고, 직면하는 어려움을 다루고, 향후에 나타나게 될 어려움에 대처할 수 있도록 그 능력을 강화하는 것이다.

A. 가희의 가족을 위한 교육 지원

이미 설명한 바와 같이, 가희의 부모가 표현한 우선적인 교육적 관심은 낮은 각성 편향성으로 인해 가족이 겪는 어려움이었는데, 왜냐하면 가희의 자기조절 전략은 비효율적이고 사회적으로도 관습적이지 않기 때문이었다. 이들은 또한 가희가 창의적인 언어를 사용하기보다는 대본과 같은 어구 사용에 의존하고 있으며 과거에 대한 의사소통이 부족하다는 점에도 관심을 보였다. 따라서 다음과 같은 일반적인 목표를 다루기 위한 교육 지원이 필요한 것으로 나타났다.

목표 1 가족이 일상적인 활동에서 가희의 발달을 지원할 수 있도록, 또한 스트레스가 많거나 어렵다고 느끼는 구체적인 이슈를 다룰 수 있도록 지식과 기술 제공하기 가희의 가족에게 있어서 이러한 목표는 다음과 같은 영역에서의 발달을 지원한다: (1) 자기조절 전략, (2) 창의적인 언어 사용, (3) 과거 사건에 대한 의사소통.

기대되는 성과: 가희의 가족은 가희의 (1) 보다 관습적인 방법의 자기조절 전략,

(2) 보다 창의적인 언어, (3) 다양한 상황과 매일의 활동에서 과거에 대한 의사소통 발달을 촉진하기 위해 필요한 지원을 제공하는 데 있어서, 또한 특정 시점에 직면하게 되는 가장 심각한 어려움이 무엇인지 알고 대처하는 데 있어서 자신감을 갖게 될 것이다.

목표 2 부모가 가희의 언니와 동생에게 자폐 범주성 장애에 대해서, 특히 이들이 직면하고 있는 어려움과 관련해서 정확하고 연령에 적합한 정보를 제공할 수 있도록 돕기 이 목표와 관련된 정보는 다음을 포함한다: (1) 가희의 동기를 유발하면서도 두 딸이 좋아하는 활동 찾기, (2) 가희의 적극적인 참여를 지원하기 위한 학습 전략(예: 이해를 돕기 위한 단순한 언어와 과장된 억양).

기대되는 성과: 가희의 언니와 동생은 자폐 범주성 장애에 대해서, 특히 함께 상호작용할 때 부딪히게 되는 일상적인 어려움과 관련해서 장애에 대한 지식을 갖고 이해하게 될 것이며, 이를 통해 (1) 가희와 즐겁게 놀이할 수 있는 활동을 찾고 (2) 가희가 언어를 이해하고 참여하도록 지원하기 위해서 언어를 단순화하고 적절한 억양을 사용할 수 있게 될 것이다.

SCERTS 가족 지원 계획의 첫 번째 단계는 교육 팀의 교육 자원 제공이다. 통합 지원 교사는 가족이 표현한 주요 관심사를 고려해서 시각적 지원에 관한 몇 가지 유인물을 제공하였는데, 그 내용은 가희가 가정에서 창의적인 언어를 발달시키고 과거의 사건에 대해 의사소통하도록 지원하는 데에 적절한 시각적 지원에 관한 것이었다. 부모는 또한 학교 도서실의 다양한 자료, 특히 가희의 자매들을 위한 자료를 제공받았다. 예를 들어, 언니에게는 초등학생과 중고등학생을 위한 자폐 범주성 장애 아동의 형제자매가 쓴 수필을, 동생에게는 자폐 범주성 장애 아동이 배우고 활동하는 독특한 방법과 좋아하는 활동을 그림과 단어로 표현한 그림책을 제공하였다. 이러한 지원은 어린 학생의 자폐 범주성 장애에 대한 지식을 함양하고 이해를 증진시키기 위해서 제공되었다.

SCERTS 가족 지원 계획의 다음 단계는 가희의 가족이 교육 자원에 접근할 수 있으며 가정, 지역사회, 학교 간에 일관성 있는 접근이 이루어지도록 보장하는 것이다. 가희의 부모는 학교에서 제공하는 시각적 지원 '만들고 가져가기' 프로그램에 초대되었다. 이 활동의 첫 번째 회기는 언어치료사가 진행하는 훈련 회기로, 가정에서 사용할 시각적 지원을 고안하기 위해 지역 교육청의 부모 도서실에 있는 자원(예: 클립아트 소프트웨어, 컬러프리터, 코팅기계)을 어떻게 사용할 수 있는지를 안내해 준다. 그 후에는 도서실 사서와 편안한 일정을 약속하여 장비를 어떻게 사용하는지 배울 수 있다. 또한 가정의 일과와 지역사회에서 가족을 지원하기 위해 월 1회 저녁시간에 제공되는 양육자 교육 프로그램에 대한 정보도 제공하였다. 각 회기는 SCERTS 모델의 대인관계 지원과 학습 지원 요소 중 특정 요소에 집중하여 구성되었고 언어치료사, 작업치료사, 통합 지원 교사 등 각 분야의 경험 있는 전문가가 주도한다. 가희의 부모와 팀은 이와 같은 지속적인 교육 프로그램에 참여하게 된다면 아동의 의사소통과 표현언어를 강화하기 위해 보완의사소통 지원 사용하기(LS 2.1)와 아동의 정서 표현 및 이해를 강화하기 위해 보완의사소통 지원 사용하기(LS 2.3)와 같은 파트너 목표를 다루는 부모의 기술이 강화될 것이라고 동의하였다.

가희의 교육 팀은 월간 교육 지원 활동 외에도 매월 팀 회의를 개최하고 가정과 학교 간에 매일 두 환경 모두에서의 성취와 어려움을 전달하기 위한 효율적인 의사소통 체계를 고안할 필요가 있다고 판단하였다. 통합 지원 교사는 과거 사건에 대한 의사소통을 촉진하는 가족의 능력과 관련해서 보조교사가 학교에서 있었던 특정 사건의 사진을 준비하는 것이 좋겠다고 제안하였다. 이 사진은 가정에서 가족이 학교에서 있었던 사건에 대해 이야기할 때 가희의 언어 사용을 촉진하는 학습 지원으로 역할하게 될 것이다.

B. 가희의 가족을 위한 정서 지원

가희의 가족은 전반적으로 가족의 삶에 만족하지만, 가희의 어려움으로 인해 가족이 경험하게 되는 몇 가지 어려운 면이 있다고 말하였다: (1) 가희가 지속적으로 예측 가능성을 필요로 하기 때문에 가족 시간의 자연스러움이 결여되고, 이러한 점으로 인해 갖게 되는 가족의 당황스러움, (2) 다른 자녀들의 정서적 안녕에 대한 염려, (3) 가희의 요구와 가족의 삶을 조율하면서 갖게 되는 피로와 스트레스. 가족이 작성한 SCERTS 진단-질문지와 면담 정보에 따르면 다음의 영역에서 정서 지원이 필요한 것으로 나타났다.

목표 1 가희의 가족이 다양한 종류의 활용 가능한 공식적 또는 비공식적 정서 지원을 알고 접근할 수 있도록 돕기

기대되는 성과: 가희의 가족은 특정 시점에 갖게 되는 정서적 요구에 가장 적합한 공식적 또는 비공식적 지원에 접근할 수 있게 될 것이다.

목표 2 가희의 두 자매가 장애에 대한 의문을 갖거나 가희로 인한 어려움을 경험할 때 부모가 이들에게 자폐 범주성 장애에 관한 정보를 제공하고 장애 가족이 있는 것에 대한 자신의 감정을 이야기하도록 도울 수 있게 지원하기

기대되는 성과: 가희의 두 자매는 자폐 범주성 장애 자매를 둠으로써 겪게 되는 일들을 좀 더 잘 이해하기 위해서 필요한 정보를 갖게 될 것이며, 자신의 감정에 대해 이야기를 나눔으로써 스스로 경험하고 있는 어려움에 대처할 수 있게 될 것이다.

SCERSTS 가족 지원(지원 목록에 대해서는 3장 참조)을 위해서 다양한 범위의 가능한 정서 지원 및 적절한 계획이 논의되었다. 공식적인 지원으로는 학교에서 매달 저녁시간에 개최되는 지원 모임, 지역사회에서 열리는 부모 지원 모임, 지역사회에서 열리는 형제자매 지원 모임이 포함되었다. 회의 중에 가희의 부모는 가능한 자원이 다양하다는 점에 감사를 표했으나 현재는 직장과 종교기관에서 제공되는 비공식적인 사회적 지원망을 통한 지원이 적합할 것이라고 말하였다. 그렇지만 가희의 언니는 지역사회 형제자매 지원 모임에 참여하는 것이 좋겠다고 하였는데, 이는 학교에서 이미 가희에 대한 질문을 받고 놀림도 받기 시작하였기 때문이다. 이러한 논의 끝에 학급에서 정한 '형제자매의 날'인 학급 참관일에 가희의 언니를 초대하기로 하였다. 이 활동은 학급 학생들의 형제자매를 위해서 계획된 활동으로 교사를 만나고 활동에 참여하고 자신의 형제자매가 속한 교육 프로그램에 대해서 배우게 된다. 활동에 참여하는 형제자매는 질문을 하고, 경험과 관심사를 나누고, 장애 형제자매를 둔 다른 아동을 만날 수 있는 기회를 갖게 된다.

팀은 재미있는 가족 행사를 후원하는 지역사회 기관에 대해서도 논의하였다. 아동과 그 가족을 위해 기획되는 이와 같은 사회적 행사는 가희의 가족이 외출도 하

고 비슷한 어려움을 겪는 다른 가족들과 교제하는 기회를 제공한다. 이러한 상황에서는 가희의 언니와 동생도 자신과 비슷한 연령의 또래를 만날 수 있으며 장애아동의 형제자매들로 구성된 좀 더 큰 지원망에 소속된 느낌을 가질 수 있게 될 것이다.

C. 전문가 간 지원

가희의 교육 프로그램을 계획하고 고안하기 위한 마지막 단계로, 통합 지원 교사는 전문가와 기타 서비스 제공자들이 집중적인 교육 프로그램을 실행할 때 상당한 어려움에 직면하게 된다는 사실을 SCERTS 모델이 얼마나 잘 인식하고 있는지에 대해 설명하였다. 전문가와 기타 서비스 제공자(예: 보조교사)가 아동과 가족을 최대한 효과적으로 지원할 수 있게 하기 위해서는 전문가와 서비스 제공자를 위한 SCERTS 지원 계획이 필요하다. SCERTS 활동 계획서에 기록된 것처럼, 가희의 팀에는 전문가뿐만 아니라 두 명의 보조교사도 포함하고 있기 때문에 통합 지원 교사나 언어치료사 또는 작업치료사가 보조교사에게 주당 적어도 5시간 이상 매일 수퍼비전을 제공하는 것으로 멘토링 계획을 세웠다. 수퍼비전은 격월로 모이는 수퍼비전 회의에서 이루어지며, 일대일 정서 지원과 함께 직접교육과 상호작용적 지도로 구성되었다. 주 단위로 언어치료사와 작업치료사가 팀이 되어 특수교사와 담임교사를 자문하는 시간을 추가하였다. 다음으로, 통합 지원 교사는 일반학급 담임교사를 포함한 팀이 매월 팀 회의를 개최해서 가희의 진보와 대인관계 지원 및 학습 지원의 일관성에 대해서 논의할 것을 제안하였다. 마지막으로, 만일 가희가 행동상의 갑작스러운 변화를 보이거나 팀 구성원 중 한 명이 교류 지원을 성공적으로 실행하는 데에 특별한 어려움을 겪게 된다면 위기관리 회의를 소집할 수 있다는 데에 모두 동의하였다.

10 10단계: 지속적으로 점검하기

가희와 파트너에 대한 주간 교수목표를 결정한 후에 팀은 교육 프로그램에서의 지속적인 진도점검의 필요성에 대해 논의하였다. 논의 중에 팀은 모든 활동에서 모든 목표에 대한 자료를 수집하는 것이 실현 가능해 보이지는 않지만 프로그램 실행의 효과를 결정하기 위한 정보를 제공해 주는 진도점검은 매우 중요하다고 판단하였다. 따라서 각각의 목표에 대해 매일 한두 가지 활동에서 수행을 추적하기로 하였다. 자료 수집에 대한 책임을 공유하기 위해서 언어치료사는 가희의 사회 의사소통 목표와 관련된 자료 수집을, 작업치료사는 주로 정서 조절 목표와 관련된 자료 수집을, 그리고 통합 지원 교사는 교류 지원 목표에 대한 자료 수집을 책임지기로 하였다.

다음으로, 팀은 SCERTS 주간 기록지 작성을 위해 SCERTS 활동 일지에 기록된 정보를 사용하기로 계획하였다. 통합 지원 교사가 정보를 정리하고 통합하여 팀과 공유하는 책임을 맡기로 하였다. 이러한 검토는 구체적인 교수목표가 성취되었는지 또는 진도가 부진한지의 여부를 알기 위해 반드시 필요하다. 그런 다음 SCERTS 진단은 연 4회 실시하기로 하였다.

사례 2: 윤호(상위 수준 대화 파트너 단계)

이 책에서 소개하고자 하는 마지막 사례는 대화 파트너 단계의 상위 수준에 속하는 윤호라는 소년이다. 윤호는 아스퍼거 증후군으로 진단 받은 9세 6개월 남아로 밝은 성격이고 말이 많으며 최근에 초등학교 3학년이 되었다. 윤호는 부모와 함께 집에서 살고 있으며 외아들이다. 아버지가 직업군인이어서 지난 몇 년간 잦은 이사를 하였다. 이사할 때마다 윤호의 부모는 윤호의 두려움과 기질을 통제하는 능력에 눈에 띄는 변화가 나타남을 감지하였다. 부모는 이웃에 또래가 많이 살고 있는데도 윤호가 오후와 주말에 늘 혼자 노는 것을 안타까워하였다.

윤호는 하고 싶은 말도 많고 언제든지 대화를 시작할 수 있지만, 자기보다 나이가 많거나 성인과의 소통에 더 성공적인 것으로 보인다. 또래와의 상호작용은 정서적으로 심한 오해를 불러일으키거나 자신의 최근 관심사인 잠수함으로 대화의 주제를 틀면서 중단되곤 한다. 윤호의 특별한 관심 대상은 계속 변경되었지만, 현재는 해군의 역사에 대한 책을 읽거나 독일잠수함 U보트에 대한 인터넷 검색에 열정을 보이고 있다. 윤호는 이미 이 주제에 대해 방대한 지식을 섭렵하였고, 잠수함 작전과 기계설비에 대한 정보를 회상하면서 해군장교인 아버지에게 도전하기를 즐긴다.

이전 학교에서 2학년으로 진급할 때 그 학교의 교육 팀은 학업 및 사회적인 성취에 방해가 되는 많은 어려움을 인지하였다. 먼저 윤호가 교실에서와 쉬는 시간에 좀 더 민감해졌으며 학급 친구들의 행동이나 비구어 단서를 너무 자주 오해한다고 생각하였다. 예를 들어, 윤호가 줄을 서 있을 때 지나가던 학급 친구와 마주치게 되면 충동적으로 행동하고 화를 내거나 거친 말을 하곤 하였다. 마찬가지로, 팀은 윤호가 일과나 기대의 변화에 대처하는 능력이 변화 내용이나 변화가 일어난 이유나 사용 가능한 대처 전략을 분명하게 설명해 주는 성인에게 의존적이라는 것도 알게 되었다. 이러한 지원이 없으면 윤호는 흑백논리로 규칙을 고수하고 또래와 교사가 이러한 규칙을 따르지 않을 경우 질책하곤 하였다.

2학년 교육 팀은 윤호가 상당히 정교한 언어 기술을 가지고 있고 우정 형성에 대해서도 진지한 관심을 보임에도 불구하고 윤호의 대화가 점점 더 일방적이 되어 간다고 느꼈다. 윤호는 스포츠, 영화, 생일 파티 등 학급 친구들이 대화 중에 소개하는 주제를 거의 따르지 않는다. 오히려 친구들의 관심이나 지식과는 상관없이 항상 잠수함에 대한 주제로 돌아가곤 한다. 예를 들어, 친구들의 대화 주제가 흥미롭지 않을 때에는 가 버리거나 제2차 세계대전 U보트 포획에 대한 이야기를 하며 친구들의 대화를 방해하는 모습이 관찰되었다. 해군 역사에 대해 관심을 보이는 친구를 찾게 되는 아주 드문 경우에도 대화의 흐름을 공유하지 않고 스스로 정보 제공자의 역할만을 하려고 하며 친구의 대화 참여 기회에 대해서는 거의 의식하지 않았다. 따라서 팀은 윤호의 독특한 행동 양식과 관심사로 인하여 거부되거나 놀림을 당할 가능성이 점점 더 커진다고 생각하여 또래 집단 내에서의 사회적 소속감에 대해 염려하기 시작하였다.

윤호가 8세가 되었을 때 2학년 교육 팀의 우려와 부모의 오랜 시간에 걸친 염려로 인해 장애 평가에 의뢰되었고 아스퍼거 증후군으로 진단 받았다. 윤호의 부모는 어떤 면에서는 진단결과가 윤호의 독특한 행동 양식이나 정서적 불안정성에 대해 잘 이해할 수 있게 해 주었다고 느꼈다. 그렇지만 부모는 장기적인 측면에서 이러한 장애진단이 지니는 의미를 잘 알지 못하였으며, 윤호가 친구를 사귀거나 보다 적절한 방법으로 감정에 대처하거나 학교에서 성공적인 생활을 하도록 돕기 위해서 진단 관련 정보를 어떻게 사용해야 하는지도 알지 못했다. 이러한 염려는 최근의 이사와 새로운 초등학교로의 전학으로 더욱 심각해졌다. 윤호는 불안감이 너무 강해서 3학년 개학날 등교를 거부하였다. 화를 많이 내고 진정시키기 힘들었지만, 부모는 시카고에 있는 산업과학박물관에 가기로 한 가족휴가를 상기시키면서 새로운 학급에 들어가도록 격려할 수 있었다. 윤호는 "미국에서 전시되는 그 종류의 해양선박으로는 유일한"이라고 말하던 U-505 모델을 보고 싶어 했기 때문에 이 박물관에 대해서 오랫동안 이야기해 왔다.

윤호의 현재 교육 프로그램은 21명의 또래와 함께 3학년 일반학급에 참여하는 것이다. 교실에서는 담임교사와 밀접하게 협력하면서 학업 및 사회적 활동에서 해야 할 일을 구체적으로 정확하게 알려 주는 통합보조교사의 지원을 받는다. 담임교사와 통합보조교사는 언어치료사, 학습지원실 특수교사, 사회복지사의 지속적인 자문을 통한 지원을 받는다. 그 외에도 학교와 가정에서의 서비스를 조율하기 위해서 매월 클리닉을 운영한다. 교실에서는 현재 다양한 학습 지원과 조정이 이루어지고 있는데, 예를 들어 (1) 독립적으로 활동을 수행하도록 상기시키는 과제 구성도와 (2) 활동 간 원활한 전이를 돕기 위한 활동 스케줄을 포함한다. 뿐만 아니라, 휴식을 취하거나 잠시 걸어 다닐 수 있는 기회를 자주 제공하는데, 이는 이러한 지원이 하루 종일 윤호의 조절을 지원하며 특히 일과가 끝날 무렵 윤호의 피곤한 정도가 충동성과 의사소통 실패의 위험에 처하게 만들기 때문이다.

윤호는 또한 최근에 학업과 사회성 지원의 일환으로 소집단 학습에 참여하기 시작하였다. 우선, 소집단 학습은 주 2회 한 시간씩 학습지원실에서 비슷한 요구와 능력을 지닌 두 명의 다른 아동과 함께 하도록 계획되었다. 이러한 환경은 최근 윤호가 점점 더 힘들어하는 독해와 작문 등의 학업 영역에서의 실력 향상을 위해 제공되었다. 윤호의 언어치료사도 주 3회 30분씩의 소집단 학습 기회를 마련하였다. 이 소집단은 사회성 기술을 가르치기 위해 고안되었는데, 즉 윤호가 파트너와 상호작용할 때 대화를 시작하고, 차례를 주고받고, 끝마치는 관습적인 규칙을 따르면서 언어를 사용하는 방법을 더 잘 이해할 수 있도록 돕기 위해서다. 뿐만 아니라, 이 소집단 학습에서는 윤호에게 친구들도 좋아하는 대화 주제가 있다는 사실을 알리고 친구의 관점을 근거로 자신의 행동을 스스로 조절하기 위해서 비구어 사회적 단서를 사용하는 능력을 증진시키고자 하였다.

또한 윤호의 현행 프로그램은 학교의 사회복지사가 매주 방문하는 일정도 포함한다. 아스퍼거 증후군 아동은 정서적인 어려움, 특히 가중된 불안, 분노, 우울 등을 경험하게 될 가능성이 높기 때문에 교육 팀은 윤호가 놀림, 따돌림, 사회적 이해 문제와 같은 계속되는 사회적인 고민을 이야기할 수 있는 '신뢰할 만한' 사람을 필요로 한다고 느꼈다. 이와 같은 일대일 회기는 자기반성, 긍정적인 자존감, 사회적 사건에 대해 보다 정확한 인식을 증진시키고 스트레스가 있거나 조절장애 상황에서의 자기조절 방법을 배울 수 있도록 적극적인 계획과 지원을 제공하는 데에 초점을 두었다.

윤호는 새로운 초등학교와 3학년 교육 프로그램에 대체로 잘 적응하는 듯했지만, 추수감사절 방학을 마치고 돌아온 후에는 사회 의사소통과 정서 조절 면에서 어려움을 보이는 것으로 관찰되었다. 최근에 시작된 협동학습과 집단 프로젝트로 인해서 윤호는 교사들의 예상보다 더 많이 힘들어했다. 3학년 교육과정의 독해와 작문 영역에서의 높아진 학업 수준도 윤호에게는 불안과 좌절을 증가시키는 요인이 되었다. 담임교사는 윤호가 교실에서 점점 더 분노를 표출하고 예측하기 힘들어진다고 보고하였다. 때로는 친구들이 집단 프로젝트를 하면서 윤호의 기대와 맞지 않는 의견을 내면 소리를 지르거나 탁자 위의 물건을 확 쓸어버리기도 하였다. 뿐만 아니라, 지금은 학기 초에 비해 잠수함에 대한 이야기를 더 많이 하고 있으며 때로는 잠수함 목록을 쓰고 잠수함이 보유한 무기를 비교하고 대조하면서 활동에 전혀 참여하지 않기도 한다.

가정과 교실에서 최근에 나타나고 있는 이와 같은 염려를 고려해서 사회 의사소통과 정서 조절 영역의 교수목표 우선순위를 정하고 가정과 학교에서의 적극적인 참여를 지원하기 위해 적절한 대인관계 지원 및 학습 지원이 제공되고 있는지를 확인하고자 SCERTS 진단을 실시하였다. 즉, 윤호의 발달과 부모, 또래, 교사와의 관계를 촉진하기 위하여 다음과 같이 SCERTS 진단을 실시하였다: (1) 윤호의 현재 발달상 강점과 요구 프로파일 작성하기, (2) 의미 있고 목표 지향적이며 동기를 부여하는 교수목표 결정하기, (3) 자연스러운 일과와 활동에 기반을 둔 가장 적절한 학습 맥락과 사회적 지원의 복잡성 결정하기, (4) 필요한 교류 지원 결정하기.

종합적인 SCERTS 모델 프로그램은 또한 가족에 대한 지원과 전문가 간 지원을 위한 구체적인 계획을 포함하기 때문에 SCERTS 진단으로부터 수집된 정보는 윤호의 교육 프로그램이 가족이 보고한 요구에 부합하고 일치하는지를 확인하는 데 사용되었다. 또한 진단 팀은 윤호의 가족과 프로그램을 실행하게 될 전문가에게 제공할 구체적인 교육 및 정서 지원에 대해서도 결정하였다.

1 1단계: 윤호의 의사소통 단계 결정하기

SCERTS 진단 팀의 첫 번째 회의에서 윤호의 팀 리더인 임상사회복지사가 윤호의 현행 프로파일에 대한 논의를 이끌었다. 이 논의에 기초하여 팀은 진단에 사용할 적절한 SCERTS 진단 양식은 대화 파트너 단계를 위한 양식이라고 결정하였다. 윤호는 자신의 의도를 의사소통하는 데에 100개가 훨씬 넘는 단어를 참조적으로 사용하고, 20개가 훨씬 넘는 자발적이고 창의적인 구절과 문장을 사용한다. 사실 유치원 때부터 윤호의 표현언어와 수용언어 기술(즉, 어휘, 문법, 구문론)은 상대적인 강점으로 보고되어 왔다. 이러한 언어 기술을 사용하는 능력은 대화 파트너 단계의 준거에 도달했음을 보여 주는 것이다. 그러나 윤호는 (1) 상호적 상호작용에서 경험을 공유하고, (2) 대화의 규칙을 따르고, (3) 또래와 협동학습에 참여하고, (4) 각성 상태를 조절하는 능력에서는 명백한 약점을 보이고 있었다.

2 2단계: SCERTS 진단-질문지를 이용하여 정보 수집하기

회의 중에 윤호의 부모는 가정과 지역사회 맥락에서 윤호가 보이는 행동에 대한 추가 정보를 제공하기 위해 SCERTS 진단-질문지를 작성하도록 요청받았다. 이 질문지를 통해서 다음과 같은 내용을 파악할 수 있었다: (1) 윤호 가족의 주요 관심과 스트레스, (2) 윤호의 주요 강점 및 가족이 생각하는 발달상의 우려사항, (3) 가정 및 지역사회 환경에서 윤호의 강점과 요구 영역을 모두 관찰할 수 있는 활동, (4) 가정과 지역사회 내 윤호의 전형적인 파트너, (5) 윤호의 학교 밖 생활 중 자연적인 맥락. 윤호의 교육 팀은 윤호가 자연스러운 환경에서 보이는 행동 대비 학교에서 보이는 행동 간에 나타나는 유사점과 차이점을 파악하기 위해 별개의 SCERTS 진단-질문지를 작성하였다. 교육 팀과 부모가 각각 작성한 SCERTS 진단-질문지에서 수집된 정보는 다음과 같이 정리되었다.

1. 윤호 가족의 주요 관심과 스트레스
   - 점점 커지는 불안감 다루기
   - 탠트럼과 분노 폭발에 대처하기
   - 규칙이 깨졌다고 생각할 때 양보하고 타협하는 능력 지원하기

- 우정을 형성하는 능력 지원하기
- 사회적 어려움이 미래에 끼칠 영향에 대한 불확실성

2. 부모와 교육 팀이 윤호의 현행 프로파일에서 파악한 강점과 요구

강점	요구
"관심 있는 분야의 사실적 정보에 대한 윤호의 기억력은 특별하다." "윤호는 관심 분야에 맞는 학과목 수업에 활발하게 열심히 참여한다." "윤호는 우정을 형성하고 싶어 하는 강한 욕구를 지속적으로 표현한다."	"관심 분야에 열중하는 경향은 다양한 과목의 성장을 제한하기 때문에 관심의 범위를 확장할 필요가 있다." "윤호는 특히 과제가 어렵다고 느낄 때 정서를 조절하고 충동을 억제하기 위한 보다 적절한 대처 전략을 개발할 필요가 있다." "잘못된 해석이 문제행동을 일으키고 사회적인 고립을 가져올 수 있기 때문에 또래의 행동을 해석하기 위한 전략을 개발할 필요가 있다." "윤호는 대화 중에 일방적이거나 주도하려는 경향이 있기 때문에 대화를 시작하고, 차례를 주고받고, 끝마치는 관습 따르기를 배울 필요가 있다."

3. 윤호의 강점과 요구 영역을 모두 관찰할 수 있는 활동
   - 3학년 교실에서 역사 또는 과학 수업과 관련된 학습지 완성하기
   - 3학년 교실에서 협동미술 프로젝트에 참여하기
   - 쉬는 시간에 놀이터에서 학급 친구들과 놀이하기
   - 체육시간에 여가활동 참여하기
   - 언어치료사와 사회성 기술 집단 활동에 참여하기
   - 가정에서 어머니와 함께 숙제하기
   - 가정에서 또는 주말에 전형적인 취미활동 하기(예: 해군 역사와 잠수함 검색하기)
   - 놀이터에서 이웃에 사는 또래와 놀이하기

4. 윤호의 전형적인 파트너
   - 아버지
   - 어머니
   - 담임교사
   - 통합보조교사
   - 학습지원실 특수교사
   - 사회복지사
   - 언어치료사
   - 체육교사
   - 도서실 사서
   - 3학년 학급 또래(21명)
   - 이웃에 사는 아동

5. 윤호의 생활 중 자연적인 맥락
   - 가정에서의 일상생활 활동
   - 방과 후 가정에서의 일과
   - 동네 놀이터
   - 학과목 수업
   - 사회성 교실 일과
   - 언어치료실
   - 학교 식당
   - 학교 체육관
   - 학교 도서실

3 3단계: 진단 팀 구성 및 SCERTS 진단-관찰 계획하기

윤호의 팀 리더는 윤호의 부모와 교육 팀이 작성한 SCERTS 진단-질문지를 수합한 후 SCERTS 진단-관찰을 계획하기 위해 SCERTS 진단 지도를 작성하기 시작하였다. 이 양식은 윤호를 진단하기에 적절한 팀 구성원이 누구인지 확인하고 이들의 역할과 책임을 결정하기 위해 사용되었다. 또한 외부 전문가 의뢰가 필요한지 여부를 결정하였다. 그 외에도 SCERTS 진단-관찰 실행 계획의 일부로 윤호의 능력과 요구에 대한 대표적인 행동 표본이 수집되었는지를 확인하기 위해 다음의 변수가 고려되었다: (1) 관찰 장소(예: 자연적 맥락), (2) 관찰 소요 시간, (3) 함께 있는 파트너, (4) 관찰 상황에서의 사회적 맥락의 집단 크기, (5) 활동 변인, (6) 각 관찰 동안의 전이 횟수

윤호의 팀은 SCERTS 진단-질문지를 통해 제공된 정보와 각각의 변수를 검토한 후에 윤호의 강점과 요구를 보여 주는 대표적인 행동 표본을 확보할 수 있도록 관찰 계획을 세웠다. 우선, 윤호가 대화 파트너 단계라는 점을 고려하여 관찰 소요 시간은 최소한 3~4시간으로 결정하였다. 윤호의 다양한 활동이 주로 학교 안에서 진행되기 때문에 교육 팀은 첫 관찰의 3시간을 학교에서 실시하기로 결정하였다. 이 관찰에서는 성인 파트너와 또래 파트너를 모두 포함하도록 일정을 계획하였다. 다음으로, 팀은 부모의 걱정을 다루고 SCERTS 진단-관찰의 각 교수목표의 준거를 충족하는지 결정하기 위해 학교 밖에서의 강점과 요구를 진단할 필요가 있다고 판단하여 가정과 동네에서 추가 관찰을 계획하였다. 대화 파트너 단계의 채점 기준에 의하면 특정 기술이 일관성 있고 확고하게 습득되었는지를 결정하기 위해서 윤호는 적어도 두 가지 이상의 상황(예: 학교, 가정, 지역사회)에서 적어도 세 명 이상의 파트너에게 이러한 기술을 보여야 하는데, 그 중 최소 한 명은 반드시 또래여야 한다.

관찰의 세부사항을 계획할 때 윤호의 자연적 환경에서의 대표적인 집단 크기를 확인하고 고려하였으며, 다음과 같은 사회적 상황이 선정되었다: (1) 일대일 활동(즉, 가정에서 어머니와 함께 숙제하기), (2) 소집단 활동(즉, 4명의 학급 친구들과 협동 미술 활동을 하고, 사회성 기술 집단에 두 명의 또래와 함께 참여하고, 이웃에 사는 네 명 정도의 또래와 놀이터에서 상호적인 놀이하기), (3) 대집단 활동(즉, 3학년 수준의 역사 수업과 관련된 학습지 완성하기). 이상의 장소와 집단 크기는 윤호가 매일 경험하는 일상적인 것들이기 때문에 주요 관찰 맥락으로 판별되었다.

다음으로, 윤호의 팀 리더가 부모와 교육 팀이 주로 관심을 갖고 걱정하는 부분에 대해서도 면밀하게 검토하였다. 또한 진단 팀이 정확한 결과를 얻을 수 있도록 부가적인 변수를 고려하였다. 예를 들어, 비구조화 활동 대 구조화 활동, 선호하는 활동 대 선호하지 않는 활동, 붐비는 환경 대 차분한 환경, 사회적 활동 대 혼자 하는 활동에 참여할 때 다르게 행동할 것임이 분명하였다.

이러한 정보를 근거로 학교에서의 관찰을 위해 다음과 같은 6개의 활동이 선정되었다: (1) 3학년 교실에서의 협동미술 프로젝트, (2) 사회성 기술 모임, (3) 교내 식당에서의 점심시간, (4) 쉬는 시간의 놀이터 활동, (5) 3학년 교실에서 학습지를 완성해야 하는 역사 수업, (6) 체육시간의 여가활동. 방과 후에 가정과 지역사회에서의 관찰을 위해서는 다음과 같은 3개의 추가 활동이 선정되었다: (1) 가정에서의 일상생활 활동, (2) 가정에서 어머니와 함께 숙제하기, (3) 놀이터에서 이웃 또래와 놀이하기. 부모와 교육 팀은 모두 교사가 집이나 동네로 오게 되면 윤호의 불안감이 불필요하게 증가할 수 있다는 점에 동의하였다. 따라서 윤호의 어머니는 가정에서 촬영을 하고 윤호의 대표적인 행동 표본을 얻기 위한 후속 회의에서 그 자료를 공유하기로 하였다. 그러나 활동 중에 비디오카메라 설치에 대해서 윤호를 먼저 준비시켜야 할 필요가 있다는 점에는 모두 동의하였다.

SCERTS 진단에 참여하는 모든 아동은 최소 3회 이상의 전이에서 관찰되어야 하기 때문에, 팀 리더는 윤호의 행동에 대한 대표적인 표본을 확보하기 위해 각 관찰의 일부분으로 전이를 계획하였다. 예를 들어, 첫 번째 관찰에서 팀은 협동미술 프로젝트 참여 후 사회성 기술 집단으로 전이하는 과정을 관찰하기로 계획하였다. 다음에는 사회성 기술 집단에서 점심을 먹는 식당으로 전이하는 과정을 관찰하기로 하였다. 두 번째 관찰에서는 쉬는 시간 후에 수업(즉, 역사 수업과 관련된 학습지 완성하기)을 위해 교실로 돌아오는 과정과 체육관에 가기 위해 또래와 줄을 서는 과정을 관찰하기로 하였다. 가정과 지역사회 관찰에서는 가정에서의 독립적인 여가활동과 숙제하기와 동네 아이들과 놀이하기 사이의 전이를 관찰할 수 있을 것으로 계획하였다. 윤호의 SCERTS 진단 지도에 포함된 정보는 [그림 7-1A]에서 보는 바와 같으며, 이상의 계획 과정을 요약해서 보여 주고 있다. SCERTS 진단 지도가 작성된 후 서비스 조정자는 SCERTS 진단-관찰 기록지의 표지에 관련 정보를 옮겨 적었다([그림 7-1B] 참조).

관찰 계획을 위한 SCERTS 진단 지도

이름: 윤호 날짜: 2005년 3월 7일 페이지: 1

	관찰 #: 1		관찰 #: 2	
관찰 장소 ※ 최소 2개 이상의 자연스러운 상황 포함(예: 가정, 학교, 지역사회)	3학년 교실, 언어치료실, 교내식당		학교 놀이터, 3학년 교실, 학교 체육관	
관찰 시간 ※ 총 관찰 시간: • 사회적 파트너-최소 2시간 • 언어 파트너-최소 2시간 • 대화 파트너-3~4시간	날짜/시간 2005년 3월 7일 오전 10:00-12:00		날짜/시간 2005년 3월 9일 오후 12:15- 1:15	
	관찰 소요 시간 2시간		관찰 소요 시간 1시간	
팀/파트너 ※ 최소 2개 이상의 집단 크기(일대일, 소집단, 대집단) ※ 언어 파트너 및 대화 파트너의 경우 친숙한 파트너와 친숙하지 않은 파트너 포함	팀 구성원 사회복지사, 학습지원실 특수교사		팀 구성원 학습지원실 특수교사, 언어치료사	
	파트너 및 집단 크기 소집단(2:5), 소집단(1:3), 대집단 (3:60)		파트너 및 집단 크기 대집단(2:22), 대집단(1:22), 대집단(1:22)	
활동/변인 ※ 최소 4개 변인에 따른 4개 활동 ※ 활동 변인의 주요 요소: 1a) 구조화된 1b) 비구조화된 2a) 의무적인 2b) 재미있는 3a) 성인 주도의 3b) 아동 주도의 4a) 동적인 4b) 정적인 5a) 익숙한 5b) 익숙하지 않은 6a) 선호하는 6b) 선호하지 않는 7a) 쉬운 7b) 어려운 8a) 언어 중심의 8b) 비언어적인 9a) 사회적인 9b) 혼자 하는 10a) 붐비는 10b) 차분한	활동	변인	활동	변인
	협동미술 프로젝트	9a, 6b	쉬는 시간	1b, 4a, 10a
	사회성 기술 집단	9a, 5a, 1a	역사 수업	1a, 4a, 8a
	점심시간	2a, 10a	체육 수업	3a, 4a, 9a
전이 ※ 활동, 환경, 장소 또는 파트너의 의미 있는 변화를 포함하는 최소 3개 이상의 전이 상황	1. 협동미술 프로젝트에서 사회성 기술 집단으로		1. 쉬는 시간에서 역사 수업으로	
	2. 사회성 기술 집단에서 점심 먹는 교내식당으로		2. 역사 수업에서 체육 수업으로	
	3.		3.	

[그림 7-1A] 윤호의 SCERTS 진단 지도

관찰 계획을 위한 SCERTS 진단 지도

이름: 윤호　　날짜: 2005년 3월 9일　　페이지: 2

	관찰 #: 3		관찰 #:	
관찰 장소 ※ 최소 2개 이상의 자연스러운 상황 포함(예: 가정, 학교, 지역사회)	동네 놀이터			
관찰 시간 ※ 총 관찰 시간: • 사회적 파트너-최소 2시간 • 언어 파트너-최소 2시간 • 대화 파트너-3~4시간	날짜/시간 2005년 3월 9일 오후 3:30-4:30 (촬영 후 다음날 팀이 비디오를 관찰함)		날짜/시간	
	관찰 소요 시간 1시간		관찰 소요 시간	
팀/파트너 ※ 최소 2개 이상의 집단 크기(일대일, 소집단, 대집단) ※ 언어 파트너 및 대화 파트너의 경우 친숙한 파트너와 친숙하지 않은 파트너 포함	팀 구성원 사회복지사, 언어치료사, 학습지원실 특수교사, 담임교사		팀 구성원	
	파트너 및 집단 크기 혼자 하는 놀이, 짝(1:1) - 어머니와 숙제하기 소집단(1:5) - 또래와 놀이터에서		파트너 및 집단 크기	
활동/변인 ※ 최소 4개 변인에 따른 4개 활동 ※ 활동 변인의 주요 요소: 1a) 구조화된 1b) 비구조화된 2a) 의무적인 2b) 재미있는 3a) 성인 주도의 3b) 아동 주도의 4a) 동적인 4b) 정적인 5a) 익숙한 5b) 익숙하지 않은 6a) 선호하는 6b) 선호하지 않는 7a) 쉬운 7b) 어려운 8a) 언어 중심의 8b) 비언어적인 9a) 사회적인 9b) 혼자 하는 10a) 붐비는 10b) 차분한	활동	변인	활동	변인
	독립적인 여가활동	6a, 9b		
	숙제	3a, 6b, 8a		
	놀이터	3b, 9a		
전이 ※ 활동, 환경, 장소 또는 파트너의 의미 있는 변화를 포함하는 최소 3개 이상의 전이 상황	1. 독립적인 여가활동에서 어머니와 숙제하기로		1.	
	2. 가정에서 동네 놀이터로		2.	
	3.		3.	

The SCERTS® Model: A Comprehensive Educational Approach for Children with Autism Spectrum Disorders by Barry M. Prizant, Amy M. Wetherby, Emily Rubin, Amy C. Laurent, & Patrick J. Rydell

[그림 7-1A] 계속

(1)

대화 파트너	SCERTS 진단-관찰 기록지	사회 의사소통

이름: 윤호 생년월일: 1995. 9. 7

배경 정보	윤호는 9.5세 남아로 부모와 함께 집에서 살고 있다. 윤호는 외아들이며 최근 몇 년간 자주 이사를 했다. 최근에 불안을 많이 느끼고 기질을 통제하는 데에 어려움을 겪고 있다. 부모는 윤호가 또래에 관심이 많지만 친구를 사귀고 우정을 유지하는 데에는 상당한 어려움이 있다고 보고하였다. 잠수함에 대한 열정을 보이고 관련된 이야기 하는 것을 좋아한다. 일반학급 3학년에 다니고 있으며 담임교사, 통합보조교사, 언어치료사, 학습지원실 특수교사, 사회복지사의 지원을 받고 있다.	팀 구성원	담임교사, 통합보조교사, 언어치료사, 사회복지사, 학습지원실 특수교사, 어머니, 아버지

관찰 상황			
집단 크기	☒ 일대일: 어머니와 윤호	☒ 소집단: (2:5) 일반학급 교사와 보조교사, 윤호와 4명의 또래	☒ 대집단: (3:60) 식당에서 또래 및 3명의 감독 교사와 함께
파트너	☒ 친숙한 성인: 부모, 언어치료사, 일반 학급 교사, 통합보조교사 ☒ 친숙하지 않은 성인: 식당 급식 교사	☒ 친숙한 또래/형제자매: 학급 친구들 ☒ 친숙하지 않은 또래: 지역사회 놀이터와 식당에 있는 또래들	
자연적 상황	☒ 가정: 숙제, 여가활동	☒ 학교: 3학년 학급, 식당, 놀이터, 체육관	☒ 지역사회: 지역사회 놀이터
활동 변인	1. 구조화된/비구조화된 4. 동적인/정적인 7. 쉬운/어려운 10. 붐비는/차분한	2. 의무적인/재미있는 5. 익숙한/익숙하지 않은 8. 언어 중심의/비언어적인	3. 성인 주도의/아동 주도의 6. 선호하는/선호하지 않는 9. 사회적인/혼자 하는
전이	1. 협동미술 프로젝트에서 사회성 기술 집단으로	2. 사회성 기술 모임에서 점심 먹는 식당으로	3. 쉬는 시간에서 역사 수업으로

관찰일	관찰 소요 시간
1/4 분기 시작일: 2005년 3월 7일	총 관찰 길이: 4시간
2/4 분기 시작일:	총 관찰 길이
3/4 분기 시작일:	총 관찰 길이
4/4 분기 시작일:	총 관찰 길이

SCERTS 프로파일 요약	1/4 분기	2/4 분기	3/4 분기	4/4 분기
사회 의사소통				
공동관심	21/58	/58	/58	/58
상징 사용	26/58	/58	/58	/58
정서 조절				
상호조절	22/56	/56	/56	/56
자기조절	29/64	/64	/64	/64
교류 지원				
대인관계 지원	43/66	/66	/66	/66
학습 지원	27/50	/50	/50	/50

사회-정서 성장 지표 프로파일	1/4	2/4	3/4	4/4
행복감	5/10	/10	/10	/10
자아의식	4/10	/10	/10	/10
타인의식	3/10	/10	/10	/10
적극적인 학습 및 조직화	5/10	/10	/10	/10
융통성 및 회복력	2/10	/10	/10	/10
협력 및 행동의 적절성	0/10	/10	/10	/10
독립성	5/10	/10	/10	/10
사회적 소속감 및 우정	4/10	/10	/10	/10

채점 기준:
2 = 최소 두 가지 상황에서 두 명의 파트너에 걸쳐 준거에 도달하는 행동을 일관성 있게 보임
1 = 일관성 없이 또는 하나의 활동에서 또는 보조를 받아서 준거에 도달하는 행동을 보임
0 = 관찰 또는 보고된 정보에 근거해 볼 때 준거에 도달하지 않았거나 도달할 것이라고 기대되지 않음

[그림 7-1B] 윤호의 SCERTS 진단-관찰 기록지의 표지(p. 1)

4 4단계: SCERTS 진단-관찰 기록지 작성하기

윤호의 SCERTS 진단 팀은 세 가지 관찰에서 정보를 수집하기 위해 대화 파트너 단계의 SCERTS 진단-관찰 기록지를 사용하였다. 윤호의 사회 의사소통과 정서 조절 영역에서의 강점과 요구를 진단하고 다양한 환경에서 파트너가 지닌 강점과 요구(즉, 교류 지원)를 진단하기 위해 정보가 수집되었다. 윤호의 팀은 윤호의 발달 프로파일과 부모가 사용하는 전략에 대한 구체적이고 대표적인 행동 표본을 얻기 위해서 관찰의 책임을 분담하였다. 사회복지사와 특수교사는 정서 조절과 관련된 대부분의 정보를 수집하기로 하였는데, 이는 두 사람이 두 가지 관찰 모두에 참여할 것이며 녹화된 비디오테이프를 검토할 것이기 때문이다. 윤호의 주요 우선순위인 사회적으로 보다 적절한 대처 전략 개발을 지원하는 적절한 단계를 결정하기 위해 정서 조절 능력에 대한 주의 깊은 관찰이 필요했다. 언어치료사와 담임교사는 윤호의 사회 의사소통 능력과 파트너의 교류 지원에 대한 정보를 수집하는 데 집중하기로 하였으며, 필요한 경우 다른 팀 구성원의 관찰 내용을 보완하는 역할을 맡는 데에 동의하였다.

5 5단계: 행동 표집하기

윤호의 팀은 가정과 지역사회에서의 촬영 회기를 포함하여 세 가지 계획된 관찰을 실시한 후에 SCERTS 진단-관찰 기록지를 간략하게 검토하였다. 자연적인 환경과 활동에서 상호작용을 관찰하여 풍부한 정보를 모을 수 있었지만, 아직도 사회 의사소통과 정서 조절 영역에서의 능력과 관련된 의문점이 많이 남아 있었다. 이러한 의문점은 주로 확실하게 습득한 기술인지를 알게 해 주는 풍부한 사례를 필요로 하거나 매우 구체적인 사회적 상황(즉, 주제에 대해서 잘 알지 못하는 또래와 대화에 참여하기, 조절장애가 발생하기 전에 자기조절 지원 전략 반영하기)에서의 관찰을 필요로 하는 목표들과 관련된 것이었다. 자연적인 관찰 중에는 이러한 상황이 발생하지 않았기 때문에 팀은 행동 표집이 필요하다고 생각하였다.

따라서 팀은 SCERTS 진단-관찰 기록지를 완성하기 위해 행동 표집이 필요한 다섯 가지 영역을 파악하였다. 처음 두 가지 영역은 정서를 표현하는 비구어 단서 이해하기(JA2.6)와 자신 및 타인의 정서에 대한 타당한 원인 요소 설명하기(JA2.7) 능력과 관련된다. 처음에 실시한 세 번의 관찰 동안 윤호가 파트너의 대화 참여 의지를 고려하지 않고 대화를 주도하거나 파트너의 명백한 관심 정도와 상관없이 같은 주제를 선택하고자 하는 많은 장면이 관찰되었다. 팀은 윤호가 보이는 이러한 어려움은 다른 사람이 지루해하고 흥미가 없고 귀찮아하는 등의 정서를 표현하는 비구어 단서를 읽고 이해하지 못하는 제한된 능력과 관련된다고 생각하였지만, 그래도 발달의 양상을 정확하게 진단하기 위해서는 추가적인 정보가 필요하다고 판단하였다. 마찬가지로, 팀은 윤호가 정서에 대한 타당한 원인 요소를 이해하고 있는지에 대한 충분한 정보가 없다고 판단하였다. 체육관에 가려고 줄을 서 있을 때 예기치 않게 부딪히게 된 학급 친구에게 화를 냈는데, 이때 윤호는 그 친구가 불쾌해 하는 부정적인 정서 표현이 자신의 행동과 연결된다고 생각하지 못하는 것 같았다. 윤호는 친구에게 사과하지도 않았고 미안해하지도 않았으며 친구의 정서 상태 변화에 반응조차 하지 않았다. 그러므로 윤호가 이러한 정서 표현의 비구어 신호를 해석하는지 그리고 다양한 성인이나 또래나 상황에서 나타나는 타당한 원인 요소를 인지하기 시작하였는지를 결정하기 위해서는 추가적인 행동 표집이 필요한 것으로 고려되었다.

다음으로, 팀 리더는 윤호가 다양한 문장 구조를 사용하고(SU5.4) 또래에게 필요한 정보를 제공하는(JA4.5) 능력에 대해 좀 더 자세히 알기 위해서 또래와의 대화 중에 추가 관찰이 필요하다고 결정하였다. 특히 윤호와 덜 친숙하고 윤호가 잠수함에 열중한다는 사실을 잘 알지 못하는 또래와의 대화를 관찰하는 것이 중요했다. 왜냐하면 윤호의 학급 친구들은 U-505, 시카고에 있는 산업과학박물관, 윤호 아버지의 직업인 군인과 관련된 수많은 대화를 이미 경험하였기 때문에 주제와 관련된 파트너의 사전지식에 기초하여 필요한 정보를 제공하는지를 결정하기 어려웠다. 따라서 팀은 이와 같은 기술이 윤호에게서 나타나고 있는지를 결정하기 위해서는 다른 또래나 또래 집단과의 행동 표집이 필요하다고 판단하였다.

윤호의 교육 팀은 윤호가 자기조절을 위한 전략을 아주 드물게 반영하는 것으로 관찰하였기 때문에 조절 지원 전략을 파악하고 반영하는(SR4.5) 능력은 좀 더 관찰해야 할 발달 기술 영역이라고 생각하였다. 예를 들어, 담임교사와 함께한 협동미술 프로젝트에서 두 차례에 걸쳐 윤호는 "너무 힘들어요. 쉬어도 되나요? 그러면 도움이 될 것 같아요."라고 말하였다. 어머니와 숙제를 하면서도 "선생님께서 해야 할 일 목록을 적어 두면 과제를 더 잘 끝낼 수 있다고 말씀하셨어요."라고 말하였다. 이러한 발언은 윤호가 매주 사회복지사의 일대일 지원에서 배우고 있는 전략을 참조한 것이다. 윤호가 이러한 전략을 일반화하는 것은 매우 긍정적이지만, 적어도 세 사람(또래 포함)의 파트너와 두 종류의 다른 상황에서 관찰되어야 하기 때문에 행동 표집이 필요했다.

이러한 점을 고려하여 교육 팀은 다음의 교수목표와 관련해서 좀 더 많은 정보를 수집하기로 하였다.

- JA2.6 – 정서를 표현하는 비구어 단서 이해하기
- JA2.7 – 자신 및 다른 사람의 정서에 대한 타당한 원인 요소 설명하기
- JA4.5 – 대화 주제에 대해 파트너가 알고 있는 지식을 기초로 필요한 정보 제공하기
- SU5.4 – 다양한 문장 구조 이해하고 사용하기
- SR4.5 – 조절 지원 전략 파악하고 반영하기

윤호의 팀은 이상의 남아 있는 의문점을 파악한 후에 행동 표집을 통해 질문에 답할 수 있도록 구체적으로 설정한 활동을 활용하기로 하였다. 정서를 표현하는 비구어 단서를 이해하고(JA2.6) 그러한 정서의 타당한 원인 요소를 이해하는(JA2.7) 능력에 대해서는 윤호의 행동에서 비구어 추론 기술을 볼 수 있도록 행동 표집을 계획하였다. 사회복지사는 윤호에게 30분간의 쉬는 시간 동안 놀이터에서 3학년 학생들을 관리하는 명예감독관의 역할을 하게 하였는데, 이 역할은 모든 학생이 즐거운 시간을 보내고 있는지를 확인하기 위해서 교장선생님이 고안한 직책이다. 윤호는 쉬는 시간에 3학년과는 떨어져 있어서 윤호와 별로 상호작용을 하지 않았던 일단의 또래들에게 임무를 수행하게 되었다. 게다가 윤호의 역할은 친구들과 상호작용을 하는 대신 외부인으로서 학생들을 관찰하는 것이었기 때문에 복잡한 사회적 불안 요소가 감소하고 결과적으로 평소보다 잘 조절된 상태에서 기술 측정이 가능하리라고 기대되었다. 이 활동 중에 사회복지사는 윤호에게 학생을 정해서 이들의 행동이나 표정이나 억양(운율)을 근거로 긍정적인 또는 부정적인 정서를 묘사하도록 요구하였다. 그런 후에는 관찰한 학생의 긍정적인 정서와 부정적인 정서의 원인 요소를 파악하게 하였으며, 얼마나 많은 학생이 어떤 이유로 재미있게 놀고 있는지를 교장선생님께 보고하여 그 결과를 공유하게 하였다.

다음은 윤호가 다양한 문장 구조를 사용하고(SU5.4) 또래에게 필요한 정보를 제공하는(JA4.5) 능력에 대해 좀 더 상세히 이해하기 위해서 사회성 기술 집단에서의 행동 표집을 추가로 계획하였다. 친숙하지 않은 또래에게 하루만 회기에 참여해 달라고 부탁하여 윤호와 윤호를 잘 아는 또래들이 이 새로운 파트너와 경험을 공유할 수 있게 하였다. 앞에서 언급하였듯이, 이 새로운 또래는 다른 친숙한 또래와는 달리 윤호가 선호하는 주제(예: 잠수함, 해군역사, 아버지의 직업인 군인)에 대한 배경지식을 가지고 있지 않을 가능성이 높다. 따라서 이들의 대화는 필요한 정보를 채우고 의사소통 실패를 복구하는 보다 많은 예시를 끌어낼 수 있을 것이다.

학습지원실 특수교사가 이 회기에 참여해서 관찰하기로 하였으며, 윤호의 다양한 문장 구조(즉, 능동형 평서문, 명령문, 부정문, 의문문, 삽입문, 복합문) 사용하기를 진단하기 위해서 대화 파트너 단계-문장 구조 기록지를 사용하여 각 문장 유형을 목록화하고 그 수를 계산하였다. 언어치료사는 이 추가 회기의 일부분으로 개인적인 관심과 경험에 관한 대화뿐만 아니라 설명적이고 정확한 언어 사용을 유도하기 위한 활동을 계획하였다. 이 활동은 우정지도(Friendship Map)라는 활동으로 모든 학생이 각자 평가지를 작성하는 활동이다. 중앙에는 친구의 얼굴을 그리고 그 친구를 직접 인터뷰하여 '내 친구의 생각' '내 친구가 좋아하는 활동' '내 친구가 방문했던 곳'이라는 칸을 만들어 내용을 작성한다. 윤호의 팀은 회기가 끝나기 전에 이 영역에 대한 윤호의 능력을 더 잘 이해하게 될 것이며, 학생들은 앞으로 친구의 독특한 관점을 이해하기 위한 참고 자료를 갖게 될 것이다.

팀은 윤호의 조절 지원 전략을 파악하고 반영하는 능력(SR4.5)에 대한 정보를 얻기 위해 행동 표집 일정을 계획하였다. 부모는 윤호의 발달과 관련해서 특히 이 영역에 대해 강한 관심을 보였는데, 왜냐하면 윤호가 긍정적이고 건설적인 태도로 혼잣말을 할 수 있을 때 성공적으로 참여하고 잘 조절된 상태를 유지하는 능력이 향상된다고 생각하였기 때문이다. 그렇지만 윤호는 아직 성인의 지도에 지나치게 의존하고 스스로 조절 전략을 파악하거나 반영하는 능력을 갖고 있지 않은 것으로 보였다. 부모는 윤호가 다가올 활동을 반영하고 미리 준비하기 위한 전략을 결정하는 등의 독립적인 기술에 대해 추가적으로 기록해 줄 것을 요청하였다. 이들은 수집된 모든 정보를 다음 SCERTS 진단 회의에 가지고 가서 이 모든 새로운 정보를 요약하고 이전의 SCERTS 진단-관찰 결과와 통합해서 SCERTS 진단 요약지를 완성하게 될 것이다.

6 6단계: SCERTS 진단 요약지로 정보 정리하고 통합하기

초기 관찰과 행동 표집을 마친 후 교육 팀과 부모는 회의를 소집하고 다음과 같은 두 가지 주요 정보를 정리하고 통합하였다: (1) SCERTS 진단-관찰 기록지에 요약된 강점과 요구, (2) SCERTS 진단-관찰 결과에 대한 가족의 견해.

A. 주요 정보원 1: 강점과 요구 요약하기

A-1. 사회 의사소통: 공동관심

팀 회의에서 윤호의 부모와 교육 팀은 먼저 공동관심과 관련된 강점과 요구를 결정하는 데에 중점을 두었다. 앞에서도 언급하였듯이, 윤호의 부모는 윤호가 할 말도 많고 언제든지 대화를 시작할 수 있으며, 특히 누군가가 다양한 잠수함의 기계설비에 대한 관심을 보이는 경우 더욱 그러하다고 말하였다. 그러나 윤호는 또래와 공동관심을 유지하는 데에는 거의 성공적이지 못하며, 진정한 의미의 친구가 아직 없다. 팀은 SCERTS 진단을 위한 관찰 중에 이러한 패턴을 확인하였는데, 즉 친구를 사귀는 것뿐만 아니라 친구 관계망까지 형성되어야 할 3학년 교실에서 혼자 서 있는 것이 종종 관찰되곤 하였다. 대화 파트너 단계에서 공동관심은 특정 파트너가 좋아하는 대화 주제를 선택하고, 파트너에게 전달할 배경 정보의 양을 예상하며, 파트너의 관점을 더 잘 알기 위하여 현재, 과거, 미래 사건에 대한 정보를 요청하는 능력을 지원하는데, 팀 리더는 윤호가 이러한 능력에서 얼마나 지체되었는지를 논의하였다. 이러한 능력은 파트너에게 즐거움을 더해 주기 때문에 결과적으로 아동과의 참여를 원하고 유지하고자 하는 동기를 증진시킴으로써 우정 형성의 기반을 이루게 한다.

SCERTS 진단-관찰을 통해서 얻은 정보에 의하면 공동관심과 관련된 능력과 요구에 대한 불균형적인 프로파일은 윤호가 또래 사이에서 낙인되게 만들고 있음이 분명하였다. 윤호에게는 다양한 파트너나 상황에 걸쳐 자신의 의도를 공유하는 훌륭한 능력이 있지만, 정서를 표현하는 파트너의 비구어 단서를 이해하거나 파트너의 정서 반응에 따라 자신의 언어와 행동을 수정하는 능력이 부족하기 때문에 매우 부자연스럽고 민감하지 못한 대화 양상을 보인다. 예를 들어, 체육시간에 발야구 활동을 하는 윤호를 관찰한 언어치료사는 윤호가 자신이 원하는 활동을 요구하기 위해서 의도를 공유하는 데에는 아무런 문제가 없어 보였다고 하였다(예: "나는 심판을 하고 싶어. 그러면 세이프인지 아웃인지를 말할 수 있지."). 윤호는 휴식을 요청하거나(예: "재미없어요. 쉬어도 되나요?"), 원하지 않는 활동을 거절하거나(예: "너랑 짝하기 싫어. 넌 언제나 느려."), 학급 친구들과 차례를 조절하는(예: "너는 벌써 했잖아. 이제 내 차례야.") 능력을 보이기 시작하였다. 실제로, 언어치료사는 윤호가 활동 중에 상당히 자유롭게 자신의 생각을 말하는 것으로 관찰되었다고 기록하였다.

윤호가 보이는 규칙에 대한 흑백논리식의 집착은 학급 친구들에게 교사와 같은 말투로 말하면서 규율부장의 역할을 하게 만드는 것 같았다. 예를 들어, 체육교사가 발야구 게임에 대해 설명한 후부터 윤호는 학급 친구가 규칙을 따르지 않을 때마다 지적하여 규칙을 말해 주었다. 따라서 윤호는 다른 사람의 행동을 안내하려는 목적으로 의도를 공유하는 능력을 가지고 있는 것이 분명하였다. 그러나 그러한 행동을 할 때 정서를 표현하는 비구어 단서를 이해하는 능력이 부족하여 자신의 말과 행동이 친구들을 몹시 불쾌하게 만든다는 사실을 인지하지는 못하였다. 파트너의 정서 반응에 따라 자신의 언어와 행동을 수정하는 능력이 부족하여 결국 몇몇 또래는 윤호의 행동을 흉내 내고 심지어 등 뒤에서 놀리게까지 되었다.

공동관심과 관련된 능력과 요구에 대한 불균형적인 프로파일은 윤호가 친숙하거나 친숙하지 않은 또래와 더 친밀하게 대화를 교환하는 능력에도 영향을 미치는 듯했다. 윤호는 의견을 말하고 현재, 과거, 상상 속의 사건에 대해 요청된 정보를 제공함으로써 공동관심을 위한 의도를 공유한다는 점에서는 비교적 강점을 보이는 것이 분명하였다. 그러나 특정 파트너의 흥미나 지식을 근거로 정보를 수정하는 능력이 부족하여 자주 대화의 실패를 경험하게 된다.

사회성 기술 집단(세 명의 친숙한 또래와 한 명의 친숙하지 않은 또래)을 관찰한 학습지원실 특수교사는 윤호가 말을 많이 하고 일방적이라고 지적하였다. 윤호는 또래가 질문할 때 정보를 제공하는 것을 즐거워했지만, 대답 후에 또래에 대해서 알기 위한 질문을 다시 하는 경우는 거의 없었으며 주로 자신이 계속 말하는 것을 좋아하였다. 예를 들어, "추수감사절 휴가 때 어디 갔었니?"라고 친구가 물으면, 윤호는 "시카고에 있는 산업과학박물관에 갔어. U-505는 내가 생각했던 것보다 더 길더라. 나는 한 212피트 정도인 줄 알았는데 실제로는 251피트였어. 22개의 어뢰와 총 세 자루가 있는데 그 중에서 두 개는 대공포야. 어제는 U-505기를 포로

SCERTS (2)

대화 파트너	SCERTS 진단-관찰 기록지	사회 의사소통

이름: 윤호

1/4	2/4	3/4	4/4	공동관심
1. 관심 공유하기				
1				JA1.1 사회적 파트너의 관심 초점 따르기(=SR1.2)
1				JA1.2 의도를 나타내기 전에 자신에게로 주의 끌기
0				JA1.3 관심의 초점 변화에 대한 비구어 단서 이해하기
1				JA1.4 파트너가 보거나 들은 것을 기초로 언어 수정하기
1				JA1.5 파트너와 내적 사고나 정신적 계획 공유하기
2. 정서 공유하기				
2				JA2.1 초기 정서 단어 이해하고 사용하기(=MR1.1, SR3.1)
2				JA2.2 다른 사람의 정서 상태를 초기 정서 단어로 묘사하기
1				JA2.3 상위 수준 정서 단어 이해하고 사용하기(=MR1.2, SR3.2)
0				JA2.4 다른 사람의 정서 상태를 상위 수준 정서 단어로 묘사하기
0				JA2.5 단계적인 정서 이해하고 사용하기(=MR1.3, SR3.3)
0				JA2.6 정서를 표현하는 비구어 단서 이해하기(=SU2.2)
0				JA2.7 자신 및 다른 사람의 정서에 대한 타당한 원인 요소 설명하기
3. 다양한 목적을 위해 의도 공유하기(↔JA5.2, SU4-SU5)				
1				JA3.1 다른 사람의 행동을 조절하기 위해 의도 공유하기(=MR4.3) ☒a. 원하는 사물이나 활동 요구하기 ☐b. 도움 청하기 ☒c. 휴식 요구하기 ☒d. 원하지 않는 사물이나 활동 거절/거부하기
1				JA3.2 사회적 상호작용을 위해 의도 공유하기(=MR4.4) ☒a. 인사하기 ☒b. 부르기 ☐c. 위로 구하기 ☒d. 차례 조절하기 ☐e. 허락 구하기 ☐f. 파트너 칭찬하기 ☐g. 공감 표현하기 ☐h. 비밀 공유하기
1				JA3.3 공동관심을 위해 의도 공유하기(=MR4.5) ☒a. 현재, 과거, 상상의 사건 언급하기 ☒b. 현재 또는 과거 사건에 대해 요구된 정보 제공하기 ☐c. 현재, 과거, 미래 사건에 대한 정보 요구하기 ☒d. 기분이나 의견 표현하기 ☐e. 결과 예상하고 계획하기
4. 상호적 상호작용에서 경험 공유하기				
2				JA4.1 경험을 공유하기 위해 청자 및 화자의 역할을 바꾸어 가며 상호작용하기(=SR1.3)
1				JA4.2 다양한 대화 주제 시작하기
0				JA4.3 파트너의 관심에 맞게 대화 시작하고 유지하기
0				JA4.4 관련된 정보를 요구하거나 제공하여 상호작용 유지하기
1				JA4.5 대화 주제에 대해 파트너가 알고 있는 지식을 기초로 필요한 정보 제공하기
0				JA4.6 파트너에 따라 대화 차례의 길이 및 내용 판단하기
1				JA4.7 파트너와 함께하기를 선호하기
0				JA4.8 관심을 공유하는 파트너와 우정 맺기
5. 의사소통 실패를 복구하고 지속하기				
2				JA5.1 맥락에 적절한 비율로 의사소통하기
1				JA5.2 의사소통 실패를 복구하기 위해 반복하거나 수정하기(↔JA3)
1				JA5.3 의사소통 실패를 인식하고 명료화 요구하기
0				JA5.4 파트너의 의견 변화에 따라 언어 및 행동 수정하기
0				JA5.5 파트너의 정서 반응에 따라 언어 및 행동 수정하기
0				JA5.6 상호작용 중에 성취감 및 자신감 표현하기

채점 기준: 2=일관성 있게 준거에 도달함(두 가지 상황에서 두 명의 파트너에 걸쳐), 1=일관성 없이 준거에 도달하거나 보조를 받아서 도달함, 0=준거에 도달하지 못함

[그림 7-2] 윤호의 SCERTS 진단-관찰 기록지(공동관심)

로 잡았을 때 독일 해군에서 보낸 비밀 명령을 해독하는 암호문을 입수했다는 것도 알게 되었다."라고 대답하였다.

질문에 이렇게 길게 대답을 하면서 윤호는 자기 차례의 적당한 길이를 계산하거나 또래의 입장을 질문(예: "너도 그 박물관에 가 봤니?")할 수 있는 적절한 기회를 판단하기 위해서 자신이 제공하는 정보에 대한 또래의 정서 반응을 모니터하는 데에 어려움을 보였다. 게다가, 갑작스러운 주제 전환은 파트너가 자신의 의도를 따를 수 있도록 관련되고 필요한 배경정보를 제공하는 윤호의 능력을 방해하였다. 방금 제시한 사례를 예로 들자면, 학습지원실 특수교사는 윤호가 가족휴가에 대한 정보와 이번 주에 온라인 검색으로 학습한 정보를 혼합하고 있었으며, 이러한 양상은 대화 파트너에게 큰 혼동을 일으킨다고 지적하였다. 현재 공동관심 요소 중 윤호가 보이는 강점과 요구 영역 프로파일에 대한 요약 정보는 SCERTS 진단-관찰 기록지와 SCERTS 진단 요약지에서 볼 수 있다([그림 7-2]와 [그림7-8] 참조).

A-2. 사회 의사소통: 상징 사용

윤호의 공동관심 능력에 대한 기초선을 설정한 후에 교육 팀은 가족과 함께 상징 사용에 대한 강점과 요구를 결정하였다. 앞에서도 언급하였듯이, 관찰 및 대화 파트너 단계-문장 구조 기록지를 통해 얻은 정보에 의하면 윤호는 의미를 표현하기 위해 생성적인 언어를 이해하고 사용하는 능력 등 상징 사용의 특정 측면에서 뛰어난 능력을 보였다. 윤호는 다양한 상황에서 폭넓은 범위의 간단하거나 복잡한 문장 구조로 의사소통했으며, 3학년 수준에 비해 뛰어난 어휘 능력을 갖고 있었다. 이러한 강점에도 불구하고 교육 팀과 부모는 상징 사용에 있어서의 수많은 약점도 파악하였는데, 이러한 약점은 다양한 파트너와 맥락에 따른 의사소통자로서의 능력을 제한하였다.

팀은 윤호의 학습 전략 범위를 확장하는 일환으로 언어 사용에 대해 의논하였다. 앞에서도 논의하였듯이, 부모는 윤호가 사회적 상황에서 혼잣말을 할 수 있을 때 훨씬 더 성공적이라고 느꼈다. 교육 팀과 부모는 윤호가 낯선 상황에서는 조절 전략을 파악하는 데에 성인의 지도에 지나치게 의존적이지만 좀 더 익숙한 일과에서는 자신의 행동을 조절하기 위해서 혼잣말 사용 능력을 내재화하였다고 느꼈다. 예를 들어, 학습지원실 특수교사는 윤호가 역사 학습지 과제를 수행하면서 스스로에게 "맨 위에 이름을 쓰시오." "제출함에 넣으시오." "책상을 치우시오. 체육

시간입니다."라고 말하는 것을 관찰하였다. 전이 중에 다소 큰 목소리로 혼잣말을 하기는 했지만, 윤호의 언어는 분명하게 행동을 안내하였고 통합보조교사가 제공하는 지원의 필요를 감소시켰다.

이와는 반대로 팀은 성공적으로 협상하거나 양보하기 위해 언어를 사용하는 능력과 같이 또래와의 협동학습 활동에서 언어를 사용하는 능력이 얼마나 제한되었는지에 대해서도 논의하였다. 예를 들어, 윤호가 동네 놀이터에서 친구에게 얼음땡 게임을 하자고 제안하였을 때 친구가 자기는 TV 얼음땡 게임(친구를 풀어 주기 위해서는 TV 프로그램 이름을 말해야 하는 게임)을 더 좋아한다는 말로 부정적인 반응을 보였는데 이때 윤호는 친구가 자신의 제안을 완전히 거절한 것으로 오해하였다.

친구들은 윤호가 제안한 놀이에 대해서 논의하고 절충할 의지가 있었음에도 윤호는 자신의 오해와 융통성 없음으로 인하여 그러한 기회를 날려 버렸다. 팀은 윤호가 또래와 협상하거나 양보하기 위해 언어를 사용하는 능력이 제한되었으며 이로 인해서 또래 관계를 발전시키는 데에 문제가 되고 있고 따라서 프로그램에서 주요 강조점을 둔 교수목표로 삼아야 한다고 느꼈다.

다음으로, 팀은 윤호가 정서를 표현하는 비구어 단서를 이해하는 데 어려움을 보인다는 점을 고려하여 실제로 윤호가 비구어 단서 및 행동이 파트너가 전하는 메시지의 의미에 얼마나 영향을 미치는지를 인식하고 있는지에 대해 알아보기로 하였다. 사회복지사는 윤호가 운동장에서 명예감독관 역할을 수행할 때 아주 기본적인 얼굴 표정과 몸짓(예: 화가 난, 행복한)은 구별할 수 있었지만 보다 미세한 정서(예: 지루함, 좌절, 귀찮음)나 문제 해결을 지원하기 위한 억양 사용은 힘들어한다는 것을 관찰하였다. 억양은 농담을 이해하는 데에 중요한 역할을 하기 때문에 윤호의 이와 같은 어려움은 농담을 이해하는 데에도 영향을 미쳤다. 윤호의 부모는 윤호가 농담을 할 때 억양이 단조롭고 듣는 사람의 반응에 별로 관심이 없는 것처럼 보인다고 SCERTS 진단-질문지에 기록하였다. 사실 윤호는 먼저 얘기한 농담에 반응할 시간도 주지 않고 다른 농담을 시작하곤 하였다. 이러한 어려움은 윤호가 비문자적인 의미를 알아차리고 이해하는 능력을 제한시키는 것으로 보인다. 예를 들어, 사회성 기술 집단을 관찰하는 중에 학급 친구들이 "교내식당에 과일이 부족해서 오늘 점심은 취소되었대."라고 말하자 윤호는 이내 고조된 불안감을 보이며 "학교는 점심을 취소할 수 없어. 매일 12시는 점심식사 시간이란 말이야."라

(3)

대화 파트너	SCERTS 진단-관찰 기록지	사회 의사소통

이름: 윤오

1/4	2/4	3/4	4/4	상징 사용
1. 모방, 관찰, 교수 및 협력을 통해 학습하기				
2				SU1.1 시간이 경과된 후 다른 맥락에서 다양한 행동을 자발적으로 모방하기
1				SU1.2 사회적 행동을 안내하기 위해 파트너가 시범 보인 행동 사용하기(=MR3.3)
1				SU1.3 행동을 안내하기 위해 성인이 시범 보인 내재화된 규칙 사용하기(=SR4.1)
1				SU1.4 행동을 안내하기 위해 자기점검이나 혼잣말 사용하기(=SR4.3)
0				SU1.5 문제를 해결할 때 또래와 협력하고 타협하기(=MR3.4)
2. 상호적 상호작용에서 비구어 단서와 비문자적 의미 이해하기				
1				SU2.1 차례 주고받기 및 주제 변화에 대한 비구어 단서 이해하기
0				SU2.2 정서를 표현하는 비구어 단서 이해하기(=JA2.6)
0				SU2.3 유머와 비유적 표현의 비구어 단서 및 비문자적 의미 이해하기
0				SU2.4 놀림, 비꼬는 말, 속임수의 비구어 단서 및 비문자적 의미 이해하기
3. 극놀이와 여가활동에 관습적인 방식으로 참여하기				
2				SU3.1 익숙한 사건에 관한 놀이에서 행동의 논리적 순서 사용하기
2				SU3.2 모형이나 추상적 사물을 소품으로 사용하기
2				SU3.3 덜 익숙한 사건에 관한 놀이에서 행동의 논리적 순서 사용하기
1				SU3.4 극놀이에서 역할을 맡아 참여하기
1				SU3.5 다른 아동과 공동의 놀이 활동에 참여하기
0				SU3.6 극놀이에서 역할을 맡아 또래와 협력하기
1				SU3.7 규칙이 있는 집단 놀이 활동에 참여하기
4. 맥락에 적절한 몸짓이나 비구어 행동 사용하기(↔ JA3, MR1)				
1				SU4.1 맥락과 파트너에 맞게 적절한 얼굴 표정 사용하기
0				SU4.2 맥락과 파트너에 맞게 적절한 몸짓 사용하기
0				SU4.3 맥락과 파트너에 맞게 적절한 자세 및 근접성 사용하기
0				SU4.4 맥락과 파트너에 맞게 목소리 크기와 억양 사용하기
5. 의미를 표현하기 위해 생성적 언어 이해하고 사용하기(↔ JA3, MR1)				
2				SU5.1 다양한 상위 수준 관계어 이해하고 사용하기 ☒a. 의문사 ☒b. 시간 관계 ☒c. 물리적 관계 ☒d. 수 관계 ☒e. 장소 어휘 ☒f. 친족 어휘 ☒g. 원인 어휘
2				SU5.2 어떤 것을 나타내는 지시어 이해하고 사용하기 ☒a. 주격 대명사 ☒b. 기타 대명사 ☒c. 관사 ☒d. 복수
2				SU5.3 다양한 동사구 이해하고 사용하기 ☒a. 본동사 ☒b. 시제 ☒c. 조동사 ☒d. 법조동사 ☒e. 부정어
2				SU5.4 다양한 문장 구조 이해하고 사용하기 ☒a. 능동형 평서문 ☒b. 명령문 ☒c. 부정문 ☒d. 의문문 ☒e. 삽입문 ☒f. 복합문
2				SU5.5 구어나 쓰기 담화에서 연결된 문장 이해하고 사용하기
6. 대화 규칙 따르기				
0				SU6.1 관습에 따라 대화 시작하고 차례 주고받기
0				SU6.2 관습에 따라 대화 주제 전환하기
0				SU6.3 관습에 따라 대화 종료하기
0				SU6.4 예의범절에 대한 관습 따르고 표현하기

채점 기준: 2=일관성 있게 준거에 도달함(두 가지 상황에서 두 명의 파트너에 걸쳐), 1=일관성 없이 준거에 도달하거나 보조를 받아서 도달함, 0=준거에 도달하지 못함

[그림 7-3] 윤호의 SCERTS 진단-관찰 기록지(상징 사용)

고 반응하였다. 일과에 대한 문자적인 이해와 친구의 놀리는 비구어 단서(예: 미소, 치켜 올라간 눈썹, 과장된 억양)를 이해하지 못하는 제한된 능력이 합쳐지면서 친구의 말이 진실이 아니라는 사실을 인식하는 능력에 분명한 영향을 미친 것이다.

관찰 중에 교육 팀은 또한 윤호가 특정 상황에서의 사회적 규칙이나 기대를 근거로 몸짓, 비구어 행동, 대화 관습을 적절하게 사용하는 데에 어려움을 보인다는 사실을 알게 되었다. 언어치료사는 윤호가 교실에서 학습지를 완수하고 체육 수업으로 전이하는 동안 혼잣말을 할 때 교실 상황에 맞지 않는 크기의 음성을 사용하는 것을 관찰하였다. 언어치료사는 그 상황에서 이러한 행동은 분명히 윤호의 조절을 지원한다고 생각하였지만, 학급 친구들은 윤호를 힐끗거리고 서로 쳐다보면서 웃었으며 윤호의 행동을 이상하다고 생각하는 것 같았다. 따라서 상징 사용(과 자기조절)의 이와 같은 측면을 주요 우선순위에 두기로 하였는데, 이것은 윤호가 또래 사이에서 스스로 만들어 가고 있는 인상이 중요하기 때문이었다. 다음으로, 학습지원실 특수교사와 언어치료사는 윤호가 또래와의 대화 주제가 흥미롭지 않을 때 그냥 걸어가 버리는 것을 관찰하였기 때문에 윤호는 상호작용 중에 차례를 교환하는 관습을 따르거나 사회적으로 적절한 방법으로 상호작용을 끝마치는 데에 지속적인 어려움을 보인다고 지적하였다. 현재 상징 사용 요소 중 윤호가 보이는 강점 및 요구 프로파일에 대한 요약 정보는 SCERTS 진단-관찰 기록지와 SCERTS 진단 요약지에서 볼 수 있다([그림 7-3]과 [그림 7-8] 참조).

A-3. 정서 조절: 상호조절

윤호의 교육 팀과 부모는 상호조절 영역에서의 윤호의 강점과 요구에 대해 논의하였다. SCERTS 진단-관찰을 통해 수집한 정보를 기초로 세 가지 주요 취약점이 파악되었다: (1) 정서 단어를 일관성 있게 이해하고 사용하는 능력, (2) 점진적인 정서를 이해하고 사용하는 능력, (3) 사회적으로 적절하고 관습적인 방법으로 도움을 청하기 위해서 파트너가 제공하는 피드백에 반응하는 능력. 팀은 상호 조절에 있어서의 이와 같은 어려움이 윤호가 교실에서 또래로부터 점점 더 사회적으로 고립되거나 정서적으로 변덕스럽고 폭발적인 성향을 보이는 것에 적어도 부분적으로 기여했을 것이라고 생각하였다.

먼저, 팀은 상호조절을 위한 도움을 청하고 파트너로부터 도움을 확보하기 위한 주요 요소인 다양한 정서를 표현하는 초기 또는 상위 수준 정서 단어를 사용하는 능력에 대하여 논의하였다. 윤호는 다양한 정서 단어를 이해하고 상황에 따라서는 사용할 줄도 알지만 SCERTS 진단-관찰 정보에 의하면 이러한 단어를 사용해서 자신의 내적인 상태를 표현하는 데에는 일관적이지 않았다. 예를 들어, 윤호는 체육시간에 발야구를 할 때 반대편 친구가 자신의 파울볼을 잡자 매우 화를 내고 격양되었다. 윤호는 경기 규칙을 배운 지 얼마 안 되어 파울볼을 잡아도 제대로 찬 공을 잡았을 때와 같은 결과(즉, 타자가 아웃됨)를 가져온다는 사실을 모르고 있었다. 윤호는 자신의 정서를 표현하기 위해 언어(예: "나는 그런 규칙을 몰랐어. 그래서 화가 나.")를 사용하는 대신에 몹시 흥분해서 제2차 세계대전 때 흔했던 잠수함의 어뢰 이름을 중얼거리면서 경기장을 앞뒤로 오락가락하기 시작하였다. 윤호의 표정은 경직되었고 화가 나 있는 것이 분명했는데, 친구들과 교사에게는 이러한 정서 신호를 전달하지 못하였다. 따라서 교육 팀은 윤호가 상호조절을 위한 도움청하기를 중요한 요소로 배울 필요가 있다고 생각하였다. 윤호는 조절을 위해서 민감하고 반응적인 파트너, 즉 일반적으로는 친숙한 성인의 지원에 계속해서 의존하고 있다. 앞의 예에서, 통합보조교사는 경기가 최대한 방해받지 않도록 경기장 옆쪽으로 윤호를 불러 대화를 나누었다. 그러나 윤호는 완전히 회복해서 경기에 다시 참여하지는 않은 것으로 관찰되었다.

SCERTS 진단-관찰을 하는 동안 윤호의 다양한 정서를 표현하는 능력은 점진적인 정서를 이해하지 못하고 파트너의 피드백에 따라 정서 표현을 수정하지 못하기 때문에 더욱 가중되고 있는 것으로 보였다. 학교와 가정 모두에서 윤호의 정서 표현의 범위는 지나치게 평이하거나 지나치게 불안정한 것으로 관찰되었다. 이러한 설명에 대해 부모도 동의하였는데, 왜냐하면 이들 역시 윤호의 정서 표현이 이거 아니면 저거의 형태로 나타난다고 보고하였기 때문이다. SCERTS 진단-질문지에도 기입하였듯이, 윤호의 교사는 윤호가 교실에서 매우 폭발적이고 예측하기 힘들다고 지적하였다. 예를 들어, 윤호는 프로젝트 중에 친구가 자신의 기대에 맞지 않는 제안을 하면 소리를 지르거나 교사에게 말대꾸를 하거나 책상 위의 물건을 쓸어 버리는 등의 행동을 보였다.

SCERTS 진단-관찰 동안 윤호의 폭발적인 행동은 협동미술 프로젝트에서 친구가 자신의 연필을 사용하거나 또는 교사가 도움이 필요한지 묻기 위해 어깨를 툭툭 치는 등 아주 사소한 사건 중에 나타났다. 연필이 없어진 것을 알고 또래에게 화를 내며 야단을 치거나 교사가 도움이 필요한지 물은 후에 연습지를 던져 버리는 식의 반응은 매우 놀랍고 극단적이기까지 했다. 팀은 윤호가 종종 다른 사람의 몸짓(예: 또래가 윤호의 책상에 가까이 다가옴)이나 비구어 단서(예: 교사가 어깨를 살짝 두드림)를 특히 자신이 예상하지 못한 상황에서는 위협적이라고 생각하며, 분명한 구어와 함께 제시되지 않으면 이러한 단서의 의도나 의미를 해석하지 못한다는 사실을 상기하였다. 사회적 상황 단서를 참조하지 못함으로 인하여 윤호는 교사가 도와주기 위해 어깨를 두드리는 것과 부적절한 행동을 꾸중하는 것을 구분하지 못하며, 결과적으로 혼동과 불안을 경험하게 된다. 그러므로 윤호의 팀은 윤호가 교사의 의도를 이해하지 못하였기 때문에 자신을 보호하기 위한 방법으로 극심한 정서 반응을 사용한다고 생각하였다. 이렇게 구체적이고 합리적인 이유가 있다고 하더라도 이러한 극도의 반응은 윤호가 점진적인 방법으로 정서를 표현하지 못하는 것을 보여 주는 것이다. 왜냐하면 가장 온건한 상황에서조차도 각성 상태나 정서의 급작스러운 변화가 나타나기 때문이다.

뿐만 아니라, 윤호는 파트너가 사회적으로 그리고 관습적으로 적절한 태도로 도움을 청하도록 지원하기 위해서 제공한 피드백에 반응하지 못하기 때문에 결과적으로 교사의 도움을 확보하는 데에서도 어려움을 갖게 된다. 이러한 어려움은 또한 또래와의 우정을 형성하는 데에도 영향을 미친다. SCERTS 진단-관찰 중에 사회복지사는 윤호가 미성숙하고 비관습적인 정서 표현으로 인하여 또래 간에 낙인찍히고 있으며 또래로부터 점점 더 고립되고 있다는 사실을 알게 되었다. 거의 모든 파트너는 발걸음이 빨라지거나 혼잣말을 하거나 셔츠 자락이나 소매를 비트는 등 불안을 나타내는 정서 신호를 이해할 수 있었지만, 강도 높은 정서 표현이나 잠수함 이야기 또는 명백한 내적 관심은 윤호가 또래로부터 외면당하게 만들었다. 한 예로, 발야구 게임에서 또래들은 윤호의 행동에 의해 돌아서게 되었으며 어떻게 윤호가 다시 놀이에 참여하도록 도울 수 있는지도 알지 못하였다. 체육시간에 줄 서 있는 친구에게 화를 냈을 때에도 그 친구는 재빠르게 뒤로 물러서서 다른 친구에게로 가 버렸다. 윤호의 팀은 이렇게 각성과 불안이 고조되는 상태는 구조화되지 않은 환경, 전이, 협상이 필요한 활동, 그리고 예상치 못한 사건이나 자극을 경험할 때 가장 잘 나타난다는 것을 알게 되었다. 그러므로 이러한 상황에서 윤호의 정서 조절과 표현을 강화하기 위한 교류 지원의 필요성은 매우 중요한 우선순위로 고려되었다. 현재 상호조절 요소 중 윤호가 보이는 강점과 요구 영역 프로파일에 대한 요약 정보는 SCERTS 진단-관찰 기록지와 SCERTS 진단 요약지에서 볼

(4)

대화 파트너	SCERTS 진단-관찰 기록지	정서 조절

이름: 윤호

1/4	2/4	3/4	4/4	상호조절
1. 다양한 정서 표현하기(↔SU4-SU5)				
2				MR1.1 초기 정서 단어 이해하고 사용하기(=JA2.1, SR3.1)
1				MR1.2 상위 수준 정서 단어 이해하고 사용하기(=JA2.3, SR3.2)
0				MR1.3 단계적인 정서 이해하고 사용하기(=JA2.5, SR3.3)
1				MR1.4 파트너의 피드백에 따라 정서 표현 바꾸기
1				MR1.5 정서를 표현하는 비구어 단서 사용하기
2. 파트너가 제공하는 지원에 반응하기				
1				MR2.1 파트너의 위로에 진정하기
1				MR2.2 파트너가 주의를 환기시킬 때 참여하기
2				MR2.3 상호작용 시도에 반응하기
1				MR2.4 파트너의 정서 표현 변화에 반응하기
0				MR2.5 파트너의 정서 표현 변화에 동조하기
1				MR2.6 파트너가 제공한 정보나 전략에 반응하기
3. 행동에 대한 피드백 및 안내에 반응하기				
1				MR3.1 정서 표현의 적절성에 대한 피드백에 반응하기
0				MR3.2 조절 전략의 적절성에 대한 피드백에 반응하기
1				MR3.3 사회적 행동을 안내하기 위해 파트너가 시범 보인 행동 사용하기(=SU1.2)
0				MR3.4 문제를 해결할 때 또래와 협력하고 타협하기(=SU1.5)
0				MR3.5 합의점에 도달하기 위해 타협하는 동안 파트너의 의견 수용하기
4. 상태를 조절하기 위해 파트너에게 도움 청하기				
1				MR4.1 위로를 구하기 위해 부정적인 정서 공유하기
1				MR4.2 상호작용을 하기 위해 긍정적인 정서 공유하기
1				MR4.3 다른 사람의 행동을 조절하기 위해 의도 공유하기(=JA3.1) ☒a. 원하는 사물이나 활동 요구하기 ☐b. 도움 청하기 ☒c. 휴식 요구하기 ☒d. 원하지 않는 사물이나 활동을 거절/거부하기
1				MR4.4 사회적 상호작용을 위해 의도 공유하기(=JA3.2) ☒a. 인사하기 ☒b. 부르기 ☐c. 위로 구하기 ☒d. 차례 조절하기 ☐e. 허락 구하기 ☐f. 파트너 칭찬하기 ☐g. 공감 표현하기 ☐h. 비밀 공유하기
1				MR4.5 공동관심을 위해 의도 공유하기(=JA3.3) ☒a. 현재, 과거, 상상의 사건 언급하기 ☒b. 현재 또는 과거 사건에 대해 요구된 정보 제공하기 ☐c. 현재, 과거, 미래 사건에 대한 정보 요구하기 ☒d. 기분이나 의견 표현하기 ☐e. 결과 예상하고 계획하기
0				MR 4.6 갈등 및 문제 해결 상황에서 지원 요구하기
5. 파트너의 지원을 받아 극심한 조절장애로부터 회복하기				
1				MR5.1 활동으로부터 떨어져 있게 하는 방법으로 회복을 지원하는 파트너의 노력에 반응하기
1				MR5.2 파트너의 행동 전략 사용에 반응하기
1				MR5.3 파트너의 언어 전략 사용에 반응하기
1				MR5.4 상호작용이나 활동에 다시 참여하게 하기 위한 파트너의 시도에 반응하기
0				MR5.5 파트너의 지원을 받아 극심한 조절장애로부터 회복되는 시간 단축하기
0				MR5.6 파트너의 지원을 받아 극심한 조절장애 상태의 강도 줄이기

채점 기준: 2=일관성 있게 준거에 도달함(두 가지 상황에서 두 명의 파트너에 걸쳐), 1=일관성 없이 준거에 도달하거나 보조를 받아서 도달함, 0=준거에 도달하지 못함

[그림 7-4] 윤호의 SCERTS 진단-관찰 기록지(상호조절)

수 있다([그림 7-4]와 [그림 7-8] 참조).

A-4. 정서 조절: 자기조절

다음으로, 윤호의 교육 팀과 부모는 윤호의 자기조절 능력과 요구에 대해 논의하였다. SCERTS 진단을 통해 수집된 정보를 토대로 팀은 윤호가 각성 및 정서 상태를 스스로 조절할 때 사용하는 행동, 언어, 초인지 전략 등 윤호가 현재 보이는 자기조절 전략 목록에 대해 의견을 나누었다. 팀은 또한 다음과 같은 두 가지 주요 취약점도 파악하였다: (1) 사회적으로 관습적인 조절 전략을 사용하기 위해 성인의 지도 또는 안내에 대한 의존, (2) 익숙한 활동뿐만 아니라 비구조화 활동이나 전이와 같은 새롭고 변화하는 상황에서 각성 상태를 조절할 수 있게 해 주는 상위 수준의 초인지 전략 사용이 제한됨.

먼저, 팀은 관찰 중에 윤호가 일관성 있게 사용한 행동 전략의 목록을 작성하였다: (1) 발걸음 빨리하기, (2) 셔츠 비틀기, (3) 불편한 상황으로부터 가 버리거나 달아나기. 문제가 되거나 부적절한 행동으로는 (1) 화내기, (2) 탁자나 책상 위의 물건을 확 쓸어 버리기가 포함된다. 팀은 이러한 전략이 자기조절을 위한 초기 시도로 역할을 할 뿐만 아니라 파트너에게 조절장애의 징후를 알려 준다고 판단하였다. 또한 팀은 이러한 전략이 윤호의 학습이나 다른 사람과의 상호작용을 항상 지원하는 것은 아니기 때문에 전략의 효과가 변동적이라는 데에 동의하였다. 예를 들어, 발걸음을 빨리 하는 행동은 각성 상태를 낮추는 능력을 지원하기는 하지만 윤호가 포기한 발야구 경기에 다시 참여하도록 지원하는 데에는 효과적이지 않았다. 마찬가지로, 상호작용하는 중에 가 버리거나 달아나는 것은 스트레스 상황을 피할 수 있게 해 주기 때문에 각성 상태를 줄일 수는 있었지만, 이러한 행동은 재참여를 막았을 뿐만 아니라 또래에게 부정적인 인상을 남겼다. 특수교사와 언어치료사가 동네 놀이터에서 또래와 놀이하는 모습을 녹화한 비디오테이프에서도 윤호는 대화하는 도중에 자신이 흥미를 느끼지 않는 주제가 나오자 그냥 가 버리거나 또래가 보기에도 공격적인 모습의 조절장애를 보이는 장면이 관찰되었다. 따라서 윤호가 다양한 행동 전략을 가지고 있음에도 주어진 상황에서 전략을 사용하도록 분명하게 지도하거나 격려하지 않는 한 부모와 교사가 시범을 보인 보다 효과적이고 사회적으로 수용 가능한 행동 전략을 아직 사용하지 못하고 있었다.

다음으로, 관찰을 통하여 수집한 윤호의 언어 전략 목록을 살펴보았다: (1) 특정 과제나 일과를 수행하면서 혼잣말하기, (2) 잠수함에 대한 이야기하기, (3) 자신만의 관심사를 목록으로 작성하기. 문제가 되거나 부적절한 행동으로는 다음의 예가 포함되었다: (1) 또래 훈계하기, (2) 또래 야단치기, (3) 교사에게 소리 지르기. 팀은 이러한 전략이 자기조절을 위한 초기 시도로 역할을 할 뿐만 아니라 파트너에게 조절장애의 징후를 알려 준다고 생각하였지만, 윤호의 학습이나 다른 사람과의 상호작용을 항상 지원하는 것은 아니기 때문에 전략의 효과가 변동적이라는 데에 동의하였다. 예를 들어, 윤호가 혼자 또는 통합보조교사에게 잠수함 이야기를 하는 것은 이야기하는 동안 잘 조절된 상태를 유지하도록 지원하지만 윤호가 포기한 발야구 경기에 다시 참여하도록 지원하는 데에는 효과적이지 않았다. 마찬가지로, 사회복지사는 윤호가 집에서 숙제하기와 같은 복잡한 학업 활동을 독립적으로 진행하기 위해서 해야 할 일 목록을 작성하는 것을 관찰하였다. 그러나 윤호가 교실에서 목록을 작성할 때 잠수함의 부품과 설계 부분을 써 내려가기 시작하면서 교사에게 집중하지 못하고 벗어나 버린 것도 관찰하였다. 결론적으로, 윤호는 각성 상태를 조절하기 위해 언어 전략을 사용하는 능력을 발달시키기 시작하였지만 정서 단어를 사용하고 점진적인 정서를 이해하는 능력이 제한됨으로써 대부분의 활동에서 좀 더 일관성 있게 혼잣말이나 자기조절을 개발하지는 못하였다.

팀은 또한 윤호가 다가올 활동에 반영하고 자신의 각성 상태를 파악하고 초인지 전략을 통하여 자신의 조직화 및 주의집중을 지원하는 문제 해결 전략을 사용하는 데 있어서의 능력이 제한되고 성인의 지도 및 지원에 의존한다는 사실에 대해서도 논의하였다. 이러한 상황은 윤호가 또래와 활동에 참여할 때 더욱 분명하게 나타났는데, 왜냐하면 협동학습은 상위 수준의 대화 파트너 단계에서 발달하기 때문이다. 윤호가 학과목 수업에서 스스로를 안내하기 위하여 교수된 학습 전략을 사용하는 능력을 보이기 시작하였지만(즉, 교사의 단서뿐만 아니라 사건에 대한 자신의 이해를 포함시킨 내면의 대화를 사용함) 조절을 지원하기 위한 전략을 확인하고 사용하는 능력은 여전히 제한되었다. 이러한 어려움은 자기조절 능력이 제한되고 조절장애 상태를 경험할 때 사용할 수 있는 사회적으로 적절한 대처 전략을 인식하지 못하기 때문에 초래된다. 윤호는 자신이 제안한 게임을 처음에는 거절하였지만 다시 투표를 하자고 제안한 또래에게 반응해야 하는 상황처럼 집단 역동성

(5)

대화 파트너	SCERTS 진단-관찰 기록지	정서 조절

이름: 윤호

1/4	2/4	3/4	4/4	자기조절
1. 학습 또는 상호작용의 가능성 보이기				
2				SR1.1 차별화된 정서로 감각 및 사회적 경험에 반응하기
1				SR1.2 사회적 파트너의 관심 초점 따르기(=JA1.1)
1				SR1.3 경험을 공유하기 위해 청자 및 화자의 역할을 바꾸어 가며 상호작용하기(=JA4.1)
0				SR1.4 행위 및 행동 억제 능력 보이기
1				SR1.5 합리적인 요구를 지닌 과제 지속하기
1				SR1.6 맥락에 적절하게 정서 표현하기
2. 익숙한 활동 중에 각성 수준을 조절하기 위해 행동 전략 사용하기				
2				SR2.1 혼자 하는 활동 및 사회적 활동 중에 각성 수준을 조절하기 위해 행동 전략 사용하기
1				SR2.2 각성 수준을 조절하기 위해 파트너가 시범 보인 행동 전략 사용하기
1				SR2.3 장시간의 활동에 생산적으로 참여하기 위해 행동 전략 사용하기
3. 익숙한 활동 중에 각성 수준을 조절하기 위해 언어 전략 사용하기				
2				SR3.1 초기 정서 단어 이해하고 사용하기(=JA2.1, MR1.1)
1				SR3.2 상위 수준 정서 단어 이해하고 사용하기(=JA2.3, MR1.2)
0				SR3.3 단계적인 정서 이해하고 사용하기(=JA2.5, MR1.3)
1				SR3.4 혼자 하는 활동 및 사회적 활동 중에 각성 수준을 조절하기 위해 언어 전략 사용하기
1				SR3.5 각성 수준을 조절하기 위해 파트너가 시범 보인 언어 전략 사용하기
1				SR3.6 장시간의 활동에 생산적으로 참여하기 위해 언어 전략 사용하기
4. 익숙한 활동 중에 각성 수준을 조절하기 위해 초인지 전략 사용하기				
1				SR4.1 행동을 안내하기 위해 성인이 시범 보인 내재화된 규칙 사용하기(=SU1.3)
1				SR4.2 활동 계획을 달성하기 위해 초인지 전략 사용하기
0				SR4.3 행동을 안내하기 위해 자기점검이나 혼잣말 사용하기(=SU1.4)
0				SR4.4 정서 조절을 돕기 위해 정서 기억 사용하기
1				SR4.5 조절 지원 전략 파악하고 반영하기
5. 새롭고 변화하는 상황에서 정서 조절하기				
2				SR5.1 새롭고 변화하는 상황에서 각성 수준을 조절하기 위해 행동 전략 사용하기
1				SR5.2 새롭고 변화하는 상황에서 각성 수준을 조절하기 위해 언어 전략 사용하기
0				SR5.3 새롭고 변화하는 상황에서 각성 수준을 조절하기 위해 초인지 전략 사용하기
2				SR5.4 전이 중 각성 수준을 조절하기 위해 행동 전략 사용하기
1				SR5.5 전이 중 각성 수준을 조절하기 위해 언어 전략 사용하기
0				SR5.6 전이 중 각성 수준을 조절하기 위해 초인지 전략 사용하기
6. 극심한 조절장애로부터 스스로 회복하기				
1				SR6.1 지나치게 자극적이거나 원하지 않는 활동으로부터 스스로 떠나기
1				SR6.2 극심한 조절장애로부터 회복하기 위해 행동 전략 사용하기
1				SR6.3 극심한 조절장애로부터 회복하기 위해 언어 전략 사용하기
1				SR6.4 극심한 조절장애로부터 회복된 후 상호작용이나 활동에 다시 참여하기
0				SR6.5 극심한 조절장애로부터 회복되는 시간 단축하기
0				SR6.6 조절장애 상태의 강도 줄이기

채점 기준: 2=일관성 있게 준거에 도달함(두 가지 상황에서 두 명의 파트너에 걸쳐), 1=일관성 없이 준거에 도달하거나 보조를 받아서 도달함, 0=준거에 도달하지 못함

[그림 7-5] 윤호의 SCERTS 진단-관찰 기록지(자기조절)

이 깨진 상황에 대처하는 전략으로 협상이나 양보를 사용할 수 있다는 것을 이해하지 못하였다. 결과적으로, 윤호는 성인의 지도와 지원이 주어지지 않으면 특이한 행동 또는 언어 전략으로 되돌아갔다. 앞의 예에서는 현장에서 떠나서 자신의 특별한 관심사인 잠수함에 몰두하는 모습을 보인 것이다. 현재 자기조절 요소 중 윤호가 보이는 강점과 요구 영역 프로파일에 대한 요약 정보는 SCERTS 진단-관찰 기록지와 SCERTS 진단 요약지에서 볼 수 있다([그림 7-5]와 [그림 7-8] 참조).

A-5. 교류 지원: 대인관계 지원

사회 의사소통 및 정서조절 능력을 촉진하는 데에 필요한 윤호의 사회적 지원망과 대인관계 지원에서의 강점 및 요구를 결정하기 위해 SCERTS 진단-질문지와 SCERTS 진단-관찰 기록지를 검토하였다. 팀 리더는 윤호가 사회 의사소통과 정서조절 영역에서 보이는 어려움이 파트너, 특히 또래에게 어떻게 교류적 영향을 미치게 되는지를 논의하였다. 예를 들어, 고도의 각성 편향성과 효과적이고 사회적으로 적절한 조절 전략을 사용하지 못한다는 점이 종종 또래와의 단체 여가활동(예: 발야구, 잡기놀이)에 참여하기 어렵게 만들었다. 이러한 어려움은 활동의 성격이 불분명하거나 동네 놀이터와 같이 비구조화된 환경에서 특히 뚜렷하게 나타난다. 이와 같은 유형의 장소나 활동에서 또래들은 윤호가 요구를 많이 하고 타협하지 않는다고 생각하였으며, 결과적으로 이들은 함께 놀기 위해서 윤호를 찾거나 끼워 주려고 하지 않았다. 또한 파트너의 지루함이나 불쾌함, 또는 유머와 같은 정서 표현을 이해하는 데 있어서의 어려움은 상호작용에 실패하게 하고 사회적으로 낙인찍히는 행동을 하게 만들기도 하였다.

그러므로 팀은 또래에게 지도하면 효과적일 수 있는 다양한 교류 지원을 생각해 냈다. 우선, 성인 파트너가 또래와의 상호작용 성공을 위해 안내를 제공하는(IS5.1) 지원 전략을 배울 필요가 있다고 판단하였다. 예를 들어, 팀은 윤호의 학급 친구들이 윤호와의 상호작용을 성공적으로 시작하고 참여하게 만드는 여러 가지 대인관계 지원에 대해 논의하였다. 윤호는 분명한 차례 주고받기, 예측이 가능한 순서, 확실한 지침이나 규칙이 있는 활동 중에 자신의 필요를 알아주는 파트너와 상호작용을 더 잘 시작하거나 참여하려는 경향을 보였다. 따라서 팀은 윤호의 또래가 비구어 또는 구어로 선택의 기회 제공하기(IS2.1), 윤호가 자신의 속도로 문제를 해결하고 활동을 완수할 수 있도록 시간 허용하기(IS3.2), 정서, 내적 상태, 정신적 계획 공유하기(IS4.4) 등의 지원 전략을 사용할 수 있기 위해서는 성인의 지도를 필요로 한다고 판단하였다.

SCERTS 진단-질문지와 SCERTS 진단-관찰 기록지를 검토함으로써 윤호의 부모와 교육 팀은 윤호의 사회적 지원망에서 강점으로 자리 잡고 있거나 주요 요구 영역으로 간주되는 수많은 대인관계 지원을 파악할 수 있었다. 다음의 표는 몇 가지 예시를 보여 준다.

강점	요구
윤호의 성인 파트너는 (학교와 가정 모두에서) 조절장애의 신호를 인식하고 조절을 지원하기 위한 정보나 도움을 제공한다(IS1.5, IS1.6). 윤호의 교육 팀은 윤호가 붐비는 사회적 상호작용으로부터 휴식을 필요로 하는 때를 인식할 수 있다(IS1.7). 윤호의 부모와 교육 팀은 종종 문제행동을 의사소통 또는 조절의 기능으로 이해한다(IS3.3).	윤호의 부모와 교육 팀은 또래와의 상호작용 성공을 위한 안내 전략을 배워야 할 필요가 있다(IS5.1). 윤호의 파트너는 (가정, 학교, 이웃에서) 규칙이 있는 여가활동을 선택하도록 제안할 필요가 있다(IS2.1). 윤호의 파트너는 단체 활동 전에 규칙을 정할 때 윤호가 자신의 속도로 문제를 해결하고 활동을 완수할 수 있도록 시간을 허용할 필요가 있다(IS3.2). 윤호의 파트너는 정서, 내적 상태, 정신적 계획을 공유하기 위해 지속적으로 비구어 정서 표현을 구어와 짝지어 사용할 필요가 있다(IS4.4). 윤호의 교사는 윤호가 정서를 표현하고 정서의 원인을 이해하도록 안내할 필요가 있다(IS5. 4). 윤호의 교사는 윤호가 휴식에 이어 활동에 다시 참여하도록 지원하기 위한 부가적인 전략을 배울 필요가 있다(IS1.8).

윤호의 사회적 지원망을 통한 다양한 대인관계 지원 사용에 대한 요약 정보는 SCERTS 진단-관찰 기록지와 SCERTS 진단 요약지에서 볼 수 있다([그림 7-6]과 [그림 7-8] 참조).

(6)

대화 파트너	SCERTS 진단-관찰 기록지	교류 지원

이름: 윤호

1/4	2/4	3/4	4/4	대인관계 지원
1. 파트너는 아동에게 반응적이다.				
1				IS1.1 아동의 관심 초점 따르기
1				IS1.2 아동의 정서 및 속도에 맞추기
1				IS1.3 의사소통 효능감을 증진시키기 위해 아동의 신호에 적절하게 반응하기
1				IS1.4 각성 수준을 조절하기 위한 아동의 행동, 언어, 초인지 전략 인식하고 지원하기
2				IS1.5 조절장애 신호 인식하고 지원하기
2				IS1.6 상태를 조절할 수 있도록 정보와 도움 제공하기
2				IS1.7 필요할 때 상호작용이나 활동으로부터 휴식 제공하기
1				IS1.8 휴식에 이어 상호작용이나 활동에 다시 참여하도록 촉진하기
2. 파트너는 시작행동을 촉진한다.				
1				IS2.1 비구어 또는 구어로 선택의 기회 제공하기
2				IS2.2 시작행동 기다리고 격려하기
2				IS2.3 시작행동과 반응행동의 균형 유지하기
1				IS2.4 아동이 활동을 시작하고 마치도록 해 주기
3. 파트너는 아동의 독립성을 존중한다.				
1				IS3.1 필요한 경우 활동 중간에 돌아다닐 수 있도록 휴식 허락하기
1				IS3.2 아동이 자신의 속도로 문제를 해결하고 활동을 완수할 수 있도록 시간 허용하기
2				IS3.3 문제행동을 의사소통 또는 조절의 기능으로 이해하기
1				IS3.4 적절한 경우 저항, 거부, 거절 존중하기
4. 파트너는 참여를 위한 장을 마련한다.				
2				IS4.1 의사소통하기 전에 아동의 주의 확보하기
1				IS4.2 상호작용을 촉진하기 위해 적절한 근접성과 비구어 행동 사용하기
1				IS4.3 최적의 각성 상태와 참여를 지원하기 위해 적절한 단어와 억양 사용하기
1				IS4.4 정서, 내적 상태, 정신적 계획 공유하기
5. 파트너는 발달을 지원한다.				
1				IS5.1 또래와의 상호작용 성공을 위해 안내 제공하기
2				IS5.2 구어 또는 비구어로 의사소통 실패를 복구하려고 시도하기
1				IS5.3 활동 성공을 위해 필요할 때 안내 및 피드백 제공하기
1				IS5.4 정서를 표현하고 정서의 원인을 이해하도록 안내하기
1				IS5.5 다른 사람의 감정과 생각을 해석할 수 있도록 안내하기
6. 파트너는 언어 사용을 조절한다.				
1				IS6.1 이해를 돕기 위해 비구어 단서 사용하기
2				IS6.2 아동의 발달 수준에 따라 언어의 복잡성 조절하기
1				IS6.3 아동의 각성 수준에 따라 언어의 질 조절하기
7. 파트너는 적절한 행동을 시범 보인다.				
1				IS7.1 적절한 비구어 의사소통과 정서 표현 시범 보이기
1				IS7.2 다양한 의사소통 기능 시범 보이기 ☒a. 행동 조절 ☐b. 사회적 상호작용 ☐c. 공동관심
2				IS7.3 적절한 극놀이 및 여가활동 시범 보이기
1				IS7.4 아동이 부적절한 행동을 할 때 적절한 행동 시범 보이기
1				IS7.5 '아동 입장'에서 언어 및 혼잣말 사용 시범 보이기

채점 기준: 2=일관성 있게 준거에 도달함(두 가지 상황에서 두 명의 파트너에 걸쳐), 1=일관성 없이 준거에 도달하거나 보조를 받아서 도달함, 0=준거에 도달하지 못함

[그림 7-6] 윤호의 SCERTS 진단-관찰 기록지(대인관계 지원)

A-6. 교류 지원: 학습 지원

팀은 일과 중에 교류 지원으로 이미 실행되고 있는 학습 지원과 앞으로 고려되어야 할 학습 지원에 대해 논의하기 위하여 팀 회의를 계속하였다. 관찰을 하는 동안 팀은 가정과 학교 환경에서 윤호에게 가장 효과적인 학습 지원은 예측 가능성 또는 고정된 문서로 된 정보 제공이었음을 주목하였다. 가정에서는 과제 수행 단계를 명확히 하기 위해 시각적 지원 사용하기(LS3.1)가 숙제를 좀 더 독립적으로 완수하게 만드는 성공적인 방법이었다. 또한 문자 단서가 포함된 과제 구성도는 윤호가 전이와 앞으로의 활동을 준비하는 데에 도움을 주었다(LS3.3). 이와 같은 지원은 윤호가 전이를 준비하기 위해 혼잣말을 사용하기 시작한 데에 기여한 것으로 보였다. 모든 상황에서는 아니지만 경우에 따라서 효과적이었던 학습 지원으로는 조직화와 상호작용을 지원하기 위해 사회적 복잡성 조절하기(LS4.1)를 들 수 있는데, 이는 윤호가 단체 활동의 복잡함으로부터 벗어나 휴식을 취하거나 통합보조교사와 함께 문제 해결을 하는 기회를 통해서 도움을 받는 것이 분명하였기 때문이다. 윤호는 매주 사회복지사와 함께하는 수업을 통해 목록 작성하기와 같은 조절 전략 사용 능력이 나타나기 시작하는 등 다양한 상황에서 점점 더 많은 조절 전략을 사용하게 되었다. 팀은 윤호의 불안감이 교실 환경에서 증가하는 것으로 판단하였기 때문에 윤호가 편안한 장소에서 '신뢰할 만한' 사람과 조절장애 상황에 대해서 그리고 조절을 위한 적절한 전략에 대해서 이야기할 수 있는 기회를 좀 더 많이 가질 필요가 있다고 생각하였다.

윤호의 부모와 교육 팀은 또한 윤호의 정서 표현을 위한 정서 단어의 사용, 점진적 정서에 대한 이해와 사용, 사회적으로 보다 적절한 전략을 사용해서 각성을 조절하기 위한 언어 사용 촉진에 대한 지원을 추가해야 할 필요성을 인식하였다. 예를 들어, 윤호가 조절장애를 보이기 시작할 때 자신과 다른 사람의 정서를 보다 정확하게 파악하고 적절한 조절 전략을 선택하게 해 주는 문자 지원의 실행에 대하여 논의하였다. 다음으로, 팀은 윤호가 자신과 다른 사람의 정서와 정서의 원인을 파악하는 능력과 대화에 참여하는 동안 의견을 말하거나 질문을 하면서 대화의 흐름을 따르는 능력을 강화하는 학습 지원을 실행해야 할 필요를 인식하였다. 마지막으로, 부모와 교육 팀은 얼굴 표정, 몸짓, 억양과 같은 정서를 표현하는 비구어 단서 이해를 강화할 필요에 대해서도 논의하였다. 팀은 윤호가 해전에 관심을 보인다는 사실을 고려하여 학급 친구들의 몸짓, 얼굴 표정, 신체 언어, 말투에 나타나는 단서를 찾는 데에 사용할 수 있는 코드를 개발하였다. 각각의 비구어 단서를 특정 색으로 분류하고(예: 말투는 주황색) 교사는 예를 들어 친구가 농담을 할 때 윤호에게 '주황색'을 생각하도록 단서를 줄 수 있다.

윤호의 부모와 교육 팀은 SCERTS 진단-질문지와 SCERTS 진단-관찰의 결과를 검토함으로써 윤호의 사회적 지원망에서 나타나고 있거나 주요 요구로 간주되는 수많은 학습 지원을 파악할 수 있었다. 다음의 표는 강점과 요구 각각에 대한 몇 가지 예시를 보여 준다.

강점	요구
윤호의 부모는 윤호가 과제의 수행 단계를 명확히 하도록 돕기 위해 종종 과제 구성도를 제공하곤 한다(LS3.1). 윤호의 교육 팀은 윤호가 전이와 다가올 활동을 예측할 수 있도록 돕기 위해 활동 스케줄을 제공한다(LS3.3).	윤호의 교육 팀은 윤호의 조직화와 상호작용을 지원하기 위해 몇몇 활동의 사회적 복잡성을 성공적으로 조절해 왔다. 그러나 이와 같은 조절은 계속될 필요가 있다(LS4.1). 윤호의 교육 팀은 윤호의 정서 단어 표현과 정서 이해를 강화하기 위해서뿐만 아니라(LS2. 3) 사회적으로 적절한 정서 조절 전략을 발달시키도록(LS2.4) 보완의사소통 지원을 사용할 필요가 있다. 윤호의 교육 팀은 집단 활동과 또래와의 상호작용에 적극적으로 참여하도록 촉진하기 위해 보다 다양한 범위의 시각적 지원을 사용할 필요가 있다(LS3.6, LS4.8).

사회적 지원망을 통한 다양한 학습 지원 사용에 대한 요약 정보는 SCERTS 진단-관찰 기록지와 SCERTS 진단 요약지에서 볼 수 있다([그림 7-7]과 [그림 7-8] 참조).

SCERTS

(7)

대화 파트너	SCERTS 진단-관찰 기록지	교류 지원

이름: 윤호

1/4	2/4	3/4	4/4	학습 지원
1. 파트너는 적극적인 참여를 위해 활동을 구조화한다.				
1				LS1.1 활동의 시작과 종료를 분명하게 정하기
2				LS1.2 차례 주고받기 기회를 만들고 아동이 참여할 수 있도록 여지 남겨 두기
1				LS1.3 활동에 예측 가능한 순서 마련하기
1				LS1.4 반복되는 학습 기회 제공하기
1				LS1.5 다양한 학습 기회 제공하기
2. 파트너는 발달을 촉진하기 위해 보완의사소통 지원을 사용한다.				
1				LS2.1 의사소통과 표현언어를 강화하기 위해 보완의사소통 지원 사용하기
1				LS2.2 언어 및 행동 이해를 강화하기 위해 보완의사소통 지원 사용하기
1				LS2.3 정서 표현 및 이해를 강화하기 위해 보완의사소통 지원 사용하기
1				LS2.4 정서 조절을 강화하기 위해 보완의사소통 지원 사용하기
3. 파트너는 시각적 지원 및 조직화 지원을 사용한다.				
2				LS3.1 과제 수행 단계를 명확히 하기 위해 지원 사용하기
1				LS3.2 활동 완수에 필요한 시간과 단계를 명확히 하기 위해 지원 사용하기
2				LS3.3 활동 간 원활한 전이를 위해 시각적 지원 사용하기
1				LS3.4 하루 전반에 걸쳐 시간 분할을 조직화하기 위해 지원 사용하기
1				LS3.5 집단 활동에서의 주의집중을 높이기 위해 시각적 지원 사용하기
0				LS3.6 집단 활동에서의 적극적인 참여를 촉진하기 위해 시각적 지원 사용하기
4. 파트너는 목표, 활동, 학습 환경을 수정한다.				
1				LS4.1 조직화와 상호작용을 지원하기 위해 사회적 복잡성 조절하기
1				LS4.2 아동의 성공을 위해 과제 난이도 조절하기
1				LS4.3 학습 환경의 감각적 속성 수정하기
1				LS4.4 주의집중을 높일 수 있도록 학습 환경 구성하기
1				LS4.5 시작행동을 촉진하는 학습 환경 구성하기
1				LS4.6 활동이 발달적으로 적절하도록 고안하고 수정하기
1				LS4.7 활동 내에 동기유발이 가능한 교재 및 주제 포함시키기
1				LS4.8 시작행동과 확장된 상호작용을 촉진하는 활동 제공하기
1				LS4.9 필요에 따라 동적인 활동과 정적인 활동 교대하기
1				LS4.10 '요구의 정도를 높이거나' 기대감을 적절하게 높이기

채점 기준: 2=일관성 있게 준거에 도달함(두 가지 상황에서 두 명의 파트너에 걸쳐), 1=일관성 없이 준거에 도달하거나 보조를 받아서 도달함, 0=준거에 도달하지 못함

[그림 7-7] 윤호의 SCERTS 진단-관찰 기록지(학습 지원)

A-7. 사회-정서 성장 지표: 결과 및 의견

다음으로 윤호의 팀은 사회-정서 성장 지표에 대한 기초선 종합점수를 산출하였다. 이 지표는 윤호 행동의 전반적인 질적 측면에서 향후 성취를 측정하는 데에 유용한 기준을 제공한다. 사회-정서 성장 지표로 측정되는 행동의 질은 다음과 같다: (1) 행복감, (2) 자아의식, (3) 타인의식, (4) 적극적인 학습 및 조직화, (5) 융통성 및 회복력, (6) 협력 및 행동의 적절성, (7) 독립성, (8) 사회적 소속감 및 우정. 사회-정서 성장 지표를 산출한 결과, 윤호는 행복감, 적극적인 학습 및 조직화, 독립성에서 상대적인 강점을 보이는 것으로 나타났다. 협력 및 행동의 적절성, 융통성 및 회복력은 상대적인 약점으로 나타났다.

B. 주요 정보원 2: SCERTS 진단-관찰 결과와 우선순위에 대한 가족의 견해

부모와 팀이 교육 프로그램의 구체적인 장단기 교수목표를 결정하기 전에 부모는 SCERTS 진단-관찰 중에 나타난 행동이 윤호의 전형적인 행동을 대표하는지 그리고 윤호의 강점과 요구가 SCERTS 진단 요약지에 정확하게 기록되었는지에 대한 생각을 공유하였다. 윤호의 어머니와 아버지는 SCERTS 진단의 결과가 윤호의 현행 강점뿐만 아니라 요구를 정확하게 파악하였다고 지적하였다. 또한 윤호의 파트너가 윤호와의 상호작용을 시작하거나 유지하려고 할 때 부딪히는 어려움에 대해서도 정확하게 포착했다고 말하였다.

이상의 논의 후에 부모는 윤호에 대한 주요 관심사를 다시 진술하고 윤호의 발달에 대한 희망사항과 기대를 논의하는 자리에 초대되었는데, 이 자리는 SCERTS 가족 지원 계획의 목표와 기대되는 성과를 확인하는 자리였다. 다음으로 윤호의 부모는 가정과 지역사회에서 가족에게 가장 도움이 될 만한 정보와 지원 유형에 대해 말할 기회를 가졌다. 가족의 견해는 SCERTS 진단 요약지에서 볼 수 있다([그림 7-8] 참조).

7 7단계: 장단기 교수목표의 우선순위 정하기

SCERTS 진단을 통해 수집한 종합적인 정보에 기초하여 윤호의 부모와 교육 팀은 함께 다음과 같은 기준에 의해 장단기 교수목표의 우선순위를 결정하였다: (1) 가장 기능적인가, 2) 가족의 우선순위를 직접적으로 다루는가, 3) 윤호와 파트너를 위해

SCERTS 진단 요약지에 제시된 발달상의 요구 영역에 부합하는가. 가장 기능적이면서 가족의 우선순위에 가장 근접하게 일치하는 목표를 동등하게 고려해야 하기 때문에 SCERTS 진단-관찰에서 보인 윤호의 수행이 주간 교수목표를 선정하기 위한 유일한 변수가 될 수는 없다. 이것은 때로는 SCERTS 진단에서의 장단기목표의 위계를 벗어나는 교수목표를 선정하게 만들기도 하지만, 이러한 융통성과 개별화는 실제로 SCERTS 모델 프로그램의 성공적인 실행을 위한 주요 요소로 고려된다. 팀이 판별한 목표의 목록은 윤호의 SCERTS 진단 요약지에서 볼 수 있다([그림 7-8] 참조).

8 8단계: 후속 진단 추천하기

SCERTS 진단 요약지를 검토한 결과 부모는 윤호의 사회 의사소통 및 정서 조절에서의 어려움을 대표할 만한 행동 표본을 얻었다고 생각하였다. 그렇지만 부모는 보조공학 평가를 통한 가장 적절한 교류 지원에 대해 부가적인 정보를 원했다. 이들은 특히 특정 하드웨어(즉, 개인 휴대용 컴퓨터)와 소프트웨어(즉, 하루 또는 주 단위 달력)가 조직화와 주의집중을 강화하기 위한 언어 및 초인지 기술의 발달에 도움이 되는지에 관심을 보였다. 교육 팀은 윤호의 학습 방식에 있어서의 차이와 현행 프로파일의 강점 및 요구 영역을 고려할 때 이와 같은 평가는 적절하다고 생각하였다. 따라서 3개월 간격의 체계적인 SCERTS 재진단 외에도 지역교육청에서 실시하는 보조공학 평가를 추천하였다.

9 9단계: 윤호, 부모, 서비스 제공자를 위한 SCERTS 교육 프로그램 계획하기

SCERTS 진단의 9단계는 여러 가지 의미 있고 목표 지향적인 주요 활동과 이러한 활동에서 제공될 사회적 지원의 복잡성(즉, 팀 구성원의 역할과 책임), 그리고 서비스 제공에서 주요 역할을 담당할 친숙한 파트너를 알아내는 것이다. 윤호의 팀 리더인 사회복지사는 윤호와 가족을 위한 교육 및 지원 프로그램을 구성하는 주요 역할을 맡았다. 사회복지사는 집중적인 교육 프로그램이 지속되어야 할 필요성과 함께 1년 내내 주당 적어도 25시간 이상의 계획된 그리고 발달적으로 적절한 학습 기회를 제공해야 할 필요성에 대한 논의를 이끌었다. 또한 윤호가 프로그램

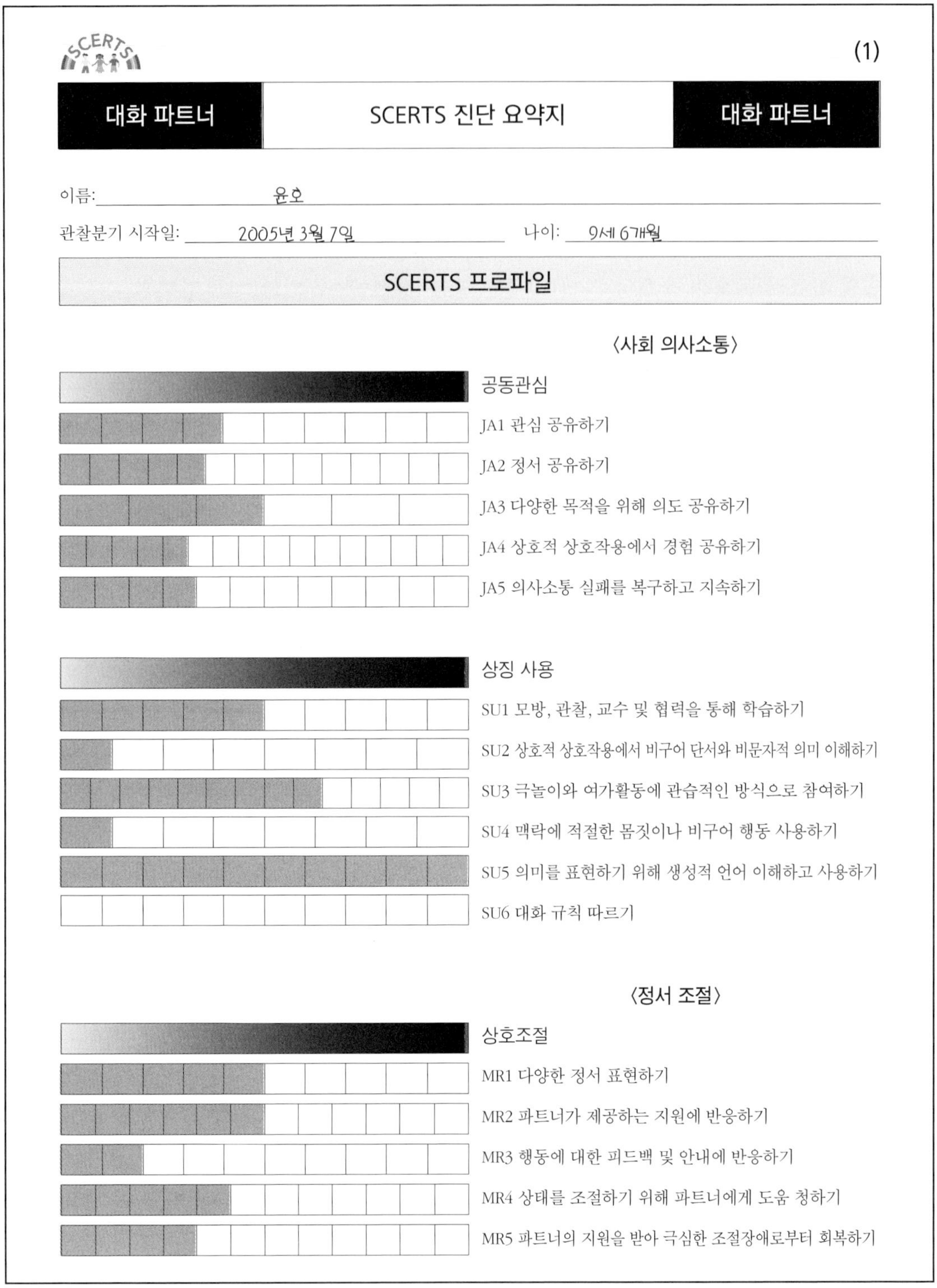

(1)

대화 파트너	SCERTS 진단 요약지	대화 파트너

이름: 윤호

관찰분기 시작일: 2005년 3월 7일 나이: 9세 6개월

SCERTS 프로파일

〈사회 의사소통〉

공동관심

JA1 관심 공유하기

JA2 정서 공유하기

JA3 다양한 목적을 위해 의도 공유하기

JA4 상호적 상호작용에서 경험 공유하기

JA5 의사소통 실패를 복구하고 지속하기

상징 사용

SU1 모방, 관찰, 교수 및 협력을 통해 학습하기

SU2 상호적 상호작용에서 비구어 단서와 비문자적 의미 이해하기

SU3 극놀이와 여가활동에 관습적인 방식으로 참여하기

SU4 맥락에 적절한 몸짓이나 비구어 행동 사용하기

SU5 의미를 표현하기 위해 생성적 언어 이해하고 사용하기

SU6 대화 규칙 따르기

〈정서 조절〉

상호조절

MR1 다양한 정서 표현하기

MR2 파트너가 제공하는 지원에 반응하기

MR3 행동에 대한 피드백 및 안내에 반응하기

MR4 상태를 조절하기 위해 파트너에게 도움 청하기

MR5 파트너의 지원을 받아 극심한 조절장애로부터 회복하기

[그림 7-8] 윤호의 SCERTS 진단 요약지

SCERTS (2)

대화 파트너	SCERTS 진단 요약지	대화 파트너

자기조절

SR1 학습 또는 상호작용의 가능성 보이기

SR2 익숙한 활동 중에 각성 수준을 조절하기 위해 행동 전략 사용하기

SR3 익숙한 활동 중에 각성 수준을 조절하기 위해 언어 전략 사용하기

SR4 익숙한 활동 중에 각성 수준을 조절하기 위해 초인지 전략 사용하기

SR5 새롭고 변화하는 상황에서 정서 조절하기

SR6 극심한 조절장애로부터 스스로 회복하기

〈교류 지원〉

대인관계 지원

IS1 파트너는 아동에게 반응적이다.

IS2 파트너는 시작행동을 촉진한다.

IS3 파트너는 아동의 독립성을 존중한다.

IS4 파트너는 참여를 위한 장을 마련한다.

IS5 파트너는 발달을 지원한다.

IS6 파트너는 언어 사용을 조절한다.

IS7 파트너는 적절한 행동을 시범 보인다.

학습 지원

LS1 파트너는 적극적인 참여를 위해 활동을 구조화한다.

LS2 파트너는 발달을 촉진하기 위해 보완의사소통 지원을 사용한다.

LS3 파트너는 시각적 지원 및 조직화 지원을 사용한다.

LS4 파트너는 목표, 활동, 학습 환경을 수정한다.

[그림 7-8] 계속

(3)

대화 파트너	SCERTS 진단 요약지	대화 파트너

사회-정서 성장 지표 프로파일

■	■	■	■	■	□	□	□	□	□	1. 행복감
■	■	■	■	□	□	□	□	□	□	2. 자아의식
■	■	■	□	□	□	□	□	□	□	3. 타인의식
■	■	■	■	■	□	□	□	□	□	4. 적극적인 학습 및 조직화
■	■	□	□	□	□	□	□	□	□	5. 융통성 및 회복력
□	□	□	□	□	□	□	□	□	□	6. 협력 및 행동의 적절성
■	■	■	■	■	□	□	□	□	□	7. 독립성
■	■	■	■	□	□	□	□	□	□	8. 사회적 소속감 및 우정

가족의 견해 및 우선순위

이 프로파일은 자녀에 대해 정확하게 묘사하고 있습니까? 만일 그렇지 않다면, 어떤 점에서 그러한지 설명해 주십시오.

네

자녀를 위한 교육을 계획하는 데 필요하다고 생각되는 추가 정보가 있습니까?

부가적인 방법이 윤호의 언어와 인지 발달에 도움이 되는지를 결정하기 위한 보조공학 평가

만일 자녀를 위해 한 가지 일에 집중해야 한다면 어떤 것에 집중하겠습니까?

윤호가 분노를 조절하도록 도와주기

앞으로 3개월 내에 자녀가 배우기를 바라는 기술은 무엇입니까?

불안과 기질을 조절하는 전략

타협하는 기술

파트너와의 비구어 의사소통을 좀 더 정확하게 해석하는 능력

어떻게 하면 대화 중에 혼자 주도하지 않고 진정한 파트너가 될 수 있는지

[그림 7-8] 계속

(4)

대화 파트너	SCERTS 진단 요약지	대화 파트너

SCERTS 주간 교수목표의 우선순위

아동: 사회 의사소통 및 정서 조절 목표	파트너: 교류 지원 목표
1. 윤호는 다양한 대화 주제를 시작할 것이다(JA4.2).	1. 파트너는 윤호가 자신의 속도로 문제를 해결하고 활동을 완수할 수 있도록 시간을 허용할 것이다(IS3.2).
2. 윤호는 행동을 안내하기 위해 자기점검이나 혼잣말을 사용할 것이다(SU1.4).	2. 파트너는 정서, 내적 상태, 정신적 계획을 윤호와 공유할 것이다(IS4.4).
3. 윤호는 정서 표현의 비구어 단서를 이해할 것이다(SU2.2).	3. 파트너는 또래와의 상호작용 성공을 위해 안내를 제공할 것이다(IS5.1).
4. 윤호는 관습에 따라 대화를 시작하고 차례를 주고받을 것이다(SU6.1).	4. 파트너는 정서를 표현하고 정서의 원인을 이해하도록 안내를 제공할 것이다(IS5.4).
5. 윤호는 상위 수준 정서 단어를 이해하고 사용할 것이다(MR1.2).	5. 파트너는 윤호의 정서 표현 및 이해를 강화하기 위해 보완의사소통 지원을 사용할 것이다(LS2.3).
6. 윤호는 문제를 해결할 때 또래와 협력하고 타협할 것이다(MR3.4).	6. 파트너는 정서 조절을 강화하기 위해 보완의사소통 지원을 사용할 것이다(LS2.4).
7. 윤호는 사회적 파트너의 관심 초점을 따를 것이다(SR1.2).	7. 파트너는 집단 활동에서의 적극적인 참여를 촉진하기 위해 시각적 지원을 사용할 것이다 (LS3.6).
8. 윤호는 각성 수준을 조절하기 위해 파트너가 시범보인 행동 전략을 사용할 것이다(SR2.2).	8. 파트너는 조직화와 상호작용을 지원하기 위해 사회적 복잡성을 조절할 것이다(LS4.1).

[그림 7-8] 계속

(5)

대화 파트너	SCERTS 진단 요약지	대화 파트너

후속 진단-주요 결과 또는 기타 권고사항

SCERTS 진단에서는 추가 검사가 실시되지 않았음
그러나 팀은 부가적인 교류 지원이 적합한지 결정하기 위하여 보조공학 평가를 의뢰하기로 결정함

활동 계획

SCERTS 활동 계획서를 사용할 핵심 활동

☒ 오전 일정 ☒ 오후 일정

가족 지원 계획

교육 지원		정서 지원	
활동	얼마나 자주 (제공 빈도)	활동	얼마나 자주 (제공 빈도)
• 교육 자원 제공 • 양육자 교육 프로그램 • 양육자 개발의 날 • 매일의 의사소통 체계	지속적으로 매월 매년 매일	• 사회복지사와의 지원회의	필요할 경우

전문가와 서비스 제공자를 위한 지원 계획

교육 지원		정서 지원	
활동	얼마나 자주 (제공 빈도)	활동	얼마나 자주 (제공 빈도)
• 멘토링 • 팀 회의 • 위기관리 회의	주당 5시간 매월 필요할 때	• 팀 회의 • 위기관리 회의	격주 매월

[그림 7-8] 계속

에 적극적으로 참여하기 위해서, 특히 또래와의 관계를 촉진하기 위해서는 지속적인 개별화된 관심이 필요할 것이라고 지적하였다. 또한 가정이나 동네 놀이터와 같은 지역사회에서 윤호의 발달을 어떻게 가장 잘 촉진시킬 수 있는가에 대한 부모의 관심을 다루기 위해서 교육 및 정서 지원을 제공하기 위한 계획은 가족과의 협력하에 수립할 필요가 있었다.

SCERTS 진단에서 이 단계는 윤호의 자연적인 일과 중 의미 있고 목표 지향적인 약 3시간의 활동이 각각 포함된, 두 가지 SCERTS 활동 계획서를 개발함으로써 완결되었다. 첫 번째 계획서는 윤호의 3학년 학급의 전형적인 오전 일과를 약술하였으며([그림 7-9] 참조), 두 번째 계획서는 윤호의 전형적인 오후 일과를 약술하였다([그림 7-10] 참조). 결과적으로, 하루에 약 6시간씩 주당 총 30시간의 교육 프로그램이 계획되었다.

SCERTS 활동 계획서에는 활동에서 다루게 될 구체적인 목표와 윤호의 독특한 사회 의사소통 및 정서 조절 능력에 적절한 사회적 맥락의 복잡성(즉, 자연스러움의 정도 및 일대일 지원의 양 및 빈도)이 포함되었다. 또한 SCERTS 활동 계획서에는 각 활동에 삽입될 파트너 목표와 구체적인 교류 지원(즉, 대인관계 지원 및 학습 지원)이 포함되었다. 윤호와 교육 팀을 위한 두 가지 SCERTS 활동 계획서는 [그림 7-9]와 [그림 7-10]에서 볼 수 있다.

다음으로, 윤호의 특수교사는 SCERTS 가족 지원 계획 제공에 대한 팀의 논의를 이끌기 위해 SCERTS 진단-관찰 기록지의 교류 지원 영역 정보와 함께 SCERTS 진단-질문지에서 가족이 제공한 정보를 보고하였다. 앞에서도 논의하였듯이, 종합적인 프로그램에서는 아동의 직계가족과 확대가족에게 교육 지원 및 정서 지원 모두를 제공하는 것은 선택사항이라기보다는 오히려 주요 우선순위를 지닌다. 교육 프로그램의 이와 같은 측면은 가족이 적극적이고 독립적으로 문제를 해결하거나 직면하는 어려움을 다루는 능력을 증진시킴으로써 미래를 위해 역량을 강화하고 준비시키기 위한 목적을 지닌다.

A. 윤호의 가족을 위한 교육 지원

이미 설명한 바와 같이, 윤호의 부모가 표현한 우선적인 관심은 다음과 같다: (1) 윤호의 증가하는 불안 다루기, (2) 탠트럼과 감정 폭발에 대처하기, (3) 자신의 규칙이 깨졌다고 생각할 때 양보하고 타협하는 능력 지원하기, (4) 우정을 형성하

SCERTS 활동 계획서

이름: 윤호 의사소통 단계: 대화 파트너 날짜: 2005년 3월 16일 페이지: 1(오전)

팀 구성원 및 파트너	활동	역사수업 (MOD)	음악수업 (MOD)	협동미술 과제 (MOD)	사회성 기술 그룹 (PAR)	점심 (NAT)
일반교사, 학습지원실 특수교사, 사회복지사, 언어치료사, 작업치료사, 통합보조교사, 어머니, 아버지, 또래	시간	8:30-9:15	9:15-10:00	10:00-10:40	10:30-11:20	11:20-12:00
	사회적 복잡성	1:1	1:1	2:5	1:3	1:2
	집단 크기	25	24	7	4	63
	팀 구성원 및 파트너	일반교사, 보조교사, 또래	보조교사 또래	일반교사 보조교사, 또래	언어치료사 또래	보조교사 또래
주간 아동 목표	윤호는 다양한 대화 주제를 시작할 것이다.				○	○
	윤호는 행동을 안내하기 위해 자기점검이나 혼잣말을 사용할 것이다.	○	○			
	윤호는 정서 표현의 비구어 단서를 이해할 것이다.				○	
	윤호는 관습에 따라 대화를 시작하고 차례를 주고 받을 것이다.			○		
	윤호는 상위 수준의 정서 단어를 이해하고 사용할 것이다.	○				
	윤호는 문제를 해결할 때 또래와 협력하고 타협할 것이다.			○		
	윤호는 사회적 파트너의 관심 초점을 따를 것이다.					○
	윤호는 각성 수준을 조절하기 위해 파트너가 시범 보인 행동 전략을 사용할 것이다.		○			
주간 파트너 목표	파트너는 윤호가 자신의 속도로 문제를 해결할 수 있도록 시간을 허용할 것이다.				○	
	파트너는 정서, 내적 상태, 정신적 계획을 공유할 것이다.		○			○
	파트너는 또래와의 상호작용 성공을 위해 안내를 제공할 것이다.			○	○	○
	파트너는 다른 사람의 감정과 생각을 해석할 수 있도록 안내를 제공할 것이다.	○				
	파트너는 윤호의 정서 표현 및 이해를 강화하기 위해 보완의사소통 지원을 사용할 것이다.	○				
	파트너는 윤호의 정서 조절을 강화하기 위해 보완의사소통 지원을 사용할 것이다.		○			
	파트너는 집단 활동에서의 적극적인 참여를 촉진하기 위해 시각적 지원을 사용할 것이다.			○		
	파트너는 조직화와 상호작용을 지원하기 위해 사회적 복잡성을 조절할 것이다.			○		
교류 지원 샘플		(IS)적절한 자기조절 언어(예: 활동 구조 강조하기)의 모델을 제공한다. (LS)주머니 크기의 정서 도표를 정서 관련 대화를 안내하기 위해 사용한다.	(LS)파트너는 "휴식카드"를 제공하고 카드의 적절한 사용(교사에게 카드를 건네고 물을 마시러 감)을 시범보인다. 파트너는 음악 시간 일정을 칠판에 적는다.	(LS)또래와의 협상을 시각적으로 보여주고 기록하기 위하여 칠판을 사용한다. (LS)집단 크기는 4명으로 제한한다.	(LS)또래 파트너는 자신의 정서나 선호하는 주제를 비구어 단서를 사용하는 대신 명확하게 설명한다. (LS)토막 만화 대화의 사용은 윤호의 성공적인 상호작용을 촉진시킨다.	(IS)파트너는 윤호의 상호작용을 돕기 위하여 또래의 관심사와 활동에 관련된 간단한 단서를 사용한다. (LS)또래는 대화에 지루해졌거나 주제를 바꾸고 싶을 때 윤호에게 말해준다.

지침: 왼쪽 상단의 팀 구성원 및 파트너 칸에 각 구성원이나 파트너의 수 또는 이름 약자를 기록한다. 그 아래 주간 아동 목표 및 주간 파트너 목표 옆의 빈 칸에 아동의 주간 사회 의사소통 및 정서 조절 목표와 파트너의 교류 지원 목표를 기록한다. 활동 계획 하단에 각 제목에 따라 칸마다 활동과 시간, 사회적 복잡성 측면에서의 비율, 집단 크기, 활동에 참여하는 팀 구성원이나 파트너의 수 또는 이름 약자를 간단히 기록한다. 다음으로, 각 활동에서 초점을 둘 목표를 모두 표시한다. 마지막으로 각 활동에서 사용할 교류 지원 샘플에 대해 간략하게 기록한다.

[그림 7-9] 윤호의 SCERTS 활동 계획서(오전 활동)

(PAR-계획된 활동 일과; ENG-설계된 활동; MOD-수정된 자연적 활동; NAT-자연적으로 발생하는 사건; LS-학습 지원; IS-대인관계 지원)

SCERTS 활동 계획서

이름: 윤호 의사소통 단계: 대화 파트너 날짜: 2005년 3월 16일 페이지: 2(오후)

팀 구성원 및 파트너	활동	휴식시간 (MOD)	학습자료 (PAR)	체육관 (MOD)	상담 (ENG)
일반교사, 학습지원실 특수교사, 사회복지사, 언어치료사, 작업치료사, 통합보조교사, 어머니, 아버지, 또래	시간	12:00-12:40	12:40-1:30	1:30-2:00	2:00-2:35
	사회적 복잡성	1:11	1:3	1:11	1:1
	집단 크기	22	3	22	2
	팀 구성원 및 파트너	통합보조교사 언어치료사, 또래	특수교사 또래	보조교사 또래	사회복지사
주간 아동 목표	윤호는 다양한 대화 주제를 시작할 것이다.	○			
	윤호는 행동을 안내하기 위해 자기점검이나 혼잣말을 사용할 것이다.		○		
	윤호는 정서 표현의 비구어 단서를 이해할 것이다.				○
	윤호는 관습에 따라 대화를 시작하고 차례를 주고 받을 것이다.			○	
	윤호는 상위 수준의 정서 단어를 이해하고 사용할 것이다.				○
	윤호는 문제를 해결할 때 또래와 협력하고 타협할 것이다.	○			
	윤호는 사회적 파트너의 관심 초점을 따를 것이다.		○		
	윤호는 각성 수준을 조절하기 위해 파트너가 시범 보인 행동 전략을 사용할 것이다.			○	
주간 파트너 목표	파트너는 윤호가 자신의 속도로 문제를 해결할 수 있도록 시간을 허용할 것이다.				○
	파트너는 정서, 내적 상태, 정신적 계획을 공유할 것이다.			○	
	파트너는 또래와의 상호작용 성공을 위해 안내를 제공할 것이다.	○			
	파트너는 다른 사람의 감정과 생각을 해석할 수 있도록 안내를 제공할 것이다.				○
	파트너는 윤호의 정서 표현 및 이해를 강화하기 위해 보완의사소통 지원을 사용할 것이다.				○
	파트너는 윤호의 정서 조절을 강화하기 위해 보완의사소통 지원을 사용할 것이다.		○		
	파트너는 집단 활동에서의 적극적인 참여를 촉진하기 위해 시각적 지원을 사용할 것이다.		○	○	
	파트너는 조직화와 상호작용을 지원하기 위해 사회적 복잡성을 조절할 것이다.	○			
교류 지원 샘플		(IS)윤호는 휴식시간 전에 또래의 관심사와 관련해서 대화 지도를 검토한다. (LS)파트너는 놀이터에서 할 수 있는 소그룹 활동을 계획한다.	(LS)특수교사는 윤호가 정서 변화를 경험할 때 성공적인 정서 조절 전략을 반영하는 능력을 촉진하기 위하여 전략 노트와 함께 정서 도표를 사용한다.	(IS)윤호가 체육관에서 조절 장애를 경험할 때 정수기 근처로 가도록 권유한다. (LS)또래와의 대화에서 차례 주고받기나 규칙을 시각적으로 보여주기 위하여 칠판을 사용한다.	(IS) 사회복지사는 윤호가 정서 표현의 비구어 단서를 이해하도록 얼굴 표정과 몸짓을 과장한다. (LS)윤호에게 정서 표현과 정서 조절에 관해 대화를 안내하기 위해 정서 도표와 전략 노트를 사용한다.

지침: 왼쪽 상단의 팀 구성원 및 파트너 칸에 각 구성원이나 파트너의 수 또는 이름 약자를 기록한다. 그 아래 주간 아동 목표 및 주간 파트너 목표 옆의 빈 칸에 아동의 주간 사회 의사소통 및 정서 조절 목표와 파트너의 교류 지원 목표를 기록한다. 활동 계획 하단에 각 제목에 따라 칸마다 활동과 시간, 사회적 복잡성 측면에서의 비율, 집단 크기, 활동에 참여하는 팀 구성원이나 파트너의 수 또는 이름 약자를 간단히 기록한다. 다음으로, 각 활동에서 초점을 둘 목표를 모두 표시한다. 마지막으로 각 활동에서 사용할 교류 지원 샘플에 대해 간략하게 기록한다.

[그림 7-10] 윤호의 SCERTS 활동 계획서(오후 활동)

(PAR-계획된 활동 일과; ENG-설계된 활동; MOD-수정된 자연적 활동; NAT-자연적으로 발생하는 사건; LS-학습 지원; IS-대인관계 지원)

는 능력 지원하기. 따라서 다음과 같은 일반적인 목표를 다루기 위한 교육 지원이 필요한 것으로 나타났다.

목표 1 부모가 일상적인 활동에서 윤호의 발달을 지원할 수 있도록, 또한 스트레스가 많거나 어렵다고 느끼는 구체적인 이슈를 다룰 수 있도록 지식과 기술 제공하기 윤호의 부모에게 위의 목표와 관련된 이슈는 다음과 같다: (1) 윤호가 불안을 감소시킬 수 있는 자기조절 전략을 개발하도록 지원하기, (2) 조절장애와 탠트럼을 예방하도록 지원하기 위한 대인관계 지원 및 학습 지원 실행하기, (3) 윤호의 양보하고 타협하는 능력 지원하기, (4) 윤호가 우정을 형성하도록 지원하기.

기대되는 성과: 윤호의 부모는 다음의 발달을 촉진하기 위해 필요한 지원을 제공하는 데 있어서 자신감을 갖게 될 것이다: (1) 보다 관습적인 자기조절 전략, (2) 또래와 협력하기 위한 보다 정교한 전략, (3) 성공적으로 우정을 형성하고 유지하기 위한 사회적으로 관습적인 의사소통.

목표 2 부모가 윤호의 장애(아스퍼거 증후군) 특성을 이해하고 그러한 특성이 윤호의 발달에 구체적으로 어떤 영향을 미치는지에 대해 이해할 수 있도록 정보와 자원 제공하기

기대되는 성과: 윤호의 부모는 아스퍼거 증후군에 대해 알고 그러한 장애가 일생 동안 윤호의 기능적인 능력에 구체적으로 어떤 영향을 미치는지에 대해 좀 더 잘 알게 될 것이다. 이들은 정보를 찾기 위해 자원을 활용할 줄 알고 윤호가 성장해 감에 따라 계속해서 적극적으로 학습하게 될 것이다.

SCERTS 가족 지원 계획의 첫 번째 단계는 교육 팀에 의한 자원 제공이다. 가족이 우려하는 주요 관심사를 다루기 위해서 사회복지사는 윤호의 부모가 윤호의 정서 표현과 이해를 지원하는 데 적절할 것으로 보이는 시각적 지원의 사용에 대한 몇 가지 유인물을 제공하였다(예: 다가올 사회적 상황이나 또래의 견해를 설명하기 위해 문장 사용하기). 다음으로, 부모는 아스퍼거 증후군에 대해서와 이러한 장애로

인한 독특한 학습 방식에 대한 지식과 이해를 돕는 다양한 자료를 학교의 특수교육자료실로부터 제공받았다.

SCERTS 가족 지원 계획의 다음 단계는 윤호의 가족이 교육 자원에 접근하게 해주고 가정, 학교, 지역사회에서의 교육적 접근이 일관성을 가질 수 있도록 보장하는 것이다. 윤호의 부모는 가정과 지역사회의 일상에서 가족을 지원하도록 도와주는 매월 한 번씩 저녁시간에 열리는 양육자 교육 프로그램에 대한 정보를 제공받았다. 이 프로그램의 각 회기는 SCERTS 모델의 대인관계 지원과 학습 지원의 특정 요소에 초점을 맞추고 언어치료사, 작업치료사, 통합지원교사와 같은 경험 있는 전문가가 진행할 것이다. 부모와 교육 팀은 윤호의 부모가 일련의 강의에 참여함으로써 다음과 같은 파트너 목표를 다루는 기술을 강화할 수 있을 것으로 생각하였다: 또래와의 상호작용 성공을 위해 안내 제공하기(IS5.1), 정서 표현 및 이해를 강화하기 위해 보완의사소통 지원 사용하기(LS2.3). 매월 열리는 교육 지원 활동 외에도 교육팀은 부모가 곧 열리게 되는 '양육자 개발의 날' 행사에 참여하도록 격려하였는데, 이 행사는 연 1회 하루 종일 열리는 행사로 자폐 범주성 장애 학생의 부모나 기타 가족 구성원을 위한 정보를 제공하고 또한 기존의 자료에 대한 토론의 자리를 마련해 준다. 또한 팀은 매월 정기 팀 회의의 필요성을 인지하였으며, 가정과 학교에서 나타나는 윤호의 성취와 어려움을 서로 전달하기 위해 매일 사용할 수 있는 효율적인 의사소통 체계를 고안할 필요가 있다고 판단하였다.

B. 윤호의 가족을 위한 정서 지원

SCERTS 진단 전반에 걸쳐, 윤호의 가족은 자신들의 전반적인 삶에 만족한다고 말하였지만 탠트럼에 대처하기, 생활의 균형 찾기, 사회적 어려움이 미래에 시사하는 바에 대한 불확실성 다루기 등 윤호의 장애로 인해 겪게 되는 몇 가지 어려움에 대해 이야기하였다. 따라서 팀은 다음의 목표를 위해 정서 지원 또한 필요한 것으로 판단하였다.

목표 1 윤호의 부모가 다양한 종류의 활용 가능한 공식적 또는 비공식적 정서 지원을 알고 접근할 수 있도록 돕기

기대되는 성과: 윤호의 부모는 특정 시점에 갖게 되는 정서적 요구에 가장 적합한

공식적 또는 비공식적 지원에 접근할 수 있게 될 것이다.

목표 2 윤호의 부모가 윤호의 발달과 가족의 삶을 위해 그들 자신의 우선순위를 파악하고, 적절한 기대치를 설정하고, 현실적이고 성취 가능한 목표를 세울 수 있도록 돕기

기대되는 성과: 윤호의 부모는 윤호와 가족을 위해 다루어야 할 가장 중요한 이슈가 무엇인지 알게 될 것이며, 윤호를 위한 현실적인 목표와 기대를 수립하고, 가족의 생활방식과 가치관에 맞도록 가족생활의 균형을 찾게 될 것이다.

활용 가능한 정서 지원 및 SCERTS 가족 지원을 위한 적절한 계획과 관련해서 윤호의 부모와 다양한 방법에 대해 논의하였다. 이러한 다양한 방법에는 한 달에 한 번씩 학교나 지역사회에서 열리는 지원 모임과 같은 공식적인 지원이 포함되었다. 회의 중에 윤호의 부모는 많은 종류의 자원을 제공받은 것에 대해 감사하다고 말하면서, 그러나 아직까지는 친척이나 군부대 내 비공식적인 사회적 지원망에서 제공받는 지원으로도 충분하다고 말하였다. 이러한 논의에 기초해서, 팀은 부모에게 사회복지사와 지원 모임 일정을 계획하도록 권하였다. 이렇게 함으로써 가족이나 부모는 자녀와 가족을 잘 아는 교직원을 지속적으로 만나고 긴급한 이슈나 어려움을 상의할 수 있는 기회를 갖게 될 것이다.

C. 전문가 간 지원

윤호의 교육 프로그램을 계획하고 고안하기 위한 마지막 단계로, 팀의 리더는 전문가와 기타 서비스 제공자들이 집중적인 교육 프로그램을 실행할 때 상당한 어려움에 직면하게 된다는 사실을 SCERTS 모델이 얼마나 잘 인식하고 있는지에 대해 논의하였다. 또한 통합 환경에서 이와 같은 프로그램을 제공함으로써 갖게 되는 고유한 어려움, 예를 들어 다른 특수교육 서비스 제공자로부터의 고립감 등에 대해 논의하였다. 전문가와 기타 서비스 제공자가 아동과 가족을 최대한 효과적으로 지원할 수 있게 하기 위해서는 전문가와 서비스 제공자를 위한 SCERTS 지원 계획이 필요하다. SCERTS 활동 계획서에 기록된 것처럼, 윤호의 팀에는 전문가뿐만 아니라 준전문가(통합보조교사)도 있기 때문에 학습지원실 특수교사, 언어치

료사나 특수교사, 사회복지사가 준전문가에게 주당 적어도 5시간 이상 매일 수퍼비전을 제공하는 것으로 멘토링 계획을 세웠다. 수퍼비전은 두 달에 한 번 모이는 수퍼비전 회의에서 이루어졌으며, 직접적인 교육과 안내뿐만 아니라 진행하는 일대일 정서 지원과 직접적인 교육적 및 상호작용적 지도로 구성되었다. 다음으로, 윤호의 진보에 대해서 그리고 대인관계 지원 및 학습 지원의 일관성에 대해서 논의하기 위하여 매월 팀 회의를 위한 추가 시간을 확보하였다. 만일 윤호가 행동상의 갑작스러운 변화를 보이거나 팀 구성원이 교류 지원을 성공적으로 실행하는 데에 특별한 어려움을 겪게 된다면 위기관리 회의를 소집할 수 있다는 데에 모두 동의하였다.

10 10단계: 지속적으로 점검하기

윤호와 파트너를 위한 주간 교수목표를 결정한 후에 팀은 교육 프로그램에서의 지속적인 진도점검의 필요성에 대해 논의하였다. 논의 중에 팀은 모든 활동에서 모든 목표의 자료를 수집하는 것이 실현 가능해 보이지는 않지만 프로그램 실행의 효과를 결정하기 위한 정보를 제공해 주는 진도점검은 매우 중요하다고 판단하였다. 따라서 각각의 목표에 대해 매일 한두 가지 활동에서 수행을 추적하기로 하였다. 자료 수집에 대한 책임을 공유하기 위해 언어치료사는 사회 의사소통 목표와 관련된 자료 수집에 대해 주로 책임을 지고, 통합보조교사는 정서 조절 목표와 관련된 자료 수집을 책임지기로 하였으며, 학습지원실 특수교사는 교류 지원 목표에 대한 책임을 지기로 하였다.

다음으로, 윤호의 팀은 SCERTS 주간 기록지 작성을 위해 SCERTS 활동 일지에 기록된 정보를 사용하기로 계획을 세웠다. 학습지원실 특수교사가 정보를 정리하고 통합하여 팀과 공유하는 책임을 맡기로 하였다. 이러한 검토는 구체적인 교수목표가 성취되었는지 또는 진도가 부진한지의 여부를 알기 위해 반드시 필요하다. 그런 다음 SCERTS 진단은 연 4회 실시하기로 하였다.

❍ 참고문헌

Blackburn, R. (2005, March 5). *Logically illogical: Information and insight into autism*. Paper presented at the 10th annual ASD Symposium, Providence, RI.

Bricker, D. (with Pretti-Frontczak, K., & McComas, N.). (1998). *An activity-based approach to early intervention* (2nd ed.). Baltimore: Paul H. Brookes Publishing Co.

Bricker, D., & Cripe, J. J. W. (1992). *An activity-based approch to early intervention*. Baltimore: Paul H. Brookes Publishing Co.

Brown, L., Branston, M. B., Hamre-Nietupski, S., Pumpian, L., Certo, N., & Gruenewald, L. (1979). A strategy for developing chronological age-appropriate and functional curricular content for severely handicapped adolescents and young adults. *Journal of Special Education, 13*, 81-90.

Bryson, S. (1996). Epidemiology of autism: Overview and issues outstanding. In D. Cohen & F. R. Volkmar (Eds.), *Handbook of autism and pervasive developmental disorders* (2nd ed., pp. 41-46). New York: Wiley.

Cuatela, J., & Groden, J. (1981). *Relaxation procedures for persons with developmental disabilities*. Champaign, IL: Research Press.

Frost, L., & Bondy, A. (1994). *PECS: The Picture Exchange Communication System training manual*. Cherry Hill, NJ: Pyramid Educational Consultants.

Gray, C. (1994). *Comic strip conversations and Social Stories: Unique methods to improve social understanding* (Videotape and booklet). Arlington, TX: Future Horizons.

Gray, C. (1994b). *The new Social Story book*. Arlington, TX: Future Horizons.

Hodgdon, L. (1995). *Visual strategies for improving communication*. Troy, MI: Quirk Roberts Publishing.

Hodgdon, L. (1999). *Solving behavior problems in autism*. Troy, MI: Quirk Roberts Publishing.

Lord, C., & Paul, R. (1997). Language and communication in autism. In D. Cohen & F. R. Volkmar (Eds.), *Handbook of autism and pervasive developmental disorders* (2nd ed., pp. 195-225). New York: Wiley.

McDonough, S. (1998). Interaction guidance: Understanding and treating early infant-caregiver relationship disturbances. In C. H. Zeanah (Ed.). *The handbook of infant mental health* (2nd ed.). New York: Guilford Press.

National Research Council, Division of Behavioral and Social Sciences and Education, Committee on Educational Interventions for Children with Autism (NRC). (2001). *Educating children with autism*. Washington, DC: National Academies Press.

Pretti-Frontczak, K., & Bricker, D. (2004). *An activity-based approach to early intervention* (3rd ed.). Baltimore: Paul H. Brookes Publishing Co.

Prizant, B. M., Meyer, E. C., & Lobato, D. (1997). Brothers and sisters of children with communication disorders. *Seminars in Speech and Language, 18*, 263-282.

Rydell, P. J., & Prizant, B. (1995). Assessment and intervention strategies for children who use echolalia. In K. Quill (Ed.), *Teaching children with autism: Strategies to enhance communication and socialization* (pp. 105-129). Albany, NY: Delmar.

Schopler, E., Mesibov, G., & Hearsey, K. (1995). Structured teaching in the TEACCH curriculum. In E. Schopler & G. Mesibov (Eds.), *Learning and cognition in autism* (pp. 243-268). New York: Plenum Press.

Shonkoff, J., Hauser-Cram, P., Krauss, M., & Upshur, C. (1992). Development of infants with disabilities and their families: Implications for theory and service delivery. *Monographs of the society for Research in Child Developments, 57*(6, Serial No. 230).

Snyder-McLean, L., Solomonson, B., McLean, J., & Sack, S. (1984). Structuring joint action routines: A strategy for facilitating communication and language development in the classroom. *Seminars in Speech and Language, 5*, 213-228.

Sussman, F. (1999). *More than words: Helping parents promote communication and social skills in children with autism spectrum disorder*. Toronto: The Hanen Centre.

Vygotsky, L. (1986). *Thought and language* (A. Kozulin, Ed. and Trans.). Cambridge, MA. Harvard University Press.

부록

SCERTS 질적 지표 척도

❍ SCERTS 질적 지표 척도

다음의 SCERTS 질적 지표 척도는 프로그램의 질을 평가하기 위해서 프로그램 관리자와 담당자가 사용할 수 있도록 고안되었다. 각각의 척도가 지니는 구체적인 목표는 다음과 같다.

SCERTS 모델 프로그램의 주요 질적 지표(Key Indicators of a Quality SCERTS Model Program): 첫 번째 SCERTS 질적 지표 척도는 SCERTS 모델 프로그램의 필수적인 주요 질적 지표 목록이다. 이 목록은 프로그램이 이러한 주요 지표를 충족시키고 있는지의 여부를 결정하는 데 사용될 수 있다. 프로그램 관리자나 교직원은 3점 척도를 이용해서 각각의 지표에 대해 프로그램을 평가할 수 있다. 0 또는 1로 평가된 지표에 대해서는 해당 지표의 취약점을 다루기 위한 행동 계획과 추진 일정을 마련해야 한다.

SCERTS 프로그램 질적 지표 평가 척도: 가족 지원(SCERTS Program Quality Indicator Rating Scale: Support to Families): 두 번째 SCERTS 질적 지표 척도는 프로그램 담당자가 가족에게 교육 및 정서 지원을 제공할 때 특정 질적 지표가 다루어지고 있는지에 대한 구체적이고도 상세한 정보를 알아보기 위해서 사용하도록 고안되었다. 프로그램 관리자나 담당자는 3점 척도를 이용해서 각각의 지표의 질에 대해 프로그램을 평가할 수 있다. 0 또는 1로 평가된 지표에 대해서는 얼마나 시급하게 다루어야 하는지를 A, B, C로 우선순위를 평정한 후에 A와 B 수준의 우선순위 지표를 향상시키기 위해서 실행 계획과 추진 일정을 마련하도록 한다.

SCERTS 프로그램 질적 지표 평가 척도: 전문가 간 지원(SCERTS Program Quality Indicator Rating Scale: Support Among Professionals): 세 번째 SCERTS 질적 지표 척도는 프로그램 담당자가 전문가에게 지원을 제공할 때 특정 질적 지표가 다루어지고 있는지에 대한 구체적이고도 상세한 정보를 알아보기 위해서 사용하도록 고안되었다. 프로그램 관리자나 담당자는 3점 척도를 이용해서 각각의 지표의 질에 대해 프로그램을 평가할 수 있다. 0 또는 1로 평가된 지표에 대해서는 그 지표를 얼마나 시급하게 다루어야 하는지를 A, B, C로 우선순위를 평정한 후에 A와 B 수준의 우선순위 지표를 향상시키기 위해서 실행 계획과 추진 일정을 마련하도록 한다.

SCERTS 모델 프로그램의 주요 질적 지표

프로그램: ______________________ 작성자: ______________________ 날짜: ______________________

아래에 제시된 모든 항목은 SCERTS 모델 프로그램의 필수적인 주요 질적 지표다. 다음의 평가 척도를 이용하여 각 지표에 대해 프로그램을 평가한다. 0이나 1로 평가된 지표를 향상시키기 위해서 실행 계획과 추진 일정을 마련하도록 한다.

질적 평가	
0	실행하고 있다는 증거가 거의 없거나 미비함
1	간혹 몇 명의 교사가 실행하고 있다는 약간의 증거가 있음
2	대부분의 시간에 대부분의 교사가 분명하게 실행하고 있음

질	프로그램 계획, 실행, 점검, 수정
	1. 처음 SCERTS 진단을 실시한 후 각 아동에 대해 분기별로 연 4회 업데이트한다.
	2. 각 아동과 그 파트너를 위해 매주 사회 의사소통과 정서 조절을 다루는 최소 4~8개의 교수목표와 4~8개의 교류 지원 목표를 정한다.
	3. 사회 의사소통 목표는 단순히 분리된 언어와 말 행동을 가르치기보다는 자연스러운 상황에서 기능적인 언어 및 의사소통의 사용을 강조한다.
	4. 아동의 정서 조절과 그러한 정서 조절이 사회 의사소통과 학습에 미치는 영향을 항상 고려하고 각성 상태를 지속적으로 점검한다.
	5. 선정된 목표는 기능적이고(즉, 그 기술이 아동의 삶의 변화를 가져옴), 가족의 우선순위를 직접적으로 다루며(즉, 그 기술이 아동의 가족에게 가치 있음), 아동의 발달상 요구 영역과 일치한다.
	6. 목표는 긍정적인 관계를 지원한다는 전반적인 목적하에 또래를 포함한 모든 파트너가 자폐 범주성 장애 아동과 더욱 효과적으로 참여할 수 있도록 지원하는 데 초점을 맞춘다.
	7. 문제행동에 대한 접근은 사회 의사소통 프로그램과 전적으로 통합되어 있으며, 아동의 정서 조절의 어려움을 온전하게 이해한 후에 결정한다.
	8. 오전과 오후 일과 중에 수많은 주요 의미 있고 목표 지향적인 활동(즉, MA & PA 접근)을 판별한다.
	9. 모든 활동에서 각 아동에 대한 한 개 이상의 교수목표를 정하고, 각각의 목표는 한 가지 이상의 활동에서 다루어진다.
	10. 활동은 그 활동 내에서의 지원 수준과 아동의 목표를 다루는 데 중요한 역할을 할 친숙한 파트너를 고려해서 설계한다.
	11. 모든 교수목표에 대해서 매일 자료를 수집하고 주별로 정리하여 매주 진보를 측정한다.
	12. 팀은 프로그램 내에서의 협력을 보장하기 위하여 정기적으로 만난다.
	13. 각 아동의 팀은 아동의 진보를 보장하기 위해서 SCERTS 진단결과를 근거로 분기별로 연 4회 프로그램을 수정할 것인지 검토하고 결정한다.
	14. 교사는 각 아동의 프로그램 강도를 점검하고 아동이 주당 최소 25시간의 생산적인 학습 활동에 적극적으로 참여하고 있는지 확인한다.

SCERTS 모델 프로그램의 주요 질적 지표

질	교류 지원: 학습 지원 및 대인관계 지원
	1. 파트너는 모든 학습 환경에서 아동의 의사소통과 정서 표현에 반응적이다.
	2. 파트너는 선택을 제공하고 기다리고 공동의 통제를 촉진함으로써 아동의 시작행동을 촉진한다.
	3. 파트너는 휴식과 문제 해결을 위한 시간을 허용하고, 문제행동을 의미 있는 것으로 해석하고, 적절하고 가능할 때의 거절을 존중함으로써 아동의 독립성을 존중한다.
	4. 파트너는 아동의 비구어 및 구어 의사소통과 단어 사용에 반응함으로써 참여를 위한 장을 마련한다.
	5. 파트너는 아동의 참여, 상호작용, 성공을 격려하는 발달 지원을 제공한다.
	6. 파트너는 각 아동의 발달 수준에 맞춰 언어의 복잡성과 질을 조정한다.
	7. 파트너는 적절한 언어, 의사소통, 놀이, 행동을 시범 보인다.
	8. 파트너는 아동의 적극적인 참여를 격려하기 위해서 하루 전반에 걸쳐 활동을 구조화한다.
	9. 파트너는 언어와 정서의 표현과 이해를 키워 주기 위해서 대안적인 체계를 사용한다.
	10. 파트너는 아동이 활동에 참여하도록 격려하고 활동 간 전이가 원활하게 이루어지도록 시각적 및 조직화 지원을 사용한다.
	11. 파트너는 의사소통 시작하기, 정서 조절, 동기, 독립성을 촉진하기 위해서 목표와 활동과 학습 환경을 수정한다.
질	**교류 지원: 가족 지원 및 전문가 간 지원**
	1. 가족은 자녀의 발달을 지원하는 노력의 일환으로 협력자로 참여한다.
	2. 가족과 전문가의 효능감 및 신뢰감을 증진시키기 위해서 상호 존중하고 긍정적인 부모-전문가 관계 발달에 우선순위를 둔다.
	3. 가족을 위한 교육 지원 및 정서 지원을 포함하는 계획을 개발하고 제공한다.
	4. 전문가를 위한 교육 지원 및 정서 지원을 포함하는 계획을 개발하고 제공한다.

SCERTS 프로그램 질적 지표 평가 척도: 가족 지원

프로그램: ______________________ 작성자: ______________________ 날짜: ______________________

다음의 평가 척도를 이용하여 각 지표의 질에 대해 프로그램을 평가한다. 0이나 1로 평가된 지표에 대해서는 얼마나 시급하게 다루어야 하는지에 대한 우선순위를 정한다. 우선순위가 A나 B로 평가된 지표를 향상시키기 위해서 실행 계획과 추진 일정을 마련하도록 한다.

질 평가	
0	실행하고 있다는 증거가 거의 없거나 미비함
1	간혹 몇 명의 교사가 실행하고 있다는 약간의 증거가 있음
2	대부분의 시간에 대부분의 교사가 분명하게 실행하고 있음

우선순위 평가	
A	최우선순위의 즉각적인 관심이 필요함
B	다루어야 할 중요한 이슈지만 시급하지는 않음
C	당장 중요하거나 관련된 것은 아니지만 앞으로 다루어야 할 문제로 지켜봐야 함

질	가족을 위한 교육 지원(특정 아동)	우선순위
	1. 부모는 자녀의 사회 의사소통 수준, 구체적인 의사소통 전략, 정서 조절 및 관련 영역에서 나타나는 특정 어려움에 대해 교육받는다.	
	2. 부모는 자녀의 발달에 대한 적절한 수준의 기대를 수립할 수 있도록 자녀와 관련된 언어, 의사소통, 사회-정서 발달의 순서와 과정을 배운다.	
	3. 부모는 자녀에게 적절하고 반응적이면서 성공적인 의사소통적 상호작용에 도움이 되는 상호작용 방식을 개발하도록 지원받는다.	
	4. 부모는 자녀의 사회 의사소통 발달을 지원하고 자녀와의 관계를 향상시켜 줄 수 있는 매일의 활동과 일과를 판별하고 수정하며 새로운 활동을 개발하도록 지원받는다.	
	5. 부모는 자녀의 프로그램에 참여하고 교육받을 수 있는 수많은 기회를 제공받는다(예: 진보 평가를 위한 교사와의 정기회의, 프로그램 직접 관찰, 방과 후 교육 세미나 또는 토론, 아동의 참여와 진보에 대한 체계적이고 정기적인 가정-학교 간 양방향 의사소통).	
	6. 프로그램은 학교, 가정, 기타 기관이나 서비스 제공자 간에 교육적인 노력이 병합되도록 조율한다.	
	7. 프로그램은 부모가 원할 때 학교 밖에서의 아동의 필요를 다룸으로써 가족을 지원하는 과정을 포함한다.	
	8. 프로그램은 가족의 필요에 따라 가정 중심 서비스나 가정방문을 마련한다.	
	9. 프로그램은 가정에서 사용할 학습 지원을 제공한다(예: 시각적 지원).	
	10. 교사는 형제자매가 자폐 범주성 장애를 지닌 형제자매와 매일의 사회적 의사소통과 놀이 상호작용에서 성공적으로 상호작용하고 놀이할 수 있도록 사회 의사소통 기술과 전략을 개발하도록 돕는다. 이러한 기술은 형제자매의 의사소통 및 정서 조절의 신호를 읽을 수 있는 능력을 포함한다.	
	11. 교사는 형제자매가 문제행동은 제한된 의사소통과 정서 조절장애의 다른 원인 때문일 수도 있다는 것을 이해하도록 돕는다.	

SCERTS 프로그램의 질적 지표 평가 척도: 가족 지원

질	가족을 위한 교육 지원(일반)	우선순위
	1. 프로그램은 부모에게 자녀와 가족의 법적 권리에 대한 구체적인 정보와 지원을 제공해 주는 외부기관이나 사람에 대해서 알려 준다.	
	2. 프로그램은 책, 비디오테이프, DVD를 대여해 주는 도서관 등의 자원에 대해 알려 준다.	
	3. 전문가는 다양한 교육 접근에 대한 정보를 제공하고 관련 있을 때 교육 이슈에 대한 자신의 편견에 대해서도 분명하게 밝힌다.	
	4. 전문가는 가족이 자폐 범주성 장애와 관련된 중요하면서도 종종 상반되는 정보를 좀 더 잘 다루고 이해할 수 있도록 도와준다.	
	5. 프로그램은 부모가 형제자매와 관련해서 도움을 청할 때 그 문제에 대해 알아보고 지원을 제공한다.	
	6. 프로그램은 부모에게 자폐 범주성 장애에 대한 정보를 형제자매의 연령에 적합한 수준으로 제공한다(예: 자폐 범주성 장애를 다룬 아동용 도서).	
	7. 부모는 형제자매의 양육과 관련된 문제를 다룰 수 있도록 지원받는다.	
	8. 프로그램은 형제자매 간에 보다 성공적인 놀이와 상호작용 경험을 강화하고자 하는 부모의 노력을 지원하기 위해 훈련과 정보를 제공한다.	
	9. 프로그램은 부모에게 프로그램의 사명이나 철학, 이용 가능한 자료, 관련된 정책 및 절차, 학생과 부모의 법적 권리를 분명하게 명시한 자료를 제공한다.	
질	**가족을 위한 정서 지원**	**우선순위**
	1. 교사는 가족이 자폐 범주성 장애 아동을 자녀로 둔 것과 관련된 스트레스의 주요 근원을 판별하고 그에 대한 구체적 대처 전략을 개발하도록 돕는다.	
	2. 교사는 가족이 필요할 때 외부 지원 의뢰 등 가족의 정서적 요구를 다루는 데 도움이 되는 지원을 판별하고, 개발하며, 접근할 수 있도록 돕는다.	
	3. 프로그램 담당자가 위기에 반응하고 가족에게 긴급하고 즉각적인 지원을 제공하는 체계를 갖추고 있다.	
	4. 교사는 부모-전문가 간의 어려운 관계를 다룰 수 있도록 부모를 지원한다.	
	5. 교사는 부모에게 교육 및 보건관리 체계에서 야기될 수 있는 스트레스를 다룰 수 있도록 지원한다.	
	6. 교직원 또는 아동의 프로그램과 관련된 부모의 걱정이나 불만을 다룰 수 있는 분명한 정책과 절차가 마련되어 있으며, 시의적절한 후속조치와 피드백을 제공한다.	
	7. 여름방학 프로그램이나 다음 학년으로의 진학과 같은 스트레스 상황에서 가족에게 도움이 되는 분명한 정책과 절차가 마련되어 있다.	
	8. 교사는 부모가 자녀와 가족의 가장 중대한 문제를 파악하기 위한 논의에 참여하게 한다.	
	9. 교사는 아동을 위한 현실적인 단기목표와 기대를 수립할 수 있도록 부모와 협력한다.	
	10. 교사는 부모가 자녀와 가족의 장기목표를 표현하도록 격려한다.	
	11. 교사는 가족의 삶에 균형을 가져오는 데 있어서의 어려움을 해결하는 기회를 제공한다.	
	12. 교사는 문화, 언어, 가치, 양육 방식의 다양함을 존중하고 다양한 가족에 맞춰 실제를 적용한다.	
	13. 부모는 교육 프로그램을 계획하는 회의에서 자녀의 교육적 우선순위를 분명하게 진술할 수 있는 기회를 갖는다.	
	14. 교사는 형제자매가 자신의 자폐 범주성 장애 형제자매에 대한 또는 장애에 대한 느낌을 표현하고 질문하는 것을 편안하게 느낄 수 있도록 부모가 열린 의사소통 분위기를 형성할 수 있도록 도와준다.	
	15. 교사는 형제자매의 자폐 범주성 장애에 대한 질문에 이들의 이해 수준에 맞는 적절한 방식으로 대답할 수 있도록 부모를 지원하고 형제자매 지원과 관련된 자원을 제공한다.	
	16. 프로그램은 형제자매 모임이나 즐거운 가족 참여 행사와 같은 형제자매 지원 활동을 제공한다.	

SCERTS 프로그램 질적 지표 평가 척도: 전문가 간 지원

프로그램: ______________________ 작성자: ______________________ 날짜: ______________________

다음의 평가 척도를 이용하여 각 지표의 질에 대해 프로그램을 평가한다. 0이나 1로 평가된 지표에 대해서는 얼마나 시급하게 다루어야 하는지에 대한 우선순위를 정한다. 우선순위가 A나 B로 평가된 지표를 향상시키기 위해서 실행 계획과 추진 일정을 마련하도록 한다.

질 평가	
0	실행하고 있다는 증거가 거의 없거나 미비함
1	간혹 몇 명의 교사가 실행하고 있다는 약간의 증거가 있음
2	대부분의 시간에 대부분의 교사가 분명하게 실행하고 있음

우선순위 평가	
A	최우선순위의 즉각적인 관심이 필요함
B	다루어야 할 중요한 이슈지만 시급하지는 않음
C	당장 중요하거나 관련된 것은 아니지만 앞으로 다루어야 할 문제로 지켜봐야 함

질	교육 지원	우선순위
	1. 교사는 정기적으로 진행되는 현장 연수나 전문성 개발의 날과 같이 지식과 기술을 향상시키기 위해 계획된 학교 또는 기관의 지속적인 교육 활동에 참여한다.	
	2. 교사는 지역 또는 전국 규모의 학술대회나 워크숍에 참석하는 등 교외 교육 활동에 지속적으로 참여한다.	
	3. 경험이 많은 전문가나 준전문가를 경험이 적은 전문가나 준전문가와 연결해 주는 멘토링 체계가 있다.	
	4. 전문가와 준전문가는 학생에 대한 책임과 관련해서 필요할 때 구체적이고 직접적인 교수와 감독을 받는다.	
	5. 특정 아동에 대한 문제나 우려사항을 해결하기 위해서 학급 교사나 직접적인 관리자가 아닌 다른 사람으로부터 지속적인 지원과 기술 보조를 받을 수 있다(예: 필요한 경우 프로그램에 외부 자문을 도입함).	
	6. 교사와 관련 서비스 제공자는 학생의 개별화 교육 프로그램(IEP)이나 개별화 가족 지원 계획(IFSP)에 접근할 수 있으며 실행에 대한 자신의 책임을 잘 알고 있다.	
	7. 아동의 IEP 또는 IFSP 목표를 달성하는 데 필요한 지원을 제공하고 기타 프로그램의 책임을 수행하기 위해서 충분한 비율로 교사 인력이 확보되어 있다.	
	8. 교사는 팀 접근을 통해서 학생의 프로그램을 계획하고 협력한다.	
	9. 협력을 위한 충분한 시간이 마련되어 있다.	
	10. 학생에 대한 효율성 및 팀 구성원으로서의 참여에 대해서 교사를 감독하고, 평가하고, 피드백을 제공한다.	
	11. 교사는 대학 소속 연구자들과 협력해서 수행하는 연구 프로젝트에 참여하는 기회를 갖는다.	

SCERTS 프로그램의 질적 지표 평가 척도: 전문가 간 지원

질	정서 지원	우선순위
	1. 직장에서의 정서적인 어려움을 이야기할 수 있는 정기적으로 정해진 모임이 있다.	
	2. 정서적으로 어려운 이슈를 다룰 수 있는 비공식적인 기회가 있다(예: 주 1회 점심 모임, 근무 시작 전 또는 퇴근 전 대화시간).	
	3. 시급하거나 필요할 때마다 긴급회의를 소집할 수 있는 절차가 마련되어 있다.	
	4. 프로그램 검토나 실행 계획 또는 이와 유사한 이슈를 다루기 위해서 정기적으로(연 1~2회) 정해진 교직원 연수가 있다.	
	5. 수퍼바이저에게 관심사항을 이야기하고 피드백과 추후 지도를 받을 수 있는 분명하게 규정된 절차가 있다.	
	6. 교사가 학생, 가족, 동료와 지원적이고 정중한 방식으로 상호작용하고 의사소통할 수 있도록 분명하게 규정된 행동 규준이 마련되어 있다.	
	7. 교사는 학생과 부모와 직접적으로 상호작용할 때 그리고 동료 교직원과 논의하는 과정에서 지원적이고 긍정적인 언어 및 비구어 행동을 사용한다.	
	8. 교사 간 또는 교사와 가족 간의 의견 차이나 갈등은 정중하고 건설적인 방식으로 다루어진다.	
	9. 교사는 자신에게 직접적인 영향을 미치는 의사결정 과정에 참여할 수 있다.	
	10. 프로그램의 정책이나 절차를 수정하는 등 특정 아동을 위한 또는 프로그램 차원에서의 서비스를 향상시키기 위하여 교사로부터 조언을 구한다.	
	11. 공식적으로 프로그램의 자체 연구를 수행하고 그 결과로 프로그램 향상을 위한 실행 계획을 세운다.	

❍ 찾아보기

[인명]

[내용]

ㄱ

ㅅ

ㅇ

ㅈ

ㅊ

[활동사례]

저자 소개

Barry M. Prizant, Ph.D., CCC-SLP, Childhood Communication Services 원장, 브라운대학 인간발달연구소 겸임교수

Barry M. Prizant는 자폐 범주성 장애와 관련 의사소통 및 발달 장애를 지닌 어린 아동과 그 가족들에 대한 임상학자, 연구자, 상담가로서 30년 이상의 경력을 지니고 있다. Prizant 박사는 자폐 범주성 장애 및 아동기 의사소통 장애와 관련된 90편 이상의 논문과 책의 장을 출간하였으며, 6개 전문 학술지의 편집위원으로 일하고 있고, 미국 내에서와 국제적으로 500회 이상의 세미나 발표 및 학회 기조강연을 한 바 있다. 또한 국립보건원에서 자폐 범주성 장애의 선별 및 진단 위원회에서 일하였으며, 위원회가 출간한 치료권고안 집필에 공동저자로 참여하였다. 그리고 (Amy M. Wetherby와 함께) '의사소통 및 언어 중재 시리즈' 중『자폐 범주성 장애: 발달적 교류적 견해(Autism Spectrum Disorders: A Developmental, Transactional Perspective)』(Paul H. Brookes Publishing Co., 2000)의 공동편저자이기도 하다. Prizant 박사는 미국 말언어청각학회의 회원이며 수많은 상을 받았고 임상과 학문적 성과를 통해서 잘 알려진 바 있다.

Amy M. Wetherby, Ph.D., CCC-SLP, 플로리다 주립대학 의사소통장애학과 Laurel Schendel 석좌교수이자 자폐 및 관련 장애 연구소 소장

Amy M. Wetherby는 미국 말언어청각학회의 회원으로 20년 이상의 임상경력을 지니고 있다. Wetherby 박사는 자폐 범주성 장애 아동의 사회성 및 의사소통 프로파일과 영아기 의사소통 장애의 조기발견에 대한 전국규모 학회에서 정기적으로 활발하게 발표를 해 왔으며, 미국 과학 아카데미의 자폐교육중재위원회에서 일하였다. 자폐 범주성 장애의 위험을 보이는 어린 아동의 조기발견을 위해서 미국 교육부의 현장 주도 연구비 지원으로 이루어진 첫 단어 프로젝트(FIRST WORDS Project, http://firstwards.fsu.edu), 자폐 범주성 장애 영아와 그 가족을 위한 조기개입 관련 모델 개발 연구, 자폐 특화 박사과정 훈련 프로그램 등의 책임연구자로 일하였다.

Emily Rubin, M.S., CCC-SLP, 예일의과대학 강사, Communication Crossroads 소장

Emily Rubin은 캘리포니아 주 카멜에 있는 사설교육기관인 Communication Crossroads의 소장이다. 그녀는 자폐, 아스퍼거 증후군, 관련 사회적 학습장애로 특화된 언어치료사이며, 예일대학의 겸임 교원과 강사로 자폐 및 발달장애 클리닉에서 일한다. 매사추세츠 주의 보스턴

에 있는 에머슨대학의 의사소통 과학 및 장애학과에서 강사로 일하고 있으며, 그곳에서 자폐 범주성 장애 아동과 그 가족의 필요를 다루는 대학원 수준의 학생을 준비시키는 과목들을 개발하였다. 저술활동은 자폐의 조기발견, 최신의 중재 모델, 고기능 자폐 및 아스퍼거 증후군을 위한 프로그램 지침에 집중되어 있다. 미국의 말언어청각학회의 자폐 범주성 장애 특별위원회의 회원으로 참여하면서 자폐 범주성 장애 진단과 치료에 있어서의 언어치료사 역할에 대한 지침을 개발하였다. 국제적으로 강의를 하고 자폐 및 관련 발달장애 아동과 청소년을 위한 교육 프로그램을 자문하고 있다.

Amy C. Laurent, Ed.M., OTR/L, 사설치료실의 작업치료사

Amy C. Laurent는 특수교육학 석사학위를 소지한 소아작업치료사다. 현재는 사설치료실에서 일하는데, 바로 Communication Crossroads와 Childhood Communication Services의 뉴잉글랜드 제휴기관이다. Laurent는 자폐 범주성 장애 및 관련 발달장애 아동의 교육 전문가다. 자폐 범주성 장애 아동을 위한 종합적인 평가, 직접적인 치료 서비스, 교육 프로그램 자문을 제공하며, 자폐 범주성 장애 아동의 가족에게 광범위한 교육 및 정서적 지원을 제공한다. Laurent는 다수의 논문의 공동저자로 전 미국에서 자폐 범주성 장애 아동의 치료와 교육 중재 관련 강의를 한다. 임상 관심 영역은 상황(예: 학교, 가정, 지역사회 환경)에 따른 자기조절 및 사회적 적응기능의 발달과 관련된 치료 중재를 포함한다.

Patrick J. Rydell, Ed.D., CCC-SLP, 록키 마운틴 자폐 센터 소장

Patrick J. Rydell은 공립학교, 병원, 대학, 행정부처, 사설 센터 등에서 24년 이상 자폐 및 의사소통 장애 전문가로 일해 왔다. Rydell 박사는 자폐 범주성 장애 아동과 그 가족을 위해서 헌신하는 사설기관인 록키 마운틴 자폐 센터의 소유자이자 소장이다. 이 센터는 자폐인과 그 가족 및 전문가들을 위한 종합적인 기관 중심, 지역사회 중심, 가정 중심의 진단, 프로그램, 중재, 훈련을 제공한다. Rydell 박사는 자폐와 조기교육에 전문성을 두고 의사소통 장애 및 특수교육 전공으로 석사 및 박사 학위를 취득하였다. 풀브라이트 최고전문가 연구비(2005)를 수혜하였으며, 자폐 및 비전형적인 구어 행동과 관련된 다섯 편의 책의 장과 많은 논문을 집필하였다. 또한 국제적으로, 미국 전역 또는 주 단위로 열리는 많은 강연회에서 자폐 관련 강의를 한다.

역자 소개

이소현(Lee SoHyun) 이화여자대학교 특수교육과 교수

윤선아(Yoon Sun Ah) 서울대학병원 소아청소년정신과 특수교사

이은정(Lee Eun Jung) 서울서강초등학교 특수교사

이수정(Lee Soo Jeong) 위덕대학교 특수교육학부 교수

서민경(Suh MinKyung) 이화여자대학교 특수교육과 연구원

박현옥(Park Hyun Ok) 백석대학교 유아특수교육과 교수

박혜성(Park Hye Sung) 이화여자대학교 특수교육과 연구원

SCERTS® 모델(수정판)

자폐 범주성 장애 아동을 위한 종합적 교육 접근(2권: 프로그램 계획 및 중재)

THE SCERTS® MODEL: A Comprehensive Educational Approach for children with Autism Spectrum Disorders

2016년 5월 25일 1판 1쇄 발행
2024년 6월 20일 1판 5쇄 발행

지은이 • Barry M. Prizant · Amy M. Wetherby · Emily Rubin
지은이 Amy C. Laurent · Patrick J. Rydell
옮긴이 • 이소현 · 윤선아 · 이은정 · 이수정 · 서민경 · 박현옥 · 박혜성
펴낸이 • 김 진 환
펴낸곳 • (주) 학지사
04031 서울특별시 마포구 양화로 15길 20 마인드월드빌딩 5층
대표전화 • 02) 330-5114 팩스 • 02) 324-2345
등록번호 • 제313-2006-000265호
홈페이지 • http://www.hakjisa.co.kr
인스타그램 • https://www.instagram.com/hakjisabook

ISBN 978-89-997-0487-1 94370
978-89-997-0485-7 (set)

정가 27,000원